汽车先进技术译丛　汽车技术经典手册

车辆动力学理论与应用（上册）

（原书第2版）

［加］雷扎 N. 亚泽尔　著
(Reza N. Jazar)
刘西侠　刘维平　张传清　译

机械工业出版社

本书包括：基础部分“轮胎、轮辋及车型分类知识”，包含有关轮胎、轮辋及公路车辆分类简述等一般预备知识；第一部分“车辆驱动”，介绍正向车辆动力学、轮胎动力学和传动系统动力学；第二部分“车辆运动学”，详细讨论转向系和悬架系等车辆机械子系统。

本书理论与实践并重，强调对相关概念物理含义的理解和应用，重点对其应用进行了阐述。书中所选择的主题都是本领域的研究热点，目的在于为读者提供丰富的讨论内容和方法指导。

图书在版编目（CIP）数据

车辆动力学理论与应用：原书第 2 版（上册）/（加）雷扎·N. 亚泽尔（Reza N. Jazar）著；刘西侠，刘维平，张传清译. —北京：机械工业出版社，2017. 11
（汽车先进技术译丛. 汽车技术经典手册）
书名原文：Vehicle Dynamics
ISBN 978-7-111-58255-7

Ⅰ. ①车…　Ⅱ. ①雷…②刘…③刘…④张…　Ⅲ. ①汽车动力学　Ⅳ. ①U461. 1

中国版本图书馆 CIP 数据核字（2017）第 247836 号

机械工业出版社（北京市百万庄大街 22 号　邮政编码 100037）
策划编辑：何士娟　李　军　责任编辑：徐　霆
责任校对：肖　琳　张晓蓉　封面设计：鞠　杨
责任印制：孙　炜
保定市中画美凯印刷有限公司印刷
2018 年 3 月第 1 版第 1 次印刷
169mm × 239mm · 26 印张 · 2 插页 · 633 千字
0 001— 1 900 册
标准书号：ISBN 978-7-111-58255-7
定价：168.00 元

凡购本书，如有缺页、倒页、脱页，由本社发行部调换

电话服务	网络服务
服务咨询热线：010-88361066	机 工 官 网：www. cmpbook. com
读者购书热线：010-68326294	机 工 官 博：weibo. com/cmp1952
010-88379203	金　书　网：www. golden-book. com
封面无防伪标均为盗版	教育服务网：www. cmpedu. com

译 者 序

车辆动力学是研究车辆操纵稳定性、行驶安全性和驱动效率的基础理论。澳大利亚皇家墨尔本理工大学 Reza N. Jazar 教授所著《车辆动力学理论与应用（第 2 版）》一书，是一部内容系统丰富、阐述清晰深入、理论与实践并重的高水平著作。

雷扎 N. 亚泽尔（Reza Nakhaie Jazar）教授的研究领域涉及以智能隔振器为重点的非线性动态系统动力学、振动、控制、稳定性、分叉和混沌行为研究，以自动驾驶车辆和智能/安全车辆为重点的车辆动力学、操纵性、乘适性和稳定性研究，以非线性设计应用为重点的微机电系统动力学、设计、优化、控制和稳定性研究，以及以时间和能量优化控制为重点的机器人机械手运动学、动力学和控制研究等。

该书除了在车辆动力学基础理论方面论述充分之外，其显著特色是采用了大量来自实际工程的案例、习题和思考题帮助读者学习和理解，使读者充分领略车辆动力学问题的机理，同时培养自己解决实际问题的能力。本书在澳大利亚一些大学车辆工程专业本科生、研究生以及企业的工程师或研发人员中非常受欢迎，是车辆动力学知识学习的主要培训教材。

本书第 1 章 ~ 第 4 章由刘西侠翻译，第 5 章和第 6 章由刘维平翻译，第 7 章和第 8 章由张传清翻译。在翻译过程中，课题组邱绵浩、姚新民、金毅、陈红迁和江鹏程几位老师参与了多数章节图文的翻译、审校，车辆工程专业博士研究生聂俊峰、谭永营和硕士研究生姚东强、吴文文、贾伟健等在书中的习题翻译、审校、试做方面做了大量繁杂的工作。

译者在翻译过程中力求忠实于原著和理解其本来的含义，但限于水平，难免有错误和不准确之处，恳请广大同行和读者指正。

原书第 2 版前言

如果没有我的学生和同事们的建议和贡献，尤其是哥伦比亚大学和皇家墨尔本理工大学里的学生和同事们的建议和贡献，我很难完成本书第 2 版的工作。我对与我分享其 50 年汽车工业经验的朋友 Stefan Anthony 先生深表感谢，特别感谢 Andy Fu 和 Hormoz Marzbani，他们认真地审阅本书，并指出了排印和逻辑上的错误。

这一版中引入的新专题来自学生们的反馈，这些反馈帮助我阐明并完善了本书的部分内容。

本书的目的是试图采取把我自己当成学生的形式来解释车辆动力学。本书涵盖车辆动力学所有方面，为学生提供了详细的解释和信息，能够为学生和工程师们提供帮助和重要参考。

本书的第 1 版由 Springer 于 2008 年出版，第 1 版出版不久就在行业内广受欢迎。除了我自己的学生和同事外，还要感谢众多其他读者，他们的问题、意见和建议为我完成第 2 版提供了很大的帮助。

前　　言

本书面向工程专业的学生，介绍车辆动力学的基础知识，这些知识可以用于开发公路车辆乘坐舒适性、操纵性及优化分析的计算机程序。

车辆动力学在工程专业的课程中已经存在了一百多年，关于这方面的书籍比较多，但多是面向专家层次的，并不适合应用于课堂教学。刚入门的学生、工程师或研发人员不知道从何处和怎样开始车辆动力学的学习。因此，有必要为初学者编写一本教材。本书提供了满足该领域未来发展需求的知识基础。

本书的层次

本书源自近十年的非线性动力系统研究和车辆动力学课程教学，主要面向本科生最后一学年和工程专业研究生第一学年的学习。因此该书是一本中间层次的教材，既提供了基础知识，又包含前沿课题。全书可以分在相互关联的两门课程中讲授，也可以跳过某些章节在一门课程中讲授。学生需要掌握一定的运动学和动力学基础，以及数值方法的基本知识。

本书的内容力求保持在一定的理论－实践层次，对很多概念都做了深入的解释，并对其应用进行了重点阐述，对大量的相关理论进行了证明。本书强调概念的物理含义和应用，所选择的主题是本领域的热点，其目的在于为学生提供丰富的专题范围和方法途径。

本书共有四章与车辆动力学不是直接相关：应用运动学、应用机构学、应用动力学和应用振动学，这几章为理解车辆动力学及车辆子系统动力学提供相关背景知识。

本书的结构

为便于教学和自学，本书结构组织如下。第 1 章“基础知识”包含轮胎、轮辋及公路车辆分类简述等一般预备知识。

第一部分“车辆驱动”介绍正向车辆动力学、轮胎动力学和传动系统动力学。正向动力学涉及质量转移、加速、制动，发动机性能和变速器传动比设计等内容。

第二部分“车辆运动学”详细讨论转向系和悬架系等车辆机械子系统。

第三部分“车辆动力学”应用牛顿方法和拉格朗日方法研究车辆操纵动力学。

第四部分“车辆振动”详细讨论车辆的振动问题。目的是介绍和示范对车辆建立多自由度振动系统模型的基本方法。牛顿－欧拉动力学方法和拉格朗日方法的概念，同时用于推导运动方程。介绍了车辆悬架系设计的 *RMS* 优化技术，并应用于车辆悬架系。优化技术的成果是获得汽车或悬架装置的最佳刚度和阻尼。

方法介绍

本书采用“事实－原因－应用”结构，“事实”是每一节中引入的主要议题，通过“证明”的方式找出“原因”。事实的应用在“案例”中验证，案例是本书中非常重要的部分，这些案例说明了如何应用这些“事实”。案例还涵盖了用于拓展本节议题的其他“事实”。

预备知识要求

因为本书是面向工程专业的高年级本科生和一年级研究生，故假设读者熟悉矩阵算法和基本动力学。本书的预备知识包括运动学、动力学、向量分析和矩阵理论基础，上述基础知识通常在本科生前三年的学习中教授。

本书说明

单位制

如无特殊说明，本书采用国际单位制（SI）。用度（°）或弧度（rad）作为表示角度大小变量的单位。

符号

- 小写加粗字母表示向量，向量可以在 n 维欧几里得空间中表示。例如：

$\boldsymbol{r}$	$\boldsymbol{s}$	$\boldsymbol{d}$	$\boldsymbol{a}$	$\boldsymbol{b}$	$\boldsymbol{c}$
$\boldsymbol{p}$	$\boldsymbol{q}$	$\boldsymbol{v}$	$\boldsymbol{w}$	$\boldsymbol{y}$	$\boldsymbol{z}$
$\boldsymbol{\omega}$	$\boldsymbol{\alpha}$	$\boldsymbol{\epsilon}$	$\boldsymbol{\theta}$	$\boldsymbol{\delta}$	$\boldsymbol{\phi}$

- 大写加粗字母表示动力学向量或动力学矩阵，如力和力矩。例如：

$\boldsymbol{F}$	$\boldsymbol{M}$

- 带上折线的小写字母表示单位向量，单位向量不加粗。例如：

$\hat{i}$	$\hat{j}$	$\hat{k}$	$\hat{e}$	$\hat{u}$	$\hat{n}$
$\hat{I}$	$\hat{J}$	$\hat{K}$	$\hat{e}_\theta$	$\hat{e}_\varphi$	$\hat{e}_\psi$

- 带上波浪线的小写字母表示与某向量关联的 3×3 斜对称矩阵。例如：

$\tilde{a}=\begin{bmatrix} 0 & -a_3 & a_2 \\ a_3 & 0 & -a_1 \\ -a_2 & a_1 & 0 \end{bmatrix}$	$\boldsymbol{a}=\begin{bmatrix} a_1 \\ a_2 \\ a_3 \end{bmatrix}$

- 上面带有箭头的两个大写字母表示某位置向量的起点和终点。例如：

$\overrightarrow{ON}$ = 从 O 指向 N 的位置向量

- 向量的长度由不加粗的小写字母表示。例如：

$r=\lvert\boldsymbol{r}\rvert$	$a=\lvert\boldsymbol{a}\rvert$	$b=\lvert\boldsymbol{b}\rvert$	$s=\lvert\boldsymbol{s}\rvert$

- 首字母 B 用来表示体坐标系。例如：

$B\ (oxyz)$	$B\ (Oxyz)$	$B_1\ (o_1x_1y_1z_1)$

- 首字母 G 用来表示全域坐标系、惯性坐标系或固定坐标系。例如：

G	$G\ (XYZ)$	$G\ (OXYZ)$

- 转换矩阵的右下标表示起始坐标系。例如：

R_B = 由坐标系 $B\ (oxyz)$ 开始的转换矩阵

- 转换矩阵的左上标表示目标坐标系。例如：

${}^GR_B$ = 由坐标系 $B\ (oxyz)$ 向坐标系 $G\ (OXYZ)$ 的转换矩阵。

- 如果大写字母 R 带有起始坐标系和目标坐标系，则表示旋转或转换矩阵。例如：

$$
{}^{G}R_{B}=\begin{bmatrix}\cos\alpha & -\sin\alpha & 0\\ \sin\alpha & \cos\alpha & 0\\ 0 & 0 & 1\end{bmatrix}
$$

- 当没有上标或下标时，用方括弧形式表示矩阵。例如：

$$
[T]=\begin{bmatrix}\cos\alpha & -\sin\alpha & 0\\ \sin\alpha & \cos\alpha & 0\\ 0 & 0 & 1\end{bmatrix}
$$

- 向量的左上标表示该向量在左上标坐标系中表示，该上标说明了该向量所属的坐标系，因此，向量采用该坐标系的单位向量表示。例如：

$${}^{G}\boldsymbol{r}=\text{在坐标系 }G(OXYZ)\text{ 中表示的位置向量}$$

- 向量的右下标表示向量参考的头部端点

$${}^{G}\boldsymbol{r}_{P}=\text{在坐标系 }G\ (OXYZ)\ \text{中表达的点 }P\text{ 的位置向量}$$

- 角速度向量的右下标表示该角度向量所参考的坐标系

$$\boldsymbol{\omega}_{B}=\text{本体坐标系 }B(oxyz)\text{ 的角速度}$$

- 角速度向量的左下标表示测量该角度向量时参考的坐标系。例如

$${}_{G}\boldsymbol{\omega}_{B}=\text{本体坐标系 }B(oxyz)\text{ 相对于全域坐标系 }G(OXYZ)\text{ 的角速度}$$

- 角速度向量的左上标是指表达该角速度所在的坐标系，例如：

$${}_{G}^{B_2}\boldsymbol{\omega}_{B_1}=\text{在本体坐标系 }B_2\text{ 中表达的体坐标系 }B_1\text{ 相对于全局坐标系 }G\text{ 的角速度}$$

角速度的下标和上标相同时，通常会去掉左上标。例如：

$${}_{G}\boldsymbol{\omega}_{B}\text{ 相当于 }{}_{G}^{G}\boldsymbol{\omega}_{B}$$

对位置向量、速度向量和加速度向量，如果左上标和左下标相同，通常会去掉左下标。例如：

$${}_{B}^{B}v_{P}\text{ 相当于 }{}^{B}v_{P}$$

- 求导计算时的左上标表示被求导计算变量所处的坐标系。例如：

$$\frac{{}^{G}\mathrm{d}}{\mathrm{d}t}x \qquad \frac{{}^{G}\mathrm{d}}{\mathrm{d}t}{}^{B}\boldsymbol{r}_{P} \qquad \frac{{}^{B}\mathrm{d}}{\mathrm{d}t}{}_{B}^{G}\boldsymbol{r}_{P}$$

如果变量是向量函数，而定义该向量的坐标系与时间导数所处的坐标系相同，可以用如下简写记法，

$$\frac{{}^{G}\mathrm{d}}{\mathrm{d}t}{}^{G}\boldsymbol{r}_{P}={}^{G}\dot{\boldsymbol{r}}_{P} \qquad \frac{{}^{B}\mathrm{d}}{\mathrm{d}t}{}_{O}^{B}\boldsymbol{r}_{P}={}_{O}^{B}\dot{\boldsymbol{r}}_{P}$$

同时可简化方程的写法。例如：

$${}^{G}v=\frac{{}^{G}\mathrm{d}}{\mathrm{d}t}{}^{G}\boldsymbol{r}(t)={}^{G}\dot{\boldsymbol{r}}$$

- 大写加粗字母 $\boldsymbol{I}$ 表示单位矩阵，该矩阵随维数不同，可以是 3×3 或 4×4 等单位矩阵。$\boldsymbol{I}_3$ 或 $\boldsymbol{I}_4$ 等用于表示矩阵 $\boldsymbol{I}$ 的维数。例如：

$$
\boldsymbol{I}=\boldsymbol{I}_3=\begin{bmatrix}1 & 0 & 0\\ 0 & 1 & 0\\ 0 & 0 & 1\end{bmatrix}
$$

- 星号★表示较为前沿的专题，或者指本科教学中可以不选用的案例，这些内容可以在首度阅读时略掉。

目　录

1 轮胎和轮辋基础

轮胎是路面与车辆之间传递力的唯一车辆部件，通常在轮胎侧壁上标有轮胎尺寸、最大承载能力和最大速度等级等参数。本章会讨论有关轮胎、车轮、道路、车辆及其相互作用等专题内容。

1.1 轮胎和轮胎侧壁信息

轮胎是车辆与地面之间力传递的唯一途径，控制车辆运动所必需的力均在轮胎上生成，它是车辆的重要组成部分。

图 1.1 给出了一个装在轮辋上轮胎的横截面，用于说明标准轮胎的尺寸参数。断面高度或轮胎高度 h_T，加上轮辋半径即为车轮半径。断面宽度或轮胎宽度 w_T，是指轮胎未承受负载时的最大宽度尺寸。

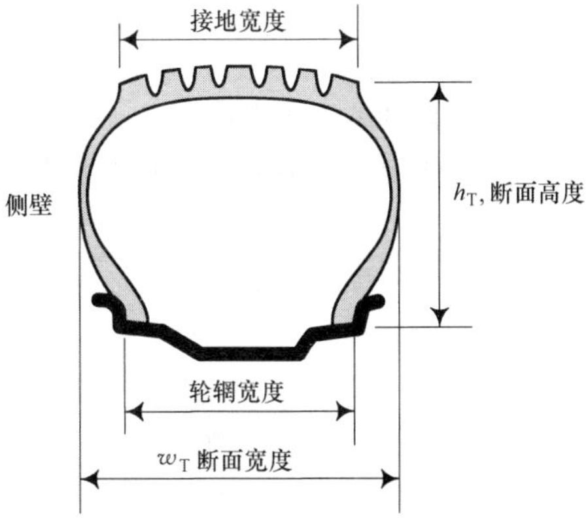

图 1.1 装在轮辋上的轮胎横截面的高度和宽度

轮胎侧壁上压印着相关信息，图 1.2 给出了某轮胎的侧面图，显示了压印在上面的重要信息。

图 1.2 中的代码含义如下：

1 尺寸代码。

2 最大允许充气压力。

3 轮胎结构类型。

4 M&S 表示冬季轮胎。

5 E 标记，指欧洲批准类型的标志和数码。

6 美国交通部识别代码。

7 生产国。

8 生产者，商标或厂商名称。

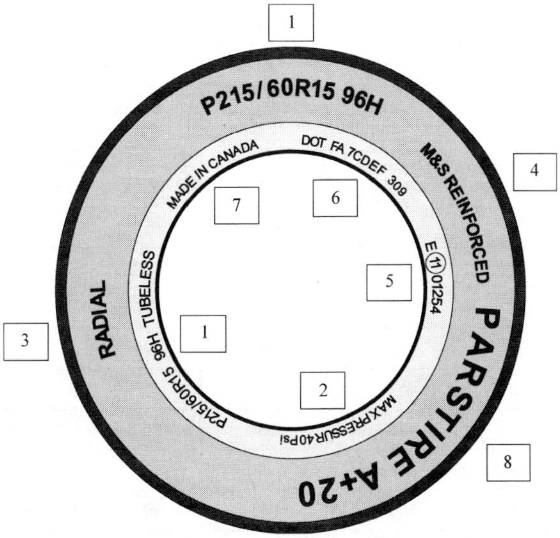

图 1.2 轮胎侧面图，压印在胎侧上的重要信息

胎壁上最重要的信息是 1 中的尺寸代码，下面结合图 1.2 说明尺寸代码的格式，各项定义的解释如下（图 1.3）：

P 是轮胎类型，第一个字母表示该轮胎适用的汽车类型，P 代表客车。第一项字符为 ST

则代表特种拖车，T 代表临时备用（temporary），LT 代表轻型货车。

215 是轮胎宽度，3 位数代码表示轮胎未承载时两侧壁之间的宽度，单位为 mm。

60 是扁平比，这个两位数代码是断面高度和断面宽度的比值，以百分比形式表示，符号为 s_T。

$$s_T = \frac{h_T}{w_T} \times 100 \tag{1.1}$$

一般而言，轮胎扁平比涵盖范围从赛车轮胎采用的 35 到多用途车辆采用的 75 不等。

R 是轮胎结构类型。字母 R 表示轮胎为子午线结构。也可能用字母 B 表示斜交帘布层结构，用字母 D 表示斜纹型轮胎。

15 是轮辋直径。该参数以 in（1in≈25.4mm）为单位，表示安装该轮胎的轮辋的直径。

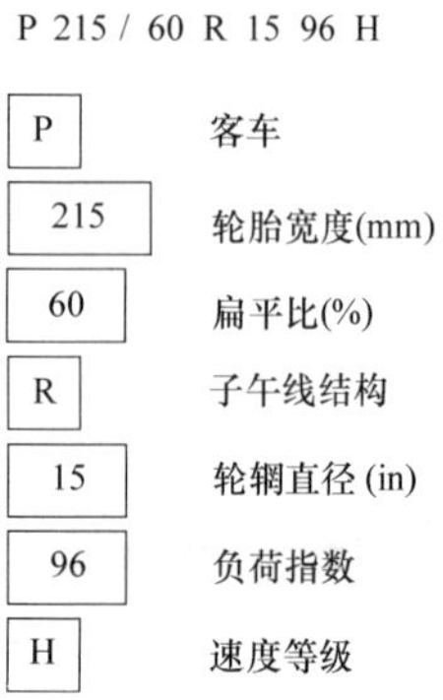

图 1.3　某轮胎尺寸数码及其含义

96 是负荷等级或负荷指数。很多轮胎在轮胎尺寸后面还有工作标记信息，工作标记包括一个两位数字（负荷指数）和一个字母（速度等级）。负荷指数代表轮胎能承载的最大设计负荷。表 1.1 列出了最常用的负荷指数及其负荷 - 承载能力，一般而言，表中的负荷指数适用于车速低于 210km/h 的情况。

表 1.1　负荷指数与轮胎最大负荷 - 承载能力

指数	最大负荷	指数	最大负荷	指数	最大负荷	指数	最大负荷
0	45kg	85	515kg	101	825kg	116	1250kg
…	…	86	530kg	102	850kg	117	1285kg
71	345kg	87	545kg	103	875kg	118	1320kg
72	355kg	88	560kg	104	900kg	119	1360kg
73	365kg	89	580kg	105	925kg	120	1400kg
74	375kg	90	600kg	106	950kg	121	1450kg
75	387kg	91	615kg	107	975kg	122	1500kg
76	400kg	92	630kg	108	1000kg	123	1550kg
77	412kg	93	650kg	109	1030kg	124	1600kg
78	425kg	94	670kg	110	1060kg	125	1650kg
79	437kg	95	690kg	111	1090kg	126	1700kg
80	450kg	96	710kg	113	1120kg	127	1750kg
81	462kg	97	730kg	113	1150kg	128	1800kg
82	475kg	98	750kg	114	1180kg	…	…
83	487kg	99	775kg	115	1215kg	199	13600kg
84	500kg	100	800kg				

H 是速度等级代码。速度等级是指轮胎能够承受的 10min 持续无故障最高速度。

表 1.2 列出了最常用的速度等级代码及其含义，轮胎的速度等级与轮胎的应用情况有关，见表 1.3。

表 1.2 速度等级与最高速度

速度等级	最高速度	速度等级	最高速度	速度等级	最高速度	速度等级	最高速度
A1	5km/h	B	50km/h	L	120km/h	T	190km/h
A2	10km/h	C	60km/h	M	130km/h	U	200km/h
A3	15km/h	D	65km/h	N	140km/h	H	210km/h
A4	20km/h	E	70km/h	P	150km/h	V	240km/h
A5	25km/h	F	80km/h	Q	160km/h	W	270km/h
A6	30km/h	G	90km/h	R	170km/h	Y	300km/h
A7	35km/h	J	100km/h	S	180m/h	Z	>240km/h
A8	40km/h	K	110km/h				

表 1.3 速度等级与车辆类别

速度等级	车辆类别	速度等级	车辆类别
L	越野车和轻型货车轮胎	S	家用轿车和厢式车
N	临时备用轮胎	T	家用轿车和厢式车
Q	越野车，无防滑钉和可装防滑钉冬季轮胎	H	运动轿车和双门轿车
R	乘用汽车和轻型货车轮胎	V	运动轿车、双门轿车和跑车

表 1.2 中有一处比较容易混淆，即既然有 Z 级，为什么还要设置 W 和 Y 级？这是因为最初设置 Z 级速度时，人们认为 Z 级速度就是最高等级轮胎速度。标记 Z 的轮胎能够达到 >240km/h 的速度等级，但是并不清楚最高速度能够超过 240km/h 多少。人们认为车辆行驶速度不会高过 240km/h 太多，但是不久以后就出现了速度更高的车辆。因此，行业内又增加了 *W* 和 *Y* 两个等级，用于标记能够满足新型超高速车辆需求的轮胎。

例 1 汽车质量及轮胎负荷指数

一辆质量为 2000kg 的汽车，需要负荷指数高于 84 的轮胎。这是因为每个轮胎上的负荷大约为 500kg，在表 1.1 中对应的负荷指数为 84。

例 2 根据轮胎标记测算轮胎高度

轮胎尺寸标记为 P215/60R15 96H，扁平比 60 表示轮胎的高度是其宽度的 60%。为了计算轮胎的高度（单位 mm），可以用第一个数（215）乘以第二个数（60）再除以 100。即

$$h_T = 215 \times \frac{60}{100} = 129\text{mm} \tag{1.2}$$

该值是轮胎从轮辋到胎面的高度。

例 3 另一种轮胎尺寸标记办法

如果轮胎上没有标记负荷指数，则尺寸代码为 255/50 R17V 的轮胎也可以标记为 255/50 VR17。

例 4 轮胎宽和轮辋宽

轮胎的尺寸决定于轮胎所安装的轮辋尺寸，对于扁平比为 50 或 50 以上的轮胎，轮辋宽度大约是轮胎断面宽度的 70%，并取精确到 0.5in 的近似值。例如，某标号为 P255/50R16 的轮胎，设计宽度为 255mm = 10.04in。10.04in 的 70% 是 7.08in，取近似值为 7in，则标号为 P255/50R16 的轮胎应该安装在 7 × 16 规格的轮辋上。

对于扁平比为 45 或 45 以上的轮胎，轮辋宽度大约是轮胎断面宽度的 85%，并取精确到 0.5in 的近似值。例如，某标号为 P255/45R17 的轮胎，其断面宽度为 255mm = 10.04in。因为 10.04in 的 85% 是 8.543in，所以该轮胎需要 8.5in 的轮辋，则标号为 P255/45R17 的轮

胎应该安装在 $8\frac{1}{2}\times17$ 规格的轮辋上。

例5　轮胎直径和半径计算

为了计算轮胎的整体直径，需要先通过用轮胎宽度和扁平比相乘求出轮胎的高度，下面以某标记为 P235/75R15 的轮胎为例。

$$h_T = 235\times75\% = 176.25\text{mm}\approx6.94\text{in} \tag{1.3}$$

用轮辋直径加2倍的轮胎高度 h_T。

$$D = 2\times6.94+15 = 28.88\text{in}\approx733.8\text{mm} \tag{1.4}$$

$$R = D/2 = 366.9\text{mm} \tag{1.5}$$

例6　速度等级代码

代码分别为 P235/75H R15 和 P235/70R15 100H 的两种相似轮胎，其速度等级代码均为 H，即最高速度 210km/h。但是第二种轮胎在该速度下只能承担小于其负荷指数标定的负荷，所以其标记为 100H，即最大负荷 800kg、最高速度 210km/h。

速度等级与轮胎类型有关，越野车辆通常采用 Q 级轮胎，乘用车辆中，典型的民用汽车通常用 R 级轮胎，性能好一些的车用 T 级轮胎。

例7　轮胎质量

乘用汽车单个轮胎的平均质量为 10 ~ 12kg，轻型货车单个轮胎的质量为 14 ~ 16kg，重型货车单个轮胎的平均质量为 135 ~ 180kg。

例8　扁平比影响

较高的扁平比使车辆乘坐感觉更软，并增大车辆负荷变形。低扁平比的轮胎常用于高性能车辆，可以使这种车辆对道路的接触面变宽，同时响应变快。低扁平比轮胎的负荷变形较小，车辆乘坐感觉更硬。

更换不同扁平比的轮胎会导致不同的接地面积，因此也会改变轮胎的负荷能力。

例9★　BMW 轮胎尺寸代码

BMW（宝马）是欧系汽车，采用米制单位表示轮胎的尺寸。例如，TD230/55Z R390 即为一个米制单位轮胎代码，TD 表示 BMW TD 类型，230 是以 mm 为单位的轮胎断面宽度，55 是以百分数为单位的扁平比，Z 是速度等级，R 是指轮胎为子午线轮胎，390 是以 mm 为单位的轮辋直径。

例10★　“MS”“M + S”“M/S”和“M&S”标记

标记“MS”“M + S”“M/S”和“M&S”表示轮胎的泥地和雪地适应能力，多数子午线轮胎带有这些标记。

例11★　美国 DOT 轮胎识别代码

美国轮胎代码的格式为“DOT DNZE ABCD 2315”，开头的字符 DOT 表示轮胎符合美国政府的标准，DOT 表示交通部（Department of Transportation）。DOT 后面的两个字母 DN 是工厂标记，代表轮胎生产商和制造厂。

再后面的两个字母 ZE 是表示制造轮胎专用模具的代号，该字母组合是工厂内部代号，通常对使用者没有意义，但是可以在互联网上很容易地查到。

最后四个数字，2315 代表轮胎生产的年份和周序。其他的 ABCD 是生产商或在生产商指导下编制的销售代码，图 1.4 所示为一个示例。

DN 是位于德国 Wittlich 的 Goodyear – Dunlop 轮胎工厂的代码，ZE 是轮胎的模具尺寸。

DOT　DNZE　ABCD　2315

图 1.4　US DOT（符合美国交通部安全标准）轮胎识别编码示例

ABCD 是混合结构代码，23 表示该年度的第 23 周，15 表示 2015 年。因此该轮胎由德国 Wittlich 的 Goodyear－Dunlop 轮胎工厂生产于 2015 年第 23 周。

例 12★　加拿大轮胎识别代码

加拿大的所有轮胎都要有一个交通部识别代码，图 1.5 所示为一个示例。

DOT　B3CD　E52X　2112 

图 1.5　加拿大交通部轮胎识别编码示例

该识别代码提供制造轮胎的生产厂商、时间和地点，DOT 后面的前两个字符代表轮胎生产商和制造厂。本例中，B3 表示加拿大 Bridgewater 的米其林集团。第三个和第四个字符 CD 是轮胎模具尺寸代码。第五至第八个字符 E52X 是生产商使用的可选代码。最后的四个数字 2112 表示生产日期，例如 2112 表示 2012 年第 21 周。识别代码后面的枫叶符号或国旗符号表示轮胎符合加拿大交通部要求。

例 13★　E 标记和国际代码

1977 年 7 月以后在欧洲销售的所有轮胎都要有一个 E 标记，示例见图 1.2 中的5处。此标记以大写或小写的 E 开头，其后是圆圈或方框里的数字，再后面是另一组数字。E 表示该轮胎遵守 CEC 条例的尺寸、性能和标记要求，CEC 或 UNCEC 是联合国欧洲经济委员会的英文简称。圆圈或方框里的数字是国家代码，例如，11 是指英国。圆圈或方框外的前两位数字表示批准轮胎的条例序号，例如，“02”表示指导乘用车轮胎的 CEC 条例 30，“00”表示指导商用车轮胎的 CEC 条例 54。剩下的数字表示 CEC 标记类型批准数字。轮胎还有可能经测试达到噪声限制要求，这些轮胎可能在第二个 CEC 标记后面缀有表示安全的“－s”。

表 1.4 给出了轮胎标记中的欧洲国家代码。

除了美国和欧洲的 DOT 和 CEC 代码，还有其他几种代码，如国际标准化组织的 ISO－9001、中国强制性产品认证制度的 C. C. C、日本工业标准的 JISD4230 等。

表 1.4　用于轮胎标记的欧洲国家代码

代码	国家	代码	国家
E1	德国	E14	瑞士
E2	法国	E15	挪威
E3	意大利	E16	芬兰
E4	荷兰	E17	丹麦
E5	瑞典	E18	罗马尼亚
E6	比利时	E19	波兰
E7	匈牙利	E20	葡萄牙
E8	捷克共和国	E21	俄罗斯
E9	西班牙	E22	希腊
E10	南斯拉夫（现已解体）	E23	爱尔兰
E11	英国	E24	克罗地亚
E12	奥地利	E25	斯洛文尼亚
E13	卢森堡	E26	斯洛伐克

例14★　轻型货车轮胎

轻型货车轮胎的尺寸可以用两种格式表示：LT245/70R16 或 32×11.50R16LT。

第一种格式中，LT 代表轻型货车，245 代表轮胎宽度（单位 mm），70 代表扁平比（百分数），R 代表子午线结构，16 代表轮辋直径（单位 in）。

第二种格式中，32 代表轮胎直径（单位 in），11.5 代表轮胎宽度（单位 in）；R 代表子午线结构，16 代表轮辋直径（单位 in），LT 代表轻型货车。

例15★　UTQG 等级

轮胎生产商可能在其生产的轮胎上增加其他符号、数字和字母，对轮胎的耐磨性能、湿滑路牵引性能和耐高温性能进行分级。对这些字符的标识没有统一要求和标准，但是一般会参考 UTQG（Uniform Tire Quality Granding，统一轮胎质量分级）体系。该体系中用以 mile（1mile≈1.6km）为单位的指数表示轮胎的平均耐磨寿命，耐磨代号越大，轮胎寿命越长。指数为 100 相当于寿命大约为 20000mile，详见表 1.5。

表 1.5　胎面耐磨分级指数

指数	寿命	
100	32000km	20000mile
150	48000km	30000mile
200	64000km	40000mile
250	80000km	50000mile
300	96000km	60000mile
400	129000km	80000mile
500	161000km	100000mile

UTQG 等级还对湿滑路牵引性能和耐高温性能用字母 A 至 C 进行分级，其中 A 表示最好，B 次之，C 表示合格。湿滑路牵引性能为 A 级意味着轮胎上有大且深的胎面花纹和很多排水槽，这些排水槽同时是胎面块的分界线。

耐高温性能为 A 级意味着两个情况：第一，胎体束带刚度较高，胎侧刚度较高，或两者组合后刚度较高；第二，胎侧较薄，轮胎胎面花纹上的稳定块较多。温度等级中 A 表示最好，B 次之，C 表示合格。

轮胎上还有代表轮胎抓地能力的牵引性能分级符号，这种分级涵盖干路面和湿路面的情况。其中 AA 级表示最好，A 级表示很好，B 表示好，C 表示合格。

例16★　胎侧附加标记

TL 代表无内胎。

TT 代表有内胎轮胎的内胎类型。

Made in Country 代表生产国家。

C 代表用于商用货车的商用轮胎，例如：185R14C。

B 代表斜交帘布层。

SFI 代表此面向内。

SFO 代表此面向外。

TWI 代表轮胎磨损标记，该标志在轮胎外侧面，表示轮胎磨损到该标志处时，需要更换轮胎。

SL代表标准负荷，普通用途轮胎和负荷。

XL代表超大负荷，重载轮胎。

RF或rf代表加固轮胎。

箭头代表旋转方向，有些轮胎设计在某一方向上驱动时的性能最好，在这种轮胎上标记箭头，表示安装轮胎时要让箭头指向车辆前进时轮胎的旋转方向，即单导向轮胎。

例17★　加1定则

加1定则是指先增加轮辋的直径再匹配合适的轮胎。一般而言，轮辋直径增加1in，轮胎宽相应地增加20mm，同时扁平比减小10%。这样就抵消了轮辋直径的增长，使轮胎总半径保持不变。图1.6演示了上述思想。

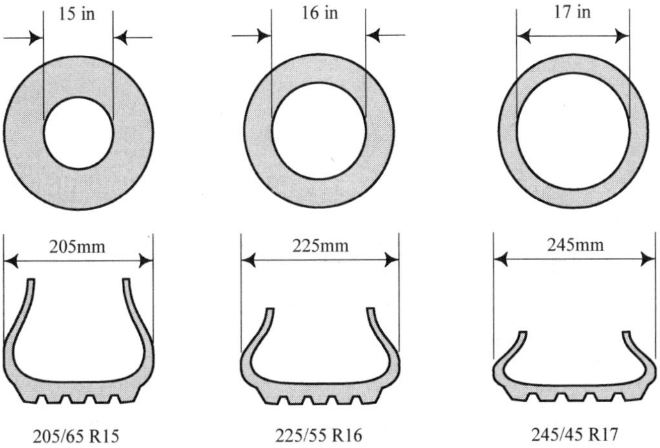

图1.6　加1定则是指将轮辋直径增加1in并为其匹配轮胎的规则

通过采用低扁平比轮胎，可以获得更快的转向响应和更好的侧向稳定性。当然，车辆的乘坐舒适度也会降低。

例18★　充气不足轮胎和充气过量轮胎

充气不当导致的轮胎过热是轮胎的常见故障，对于充气不足的轮胎，轮胎内气体压力承载车重的能力降低，胎侧承载的车重的比例增加。这种轮胎负荷的增加导致轮胎接地印迹增大，从而产生更多的摩擦，生成更多热量。

对于充气过量的轮胎，轮胎内气体压力承载了过多的车重，车辆会更加颠簸，同时会由于轮胎接地印迹很小，即只有轮胎接地印迹中心部分与路面接触，而导致转向困难。

对于充气适当的轮胎，轮胎内气体压力承载大约95%的车重，胎侧承载大约5%的车重。

1.2　轮胎组成

轮胎是由橡胶和多种合成材料经复杂加工生产出的先进工程产品，纤维、帘布和钢丝等材料也是轮胎内衬、胎体层、胎圈、束带、侧壁和胎面的重要构成部分。图1.7显示了轮胎的内部结构。

轮胎的主要组成如下：

胎圈或胎圈芯由一圈挂胶的高强度钢丝组成，它为轮胎提供足够的强度，使其固定在轮辋上，并将轮胎上的力传给轮辋。

中间层由多种纤维帘布组成，最常用的帘布纤维是聚酯帘线纤维。中间层的最上面一层又叫冠带层，冠带层是聚酯纤维，可以将轮胎的各组成部分保持在各自位置。并非所有的轮胎都有冠带层，冠带层常用在较高速度等级的轮胎上，能够在高速行驶时固定轮胎的各组成部分。

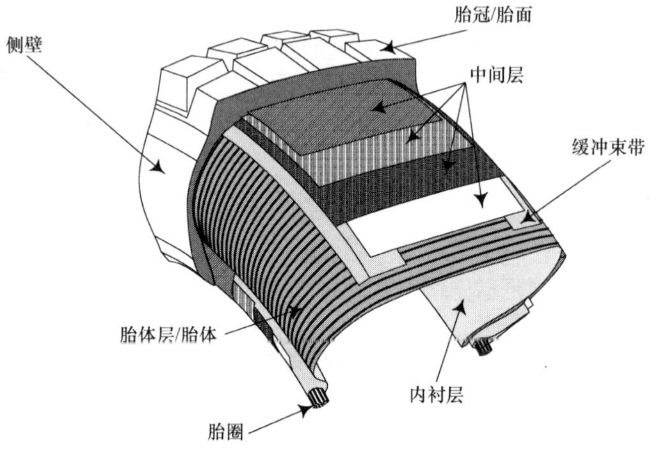

图 1.7　子午线轮胎的内部组成及布置示例

在无内胎轮胎中，中间层加入特制的复合橡胶并构成无内胎轮胎的内侧，同时控制空气压力损失。

束带层或缓冲束带层由一种或多种挂胶钢丝、聚酯纤维、尼龙纤维、凯夫拉纤维或其他材料在胎面之下沿圆周缠绕轮胎组成。束带层用于加固胎体层，保持胎面在道路上展平，达到与地面最佳的接触。束带层能够抑制导致轮胎胎面磨损的蠕动，并减轻冲击和硬物扎入对轮胎造成的损害。

胎体或胎体层是承受轮胎空气压力张紧力的主要部分，胎体由缠绕在钢圈上的挂胶钢丝或其他高强度丝线制成。子午线轮胎中的丝线如图 1.7 所示，丝线与胎圈垂直。胎体层用橡胶包裹主要是为了使之粘结其他组分，同时密封空气。

胎体层的数量常用于描述轮胎的强度，多数汽车轮胎有两个胎体层，商用大型喷气式客机的轮胎有 30 个或更多胎体层。

侧壁为轮胎提供侧向稳定性，保护胎体层，并帮助密封胎内空气。侧壁也可能包含其他提高侧向稳定性的结构部件。

胎面是轮胎上与道路接触的部分，胎面设计根据轮胎使用要求不同而有所不同，变化范围也比较大。胎面由各种自然和合成橡胶混合组成，轮胎最外周又称作胎冠。

胎面槽是指两个胎面棱或两个胎面块之间的空间或面积，胎面槽给轮胎提供牵引力，在雨、雪环境中尤其有用。

例 19　轮胎橡胶的主要材料

橡胶合成物中有两种主要配料：橡胶和填料。这两种主要材料根据设计目标采用不同配方，设计目标包括性能最优、牵引力最大或减小滚动阻力等。最常用的填料是各种炭黑填料和二氧化硅填料，配料中还包括抗氧化剂、抗臭氧剂等成分。

轮胎由多种材料合成并经过热处理，各种组分必须要成型、化合、组配、固化在一起。轮胎质量取决于把各种不同分散的成分合成为能够满足驱动要求的附着性制品的能力。现代轮胎的基本组成为钢、纤维材料和橡胶，一般轮胎的质量比例如下：

① 强化材料：钢、人造纤维和尼龙，16%。

② 橡胶：天然橡胶/人工合成橡胶，38%。

③ 化合物：炭黑、二氧化硅和石灰石，30%。

④ 软化剂：石油、树脂，10%。

⑤ 硫化工艺：硫黄、氧化锌，4%。

⑥ 其他2%。

例 20 轮胎橡胶的主要强化材料

因为轮胎需要承载很大的负荷，所以在其结构中要采用钢丝和纤维等材料强化橡胶合成物，并提供所需强度。轮胎中最常用的强化材料有棉线、人造纤维、聚酯纤维、钢丝、玻璃纤维和芳纶纤维等。

例 21 胎圈的组成和预处理

轮胎胎圈是一个非弹性的复合材料圈，用于稳定胎体，并把轮胎固定在轮辋上。胎圈由钢丝环、边棱和胎圈填充物组成，轮胎胎圈钢丝环由包裹着橡胶的钢丝制成，并沿轮胎连续缠绕几周。胎圈填充物由非常硬的橡胶制成，并通过挤压成型构成轮胎的边缘。

例 22 轮胎帘布结构

轮胎标记中的帘布数和钢丝数表示轮胎中橡胶包裹纤维或钢丝层的数量。一般而言，层数越多，轮胎能够承受的负荷越大，轮胎生产商还有可能标明轮胎所用帘线的数量和种类。

例 23★ 轮胎胎面挤压成型

轮胎胎面或轮胎上与地面接触的部分包括胎面、胎肩和胎面底层。构成胎面外形至少需要三种不同的橡胶合成物，这三种橡胶合成物由一个共同的挤压机机头同时挤压成型。

例 24★ 轮胎中用的橡胶种类

轮胎生产中主要用到如下五种橡胶：天然橡胶、苯乙烯－丁二烯橡胶（SBR）、聚丁二烯橡胶（BR）、丁基橡胶和卤化丁基橡胶。前三种橡胶主要用于胎面和胎侧部分的制造，丁基橡胶和卤化丁基橡胶主要用于中间层和内层部分的制造，保证轮胎内压缩空气的密封。

例 25★ 橡胶的历史

大约2500年以前，生活在中美洲和南美洲的人们用当地一种树的汁液给他们的鞋子和衣服做防水材料，这种材料于17世纪被介绍给第一批来自欧洲的移民。这种材料被英国人发现的第一个用途是做橡皮，可以用来擦掉铅笔标记，因此这种材料被称作橡胶（rubber）。橡胶充气轮胎发明于1845年，1888年开始生产。

天然橡胶是多种有机聚合物的混合物，最主要的橡胶同分异构体如图1.8a所示，称作橡胶基质（异戊二烯）。天然橡胶可以通过硫化生成便于生产的更长分子链和强度更大的聚异戊二烯，硫化过程通常用硫磺作为交联剂，图1.8b所示为一种硫化橡胶的分子式。

例 26★ 如果世界没有橡胶

橡胶作为轮胎制造中的主要材料使其具备柔顺性，柔顺性轮胎在变形时能够与地面附着并产生朝其他方向运动的变形。轮胎的弹性特征使轮胎的运动方向能够与汽车的运动方向不同。如果没有橡胶轮胎，除非车速很低，车辆将不能转向。如果车辆上安装的都是非柔顺性车轮，则轨道上行驶的火车依然会是今天主要的旅行工具，人们将不能在离铁路太远的地方生活，即使是自行车和摩托车也不会起太大的作用。

例 27★ 轮胎相关信息提示

新的前轮轮胎和旧的后轮轮胎搭配使用会导致车辆操控不稳定。

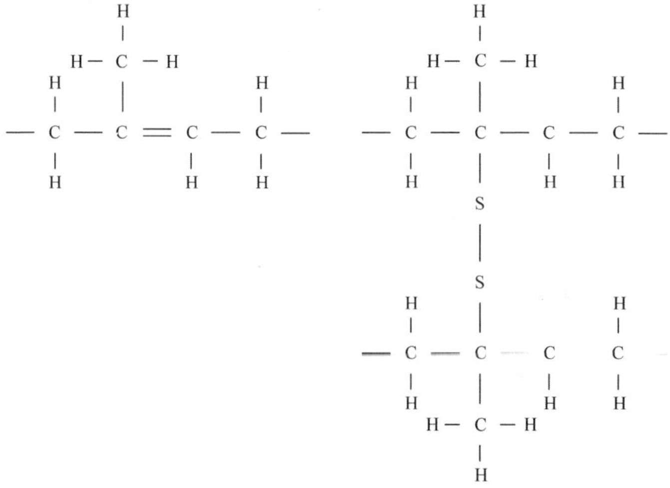

a) 单体单元　　b) 硫化橡胶

图 1.8　天然橡胶的化学构成

长时间在阳光直射下存放的轮胎比在背光区域内存放的轮胎硬化和老化速度快很多。

长时间与润滑油或汽油接触会导致橡胶材质污染，缩短轮胎寿命。

1.3　子午线轮胎和非子午线轮胎

根据胎体钢丝帘线和轮胎平面的角度可以把轮胎分为两类：子午线轮胎和非子午线轮胎。两类轮胎结构各有其特征，这种结构特征决定了它们的性能。

子午线轮胎采用加强钢丝束带，钢丝束带从一侧胎圈到另一侧胎圈相互平行布置，并与轮胎圆周方向的中心线成 90°夹角。这种布置使轮胎径向方向弹性更大，可以减小滚动阻力，提高转向性能。图 1.7 所示为子午线轮胎的内部结构和胎体布置。

非子午线轮胎又称作斜交轮胎，帘布层从一侧胎圈到另一侧胎圈以约 30°的角度布置，有时采用其他角度。一层帘布以某一方向布置后，后面的帘布以相反的方向布置，使其相互交叉，帘布的末端缠绕在胎圈钢丝上，并将其固定在车轮轮辋上。图 1.9 所示为非子午线轮胎的内部结构和胎体布置。

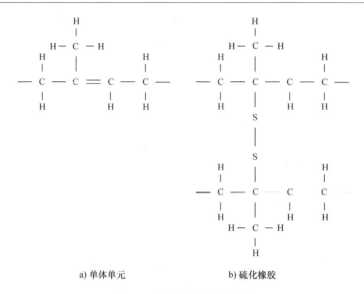

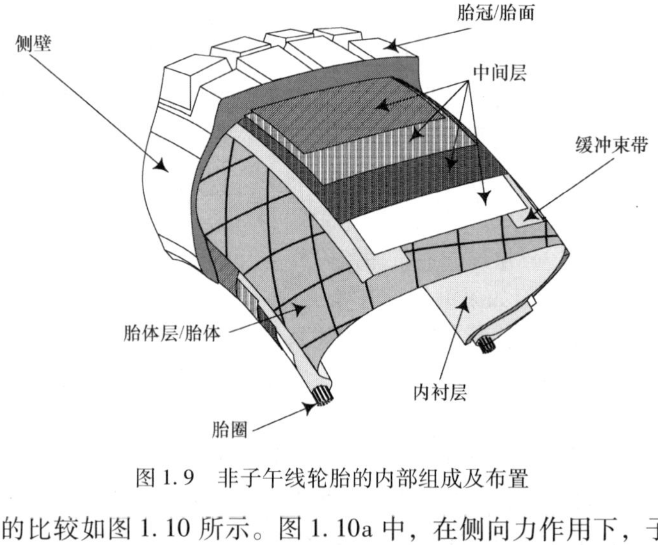

图 1.9　非子午线轮胎的内部组成及布置

子午线轮胎和非子午线轮胎在动力学方面最重要的不同，是车轮在受侧向力时轮胎的地面附着性能不同，两种轮胎性能的比较如图 1.10 所示。图 1.10a 中，在侧向力作用下，子午线轮胎的大部分弯曲发生在轮胎侧壁上，胎面与道路贴合较平。图 1.10b 中，在侧向力的作用下，斜交轮胎的胎面和侧壁都产生了变形，与路面的接触面积相对较小。

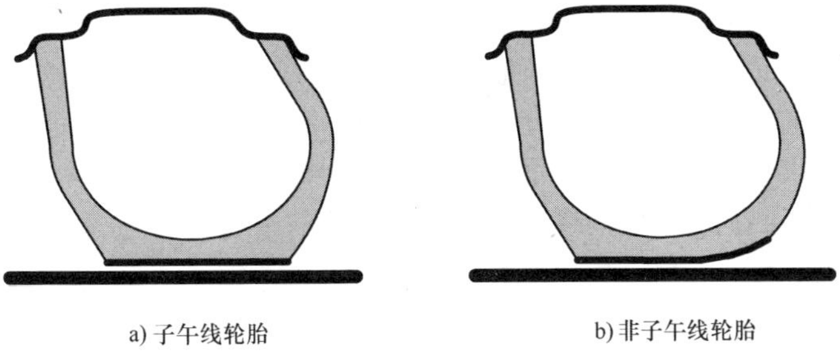

图 1.10 承受侧向力时子午线轮胎和非子午线轮胎的地面附着性能

子午线轮胎的径向布置允许胎面和侧壁相对独立地变化，侧壁在车辆负荷作用下较易弯曲，因此，子午线轮胎更容易产生垂直方向的变形。胎壁在负荷下弯曲时，钢丝束带抱紧胎面并使其在地面上展平，从而降低了胎面的毛刷效应。轮胎转向时，胎面和胎壁的相对独立反应使胎面在路面上展平，从而使轮胎保持其轨迹。子午线轮胎是当前在多数应用中优先选用的轮胎。

斜交轮胎中胎体的交叉布置使其作为一个整体对负荷做出反应，胎壁在负荷作用下发生扭转或弯曲时，胎面被向内挤压而变形。这种变形影响轮胎接地印迹，降低牵引力。由于斜交轮胎的这种固有结构，与子午线轮胎结构相比，其胎壁强度较小，转向效率较低。

例 28 提高轮胎强度

增加帘布层和胎圈钢丝的数量可以提高斜交轮胎的强度，但是增加帘布层数意味着增加轮胎质量，从而增加热量，降低寿命。对于子午线轮胎，可以通过增大胎体内的钢丝的直径提高轮胎强度。

例 29 无内胎轮胎和有内胎轮胎

无内胎轮胎在结构上与有内胎轮胎类似，区别在于无内胎轮胎内部的两个胎圈之间有一层气密防潮橡胶层，该橡胶层用于保证内部气室的密封，这样就不再需要内胎和轮胎垫带。无内胎轮胎和有内胎轮胎在尺寸相等、胎压相同时能够承载相同的负荷。

例 30 ★ 新型矮脚轮胎

低扁平比轮胎是一种断面宽度值比断面高度值大的无内胎轮胎，这种轮胎的扁平比在 50% 至 30% 之间。矮脚轮胎侧壁高度较低，胎面宽度较宽，这种特征具有较高的侧向刚度，能够提高其稳定性和操纵性。

例 31 ★ 轮胎的功能

轮胎是一个支撑车辆负荷的充气系统，它利用压缩空气在胎体层内产生张力支撑起车辆负荷。轮胎胎体内有很多高张力强度的帘线，几乎没有压缩强度，空气压力在胎体内产生张力并承载负荷。在充气后没有负荷的轮胎内，帘线对整个轮胎胎圈钢丝的拉紧力相等。轮胎承受负荷时，地面与轮辋之间的帘线张力减小，其他部位的帘线张力不变，所以与地面相反方向的帘线会向上拉胎圈，这样就把压力从地面传递到轮辋上。

除了承载垂直负荷外，轮胎还必须向路面传递加速、制动和转向的力，这些力也以相似的方式传递给轮辋。加速和制动力还与轮辋和胎圈之间的摩擦力有关，同时，轮胎也在轮辋和道路之间起到弹簧的作用。

1.4 胎面

胎面花纹由胎面凸起和缝隙组成，凸起是与道路接触的橡胶块，缝隙是凸起之间的空间。凸起又叫作胎面痕迹或胎面块，缝隙又叫作胎面槽。由胎面块和胎面槽组成的胎面花纹轮廓影响轮胎的牵引力和噪声水平，沿轮胎圆周方向的宽直胎面槽的噪声较低，且侧向摩擦力大。增加从轮胎一侧向另一侧的横向槽会提高轮胎的牵引力和噪声水平，图1.11所示为一个轮胎胎面示例。

轮胎既需要圆周方向的胎面槽，也需要横向胎面槽。道路上的水受车重挤压进入胎面槽中，然后从轮胎接地印迹区域排出，从而在轮胎接地印迹上提供更大的牵引力。如果没有胎面槽，道路上的水不会被排到车轮两侧，并会在道路和轮胎之间形成一层薄水膜，这将导致轮胎与路面的摩擦力降低。可见，胎面槽提供了排水的通道。

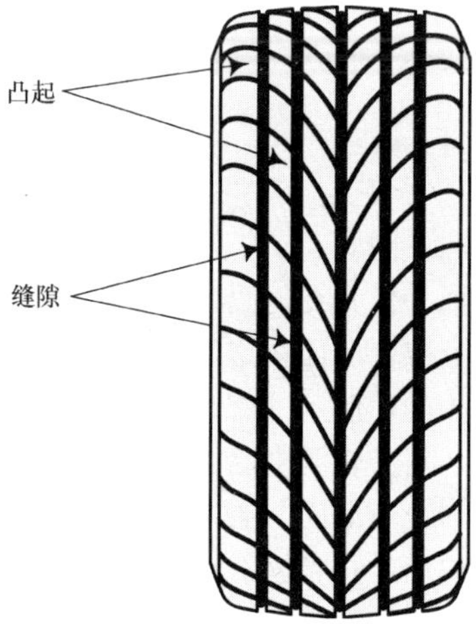

图1.11 轮胎胎面的凸起和缝隙

在干燥道路上，轮胎胎面花纹的存在降低了橡胶与道路之间的接触面积，所以也会降低轮胎的抓地力，这也是在平坦干燥的赛车跑道上用无胎面花纹轮胎的原因。

泥泞地形轮胎花纹的特点是有大凸起和大缝隙，大凸起能使轮胎在低牵引力情况下提供大的抓地力，大缝隙能够使轮胎通过排出泥土自我清理。与泥泞地形轮胎相比，全地形轮胎花纹的凸起和缝隙相对较小，突起细密、缝隙小使全地形轮胎在街道上比较安静。但是胎面缝隙小不容易自我清理，如果缝隙里充满了泥浆，轮胎会损失部分牵引力。全地形轮胎较适合于高速公路使用。

例32 不对称胎面和单导向性胎面设计

胎面花纹的设计可以不对称，轮胎两侧可以不同。可以把不对称花纹设计成有两种或多种功能，从而提高其总体性能。

单导向轮胎是一种为了获得最佳性能而只向一个前进方向旋转的轮胎，单导向胎面花纹专为在潮湿、雪地或泥泞道路上行驶设计。非单导向胎面花纹可以任意用于两个前进方向，性能不会降低。

例33 自清理

自清理是轮胎的胎面花纹从胎面缝隙清除泥土或其他物质的能力，这种能力使轮胎的每次旋转都能较好地抓地。泥地轮胎能够从胎面缝隙中轻易地清除泥土或其他物质。

例34 ★ 滑胎

滑胎是指轮胎在水膜上打滑。在汽车驶过静止水面，水不能从轮胎下面排出时会发生滑胎，此时的轮胎被抬离地面并在水上滑动。滑胎情况下的轮胎将失去牵引力，所以汽车将不再按照驾驶人的指令行驶。

在轮胎接地印迹内，从前面边缘的中间位置到后面边缘的拐角处的深胎面槽和中间的宽通道都可以帮助水从轮胎下面排出，图1.12所示为轮胎驶过水层时发生滑胎现象的情况。

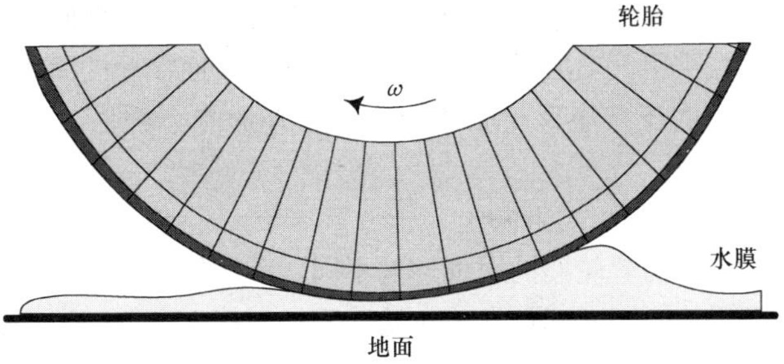

图 1.12 滑胎现象示意图

滑胎有三种类型：动力学滑胎、黏性滑胎和橡胶滑胎。动力学滑胎发生时，湿滑路面上的水不能足够快速地从轮胎下面排出，使轮胎与路面无法在整个轮胎接地印迹上接触，轮胎在楔形水层上行驶，并失去与道路的接触。滑胎发生时的速度称作滑胎速度。

湿滑路面上水、油脂或灰尘混合时会导致黏性滑胎，与动力学滑胎相比，黏性滑胎发生的水深较浅，速度较低。

橡胶滑胎是指由猛烈制动时摩擦生热导致轮胎接地印迹中产生高压蒸汽而引起的滑胎。

例 35 ★ 航空滑胎速度

在航空工程领域，滑胎速度以节（kn）为单位，并用下式计算

$$v_{\mathrm{H}} = 9\sqrt{p} \tag{1.6}$$

式中 p——轮胎充气压力，单位 $1\mathrm{bf/in^2}$。

B757 飞机的主轮胎，其滑胎速度应为

$$v_{\mathrm{H}} = 9\sqrt{144} = 108\mathrm{kn} \approx 55.5\mathrm{m/s} \tag{1.7}$$

式（1.6）用国际单位制表示应为

$$v_x = 5.5753 \times 10^{-2}\sqrt{p} \tag{1.8}$$

其中 v_x 的单位是 m/s，p 的单位是 Pa。例如，某汽车轮胎的胎压为 193053Pa，则其滑胎速度为

$$v_x = 5.5753 \times 10^{-2}\sqrt{193053} \approx 24.5\mathrm{m/s} \tag{1.9}$$

1.5 轮胎接地印迹

轮胎和道路的接触区域称作轮胎接地印迹，记作 A_P。轮胎接地印迹中的任意点都能传递道路和轮胎之间的法向力和摩擦力，这些接触力的影响可以用作用在轮胎接地印迹中心的力和力矩的合力系描述。

轮胎接地印迹又称作接触块、接触区或轮胎足迹，轮胎接地印迹的模型如图 1.13 所示。

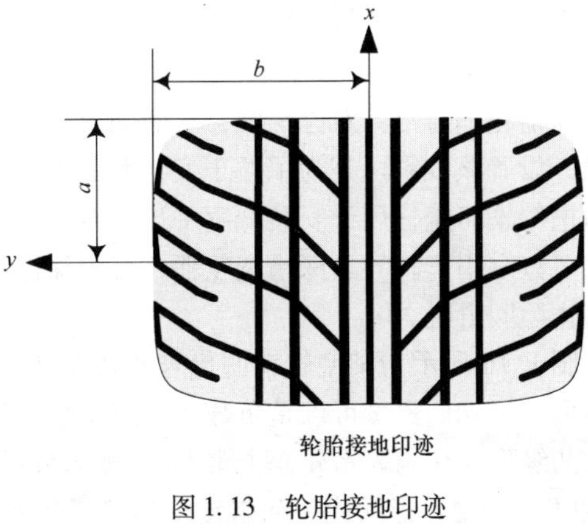

图 1.13 轮胎接地印迹

轮胎接地印迹的面积与胎压成反比，

沙土地、泥泞地和雪地区域使用的越野车辆和直线竞速赛车常用降低胎压的办法来增大轮胎接地印迹的面积。胎压减小引起轮胎膨胀率下降，轮胎与路面接触的面积增大，在低摩擦条件下提供较大的牵引力。胎压减小后轮胎适应障碍物外形能力增强，与障碍物接触面积增大，有助于扒住小型障碍物。

例 36 前轮轮胎和后轮轮胎磨损不均

多数车辆中前轮轮胎和后轮轮胎的磨损速度不同。前轮轮胎，特别是前轮驱动车辆的前轮轮胎，比后轮轮胎磨损快。因此建议在前轮轮胎磨损到接近磨损标记时交换前、后车轮轮胎，称作调换轮胎。

1.6 车轮和轮辋

轮胎装在轮辋上并充气后，称作车轮，车轮是轮胎和轮辋的组合。轮辋是安装轮胎的圆柱形零件，多数乘用车的轮辋由钢或其他金属制成。钢制轮辋通过把圆盘焊接在框架上制成，用铝、镁等轻金属制成的轻型合金轮辋也很普遍。图1.14所示为车轮上几个最重要的尺寸名称。

轮辋包括两个主要部分：凸缘和轮辐盘。凸缘是用于安装轮胎的圆环或圆套，轮辐盘或称中心板是用于把轮辋安装到轮毂的圆盘。轮辋宽度，又称作盘宽，是指从一边凸缘上胎圈座内侧到另一边胎圈座内侧的距离。凸缘为轮胎提供侧向支撑，每个凸缘有两个胎圈座为轮胎提供径向支撑。两个胎圈座之间的收紧段需要有足够的宽度和深度，以便在轮辋上安装和拆卸胎圈座。轮辋孔或称气门嘴孔是轮辋上容放轮胎充气气门嘴的圆孔或槽。

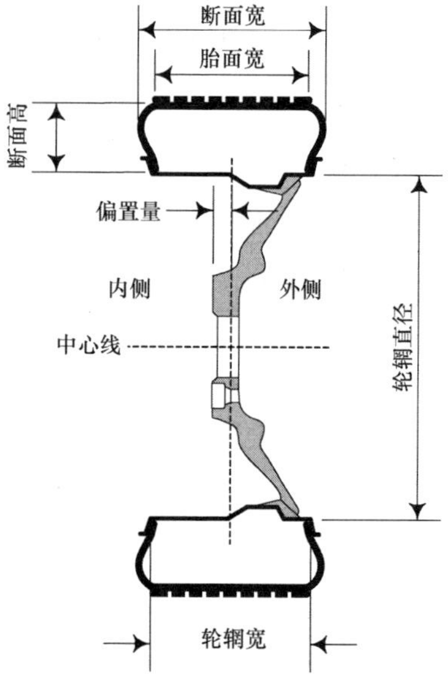

图1.14 车轮及其尺寸示意图

常见的两种主要的轮辋形状包括：

① 深槽轮辋（DC）。

② 深槽宽轮辋（WDC）。

深槽宽轮辋有时会有一个环形驼峰，有驼峰的深槽宽轮辋称作驼峰式深槽宽轮辋（WDCH），图1.15是它们的纵截面示意图。

深槽轮辋通常为对称形状，在胎圈座之间有一个收紧段，设置该收紧段是为了便于安装和拆卸轮胎，其胎圈座有大约5°的锥角。深槽宽轮辋比深槽轮辋略宽，用于安装低扁平比的轮胎。深槽宽轮辋的收紧段相对较浅，也较宽。现在的大多数乘用车装的是深槽宽轮辋，有的深槽宽轮辋上在胎圈座之后制有一圈驼峰，驼峰可以防止胎圈滑脱。

图1.16所示为某型轮辋的代号及其含义。其中，偏置量是指轮辋内平面与其中心平面的距离，轮辋偏置量可以是负数、零或正数，轮毂盘在中心线外侧时轮辋偏置量为正数。

凸缘形状代码表示轮辋与轮胎接触部分的形状，可能是B、C、D、E、F、G、J、JJ、JK和K。通常，形状代码随名义轮辋宽度的变化而变化，但是相同轮辋宽度也有可能用不同的轮辋形状。图1.17是车轮与轮轴的连接示意图。

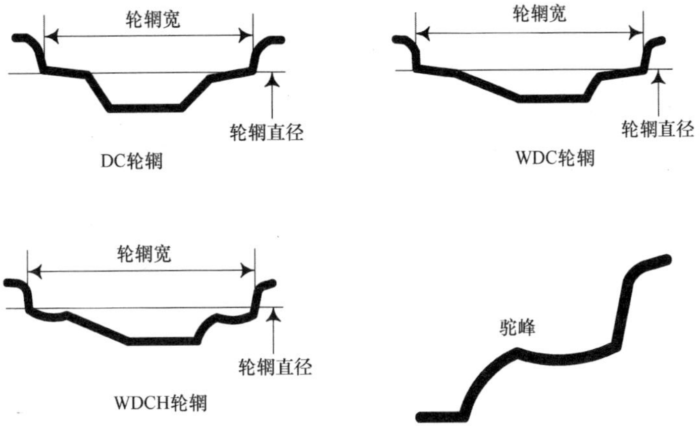

图 1.15　DC、WDC 和 WDCH 轮辋及其几何结构示意图

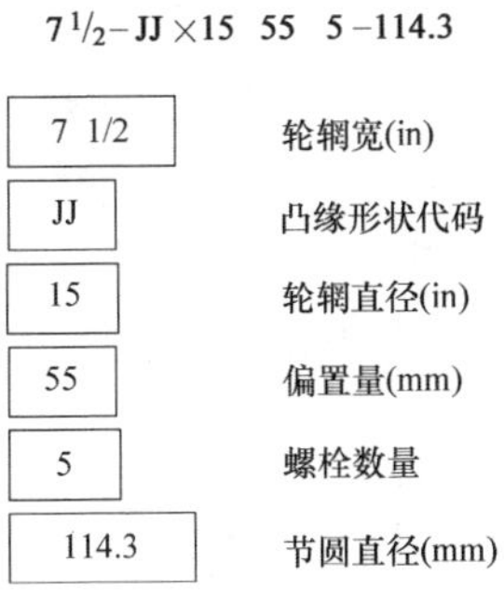

图 1.16　轮辋代号示例

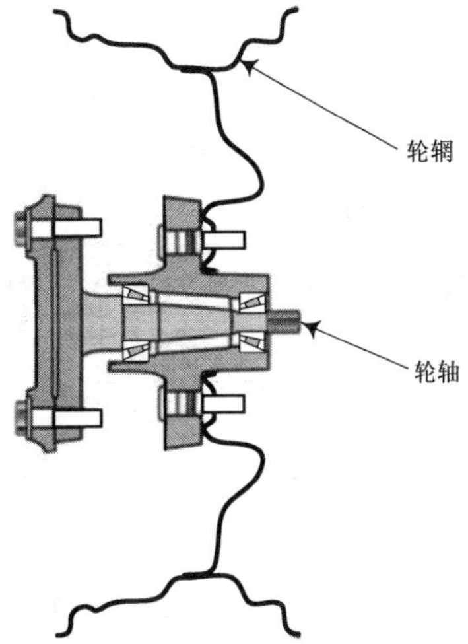

图 1.17　车轮及轮轴的连接示意图

例 37　钢丝辐条车轮

用钢丝连接轮辋中心部分和外部凸缘的车轮称作钢丝辐条车轮，或简称钢丝车轮，上面的钢丝称作辐条。这种车轮多应用在老式汽车中，高性能汽车出于安全性考虑不会采用钢丝车轮。图 1.18 所示为两个钢丝辐条车轮的示例。

例 38　轻型合金轮辋材料

金属材料是制造轮辋的主要材料，但是，新型合成材料也已用于轮辋制造。合成材料轮辋通常是由玻璃纤维增强的热塑性树脂制成，主要是为了减轻质量。其强度和耐热性仍需要进一步提高，目前尚不能取代金属轮辋。

除了钢和合成材料，铝合金、镁合金和钛合金等轻型合金是制造轮辋的主要材料。

铝合金在质量、传热性能、耐腐蚀性、易于铸造、抗低温性能和易于加工等方面都适合于制造轮辋。镁合金比铝合金轻大约 30%，具有优异的形状稳定性和抗冲击能力，但是镁合金价格较贵，主要用于豪华汽车或赛车，镁合金的耐腐蚀性也没有铝合金好。钛合金强度

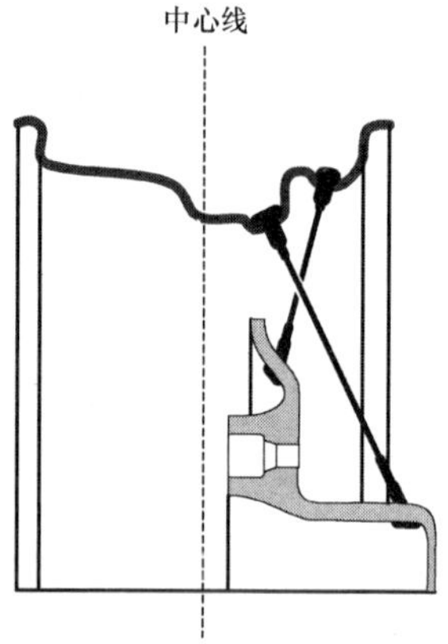

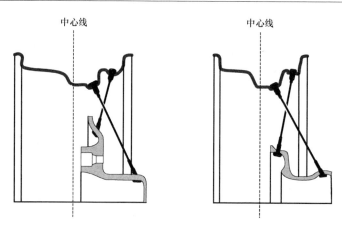

图 1.18　两个钢丝辐条车轮示例

比铝合金和镁合金高很多，且具有非常好的耐腐蚀性。但是钛合金过于昂贵，且难于加工。

铝合金轮辋、镁合金轮辋和钢制轮辋的差别如图 1.19 所示，车轮弹跳后，质量较轻的比质量较重的再次着地快。

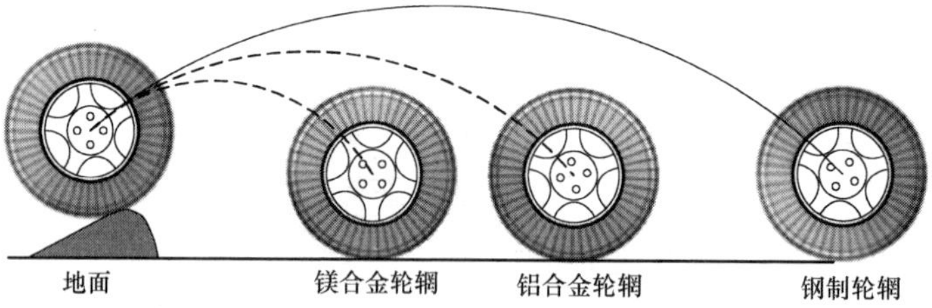

图 1.19　弹跳后再次着地时铝合金轮辋、镁合金轮辋和钢制轮辋的差别

例 39　备胎

公路车辆通常会携带一个已经安装在轮辋上的备胎，以备在轮胎漏气时换用。自 20 世纪 80 年代，一些汽车上已经开始配备比正常轮胎尺寸小的备胎，这种备胎称作甜甜圈备胎或省空间备胎。尽管这种小备胎使用不很普遍，但是它的确能够节省空间、减轻车重、降低造价和增加续行里程。这种小备胎不能行驶太远，也不能行驶得太快。

例 40　车轮的历史

大约 5000 年以前，中东地区的人们发明了石头和木头车轮并开始应用。硬质车轮存在低效率的问题，如牵引性差、摩擦力低、乘坐颠簸、负荷承载能力低等。

19 世纪末到 20 世纪初开始应用实心橡胶轮胎和有内胎轮胎。

1.7　车辆分类

道路车辆通常按照车辆尺寸和车轴数量分类，尽管没有标准和通用的分类方法，但是仍然存在以下是几种重要类型和实用分类。

1.7.1　ISO 和 FHWA 分类

根据 ISO3833，道路车辆分为七大类：

① 摩托车。
② 乘用车。
③ 客车。
④ 货车。
⑤ 农用拖拉机。
⑥ 带拖车的乘用车。
⑦ 货车拖挂/半拖挂公路列车。

联邦公路管理局（FHWA）根据车辆尺寸和用途对道路车辆进行分类，将所有道路车辆分为如下 13 类（图 1.20）：

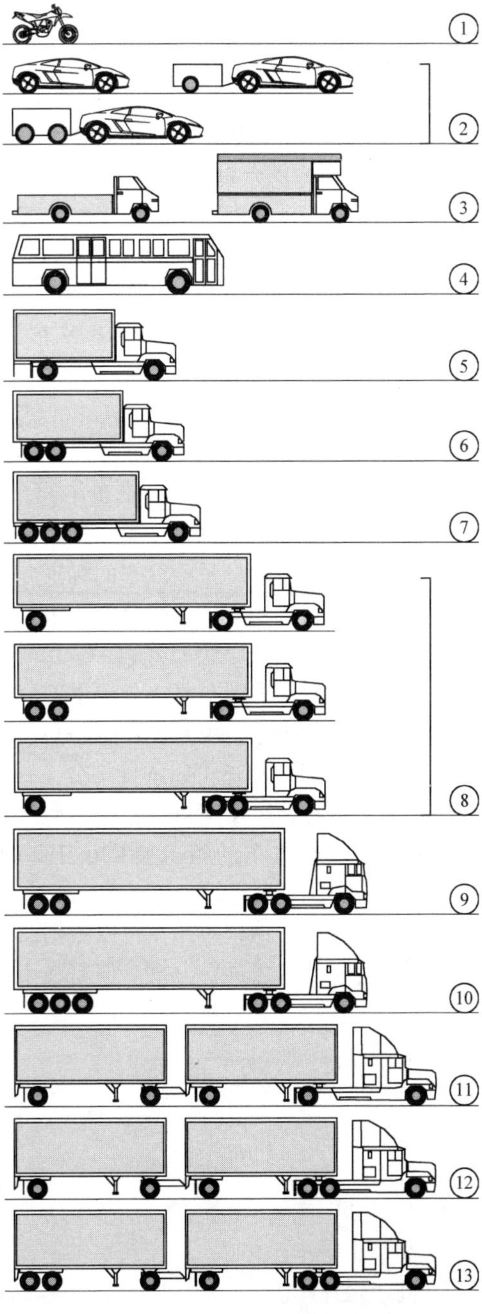

图 1.20 FHWA 车辆分类

① **摩托车**：接地车轮不多于三个的有座位或骑行座位的机动车辆为摩托车。两轮摩托车、踏板摩托车、轻便摩托车、助力自行车、三轮摩托车都在此类。摩托车通常用车把转向，但也有例外，图 1.21 所示为一辆三轮摩托车。

② **乘用车**：城镇街道汽车，包括四门轿车、双门轿车和旅行轿车都归此类。

③ **其他双轴、四轮单车架车辆**：这一类车辆包括所有不是乘用车的两轴、四轮车辆。包括皮卡、平板车、厢式车、野营车、旅居车、救护车、灵车、轻型客车等。其他带轻型拖车的双轴、四轮单车架车辆也可以归入此类，区分第 2 类和第 3 类比较困难，所以这两类有时归入第 2 类。

④ **客车**：能够载运 10 人以上的机动车辆称作客车。客车是指初始生产目的即为载运乘客的双轴、六轮车辆，但是三轴或多于三轴的客车也有生产。

⑤ **双轴、六轮单一车架货车**：包括货车、野营车、旅居车和机动房车等单一车架、双轴四后轮车辆。

⑥ **三轴单一车架货车**：包括货车、野营车、旅居车等单一车架、三轴车辆。

⑦ **四轴（或以上）单一车架货车**：包括所有四轴或多于四轴的单一车架货车。

⑧ **四轴（或以下）带一节拖车的货车**：包括四轴或少于四轴的车辆，这类车辆包括两节车架，其中一节是牵引车或动力来源货车。

⑨ **带一节拖车的五轴货车**：五轴、两节车架车辆，其中一节是牵引车。

⑩ **带一节拖车的六轴（或以上）货车**：六轴或多于六轴的两节车架车辆，其中一节是牵引车。

⑪ **带多节拖车的五轴（或以下）货车**：五轴或少于五轴的含三节或三节以上车架的车辆，其中一节是牵引车。

⑫ **带多节拖车的六轴货车**：六轴的含三节或三节以上车架的车辆，其中一节是牵引车。

⑬ **带多节拖车的七轴（或以上）货车**：七轴或多于七轴的含三节或三节以上车架的车辆，其中一节是牵引车。

第6类至第13类又统称为货车，货车是指初始生产用途为运输货物的车辆。

图1.21 三轮摩托车

1.7.2 乘用车分类

乘用车是初始设计用途为载运量不超过十人的机动车辆。汽车可以按照尺寸和质量分类，按照尺寸分类即根据轴距分类，轴距是指前、后车轴之间的距离。按照质量分类即根据整备质量分类，整备质量是指汽车的标准配置质量，即加满燃油和其他车用液体，但不包括货物负荷、人员和货物的质量。分类前根据四舍五入原则，轴距向英寸（in）圆整，整备质量向50kg圆整。

按尺寸分类时，乘用车可以分为小型汽车、中型汽车和大型汽车。小型汽车的轴距小于99in（2.5m），中型汽车的轴距介于100～109in之间（2.5～2.8m），大型汽车的轴距大于110in（2.8m），每一类还可以继续细分。

按质量分类时，乘用车可以分为轻型汽车、中型汽车和重型汽车。轻型汽车的整备质量小于1100kg，中型汽车的整备质量小于1550kg、大于1150kg，重型汽车的整备质量大于1600kg，每一类还可以继续细分。

从动力学方面考虑，乘用车可以根据悬架、发动机、动力传动系布局、质量分配类型或其他影响动力学的参数进行分类。但是在市场上，乘用车通常根据乘员数量和装载能力有如下几种类型名称。

① 经济型。

② 紧凑型。

③ 中级车。

④ 标准尺寸。

⑤ 全尺寸。

⑥ 高级豪华车。

⑦ 高级敞篷车。

⑧ 敞篷车。

⑨ 小型厢式车（Minivan，MPV）。

⑩ 中型车。

⑪ 运动多用途车（SUV）。

乘用车也可以根据尺寸和外形分类，当然，这种分类方法标准不清晰，很多车辆会难于归到某一类。同时，并不是所有的汽车在所有的国家都销售，因此有时同一类汽车在不同的国家有不同的名字。常见的车辆按外形可以大致分为四门轿车、双门轿车、敞篷车、小型厢式车/厢式车、旅行车和 SUV。

四门轿车是指有四个车门的车身构型和传统行李箱的汽车。

双门轿车是指只有两个车门的轿车。

敞篷车是指有打开式或伸缩式车顶的乘用车。

小型厢式车/厢式车通常指具有厢式车身、封闭货舱或乘员区域的车辆。根据质量区分，厢式车总质量应小于 4500kg。根据封闭货舱或乘员区域的大小、发动机舱和车厢形状区分，可以分为微型、小型、中型、全尺寸和大型厢式车。厢式车的细分与 SUV 的细分标准相同。

旅行车是指车顶轮廓向后延伸超过后车门与行李箱成为一体的轿车。

SUV（Sport Utility Vehicle）是指具有越野能力、载运不超过十人的一种多用途车辆。多数 SUV 为四轮驱动，同时离地间隙较大。SUV 可以分为微型、小型、中型、全尺寸和大型 SUV 五类。

微型 SUV 的轴距小于或等于 88in（224cm），典型微型 SUV 是离地间隙较高和越野性能加强的微型轿车。小型 SUV 的轴距大于 88in（224cm），总宽度小于 66in（168cm），小型 SUV 是长度较短和宽度较窄的 4×4 多用途车辆。中型 SUV 的轴距大于 88in（224cm），总宽度大于 66in（168cm），但小于 75in（190cm），中型 SUV 是在缩短了的皮卡底盘基础上设计的 4×4 多用途车辆。全尺寸 SUV 的轴距大于 88in（224cm），总宽度在 75in（190cm）和 80in（203cm）之间，全尺寸 SUV 是底盘比皮卡增大了的 4×4 多用途车辆。大型 SUV 的轴距大于 88in（224cm），总宽度大于 80in（203cm）。

由于四轮驱动车辆具备优越性能，车辆生产厂家倾向于在更多车型上应用四轮驱动技术，所以四轮驱动技术不再由 SUV 独享。

总质量是指车辆生产厂标定的车辆的最大质量，总质量包括底盘、车身、发动机、车用液体、燃油、附件、驾驶人、乘客和货物。

1.8　小结

图 1.22 给出的某轮胎的尺寸和性能代码，其定义和解释如下：

P 215/60 R 15 96 H

图 1.22　轮胎尺寸示例

P 表示乘用车；215 是承载后的轮胎宽，单位 mm；60 是轮胎扁平比，$s_T = \frac{h_T}{w_T} \times 100$，是用百分数表示的轮胎断面高与断面宽的比值；R 表示子午线轮胎；15 是轮胎设计安装的轮辋直径，单位 in；96 是负荷指数；H 是速度等级代码。

道路车辆通常按照车辆尺寸和车轴数量分类，没有标准和通用的分类方法，ISO 和 FHWA 提供了北美应用的两种重要分类。

根据 ISO3833，道路车辆分为七大类：

① 摩托车。

② 乘用车。

③ 客车。

④ 货车。

⑤ 农用拖拉机。

⑥ 带拖车的乘用车。

⑦ 货车拖挂/半拖挂公路列车。

FHWA 把所有道路车辆分为如下 13 类：

① 摩托车。

② 乘用车，包括带单轴或双轴拖车的乘用车。

③ 其他两轴车辆，包括皮卡、厢式车和带单轴或双轴拖车的厢式车。

④ 客车。

⑤ 双轴，六轮单一车架货车。

⑥ 三轴单一车架货车。

⑦ 单一车架的四轴（或以上）货车。

⑧ 带一节拖车的四轴（或以下）货车。

⑨ 带一节拖车的五轴货车。

⑩ 带一节拖车的六轴（或以上）货车。

⑪ 带多节拖车的五轴（或以下）货车。

⑫ 带多节拖车的六轴货车。

⑬ 带多节拖车的七轴（或以上）货车。

1.9 主要符号

A_P	轮胎接地印迹面积	p	轮胎充气压力
B	斜交帘布层轮胎	P	乘用车
D	轮胎直径	R	子午线轮胎
D	斜纹型轮胎	s_T	轮胎扁平比
DC	深槽轮辋	ST	专用拖车
DOT	交通部	T	临时备用胎
FHWH	联邦公路管理局	v_H	滑胎速度
h_T	断面高	v，v_x	车辆前进速度
H	速度等级	w_T	轮胎断面宽
WDCH	驼峰式深槽宽轮辋	WDC	深槽宽轮辋
M&S	泥泞和雪地		

习　题

1. 轮胎尺寸代码

解释下面轮胎代码的含义：

（a）10.00R20 14（G）　（b）18.4 R46　（c）480/80R46 155A8　（d）18.4－38（10）

（e）76×50.00B32＝1250/45B32　（f）LT255/85B16　（g）33x12.50R15LT

2. 轮胎高和轮胎直径

对于下面的轮胎，求轮胎高和轮胎直径。

（a）480/80R46 155A8　（b）P215/65R15 96H

3. ★ 加 1 定则

将下面轮胎的轮辋直径加 1，确定新轮辋尺寸下的轮胎。

（a）P215/65R15 96H　　　（b）P215/60R15 96H

4. ★ 轮胎胎圈问题

试说明轮胎胎圈太紧或太松可能会带来什么问题。

5. Porsche911turbo 的轮胎

Porsche 911turbo 车型用下面的轮胎

前胎：235/35ZR19　　后胎：305/30ZR19

确定并比较前、后轮胎的 h_T 和 D。

6. Porsche Cayenne turbo 的轮胎

Porsche Cayenne turbo 全轮驱动车型用下面的轮胎

255/55R18

当该车以其最大速度 $v=275\text{km/h}$ 行驶时，轮胎的角速度是多少？

7. Pininfarina 生产的 Ferrari P 4/5 上的轮胎

Pininfarina 生产的 Ferrari P 4/5 是一款后轮驱动运动型汽车，所用轮胎为

前胎：255/35ZR20　　后胎：335/30ZR20

当该车以其最大速度 $v=362\text{km/h}$ 行驶时，轮胎的角速度是多少？

8. Mercedes－Benz SLR 722 Edition 上的轮胎

Mercedes－Benz SLR 722 Edition 车型所用轮胎为

前胎：255/35R19　　后胎：295/30R19

如果该车后轮轮胎的角速度为

$$\omega=2000\text{r/min}$$

汽车的车速是多少？在此车速下，前轮轮胎的角速度是多少？

9. Chevrolet Covette Z06 上的轮胎

Chevrolet Covette Z06 车型所用轮胎为

前胎：275/35ZR18　　后胎：325/30ZR19

如果该汽车后轮轮胎的角速度为

$$\omega=2000\text{r/min}$$

汽车的车速是多少？在此车速下，前轮轮胎的角速度是多少？

10. Koenigsegg CCX 上的轮胎

Koenigsegg CCX 是一款运动型汽车，所用轮胎为

前胎：255/35R19　　后胎：335/30R20

该车前后轮胎的角速度之比是多少？

11. 车速测量

假设车辆速度表显示的车速与车轮转速成正比，轮胎是新轮胎时速度表准确，轮胎规格为

前胎：255/35R19

1）汽车在以 100km/h 的速度行驶时，前轮轮胎的角速度是多少？

2）轮胎胎面磨损导致轮胎半径减小了 5% 后，轮胎的角速度应为多少？

3）假设把轮胎换成规格为 335/30 R20 的轮胎，速度表刻度不变，以 100km/h 的速度行驶时，速度表显示速度是多少？

Ⅰ　车辆驱动

2　正向车辆动力学

本章讨论理想刚性车辆的直线行驶问题，忽略空气摩擦力影响，考察轮胎之下载荷的变化，从而确定车辆的行驶加速度、道路坡度和运动学性能的极限。

2.1　水平路面上停放的汽车

汽车停放在水平路面时，总法向力为 F_z，作用在前后各个车轮上的法向力 F_{z_1}、F_{z_2} 分别为

$$F_{z_1} = \frac{1}{2}mg\frac{a_2}{l} \tag{2.1}$$

$$F_{z_2} = \frac{1}{2}mg\frac{a_1}{l} \tag{2.2}$$

式中，a_1 是从车辆质心到前轴的距离；a_2 是从车辆质心到后轴的距离；l 是轴距。

$$l = a_1 + a_2 \tag{2.3}$$

证明：假设如图 2.1 所示的一辆纵向对称的汽车，该车可以作为两轴车辆来建模。对称的两轴车辆相当于一个有两个支点的刚性梁，作用在前轮和后轮的垂直力能够通过平面静态平衡方程式计算。

$$\sum F_z = 0 \tag{2.4}$$

$$\sum M_y = 0 \tag{2.5}$$

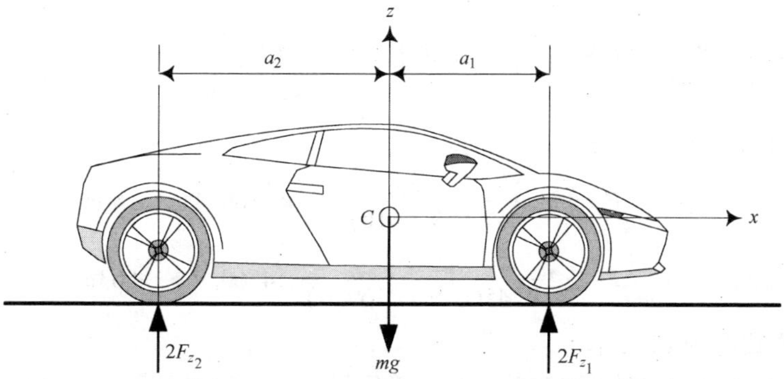

图 2.1　停放在水平路面的汽车

应用平衡方程式

$$2F_{z_1} + 2F_{z_2} - mg = 0 \tag{2.6}$$

$$-2F_{z_1}a_1 + 2F_{z_2}a_2 = 0 \tag{2.7}$$

得到前后轮胎下的反作用力。

$$F_{z_1} = \frac{1}{2}mg\frac{a_2}{(a_1+a_2)} = \frac{1}{2}mg\frac{a_2}{l} \tag{2.8}$$

$$F_{z_2} = mg\frac{a_1}{(a_1+a_2)} = mg\frac{a_1}{l} \tag{2.9}$$

例 41　车轮下面的反作用力

一辆兰博基尼迪业波罗汽车质量为1576kg，其质心 C 位于前轮中心线后108.65cm，该车轴距为265cm。

$$a_1 = 1.086\text{m} \qquad l = 2.65\text{m} \qquad m = 1576\text{kg} \tag{2.10}$$

单个前轮下面的作用力为

$$F_{z_1} = \frac{1}{2}mg\frac{a_2}{l} = \frac{1}{2}\times 1576\times 9.81\times(2.65-1.086)/2.65 = 4560.9\text{N} \tag{2.11}$$

单个后轮下面的作用力为

$$F_{z_2} = \frac{1}{2}mg\frac{a_1}{l} = \frac{1}{2}\times 1576\times 9.81\times 1.086/2.65 = 3169.4\text{N} \tag{2.12}$$

前/后轴载荷分配通常作为报告数值用于确定车辆的质心位置，兰博基尼迪亚波罗汽车的前/后轴载荷分配为59/41%。

例 42　质心位置

式（2.1）和式（2.2）可以用于计算车辆的质心位置。

$$a_1 = \frac{2l}{mg}F_{z_2} \qquad a_2 = \frac{2l}{mg}F_{z_1} \tag{2.13}$$

轴距为 $l = 2.65\text{m}$，水平停放的汽车前后车轮下的反作用力为

$$F_{z_1} = 4560.9\text{N} \qquad F_{z_2} = 3169.4\text{N} \tag{2.14}$$

因此，汽车质心的纵向位置是

$$a_1 = \frac{2l}{mg}F_{z_2} = 2\frac{2.65}{2(4560.9+3169.4)}\times 3169.4 = 1.086\text{m} \tag{2.15}$$

$$a_2 = \frac{2l}{mg}F_{z_1} = 2\frac{2.65}{2(4560.9+3169.4)}\times 4560.9 = 1.563\text{m} \tag{2.16}$$

例 43　确定纵向质心位置

质心 C 的位置可以通过实验方法确定，确定纵向质心位置时需要测出整车质量，以及前轮或后轮受的地面反作用力。图2.2所示是测试车辆前轮所受地面反作用力的情况。

假设汽车前轮所受地面反作用力为 $2F_{z_1}$，质心位置可以通过静平衡条件计算获得。

$$\sum F_z = 0 \qquad \sum M_y = 0 \tag{2.17}$$

建立平衡方程

$$2F_{z_1} + 2F_{z_2} - mg = 0 \qquad -2F_{z_1}a_1 + 2F_{z_2}a_2 = 0 \tag{2.18}$$

联立方程式可以获得车辆的纵向质心位置和后轮受到的地面反作用力。

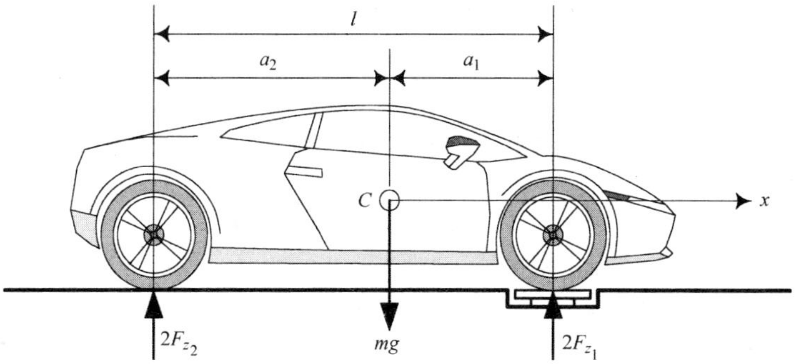

图 2.2　前轮下作用力的测量

$$a_1 = \frac{2l}{mg}F_{z_2} = \frac{l}{mg}(mg - 2F_{z_1}) = l\left(1 - \frac{2F_{z_1}}{mg}\right) \tag{2.19}$$

$$F_{z_2} = \frac{1}{2}(mg - 2F_{z_1}) \tag{2.20}$$

例 44　确定横向质心位置

大多数汽车的质量沿其纵向中心面大致对称分配，因此，横向质心位置接近纵向中心面。横向质心位置可以通过测量汽车一侧的质量后计算获得，需要注意的是，尽管汽车的左侧和右侧基本对称，其前后却并不是对称的，在其前部和后部之间的质量分配不对等。因此，当在汽车左侧和右侧测量质量时，在前部测量和在后部测量结果明显不同，应该区别分析。

以兰博基尼迪亚波罗汽车为例，其整车质量为 1576kg，前后载荷分布比为 59/41%。假设在汽车前部测量其左侧和右侧质量相差 4%，这种载荷分配表明汽车前部质量为

$$2F_{z_f} = 0.59 \times 1576g = 9121.7\text{N} \tag{2.21}$$

如图 2.3 所示，定义左右两侧轮胎所受垂向支撑力分别为 F_{z_1} 和 F_{z_2}，又设汽车左侧比右侧重 4%，则

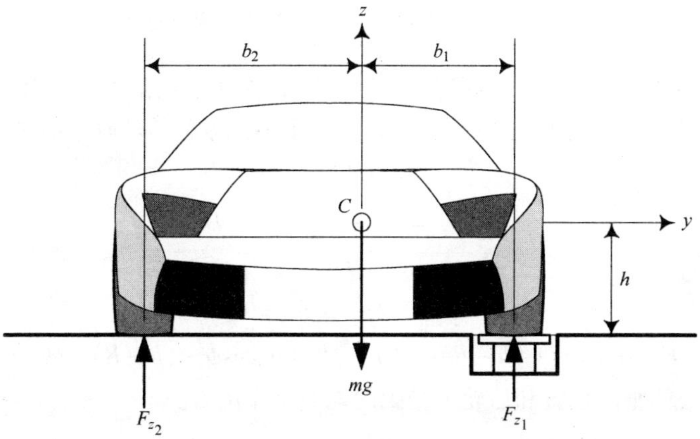

图　2.3

$$F_{z_1}=0.52\times 2F_{z_f}=0.52\times 9121.7=4743.3\text{N} \tag{2.22}$$

$$F_{z_2}=0.48\times 2F_{z_f}=0.48\times 9121.7=4378.4\text{N} \tag{2.23}$$

该车前后轮距分别为

$$w_f=1540\text{mm} \qquad w_r=1640\text{mm} \tag{2.24}$$

则

$$b_1=0.48\times w_f=0.48\times 1540=739.2\text{mm} \tag{2.25}$$

$$b_2=0.52\times w_f=0.52\times 1540=800.8\text{mm} \tag{2.26}$$

确定质心的准确位置需要同时测量所有轮胎所受的垂向支撑力。

例 45　确定质心高度

确定质心 C 的高度，需要测量汽车在斜面上其前轮或后轮所受到的地面支撑力。实验测量时，采用如图 2.4 所示的设备。汽车水平停放，前轮置于千斤顶上并被制动固定，后轮可自由转动。通过测力计测量千斤顶顶起前轮需要施加的垂向力。

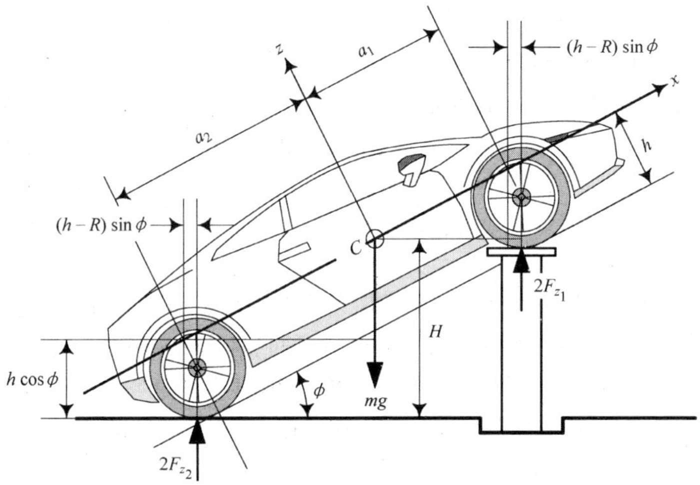

图 2.4　通过测量车轮所受的支撑力确定质心高度

假设纵向质心位置已知，千斤顶顶起后汽车与水平面的夹角为 ϕ，倾角 ϕ 可以用水平仪测量。如果测量得到的前轮下的支撑力为 $2F_{z_1}$，则质心高度可以通过静态平衡条件计算获得。

$$\sum F_z=0 \qquad \sum M_y=0 \tag{2.27}$$

应用平衡方程

$$2F_{z_1}+2F_{z_2}-mg=0 \tag{2.28}$$

$$-2F_{z_1}(a_1\cos\phi+(h-R)\sin\phi)+2F_{z_2}(a_2\cos\phi-(h-R)\sin\phi)=0 \tag{2.29}$$

求解获得质心的垂向位置和后轮上受到的地面反作用力。

$$F_{z_2}=\frac{1}{2}mg-F_{z_1} \tag{2.30}$$

$$h=\frac{F_{z_1}(R\sin\phi+a_1\cos\phi)+F_{z_2}(R\sin\phi-a_2\cos\phi)}{0.5mg\sin\phi}$$

$$=R-\frac{a_1F_{z_1}-a_2F_{z_2}}{0.5mg}\cot\phi=R+\left(a_2-\frac{2F_{z_1}}{mg}l\right)\cot\phi \tag{2.31}$$

以上计算中包括三个主要的假设条件：

① 假设轮胎是半径为 R 的刚性圆盘。

② 忽略燃油、冷却液、润滑油等液体流动的影响。

③ 假设悬架位置变化为零。

悬架位置变化对质心高度确定误差的产生影响最大，为了避免悬架位置变化，可以采用刚性支杆替换减振器以锁住悬架系统，并使汽车保持在相应的车身离地高度。

设某汽车经测定参数如下：

$$m=1567\text{kg}\qquad 2F_{z_1}=10450\text{N}$$
$$\phi=30°\approx0.4236\text{rad} \tag{2.32}$$
$$a_1=108.6\text{cm}\qquad l=265\text{cm}\qquad \text{轮胎:245/40ZR17}$$

轮胎半径为

$$R\approx30\text{cm} \tag{2.33}$$

则汽车质心高度为

$$h=65.2\text{cm} \tag{2.34}$$

例 46　前后轮胎不同的情况

根据实际情况不同，有时车辆前轴和后轴需要选用不同类型的轮胎和车轮。当某一左右对称车辆的纵向质心位置确定后，可以通过测量单个轴上的负载确定质心高度。以图 2.5 所示的摩托车为例，该车前后车轮使用了不同的轮胎。

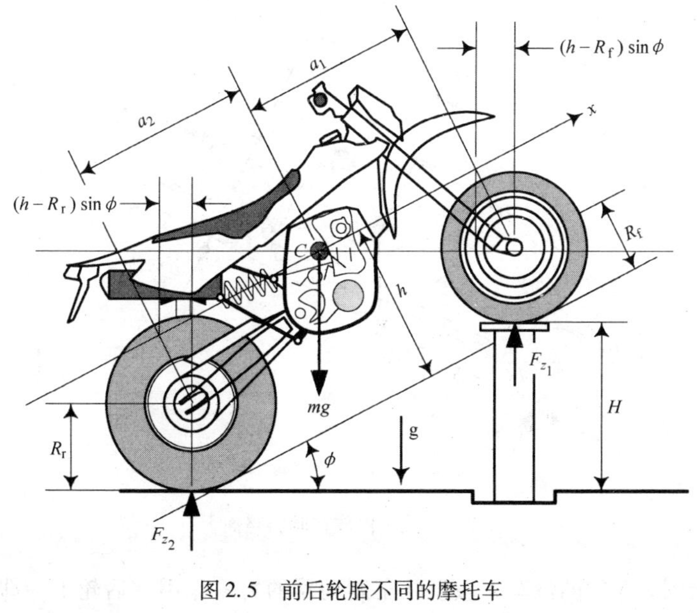

图 2.5　前后轮胎不同的摩托车

假设已知该摩托车前轮所受支撑力 F_{z_1}，质心 C 的高度可以通过建立各力对前轮轮胎接地印迹的力矩平衡方程获得。

$$h = R_r + \left(a_2 - \frac{F_{z_1}}{mg}l\right)\cot\phi - \frac{F_{z_1}}{mg}(R_r - R_f) \tag{2.35}$$

前后轮胎不同的四轮车辆的求解公式为

$$h = R_r + \left(a_2 - \frac{2F_{z_1}}{mg}l\right)\cot\phi - \frac{2F_{z_1}}{mg}(R_r - R_f) \tag{2.36}$$

例 47 超静定情况

轴数超过 3 个的车辆为超静定结构，确定各轮胎上的垂向支撑时力需要已知轮胎的力学性能和轮胎的状态，如轮胎中心的变形情况以及垂直刚度等。

2.2 倾斜路面上停放的汽车

乘用车通常配置有后轮驻车制动器，当汽车停放在如图 2.6 所示的倾斜路面上时，其法向力 F_z，分配到其前后车轮下为 F_{z_1} 和 F_{z_2}。

$$F_{z_1} = \frac{1}{2}mg\frac{a_2}{l}\cos\phi - \frac{1}{2}mg\frac{h}{l}\sin\phi \tag{2.37}$$

$$F_{z_2} = \frac{1}{2}mg\frac{a_1}{l}\cos\phi + \frac{1}{2}mg\frac{h}{l}\sin\phi \tag{2.38}$$

$$l = a_1 + a_2$$

制动力 F_{x_2} 为

$$F_{x_2} = \frac{1}{2}mg\sin\phi \tag{2.39}$$

式中，ϕ 为路面与水平面的夹角。水平面方向与重力加速度 g 的方向正交。

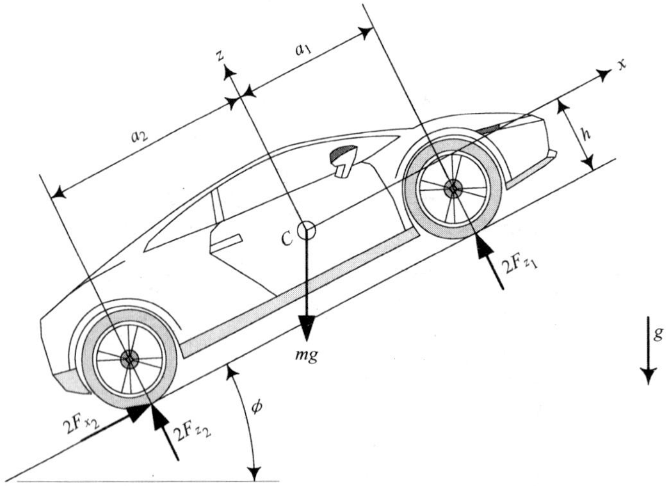

图 2.6 汽车停放在倾斜路面上

证明：分析图 2.6 中的汽车，假设驻车制动器的力只作用在后轮上，即其前轮转动自由。应用平面静态平衡方程有

$$\sum F_x = 0 \tag{2.40}$$

$$\sum F_z = 0 \tag{2.41}$$

$$\sum M_y = 0 \tag{2.42}$$

进而有

$$2F_{x_2} - mg\sin\phi = 0 \tag{2.43}$$

$$2F_{z_1} + 2F_{z_2} - mg\cos\phi = 0 \tag{2.44}$$

$$-2F_{z_1}a_1 + 2F_{z_2}a_2 - 2F_{x_2}h = 0 \tag{2.45}$$

上述方程可以求解制动力和前后轮胎上受到的地面反作用力。

$$F_{z_1} = \frac{1}{2}mg\frac{a_2}{l}\cos\phi - \frac{1}{2}mg\frac{h}{l}\sin\phi \tag{2.46}$$

$$F_{z_2} = \frac{1}{2}mg\frac{a_1}{l}\cos\phi + \frac{1}{2}mg\frac{h}{l}\sin\phi \tag{2.47}$$

$$F_{x_2} = \frac{1}{2}mg\sin\phi \tag{2.48}$$

例 48 倾翻角

当 $\phi = 0$ 时，式（2.37）和式（2.38）简化为式（2.1）和式（2.2），随着倾斜角 ϕ 的增大，汽车前轮轮胎所受地面的法向支撑力逐渐减小。当重力矢量 mg 通过后轮轮胎与地面的接触点时，ϕ 值达到极限，该极限角度称作**倾翻角**，用 ϕ_T 表示。

$\phi = \phi_T$ 时，$F_{z_1} = 0$，因此

$$\tan\phi_T = \frac{a_2}{h} \tag{2.49}$$

例 49 极限倾斜角

路面倾斜角增大时，汽车所需制动力 F_{x_2} 也随之增大，因为 F_{x_2} 等于轮胎与地面之间的摩擦力，其极限值取决于轮胎和路面条件。路面倾斜角增大到某一极限倾斜角 ϕ_M 时，制动力 F_{x_2} 也达到峰值而不能再增大。在汽车处于该极限倾斜角时，所需制动力 F_{x_2} 与后轮受到的法向力 F_{z_2} 成正比。

$$F_{x_2} = \mu_{x_2}F_{z_2} \tag{2.50}$$

式中，μ_{x_2} 为后轮轮胎与地面之间在 x 方向的摩擦系数。

$\phi = \phi_M$ 时，式（2.43）~式（2.45）简化为

$$2\mu_{x_2}F_{z_2} - mg\sin\phi_M = 0 \tag{2.51}$$

$$2F_{z_1} + 2F_{z_2} - mg\cos\phi_M = 0 \tag{2.52}$$

$$-2F_{z_1}a_1 + 2F_{z_2}a_2 - 2\mu_{x_2}F_{z_2}h = 0 \tag{2.53}$$

求解方程可得

$$F_{z_1} = \frac{1}{2}mg\frac{a_2}{l}\cos\phi_M - \frac{1}{2}mg\frac{h}{l}\sin\phi_M \tag{2.54}$$

$$F_{z_2} = \frac{1}{2}mg\frac{a_1}{l}\cos\phi_M + \frac{1}{2}mg\frac{h}{l}\sin\phi_M \tag{2.55}$$

$$\tan\phi_{\mathrm{M}}=\frac{a_1\mu_{x_2}}{l-\mu_{x_2}h} \tag{2.56}$$

上述推导表明，摩擦系数 μ_{x_2}，最大倾斜角或极限倾斜角 ϕ_{M} 和质心 C 的几何位置之间相互关联，降低质心高度 h 可以得到较大的极限倾斜角 ϕ_{M}。

某汽车参数如下

$$\mu_{x_2}=1 \qquad a_1=110\mathrm{cm} \qquad l=230\mathrm{cm} \qquad h=35\mathrm{cm} \tag{2.57}$$

其极限倾斜角为

$$\phi_{\mathrm{M}}\approx 0.514\mathrm{rad}\approx 29.43° \tag{2.58}$$

例 50 前轮制动

当汽车前轮作为制动轮时，$F_{x_2}=0$，且 $F_{x_1}\neq 0$。这种情况下，式（2.41）和式（2.42）变为

$$2F_{x_1}-mg\sin\phi=0 \tag{2.59}$$

$$2F_{z_1}+2F_{z_2}-mg\cos\phi=0 \tag{2.60}$$

$$-2F_{z_1}a_1+2F_{z_2}a_2-2F_{x_1}h=0 \tag{2.61}$$

求解方程可得制动力 F_{x_1} 和前、后车轮轮胎受到的反作用力。

$$F_{z_1}=\frac{1}{2}mg\frac{a_2}{l}\cos\phi-\frac{1}{2}mg\frac{h}{l}\sin\phi \tag{2.62}$$

$$F_{z_2}=\frac{1}{2}mg\frac{a_1}{l}\cos\phi+\frac{1}{2}mg\frac{h}{l}\sin\phi \tag{2.63}$$

$$F_{x_1}=\frac{1}{2}mg\sin\phi \tag{2.64}$$

当倾斜角达到极限倾斜角，即 $\phi=\phi_{\mathrm{M}}$ 时，将有

$$F_{x_1}=\mu_{x_1}F_{z_1} \tag{2.65}$$

因此

$$2\mu_{x_1}F_{z_1}-mg\sin\phi_{\mathrm{M}}=0 \tag{2.66}$$

$$2F_{z_1}+2F_{z_2}-mg\cos\phi_{\mathrm{M}}=0 \tag{2.67}$$

$$2F_{z_1}a_1-2F_{z_2}a_2+2\mu_{x_1}F_{z_1}h=0 \tag{2.68}$$

上述方程求解可得

$$F_{z_1}=\frac{1}{2}mg\frac{a_2}{l}\cos\phi_{\mathrm{M}}-\frac{1}{2}mg\frac{h}{l}\sin\phi_{\mathrm{M}} \tag{2.69}$$

$$F_{z_2}=\frac{1}{2}mg\frac{a_1}{l}\cos\phi_{\mathrm{M}}+\frac{1}{2}mg\frac{h}{l}\sin\phi_{\mathrm{M}} \tag{2.70}$$

$$\tan\phi_{\mathrm{M}}=\frac{a_2\mu_{x_1}}{l-\mu_{x_1}h} \tag{2.71}$$

将式（2.71）中前轮制动时的极限倾斜角记为 $\phi_{\mathrm{M_f}}$，式（2.56）中后轮制动时的极限倾斜角为 $\phi_{\mathrm{M_r}}$，比较 $\phi_{\mathrm{M_f}}$ 和 $\phi_{\mathrm{M_r}}$ 有

$$\frac{\phi_{\mathrm{M_f}}}{\phi_{\mathrm{M_r}}}=\frac{a_2\mu_{x_1}(l-\mu_{x_2}h)}{a_1\mu_{x_2}(l-\mu_{x_1}h)} \tag{2.72}$$

假设前、后车轮轮胎相同，即

$$\mu_{x_1}=\mu_{x_2} \tag{2.73}$$

则有

$$\frac{\phi_{M_f}}{\phi_{M_r}}=\frac{a_2}{a_1} \tag{2.74}$$

因此，如果 $a_2<a_1$，则有 $\phi_{M_f}<\phi_{M_r}$，表明汽车车头向上在斜坡上制动停放时，后轮制动比前轮制动更有效，前提是 ϕ_{M_r} 要小于车辆的倾翻角，既 $\phi_{M_r}<\arctan\frac{a_2}{h}$。车辆处于倾翻角位置时，其重力矢量通过后轮轮胎与地面的接触点。

同理，汽车车头向下在斜坡上制动停放时，前轮制动比后轮制动更有效。

例 51 四轮制动

假设某汽车采用四轮制动，以车头向上停放在斜坡上，如图 2.7 所示。这时会存在两个前轮制动力 F_{x_1} 和两个后轮制动力 F_{x_2}。

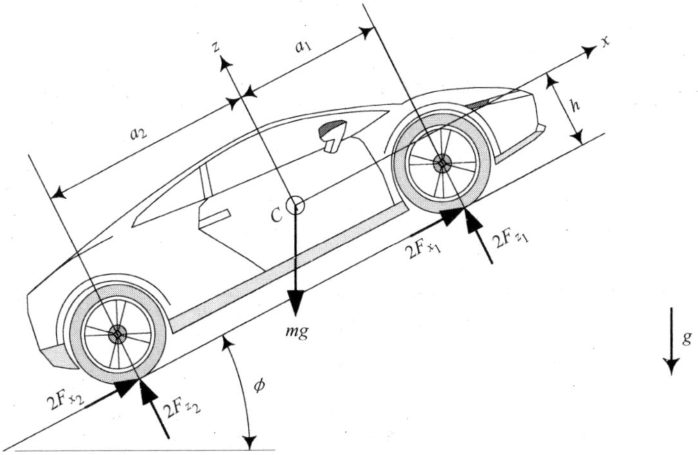

图 2.7 四轮制动，车头向上停放在倾斜路面上的汽车

该车的平衡方程为

$$2F_{x_1}+2F_{x_2}-mg\sin\phi=0 \tag{2.75}$$

$$2F_{z_1}+2F_{z_2}-mg\cos\phi=0 \tag{2.76}$$

$$-2F_{z_1}a_1+2F_{z_2}a_2-(2F_{x_1}+2F_{x_2})h=0 \tag{2.77}$$

求解上述方程可以获得前轮和后轮上作用的制动力及地面支撑反作用力。

$$F_{z_1}=\frac{1}{2}mg\frac{a_2}{l}\cos\phi-\frac{1}{2}mg\frac{h}{l}\sin\phi \tag{2.78}$$

$$F_{z_2}=\frac{1}{2}mg\frac{a_1}{l}\cos\phi+\frac{1}{2}mg\frac{h}{l}\sin\phi \tag{2.79}$$

$$F_{x_1}+F_{x_2}=\frac{1}{2}mg\sin\phi \tag{2.80}$$

斜坡角度达到车辆极限倾斜角时，即 $\phi=\phi_M$ 时，所有车轮开始同时打滑，因此有

$$F_{x_1}=\mu_{x_1}F_{z_1}\qquad F_{x_2}=\mu_{x_2}F_{z_2} \tag{2.81}$$

整理平衡方程得

$$2\mu_{x_1}F_{z_1}+2\mu_{x_2}F_{z_2}-mg\sin\phi_{\mathrm{M}}=0 \tag{2.82}$$

$$2F_{z_1}+2F_{z_2}-mg\cos\phi_{\mathrm{M}}=0 \tag{2.83}$$

$$-2F_{z_1}a_1+2F_{z_2}a_2-(2\mu_{x_1}F_{z_1}+2\mu_{x_2}F_{z_2})h=0 \tag{2.84}$$

设

$$\mu_{x_1}=\mu_{x_2}=\mu_x \tag{2.85}$$

则可得

$$F_{z_1}=\frac{1}{2}mg\frac{a_2}{l}\cos\phi_{\mathrm{M}}-\frac{1}{2}mg\frac{h}{l}\sin\phi_{\mathrm{M}} \tag{2.86}$$

$$F_{z_2}=\frac{1}{2}mg\frac{a_1}{l}\cos\phi_{\mathrm{M}}+\frac{1}{2}mg\frac{h}{l}\sin\phi_{\mathrm{M}} \tag{2.87}$$

$$\tan\phi_{\mathrm{M}}=\mu_x \tag{2.88}$$

2.3　水平路面上加速的汽车

如图2.8所示，汽车在水平路面上以加速度 a 行驶时，其前轮和后轮上受到的垂向力为

$$F_{z_1}=\frac{1}{2}mg\frac{a_2}{l}-\frac{1}{2}ma\frac{h}{l} \tag{2.89}$$

$$F_{z_2}=\frac{1}{2}mg\frac{a_1}{l}+\frac{1}{2}ma\frac{h}{l} \tag{2.90}$$

两式中第一项，$\frac{1}{2}mg\frac{a_2}{l}$和$\frac{1}{2}mg\frac{a_1}{l}$称作法向力的静态部分，第二项 $\pm\frac{1}{2}ma\frac{h}{l}$称作法向力的动态部分。

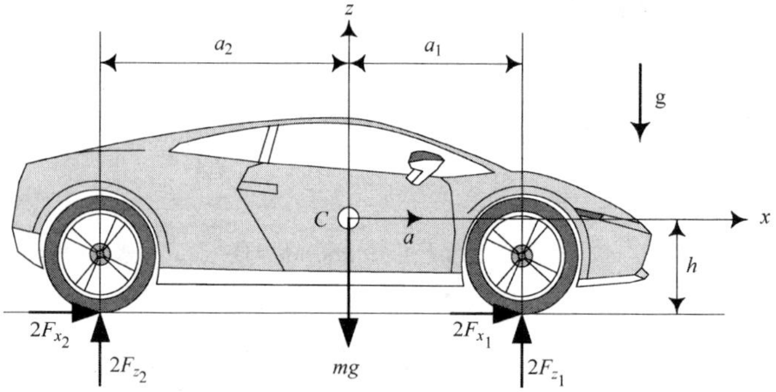

图2.8　水平路面上加速行驶的汽车

证明：设汽车为一刚体，在水平路面行驶，各轮胎接地印迹处的力可以分解为一个法向力和一个纵向力。在 x 方向建立牛顿运动方程，在 y 方向和 z 方向建立静平衡方程，可得该加速行驶汽车的运动方程。

$$\sum F_x=ma \tag{2.91}$$

$$\sum F_z=0 \tag{2.92}$$

$$\sum M_y=0 \tag{2.93}$$

展开后可以得到三个方程，含有四个未知量，即 F_{x_1}，F_{x_2}，F_{z_1}和 F_{z_2}。

$$2F_{x_1}+2F_{x_2}=ma \tag{2.94}$$

$$2F_{z_1}+2F_{z_2}-mg=0 \tag{2.95}$$

$$-2F_{z_1}a_1+2F_{z_2}a_2-2(F_{x_1}+F_{x_2})h=0 \tag{2.96}$$

通过消掉式（2.94）和式（2.96）中的（$F_{x_1}+F_{x_2}$）求解得到法向力 F_{z_1}和 F_{z_2}。

$$F_{z_1}=(F_{z_1})_st+(F_{z_1})_{\mathrm{dyn}}=\frac{1}{2}mg\frac{a_2}{l}-\frac{1}{2}ma\frac{h}{l} \tag{2.97}$$

$$F_{z_2}=(F_{z_2})_{\mathrm{st}}+(F_{z_2})_{\mathrm{dyn}}=\frac{1}{2}mg\frac{a_1}{l}+\frac{1}{2}ma\frac{h}{l} \tag{2.98}$$

其静态部分为

$$(F_{z_1})_{\mathrm{st}}=\frac{1}{2}mg\frac{a_2}{l} \tag{2.99}$$

$$(F_{z_2})_{\mathrm{st}}=\frac{1}{2}mg\frac{a_1}{l} \tag{2.100}$$

体现汽车静止时重力在前轮和后轮上的分配，这种分配取决于质心在水平方向上的位置。动态部分为

$$(F_{z_1})_{\mathrm{dyn}}=-\frac{1}{2}ma\frac{h}{l} \tag{2.101}$$

$$(F_{z_2})_{\mathrm{dyn}}=\frac{1}{2}ma\frac{h}{l} \tag{2.102}$$

体现由水平方向加速度引起的力的分配，这种分配取决于质心在垂直方向上的位置。

加速度 $a>0$ 时，汽车前轮轮胎所受的法向力小于其静态载荷，而其后轮轮胎所受法向力则大于其静态载荷。

例 52 前轮驱动汽车在水平路面上加速行驶

汽车采用前轮驱动时，$F_{x_2}=0$，由式（2.94）~式（2.96）可以获得轮胎印迹上作用的垂向力，该结果与由式（2.89）和式（2.90）计算的结果相同。而其水平方向上为满足加速度 a 所需要的力则只能完全由前轮提供。

$$2F_{x_1}=ma \tag{2.103}$$

例 53 后轮驱动汽车在水平路面上加速行驶

汽车采用后轮驱动时，$F_{x_1}=0$，为满足加速度 a 所需要的力完全由后轮提供。

$$2F_{x_2}=ma \tag{2.104}$$

轮胎印迹上作用的垂向力仍与由式（2.89）和式（2.90）计算的结论相同。

例 54 水平路面上的最大加速度

汽车的最大加速度和轮胎与地面之间的摩擦力成正比，假设前轮轮胎和后轮轮胎与地面的摩擦系数相同，而且各轮胎同时达到最大牵引力。

$$F_{x_1}=\pm\mu_x F_{z_1}\qquad F_{x_2}=\pm\mu_x F_{z_2} \tag{2.105}$$

此时，式（2.94）可以写作

$$ma=\pm2\mu_x(F_{z_1}+F_{z_2}) \tag{2.106}$$

在式（2.97）和式（2.98）中代入 F_{z_1}和 F_{z_2}得到

$$a = \pm \mu_x g \tag{2.107}$$

因此，汽车在水平路面上的最大加速度和最大减速度直接取决于摩擦系数。

例 55 单轴驱动汽车的最大加速度

后轮驱动汽车在 F_{x_2} 达到最大摩擦力时得到其的最大加速度 a_{rwd}，将 $F_{x_1}=0$ 和 $F_{x_2}=\mu_x F_{z_2}$ 代入式（2.94），并结合式（2.90）得到

$$\mu_x mg\left(\frac{a_1}{l}+\frac{h}{l}\frac{a_{\text{rwd}}}{g}\right)=mga_{\text{rwd}} \tag{2.108}$$

整理得到

$$\frac{a_{\text{rwd}}}{g}=\frac{a_1\mu_x}{l-h\mu_x}=\frac{\mu_x}{1-\mu_x\dfrac{h}{l}}\frac{a_1}{l} \tag{2.109}$$

如果摩擦力足够大，前轮可能在满足 $F_{x_2}<\mu_x F_{z_2}$ 的前提下离开地面，即 $F_{z_1}=0$。将 $F_{z_1}=0$ 代入式（2.89）可知，汽车前轮即将离地时达到的最大加速度为

$$\frac{a_{\text{rwd}}}{g}\leqslant\frac{a_2}{h} \tag{2.110}$$

因此，后轮驱动汽车能达到的最大加速度为由式（2.109）和式（2.110）计算得出的较小的值。

同理，对于前轮驱动汽车，将 $F_{x_2}=0$ 和 $F_{x_1}=\mu_x F_{z_1}$ 代入式（2.94），并结合式（2.89）可以算出其最大加速度 a_{fwd}。

$$a_{\text{fwd}}/g=\frac{a_2\mu_x}{l+h\mu_x}=\frac{\mu_x}{1+\mu_x\dfrac{h}{l}}\left(1-\frac{a_1}{l}\right) \tag{2.111}$$

在图2.9中可以观察某汽车质心位置变化对最大加速度的影响，汽车参数如下。

$$\mu_x=1 \qquad h=0.56\text{m} \qquad l=2.6\text{m} \tag{2.112}$$

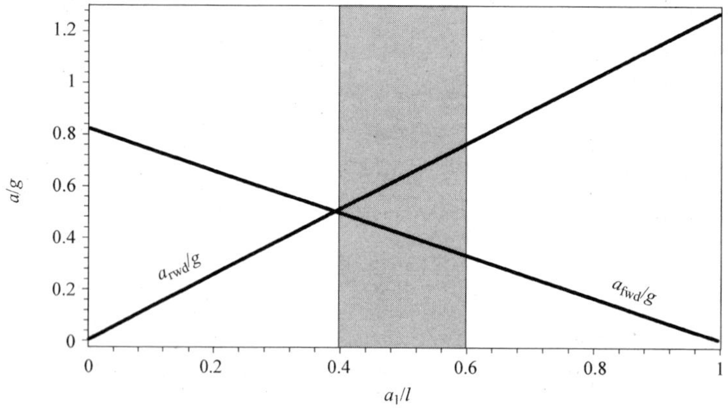

图2.9 质心位置对前轮驱动汽车和后轮驱动汽车最大加速度的影响

轿车质心位置的范围通常为 $0.4<\left(\dfrac{a_1}{l}\right)<0.6$，在该范围内，$a_{\text{rwd}}>a_{\text{fwd}}$，后轮驱动汽车比前轮驱动汽车能够达到更高的前进加速度，这一重要原理在实际汽车设计中也得以应用，

尤其是在赛车上。对赛车而言，其最大加速度同样受限于式（2.110）所描述的离地条件。

例 56　水平路面上 0～100km/h 最短加速时间

考虑有如下参数的某汽车：

$$\begin{aligned}
&\text{车长}=4245\text{mm} && \text{轴距}=2272\text{mm}\\
&\text{车宽}=1795\text{mm} && \text{前轮轮距}=1411\text{mm}\\
&\text{车高}=1285\text{mm} && \text{后轮轮距}=1504\text{mm}\\
&h=220\text{mm} && \text{空载质量}=1500\text{kg}\\
&\mu_x=1 && a_1=a_2
\end{aligned} \tag{2.113}$$

假设汽车为后轮驱动，且发动机能够提供足够的牵引力，由式（2.90）可确定后轮载荷，则前述式（2.94）变为

$$2F_{x_2}=2\mu_x F_{z_2}=\mu_x mg\frac{a_1}{l}+\mu_x ma\frac{h}{l}=ma \tag{2.114}$$

整理可得如下计算速度和距离的微分方程：

$$a=\ddot{x}=\frac{\mu_x g\dfrac{a_1}{l}}{l-\mu_x\dfrac{h}{l}}=\frac{a_1\mu_x}{1-h\mu_x}g \tag{2.115}$$

在 $v=0$ 和 $v=100\text{km/h}\approx 27.78\text{m/s}$ 上求积分

$$\int_0^{27.78}\mathrm{d}v=\int_0^t a\,\mathrm{d}v \tag{2.116}$$

得到水平路面上后轮驱动汽车 0～100km/h 最短加速时间为

$$t=\frac{27.78}{g\mu_x\dfrac{a_1}{l-h\mu_x}}\approx 5.11\text{s} \tag{2.117}$$

如果该车为前轮驱动汽车，则驱动力为

$$\begin{aligned}
2F_{x_1}&=2\mu_x F_{z_1}=\mu_x mg\frac{a_2}{l}-\mu_x ma\frac{h}{l}\\
&=ma
\end{aligned} \tag{2.118}$$

运动方程应为

$$a=\ddot{x}=\frac{\mu_x g\dfrac{a_2}{l}}{1+\mu_x\dfrac{h}{l}}=\frac{a_2\mu_x}{l+h\mu_x}g \tag{2.119}$$

水平路面上前轮驱动汽车 0～100km/h 最短加速时间为

$$t=\frac{27.78}{g\mu_x\dfrac{a_2}{l+h\mu_x}}\approx 6.21\text{s} \tag{2.120}$$

现在考虑相同参数的四轮驱动汽车的情况，假设各轮都能同时达到其最大牵引力。则牵引力为

$$\begin{aligned}
2F_{x_1}+2F_{x_2}&=2\mu_x(F_{z_1}+F_{z_2})=\frac{g}{l}m(a_1+a_2)\\
&=ma
\end{aligned} \tag{2.121}$$

水平路面上四轮驱动汽车 0~100km/h 最短加速时间的理论值减小为

$$t = 27.78/g \approx 2.83\text{s} \tag{2.122}$$

2.4 倾斜路面上加速的汽车

汽车在如图 2.10 所示的倾斜角为 ϕ 的斜坡道路上加速行驶时，作用在其各前轮和后轮下的法向支撑力 F_{z_1} 和 F_{z_2} 分别为

$$F_{z_1} = \frac{1}{2}mg\left(\frac{a_2}{l}\cos\phi - \frac{h}{l}\sin\phi\right) - \frac{1}{2}ma\frac{h}{l} \tag{2.123}$$

$$F_{z_2} = \frac{1}{2}mg\left(\frac{a_1}{l}\cos\phi + \frac{h}{l}\sin\phi\right) + \frac{1}{2}ma\frac{h}{l} \tag{2.124}$$

$$l = a_1 + a_2$$

其动态部分 $\pm\frac{1}{2}ma\frac{h}{l}$ 与加速度 a 和质心高度 h 有关，与倾角 ϕ 无关。而其静态部分与倾角 ϕ、质心纵向位置和质心垂向位置都有关。

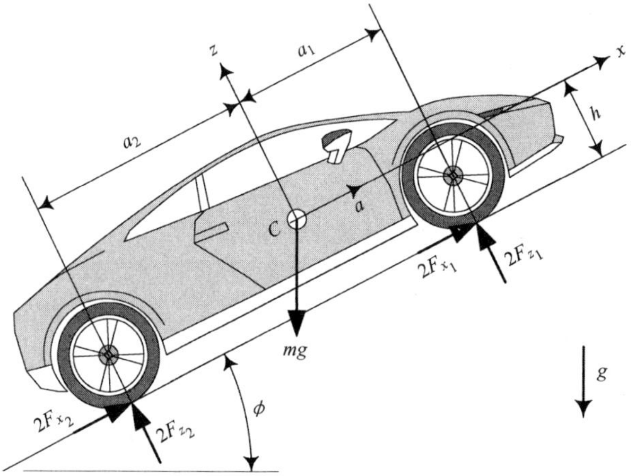

图 2.10 坡道上加速的汽车

证明：通过联立沿 x 方向的牛顿运动方程和两个平衡方程，构建关于运动与地面反作用力的方程。

$$\sum F_x = ma \tag{2.125}$$

$$\sum F_z = 0 \tag{2.126}$$

$$\sum M_y = 0 \tag{2.127}$$

展开上述方程得到包含四个未知量 F_{z_1}，F_{z_2}，F_{x_1}，F_{x_2} 的三个方程式。

$$2F_{x_1} + 2F_{x_2} - mg\sin\phi = ma \tag{2.128}$$

$$2F_{z_1} + 2F_{z_2} - mg\cos\phi = 0 \tag{2.129}$$

$$-2F_{z_1}a_1 + 2F_{z_2}a_2 - 2(F_{x_1} + F_{x_2})h = 0 \tag{2.130}$$

将式（2.128）和式（2.130）中的（$F_{x_1} + F_{x_2}$）消去并求解获得法向力 F_{z_1}，F_{z_2}。

$$
\begin{aligned}
F_{z_1} &= (F_{z_1})_{\text{st}} + (F_{z_1})_{\text{dyn}} \\
&= \frac{1}{2}mg\left(\frac{a_2}{l}\cos\phi - \frac{h}{l}\sin\phi\right) - \frac{1}{2}\,ma\,\frac{h}{l}
\end{aligned}
\tag{2.131}
$$

$$
\begin{aligned}
F_{z_2} &= (F_{z_2})_{\text{st}} + (F_{z_2})_{\text{dyn}} \\
&= \frac{1}{2}mg\left(\frac{a_1}{l}\cos\phi + \frac{h}{l}\sin\phi\right) + \frac{1}{2}\,ma\,\frac{h}{l}
\end{aligned}
\tag{2.132}
$$

例 57 前轮驱动汽车在坡道上加速

对于前轮驱动汽车在坡道上加速的情况，需要将 $F_{x_1}=0$ 代入式（2.128）和式（2.130）得到其控制方程。在摩擦限制条件满足时，这并不影响式（2.131）和式（2.132）中各轮胎下地面反作用力的表达。

例 58 后轮驱动汽车在坡道上加速

将 $F_{x_2}=0$ 代入式（2.128）和式（2.130）解得各轮胎下地面反作用力，结果与式（2.131）和式（2.132）求解得结果相同。因此，在直行坡道上以较低加速度驾驶时，无论汽车是前轮驱动、后轮驱动，还是全轮驱动，作用在各轮胎下面法向力的表达式没有区别。前轮驱动、后轮驱动和全轮驱动汽车的优势和不足主要体现在操纵性、易滑路面行驶以及最大加速度行驶等情况。

例 59 坡道行驶的最大加速度

坡道行驶时的最大加速度与轮胎与地面的摩擦状况有关，假设前轮轮胎和后轮轮胎与地面之间的摩擦系数相同，则前轮和后轮驱动力分别为

$$
F_{x_1} \leqslant \mu_x F_{z_1} \qquad F_{x_2} \leqslant \mu_x F_{z_2} \tag{2.133}
$$

再假设前轮和后轮同时达到牵引力极限，则

$$
F_{x_1} = \pm\mu_x F_{z_1} \qquad F_{x_2} = \pm\mu_x F_{z_2} \tag{2.134}
$$

将式（2.125）展开重写为

$$
ma_{\text{M}} = \pm 2\mu_x (F_{z_1} + F_{z_2}) - mg\sin\phi \tag{2.135}
$$

式中，a_{M} 是最大可达加速度。

在式（2.131）和式（2.132）中代入 F_{z_1} 和 F_{z_2} 得到

$$
\frac{a_{\text{M}}}{g} = \pm\mu_x \cos\phi - \sin\phi \tag{2.136}
$$

上坡加速和下坡制动等极限情况下会发生汽车熄火，$a=0$。这种情况下，汽车行驶的条件是

$$
\mu_x \geqslant |\tan\phi| \tag{2.137}
$$

以车身坐标系的方向定义，坡道倾斜角应以 y 轴为参考，上坡应记作 $\phi<0$，下坡应记作 $\phi>0$，但在本节的计算中均取倾斜角的绝对值。

例 60★ 极限加速度和极限倾斜角

考虑 $F_{z_1}>0$ 和 $F_{z_2}>0$ 的情况，可以将式（2.123）和式（2.124）写成

$$
\frac{a}{g} \leqslant \frac{a_2}{h}\cos\phi - \sin\phi \tag{2.138}
$$

$$
\frac{a}{g} \geqslant -\frac{a_1}{h}\cos\phi - \sin\phi \tag{2.139}
$$

因此，如果存在摩擦力限制，汽车的最大可达加速度（$a>0$）受 a_2，h 和 ϕ 的影响，

最大减速度（$a<0$）受 a_1，h 和 ϕ 的影响。合并上面两式得到

$$-\frac{a_1}{h}\cos\phi \leqslant \frac{a}{g}+\sin\phi \leqslant \frac{a_2}{h}\cos\phi \tag{2.140}$$

如果 $a \to 0$，极限倾斜角为

$$-\frac{a_1}{h} \leqslant \tan\phi \leqslant \frac{a_2}{h} \tag{2.141}$$

这也是汽车不至于发生向后仰翻和向前倾覆的坡道最大仰角和最大俯角。

图2.11给出了某汽车上坡和下坡时最大加速度和最大减速度的范围，该车参数为

$$a_1=1.5\text{m} \qquad a_2=1.7\text{m} \qquad h=0.7\text{m} \tag{2.142}$$

水平路面上，$\phi=0$，可获得的最大加速度和最大减速度范围是

$$-\frac{a_1}{h} \leqslant \frac{a}{g} \leqslant \frac{a_2}{h} \tag{2.143}$$

$$-2.14 \leqslant \frac{a}{g} \leqslant 2.43 \tag{2.144}$$

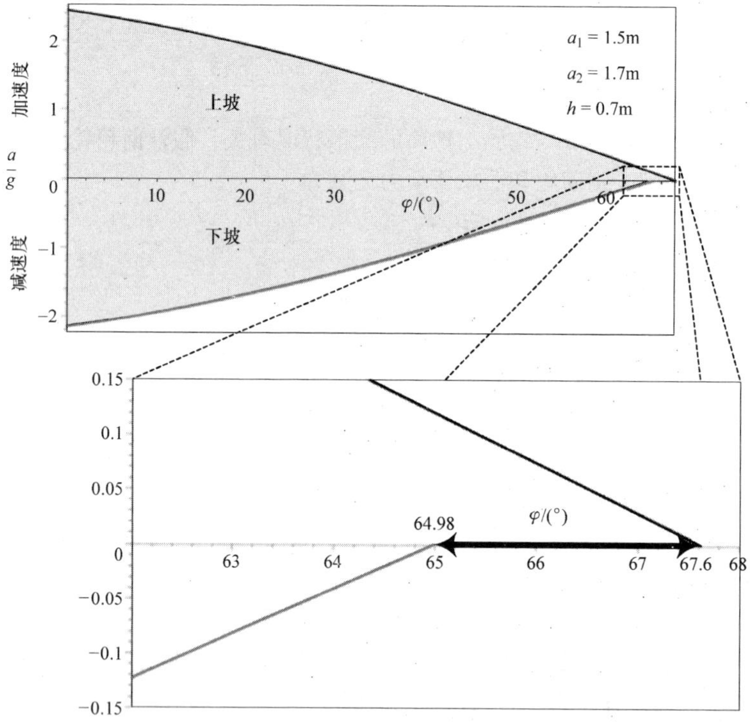

图2.11 加速度和减速度极限与坡道倾斜角的关系

如图2.11中上部直线所示，随着上坡道路的倾斜角增大，汽车最大可达加速度会降低，$\phi=\arctan\dfrac{a_2}{h}=67.62°$时，地面将不能提供汽车进一步加速所需要的摩擦力，道路的上坡倾斜角继续增大会导致汽车向后仰翻。如图2.11中下部直线所示，随着下坡道路的倾斜角增

大，汽车最大可达减速度会降低，$\phi=\arctan\frac{a_1}{h}=64.98°$时，汽车将不能进一步减速，下坡道路倾斜角继续增大会导致汽车向前倾覆。式（2.123）所表述的范围见图 2.11 中放大的部分。

例 61　单轴制动汽车的最大减速度

通过把 $\phi=0$，$F_{x_2}=0$ 和 $F_{x_1}=-\mu_x F_{z_1}$代入式（2.128），结合式（2.123）可以求得水平路面上前轮制动汽车的最大制动减速度 a_{fwb}

$$-\mu_x mg\left(\frac{a_2}{l}-\frac{h}{l}\frac{a_{\text{fwb}}}{g}\right)=ma_{\text{fwb}} \tag{2.145}$$

最后得

$$\frac{a_{\text{fwb}}}{g}=-\frac{\mu_x}{1-\mu_x\frac{h}{l}}\left(1-\frac{a_1}{l}\right) \tag{2.146}$$

同理，把 $\phi=0$，$F_{x_1}=0$ 和 $F_{x_2}=-\mu_x F_{z_2}$代入式（2.128），结合式（2.124）可以求得水平路面上后轮制动汽车的最大制动减速度 a_{rwb}

$$\frac{a_{\text{rwb}}}{g}=-\frac{\mu_x}{1+\mu_x\frac{h}{l}}\frac{a_1}{l} \tag{2.147}$$

图 2.12 中给出了某汽车质心位置变化对最大可达减速度的影响，汽车参数为

$$\mu_x=1 \qquad h=0.56\text{m} \qquad l=2.6\text{m} \tag{2.148}$$

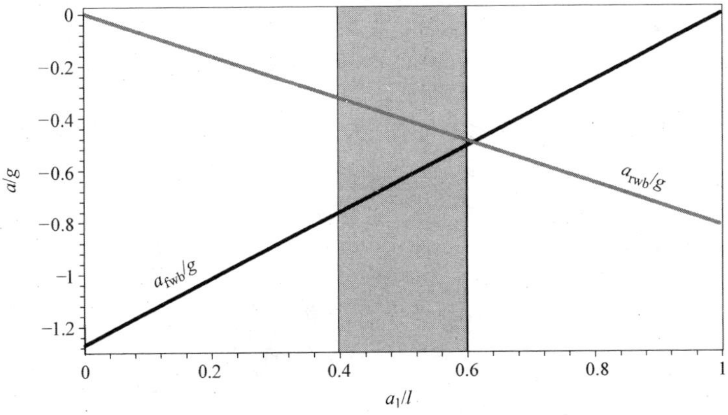

图 2.12　质心位置对某前轮制动汽车和后轮制动汽车最大可达减速度的影响

轿车的质心位置范围通常为 $0.4<(a_1/l)<0.6$，在此范围内前轮制动汽车与后轮制动汽车又有 $|a_{\text{fwb}}/g|>|a_{\text{rwb}}/g|$，可见，采用前轮制动的汽车比采用后轮制动汽车能获得更高的减速度，因此汽车的前轮制动器较后轮制动器要重要得多。

例 62★　带拖车的汽车

如图 2.13 所示为一辆带拖车的汽车在坡道上行驶，为分析汽车－拖车的运动，需要对汽车与拖车分别分析拖钩处的受力情况，如图 2.14。假设拖车的质心 C_t 在其车轴前方 b_3 处，如果质心 C_t 在车轴后面，则 b_3 在下述方程中为负值。

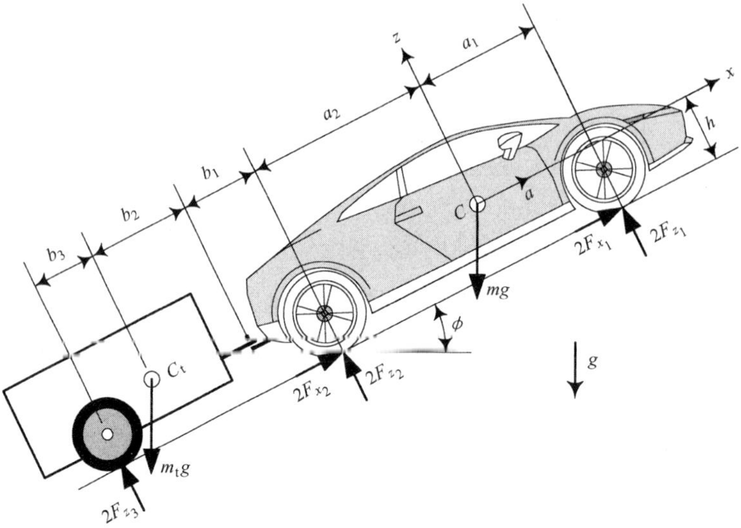

图 2.13　一辆行驶于坡道上的带拖车的汽车

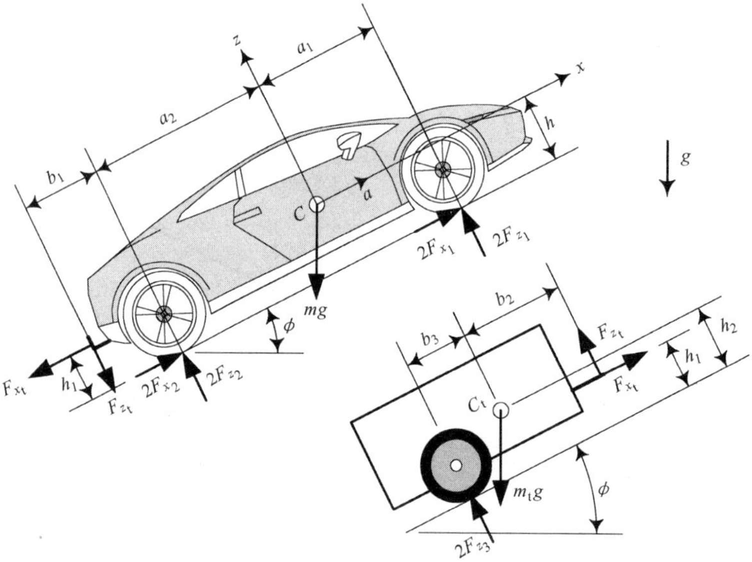

图 2.14　汽车和拖车上坡行驶时的独立受力分析

汽车和拖车直线行驶时，理想状态下，拖钩上应该作用有纵向力 F_{x_t} 和垂向力 F_{z_t}，但不应存在扭矩。列出如下 x 方向的牛顿运动方程和关于拖车和汽车的静态平衡方程

$$\sum F_x = m_t a \qquad \sum F_z = 0 \qquad \sum M_y = 0 \tag{2.149}$$

得到下面的方程组

$$2F_{x_1} + 2F_{x_2} - F_{x_t} - mg\sin\phi = ma \tag{2.150}$$

$$2F_{z_1} + 2F_{z_2} - F_{z_t} - mg\cos\phi = 0 \tag{2.151}$$

$$
\begin{aligned}
&-2F_{z_1}a_1+2F_{z_2}a_2-2(F_{x_1}+F_{x_2})h\\
&+F_{x_t}(h-h_1)-F_{z_t}(b_1+a_2)=0
\end{aligned}
\tag{2.152}
$$

$$F_{x_t}-m_t g\sin\phi=m_t a \tag{2.153}$$

$$2F_{z_3}+F_{z_t}-m_t g\cos\phi=0 \tag{2.154}$$

$$2F_{z_3}b_3-F_{z_t}b_2-F_{x_t}(h_2-h_1)=0 \tag{2.155}$$

如果牵引力 F_{x_1} 和 F_{x_2} 已知，则上述六个方程中仅包含六个未知量：a，F_{x_t}，F_{z_t}，F_{z_1}，F_{z_2} 和 F_{z_3}，求解方程组得到

$$a=\frac{2}{m+m_t}(F_{x_1}+F_{x_2})-g\sin\phi \tag{2.156}$$

$$F_{x_t}=\frac{2m_t}{m+m_t}(F_{x_1}+F_{x_2}) \tag{2.157}$$

$$F_{z_t}=\frac{h_1-h_2}{b_2-b_3}\frac{2m_t}{m+m_t}(F_{x_1}+F_{x_2})+\frac{b_3}{b_2-b_3}m_t g\cos\phi \tag{2.158}$$

$$
\begin{aligned}
F_{z_1}=&\frac{b_3}{2l}\left(\frac{2a_2-b_1}{b_2-b_3}m_t+\frac{a_2}{b_3}m\right)g\cos\phi\\
&+\left[\frac{2a_2-b_1}{b_2-b_3}(h_1-h_2)\ m_t-h_1\ m_t-hm\right]\frac{F_{x_1}+F_{x_2}}{l(m+m_t)}
\end{aligned}
\tag{2.159}
$$

$$
\begin{aligned}
F_{z_2}=&\frac{b_3}{2l}\left(\frac{a_1-a_2+b_1}{b_2-b_3}m_t+\frac{a_1}{b_3}m\right)g\cos\phi\\
&+\left[\frac{a_1-a_2+b_1}{b_2-b_3}(h_1-h_2)\ m_t+h_1\ m_t+hm\frac{F_{x_1}+F_{x_2}}{l(m+m_t)}\right.
\end{aligned}
\tag{2.160}
$$

$$F_{z_3}=\frac{1}{2}\frac{b_2}{b_2-b_3}m_t g\cos\phi+\frac{h_1-h_2}{b_2-b_3}\frac{m_t}{m+m_t}(F_{x_1}+F_{x_2}) \tag{2.161}$$

$$l=a_1+a_2 \tag{2.162}$$

如果已知加速度 a 的值，则未知量为：$F_{x_1}+F_{x_2}$，F_{x_t}，F_{z_t}，F_{z_1}，F_{z_2} 和 F_{z_3}。

$$F_{x_1}+F_{x_2}=\frac{1}{2}(m+m_t)(a+g\sin\phi) \tag{2.163}$$

$$F_{x_t}=m_t(a+g\sin\phi) \tag{2.164}$$

$$F_{z_t}=\frac{h_1-h_2}{b_2-b_3}m_t(a+g\ \sin\phi)+\frac{b_3}{b_2-b_3}m_t g\cos\phi \tag{2.165}$$

$$
\begin{aligned}
F_{z_1}=&\frac{b_3}{2l}\left(\frac{2a_2-b_1}{b_2-b_3}m_t+\frac{a_2}{b_3}m\right)g\cos\phi\\
&+\frac{1}{2l}\left[\frac{2a_2-b_1}{b_2-b_3}(h_1-h_2)\ m_t-h_1\ m_t-hm\right](a+g\sin\phi)
\end{aligned}
\tag{2.166}
$$

$$
\begin{aligned}
F_{z_2}=&\frac{b_3}{2l}\left(\frac{a_1-a_2+b_1}{b_2-b_3}m_t+\frac{a_2}{b_3}m\right)g\cos\phi\\
&+\frac{1}{2l}\left[\frac{a_1-a_2+b_1}{b_2-b_3}(h_1-h_2)\ m_t+h_1 m_t+hm\right](a+g\sin\phi)
\end{aligned}
\tag{2.167}
$$

$$F_{z_3}=\frac{1}{2}\frac{m_t}{b_2-b_3}[b_2 g\cos\phi+(h_1-h_2)(a+g\sin\phi)] \tag{2.168}$$

$$l = a_1 + a_2$$

例 63★ 带拖车汽车的最大爬坡倾斜角

图 2.13 所示在坡道上行驶的带拖车的汽车，该车能爬上的最大坡道倾斜角 ϕ_M 也是其能提供加速度的极限倾斜角。在式（2.128）中代入 $a=0$ 和 $\phi=\phi_M$ 得

$$\sin\phi_M = \frac{2}{(m+m_t)g}(F_{x_1}+F_{x_2}) \tag{2.169}$$

式（2.169）表明最大倾斜角 ϕ_M 的值随汽车和拖车总重力 $(m+m_t)g$ 的减小而增大，同时随牵引力 $F_{x_1}+F_{x_2}$ 的增大而增大。

汽车牵引力受限于驱动轮上的最大转矩和驱动轮轮胎与路面的摩擦力，假设汽车为四轮驱动汽车，且前、后各轮胎与地面的摩擦系数相等。则其前轮和后轮上的牵引力分别为

$$F_{x_1} \leqslant \mu_x F_{z_1} \qquad F_{x_2} \leqslant \mu_x F_{z_2} \tag{2.170}$$

再假设其前轮和后轮同时达到极限牵引力，则

$$F_{x_1} = \mu_x F_{z_1} \qquad F_{x_2} = \mu_x F_{z_2} \tag{2.171}$$

将式（2.169）重写为

$$\sin\phi_M = \frac{2\mu_x}{(m+m_t)g}(F_{z_1}+F_{z_2}) \tag{2.172}$$

将式（2.159）和式（2.160）中的 F_{z_1} 与 F_{z_2} 代入得到

$$\begin{aligned}&(mb_3 - mb_2 - m_t b_3)\mu_x \cos\phi_M + (b_2 - b_3)(m+m_t)\sin\phi_M \\ &= 2\mu_x \frac{m_t(h_1-h_2)}{(m+m_t)}(F_{x_1}+F_{x_2})\end{aligned} \tag{2.173}$$

整理式（2.173）得到

$$A\cos\phi_M + B\sin\phi_M = C \tag{2.174}$$

则

$$\phi_M = \operatorname{atan2}\left(\frac{C}{\sqrt{A^2+B^2}}, \pm\sqrt{1-\frac{C^2}{A^2+B^2}}\right) - \operatorname{atan2}(A,B) \tag{2.175}$$

即

$$\phi_M = \operatorname{atan2}\left(\frac{C}{\sqrt{A^2+B^2}}, \pm\sqrt{A^2+B^2-C^2}\right) - \operatorname{atan2}(A,B) \tag{2.176}$$

式中

$$A = (mb_3 - mb_2 - m_t b_3)\mu_x \tag{2.177}$$

$$B = (b_2 - b_3)(m+m_t) \tag{2.178}$$

$$C = 2\mu_x \frac{m_t(h_1-h_2)}{(m+m_t)g}(F_{x_1}+F_{x_2}) \tag{2.179}$$

某后轮驱动汽车及牵引拖车的参数如下：

$$\begin{gathered} l = 2272\text{mm} \qquad w = 1457\text{mm} \qquad h = 230\text{mm} \\ a_1 = a_2 \qquad h_1 = 310\text{mm} \qquad h_2 = 560\text{mm} \\ b_1 = 680\text{mm} \qquad b_2 = 610\text{mm} \qquad b_3 = 120\text{mm} \\ m = 1500\text{kg} \qquad m_t = 150\text{kg} \qquad a = 1\text{m/s}^2 \\ \mu_x = 1 \qquad \phi = 10\text{deg} \end{gathered} \tag{2.180}$$

计算后得到

$$F_{z_1}=3441.78\text{N}\qquad F_{z_2}=3877.93\text{N}$$
$$F_{z_3}=798.57\text{N}\qquad F_{z_t}=147.99\text{N}\tag{2.181}$$
$$F_{x_t}=405.52\text{N}\qquad F_{x_2}=2230.37\text{N}$$

为检验能否获得所需要的牵引力 F_{x_2}，应将其与最大可达摩擦力 μF_{z_2} 比较，且必须满足如下条件。

$$F_{x_2}\leqslant\mu F_{z_2}\tag{2.182}$$

例 64★　求解方程 $a\cos\theta+b\sin\theta=c$

第一类三角函数方程为

$$a\cos\theta+b\sin\theta=c\tag{2.183}$$

这类方程可以通过引入两个新的变量 r 和 η 求解，如

$$a=r\sin\eta\qquad b=r\cos\eta\tag{2.184}$$

从而有

$$r=\sqrt{a^2+b^2}\qquad \eta=\text{atan2}(a,b)\tag{2.185}$$

将两个变量代入式（2.185）后得到

$$\sin(\eta+\theta)=\frac{c}{r}\qquad \cos(\eta+\theta)=\pm\sqrt{1-\frac{c^2}{r^2}}\tag{2.186}$$

进而得到方程的解为

$$\theta=\text{atan2}\left(\frac{c}{r},\pm\sqrt{1-\frac{2}{r^2}}\right)-\text{atan2}(a,b)\tag{2.187}$$

即

$$\theta=\text{atan2}\left(\frac{c}{r},\pm\sqrt{r^2-c^2}\right)-\text{atan2}(a,b)\tag{2.188}$$

故方程 $a\cos\theta+b\sin\theta=c$ 在 $r^2=a^2+b^2>c^2$ 时有两个解，在 $r^2=c^2$ 时有一个解，在 $r^2<c^2$ 时无解。

例 65★　方程 $\text{arctan2}\,\dfrac{y}{x}=\text{atan2}\ (y,\ x)$

运动学中经常需要基于某角度的正弦函数和余弦函数求该角度的值，但是，规则的反正切函数并不能表明某一分子和分母的符号对结果的影响，它只能表示第一象限和第四象限中的角度，即 $-\dfrac{\pi}{2}\leqslant\theta\leqslant\dfrac{\pi}{2}$。为解决该问题并确定角度的象限，定义 atan2 函数如下

$$\text{atan2}(y,x)=\begin{cases}(\text{sgn}y\arctan)\left|\dfrac{y}{x}\right| & x>0,\ y\neq0\\ \dfrac{\pi}{2}\text{sgn}y & x=0,y\neq0\\ \text{sgn}y\left(\pi-\arctan\left|\dfrac{y}{x}\right|\right) & x<0,\ y\neq0\\ \pi-\pi\,\text{sgn}x & x\neq0,\ y=0\end{cases}\tag{2.189}$$

式（2.189）中，sgn 为正负号函数：

$$\text{sgn}|x| = \begin{cases} 1 & x>0 \\ 0 & x=0 \\ -1 & x<0 \end{cases} \tag{2.190}$$

在本书中计算 $\arctan \frac{y}{x}$时，均按照上述 atan2(y, x)的定义算法计算。

例 66 拖钩上垂向力为 0 的情况

通过检验式（2.158）中的拖钩垂向力 F_{z_t}，可以使拖钩上作用的垂向力为 0。

$$F_{z_t} = \frac{h_1 - h_2}{b_2 - b_3} \frac{2m_t}{m + m_t}(F_{x_1} + F_{x_2}) + \frac{b_3}{(b_2 - b_3)} m_t g \cos\phi \tag{2.191}$$

为使 $F_{z_t}=0$，只需将拖车质心 C_t 的位置调整置于拖车车轴上，并与拖钩同高。此时将有

$$h_1 = h_2 \qquad b_3 = 0 \tag{2.192}$$

最后使得

$$F_{z_t} = 0 \tag{2.193}$$

尽管如此，为增强安全性，应使载荷在拖车上均匀分布。重物应尽量放在低处且靠近车轴上方的位置，体积大质量轻的物品应放在 b_3 为正的靠前方向。这被俗称为拖车钩的“鼻子重量”。

2.5 侧倾路面上停放的汽车

如图 2.15 所示坡道侧倾角 ϕ 对车辆载荷分配的影响，侧倾导致下方轮胎载荷增大，上方轮胎载荷减小。轮胎所受反作用力为

$$F_{z_1} = \frac{1}{2} \frac{mg}{w}(b_2 \cos\phi - h\sin\phi) \tag{2.194}$$

$$F_{z_2} = \frac{1}{2} \frac{mg}{w}(b_1 \cos\phi + h\sin\phi) \tag{2.195}$$

$$w = b_1 + b_2 \tag{2.196}$$

最大侧倾角为

$$\tan\phi_M = \mu_y \tag{2.197}$$

当侧倾角达到该角度时，车辆将向下侧滑。

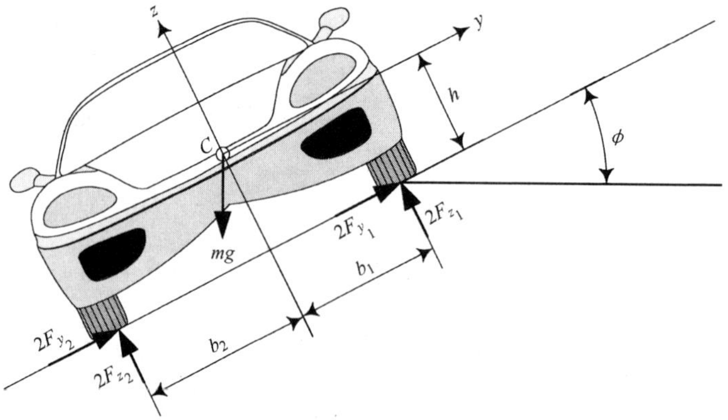

图 2.15 停放在侧倾坡上车辆的上侧轮胎和下侧轮胎受到的法向力

证明：在车体坐标系 C_{xyz} 中建立平衡方程

$$\sum F_y = 0 \tag{2.198}$$

$$\sum F_z = 0 \tag{2.199}$$

$$\sum M_x = 0 \tag{2.200}$$

展开后写作

$$2F_{y_1} + 2F_{y_2} - mg\sin\phi = 0 \tag{2.201}$$

$$2F_{z_1} + 2F_{z_2} - mg\cos\phi = 0 \tag{2.202}$$

$$2F_{z_1} b_1 - 2F_{z_2} b_2 + 2(F_{y_1} + F_{y_2})h = 0 \tag{2.203}$$

假设在下侧轮胎的前轮和后轮受到的反作用力相等，在上侧轮胎的前轮和后轮受到的反作用力相等。为计算每个轮胎上的受力情况，再将横向力总体作为一个未知量。求解上述方程得到横向力和上侧轮胎及下侧轮胎受到的反作用力。

$$F_{z_1} = \frac{1}{2}mg\frac{b_2}{w}\cos\phi - \frac{1}{2}mg\frac{h}{w}\sin\phi \tag{2.204}$$

$$F_{z_2} = \frac{1}{2}mg\frac{b_1}{w}\cos\phi + \frac{1}{2}mg\frac{h}{w}\sin\phi \tag{2.205}$$

$$F_{y_1} + F_{y_2} = \frac{1}{2}mg\sin\phi \tag{2.206}$$

侧倾角 $\phi = \phi_{\mathrm{M}}$ 时达到极限，所有车轮同时开始侧滑，故有

$$F_{y_1} = \mu_{y_1} F_{z_1} \tag{2.207}$$

$$F_{y_2} = \mu_{y_2} F_{z_2} \tag{2.208}$$

平衡方程变为

$$2\mu_{y_1} F_{z_1} + 2\mu_{y_2} F_{z_2} - mg\sin\phi = 0 \tag{2.209}$$

$$2F_{z_1} + 2F_{z_2} - mg\cos\phi = 0 \tag{2.210}$$

$$2F_{z_1} b_1 - 2F_{z_2} b_2 + 2(\mu_{y_1} F_{z_1} + \mu_{y_2} F_{z_2})h = 0 \tag{2.211}$$

假设

$$\mu_{y_1} = \mu_{y_2} = \mu_y \tag{2.212}$$

求解得到

$$F_{z_1} = \frac{1}{2}mg\frac{b_2}{w}\cos\phi_{\mathrm{M}} - \frac{1}{2}mg\frac{h}{w}\sin\phi_{\mathrm{M}} \tag{2.213}$$

$$F_{z_2} = \frac{1}{2}mg\frac{b_1}{w}\cos\phi_{\mathrm{M}} + \frac{1}{2}mg\frac{h}{w}\sin\phi_{\mathrm{M}} \tag{2.214}$$

$$\tan\phi_{\mathrm{M}} = \mu_y \tag{2.215}$$

以上计算需要满足如下条件

$$\tan\phi_{\mathrm{M}} \leqslant \frac{b_2}{h} \tag{2.216}$$

$$\mu_y \leqslant \frac{b_2}{h} \tag{2.217}$$

如果横向摩擦系数 μ_y 大于 b_2/h，汽车会向下侧翻，欲提高汽车在侧倾路面的通过能力，应

尽可能增大车宽，并降低其质心高度。

例 67 侧倾坡上停车时的轮胎受力

某汽车参数如下

$$m=980\text{kg}\qquad h=0.6\text{m}\qquad w=1.52\text{m}\qquad b_1=b_2 \tag{2.218}$$

该车停放于侧倾角 $\phi=4°$ 的坡道上，则汽车上侧车轮轮胎和下侧车轮轮胎受力为

$$F_{z_1}=2265.2\text{N}\qquad F_{z_2}=2529.9\text{N}\qquad F_{y_1}+F_{y_2}=335.3\text{N} \tag{2.219}$$

上侧车轮轮胎受力 F_{z_1} 与下侧车轮轮胎受力 F_{z_2} 的比值仅与质心位置有关。

$$\frac{F_{z_1}}{F_{z_2}}=\frac{b_2\cos\phi-h\sin\phi}{b_1\cos\phi+h\sin\phi} \tag{2.220}$$

如果汽车左右对称，即 $b_1=b_2=w/2$，上式简化为

$$\frac{F_{z_1}}{F_{z_2}}=\frac{w\cos\phi-2h\sin\phi}{w\cos\phi+2h\sin\phi} \tag{2.221}$$

如图 2.16 所示为 $h=0.6\text{m}$，$w=1.52\text{m}$ 时轮胎受力的比例 F_{z_1}/F_{z_2} 对侧倾角 ϕ 的函数曲线，侧倾角 $\phi_M=\tan^{-1}b_2/h=51.71°$ 表明侧倾角达到该值后上侧车轮轮胎下受力为 0，汽车将向下翻滚。图中曲线的负值部分表示使汽车保持在坡上不翻滚所需要施加的力，该力在实际情况下并不存在。

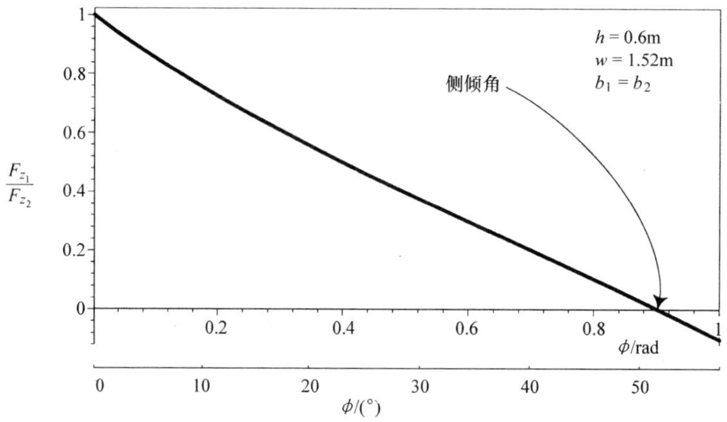

图 2.16 力的比值 F_{z_1}/F_{z_2} 对道路侧倾角 ϕ 的函数

例 68 弯道侧倾路面上的车辆

质量为 m 的车辆以速度 v 在半径为 R 的圆形水平路面上运动，车轮的侧向力向内提供车辆运动所需要的向心加速度。

$$2F_{y_1}+2F_{y_2}=m\frac{v^2}{R} \tag{2.222}$$

因为轮胎上的侧向力受限于轮胎与路面的最大摩擦力，所以存在某一最大速度 v_M，当车辆达到该速度时，轮胎不能再提供足够的侧向力，车辆将会滑出路面。

为保证道路安全，应该在弯道路面设计时使车辆能够不必通过车轮侧向力提供所需的向心力。设计道路时采用侧倾角是一种好的近似解决方案，这样使重力的分量提供所需的向心力。图 2.17 所示为一辆在侧倾弯道上行驶的汽车，假设各轮胎所受的法向力相同，在车身

坐标系中作用在车辆上的力平衡关系如下

$$mg\cos\phi - 4F_{z_1} - m\frac{v^2}{R}\sin\phi = 0 \tag{2.223}$$

$$mg\sin\phi - m\frac{v^2}{R}\cos\phi = 0 \tag{2.224}$$

式（2.224）表明期望侧倾角是速度的函数

$$\tan\phi = \frac{v^2}{Rg} \tag{2.225}$$

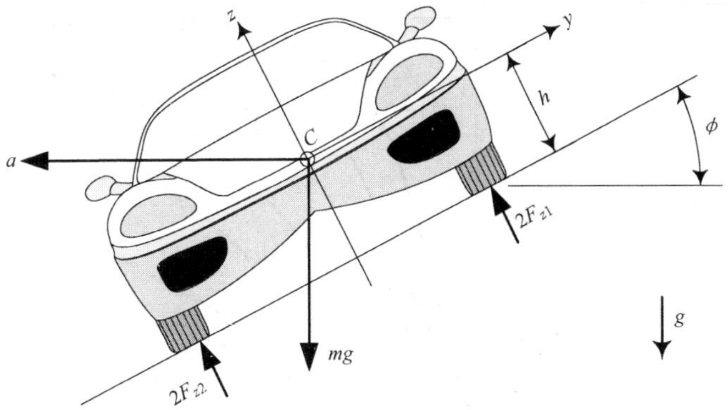

图 2.17　弯道侧倾路面上行驶的车辆

侧倾角大小与车辆的质量 m 无关，它是道路转弯半径 R 和车辆速度 v 的函数。假如道路转弯半径 R 确定，则侧倾角应该随车速的变化而变化。设计道路时，需要确定好道路上行驶车辆的合理速度，再根据式（2.225）来计算侧倾角。因为侧倾角只是车辆速度的函数，所以只要车辆按照推荐的速度行驶，确定的侧倾道路能够满足所有类型的车辆。那些低于该速度和高于该速度的车辆需要相应地由轮胎产生正向或负向的侧向力，轮胎侧向力不足或超出的部分则由车辆转向角和侧偏角提供，对于自行车和摩托车，则由其倾斜角和外倾角提供。

当前不能修筑侧倾角 ϕ 变化的道路，但是，可以设想某环形道路的侧倾角能够根据车速灵活地调整，且变化符合式（2.225）中函数的要求。图 2.18 所示为半径 $R=100\text{m}$ 的环形道路上侧倾角对车速的函数曲线，侧倾角随车速的增长而增大，因为 $R\neq 0$，曲线逼近 $\phi=90°$。

$$\lim_{v\to\infty}\phi = 90° \tag{2.226}$$

图 2.19 所示为随速度变化时侧倾角对不同弯道半径的响应灵敏度。

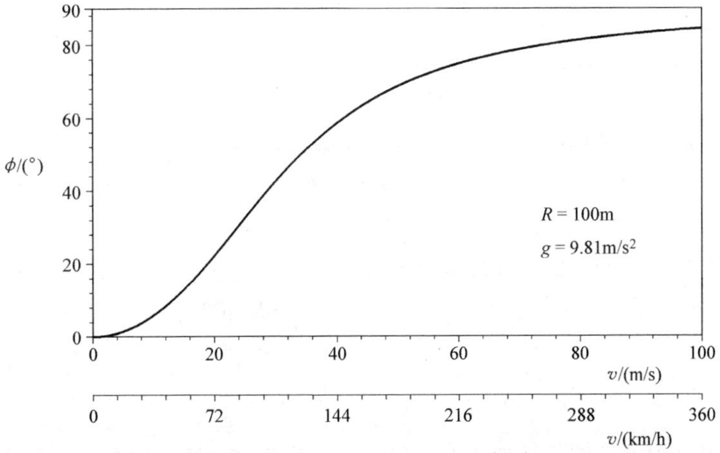

图 2.18　半径 $R=100\text{m}$ 的环形道路随速度变化所需侧倾角

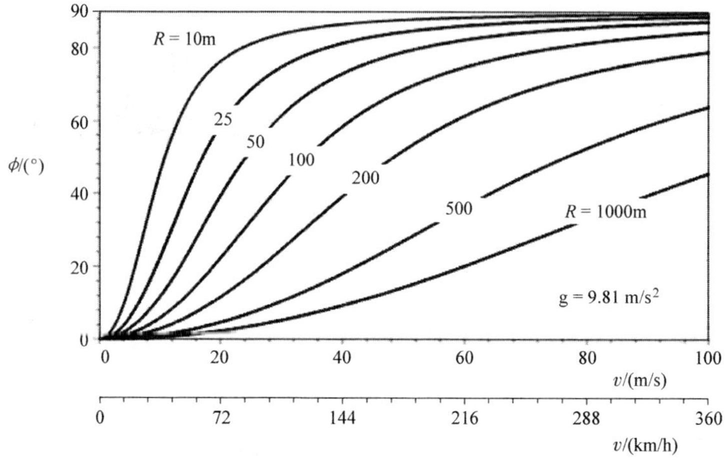

图 2.19　不同半径的环形道路随速度变化所需侧倾角

2.6★　最优驱动力和制动力分配

通过调整和控制纵向力 F_{x_1} 和 F_{x_2} 可以使汽车获得某一确定的加速度 a，四轮驱动的汽车获得最大加速度时，其前、后轮胎上的最优纵向力为

$$\frac{F_{x_1}}{mg} = -\frac{1}{2}\frac{h}{l}\left(\frac{a}{g}\right)^2 + \frac{1}{2}\frac{a_2}{l}\frac{a}{g}$$

$$= -\frac{1}{2}\mu_x^2\frac{h}{l} + \frac{1}{2}\mu_x\frac{a_2}{l} \tag{2.227}$$

$$\frac{F_{x_2}}{mg} = \frac{1}{2}\frac{h}{l}\left(\frac{a}{g}\right)^2 + \frac{1}{2}\frac{a_1}{l}\frac{a}{g}$$

$$= \frac{1}{2}\mu_x^2\frac{h}{l} + \frac{1}{2}\mu_x\frac{a_1}{l} \tag{2.228}$$

证明：水平路面上汽车的纵向运动学方程为

$$2F_{x_1} + 2F_{x_2} = ma \tag{2.229}$$

各轮胎上的最大牵引力是其所受垂向力和摩擦系数的函数。

$$F_{x_1} \leqslant \pm\mu_x F_{z_1} \tag{2.230}$$

$$F_{x_2} \leqslant \pm\mu_x F_{z_2} \tag{2.231}$$

同时，其垂向力是汽车加速度和几何参数的函数。

$$F_{z_1} = \frac{1}{2}mg\frac{a_2}{l} - \frac{1}{2}mg\frac{h}{l}\frac{a}{g} \tag{2.232}$$

$$F_{z_2} = \frac{1}{2}mg\frac{a_1}{l} + \frac{1}{2}mg\frac{h}{l}\frac{a}{g} \tag{2.233}$$

这样，可以采用无量纲化处理获得下列等式，并调整在最佳状态下达到最大驱动力。

$$\frac{F_{x_1}}{mg} = \frac{1}{2}\mu_x\left(\frac{a_2}{l} - \frac{h}{l}\frac{a}{g}\right) \tag{2.234}$$

$$\frac{F_{x_2}}{mg}=\frac{1}{2}\mu_x\left(\frac{a_1}{l}+\frac{h}{l}\frac{a}{g}\right) \tag{2.235}$$

从而使式（2.229）变为

$$\frac{a}{g}=\mu_x \tag{2.236}$$

将该结果代入式（2.234）和式（2.235）得

$$\frac{F_{x_1}}{mg}=-\frac{1}{2}\frac{h}{l}\left(\frac{a}{g}\right)^2+\frac{1}{2}\frac{a_2}{l}\frac{a}{g} \tag{2.237}$$

$$\frac{F_{x_2}}{mg}=\frac{1}{2}\frac{h}{l}\left(\frac{a}{g}\right)^2+\frac{1}{2}\frac{a_1}{l}\frac{a}{g} \tag{2.238}$$

以上式（2.237）和式（2.238）可用于确定加速度 $a>0$ 时，随汽车几何参数（h，a_1，a_2）的变化，前轮和后轮上所需要的驱动力。上述公式同样可用于在汽车加速度 $a<0$ 时确定前轮和后轮上的制动力。图 2.20 所示为某汽车最优驱动力和制动力的曲线图，该车参数如下。

$$\mu_x=1 \qquad \frac{h}{l}=\frac{0.56}{2.6}=0.2154 \qquad \frac{a_1}{l}=\frac{a_2}{l}=\frac{1}{2} \tag{2.239}$$

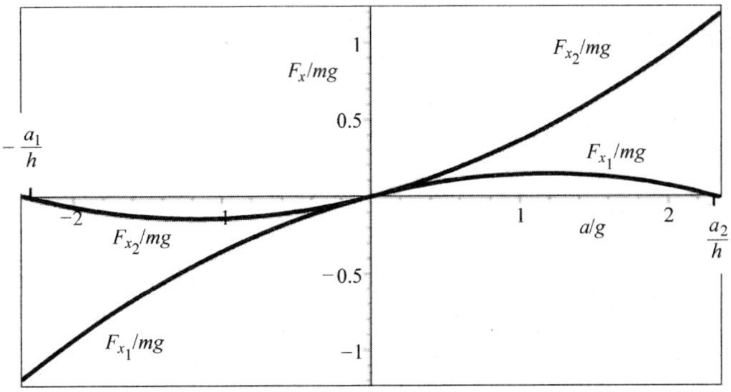

图 2.20　某汽车的最优驱动力和制动力分析

加速度 $a>0$ 时，后轮上的最优驱动力增长很快，而前轮上的最优驱动力在达到某最大值后则会减小。

$$\frac{a}{g}=\frac{1}{2}\frac{a_2}{h} \tag{2.240}$$

$$\frac{F_{x_1}}{mg}=\frac{1}{8}\frac{a_2}{h}\frac{a_2}{l} \tag{2.241}$$

其最大值发生在 $a/g=a_2/h$ 是汽车能达到的最大加速度，此时，前轮轮胎将与地面脱离接触，这种前轮（后轮）轮胎脱离地面时的加速度称为“倾斜加速度”。加速度达到 $a/g=a_2/h$ 时，后轮上需要的驱动力为 $F_{x_2}/(mg)=a_2/(2h)$。

减速时情况相反，$a<0$ 时，前轮上的最优制动力的绝对值增长很快，而后轮上的制动力在达到某最大值后则会减小直至为 0。其最大值发生在

$$\frac{a}{g}=-\frac{1}{2}\frac{a_2}{h} \tag{2.242}$$

$$\frac{F_{x_1}}{mg}=-\frac{1}{8}\frac{a_1}{h}\frac{a_1}{l} \tag{2.243}$$

$a/g=-a_1/h$ 是汽车能达到的最大减速度，此时，后轮轮胎与地面脱离接触。

通过画出以 a/g 为参量的关于 $F_{x_1}/(mg)$ 对 $F_{x_2}/(mg)$ 的曲线，以图形方式表示最优驱动力和制动力能更清楚地说明问题。

$$F_{x_1}=\frac{a_2-\frac{a}{g}h}{a_1+\frac{a}{g}h}F_{x_2} \tag{2.244}$$

$$\frac{F_{x_1}}{F_{x_2}}=\frac{a_2-\mu_x h}{a_1+\mu_x h} \tag{2.245}$$

图 2.21 所示即这样的曲线，该曲线用来描述汽车达到最大加速度或最大减速度时前轮轮胎和后轮轮胎作用力的关系。

力的优化分配调整不是自动完成的，需要专门的力的分配控制系统进行测量和调整。

例 69★ 0 处的斜率

牵引力优化分配的初始比例为优化曲线上 $[F_{x_1}/(mg), F_{x_2}/(mg)]$ 在 0 处的斜率。

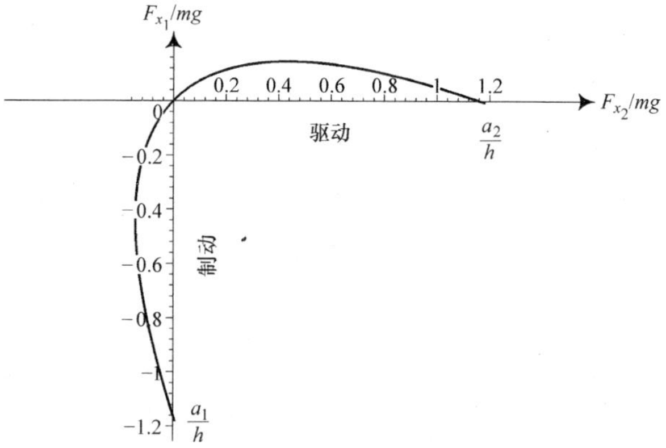

图 2.21 汽车前轮和后轮间的最优驱动力和制动力分配

$$\frac{\mathrm{d}\frac{F_{x_1}}{mg}}{\mathrm{d}\frac{F_{x_2}}{mg}}=\lim_{a\to 0}\frac{-\frac{1}{2}\frac{h}{l}\left(\frac{a}{g}\right)^2+\frac{1}{2}\frac{a_2}{l}\frac{a}{g}}{\frac{1}{2}\frac{h}{l}\left(\frac{a}{g}\right)^2+\frac{1}{2}\frac{a_1}{l}\frac{a}{g}}=\frac{a_2}{a_1} \tag{2.246}$$

因此，初始牵引力的分配只与质心位置有关。

例 70★ 制动平衡

汽车制动时，其后轮不抱死才可以保持稳定。因此，汽车的实际后轮制动力应该始终小于其最大可达轮胎制动力，即制动力分配应该始终处在图 2.22 中的阴影区域，涵盖于优化曲线之内。虽然这样限制了汽车的实际可达减速度，尤其是低摩擦系数情况下的实际可达减速度，但是却可以提高汽车的稳定性。

因为力分配器更容易实现对直线特性的跟随，故可以采用两条或三条线段对优化制动力曲线做近似描述，再通过控制系统调整制动力比值 F_{x_1}/F_{x_2}，图 2.22 所示为以三线段做近似描述的情况。

前轮和后轮之间的制动力分配称作制动平衡，制动平衡关系随减速度的变化而变化。减速度越大，转移到前轮的载荷就越大，前轮能提供的制动力也就越大。此时，后轮的载荷减小，给其分配的制动力也应该降低。

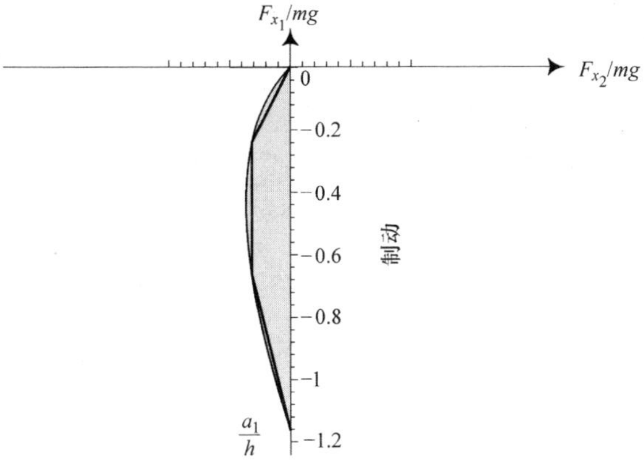

图 2.22 汽车前轮和后轮间的最优制动力分配以三线段做近似描述

例 71★ 最佳赛车

赛车要求始终保持最大加速度工况，以使其能在最短时间内跑完赛程，故通常采用后轮驱动和全轮制动方案。但是，假使赛车采用了全轮驱动方案，则依照如图 2.23 所示曲线工作的驱动力分配器会使赛车比赛时更加出色。

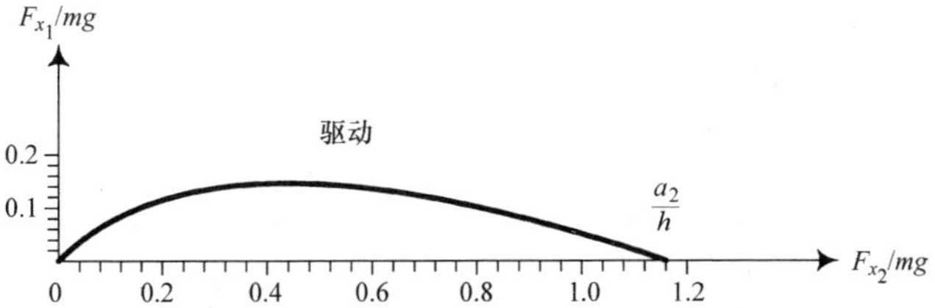

图 2.23 汽车前轮和后轮间的最优驱动力分配

例 72★ 质心 C 的位置对制动的影响

汽车制动时，其载荷会从后轮向前轮转移，质心 C 的位置越高，载荷转移得越多。因此，为提高制动性能，质心 C 的位置应布置得尽可能低，并尽可能靠后。这种布置并非对每种车辆都可行，对前轮驱动的民用轿车更是如此，但是，为获得较好的制动性，在汽车设计中应该考虑这一事实。

例 73★ 前轮抱死和后轮抱死

最佳制动力分配是根据式（2.245）获得的理想 F_{x_1}/F_{x_2} 比例，如果制动力分配不理想，则前轮或后轮将有可能在轮胎未提供足够制动力时发生抱死。后轮抱死会导致车辆失稳，失去方向稳定性，此时，后轮会在路面打滑，失去提供侧向力的能力，后轮轮胎印迹上的合成剪切力变成了与打滑方向相反的动摩擦力。

由于车辆前轮和后轮上侧向力的不平衡，某些扰动引起的后轮轻微侧向运动会导致车辆横摆运动。横摆力矩使车辆绕 z 轴转向，直至车辆完成 180° 掉头使车尾向前，车头向后。图 2.24 显示了某后轮抱死的汽车发生了 180°的侧滑转向。

前轮抱死虽然不会直接导致车辆失稳，但会使车辆转向失灵，令驾驶人无法控制。

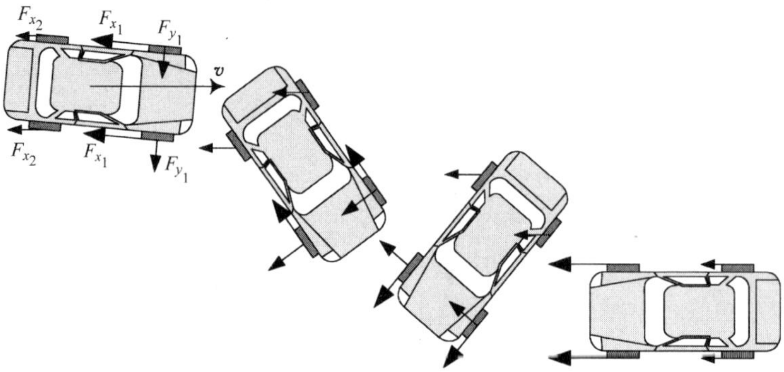

图 2.24　后轮抱死的汽车发生180°的侧滑转向

2.7★　多于两个车轴的车辆

如图2.25所示的三轴汽车以及其他多于两轴的车辆为超静定结构，其轮胎所受的法向力不能通过静平衡方程确定，而是考虑进悬架变形后确定其作用力。

轮胎所受的 n 个法向力 F_{z_i} 可以通过如下 n 个方程计算。

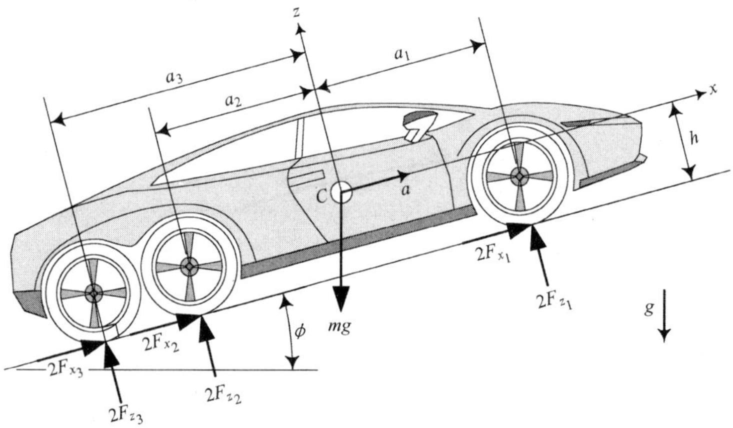

图 2.25　斜坡上行驶的三轴汽车

$$2\sum_{i=1}^{n} F_{z_i} - mg\cos\phi = 0 \tag{2.247}$$

$$2\sum_{i=1}^{n} F_{z_i} x_i + h(a + mg\sin\phi) = 0 \tag{2.248}$$

$$\frac{F_{z_i}}{k_i} - \frac{x_i - x_1}{x_n - x_1}\left(\frac{F(z_n)}{k_n} - \frac{F_{z_1}}{k_1}\right) - \frac{F_{z_1}}{k_1} = 0 \qquad (i = 2,\ 3,\ \cdots,\ n-1) \tag{2.249}$$

式中，F_{x_i} 和 F_{z_i} 是轮胎上作用的纵向力和法向力；下标 i 为轴的序号；x_i 为从质心 C 到第 i 轴的距离，对于在质心 C 前面的轴 x_i 取正值，对于在质心 C 后面的轴 x_i 取负值；参数 k_i 为第 i 轴悬架的垂直刚度。

证明：对于多轴车辆，以下方程组与式（2.128）~式（2.130）所列方程组类似。

$$\sum F_x = 0 \tag{2.250}$$

$$\sum F_z = 0 \tag{2.251}$$

$$\sum M_y = 0 \tag{2.252}$$

如果轴数为 n，则各轴上的力可以通过合并后代入。

$$2\sum_{i=1}^{n} F_{x_i} - mg\sin\phi = ma \tag{2.253}$$

$$2\sum_{i=1}^{n} F_{z_i} - mg\cos\phi = 0 \tag{2.254}$$

$$2\sum_{i=1}^{n} F_{z_i} x_i + 2h\sum_{i=1}^{n} F_{x_i} = 0 \tag{2.255}$$

消去式（2.253）和式（2.255）中正向力的总和 $F_x = 2\sum_{i=1}^{n} F_{x_i}$ 可以得到式（2.248），这样式（2.247）和式（2.248）仍有 n 个未知量，尚需 $n-2$ 个方程求解各轮的载荷，这些方程需要根据悬架变形关系建立。

忽略轮胎变形，并令 z 表示图 2.25 所示的车辆垂直方向。设 z_i 为第 i 轴中心位置的悬架变形量，k_i 为第 i 轴上悬架垂直方向的刚度，则各轴变形量为

$$z_i = \frac{F_{z_i}}{k_i} \tag{2.256}$$

路面平坦，车身为刚性时应满足

$$\frac{z_i - z_1}{x_i - x_1} = \frac{z_n - z_1}{x_n - x_1} \qquad i = 2, 3, \cdots, n-1 \tag{2.257}$$

将式（2.256）代入式（2.257）后可以得到式（2.249），式（2.257）中的 $n-2$ 个方程同式（2.247）、式（2.248）两个方程联立可以求解各轮胎所受的法向载荷。

该方程组为线性方程组，可以写成如下矩阵形式

$$[A][X] = [B] \tag{2.258}$$

式中

$$[X] = [F_{z_1} \quad F_{z_2} \quad F_{z_3} \quad \cdots \quad F_{z_n}]^{\mathrm{T}} \tag{2.259}$$

$$[A] = \begin{bmatrix} 2 & 2 & \cdots & \cdots & \cdots & \cdots & 2 \\ 2x_1 & 2x_2 & \cdots & \cdots & \cdots & \cdots & 2x_n \\ \dfrac{x_n - x_2}{k_1 l} & \dfrac{1}{k_2} & \cdots & \cdots & \cdots & \cdots & \dfrac{x_2 - x_1}{k_n l} \\ \cdots & \cdots & \cdots & \cdots & \cdots & \cdots & \cdots \\ \dfrac{x_n - x_i}{k_1 l} & \cdots & \cdots & \dfrac{1}{k_i} & \cdots & \cdots & \dfrac{x_i - x_1}{k_n l} \\ \cdots & \cdots & \cdots & \cdots & \cdots & \cdots & \cdots \\ \dfrac{x_n - x_{n-1}}{k_1 l} & \cdots & \cdots & \cdots & \cdots & \dfrac{1}{k_{n-1}} & \dfrac{x_{n-1} - x_1}{k_n l} \end{bmatrix}^{\mathrm{T}} \tag{2.260}$$

$$l = x_1 - x_n \tag{2.261}$$

$$[B] = [mg\cos\phi \quad -h(a + mg\sin\phi) \quad 0 \quad \cdots \quad 0]^{\mathrm{T}} \tag{2.262}$$

例 74★ 三轴汽车车轮受力

如图2.25所示为一辆行驶于斜坡上的三轴汽车，研究多轴车辆时记其前轴为一轴，后面各轴按顺序依次记为二轴、三轴等。

描述该三轴汽车的方程组为

$$2F_{x_1}+2F_{x_2}+2F_{x_3}-mg\sin\phi=ma \tag{2.263}$$

$$2F_{z_1}+2F_{z_2}+2F_{z_3}-mg\cos\phi=0 \tag{2.264}$$

$$2F_{z_1}x_1+2F_{z_2}x_2+2F_{z_3}x_3+2h(F_{x_1}+F_{x_2}+F_{x_3})=0 \tag{2.265}$$

$$\frac{1}{x_2-x_1}\left(\frac{F_{z_2}}{k_2}-\frac{F_{z_1}}{k_1}\right)-\frac{1}{x_3-x_1}\left(\frac{F_{z_3}}{k_3}-\frac{F_{z_1}}{k_1}\right)=0 \tag{2.266}$$

简化后得

$$2F_{z_1}+2F_{z_2}+2F_{z_3}-mg\cos\phi=0 \tag{2.267}$$

$$2F_{z_1}x_1+2F_{z_2}x_2+2F_{z_3}x_3+hm(a+g\sin\phi)=0 \tag{2.268}$$

$$(x_2k_2k_3-x_3k_2k_3)F_{z_1}+(x_1k_1k_2-x_2k_1k_2)F_{z_3}-(x_1k_1k_3-x_3k_1k_3)F_{z_2}=0 \tag{2.269}$$

这一计算各车轮载荷的方程组为线性方程组，可以写成如下矩阵形式

$$[A][X]=[B] \tag{2.270}$$

式中

$$[A]=\begin{bmatrix}2 & 2 & 2\\ 2x_1 & 2x_2 & 2x_3\\ k_2k_3(x_2-x_3) & k_1k_3(x_3-x_1) & k_1k_2(x_1-x_2)\end{bmatrix} \tag{2.271}$$

$$[X]=\begin{bmatrix}F_{z_1}\\ F_{z_2}\\ F_{z_3}\end{bmatrix} \tag{2.272}$$

$$[B]=\begin{bmatrix}mg\cos\phi\\ -hm(a+g\sin\phi)\\ 0\end{bmatrix} \tag{2.273}$$

通过矩阵求逆可以获得未知向量

$$[X]=[A]^{-1}[B] \tag{2.274}$$

方程组的解为

$$\frac{1}{k_1m}F_{z_1}=\frac{Z_1}{Z_0}\qquad \frac{1}{k_2m}F_{z_2}=\frac{Z_2}{Z_0}\qquad \frac{1}{k_3m}F_{z_3}=\frac{Z_3}{Z_0} \tag{2.275}$$

式中

$$Z_0=-4k_1k_2(x_1-x_2)^2-4k_2k_3(x_2-x_3)^2-4k_1k_3(x_3-x_1)^2 \tag{2.276}$$

$$\begin{aligned}Z_1=&g(x_2k_2-x_1k_3-x_1k_2+x_3k_3)h\sin\phi\\&+a(x_2k_2-x_1k_3-x_1k_2+x_3k_3)h\\&+g(k_2x_2^2-x_2k_2x_1+k_3x_3^2-x_1k_3x_3)\cos\phi\end{aligned} \tag{2.277}$$

$$\begin{aligned}Z_2=&g(x_1k_1-x_2k_1-x_2k_3+x_3k_3)h\sin\phi\\&+a(x_1k_1-x_2k_1-x_2k_3+x_3k_3)h\end{aligned}$$

$$+g(k_1 x_2^2 - x_2 k_1 x_1 + k_3 x_3^2 - x_2 k_3 x_3)\cos\phi \tag{2.278}$$

$$\begin{aligned} Z_3 &= g(x_1 k_1 + x_2 k_2 - x_3 k_1 - x_3 k_2) h\sin\phi \\ &+ a(x_1 k_1 + x_2 k_2 - x_3 k_1 - x_3 k_2) h \\ &+ g(k_1 x_1^2 - x_3 k_1 x_1 + k_2 x_2^2 - x_3 k_2 x_2)\cos\phi \end{aligned} \tag{2.279}$$

$$x_1 = a_1 \qquad x_2 = -a_2 \qquad x_3 = -a_3 \tag{2.280}$$

2.8★　在外弧形道路和内弧形道路上的车辆

具有外凸或内凹曲率的路面分别称作外弧形道路或内弧形道路，道路的曲率会导致车轮所受法向力增大或减小，本节中假设道路曲率半径 R_H 远大于车辆质心高度，即 $R_H \gg h$。

2.8.1★　外弧形道路上的车辆

车辆在外凸形坡道上行驶称为**冲弧顶**，车辆冲弧顶时，由于会产生沿 $-z$ 方向的离心力 mv^2/R_H，其车轮所受的法向力将小于车辆在相同坡度的平直坡道上行驶时所受的法向力。

如图 2.26 所示，车辆在某曲率半径为 R_H，相对水平面成平均坡度 ϕ 的坡道上冲弧顶，轮胎上的牵引力和法向力可以近似表示为

$$F_{x_1} + F_{x_2} \approx \frac{1}{2} m(a + g\sin\phi) \tag{2.281}$$

$$F_{z_1} \approx \frac{1}{2}mg\left[\left(\frac{a_2}{l}\cos\phi + \frac{h}{l}\sin\phi\right)\right] - \frac{1}{2} ma\frac{h}{l} - \frac{1}{2}m\frac{v^2}{R_H}\frac{a_2}{l} \tag{2.282}$$

$$F_{z_2} \approx \frac{1}{2}mg\left[\left(\frac{a_1}{l}\cos\phi - \frac{h}{l}\sin\phi\right)\right] + \frac{1}{2} ma\frac{h}{l} - \frac{1}{2}m\frac{v^2}{R_H}\frac{a_1}{l} \tag{2.283}$$

$$l = a_1 + a_2 \tag{2.284}$$

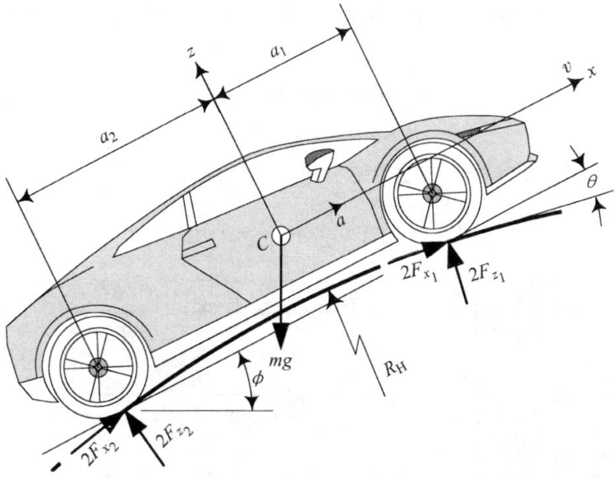

图 2.26　沿曲率半径为 R_H 的外弧形道路上行驶的车辆

证明：图 2.26 所示冲弧顶的汽车，其法向和切向分别对应着 $-z$ 轴方向和 x 轴方向，因此，汽车的运动控制方程为

$$\sum F_x = ma \tag{2.285}$$

$$-\sum F_z = m\frac{v^2}{R_H} \tag{2.286}$$

$$\sum M_y = 0 \tag{2.287}$$

展开以上方程得

$$2F_{x_1}\cos\theta + 2F_{x_2}\cos\theta - mg\sin\phi = ma \tag{2.288}$$

$$-2F_{z_1}\cos\theta - 2F_{z_2}\cos\theta + mg\cos\phi = m\frac{v^2}{R_H} \tag{2.289}$$

$$\begin{aligned}&2F_{z_1}a_1\cos\theta - 2F_{z_2}a_2\cos\theta + 2(F_{x_1}+F_{x_2})h\cos\theta\\&+2F_{z_1}a_1\sin\theta - 2F_{z_2}a_2\sin\theta - 2(F_{x_1}+F_{x_2})h\sin\theta = 0\end{aligned} \tag{2.290}$$

消去上面式（2.288）和式（2.290）中的$(F_{x_1}+F_{x_2})$，求得总牵引力（$F_{x_1}+F_{x_2}$）和车轮所受法向力 F_{z_1}、F_{z_2}。

$$F_{x_1}+F_{x_2} = \frac{ma+mg\sin\phi}{2\cos\theta} \tag{2.291}$$

$$\begin{aligned}F_{z_1} = &\frac{1}{2}mg\left[\left(\frac{a_2}{l\cos\theta}\cos\phi + \frac{h(1-\sin2\theta)}{l\cos\theta\cos2\theta}\sin\phi\right)\right]\\&-\frac{1}{2}ma\frac{h(1-\sin2\theta)}{l\cos\theta\cos2\theta} - \frac{1}{2}m\frac{v^2}{R_H}\frac{a_2}{l\cos\theta}\end{aligned} \tag{2.292}$$

$$\begin{aligned}F_{z_2} = &\frac{1}{2}mg\left[\left(\frac{a_1}{l\cos\theta}\cos\phi - \frac{h(1-\sin2\theta)}{l\cos\theta\cos2\theta}\sin\phi\right)\right]\\&+\frac{1}{2}ma\frac{h(1-\sin2\theta)}{l\cos\theta\cos2\theta} - \frac{1}{2}m\frac{v^2}{R_H}\frac{a_1}{l\cos\theta}\end{aligned} \tag{2.293}$$

如果汽车轴距远小于外凸弧曲率半径，即 $l \ll R_H$，由于角 θ 很小，则可以对三角函数做如下近似处理

$$\cos\theta \approx \cos2\theta \approx 1 \tag{2.294}$$

$$\sin\theta \approx \sin2\theta \approx 0 \tag{2.295}$$

将上述近似值代入式（2.291）~式（2.293）得到下面的近似解

$$F_{x_1}+F_{x_2} \approx \frac{1}{2}m(a+g\sin\phi) \tag{2.296}$$

$$2\frac{F_{z_1}}{mg} \approx \left(\frac{a_2}{l}\cos\phi + \frac{h}{l}\sin\phi\right) - \frac{a}{g}\frac{h}{l} - \frac{v^2/R_H}{g}\frac{a_2}{l} \tag{2.297}$$

$$2\frac{F_{z_2}}{mg} \approx \left(\frac{a_1}{l}\cos\phi - \frac{h}{l}\sin\phi\right) + \frac{a}{g}\frac{h}{l} - \frac{v^2/R_H}{g}\frac{a_1}{l} \tag{2.298}$$

例 75★ 冲弧顶汽车的车轮载荷

考虑汽车具有如下参数

$$\begin{aligned}&l = 2272\text{mm} \quad w = 1457\text{mm} \quad h = 230\text{mm} \quad a_1 = a_2\\&m = 1500\text{kg} \quad v = 15\text{m/s} \quad a = 1\text{m/s}^2\end{aligned} \tag{2.299}$$

该车在坡道上冲弧顶，道路参数如下

$$R_H = 40\text{m} \quad \phi = 30° \quad \theta = 2.5° \tag{2.300}$$

则汽车上的受力情况为

$$F_{x_1}+F_{x_2}=4432.97\text{N}\qquad F_{z_1}=666.33\text{N}\qquad F_{z_2}=1488.75\text{N}$$
$$F_{z_1}+F_{z_2}=2155.08\text{N}\qquad mg=14715\text{N}\qquad m\frac{v^2}{R_H}=8437.5\text{N}\tag{2.301}$$

假设 θ 很小，采用简化计算方法，各作用力的近似值为

$$F_{x_1}+F_{x_2}=4428.75\text{N}\qquad F_{z_1}\approx 628.18\text{N}\qquad F_{z_2}\approx 1524.85\text{N}$$
$$F_{z_1}+F_{z_2}\approx 2153.03\text{N}\qquad mg=14715\text{N}\qquad m\frac{v^2}{R_H}=8437.5\text{N}\tag{2.302}$$

例 76★　汽车在外凸坡上脱离路面

汽车在外凸坡上行驶速度过快时会脱离路面，这种情况称为**飞车**。发生飞车现象的条件是 $F_{z_1}=0$ 且 $F_{z_2}=0$。

设某前后对称汽车发生飞车，其 $a_1=a_2=l/2$，加速度为 0。应用式（2.282）和式（2.283）后，可以得到

$$\frac{1}{2}mg\left[\left(\frac{a_2}{l}\cos\phi+\frac{h}{l}\sin\phi\right)\right]-\frac{1}{2}m\frac{v^2}{R_H}\frac{a_2}{l}=0\tag{2.303}$$

$$\frac{1}{2}mg\left[\left(\frac{a_1}{l}\cos\phi-\frac{h}{l}\sin\phi\right)\right]-\frac{1}{2}m\frac{v^2}{R_H}\frac{a_1}{l}=0\tag{2.304}$$

由此可以计算最小临界飞车速度 v_c，使前轮和后轮脱离路面的临界速度分别为 v_{c_1} 和 v_{c_2}。

$$v_{c_1}=\sqrt{2gR_H\left(\frac{h}{l}\sin\phi+\frac{1}{2}\cos\phi\right)}\tag{2.305}$$

$$v_{c_2}=\sqrt{-2gR_H\left(\frac{h}{l}\sin\phi-\frac{1}{2}\cos\phi\right)}\tag{2.306}$$

对任一汽车，其临界速度 v_{c_1} 和 v_{c_2} 都是坡道弧形半径 R_H 和角坐标角度 ϕ 的函数，该角度不能大于由式（2.141）所确定的极限倾斜角。

$$-\frac{a_1}{h}\leqslant\tan\phi\leqslant\frac{a_2}{h}\tag{2.307}$$

如图 2.27 所示为一辆沿圆形坡道冲弧顶行驶的汽车，图 2.28 所示为不同角坐标角度 ϕ 下的临界速度 v_{c_1} 和 v_{c_2}，其中 $-1.371\text{rad}\leqslant\phi\leqslant 1.371\text{rad}$，汽车和坡道参数如下

$$l=2272\text{mm}\qquad h=230\text{mm}\qquad a_1=a_2$$
$$a=0\text{m/s}^2\qquad R_H=100\text{m}\tag{2.308}$$

在最大上坡角为 $\phi=1.371\text{rad}\approx 78.5°$时，汽车的前轮在速度为 0 时即脱离路面，而后轮依然接地。当汽车驶过坡道（土岗）后，也会在

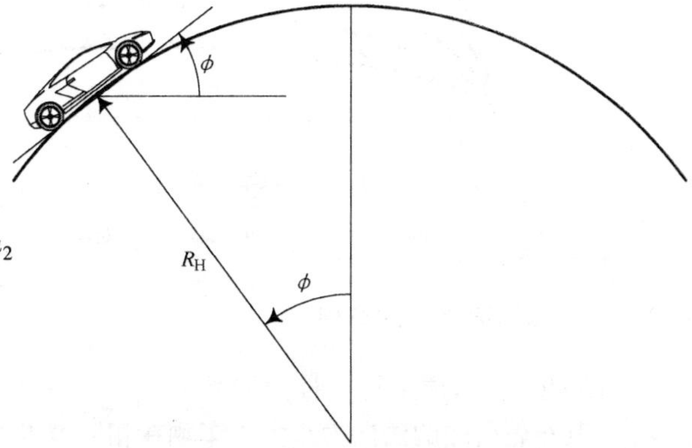

图 2.27　沿圆形斜坡冲弧顶行驶的汽车

速度为0时达到最大下坡角 $\phi=-1.371\text{rad}\approx-78.5°$，此时其后轮脱离地面，前轮仍能保持接地。汽车上坡时，前轮会先在某一较低速度下脱离地面，汽车下坡时，后轮会先在某一较低速度下脱离地面。因此，图2.28中，对于任一坡度角 ϕ 而言，临界速度 v_c 由较低的曲线决定。

为掌握临界速度的总体情况，可以绘出以 R_H 和 h/l 为参量的 v_c 下限值随 ϕ 变化的曲线。如图2.29所示，某参数为 $h/l=0.10123$ 的汽车，土岗曲率半径 R_H 对临界速度 v_c 的影响，图2.30所示土岗曲率半径为 $R_H=100\text{m}$ 时，汽车高度系数 h/l 对临界速度 v_c 的影响。

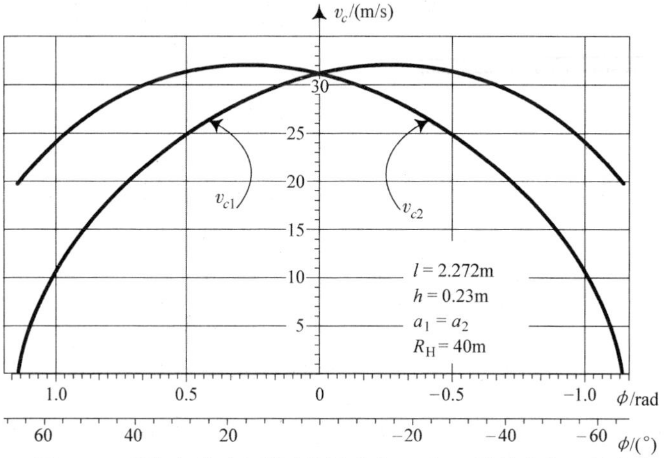

图2.28　某汽车驶过土岗时临界速度 v_{c_1} 和 v_{c_2} 随坡度角 ϕ 的变化

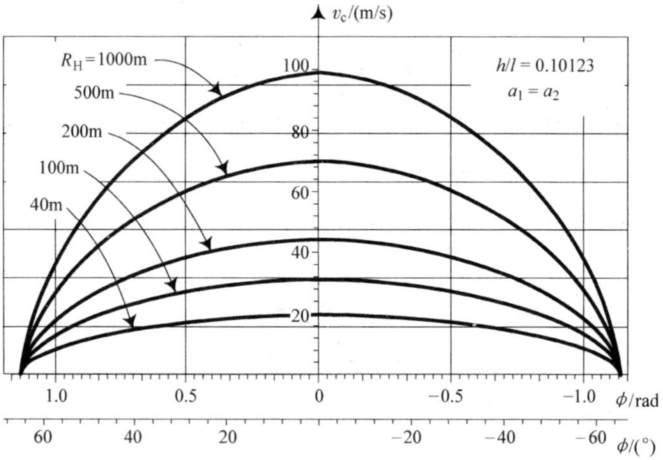

图2.29　土岗曲率半径 R_H 对某汽车临界速度 v_c 的影响

2.8.2★　内弧形道路上的车辆

车辆在内凹形坡道上行驶称为**冲弧底**，车辆冲弧底时，由于会产生沿 z 方向的离心力 mv^2/R_H，其车轮所受的法向力将大于车辆在相同坡度的平直坡道上行驶时所受的法向力。

如图2.31所示，车辆在某曲率半径为 R_H，相对水平面成平均坡度角 ϕ 的坡道上冲弧底，轮胎上的牵引力和法向力可以近似表示为

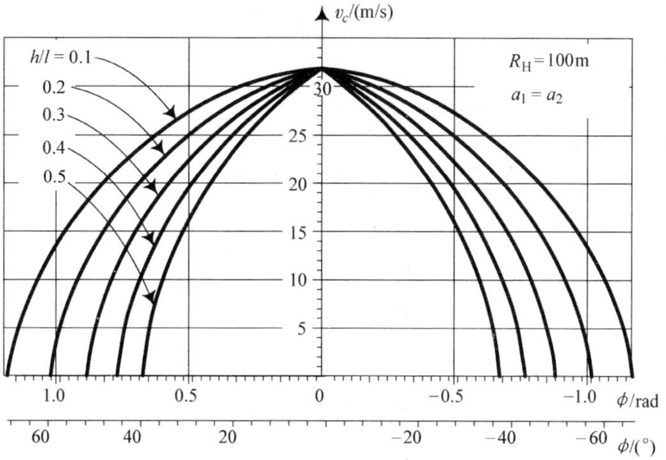

图 2.30　驶过某圆形土岗时汽车高度系数 h/l 对临界速度 v_c 的影响

$$F_{x_1}+F_{x_2}\approx\frac{1}{2}m(a+g\sin\phi) \tag{2.309}$$

$$F_{z_1}\approx\frac{1}{2}mg\left[\left(\frac{a_2}{l}\cos\phi+\frac{h}{l}\sin\phi\right)\right]-\frac{1}{2}ma\frac{h}{l}+\frac{1}{2}m\frac{v^2}{R_H}\frac{a_2}{l} \tag{2.310}$$

$$F_{z_2}\approx\frac{1}{2}mg\left[\left(\frac{a_1}{l}\cos\phi-\frac{h}{l}\sin\phi\right)\right]+\frac{1}{2}ma\frac{h}{l}+\frac{1}{2}m\frac{v^2}{R_H}\frac{a_1}{l} \tag{2.311}$$

$$l=a_1+a_2 \tag{2.312}$$

证明：建立汽车冲弧底时轮胎上作用的牵引力和法向力方程组，与汽车冲弧顶情况的过程相同，如图 2.31 所示，其法向和切向分别对应着 z 轴方向和 x 轴方向，因此，汽车的运动控制方程为

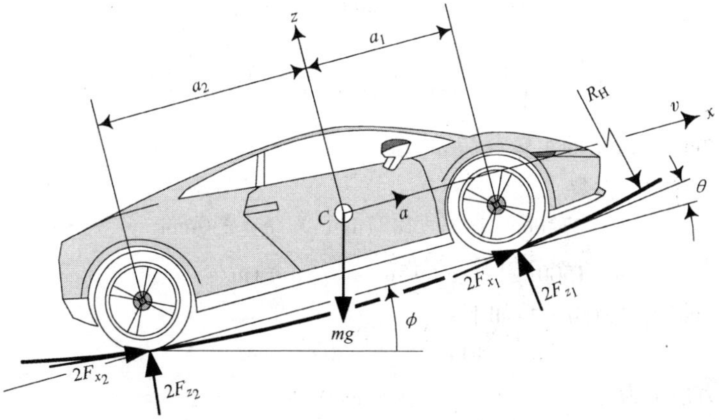

图 2.31　沿曲率半径为 R_H 的内弧形道路上行驶的车辆

$$\sum F_x = ma \tag{2.313}$$

$$\sum F_z = m\frac{v^2}{R_H} \tag{2.314}$$

$$\sum M_y = 0 \tag{2.315}$$

展开以上方程得

$$2F_{x_1}\cos\theta + 2F_{x_2}\cos\theta - mg\sin\phi = ma \tag{2.316}$$

$$-2F_{z_1}\cos\theta - 2F_{z_2}\cos\theta + mg\cos\phi = m\frac{v^2}{R_H} \tag{2.317}$$

$$\begin{aligned}&2F_{z_1}a_1\cos\theta - 2F_{z_2}a_2\cos\theta + 2(F_{x_1}+F_{x_2})h\cos\theta\\&+2F_{z_1}a_1\sin\theta - 2F_{z_2}a_2\sin\theta - 2(F_{x_1}+F_{x_2})h\sin\theta = 0\end{aligned} \tag{2.318}$$

消去上面式（2.316）和式（2.318）中的（$F_{x_1}+F_{x_2}$），求得总牵引力（$F_{x_1}+F_{x_2}$）和车轮所受法向力 F_{z_1}、F_{z_2}。

$$F_{x_1}+F_{x_2} = \frac{ma+mg\sin\phi}{2\cos\theta} \tag{2.319}$$

$$\begin{aligned}F_{z_1} =& \frac{1}{2}mg\left[\left(\frac{a_2}{l\cos\theta}\cos\phi + \frac{h(1-\sin2\theta)}{l\cos\theta\cos2\theta}\sin\phi\right)\right]\\&-\frac{1}{2}ma\frac{h(1-\sin2\theta)}{l\cos\theta\cos2\theta} + \frac{1}{2}m\frac{v^2}{R_H}\frac{a_2}{l\cos\theta}\end{aligned} \tag{2.320}$$

$$\begin{aligned}F_{z_2} =& \frac{1}{2}mg\left[\left(\frac{a_1}{l\cos\theta}\cos\phi - \frac{h(1-\sin2\theta)}{l\cos\theta\cos2\theta}\sin\phi\right)\right]\\&+\frac{1}{2}ma\frac{h(1-\sin2\theta)}{l\cos\theta\cos2\theta} + \frac{1}{2}m\frac{v^2}{R_H}\frac{a_1}{l\cos\theta}\end{aligned} \tag{2.321}$$

假设 θ 非常小，则各作用力近似等于

$$F_{x_1}+F_{x_2} \approx \frac{1}{2}m(a+g\sin\phi) \tag{2.322}$$

$$2\frac{F_{z_1}}{mg} \approx \left(\frac{a_2}{l}\cos\phi + \frac{h}{l}\sin\phi\right) - \frac{a}{g}\frac{h}{l} + \frac{v^2/R_H}{g}\frac{a_2}{l} \tag{2.323}$$

$$2\frac{F_{z_2}}{mg} \approx \left(\frac{a_1}{l}\cos\phi - \frac{h}{l}\sin\phi\right) + \frac{a}{g}\frac{h}{l} + \frac{v^2/R_H}{g}\frac{a_1}{l} \tag{2.324}$$

例77★ 冲弧底汽车的车轮载荷

考虑汽车具有如下参数

$$\begin{aligned}&l = 2272\text{mm} \quad w = 1457\text{mm} \quad h = 230\text{mm} \quad a_1 = a_2\\&m = 1500\text{kg} \quad v = 15\text{m/s} \quad a = 1\text{m/s}^2\end{aligned} \tag{2.325}$$

该车在坡道上冲弧底，道路参数如下

$$R_H = 40\text{m} \quad \phi = 30° \quad \theta = 2.5° \tag{2.326}$$

则汽车上的受力情况为

$$\begin{aligned}&F_{x_1}+F_{x_2} = 4432.97\text{N} \quad F_{z_1} = 4889.1\text{N} \quad F_{z_2} = 5711.52\text{N}\\&F_{z_1}+F_{z_2} = 10600.62\text{N} \quad mg = 14715\text{N} \quad m\frac{v^2}{R_H} = 8437.5\text{N}\end{aligned} \tag{2.327}$$

假设 θ 很小，采用简化计算方法，各受力的近似值为

$$F_{x_1}+F_{x_2}=4428.75\text{N} \quad F_{z_1}\approx 4846.93\text{N} \quad F_{z_2}\approx 5743.6\text{N}$$
$$F_{z_1}+F_{z_2}\approx 10590.53\text{N} \quad mg=14715\text{N} \quad m\frac{v^2}{R_\text{H}}=8437.5\text{N} \tag{2.328}$$

2.9 小结

对于对称的刚性车辆直线行驶模型，可以假设其左侧车轮和右侧车轮受力情况相同，进而简化轮胎作用力的计算。

某汽车在坡度角为 ϕ 的坡道上加速行驶时，前、后车轮上作用的法向力 F_{z_1}、F_{z_2}分别为

$$F_{z_1}=\frac{1}{2}mg\left(\frac{a_2}{l}\cos\phi-\frac{h}{l}\sin\phi\right)-\frac{1}{2}ma\frac{h}{l} \tag{2.329}$$

$$F_{z_2}=\frac{1}{2}mg\left(\frac{a_1}{l}\cos\phi+\frac{h}{l}\sin\phi\right)+\frac{1}{2}ma\frac{h}{l} \tag{2.330}$$

$$l=a_1+a_2 \tag{2.331}$$

式中，含括弧的第一部分，$\frac{1}{2}mg\left(\frac{a_1}{l}\cos\phi\pm\frac{h}{l}\sin\phi\right)$为静态部分，取决于坡度角和质心位置，$\pm\frac{1}{2}ma\frac{h}{l}$为动态部分，取决于车辆加速度 a。

2.10 主要符号

a 以及 $\ddot{x}$	加速度
a_{fwd}	前轮驱动车辆加速度
a_{rwd}	后轮驱动车辆加速度
a_1	第一轴到质心的距离
a_2	第二轴到质心的距离
a_i	第 i 轴到质心的距离
a_M	最大加速度
a，b	atan2(a，b)的参量
A，B，C	常参数
b_1	左侧车轮到质心的距离/拖钩连接点到后轴的距离
b_2	右侧车轮到质心的距离/拖钩连接点到拖车质心的距离
b_3	拖车车轴到拖车质心的距离
C	车辆质心
C_t	拖车质心
d	高度
F	力
F_x	车轮上牵引力或制动力
F_{x_1}	前轮上牵引力或制动力
F_{x_2}	后轮上牵引力或制动力
F_{x_t}	拖钩处水平方向的力
F_z	车轮上的法向力
F_{z_1}	前轮上的法向力
F_{z_2}	后轮上的法向力
F_{z_3}	拖车车轮上的法向力
F_{z_t}	拖钩处的法向力
g	重力加速度
h	质心高度
H	高度
I	转动惯量
k_i	第 i 轴悬架的垂直刚度
l	轴距
m	汽车质量
m_t	拖车质量
M	力矩
R	轮胎半径
R_f	前轮轮胎半径
R_r	后轮轮胎半径
R_H	曲率半径

t	时间	ϕ_T	倾翻角
v 以及 $\dot{x}$	速度	μ	摩擦系数
v_c	临界速度	下角标	
w	轮距	dyn	动态
z_i	第 i 轴悬架变形量	f	前
x，y，z	随车坐标系坐标轴	fwd	前轮驱动
X，Y，Z	全局坐标系坐标轴	M	最大
θ	路面坡度角	r	后
ψ	路面与水平线的夹角	rwd	后轮驱动
ϕ_M	极限倾斜角，最大上坡角	st	静态

习　题

1. 车轴载荷

考虑有如下参数的汽车停放在水平道路上，试求其前轴和后轴载荷。

(a) $m = 1765\text{kg}$　　$a_1 = 1.22\text{m}$　　$a_2 = 1.62\text{m}$

(b) $m = 1665\text{kg}$　　$a_1 = 1.42\text{m}$　　$a_2 = 1.42\text{m}$

(c) $m = 1245\text{kg}$　　$a_1 = 1.62\text{m}$　　$a_2 = 1.22\text{m}$

2. 质心距离比

标致907概念车基本参数如下

$$m = 1665\text{kg} \qquad l = 2477\text{mm}$$

假设 $a_1/a_2 \approx 1.131$，试求各轴载荷。

3. 停放在水平道路上的汽车

对于某停放在水平道路上的汽车，考虑它的如下参数

$$\frac{F_{z_1}}{F_{z_2}} = \frac{a_1}{a_2}$$

4. 轴荷比

(a) 吉普CommanderXK基本参数如下

$$m = 2309\text{kg} \qquad l = 2781\text{mm}$$

假设 $F_{z_1}/F_{z_2} \approx 1.22$，试求各轴载荷。

(b) 宝马X5基本参数如下

$$m = 2900\text{kg} \qquad l = 2933\text{mm}$$

假设其前、后轴载荷比为1400/1500，试求 a_1 和 a_2。

5. 轴荷与质心距离比

1981年款德劳瑞恩跑车的轴距

$$l = 2410\text{mm}$$

假设

$$a_1/a_2 \approx 0.831 \qquad m = 1361\text{kg}$$

试求其前、后轴载荷。

6. 质心横向位置

例 44 中，假设汽车左侧比右侧重 4%，试求汽车后部的 b_1 和 b_2。

7. ★前、后轮胎不同的情况

证明式（2.35）和式（2.36）。

8. 质心高度

迈凯轮 SLR722 跑车参数如下

$$m=1649\text{kg}\qquad l=2700\text{mm}$$

前轮轮胎:255/35*ZR*19　　后轮轮胎:295/30*ZR*19

前轴被抬高到 $H=540\text{mm}$，假设

$$a_1=a_2\qquad F_{z_2}=0.68mg$$

试求汽车质心高度。

9. ★质心高度极限

质心高度方程式中，h 的关系为

$$h=R+\left(a_2-\frac{2F_{z_1}}{mg}l\right)\cot\phi$$

$\phi\to 0$ 时，$\cot\phi\to\infty$。试解释为什么不能就此判断说 $h\to\infty$。

10. ★以 d 为参量计算的质心高度

例 45 中实验中不测量角度 ϕ，而是通过测量支撑液压缸高度 d 来进行质心高度计算，结合图 2.32 以 d 为参量重新计算质心高度 h。

11. 停放在上坡道路上的汽车

兰博基尼 Gallardo 汽车参数如下

$$m=1430\text{kg}\qquad l=2560\text{mm}$$

（a）假设

$$a_1=a_2\qquad h=520\text{mm}$$

汽车停放于一坡度角为 $\phi=30°$的斜坡道路上，驻车制动器制动后车轮，求力 F_{z_1}，F_{z_2}和 F_{x_2}。

（b）假设 $\mu_{x_2}=1$，求汽车驻车的极限坡度角 ϕ_M。

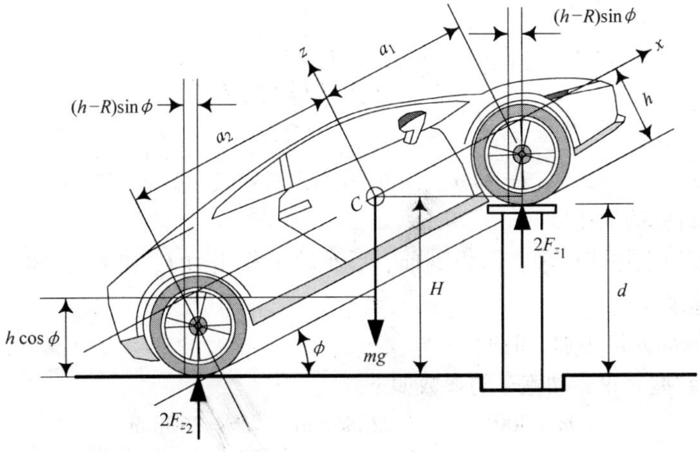

图 2.32　以支撑液压缸高度 d 取代坡度角 ϕ 为参量确定质心高度

12. 上坡道路驻车

劳斯莱斯 Phantom 汽车参数如下

$$m = 2495\text{kg} \qquad l = 3570\text{mm}$$

假设该汽车在上坡道路上驻车，并有

$$a_1 = a_2 \qquad h = 670\text{mm} \qquad \phi = 30°$$

求下面各种情况下车轮上作用的力：

（a）前轮制动。（b）后轮制动。（c）四轮制动。

13. 停放在下坡道路上的汽车

当汽车停放在下坡道路上，问题及相关条件参照第11题。

14. 倾翻角情况下的受力

试求后轮制动的汽车在上坡道路上驻车时，处于倾翻角情况下的制动力 $2F_{x_2}$ 和法向力 F_{z_2}。

15. ★上坡道路坡度角

驻车于上坡道路上的汽车，假设其前、后车轮上作用力 F_{z_1} 和 F_{z_2} 已知，试证其路面坡度角为

$$\phi = \arctan\left[\frac{a_2 - a_1(F_{z_1}/F_{z_2})}{h + h(F_{z_1}/F_{z_2})}\right]$$

16. 最大加速度

本田 CR－V 汽车参数如下：

$$m = 1550\text{kg} \qquad l = 2620\text{mm}$$

假设

$$a_1 = a_2 \qquad h = 720\text{mm} \qquad \mu_x = 0.8$$

求下面各种情况下汽车的最大加速度：

（a）汽车后轮驱动。（b）汽车前轮驱动。（c）汽车四轮驱动。

17. ★水平路面上的加速度

某汽车在水平路面上加速行驶，假设其前、后车轮上作用力 F_{z_1} 和 F_{z_2} 已知，试证其加速度为

$$a = \frac{a_2 - a_1(F_{z_1}/F_{z_2})}{h + h(F_{z_1}/F_{z_2})}g$$

18. ★a/g 的斜率

比较 a_{fwd}/g，a_{rwd}/g，a_{fwb}/g 和 a_{rwb}/g 的斜率，考察其中是否有等式关系。

19. ★坡道行驶的加速度

某汽车在坡道上加速行驶，假设其前、后车轮上作用力 F_{z_1} 和 F_{z_2} 已知，试以 F_{z_1}/F_{z_2} 为参量求汽车加速度 a。

20. 0～100km/h 最小加速时间

RoadRazer 轻型后轮驱动跑车的参数如下

$$m = 300\text{kg} \qquad l = 2286\text{mm} \qquad h = 260\text{mm}$$

假设 $a_1 = a_2$，若该车能够在 $t = 3.2\text{s}$ 内实现 0～100km/h 的加速，则摩擦系数最小应为

多少?

21. 全轮驱动汽车的车轴载荷

讴歌 Courage 全轮驱动汽车参数如下

$$m=2569.6\text{kg} \qquad l=2946.4\text{mm}$$

假设 $a_1=a_2$，$h=760\text{mm}$，求汽车在以加速度 $a=1.7\text{m/s}^2$行驶时各轴的载荷。

22. ★带拖车的汽车

大众 Touareg 全轮驱动汽车参数如下

$$m=2268\text{kg} \qquad l=2855\text{mm}$$

假设 $a_1=a_2$，该车牵引一拖车行驶，拖车参数为：

$$m_t=600\text{kg} \qquad h_1=h_2$$

$$b_1=855\text{mm} \qquad b_2=1350\text{mm} \qquad b_3=150\text{mm}$$

若该车在水平路面上以加速度 $a=2\text{m/s}^2$ 行驶，试求拖钩上的作用力。

23. 侧倾停放的汽车

卡迪拉克 Escalade 汽车参数为：$m=2569.6\text{kg}$，$l=2946.4\text{mm}$，$w_f=1732.3\text{mm}$，$w_r=1701.8\text{mm}$。假设 $b_1=b_2$，$h=940\text{mm}$，采用平均轮距值求汽车侧倾停放在坡度角 $\phi=12°$的坡上的各轴载荷。

24. ★侧倾停放的汽车（$w_f \neq w_r$）

求前轮距和后轮距不同的汽车，侧倾停放在坡上时的各轴载荷。

25. ★侧倾坡道的侧倾角

某汽车在侧倾坡道上，假设其前、后车轮上作用力 F_{z_1}和 F_{z_2}已知，试证坡道的侧倾角为

$$\phi=\arctan\left[\frac{b_2-b_1(F_{z_1}/F_{z_2})}{h+h(F_{z_1}/F_{z_2})}\right]$$

26. 最佳牵引力

三菱 Outlander 全轮驱动 SUV 汽车参数为：$m=1599\text{kg}$，$l=2669.6\text{mm}$，$w=1539.3\text{mm}$。假设 $a_1=a_2$，$h=760\text{mm}$，$\mu_x=0.75$，计算获得最大加速度的最佳牵引力比 F_{x_1}/F_{x_2}。

27. ★三轴汽车

雪铁龙 Cruise Crosser 三轴越野皮卡的参数为：$m=1800\text{kg}$，$a_1=1100\text{mm}$，$a_2=1240\text{mm}$，$a_3=1500\text{mm}$，$k_1=12800\text{N/m}$，$k_2=14000\text{N/m}$，$k_3=14000\text{N/m}$。试求汽车在水平路面上匀速行驶时各轴的载荷。

28. ★外凸弧顶上的汽车

试证汽车在外凸弧顶上时

$$\frac{F_{z_1}}{F_{z_2}}\approx\frac{a_2(v^2/R_H-g)+ah}{a_1(v^2/R_H-g)-ah}$$

29. ★内凹弧底上的汽车

试证汽车在内凹弧底上时

$$\frac{F_{z_1}}{F_{z_2}}\approx\frac{a_2(v^2/R_H+g)-ah}{a_1(v^2/R_H+g)+ah}$$

3 轮胎动力学

轮胎是车辆与地面作用的主要部件，车辆性能也主要受其所用轮胎特性的影响。轮胎影响车辆的操纵性、驱动性、舒适性和燃油消耗，理解轮胎的重要性，必须认识到车辆唯有借助轮胎上的纵向力、法向力和侧向力才能机动行驶这一事实。

图 3.1 所示为某一承受垂向负载的静止轮胎，为建立轮胎 - 地面相互作用模型，首先要确定轮胎接地印迹，并对接地印迹上力的分布进行科学描述。

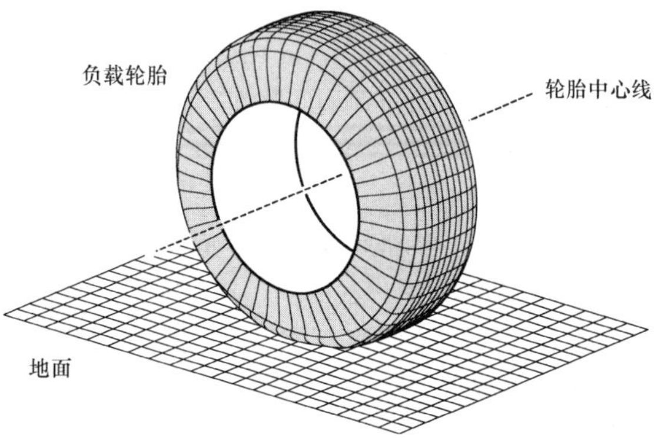

图 3.1　承受垂向负载的静止轮胎

3.1　轮胎坐标系和轮胎力系

为描述轮胎 - 地面的相互作用和轮胎力系，假设轮胎置于水平地面，在接地印迹中心建立笛卡儿坐标系，如图 3.2 所示。其 x 轴沿轮胎平面与地面的交线方向，轮胎平面是指将轮胎极度变窄演化成的一个平面。z 轴垂直于地面，与重力加速度 g 方向相反，y 轴根据坐标系的右手定则确定。

外倾角 γ 和侧偏角 α 两个角被用来表示轮胎的空间方位，**外倾角**是指轮胎平面与过 x 轴的垂直平面的夹角，该角从前视图方向观察更加清晰，如图 3.3a 所示。**侧偏角**是指过 z 轴的速度矢量 v 与 x 轴之间的夹角，该角从俯视图方向观察更加清晰，如图 3.3b 所示。

假设轮胎所受地面作用力的合力在接地印迹的中心，并可沿 x 轴、y 轴和 z 轴分解，这样，轮胎与地面的相互作用构成了一个包括三个力和三个力矩的三维（3D）力系，如图 3.2 所示。

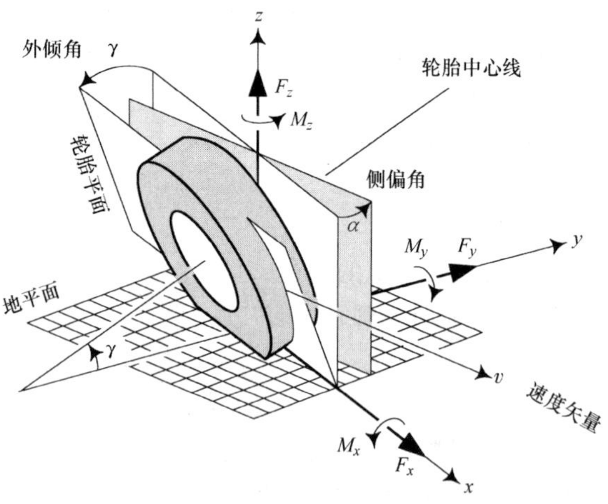

图 3.2　轮胎坐标系

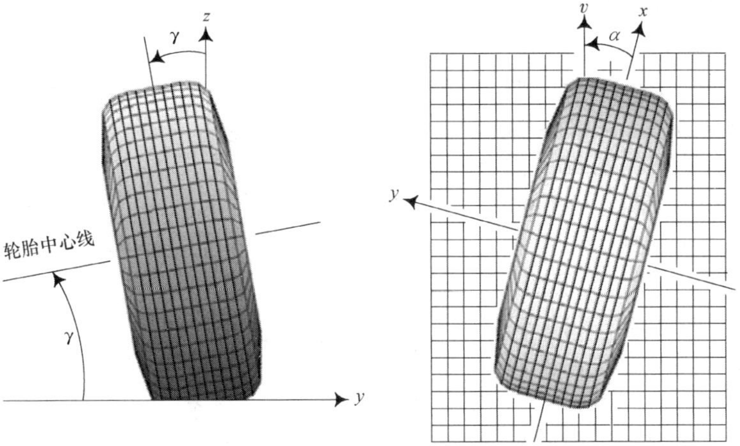

a) 轮胎前视图及外倾角的度量　　b) 轮胎俯视图及侧偏角的度量

图 3.3　外倾角和侧偏角

1）纵向力 F_x。该力沿 x 轴作用，纵向力合力在汽车加速时有 $F_x>0$，汽车制动时有 $F_x<0$，纵向力又称作正向力。

2）法向力 F_z。该力沿垂直于地平面的方向作用，法向合力向上时有 $F_z>0$，传统轮胎和路面无法实现 $F_z<0$，法向力又称为**垂向力**或**车轮载荷**。

3）侧向力 F_y。该力沿与地面相切方向作用，并同时与 F_x 和 F_z 正交，侧向合力在与 y 轴正方向相同时有 $F_y>0$。

4）侧倾力矩 M_x。该力矩为一个绕 x 轴的纵向力矩，当侧倾力矩的合力矩趋向于使轮胎绕 x 轴滚转时，有 $M_x>0$。侧倾力矩又称作**内倾力矩**，**倾斜力矩**或**倾覆力矩**。

5）俯仰力矩 M_y。该力矩为一个绕 y 轴的侧向力矩，当俯仰力矩的合力矩趋向于使轮胎绕 y 轴向前转动时，有 $M_y>0$。俯仰力矩又称作**滚动阻力矩**。

6）横摆力矩 M_z。该力矩为一个绕 z 轴的矢量方向向上的力矩，当横摆力矩的合力矩趋向于使轮胎绕 z 轴转动时，有 $M_z>0$。横摆力矩又称作**回正力矩**，**自回正力矩**或**钻转力矩**。

以上即为地面作用在轮胎上的力系，其他对车轮的作用力均作用在车轴上，从车辆传给轮胎的驱动力矩或制动力矩，称作车轮转矩 T。

例 78　轮胎坐标系原点

对某一外倾轮胎，并不是总能够方便地找到或定义作为轮胎坐标系原点的接地印迹中心点。实际应用中将轮胎坐标系原点设在零外倾角和零侧偏角时轮胎平面与地面交线的中点上，这样，轮胎在水平路面竖直静止放置时，轮胎坐标系原点会处于接地印迹的中心点。

例 79★　SAE 轮胎坐标系

图 3.4 所示为美国汽车工程师协会（SAE）采用的轮胎坐标系。轮胎静止时该坐标系的原点处于接地印迹中心点，其 x 轴和轮胎平面与地面的交线重合，z 轴垂直于接地印迹，向下为正；y 轴在地平面上，向右为正，以保证构成符合右手定则的坐标系。

基于上述坐标系设计，一些正的角度和力处于坐标轴的负方向上。在不至于造成误读和混淆的情况下，有一些作者会将某些负坐标轴方向上的力看作正值。但是，并不是所有应用

SAE坐标系的作者都采用这种符号以及力与角度的正方向定义，他们通常不说明坐标轴方向，而是会指明右侧和左侧。例如，将轮胎向右侧偏时看作侧偏角 α 为正值，此外，按照 SAE 的惯例，同一车辆的左侧轮胎外倾角和右侧轮胎外倾角符号应相反，因此，左侧轮胎向右倾斜时有正外倾角，右侧轮胎向左倾斜时有正的外倾角。

SAE 坐标系和图 3.2 中的坐标系可以任意选用，但是，z 轴向下这种定义方式有时会造成不便和混淆。

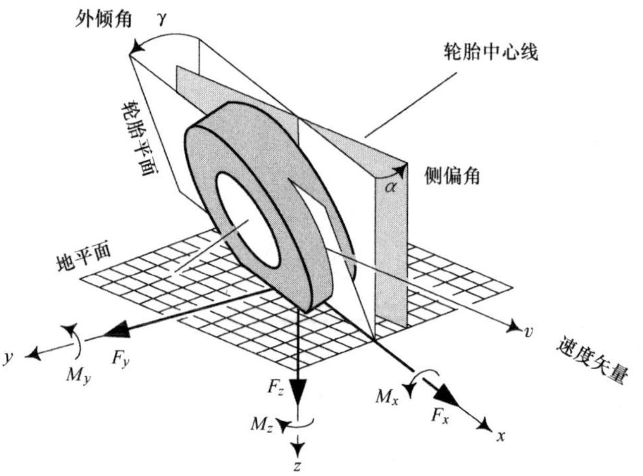

图 3.4　SAE 轮胎坐标系

3.2　轮胎刚度

作为常用的近似计算，轮胎垂向力 F_z 可以看作轮胎垂直方向上变形量 Δz 的线性函数，其中 Δz 为在轮胎中心位置测得。

$$F_z = k_z \Delta z \tag{3.1}$$

系数 k_z 称为 z 方向轮胎刚度。同样，轮胎对侧向力和纵向力的反作用力也可以做如下近似计算

$$F_x = k_x \Delta x \tag{3.2}$$

$$F_y = k_y \Delta y \tag{3.3}$$

式中，系数 k_x 和 k_y 分别称作 x 方向和 y 方向的轮胎刚度。

证明：轮胎动力学中，轮胎在 x、y、z 三个方向作用力下的变形情况是最重要的轮胎特性，通常基于实验计算轮胎刚度，轮胎刚度与其机械属性和环境特性有关。

如图 3.5 所示为在水平坚硬地面上承受垂直载荷的轮胎，该轮胎会在载荷作用下产生变形并形成一个高压接触区来平衡垂直载荷。

图 3.6 所示为某一实验测量的以（F_z，Δz）为轴的刚度曲线图，该曲线可以通过一个由曲线拟合获得的数学函数表达。

$$F_z = f(\Delta z) \tag{3.4}$$

但是，在常用范围内通常可以采用线性近似方法计算。

$$F_z = \frac{\partial f}{\partial(\Delta z)} \Delta z \tag{3.5}$$

系数 $\frac{\partial f}{\partial(\Delta z)}$ 为实验刚度曲线在零值处的斜率，并用刚度系数 k_z 表示。

$$k_z = \tan\theta = \lim_{\Delta z \to 0} \frac{\partial f}{\partial(\Delta z)} \tag{3.6}$$

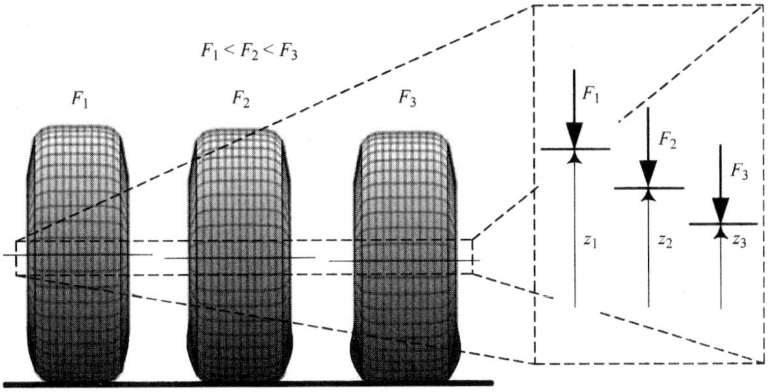

图 3.5 零外倾角时受承受垂直载荷的轮胎

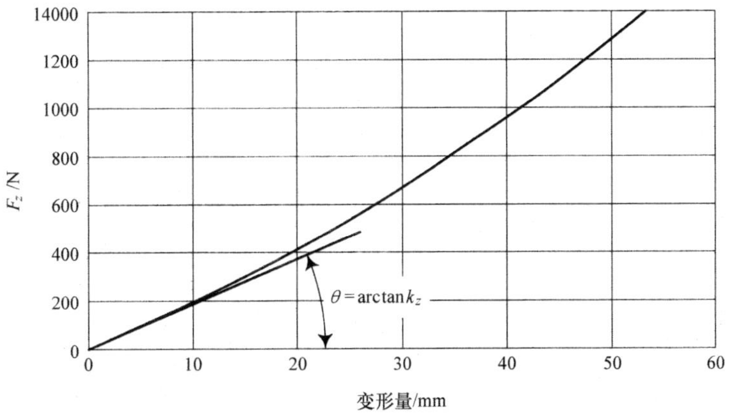

图 3.6 某轮胎的垂直刚度曲线

因此，根据定义可得轮胎垂直变形量 Δz 与法向轮胎力 F_z 成正比。

$$F_z = k_z \Delta z \tag{3.7}$$

刚度曲线受很多因素影响，其中最重要的影响因素是轮胎充气压力，因为轮胎对地面只能施加压力，所以法向力只能大于零，即 $F_z > 0$。

轮胎侧向力/变形量和纵向力/变形量的状态还受实验中所施加力作用方向的影响，轮胎承受垂直载荷时，其侧向力和纵向力会受摩擦力的影响。如图 3.7 所示为某纵向刚度曲线和侧向刚度曲线与垂直刚度曲线的对比。

常用范围内的轮胎纵向刚度和横向刚度处于曲线的线性部分，可以用线性公式计算。

$$F_x = k_x \Delta x \tag{3.8}$$

$$F_y = k_y \Delta y \tag{3.9}$$

系数 k_x 和 k_y 分别称作 x 方向轮胎刚度和 y 方向轮胎刚度，可以通过测算（F_x，Δx）和（F_y，Δy）平面内刚度曲线的斜率获得。

$$k_x = \lim_{\Delta x \to 0} \frac{\partial f}{\partial(\Delta x)} \tag{3.10}$$

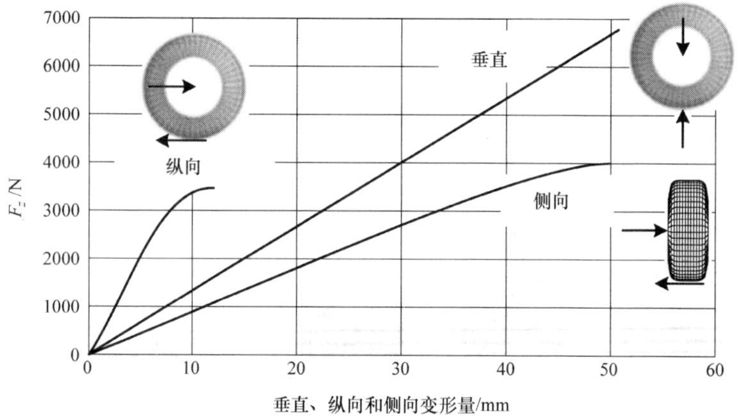

图 3.7　垂直、纵向和侧向刚度曲线

$$k_y = \lim_{\Delta y \to 0} \frac{\partial f}{\partial(\Delta y)} \tag{3.11}$$

纵向力和侧向力增大时，部分接地印迹区域开始在地面上蠕动和滑移，最终接地印迹部分开始整体滑动。此时，作用力饱和并达到轮胎承受纵向力和侧向力能力的最大值。

当以变形量为 0 的位置为参照基础测量变形位移时，可以分别以 x、y 和 z 代替 Δx、Δy 和 Δz。一般轮胎的 x 方向，即纵向刚度最大，y 向，即侧向刚度最小。

$$k_x > k_z > k_y \tag{3.12}$$

图 3.8 所示为轮胎在侧向力和纵向力作用下的变形情况。

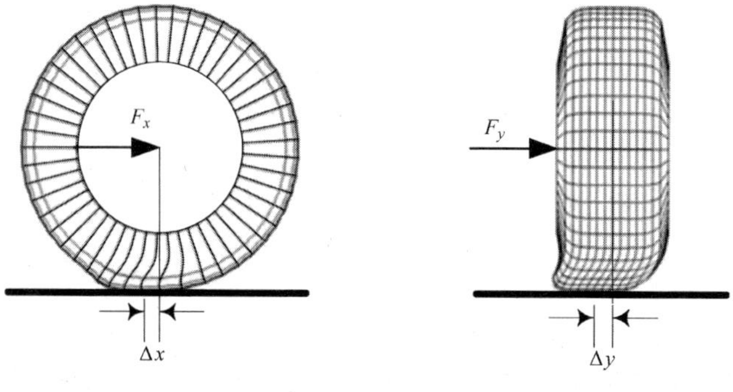

图 3.8　轮胎纵向变形和侧向变形的示意图

例 80★　非线性轮胎刚度

进行较为准确的建模时，轮胎上的垂直力 F_z 是法向轮胎变形量 z 和变形率 $\dot{z}$ 的函数。

$$F_z = F_z(z, \dot{z}) = F_{z_s} + F_{z_d} \tag{3.13}$$

在进行初步估算时，可以假设 F_z 是一个静态部分和一个动态部分的综合，静态部分为非线性项，通常可以表示成轮胎垂直变形量的多项式方程，动态部分与轮胎垂直方向速度成正比。

$$F_{z_s} = k_1 z + k_2 z^2 + k_3 z^3 \tag{3.14}$$

$$F_{z_d}=k_4\dot{z} \tag{3.15}$$

常量 k_1，k_2 和 k_3 根据（F_z，z）平面实测刚度曲线的第一斜率、第二斜率和第三斜率计算得出，常量 k_4 是（F_z，$\dot{z}$）平面曲线的第一斜率，代表轮胎阻尼。

$$k_1=\frac{\partial F_z(0)}{\partial z}\qquad k_2=\frac{1}{2!}\frac{\partial^2 F_z(0)}{\partial z^2}\qquad k_3=\frac{1}{3!}\frac{\partial^3 F_z(0)}{\partial z^3} \tag{3.16}$$

$$k_4=\frac{\partial F_z(0)}{\partial \dot{z}} \tag{3.17}$$

对于 205/50R15 轿车轮胎的第一斜率值约为 $k_1=200000\text{N/m}$，对于 X315/80R22.5 货车轮胎的第一斜率值约为 $k_1=1200000\text{N/m}$。

阻尼由轮胎各衬层之间的摩擦产生，所以衬层数越多的轮胎阻尼越大，轮胎阻尼还随速度增大而减小。

例 81★ 迟滞效应

橡胶是一种黏弹性物质，因此，其加载和卸载时的刚度曲线并不完全相同。图 3.9 所示为某橡胶轮胎的加载和卸载曲线，该曲线形成了一个封闭回路，卸载曲线在下，加载曲线在上。封闭回路内部的面积表示加载和卸载过程中的能量消耗量。轮胎承载着车重滚动时，将重复经历变形和复原的交替循环，能量以热能形式散掉，这种行为是迟滞性物质的共有属性，称为迟滞性。可以说，迟滞性是橡胶等变形物质的一种特性，其变形时吸收的能量大于复原时释放的能量。能量消耗量与轮胎的机械性能有关，橡胶的迟滞能量损失随温度的升高而减少。

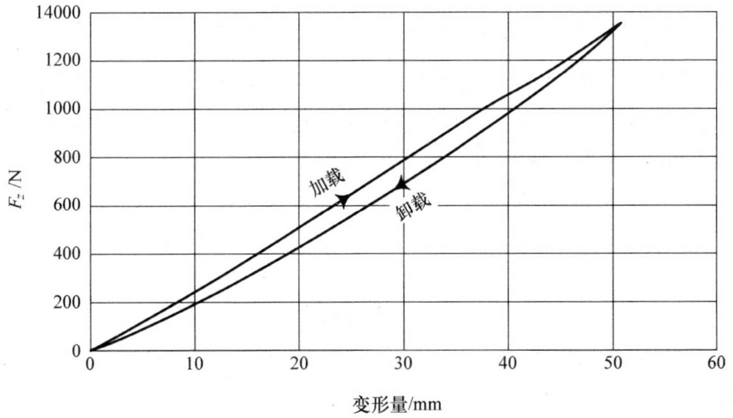

图 3.9 轮胎垂直加载和卸载时的迟滞回路

迟滞效应导致承载橡胶在负载去除后不能完全回弹，考虑某高迟滞性赛车轮胎滚过不平整路面的情况，变形轮胎复原较慢，从而使其不能对接地印迹后部路面施加和轮胎前部地面一样大的推力，这种前面和后面的压力差产生了阻力，这是滚动阻力的来源。

赛车采用高迟滞性轮胎以增大摩擦力和牵引力，民用车采用低迟滞性轮胎以减小滚动阻力，其工作温度也低。轮胎迟滞性水平反过来也会影响制动距离，高迟滞性轮胎制动距离较短，但是轮胎磨损较快，寿命较短。

3.3 有效半径

如图3.10所示，一个受垂直载荷的车轮在水平路面上滚动，车轮的**有效半径** R_w，又称**滚动半径**定义为

$$R_w = \frac{v_x}{\omega} \tag{3.18}$$

式中，v_x 为车轮前进速度，$\omega = \omega_w$ 为车轮角速度。有效半径 R_w 近似等于

$$R_w \approx R_g - \frac{R_g - R_h}{3} \tag{3.19}$$

其值介于无负载半径或**几何半径** R_g 与**负载高度** R_h 之间

$$R_h < R_w < R_g \tag{3.20}$$

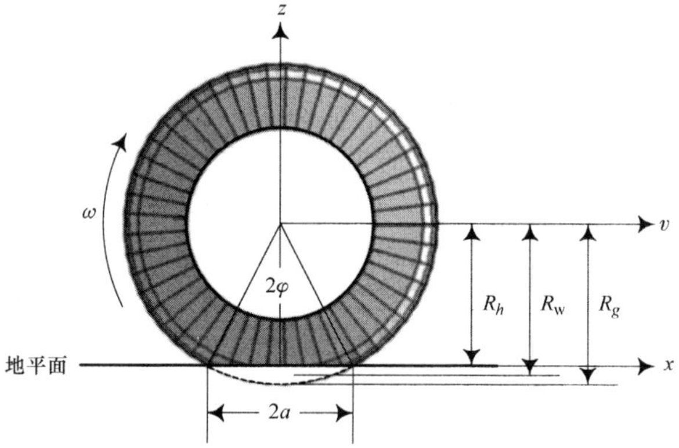

图3.10 有效半径 R_w 与轮胎几何半径 R_g 和负载高度 R_h 的对比

证明：轮胎有效半径 $R_w = v_x/\omega$ 通过测量轮胎角速度 $\omega = \omega_w$ 和前进速度 v_x 确定。轮胎滚动过程中，其圆周上的各个部分在通过接地区域时被压平，应用中可以用接地印迹的直线长度代替接地部分的弧长来计算有效半径。轮胎的垂直变形量为

$$R_g - R_h = R_g(1 - \cos\varphi) \tag{3.21}$$

且有

$$R_h = R_g\cos\varphi \tag{3.22}$$

$$a = R_g\sin\varphi \tag{3.23}$$

如果把轮胎运动看作是半径为 R_w 的刚性圆盘的滚动，则轮胎需要转动角度 φ 以使其向前运动 $a \approx R_w\varphi$ 的距离。

$$a = R_g\sin\varphi \approx R_w\,\varphi \tag{3.24}$$

故有

$$R_w = \frac{R_g\sin\varphi}{\varphi} \tag{3.25}$$

将 $\frac{\sin\varphi}{\varphi}$ 以泰勒级数展开得到

$$R_w = R_g\left(1 - \frac{1}{6}\varphi^2 + O(\varphi^4)\right) \tag{3.26}$$

通过式（3.21）可以近似认为

$$\cos\varphi = 1 - \frac{1}{2}\varphi^2 \tag{3.27}$$

$$\varphi^2 \approx 2(1-\cos\varphi) \approx 2\left(1-\frac{R_h}{R_g}\right) \tag{3.28}$$

因此

$$R_{\mathrm{w}} \approx R_g\left(1-\frac{1}{3}\left(1-\frac{R_h}{R_g}\right)\right) = \frac{2}{3}R_g + \frac{1}{3}R_h \tag{3.29}$$

因为 R_{w} 是轮胎负载 F_z 的函数

$$R_h = R_h(F_z) = R_g - F_z/k_z \tag{3.30}$$

有效半径 R_{w} 也是轮胎负载的函数，角度 φ 称为**接地印迹角**或**轮胎接地角**。

相同情况下，子午线轮胎的垂直刚度比非子午线的垂直刚度小，所以子午线轮胎的负载高度 R_h 也小于非子午线轮胎负载高度。但是，子午线轮胎的有效半径 R_{w} 更接近于其无负载半径 R_g。进行估算时，对非子午线轮胎有 $R_{\mathrm{w}}=0.96R_g$，$R_h=0.94R_g$；而对子午线轮胎有 $R_{\mathrm{w}}=0.98R_g$，$R_h=0.92R_g$。

综上所述，轮胎有效半径 R_{w} 取决于轮胎的类型、刚度、负载情况、充气压力和前进速度。

例 82　轮胎转动

P235/75 R15 轮胎的几何半径 $R_g=366.9$ mm，因为

$$h_{\mathrm{T}} = 235 \times 75\% = 176.25\mathrm{mm} \approx 6.94\mathrm{in} \tag{3.31}$$

因此，

$$R_g = \frac{2h_{\mathrm{T}}+15}{2} = \frac{2\times 6.94+15}{2} = 14.44\mathrm{in} \approx 366.9\mathrm{mm} \tag{3.32}$$

配置这种轮胎的车辆在较高速度下行驶，设行驶速度为 $v=50\mathrm{m/s}=180\mathrm{km/h}$，该轮胎为子午线轮胎，故其有效半径 R_{w} 约等于

$$R_{\mathrm{w}} \approx 0.98R_g \approx 359.6\mathrm{mm} \tag{3.33}$$

车辆行驶过 $d=100\mathrm{km}$ 的距离后，轮胎转过 $n_1=44259$ 圈。

$$n_1 = \frac{d}{\pi D} = \frac{100\times 10^3}{2\pi\times 359.6\times 10^{-3}} = 44259 \tag{3.34}$$

现假设车辆在低胎压情况下行驶了相同的距离 $d=100\mathrm{km}$，这样其有效半径接近于负载半径

$$R_{\mathrm{w}} \approx R_h \approx 0.92R_g = 330.8\mathrm{mm} \tag{3.35}$$

轮胎需要滚动 $n_2=48112$ 圈才能行驶 $d=100\mathrm{km}$。

$$n_2 = \frac{d}{\pi D} = \frac{100\times 10^3}{2\pi\times 330.8\times 10^{-3}} = 48112 \tag{3.36}$$

例 83　轮胎在低于地面处滚动

根据定义，行驶中负载轮胎的等效半径 R_{w} 等效于一个以与轮胎相同角速度 ω 滚动，同时以与轮胎相同速度 v_x 移动的刚性圆盘的半径。

$$v_x = R_{\mathrm{w}}\,\omega \tag{3.37}$$

然而，因为 $R_{\mathrm{w}}>R_h$，等效圆盘应该在某低于地面的硬路面上滚动，两个面之间的距离如图 3.11 所示，为 $R_{\mathrm{w}}-R_h$。

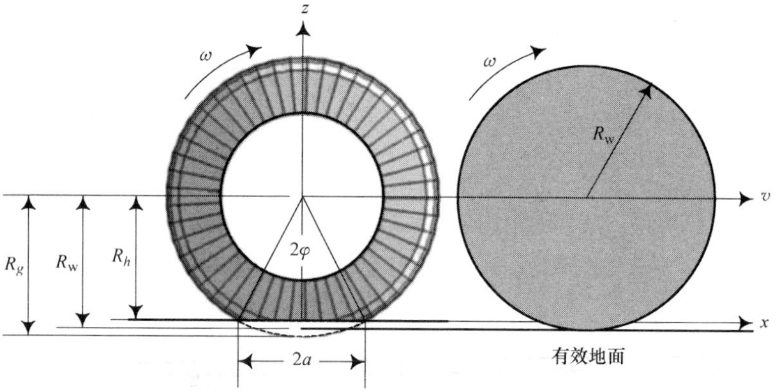

图 3.11 在低于地面的等效地面上滚动的等效轮胎

例 84 接地印迹区内轮胎的压缩和膨胀

轮胎的纵向变形会导致轮胎面上任一点的圆周速度产生周期性变化，当接近接地印迹起始点时，其速度降低，并发生圆周向压缩。轮胎面在接地印迹的前半部分被压缩，然后在接地印迹的后半部分逐渐膨胀，接地印迹接触区内的轮胎面几乎与地面固定在一起，假设接地印迹中心点处的轮胎相对于地面的速度为0，轮胎圆周单元相对于地面的相对速度在0到大约两倍的轮胎中心前进速度 v_x 之间变化，相对速度最大处在轮胎顶部。

例 85★ 接地印迹区内轮胎边缘各点的径向运动

在与地面接触的过程中，轮胎边缘单元的径向变形量可以用下面的函数描述

$$d = d(\theta) \tag{3.38}$$

假设轮胎边缘各单元在与地面接触的过程中仅有沿径向的运动，如图 3.12 所示。

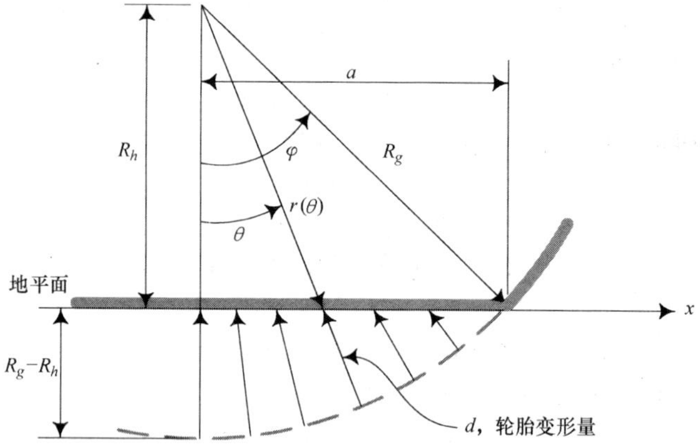

图 3.12 接触区内轮胎上边缘各点的径向运动

用 $r = r(\theta)$ 表示与垂直方向呈 θ 度角处的半径截断长度，故有

$$\cos\theta = R_h / r \qquad \cos\varphi = \frac{R_h}{R_g} \tag{3.39}$$

式中，φ 为接地角半角，这样可得

$$r = R_g \frac{\cos\varphi}{\cos\theta} \tag{3.40}$$

所以，变形量函数为

$$d = R_g - r(\theta) = R_g\left(1 - \frac{R_h}{R_g \cos\theta}\right) \qquad -\varphi < \theta < \varphi \tag{3.41}$$

例 86★ 胎面运动

车辆匀速行驶时，跟踪轮胎胎面上某一单元相对于轮胎中心的运动，会发现该单元将围绕其旋转轴转动。尽管车轮以某一均匀角速度 ω 旋转，其轮胎胎面单元却并非作匀速运动。在胎面单元位于轮胎顶部时，半径等于轮胎的无载荷几何半径 R_g，胎面单元相对于车轮中心的速度为 $R_g\omega$。随着轮胎的转动，胎面单元逐渐接近轮胎接地印迹前缘，速度开始下降。胎面被沿径向压实，并在接地印迹前部区域被挤压。继而，随着胎面单元移向接地印迹后缘，胎面在接地印迹后部区域伸展开，并还原，胎面单元在接地印迹中心的速度为 $R_h\omega$。

$$r = R_g \frac{\cos\varphi}{\cos\theta} \qquad -\varphi < \theta < \varphi \tag{3.42}$$

式中，φ 为接地角半角，θ 为轮胎转动角，如图 3.12 所示。轮胎转动的角速度为 $\omega = \dot{\theta}$，速度恒定。则接地印迹区内胎面相对于车轮中心的径向速度 $\dot{r}$ 和径向加速度 $\ddot{r}$ 为

$$\dot{r} = -R_g\omega\cos\varphi\frac{\sin\theta}{\cos^2\theta} \tag{3.43}$$

$$\ddot{r} = R_g\omega_w{}^2\frac{\cos\varphi}{\cos^3\theta}(2 - \cos^2\theta) \tag{3.44}$$

图 3.13 所示为某轮胎的 r、$\dot{r}$ 和 $\ddot{r}$，轮胎参数为

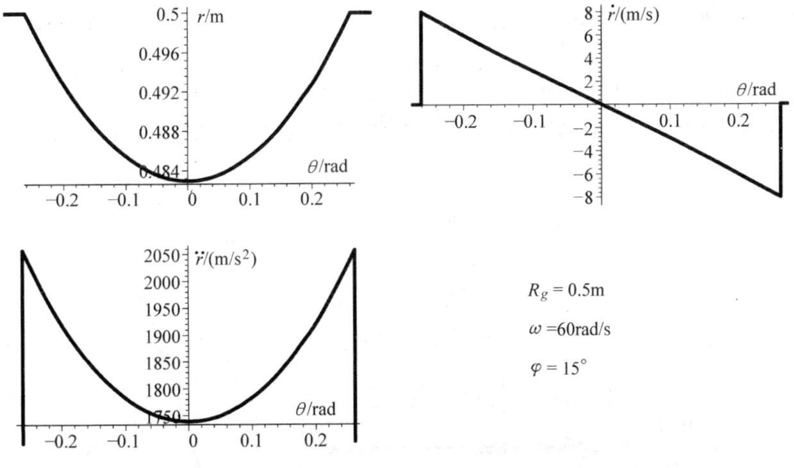

图 3.13 轮胎印迹区内胎面的径向变形量，速度和加速度

$$R_g = 0.5\text{m} \qquad \varphi = 15° \qquad \omega = 60\text{rad/s} \tag{3.45}$$

在 $\theta = 0$ 时 r 最小，此时 r 比 R_g 小 1.7cm。

$$R_h = r_{\min} = 0.5\frac{\cos\frac{\pi}{12}}{\cos 0} = 0.483\text{m} \tag{3.46}$$

某轮胎单元用时 $t = \theta/\omega = \frac{\pi}{12}/60 = 4.363 \times 10^{-3}$s 通过接地印迹，胎面单元的最大径向速度和

最大加速度分别为8m/s和2050m/s²。

例87★　轮胎附着假设下的运动学矛盾

某一轮胎以均匀角速度滚动，理想状况下，该轮胎与接地印迹内地面接触的胎面单元应保持相对于轮胎中心的均匀相对速度。这种过程中的矛盾现象可以表示为

$$\omega = -\dot{\theta} = \text{cte} \qquad \dot{x} = v = R_h\omega = \text{cte} \tag{3.47}$$

运动学约束方程求倒数得

$$x = r\sin\theta \qquad R_h = r\cos\theta \qquad -\varphi < \theta < \varphi \tag{3.48}$$

然后得

$$v = \dot{r}\sin\theta - r\omega\cos\theta \qquad 0 = \dot{r}\cos\theta + r\omega\sin\theta \tag{3.49}$$

消去其中的$\dot{r}$得

$$r = -\frac{v\cos\theta}{\omega} = -R_h\cos\theta = -R_g\cos\varphi\cos\theta \tag{3.50}$$

式（3.50）与式（3.42）、式（3.47）存在矛盾，即式（3.47）中的两个条件不能同时被满足，即$\omega = -\ddot{\theta} \neq \text{cte}$或$\dot{x} = v \neq \text{cte}$。因为，使轮胎保持均匀角速度可行，即$\omega = \text{cte}$，所以，轮胎胎面不会附着于地面，而是会在地面上滑动。因此

$$\dot{x} = v \neq \text{cte} \tag{3.51}$$

例88★　接地印迹内的速度分析

考虑某滚动轮胎的胎面单元，在该单元到达接地印迹区之前，其相对于轮胎中心的速度为一切向速度$v = R_g\omega$。该单元进入接地印迹区后，其半径即以$\dot{r} = -R_g\omega\cos\varphi\dfrac{\sin\theta}{\cos^2\theta}$的速率变化，此时该单元速度有两个分量：径向速度$\dot{r}$和切向速度$v = r\omega$，由于单元必须附着于地面，其合成速度矢量应在沿地面的方向。图3.14所示为该系统的运动学关系。

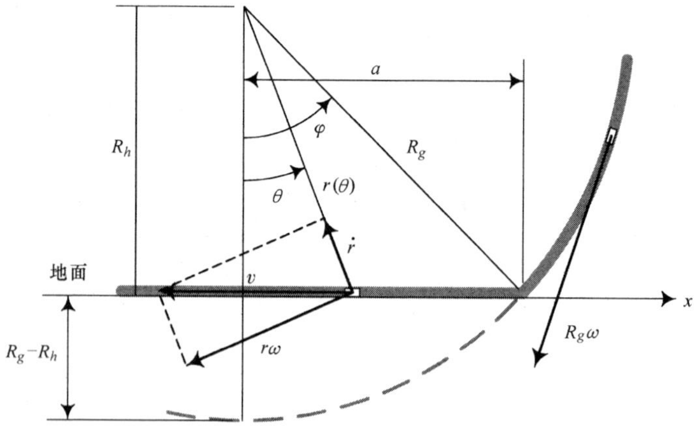

图3.14　轮胎印迹区内胎面的速度分析

因此，接地印迹中胎面单元的速度等于

$$v = \sqrt{\dot{r}^2 + r^2\omega^2} = \sqrt{\left(-R_g\,\omega\cos\varphi\frac{\sin\theta}{\cos^2\theta}\right)^2 + \left(R_g\frac{\cos\varphi}{\cos\theta}\omega\right)^2}$$

$$= R_g\ \omega\ \frac{\cos\varphi}{\cos^2\theta} \qquad -\varphi < \theta < \varphi \tag{3.52}$$

在地面速度 v_G 和角速度 ω 之间存在一约束方程，根据该方程可以计算出地面速度。

$$\frac{\omega}{\varphi} = \frac{v_G}{a} \qquad a = R_g \sin\varphi \tag{3.53}$$

若地面速度 $v_G = a\omega/\varphi$ 为匀速，则可以确定轮胎胎面相对于地面的速度 v_{rel}。

$$v_{rel} = v - v_G = R_g\omega\ \frac{\cos\varphi}{\cos^2\theta} - R_g\omega\ \frac{\sin\varphi}{\varphi} = R_g\omega\left(\frac{\cos\varphi}{\cos^2\theta} - \frac{\sin\varphi}{\varphi}\right) \tag{3.54}$$

图 3.15 所示为某轮胎在较高速度时其接地印迹内的胎面速度 v 的变化情况，轮胎参数如下

$$R_g = 0.5\text{m} \qquad \varphi = 15° \qquad \omega = 60\text{rad/s} \tag{3.55}$$

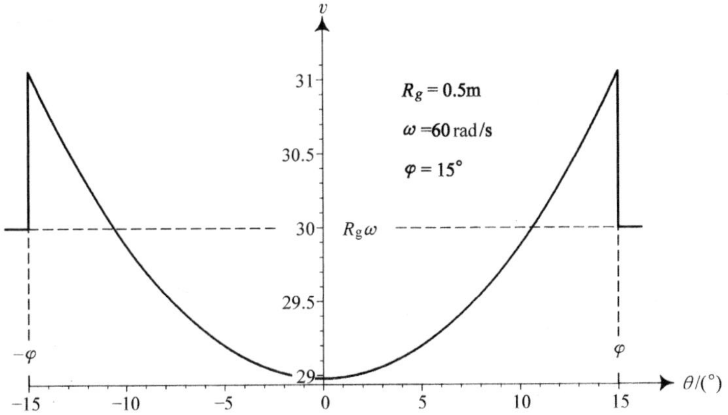

图 3.15　轮胎印迹区内胎面单元的速度变化图

图 3.16 为同一轮胎在不同接地印迹角 φ 下的相对速度 v_{rel}的变化图。理论上讲，胎面不在接地印迹区内时，胎面速度为 $v = R_g\omega$ 。胎面单元一旦进入接地印迹，其速度就跃升为$v = R_g\omega/\cos\varphi$ 。然后胎面单元速度逐渐降低，直至其在接地印迹中心位置时达到 $v = R_g\omega\cos\varphi$。此后胎面单元速度再逐渐增大，直至其脱离接地印迹区时达到 $v = R_g\omega/\cos\varphi$ ，接着又跳变回 $v = R_g\ \omega$。实际上，速度变化图中的尖锐部分应用微小曲线所代替。

例 89　接地印迹内的变形量分析

式（3.52）可以表述为如下微分方程形式

$$\mathrm{d}x = R_g\ \omega\ \frac{\cos\varphi}{\cos^2\theta}\mathrm{d}t = R_g\ \frac{\cos\varphi}{\cos^2\theta}\mathrm{d}\theta \tag{3.56}$$

进而通过积分确定轮胎胎面的水平变形量。

$$x = R_g \cos\varphi \tan\theta \qquad -\varphi < \theta < \varphi \tag{3.57}$$

比较胎面变形量 x 和地面变形量 x_G，可以获得轮胎相对于地面的变形量 x_{rel}。其中

$$x_G = R_g\ \frac{\theta}{\varphi}\sin\varphi \tag{3.58}$$

$$x_{rel} = x - x_G = R_g\cos\varphi\ \tan\theta - R_g\ \frac{\theta}{\varphi}\sin\varphi = R_g\cos\varphi\left(\tan\theta - \frac{\theta}{\varphi}\tan\varphi\right) \tag{3.59}$$

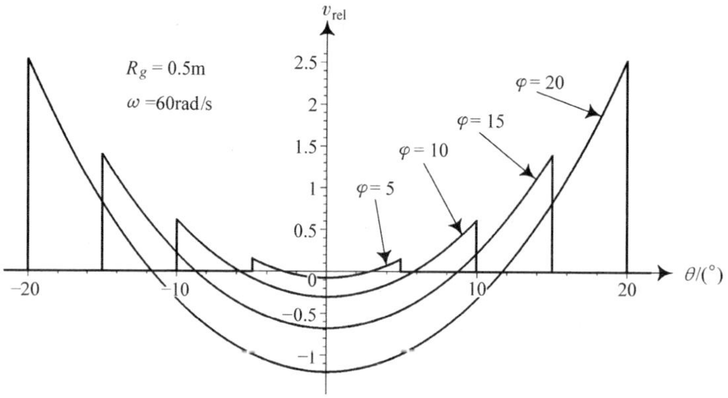

图 3.16　胎面单元与轮胎印迹区内地面的相对速度

值得一提的是，胎面在接地印迹内的变形量与角速度无关，因此胎面的水平变形量对不同时间变化率下的不同角速度保持不变。图 3.17 所示为某轮胎的胎面变形量 x，图 3.18 所示为轮胎胎面和地面间的相对变形量 x_{rel}。

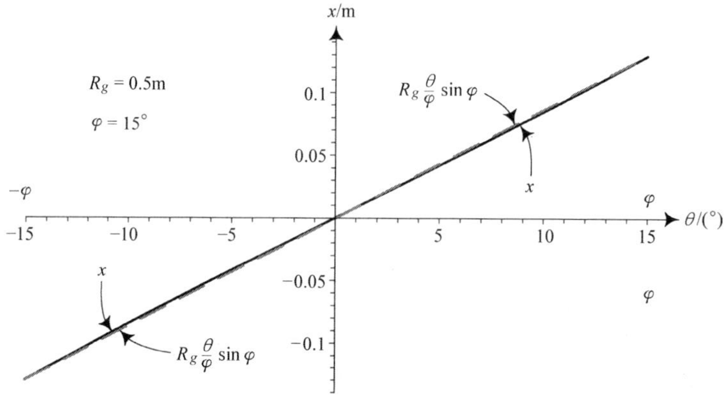

图 3.17　胎面单元的水平向变形量 x 和非接触变形量 R_g

当 x_{rel} 为正值时，表示轮胎胎面单元处于路面上对应点的前面，当 x_{rel} 为负值时，表示轮胎胎面单元处于路面上对应点的后面。图 3.19 所示为胎面单元相对地面的延展情况，自由滚动轮胎的胎面延展相对于接地印迹中心对称。

例 90★　接地印迹的速度中心

轮胎胎面相对于地面的速度有两处为 0，相对速度为 0 的点表明在该处为接地印迹的速度中心，此时轮胎胎面速度将要高于或低于路面速度。通过解式（3.54）可以求得速度中心的角度位置。

$$\theta_1 = \arccos\sqrt{\frac{\varphi}{\tan\varphi}} \qquad \varphi > 0 \tag{3.60}$$

$$\theta_2 = \pi - \arccos\sqrt{\frac{\varphi}{\tan\varphi}} \qquad \varphi < 0 \tag{3.61}$$

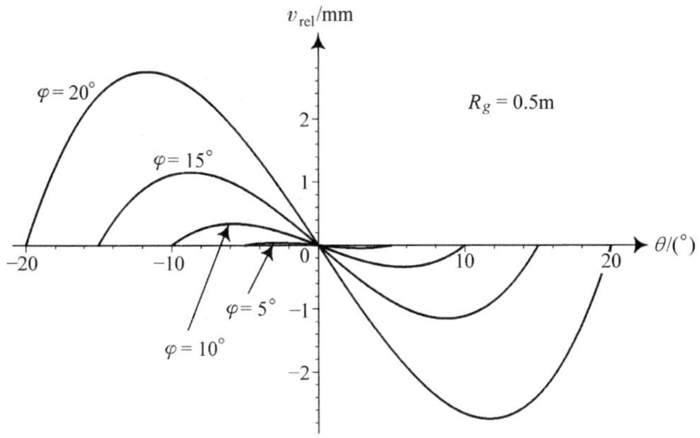

图 3.18　胎面单元相对于地面的水平向变形量

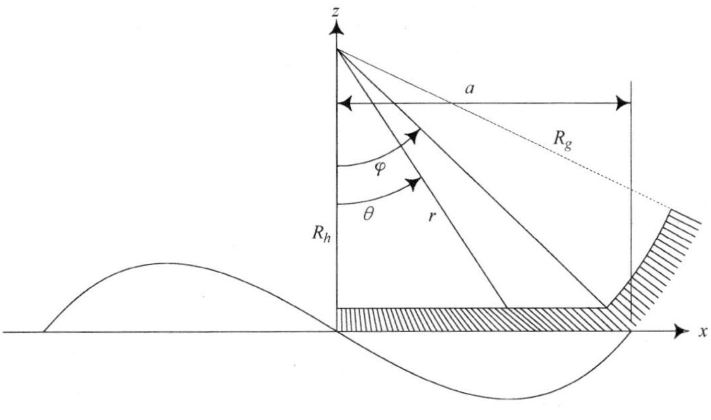

图 3.19　滚动轮胎胎面单元变形量示意图

图 3.20 所示为以 φ 为参量的 θ_1 和 θ_2，值得一提的是，速度中心的位置只是接地角的函数，而与轮胎的尺寸和运动状态无关。

速度中心 θ_1 和 θ_2 同时还确定了图 3.18 中最大相对变形量和最小相对变形量所在点的角度位置。

例 91★　纵向应变和应力

由式（3.59）获得滚动轮胎的水平胎面延展，就可以确定胎面的纵向应变 ε 了。

$$\varepsilon=\frac{\Delta x}{x}=\frac{R_g\cos\varphi\left(\tan\theta-\dfrac{\theta}{\varphi}\tan\varphi\right)}{R_g\cos\varphi\ \tan\theta}=1-\frac{\theta\tan\varphi}{\varphi\tan\theta} \tag{3.62}$$

假设该应变与纵向应力成正比，则可以估算出接地印迹内的纵向剪切应力 τ 。

$$\tau\approx G\varepsilon=G\left(1-\frac{\theta\tan\varphi}{\varphi\tan\theta}\right) \tag{3.63}$$

但是，橡胶类材料的应变－应力关系与线性胡克类材料不同，不服从线性胡克定律。自由滚动轮胎的纵向应力接近于对称分布，在轮胎上施加驱动力矩后，图 3.18 和图 3.19 中的胎面变形量对称中心将会后移。不均衡的胎面变形量导致向前的合剪切应力高于向后的合剪

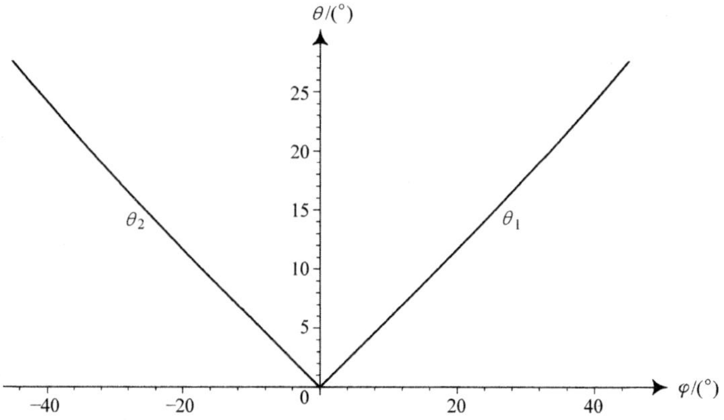

图3.20　以 φ 为参量的速度中心 θ_1 和 θ_2

切应力，进而提供了向前的牵引力，制动时的情况与驱动时的情况相反，图3.21所示为某轮胎接地印迹内的应变分布。

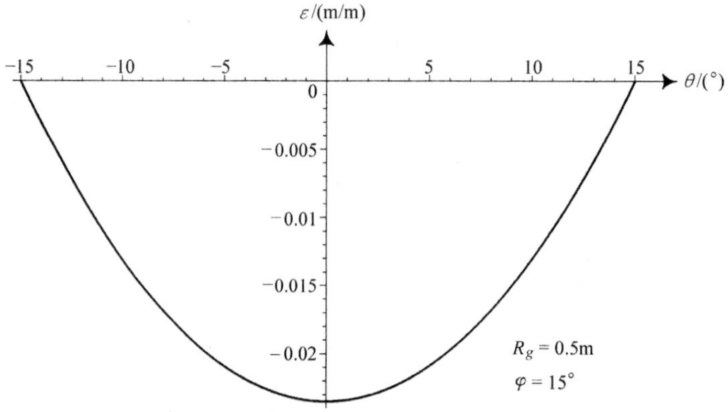

图3.21　轮胎印迹内的应变分布

例92★　接地印迹内的加速度分析

考虑某滚动轮胎的一个胎面单元，该单元相对于轮胎中心的加速度是其切向分量和径向分量的矢量和。

$$\begin{aligned}\boldsymbol{a} &= a_r\,\hat{u}_r + a_\theta\,\hat{u}_\theta = (\ddot{r} - r\,\dot{\theta}^2)\,\hat{u}_r + (2\,\dot{r}\,\dot{\theta} + r\,\ddot{\theta})\,\hat{u}_\theta \\ &= (\ddot{r} - r\omega^2)\,\hat{u}_r - 2\,\dot{r}\,\omega\,\hat{u}_\theta\end{aligned} \tag{3.64}$$

代入式（3.42）～式（3.44）所列的变量值得到

$$a_r = 2R_g\,\omega^2\cos\varphi\,\frac{\sin^2\theta}{\cos^3\theta} \tag{3.65}$$

$$a_\theta = 2R_g\,\omega^2\cos\varphi\,\frac{\sin\theta}{\cos^2\theta} \tag{3.66}$$

$$a = \sqrt{a_r^2 + a_\theta^2} = 2R_g\,\omega^2\cos\varphi\,\frac{\sin\theta}{\cos^3\theta} \tag{3.67}$$

因为胎面单元仅能沿地面运动，所以其绝对加速度 a 应该在 x 方向上。图 3.22 所示为某轮胎的 a_r、a_θ 和 a。轮胎参数为

$$R_g = 0.5\text{m} \qquad \varphi = 15° \qquad \omega = 60\text{rad/s} \tag{3.68}$$

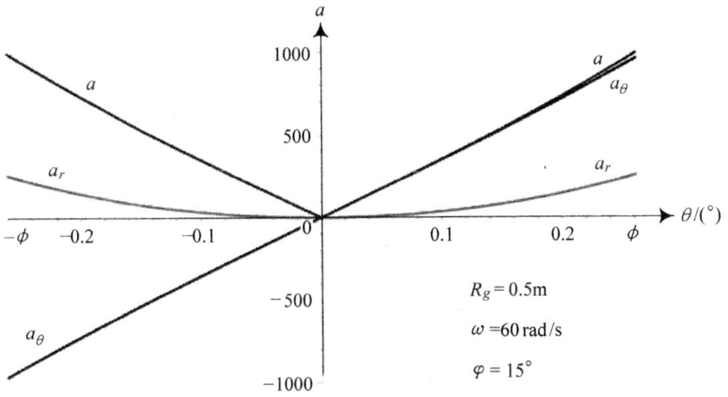

图 3.22 接地印迹内胎面单元加速度的径向分量和切向分量

图 3.23 所示为接地印迹区内胎面单元的加速度分量。

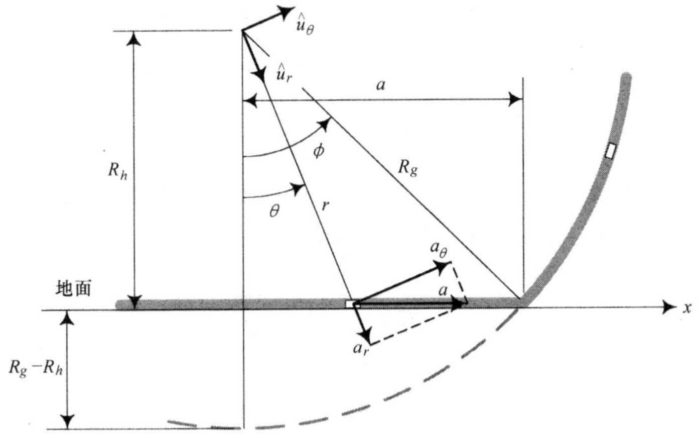

图 3.23 接地印迹内胎面单元的加速度分量

★接地印迹内的加速度变化率分析

根据式（3.67）给出的轮胎胎面单元在接地印迹内的绝对加速度，就可以计算胎面单元的加速度变化率 j。

$$j \approx \frac{\mathrm{d}a}{\mathrm{d}t} = \omega\frac{\mathrm{d}a}{\mathrm{d}\theta} = -2\omega^3\frac{R_g}{\cos^4\theta}(\cos 2\theta - 2)\cos\varphi \tag{3.69}$$

图 3.24 所示为某 $\varphi = 15°$的轮胎作为 θ 函数的 $j/(R_g\omega^3)$。

胎面单元的加速度变化率 j 正比于 $R_g\omega^3$，如果轮胎噪声与胎面单元的加速度变化率成正比，则可以通过减小轮胎尺寸或者降低轮胎角速度 ω 来降低某给定轮胎的噪声。同时，由于 $R_g\omega$ 与车速非常接近，上述修正应该使 $R_g\omega$ 保持不变。为减小某给定速度 v 下轮胎的加速度变化率，应采用较大尺寸的轮胎，并取较小的 ω 值。

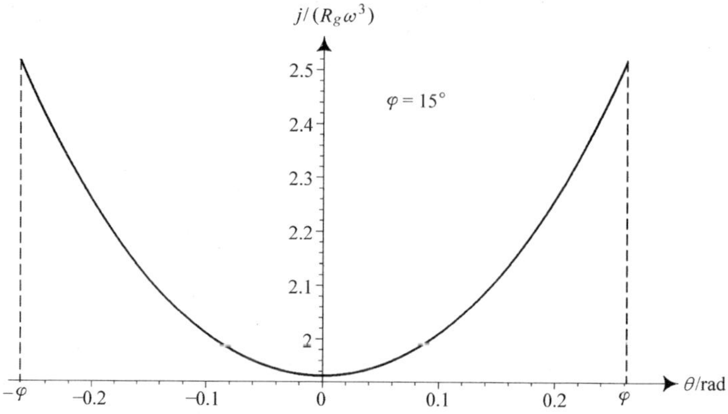

图 3.24 $\varphi=15°$时以 θ 为参量的无量纲轮胎胎面单元加速度变化率 $j/(R_g\omega^3)$

$$\omega\approx\frac{v}{R_g} \tag{3.70}$$

$$j=-2\omega^2\frac{v}{\cos^4\theta}(\cos2\theta-2)\cos\varphi \tag{3.71}$$

通过保持速度 v 恒定时增大 R_g，可以明显地降低加速度变化率j。一方面是由于j会随 ω^2 的减小而减小，另一方面是由于 φ 也会随 $\arcsin\frac{1}{R_g}$减小而减小，即

$$\varphi=\arcsin\frac{a}{R_g} \tag{3.72}$$

轮胎接地印迹半长 a 为轮胎总载荷的函数，在各轮胎宽度相同的汽车，该长度几乎不变。加速度变化率作为轮胎半径 R_g 的函数，关系如下

$$j=-2\frac{v^3}{R_g^2}\sqrt{1-\frac{a^2}{R_g^2}}\frac{\cos2\theta-2}{\cos^4\theta} \tag{3.73}$$

图 3.25 为 $a=0.1\text{m}$ 时以 R_g 和 θ 为参量的轮胎胎面单元加速度变化率 $j/(v^3/a^2)$的曲面图，从该图可以看出 R_g 的增长对轮胎胎面单元加速度变化率的影响。

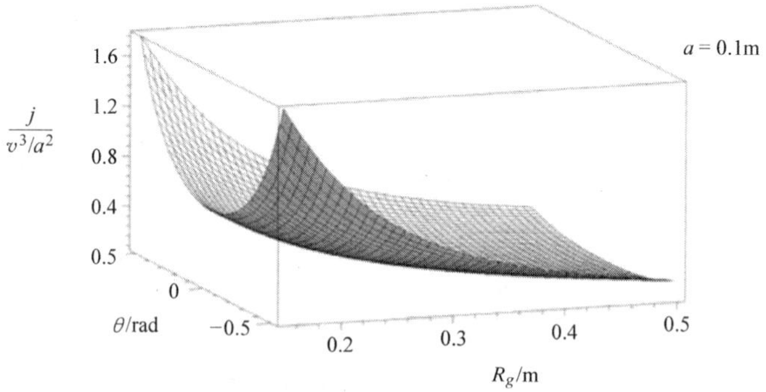

图 3.25 $a-0.1\text{m}$ 时以 R_g 和 θ 为参量的轮胎胎面单元加速度变化率 $j/(v^3/a^2)$的曲面图

3.4★　静止轮胎的接地印迹力

轮胎接地印迹内单位面积上作用的力可以分解为垂直于地面的法向分量和沿地面的切向分量，其法向分量即为接地压力 σ_z，切向分量又可进一步分解为 x 方向和 y 方向，从而获得纵向和横向剪切应力 τ_x 和 τ_y。

垂直载荷下的静止轮胎的接地印迹是对称的，根据平衡条件，轮胎接地印迹区域 A_P 内的垂直应力的积分应该等于轮胎的垂向载荷 F_z，其剪切应力的积分应等于0。

$$\int_{A_P}\sigma_z(x,y)\,\mathrm{d}A = F_z \tag{3.74}$$

$$\int_{A_P}\tau_x(x,y)\,\mathrm{d}A = 0 \tag{3.75}$$

$$\int_{A_P}\tau_y(x,y)\,\mathrm{d}A = 0 \tag{3.76}$$

3.4.1★　静止轮胎，法向应力

图3.26所示为某静止轮胎在垂直载荷 F_z 作用下，施加在地面上的法向应力 σ_z 的总和，图3.27为这些载荷在轮胎上作用的侧视图。对于某静止轮胎，尽管轮胎接地印迹内法向应力 σ_z（x，y）的分布形状取决于轮胎和载荷情况，但其通常如图3.28所示。

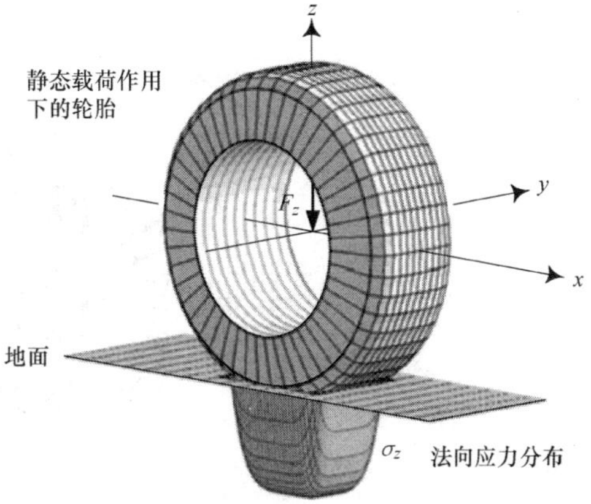

图3.26　垂直载荷 F_z 作用下静止轮胎施加在地面上的法向应力 σ_z

法向应力 $\sigma_z(x,y)$ 可以用如下函数进行近似计算

$$\sigma_z(x,y) = \sigma_{z_M}\left(1 - \frac{x^6}{a^6} - \frac{y^6}{b^6}\right) \tag{3.77}$$

式中，a 和 b 表示轮胎接地印迹的尺寸，如图3.29所示。接地印迹可以按如下数学公式建模并近似计算

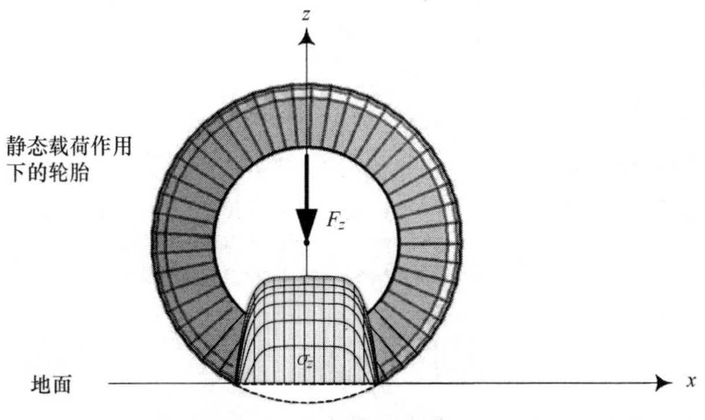

图3.27　作用在静止轮胎上的法向力 F_z 和法向应力 σ_z 的侧视图

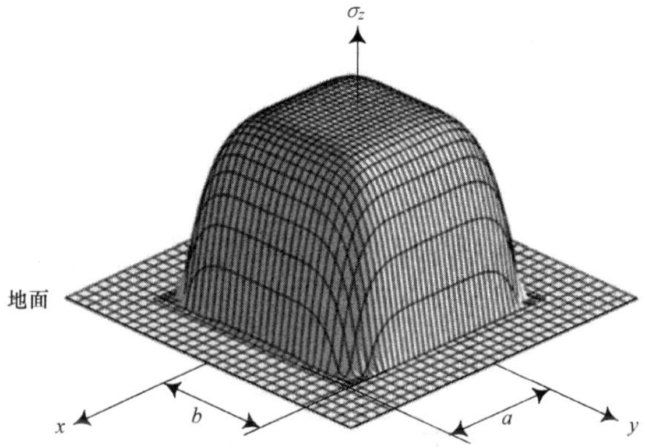

图3.28　静止轮胎接地印迹内的法向应力 $\sigma_z(x, y)$ 模型

$$\frac{x^{2n}}{a^{2n}}+\frac{x^{2n}}{b^{2n}}=1\quad n\in N \tag{3.78}$$

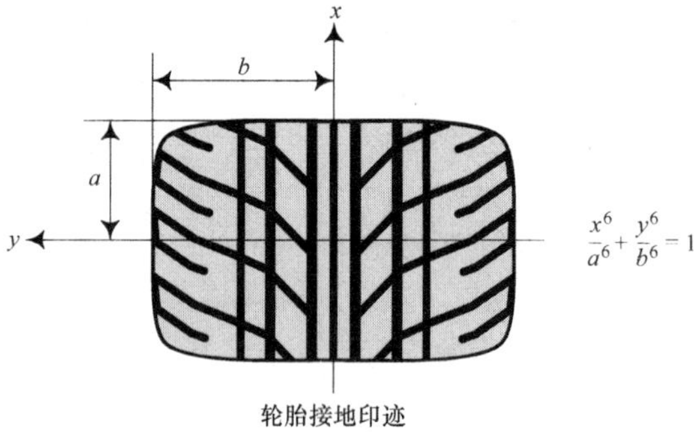

图3.29　垂直载荷下静止的子午线轮胎接地印迹模型

对于子午线轮胎，可以取 $n=3$ 或 $n=2$，

$$\frac{x^6}{a^6}+\frac{y^6}{b^6}=1 \tag{3.79}$$

对非子午线轮胎，应取 $n=1$ 进行估算。

$$\frac{x^2}{a^2}+\frac{y^2}{b^2}=1 \tag{3.80}$$

例93　接地印迹内的法向应力

某汽车质量为800kg，如果 $a_1=a_2$，且各子午线轮胎的接地印迹参数为 $A_P=4\times a\times b=4\times 5\text{cm}\times 12\text{cm}$，则其各轮胎下法向应力分布 σ_z，应满足以下平衡方程

$$\begin{aligned}F_z &= \frac{1}{4}800\times 9.81 = \int_{A_P}\sigma_z(x,y)\,\mathrm{d}A\\ &= \int_{-0.05}^{0.05}\int_{-0.12}^{0.12}\sigma_{z_M}\left(1-\frac{x^6}{0.05^6}-\frac{y^6}{0.12^6}\right)\mathrm{d}y\mathrm{d}x\\ &= 1.7143\times 10^{-2}\sigma_{z_M}\end{aligned} \tag{3.81}$$

因此，最大法向应力为

$$\sigma_{z_M} = \frac{F_z}{1.7143 \times 10^{-2}} = 1.1445 \times 10^5 \text{Pa} \tag{3.82}$$

接地印迹内的应力分布

$$\sigma_{z(x,y)} = 1.1445 \times 10^5 \left(1 - \frac{x^6}{0.05^6} - \frac{y^6}{0.12^6}\right) \text{Pa} \tag{3.83}$$

例 94　$n=2$ 时接地印迹内的法向应力

某质量为 800kg，$a_1 = a_2$ 的汽车，$A_P = 4 \times a \times b = 4 \times 5\text{cm} \times 12\text{cm}$，可以取 $n=2$ 来计算其最大法向应力 σ_{z_M}。

$$F_z = \frac{1}{4} 800 \times 9.81 = \int_{A_P} \sigma_z(x, y) \mathrm{d}A = \int_{-0.05}^{0.05} \int_{-0.12}^{0.12} \sigma_{z_M} \left(1 - \frac{x^4}{0.05^4} - \frac{y^4}{0.12^4}\right) \mathrm{d}y \mathrm{d}x = 1.44 \times 10^{-2} \sigma_{z_M} \tag{3.84}$$

$$\sigma_{z_M} = \frac{F_z}{1.44 \times 10^{-2}} = 1.3625 \times 10^5 \text{Pa} \tag{3.85}$$

比较取 $n=2$ 时获得的最大应力 $\sigma_{z_M} = 1.3625 \times 10^5 \text{Pa}$，和取 $n=3$ 时获得的最大应力 $\sigma_{z_M} = 1.1445 \times 10^5 \text{Pa}$，可知，对非子午线轮胎取 $n=2$ 时比对子午线轮胎取 $n=3$ 时要大 $\left(1 - \frac{1.1445}{1.3625}\right) \times 100 = 16\%$。

3.4.2★　静止轮胎，切向应力

由于轮胎与地面接触时发生变形，即使是在轮胎静止时，其接地印迹内的应力也呈三维分布。接地印迹内的**切向应力** τ 可以分解为 x 和 y 两个方向，切向应力又称**剪切应力**或**摩擦应力**。

受垂直载荷的静止轮胎，其切向应力在 x 方向上向内，在 y 方向上向外。因此，轮胎将使地面有自 x 轴向外延展，并从 y 轴两侧向内挤压的趋势，图 3.30 所示为垂直载荷下静止轮胎上的剪切应力。轮胎接地印迹上力的分布并不是恒定不变的，它会受轮胎结构、载荷、充气压力和环境条件的影响。

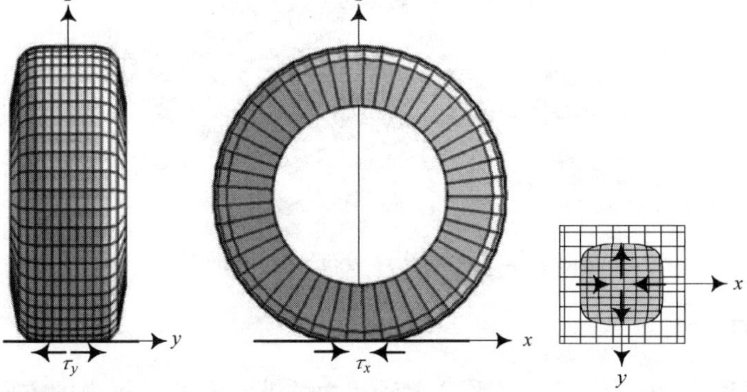

图 3.30　静止轮胎受垂直载荷时接地印迹上切向应力的方向

可以建立 x 方向上的切向应力 τ_x 的模型并表述如下

$$\tau_x(x,y) = -\tau_{x_M}\left(\frac{x^{2n+1}}{a^{2n+1}}\right)\sin^2\left(\frac{x}{a}\pi\right)\cos\left(\frac{y}{2b}\pi\right) \qquad n \in N \tag{3.86}$$

式中 $x>0$ 时 τ_x 为负值，$x<0$ 时 τ_x 为正值，表明其纵向应力的方向向内。图 3.31 所示为 $n=1$时 τ_x 分布的绝对值。

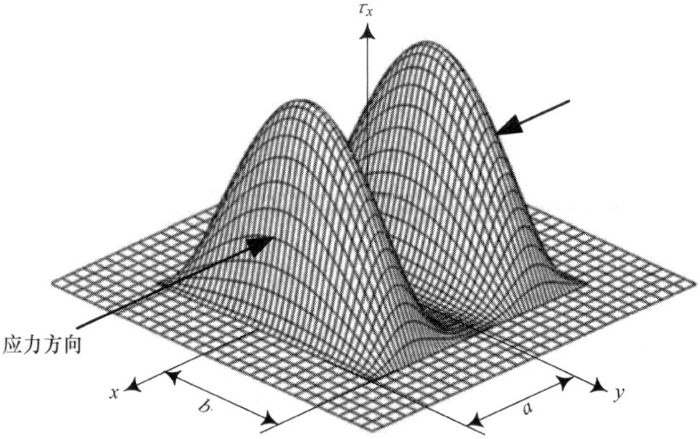

图 3.31　$n=1$ 时 τ_x 分布模型的绝对值

y 方向上的切向应力 τ_y 的模型可以用下式表达

$$\tau_y(x,\ y) = -\tau_{y_M}\left(\frac{x^{2n}}{a^{2n}}-1\right)\sin\left(\frac{y}{b}\pi\right) \qquad n \in N \tag{3.87}$$

式中，$y>0$ 时 τ_y 为正值，$y<0$ 时 τ_y 为负值，表明其横向应力的方向向外。图 3.32 所示为 $n=1$时 τ_y 分布的绝对值。

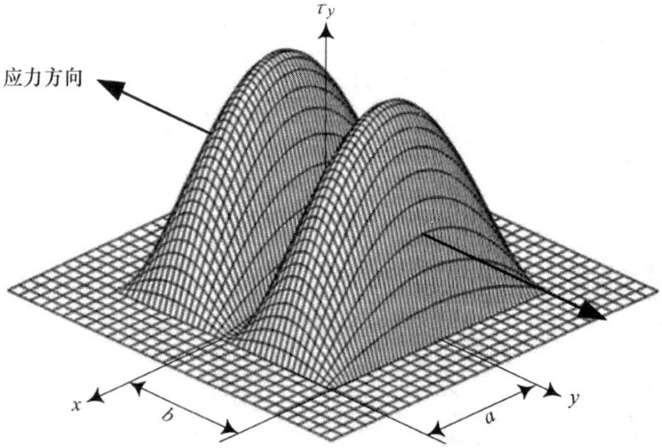

图 3.32　$n=1$ 时 τ_y 分布模型的绝对值

3.5　滚动阻力

在地面上滚动的轮胎会产生一个称作**滚动阻力**的纵向力 $\boldsymbol{F}_r$，该力的方向与轮胎的运动方向相反，且与接地印迹上所受垂直力成正比。

$$\boldsymbol{F}_r = -F_r\,\hat{i} \tag{3.88}$$

$$F_r = \mu_r F_z \tag{3.89}$$

参数 μ_r 称作滚动阻力系数。μ_r 的值取决于轮胎的速度、充气压力、侧偏角和外倾角，还与轮胎的机械属性、磨损程度、温度、载荷、尺寸、驱动力与制动力以及路面情况有关。

证明：轮胎在路面上滚动时，其圆周上的某一部分通过路面时会发生变形，在轮胎复原过程中轮胎产生变形所用能量的一部分不能随之恢复。因此，轮胎接触压力分布的变化会导致法向应力 σ_z 在轮胎接地印迹的前部要大于接地印迹的后部，正是这种能量消耗和应力不平衡导致了滚动阻力。

图 3.33 和图 3.34 所示为某滚动轮胎接地印迹中法向应力的分布模型及其合成力 F_z。

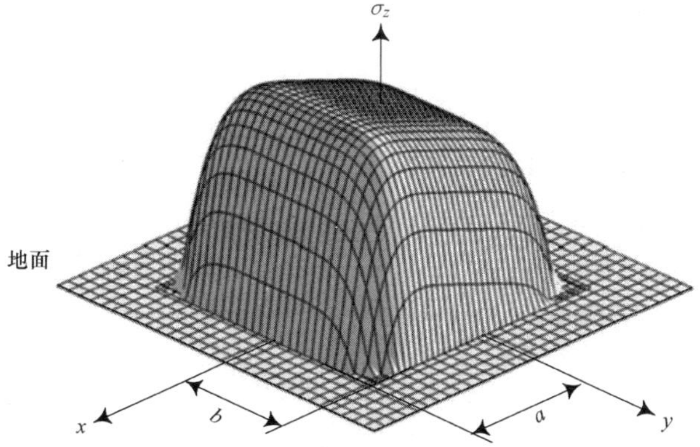

图 3.33　滚动轮胎接地印迹内法向应力 σ_z（x，y）的模型

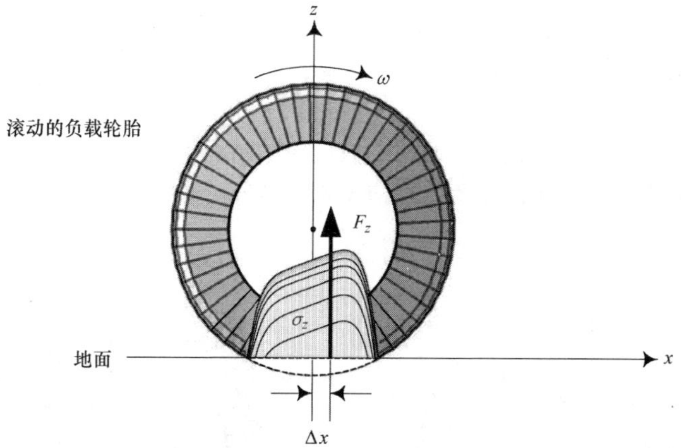

图 3.34　滚动轮胎法向应力 σ_z 分布的侧视图及其合成力 F_z

由于接地印迹内前部的法向应力相对较高，其合成法向力的作用位置将向前移。这种法向力的前移形成了与前进滚动方向相反的绕 $-y$ 方向的阻力矩。

$$\boldsymbol{M}_r = -M_r \hat{J} \tag{3.90}$$

$$M_r = F_z \Delta x \tag{3.91}$$

可以将滚动阻力矩假想为一个与 x 轴平行的滚动阻力 $\boldsymbol{F}_r$ 作用的结果。

$$\boldsymbol{F}_r = -F_r \hat{i} \tag{3.92}$$

$$F_r = \frac{1}{R_h} M_r = \frac{\Delta x}{R_h} F_z \tag{3.93}$$

因为滚动阻力 F_r 直接与垂直载荷成正比，所以可以用滚动摩擦系数 μ_r 来描述这种比例关系。

$$F_r = \mu_r F_z \tag{3.94}$$

例 95　滚动轮胎的法向应力模型

假设某滚动轮胎的法向应力表示为

$$\sigma_z = \sigma_{z_m}\left(1 - \frac{x^{2n}}{a^{2n}} - \frac{y^{2n}}{b^{2n}} + \frac{x}{4a}\right) \tag{3.95}$$

式中，对子午线轮胎，取 $n=3$ 或 $n=2$，对非子午线轮胎取 $n=1$。已知轮胎所受总载荷时可以确定平均应力值 σ_{z_m}，本例中，汽车质量为 800kg，$A_P = 4 \times a \times b = 4 \times 5\text{cm} \times 12\text{cm}$，可得

$$\begin{aligned} F_z &= \frac{1}{4} 800 \times 9.81 = \int_{A_P} \sigma_z(x,y)\,\mathrm{d}A \\ &= \int_{-0.05}^{0.05}\int_{-0.12}^{0.12} \sigma_{z_m}\left(1 - \frac{x^6}{0.05^6} - \frac{y^6}{0.12^6} + \frac{x}{4 \times 0.05}\right)\mathrm{d}y\mathrm{d}x \\ &= 1.7143 \times 10^{-2}\,\sigma_{z_m} \end{aligned} \tag{3.96}$$

因此，

$$\sigma_{z_m} = \frac{F_z}{1.7143 \times 10^{-2}} = 1.1445 \times 10^5\,\text{Pa} \tag{3.97}$$

例 96　变形量与滚动阻力

应力分布的不平衡与轮胎－地面变形量成正比，这种关系也是导致合成作用力前移的原因，因此，滚动阻力随变形量的增大而增加。高压轮胎在水泥路上的滚动阻力比低压轮胎在土路上的滚动阻力小。

为建立滚动轮胎的能量消耗机理模型，假设轮胎结构中有许多微型阻尼器和弹簧，微型阻尼器和弹簧成对组合，各组沿轮胎的径向紧密地并行布置。图 3.35 所示为轮胎弹簧和阻尼器的结构。

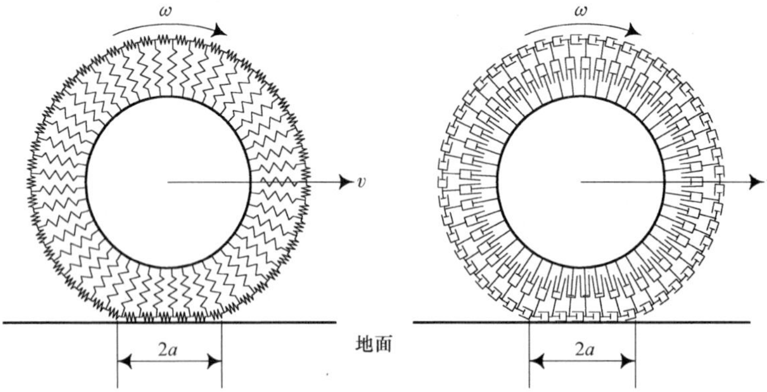

图 3.35　轮胎的弹簧和阻尼结构

3.5.1　速度对滚动摩擦系数的影响

滚动摩擦系数 μ_r 随速度的二次方增长，实验表明，$\mu_r=\mu_r(v_x)$ 可以用下式表示

$$\mu_r=\mu_0+\mu_1 v_x^2 \tag{3.98}$$

证明：实验中滚动摩擦系数随速度增大而增大，可以用多项式对实验数据进行拟合获得。

$$\mu_r=\sum_{i=0}^{n}\mu_i v_x^i \tag{3.99}$$

通常用多项式的前两项或三项进行对 $\mu_r=\mu_r(v_x)$ 的拟合，即

$$\mu_r=\mu_0+\mu_1 v_x^2 \tag{3.100}$$

上述方程形式简单，能够充分反映实验数据状态，满足分析计算的要求。以下数值适用于大多数乘用车轮胎，但是每个轮胎的 μ_0 和 μ_1 值都应该通过实验实际测得。

$$\mu_0=0.015 \tag{3.101}$$

$$\mu_1=7\times10^{-6}\mathrm{s^2/m^2} \tag{3.102}$$

图 3.36 所示为某一子午线轮胎采用式（3.98）计算的值和实验值的比较。

一般而言，子午线轮胎的滚动摩擦系数小于非子午线轮胎的滚动摩擦系数，如图 3.37 所示。

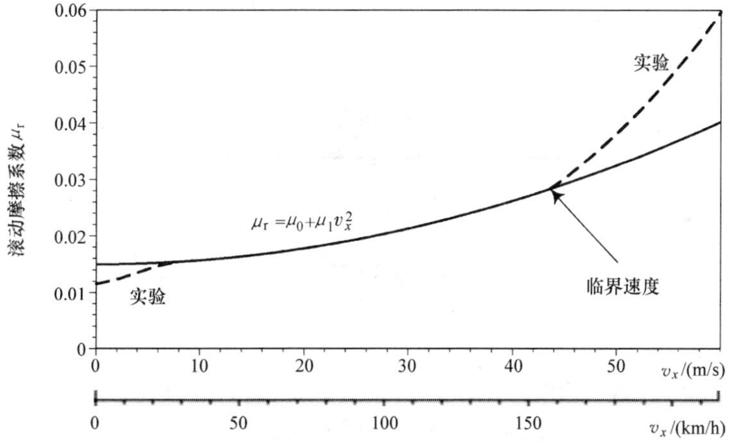

图 3.36　某子午线轮胎滚动摩擦系数实验值和解析方程计算值的比较

式（3.98）适用于速度低于临界速度的情况，**临界速度**是指发生环向驻波的速度，该速度下轮胎滚动阻力急速增大。驻波的波长与轮胎接地印迹长度接近，轮胎速度高于临界速度时，将会产生大量来不及散去的余热，轮胎被迅速破坏。图 3.38 所示为某滚动轮胎临界速度下环向波的示意图。

例 97　滚动阻力和车速

为进行计算机模拟，常用一个四阶方程近似计算轮胎的滚动阻力 F_r，即

$$F_r=C_0+C_1 v_x+C_2 v_x^4 \tag{3.103}$$

系数 C_i 取决于轮胎特性，对典型子午线乘用车轮胎可以取下面的数值

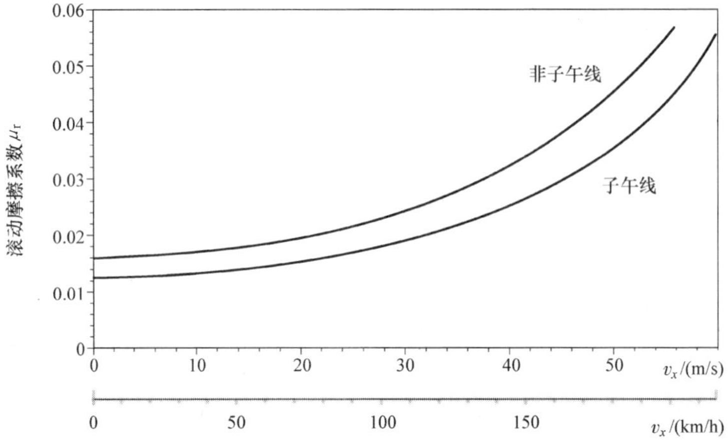

图3.37　子午线轮胎和非子午线轮胎滚动摩擦系数的比较

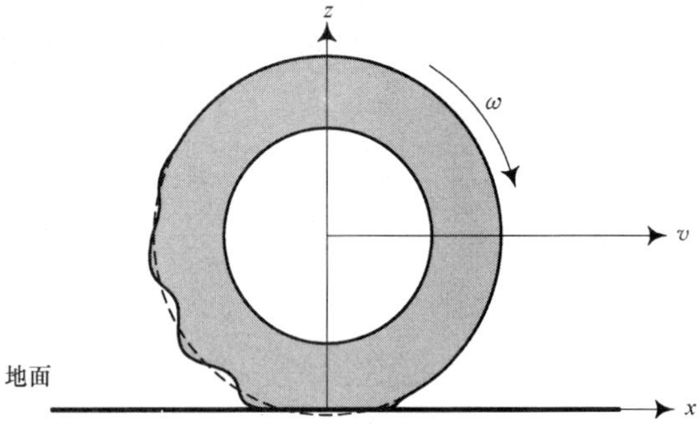

图3.38　某滚动轮胎临界速度下环向波的示意图

$$
\begin{aligned}
C_0 &= 9.91 \times 10^{-3} \\
C_1 &= 1.95 \times 10^{-5} \\
C_2 &= 1.76 \times 10^{-9}
\end{aligned}
\tag{3.104}
$$

例98★　驻波生成的原因

轮胎在路面上滚动时，法向应力的分布会向前聚集。随着速度的增加，法向应力分布将更多地向前聚集，并逐渐集中到轮胎接地印迹的前半部分，从而导致后半部分应力较低。前半部分高应力分布和后半部分低应力分布的情况类似于反复敲击轮胎，当轮胎的运动高于其临界速度时，地面对轮胎的敲击作用使其在一次敲击后，不能在下一次敲击前完全恢复，从而导致了驻波的发生。

例99★　赛车的轮胎

赛车采用的是光面轮胎，即**无花纹轮胎**。光面轮胎可以降低滚动摩擦，并能充分提高直驶速度。无花纹轮胎还具有较高的充气压力，胎压高时，轮胎接地印迹面积减小，致使法向应力前移减小，滚动阻力也随之降低。

例100　路面和滚动阻力

通过式（3.98）中μ_0的赋值引入路面和道路条件对滚动阻力的影响。不同路面的μ_0参考值见表 3.1。

表 3.1　不同路面的 μ_0 值

路面和道路条件	μ_0	路面和道路条件	μ_0
良好混凝土路面	0.008～0.1	差的沥青路面	0.23
良好沥青路面	0.01～0.0125	碎石土路	0.023～0.028
普通混凝土路面	0.01～0.015	好的石板路	0.033～0.055
良好人行便道	0.015	好的自然土路	0.045
良好碎石路面	0.013～0.016	差的石板路	0.085
普通沥青路面	0.018	浅积雪路面	0.025
差的混凝土路面	0.02	深积雪路面	0.037
好的方砖路	0.02	差的自然土路	0.08～0.16
普通碎石路面	0.018～0.023	沙地	0.15～0.3

例 101★　轮胎结构、尺寸、磨损和温度对 μ_r 的影响

轮胎材质和帘线层布置影响滚动摩擦系数和临界速度，子午线轮胎的滚动摩擦系数比相似的非子午线轮胎低约 20%，子午线轮胎的临界速度比相似的非子午线轮胎高约 20%。

轮胎半径 R_g 和高宽比 h_T/w_T 是影响轮胎滚动阻力系数的两个尺寸参数，R_g 较大且 h_T/w_T 较小的轮胎滚动阻力较低，临界速度较高。

一般而言，无论是子午线轮胎还是非子午线轮胎，其滚动摩擦系数会随轮胎磨损程度的增加而减小，随温度的升高而增大。

3.5.2　充气压力和载荷对滚动摩擦系数的影响

提高轮胎充气压力 p 可以降低其滚动摩擦系数 μ_r，提高充气压力的影响与降低法向载荷 F_z 相似。

通常用以下经验公式表示压力 p 和载荷 F_z 对滚动摩擦系数的影响

$$\mu_r=\frac{K}{1000}\left(5.1+\frac{5.5\times10^5+90F_z}{p}+\frac{1100+0.388F_z}{p}v_x^2\right) \tag{3.105}$$

参数 K 对子午线轮胎取 0.8，对非子午线轮胎取 1.0，F_z、p 和 v_x 的单位应分别为 K、Pa 和 m/s。低胎压会增大滚动阻力、燃油消耗、轮胎磨损和轮胎温度。

例 102　摩托车的滚动摩擦系数

通常用以下公式计算摩托车的轮胎滚动摩擦系数 μ_r，对乘用车这些公式仅可用作较为粗略的估算。下面公式考虑了摩托车的充气压力和前进速度，但并未考虑轮胎载荷 F_z 的影响。

$$\mu_r=\begin{cases}0.0085+\dfrac{1800}{p}+\dfrac{2.0606}{p}v_x^2 & v_x\leqslant 46\text{m/s}\\[2ex] \dfrac{1800}{p}+\dfrac{3.7714}{p}v_x^2 & v_x>46\text{m/s}\end{cases} \tag{3.106}$$

此处速度 v_x 的单位为 m/s，压力 p 的单位为 Pa。图 3.39 所示为速度 $v_x\leqslant 46$m/s（≈165km/h）时公式描述的情况，可见，充气压力 p 增大可以使滚动摩擦系数 μ_r 降低。

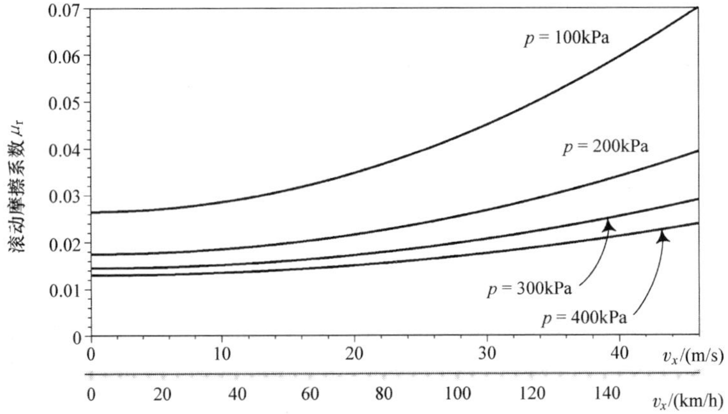

图 3.39　摩托车的滚动摩擦系数

例 103　滚动摩擦导致的功率损耗

滚动摩擦会消耗车辆功率，因滚动摩擦导致的功率消耗等于滚动摩擦力 F_r 乘以其前进速度 v_x，应用式（3.105），滚动阻力功率为

$$\begin{aligned} P &= F_r v_x = -\mu_r v_x F_z \\ &= \frac{-Kv_x}{1000}\left(5.1 + \frac{5.5\times10^5 + 90F_z}{p} + \frac{1100 + 0.388F_z}{p}v_z^2\right)F_z \end{aligned} \tag{3.107}$$

式中，法向力 F_z 的单位为 N，速度 v_x 的单位为 m/s，压力 p 的单位为 Pa，功率 P 的单位为 W。

摩托车的滚动阻力功率消耗可以根据式（3.106）计算。

$$P = \begin{cases} \left(0.0085 + \dfrac{1800}{p} + \dfrac{2.0606}{p}v_x^2\right)v_x F_z & v_x \leqslant 46\text{m/s} \\ \left(\dfrac{1800}{p} + \dfrac{3.7714}{p}v_x^2\right)v_x F_z & v_x > 46\text{m/s} \end{cases} \tag{3.108}$$

例 104　滚动阻力功率损耗

假设某车辆以 100km/h ≈ 27.8m/s 的速度行驶，该车的各子午线轮胎充气压力均为 220kPa，各轮胎载荷均为 220kg，则因滚动阻力消耗的功率为

$$\begin{aligned} P &= 4\times\frac{Kv_x}{1000}\left(5.1 + \frac{5.5\times10^5 + 90F_z}{p} + \frac{1100 + 0.388F_z}{p}v_x^2\right)F_z \\ &= 2424.1\text{W} \approx 2.4\text{kW} \end{aligned} \tag{3.109}$$

为对上述公式进行比较，假设该汽车换装摩托车的轮胎，并用式（3.108）计算其功率消耗。

$$P = 4\times\left(0.0085 + \frac{1800}{p} + \frac{2.0606}{p}v_x^2\right)v_x F_z = 5734.1\text{W} \approx 5.7\text{kW} \tag{3.110}$$

结果表明，汽车换用摩托车轮胎后将会消耗更多功率。

例 105　不当充气压力的影响

高充气压力使轮胎刚度增加，进而导致舒适性降低并产生振动。轮胎过度充气时其接地印迹面积和牵引力都会减小，过度充气会使轮胎把冲击载荷传递给悬架装置，并降低轮胎在车辆转向、制动和加速时提供必要支持作用的能力。

充气不足会导致轮胎内部剪切应力增大、破裂和轮胎构件间隙，还会增大轮胎侧壁挠曲与滚动阻力，进而产生热量并引起机械破坏，轮胎的负载承受能力很大程度上取决于其充气压力。因此，轮胎充气不足会使其在过载、大变形状况下工作，车辆燃油经济性和操纵性变差。

图 3.40 所示为充气过度、充气不足和充气适当对轮胎 - 地面接触状况的影响对比，适当的充气压力是保证轮胎最佳性能、车辆安全性和燃油经济性的基础。正常充气压力对子午线轮胎耐磨能力和性能的影响尤其显著，因为子午线轮胎的胎压有 35kPa 的不足时很难以目测方式觉察，但是，35kPa 的不足充气压力却可以令轮胎的性能和寿命最多降低 25%。

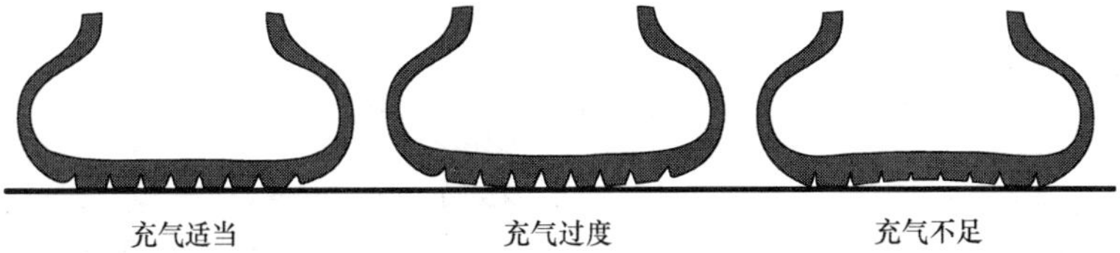

图 3.40　轮胎充气过度、充气不足与充气适当时的轮胎 - 路面接触情况比较

通常轮胎胎压每个月会降低 7 ~ 14kPa，还会因每 5℃ 的温度变化而发生 7kPa 的充气压力变化。例如，某轮胎在夏季 26℃ 的温度下，充气到 240kPa，则到冬季温度为 -6℃ 时，其充气压力会变为 160kPa。这代表轮胎经过 6 个月后，除了产生的 40kPa 常规压力损失外，还有另外由 30℃ 的温度变化引起的 40kPa 的压力损失，此时该胎压为 160kPa 的轮胎已经处于充气不足状态。

例 106　小/大和软/硬轮胎

驱动轮胎过小易使车辆变得不稳定，引起牵引力和最大速度偏低。驱动轮胎过大时，车辆转向响应变慢，轮胎滚动变形增大，稳定性降低。

前轴轮胎较软的车辆表现为转向能力强、稳定性弱和磨损较重，前轴轮胎较硬的车辆则与之相反。后轴轮胎较软的车辆后轮驱动力较大，但其转向能力下降，颠簸增大，稳定性下降。

3.5.3★　侧偏角对滚动阻力的影响

轮胎以侧偏角 α 在路面上滚动时，滚动阻力会有明显的增加，其滚动阻力 F_r 为

$$F_r = F_x\cos\alpha + F_y\sin\alpha \approx F_x - C_\alpha\alpha^2 \tag{3.111}$$

式中，F_x 为与运动方向相反的纵向力，F_y 为侧向力，两个力均处于轮胎坐标系中。

证明： 图 3.41 所示为地面上一个侧偏角为 α 的滚动轮胎的顶视图，定义滚动阻力方向与轮胎速度矢量方向相反，该方向与 x 轴成 α 角。假设纵向力 F_x 自 $-x$ 方向作用于轮胎上，侧偏角 α 的存在导致 F_x 增大并在 $-y$ 方向产

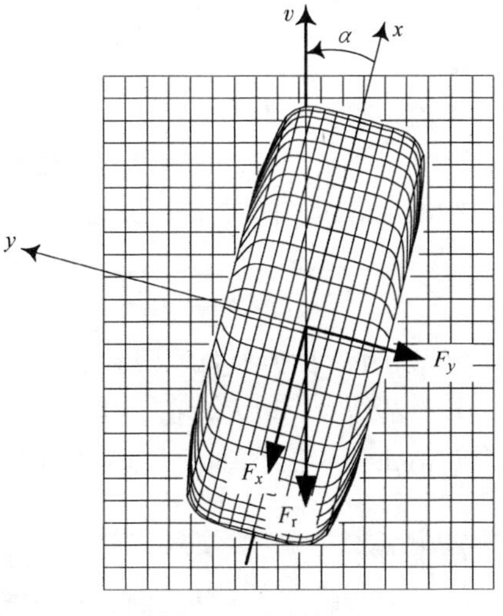

图 3.41　侧偏角 α 对滚动阻力 F_r 的影响

生一个侧向力 F_y。纵向力分量 F_x 和侧向力分量 F_y 合成后得到滚动阻力 F_r。

$$F_r = F_x\cos\alpha + F_y\sin\alpha \tag{3.112}$$

侧偏角 α 很小时侧向力与 $-\alpha$ 成正比，故有

$$F_r \approx F_x - C_\alpha\alpha^2 \tag{3.113}$$

3.5.4★ 外倾角对滚动阻力的影响

若轮胎滚动时的外倾角为 γ，其滚动阻力 $\boldsymbol{F}_r$ 形成的滚动力矩分量 M_r 将会减小，但是，滚动力矩还会形成一个回正力矩分量 M_z。

$$\boldsymbol{F}_r = -F_r\hat{i} \tag{3.114}$$

$$F_r = \frac{1}{R_h}M_r\cos\gamma + \frac{1}{R_h}M_z\sin\gamma \tag{3.115}$$

证明：某轮胎滚动时形成滚动力矩 M_r，同时法向力 F_z 前移。但是，此时仅分量 $M_r\cos\gamma$ 与轮胎平面垂直，并阻止轮胎转动，进而，当轮胎上作用有绕 z 方向的力矩时，仅有分量 $M_z\sin\gamma$ 阻止轮胎转动。因此，外倾角 γ 对滚动阻力产生的影响如下式，R_h 是图 3.10 中所示自地面到轮胎中心的高度，滚动力矩 M_r 可以由式（3.90）代入获得法向力 F_z 的影响。

根据

$$F_r = \frac{1}{R_h}M_r\cos\gamma + \frac{1}{R_h}M_z\sin\gamma \tag{3.116}$$

可以得出

$$F_r = \frac{\Delta x}{R_h}F_z\cos\gamma + \frac{1}{R_h}M_z\sin\gamma \tag{3.117}$$

3.6 纵向力

轮胎的纵向滑转率定义为

$$s = \frac{R_g\omega_w}{v_x} - 1 \tag{3.118}$$

式中，R_g 为轮胎无载荷时的几何半径，ω_w 为轮胎角速度，v_x 为轮胎前进速度。滑转率在驱动时为正值，制动时为负值。

车辆加速或制动时，轮胎和地面之间必然会产生纵向力。作用在车轮传动轴上的转矩形成时轮胎发生滑转，同时在轮胎接地印迹上产生纵向力 F_x。该力 F_x 与垂向力成正比，即

$$\boldsymbol{F}_x = F_x\hat{i} \tag{3.119}$$

$$F_x = \mu_x(s)F_z \tag{3.120}$$

式中，系数 $\mu_x(s)$ 称为纵向摩擦系数，该系数是滑转率 s 的函数，如图 3.42 所示。摩擦系数先随滑转率的增大而增大，在 $s\approx0.1$ 时达到其驱动峰值 μ_{dp}，然后又逐渐降低到接近稳定的驱动滑转值 μ_{ds}。s 很小时，可以认为摩擦系数 $\mu_x(s)$ 与 s 成正比，即

$$\mu_x(s) = C_s s \qquad s \ll 1 \tag{3.121}$$

式中，C_s 称作纵向滑转系数。

$s\geqslant0.1$ 时轮胎开始滚动，同时摩擦系数接近稳定。车辆制动时，μ_{bp} 和 μ_{bs} 的变化与驱动时相似。

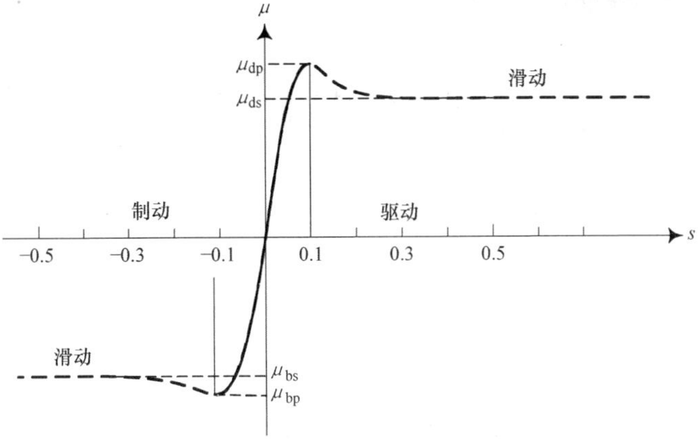

图 3.42　车辆驱动和制动时纵向摩擦系数与滑转率 s 的关系

证明：滑转率的定义旨在体现轮胎实际速度 v_x 与其等效速度 $R_g\omega_w$ 之间的不同，图 3.43 所示为一个在地面上滚动的轮胎，轮胎无滑转时自由滚动的理想运动距离记作 d_F，轮胎的实际运动距离记作 d_A，轮胎滑转时 $d_F > d_A$，轮胎滑移时 $d_F < d_A$。

二者之差 $d_F - d_A$ 代表轮胎的滑转量，因此，轮胎的滑转率为

$$s = \frac{d_F - d_A}{d_A} \tag{3.122}$$

为了获得 s 的瞬时值，应该实时监测极短时间内轮胎的移动距离，因此

$$s \equiv \frac{\dot{d}_F - \dot{d}_A}{\dot{d}_A} \tag{3.123}$$

假设轮胎的转动角速度为 ω_w，则有 $\dot{d}_F = R_g\omega_w$ 和 $\dot{d}_A = R_w\omega_w$。其中，R_g 是几何轮胎半径，R_w 是等效轮胎半径。轮胎的滑转率 s 可以用其实际速度 $v_x = R_w\omega_w$ 和自由滚动速度 $R_g\omega_w$ 来定义，即

$$s = \frac{R_g\omega_w - R_w\omega_w}{R_w\omega_w} = \frac{R_g\omega_w}{v_x} - 1 \tag{3.124}$$

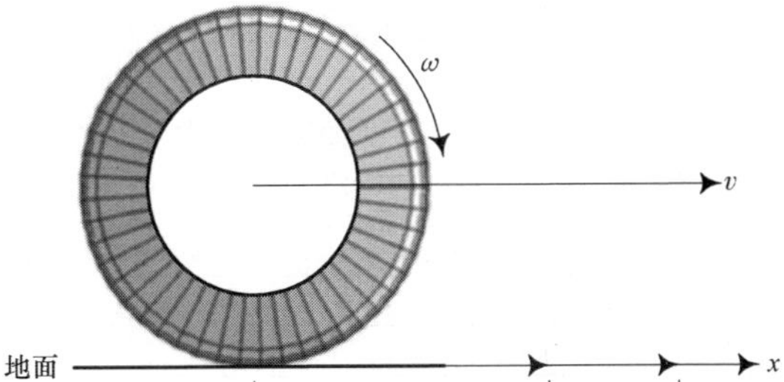

图 3.43　地面上滚动轮胎的无滑转移动距离 d_F 和实际移动距离 d_A

轮胎纵向力的生成必然同时伴随着纵向滑转，车辆加速时，轮胎的实际速度 v_x 低于其自由滚动速度 $R_g\omega_w$，所以 $s>0$。而在车辆制动时，轮胎的实际速度 v_x 高于其自由滚动速度 $R_g\omega_w$，所以 $s<0$。

轮胎和路面之间的摩擦力 F_x 是其所受垂向载荷 F_z、车速 v_x 和车轮角速度 ω_w 的函数，除这些变量之外，还有几个参数会对摩擦力 F_x 产生影响，如轮胎气压、胎面设计、磨损程度和路面情况等。经验表明，$F_x = \mu_x(\omega_w, v_x)F_z$ 的函数形式，可以用于在速度 v_x 和 ω_w 不变时对由实验测试获得的接触摩擦力进行建模。

纵向滑转又称**圆周滑转**或**切向滑转**。

例 107 驱动时的滑转率为 $0<s<\infty$

驱动车辆时，轮胎中心轴线上产生驱动力矩，轮胎接地印迹区域内的胎面被沿圆周方向压缩，从而导致轮胎运动速度低于自由滚动轮胎，即

$$R_w\omega_w<R_g\omega_w \tag{3.125}$$

此时，$s>0$。驱动轮胎的等效半径小于其几何半径，即

$$R_w<R_g \tag{3.126}$$

同理，也可以用等效角速度 ω_{eq}来表示这种情况，并据此推导出驱动轮胎转动速度高于自由滚动轮胎，即

$$R_g\omega_{eq}<R_g\omega_w \tag{3.127}$$

驱动力矩足以克服摩擦力并使轮胎在路面转动，同时汽车保持不动。这种情况下 $v_x=0$，$s=\infty$。这表明，车辆加速时其纵向滑转率范围为 $0<s<\infty$。

$$0<s<\infty \qquad a>0 \tag{3.128}$$

轮胎速度 $R_w\omega_w$ 仅在加速度为 0 时等于车辆速度 v_x，这种情况下，垂向力作用在轮胎上，其轮胎接地印迹的形状和大小不随时间变化。

轮胎中心轴线上作用的驱动转矩会产生正的滑转率，即 $s>0$，同时导致图 3.18 和图 3.19 中胎面变形的对称点后移，这样就会使向前的剪切应力变大，从而提供前进方向的牵引力。

例 108 纵向摩擦系数 μ_{dp}和 μ_{ds}的案例

某乘用车轮胎 215/65R15 纵向摩擦系数 μ_{dp}和 μ_{ds}的平均值见表 3.2。实际应用中常认为 $\mu_{dp}=\mu_{bp}$，$\mu_{ds}=\mu_{bs}$。

表 3.2 平均纵向摩擦系数

路面	峰值，μ_{dp}	滑动值，μ_{ds}
干沥青路	0.8～0.9	0.75
干混凝土路	0.8～0.9	0.76
湿沥青路	0.5～0.7	0.45～0.6
湿混凝土路	0.8	0.7
碎石路	0.6	0.55
压实雪地	0.2	0.15
冰面	0.1	0.07

例 109 制动时的滑转率为 $-1<s<0$

制动车辆时，轮胎中心轴线上产生制动力矩，轮胎接地印迹区域内的轮胎胎面将沿圆周方向伸展，从而导致制动轮胎的运动速度大于自由滚动轮胎，即

$$R_w\omega_w>R_g\omega_w \tag{3.129}$$

故有 $s<0$，制动轮胎的等效半径大于自由滚动轮胎，即

$$R_w>R_g \tag{3.130}$$

同理，也可以用等效角速度 ω_{eq}来表示这种情况，并据此推导出制动轮胎转动速度低于自由滚动轮胎，即

$$R_g\omega_{eq}>R_g\omega_w \tag{3.131}$$

制动力矩足以制动轮胎，这种情况下 $\omega_w=0$，$s=-1$。这表明，车辆制动时其纵向滑转

率范围为 $-1<s<0$。

$$-1<s<0 \qquad a<0 \tag{3.132}$$

例 110　基于等效角速度 ω_{eq} 的滑转率

对半径为 R_g 的轮胎，可以定义一个有效角速度 ω_{eq} 来代表其等效角速度，则其实际速度为 $v_x=R_g\omega_{eq}$。应用 ω_{eq} 后可以得到

$$v_x=R_g\omega_{eq}=R_w\omega_w \tag{3.133}$$

因此

$$s=\frac{R_g\omega_w-R_g\omega_{eq}}{R_g\omega_{eq}}=\frac{\omega_w}{\omega_{eq}}-1 \tag{3.134}$$

例 111　功率和最大速度

假设某行驶中汽车的功率为 $P=100\text{kW}$，可获得行驶速度为 $279\text{km/h}\approx 77.5\text{m/s}$，其总驱动力应为

$$F_x=\frac{P}{v_x}=\frac{100\times 10^3}{77.5}=1290.3\text{N} \tag{3.135}$$

再假设该车为后轮驱动汽车，其后轮在载荷为 1600N。当达到最大牵引力时，其纵向摩擦系数 μ_x 为

$$\mu_x=\frac{F_x}{F_z}=\frac{1290.3}{1600}\approx 0.806 \tag{3.136}$$

例 112　硬（刚性）轮胎与硬路面的滑转

没有滑转的轮胎不能产生切向力。假设一个装有钢铁车轮的玩具汽车在玻璃桌面上行驶，这种汽车不能实现顺利地加速和转向。只有存在足够的微小滑转以使其产生驱动力，才能使该车以极低的加速度加速行驶，是由于玻璃桌面和小金属车轮上的微小接触面之间在微观尺度上发生了变形和相互张紧作用。如果车轮与玻璃表面之间存在摩擦力，就必然存在运动所需要的滑转。

例 113★　摩擦机理

橡胶轮胎摩擦产生的机理主要源于以下三个方面：黏附、变形和磨损。

$$F_x=F_{ad}+F_{de}+F_{we} \tag{3.137}$$

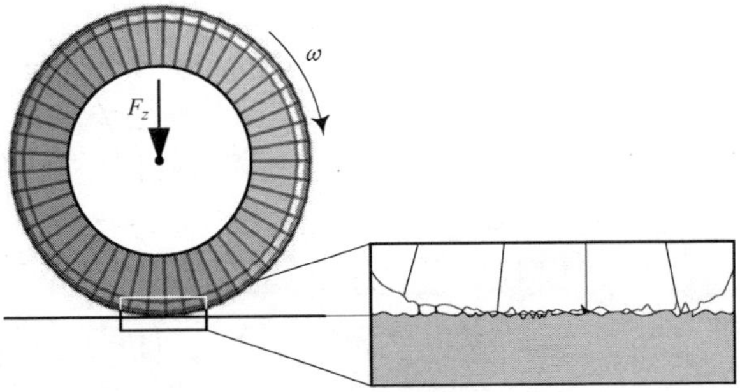

图 3.44　轮胎与路面之间的分子粘合

黏附摩擦相当于粘接。轮胎的橡胶能阻止其在路面上的滑动是由于黏附作用使之粘接在路面上，是橡胶与路面之间的分子粘合使二者发生黏附作用。由于实际的接触面积远小于观察到的接触面积，这种高局部压力使分子产生粘合，如图 3.44 所示。轮胎橡胶与路面在接触点处结合并使它们的表面连接在一起，黏附摩擦力就是打开这些分子结合使二者表面分开所需要的力。黏附也称“冷焊”，是指在高压下不使用热对两种物质的焊接。轮胎所受负载增加会使其与地面的接触面积增大，进而形成更多的分子结合，最终摩

擦力增加。因此，黏附摩擦服从传统摩擦方程式

$$F_x = \mu_x(s) F_z \tag{3.138}$$

黏附摩擦力是干燥路面上轮胎牵引力的主要部分，在路面上有水、冰、尘土或其他易滑物质时黏附摩擦力会显著降低。湿滑路面上的水阻止了轮胎与道路的直接接触，弱化了黏附摩擦力的生成。轮胎在路面滑动时的摩擦力主要组成部分是轮胎接地印迹区域中的黏弹性能耗，该能耗受运动速度影响并随时间变化。

变形摩擦力是指轮胎橡胶变形并填充路面上微小不平整部分产生的摩擦力。道路表面存在很多凸起和凹陷，这种特征称作“不平度”，轮胎在粗糙路面上运动时，路面上的凸起和尖顶会使橡胶发生变形。轮胎的负载使路面不平整部分的凸起顶入轮胎并被轮胎橡胶包裹。变形摩擦力需要在橡胶中使不平整部分运动，它来自于对路面不平整部分的局部高压。负载增大将导致路面不平整部分顶入轮胎的程度增大，进而使摩擦力增大。因此，变形摩擦同样服从式（3.138）。

变形摩擦是湿路面上轮胎牵引力的主要部分，而粘附摩擦在有积水、冰、尘土或易滑物时会显著降低。

变形摩擦存在于有相对运动的任何接触表面，无论怎样精细加工形成的光滑表面，其表面都会存在不规则的极微小凸起和凹陷，对置凸起的相互作用会导致对各自表面的破坏。

磨损摩擦是指因橡胶的局部应力大于其抗张强度应力时产生的摩擦力。很高的局部应力使轮胎的表面结构产生变形并超过其弹性极限，橡胶聚合物粘结被破坏，轮胎表面产生分子链断裂，这种断裂就是磨损摩擦产生的原因，磨损的结果是材质的脱离。负载增加会使轮胎磨损加剧，同时会增大磨损摩擦力，所以磨损摩擦同样服从于式（3.138）。

例114　滑动摩擦系数μ_x的双曲正切模型

为了对分析计算提供数学方程式，现引入双曲正切描述函数。

$$\mu_x = \mu_s \tanh\left(\frac{s}{s_c}\right) \tag{3.139}$$

该方程中有两个数值 μ_s 和 s_c 需要通过实验测试获得。假设车辆驱动和制动中其μ_x具有对称性，μ_s 是轮胎滑动时的μ_x值，s_c 是 $\mu_x = 0.76\mu_s$ 时 s 的临界值。图3.45所示为滑动摩擦系数μ_x的数学模型。

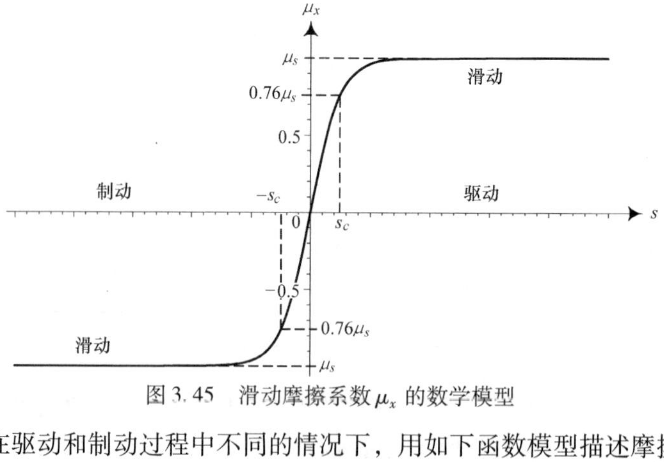

图3.45　滑动摩擦系数μ_x的数学模型

当μ_s 和 s_c 在驱动和制动过程中不同的情况下，用如下函数模型描述摩擦系数μ_x

$$\mu_x = \mu_{ds} H(s) \tanh\left(\frac{s}{s_{dc}}\right) + \mu_{bs} H(-s) \tanh\left(\frac{s}{s_{bc}}\right) \tag{3.140}$$

式中，$H(s)$是 Heaviside 函数，s_{dc}和s_{bc}分别是驱动和制动时 s 的临界值。

例 115★　经验滑转模型

基于实验数据和曲线拟合的方法，人们将轮胎纵向力作为纵向滑转 s 的函数，提出了若干模拟数学公式。多数模型都过于复杂，难以在车辆动力学中应用。以下几个常用的模型较为简单，精确性也能满足应用要求。

1991 年提出的 Pacejka 模型

$$F_x(s) = c_1 \sin\{c_2 \arctan[c_3 s - c_4(c_3 s - \arctan(c_3 s))]\} \tag{3.141}$$

式中，c_1，c_2，c_3 和 c_4 是基于轮胎实验数据的 4 个常数。

1987 年提出的 Burckhardt 模型相对简单，含有 3 个常数值

$$F_x(s) = c_1(1 - e^{-c_2 s}) - c_3 s \tag{3.142}$$

还提出了一个考虑进速度影响的 Burckhardt 模型

$$F_x(s) = [c_1(1 - e^{-c_2 s}) - c_3 s] e^{-c_4 v} \tag{3.143}$$

该模型包含 4 个需要由实验测定的常数值。

1994 年 Kiencke 和 Daviss 通过对 1987 年 Burckhardt 模型的近似展开，提出了一个简化模型，即

$$F_x(s) = k_s \frac{s}{1 + c_1 s + c_2 s^2} \tag{3.144}$$

式中，k_s 是 $s=0$ 时 $F_x(s)$相对于 s 的斜率。

$$k_s = \lim_{s \to 0} \frac{\Delta F_s}{\Delta s} \tag{3.145}$$

c_1 和 c_2 是基于轮胎实验数据的常数。

De – Wit 于 2002 年提出了另外一个基于常数 c_1 和 c_2 的简单模型。

$$F_x(s) = c_1 \sqrt{s} - c_2 s \tag{3.146}$$

上述模型中，都需要一条如图 3.42 所示的实验曲线，然后从曲线中确定常数 c_i，c_i 是实验曲线对应方程的最优拟合参数。对于表述 1987 年 Burckhardt 模型的式（3.143）而言，则需要至少在两个速度上进行同类实验。

例 116★　滑转率的其他定义方法

另一种滑转率的定义方法为

$$s = \begin{cases} 1 - \dfrac{v_x}{R_g \omega_w} & R_g \omega_w > v_x \quad \text{驱动} \\ 1 - \dfrac{R_g \omega_w}{v_x} & R_g \omega_w < v_x \quad \text{制动} \end{cases} \tag{3.147}$$

式中，v_x 为车轮中心速度；ω_w 为车轮滚动角速度；R_g 为轮胎半径。

在另外一种定义中，纵向滑转率采用下述方程计算

$$s = 1 - \left(\frac{R_g \omega_w}{v_x}\right)^n \qquad n = \begin{cases} +1 & R_g \omega_w \leqslant v_x \\ -1 & R_g \omega_w > v_x \end{cases} \tag{3.148}$$

$$s \in [0,1]$$

在这种定义中，s 始终大于或等于 0，小于或等于 1。$s=1$ 时，或者是轮胎被抱死，车辆滑行；或者是轮胎空转，而汽车不动。

例 117★ 在松软沙地上的轮胎

图 3.46 所示为一个在沙地上滚动的轮胎，轮胎滚过沙地时，沙地被压实，沙地对轮胎的应力作用发生在自垂直方向逆时针计算的角度范围内，即 $\theta_1<\theta<\theta_2$。

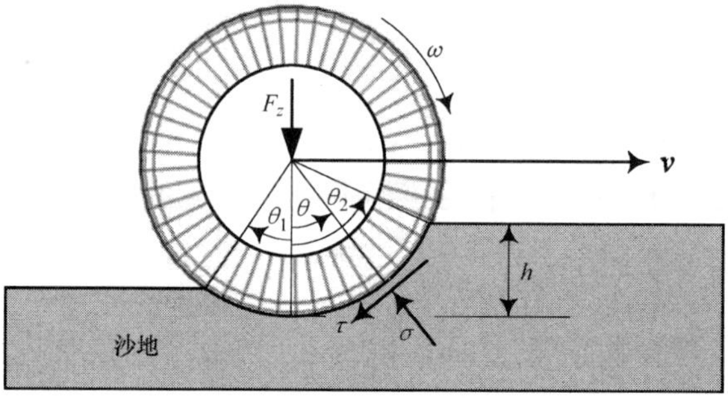

图 3.46 轮胎在沙地上滚动

这样就可以定义轮胎所受的法向应力 σ 和切向应力 τ 之间的关系。

$$\tau=(c+\sigma\tan\theta)\left(1-e^{\frac{R_g}{k}[\theta_1-\theta+(1-s)\sin\theta-\sin\theta_1]}\right) \tag{3.149}$$

式中，s 是式（3.147）中定义的滑转率；k 是常数，且有

$$\tau_M=c+\sigma\tan\theta \tag{3.150}$$

式中，τ_M 是沙地作用于轮胎的最大剪切应力；c 是沙地的粘结应力。

例 118★ 侧向滑转率

应用黏附和滑动的概念来定义纵向滑动率 s_x 和侧向滑动率 s_y，能够建立 x 方向和 y 方向作用力的解析表达式

$$s_x=\frac{R_g\omega_w}{v_x}-1 \qquad s_y=\frac{R_g\omega_w}{v_y} \tag{3.151}$$

式中，v_x 为车轮的纵向运动速度；v_y 为车轮的侧向运动速度；R_g 为轮胎无载荷时的几何半径；ω_w 为车轮的角速度。

滑动非常小时，轮胎力与滑动率成正比。

$$F_x=C_{s_x}s_x \qquad F_y=C_{s_y}s_y \tag{3.152}$$

式中，C_{s_x} 为纵向滑动系数；C_{s_y} 为侧向滑动系数。

3.7 侧向力

垂向力 F_z 和侧向力 F_y 作用于滚动轮胎的轴心线上时，轮胎在路面上的运动轨迹将与轮胎平面成 α 角，该角度称为**侧偏角**，与轮胎所受的**侧向力**成正比。

$$\boldsymbol{F}_y=F_y\hat{j} \tag{3.153}$$

$$F_y=-C_\alpha\alpha \tag{3.154}$$

式中，C_α 为轮胎的**侧偏刚度**。

$$C_\alpha=\lim_{\alpha\to 0}\frac{\partial(-F_y)}{\partial\alpha}=\left|\lim_{\alpha\to 0}\frac{\partial F_y}{\partial\alpha}\right| \tag{3.155}$$

侧向力 $\boldsymbol{F}_y$ 在轮胎接地印迹上的投影位于轮胎接地印迹中心线向后 a_{x_α} 处，由该作用产生的力矩 $\boldsymbol{M}_z$，称作**回正力矩**。

$$\boldsymbol{M}_z = M_z\,\hat{k} \tag{3.156}$$

$$M_z = F_y a_{x_\alpha} \tag{3.157}$$

α 角很小时，回正力矩 $\boldsymbol{M}_z$ 迫使轮胎绕 z 轴转动，并令轮胎的 x 轴与速度矢量 v 的方向趋向一致，回正力矩始终趋向于使侧偏角 α 减小。

证明：车轮受稳定垂向载荷 F_z 时，在轮辋上施加侧向力，轮胎将会发生如图 3.47 所示的侧偏。轮胎的特性和受侧向力 F_y 作用下的线性弹簧一样，其侧向刚度为 k_y。

$$F_y = k_y \Delta y \tag{3.158}$$

侧向力达到最大值 $F_{y\mathrm{M}}$ 时，车轮开始侧向滑动，此时，侧向力近似保持稳定，与垂向载荷成正比。

$$F_{y\mathrm{M}} = \mu_y F_z \tag{3.159}$$

式中，μ_y 为轮胎沿 y 轴方向的摩擦系数。图 3.48 所示为某侧偏轮胎接地印迹的底部视图。

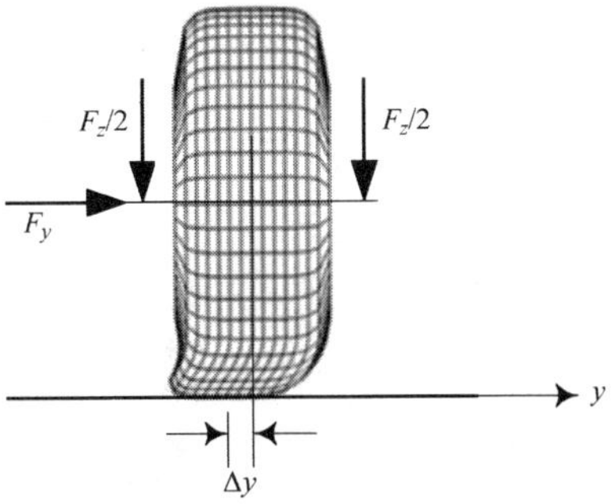

图 3.47　侧偏轮胎的前视图

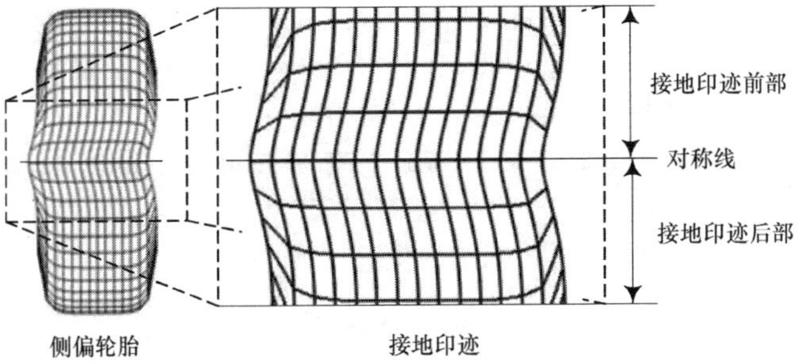

图 3.48　侧偏轮胎的底部视图

如果侧偏轮胎在路面上向前滚动，其接地印迹也会沿纵向产生伸缩挠变。图 3.49 所示为一侧偏滚动轮胎接地印迹的底部视图，尽管该轮胎的轮胎平面与路面垂直，其车轮运动方向也会与轮胎平面成一角度 α。车轮向前滚动时，尚未变形的胎面在进入接地印迹区后将会发生像纵向变形一样的侧向变形。胎面运动到接地印迹后部的时候，其侧偏变形加剧，直至其接近轮胎接地印迹的后部界线为止。法向载荷在轮胎接地印迹后部逐渐减小，其摩擦力也随之减小，所以胎面逐渐离开轮胎接地印迹区域并随之滑动回到其初始位置，该侧偏胎面开始向回滑动的位置称作滑动线。

如图 3.50 所示为侧向力作用下的滚动轮胎及其**侧偏角**，胎面的侧向变形取决于在轮胎接地印迹内切向应力 τ_y 的分布，假设切向应力 τ_y 正比于轮胎胎面变形量，则因此而产生的侧向力 F_y 为

$$F_y = \int_{A_\mathrm{P}} \tau_y \,\mathrm{d}A_\mathrm{P} \tag{3.160}$$

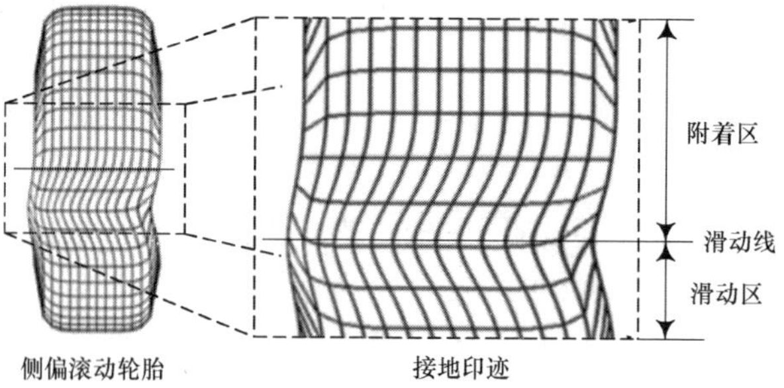

图3.49　侧偏轮胎的底部视图

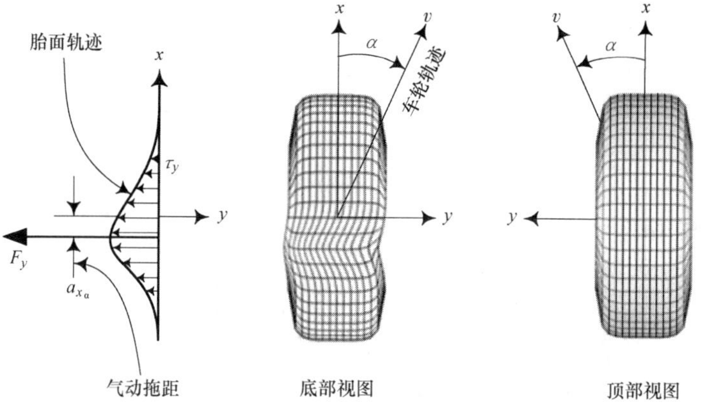

图3.50　滚动轮胎在侧偏角 α 下的应力分布 τ_y、侧向力 F_y 和气动拖距 a_{x_α}

其位置在轮胎接地印迹中心线后面 a_{x_α} 的位置。

$$a_{x_\alpha} = \frac{1}{F_y}\int_{A_P} x\tau_y \mathrm{d}A_p \tag{3.161}$$

距离 a_{x_α} 称作气动拖距，由该力作用形成的力矩 $\boldsymbol{M}_z$ 称作回正力矩。

$$\boldsymbol{M}_z = M_z \hat{k} \tag{3.162}$$

$$M_z = F_y a_{x_\alpha} \tag{3.163}$$

回正力矩 $\boldsymbol{M}_z$ 迫使轮胎绕 z 轴转动，并令轮胎平面与速度矢量 v 的方向趋向一致。图3.50所示为应力分布 τ_y、由应力构成的侧向力 F_y 和气动拖距 a_{x_α}。

由于侧偏角 α 的存在，轮胎的垂向力 F_z 也会发生一定的侧向偏移，并由此产生一个对正 x 坐标轴方向的侧偏力矩。

$$M_x = -M_x \hat{i} \tag{3.164}$$

$$M_x = F_z a_{y_\alpha} \tag{3.165}$$

侧偏角 α 始终会随侧向力 F_y 的增大而增大，但是，当侧向力 F_y 逐渐增大时，轮胎的滑动线会先向轮胎接地印迹后部移动，进而向前移动。轮胎侧偏角和侧向力之间是作用和反作用的关系，因侧向力产生侧偏角，因侧偏角产生侧向力。正因如此，我们才能通过使轮胎偏转获得一个侧偏角，又由该侧偏角产生使汽车转向的侧向力，汽车的转向也会导致形成轮胎侧偏角并产生侧向力。如果轮胎绕 z 坐标轴向与速度矢量 v 一致的方向转动，其侧偏角 $\alpha>0$。侧偏角 α 为正值时，对应生成的侧向力 F_y 为负值。因此，绕着 $-z$ 坐标轴向右转向，将获得正的侧偏角并生成负的侧向力，使轮胎向右偏转。采用轮胎的速度矢量和分量 $v=v_x\hat{i}+v_y\hat{j}$ 形式，可以再次定义侧偏角如下

$$\alpha=\arctan\frac{v_y}{v_x} \tag{3.166}$$

图 3.51 所示为稳定垂向载荷下将侧向力 F_y 看作侧偏角 α 的函数获得的曲线，侧偏角较小时，侧向力 F_y 呈线性变化；对较大的侧偏角 α，侧向力 F_y 随侧偏角 α 增长而增长的速度逐渐降低。α 达到某极限值后，轮胎开始在路面上打滑，此时侧向力将保持稳定或稍有减小。因此，我们可以假设，α 较小时，侧向力 F_y 与侧偏角 α 成正比。

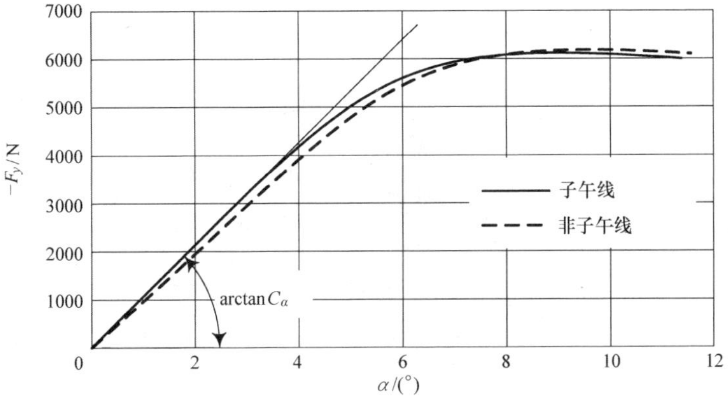

图 3.51　稳定垂向载荷下侧向力 F_y 与侧偏角 α 的函数关系

$$F_y=-C_\alpha\alpha \tag{3.167}$$

$$C_\alpha=-\lim_{\alpha\to 0}\frac{\partial F_y}{\partial\alpha} \tag{3.168}$$

图 3.51 中显示子午线轮胎的侧偏刚度 C_α 比非子午线轮胎的侧偏刚度高，这是因为产生相同侧向力 F_y 时，子午线轮胎需要的侧偏角较小。

图 3.52 所示为子午线轮胎和非子午线轮胎回正力矩的案例。由于侧偏角很小时气动拖距 a_{x_α} 随侧偏角的增大逐渐增大，直至增大到最大值；在侧偏角较大时，其气动拖距又随侧偏角的增大逐渐减小为 0，甚至变为负值。因此，图 3.52 所示的回正力矩 $\boldsymbol{M}_z$ 的特征也与此相似。

侧向力 $F_y=-C_\alpha\alpha$ 可以分解为垂直于运动轨迹 v 的 $F_y\cos\alpha$ 和平行于运动轨迹 v 的 $F_y\sin\alpha$，如图 3.53 所示。分量 $F_y\cos\alpha$ 垂直于运动轨迹，称作回转力，分量 $F_y\sin\alpha$ 与运动轨迹一致，称作牵引阻力。

侧向力 F_y 有时也称作**横向力**，或**操稳力**，我们可以将车辆全部轮胎上的侧向力合成为作用在车辆质心 C 的合力。

例 119　轮胎载荷对侧向力曲线的影响

车轮载荷 F_z 增大时，轮胎胎面对地面的附着能力将会增强，故在侧偏角 α 保持不变时，

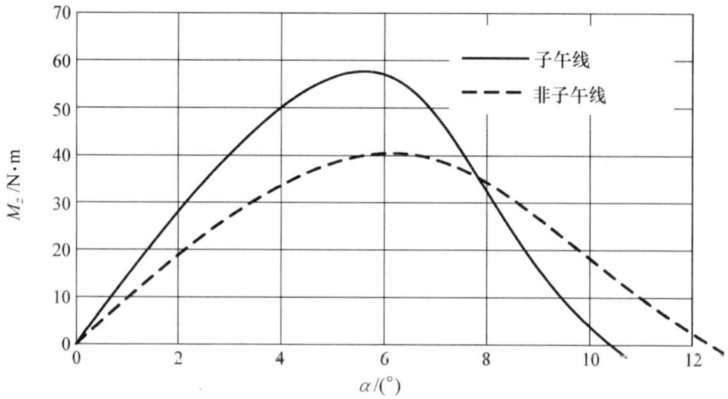

图 3.52 稳定垂向载荷下回正力矩 M_z 与侧偏角 α 的函数关系

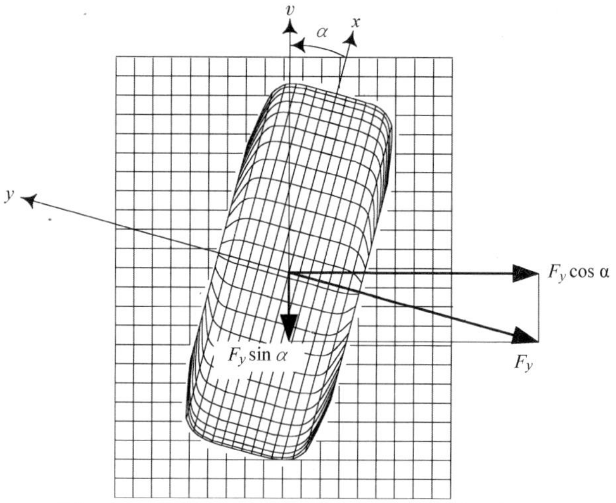

图 3.53 侧向力 F_y 的回转力分量和牵引阻力分量

其侧向力也会相应增大，而轮胎会在达到更大侧偏角时开始滑动。图 3.54 所示为某轮胎在不同垂向载荷下的侧向力特性。

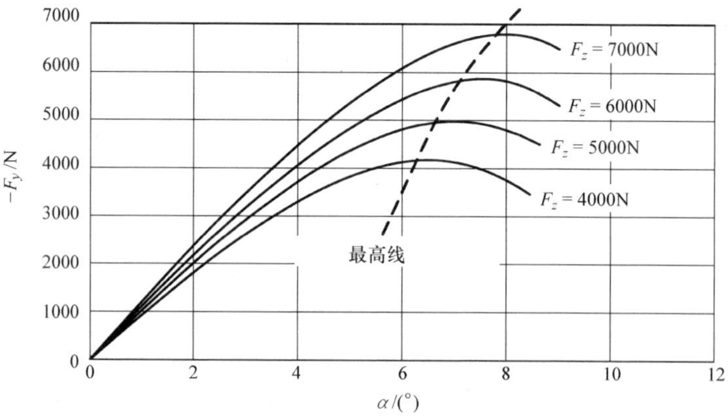

图 3.54 某轮胎侧向力作为侧偏角 α 的函数时在不同垂向载荷下的特性

载荷的增大不仅能提高轮胎的最大可达侧向力，它还能在最大侧向力的作用下使侧偏角进一步增大。

为了更具实用性，有时通过无量纲变量形式表示载荷对侧向力的影响，如图 3.55 所示。

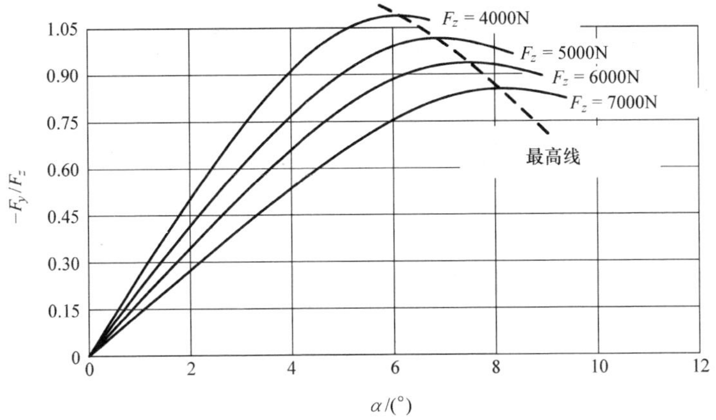

图 3.55　以无量纲形式表述的载荷对侧向力随侧偏角 α 变化的影响

例 120★　高夫图

侧偏角 α 是侧向力 F_y 和回正力矩 $M_z = F_y a_{x_\alpha}$ 的主要影响因素，但是，F_z 和 M_z 却又依赖于其他多个因素，如速度 v、压力 p、温度、湿度和路面条件等。可以针对一组参数分别绘出 F_z 和 M_z 的曲线来更好地表示二者的关系，这种图称作高夫图。图 3.56 为某乘用车子午线轮胎的高夫图。每一个轮胎都有其各自的高夫图，但是也可以用平均高夫图来表示子午线轮胎或非子午线轮胎。

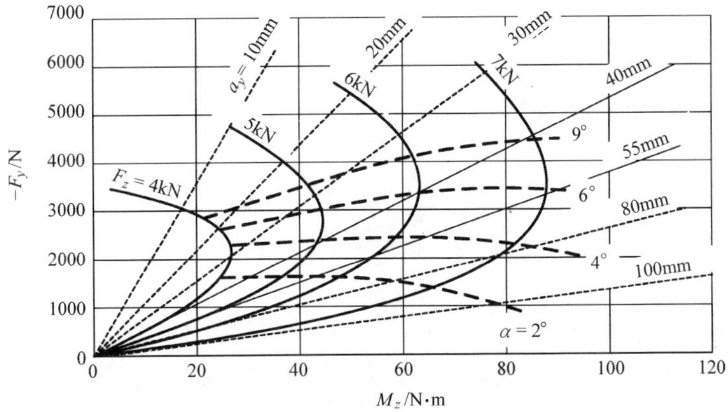

图 3.56　某乘用车子午线轮胎的高夫图

例 121　速度的影响

速度增大时作为侧偏角函数的侧向力曲线 $F_y(\alpha)$ 会降低，因此在较高速度时我们应该增大其侧偏角以获得相应的侧向力，侧偏角的增大又通过增大转向角获得。图 3.57 所示为速度对某乘用车子午线轮胎 F_y 的影响。由于这种特性，固定转向角下单轮汽车的路径曲率将随着驱动速度的增大而增大。

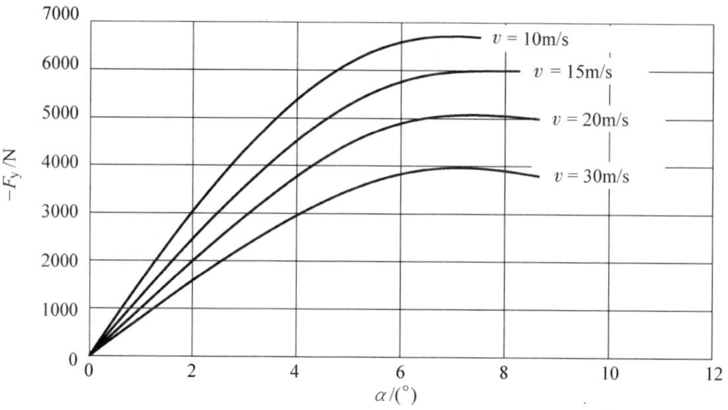

图3.57 速度对某子午线轮胎 F_y 和 M_z 的影响

例122★ 侧向力的三次模型

轮胎侧偏角变大时，线性近似的式（3.154）已不能很好地表述轮胎特性。基于轮胎接地印迹内垂直应力的抛物线型分布，下述20世纪50年代提出的三次方程可以用来计算侧偏角较大时的轮胎侧向力。

$$F_y = -C_\alpha\alpha\left(1-\frac{1}{3}\left|\frac{C_\alpha\alpha}{F_{yM}}\right|+\frac{1}{27}\left(\frac{C_\alpha\alpha}{F_{yM}}\right)^2\right) \tag{3.169}$$

式中，F_{yM}是轮胎能够提供的最大侧向力，F_{yM}取决于轮胎载荷和侧向摩擦系数 μ_y。下面给出轮胎侧向力 F_y 达到最大值 F_{yM}时的侧偏角 α_M，由式（3.169）可得

$$\alpha_M = \frac{-3F_{yM}}{C_\alpha} \tag{3.170}$$

因此

$$F_y = -C_\alpha\alpha\left(1-\frac{\alpha}{\alpha_M}+\frac{1}{3}\left(\frac{\alpha}{\alpha_M}\right)^2\right) \tag{3.171}$$

$$\frac{F_y}{F_{yM}} = \frac{3\alpha}{\alpha_M}\left(1-\frac{\alpha}{\alpha_M}+\frac{1}{3}\left(\frac{\alpha}{\alpha_M}\right)^2\right) \tag{3.172}$$

图3.58所示为侧向力随侧偏角变化的三次曲线模型，该方程仅适用于 $0\leqslant\alpha\leqslant\alpha_M$ 时的情况。

例123★ 侧向应力模型

设某轮胎以小侧偏角 α 在干燥路面上滚动，假设由此在轮胎接地印迹内产生的侧向应力可用如下方程表示

$$\tau_y(x,y) = c\tau_{yM}\left(1-\frac{x}{a}\right)\left(1-\frac{x^3}{a^3}\right)\cos^2\left(\frac{y}{2b}\pi\right) \tag{3.173}$$

参数 c 与轮胎载荷 F_z、侧偏角 α 和纵向滑转率 s 成正比。如果轮胎接地面积是 $A_P = 4\times a\times b = 4\times 5\text{cm}\times 12\text{cm}$，则 $c=1$ 时，轮胎所受侧向力 F_y 为

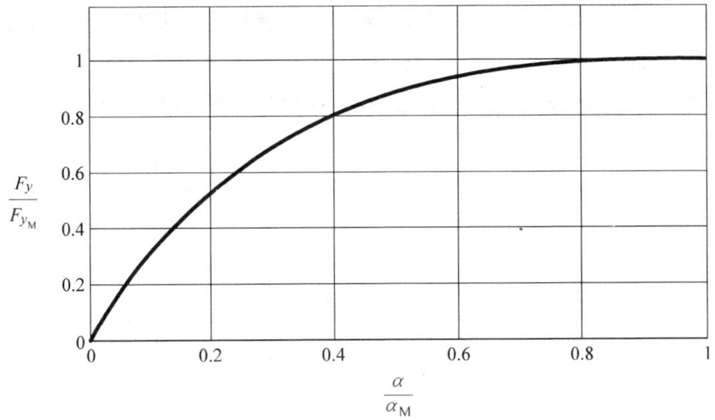

图 3.58　侧向力随侧偏角变化的三次曲线模型

$$
\begin{aligned}
F_y &= \int_{A_P} \tau_y(x, y)\,\mathrm{d}A \\
&= \int_{-0.05}^{0.05}\int_{-0.12}^{0.12} \tau_{yM}\left(1-\frac{x}{0.05}\right)\left(1-\frac{x^3}{0.05^3}\right)\cos^2\left(\frac{y\pi}{0.24}\right)\mathrm{d}y\mathrm{d}x \\
&= 0.0144\tau_{yM}
\end{aligned}
\tag{3.174}
$$

如果通过测量侧向加速度后计算得到侧向力 $F_y = 1000\text{N}$，则最大侧向应力为

$$
\tau_{yM} = \frac{F_z}{0.0144} = 69444\text{Pa}
\tag{3.175}
$$

侧向应力在轮胎印迹上的分布为

$$
\tau_y(x, y) = 69444\left(1-\frac{x}{0.05}\right)\left(1-\frac{x^3}{0.05^3}\right)\cos^2\left(\frac{y\pi}{0.24}\right)\text{Pa}
\tag{3.176}
$$

例 124　环形运动中的轮胎

轮胎可以被理想化为一个圆盘，该圆盘能够在环形运动中自由地滑动转向。有宽度的自由滚动轮胎转弯时，其纵向应力分布是不均衡的，如图 3.59 所示。接地印迹中轮胎的内侧

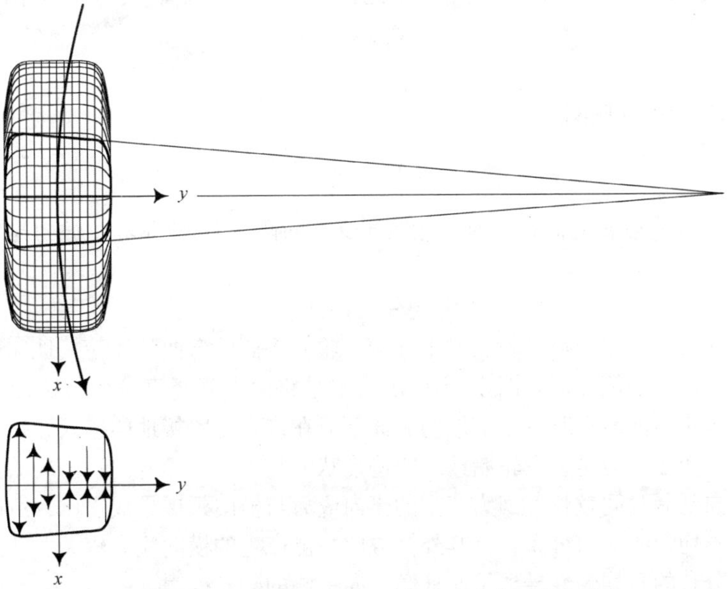

图 3.59　自由滚动轮胎转向时纵向应力的不均衡分布

会收缩，外部会延展，轮胎上某一位置的收缩量和延展量随着其与轮胎平面距离的增大而增加，该轮胎平面以 x 轴表征。同时，轮胎接地印迹的前部短于其后部，因此，轮胎接地印迹坐标系的 y 轴并不是其对称线。结果，轮胎印迹中的非对称应力分布产生回正力矩、抗自旋力矩和滚动阻力矩。

3.8　外倾力

外倾角 γ 是指轮胎绕车辆纵向轴 x 轴的倾斜角，因外倾角产生的侧向力 F_y，称作**外倾推力**或**外倾力**。图3.60为某外倾轮胎的前视图以及由此产生的外倾力 F_y。沿 x 轴正方向观察，自 z 轴向轮胎平面测量时，外倾角为正值，即 $\gamma>0$，正的外倾角会产生沿 y 轴负方向的外倾力。

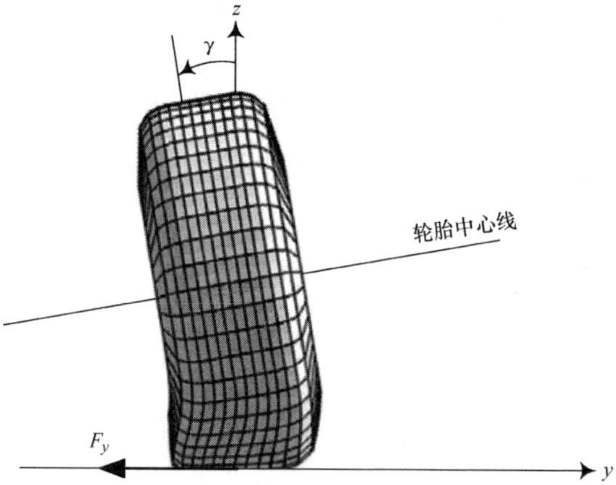

图3.60　某外倾轮胎的前视图以及由此产生的外倾力

外倾角 γ 较小时，外倾力与外倾角成正比，并且与车轮载荷 F_z 的大小有关。因此

$$\boldsymbol{F}_y=F_y\hat{j} \tag{3.177}$$

$$F_y=-C_\gamma\gamma \tag{3.178}$$

式中，C_γ 称为轮胎的外倾刚度。

$$C_\gamma=\lim_{\gamma\to 0}\frac{\partial(-F_y)}{\partial\gamma} \tag{3.179}$$

外倾角 γ 和侧偏角 α 共同存在时，轮胎所受总的侧向力 F_y 是其侧偏力与外倾推力的合力。

$$F_y=-C_\gamma\gamma-C_\alpha\alpha \tag{3.180}$$

证明：若车轮在稳定载荷下轮毂发生外倾，轮胎将侧向弯曲从而使接地印迹区域在外倾方向一侧被拉长，另一侧变短。图3.61所示为水平路面上某竖直轮胎与缓慢转向轮胎的接地印迹比较。车轮向前滚动时，未变形的胎面部分在进入轮胎接地印迹区域时，会同时发生纵向变形和横向变形。但是，受轮胎接地印迹形状的影响，外倾方向一侧的胎面进入轮胎接地印迹时其横向延展时间较长。因为产生的横向应力与横向延展量成正比，所以胎面不均匀的延展形成了不均匀的应力分布，且其外倾方向一侧产生的横向应力较大。外倾轮胎接地印迹上横向应力分布的不均匀性导致了向外倾方向一侧的外倾推力 F_y。

$$\boldsymbol{F}_y = F_y \hat{j} \tag{3.181}$$

$$F_y = \int_{A_P} \tau_y \mathrm{d}A \tag{3.182}$$

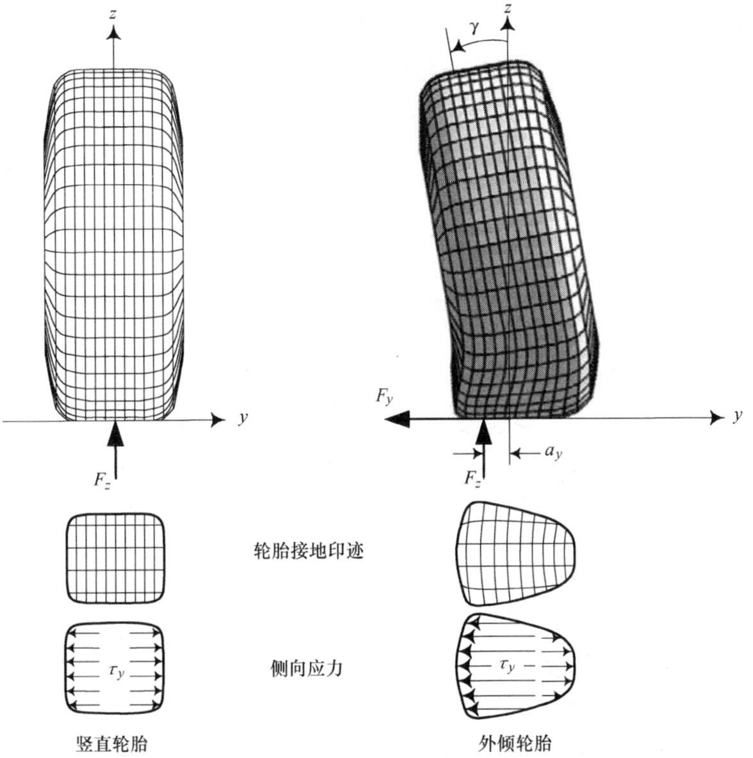

图 3.61 水平路面上竖直轮胎与外倾轮胎缓慢转向时的接地印迹对比

外倾角很小时，外倾推力与外倾角成正比。

$$F_y = -C_\gamma \gamma \tag{3.183}$$

轮胎滚动时，合成外倾推力 F_y 将前移一段距离 a_{x_γ}，由此形成的绕 z 轴的力矩称作**外倾扭矩**，距离 a_{x_γ} 称作**外倾拖距**。

$$\boldsymbol{M}_z = M_z \hat{k} \tag{3.184}$$

$$M_z = F_y a_{x_\gamma} \tag{3.185}$$

因为外倾拖距通常很小，所以在进行线性车辆动力学分析时可以忽略外倾扭矩。

外倾轮胎接地印迹的变形导致其在外倾一侧变长，F_z 为支撑轮胎负载的垂向合力

$$F_z = \int_{A_P} \sigma_z \mathrm{d}A \tag{3.186}$$

自轮胎接地印迹中心沿侧向移动一段距离 a_{y_γ}

$$a_{y_\gamma} = \frac{1}{F_z}\int_{A_P} y\sigma_z \mathrm{d}A_P \tag{3.187}$$

距离 a_{y_γ} 称为**外倾力臂**，形成的合成力矩 $\boldsymbol{M}_x$ 称作**外倾力矩**。

$$\boldsymbol{M}_x = M_x \hat{k} \tag{3.188}$$

$$M_x = -F_z a_{y_\gamma} \tag{3.189}$$

外倾力矩使轮胎绕 x 轴偏转并致使轮胎中心面与 z 轴一致，角度较小时外倾力臂 a_{y_γ} 与外倾角 γ 成正比。

$$a_{y_\gamma} = C_{y_\gamma}\gamma \tag{3.190}$$

图3.62所示为在稳定轮胎载荷 $F_z=4500\text{N}$ 下，外倾力 F_y 随外倾角 γ 变化的情况。因为子午线轮胎韧性较好，所以产生的外倾力较小。

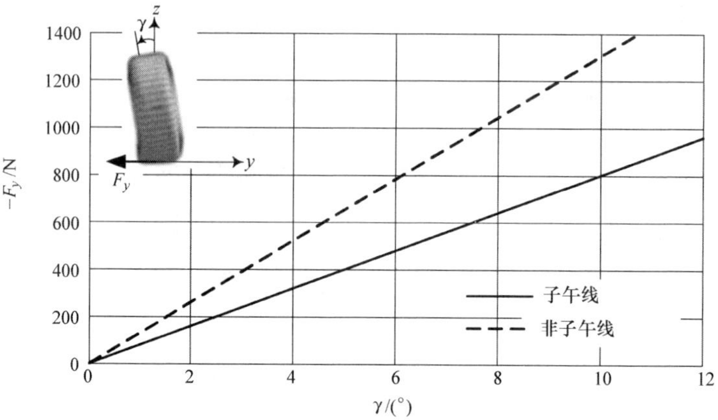

图3.62　稳定轮胎载荷下，外倾力 F_y 随外倾角 γ 变化的情况

图形方式能更形象地说明 F_z 对外倾力的影响。图3.63所示为某子午线轮胎处于不同外倾角时，其外倾力 F_y 随垂向载荷 F_z 的变化关系。

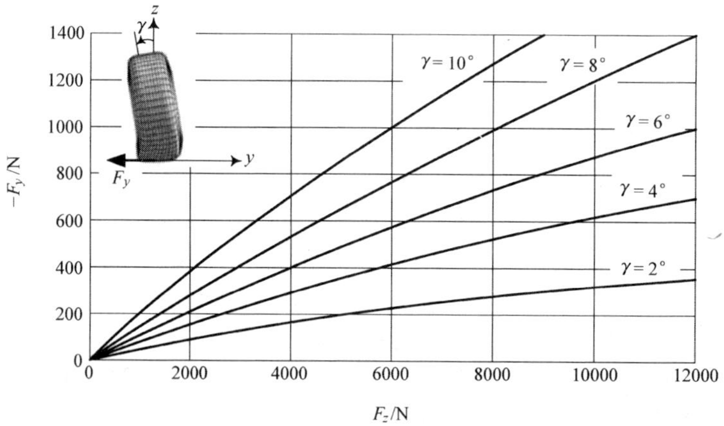

图3.63　某子午线轮胎不同外倾角时外倾力 F_y 随垂向载荷 F_z 的变化关系

如果给某滚动的外倾轮胎再施加一个侧偏角 α，则轮胎接地印迹将会产生如图3.64所示的扭曲变形，胎面路径将会更为复杂。合成侧向力将处于距离轮胎接地印迹中心的 a_{x_γ} 和 a_{y_γ} 处，距离 a_{x_γ} 和 a_{y_γ} 都是角度 α 和 γ 的函数。由 γ 引起的外倾力和由 α 引起的侧偏力，合成为总轮胎侧向力。因此，侧向力可以计算如下

$$F_y = -C_\alpha \alpha - C_\gamma \gamma \tag{3.191}$$

上述计算关系适用于 $\gamma \leqslant 10°$，$\alpha \leqslant 5°$时的情况。需要注意，外倾角 γ 和侧偏角 α 都存在的情况下，根据 γ 和 α 方向的不同，总侧向力可能为正值，也可能为负值。图 3.65 所示为某轮胎在稳定载荷 $F_z = 4000\text{N}$ 作用下，其侧向力随 γ 和 α 变化的关系。与侧向力相似，回正力矩 M_z 也可以综合考虑侧偏角和外倾角的影响来估算。

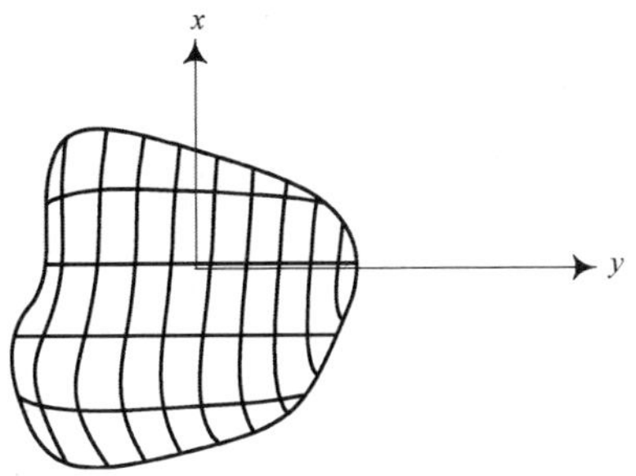

图 3.64 外倾轮胎产生侧偏后的接地印迹

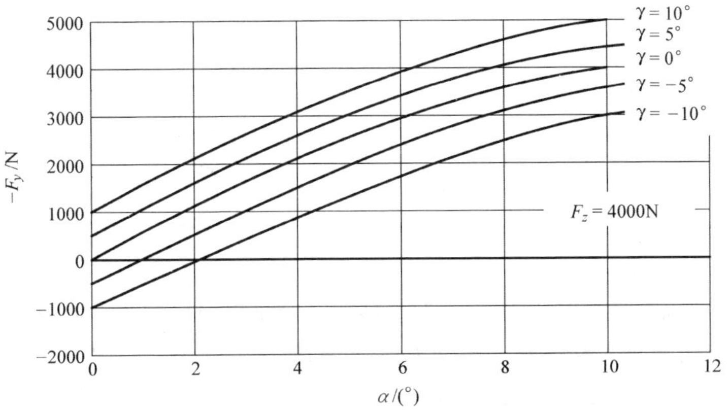

图 3.65 某轮胎在稳定载荷 $F_z = 4000\text{N}$ 作用下，其侧向力与 γ 和 α 的关系

$$M_z = C_{M_\alpha} \alpha + C_{M_\gamma} \gamma \tag{3.192}$$

对子午线轮胎，$C_{M_\alpha} \approx 0.013\text{N} \cdot \text{m}/(°)$，$C_{M_\gamma} \approx 0.0003\text{N} \cdot \text{m}/(°)$；对于非子午线轮胎，$C_{M_\alpha} \approx 0.01\text{N} \cdot \text{m}/(°)$，$C_{M_\gamma} \approx 0.001\text{N} \cdot \text{m}/(°)$。

例 125★ 倾斜路面

考虑某车辆在侧倾角为 β 的公路上行驶的情况，其轮胎仍保持竖直。这时在车上将产生向斜下方的重力分量，即 $F_1 = mg\sin\beta$，该力给汽车向斜下方的拉力。由于轮胎与路面之间的夹角，即外倾角 $\gamma \approx \beta$ 的存在，车辆还将受向斜上方的外倾力，即 $F_2 = C_\gamma \gamma$。侧向合力 $F_y = C_\gamma \gamma - mg\sin\beta$ 与外倾刚度 C_γ 有关，该力将决定车辆向斜上方还是向斜下方运动。因为非子午线轮胎的外倾刚度 C_γ 较大，所以，非子午线轮胎比子午线轮胎更有可能向斜上方运动。

因为摩托车的侧向力主要通过外倾产生，所以这种外倾作用对摩托车尤为重要。对轿车和货车而言，外倾角要小得多，所以在实践中其影响经常可以忽略不计。但是，有些悬架设计时会考虑在轴荷变化或者车轮转向时使车轮产生外倾。

例 126 外倾的重要性以及轮胎接地印迹模型

轮胎没有侧偏时，其外倾将产生侧向力。因为摩托车的绝大部分侧向力由轮胎外倾产生，这种外倾作用对摩托车尤为重要。下面的公式用于描述外倾轮胎的接地印迹和直立轮胎的接地印迹之间的侧向偏差，并表示因轮胎外倾产生的侧向应力

$$y = -\sin\gamma\left(\sqrt{R_g^2 - x^2} - \sqrt{R_g^2 - a^2}\right) \tag{3.193}$$

$$\tau_y = -\gamma k(a^2 - x^2) \tag{3.194}$$

式中，k 用于修正轮胎接地印迹内平均外倾变形。

$$\int_{-a}^{a} \tau_y \mathrm{d}x = \int_{-a}^{a} y \mathrm{d}x \tag{3.195}$$

因此

$$k = \frac{3\sin\gamma}{4a^3\gamma}\left(-a\sqrt{R_g^2 - a^2} + R_g^2 \arcsin\frac{a}{R_g}\right) \tag{3.196}$$

故

$$k \approx \frac{3}{4}\frac{R_g\sqrt{R_g^2 - a^2}}{a^2} \tag{3.197}$$

并且

$$\tau_y = -\frac{3}{4}\gamma\frac{R_g\sqrt{R_g^2 - a^2}}{a^2}(a^2 - x^2) \tag{3.198}$$

3.9 轮胎力

轮胎可以看作是一个力发生器，该发生器有两个主要输出：向前的力 F_x 和侧向力 F_y，还有三个次要输出：回正力矩 M_z、侧倾力矩 M_x 和俯仰力矩 M_y。力发生器的输入是轮胎载荷 F_z、侧偏角 α、纵向滑动率 s 和外倾角 γ。

$$F_x = F_x(F_z, \alpha, s, \gamma) \tag{3.199}$$

$$F_y = F_y(F_z, \alpha, s, \gamma) \tag{3.200}$$

$$M_x = M_x(F_z, \alpha, s, \gamma) \tag{3.201}$$

$$M_y = M_y(F_z, \alpha, s, \gamma) \tag{3.202}$$

$$M_z = M_z(F_z, \alpha, s, \gamma) \tag{3.203}$$

不计滚动阻力和空气动力学受力，对某一负载 F_z 而言，主要输出力可以通过一组线性公式来估算

$$F_x = \mu_x(s) F_z \qquad \mu_x(s) = C_s s$$

$$F_y = -C_\alpha \alpha - C_\gamma \gamma \tag{3.204}$$

式中，C_s 是纵向滑动系数；C_α 是侧向刚度；C_γ 是外倾刚度。

轮胎的输入 α、s 和 γ 同时存在时，轮胎力称作**轮胎合力**。最重要的轮胎合力是由轮胎纵向滑动与轮胎侧偏引起的剪切力。如果轮胎的侧偏角和滑动率在轮胎的线性范围内，则可以通过力的叠加来计算轮胎的输出力。

驱动力和制动力能够改变任意侧偏角 α 下轮胎产生的侧向力 F_y，这是因为，纵向力在驱动力或制动力的方向上拖动轮胎接地印迹，从而使轮胎接地印迹的侧向偏移长度发生了改变。

图3.66所示为侧偏角 α 对作为滑动率 s 函数的纵向力比率 F_x/F_z 的影响，图3.67所示为侧偏角 α 对作为滑动率 s 函数的侧向力比率 F_y/F_z 的影响。图3.68和图3.69分别为不同滑动率 s 时纵向力比率 F_x/F_y 及侧向力比率 F_y/F_z 随侧偏角 α 变化的函数关系。

证明：考虑某侧偏角为 α 的转向轮胎，该轮胎产生了一个侧向力 $F_y=-C_\alpha\alpha$。在该轮胎上施加一个驱动力或制动力后，将会产生一个纵向力 $F_x=\mu_x(s)F_z$，同时其侧向力减小。实验数据表明，存在滑动率 s 时，侧向力减小的情况如图 3.67 所示。现在假设侧偏角逐渐减小为 0，减小 α 会在降低侧向力的同时增加纵向力，纵向力增加的实验情况如图 3.68 所示。

某滑动率为 s 的滚动轮胎产生一个纵向力 $F_x=\mu_x(s)F_z$，对其施加一个侧偏角 α 后，在产生一个侧向力的同时，其纵向力将减小。实验数据表明，存在侧偏角 α 时，纵向力减小的情况如图 3.66 所示。现在假设滑动率 s 逐渐减小为 0，从而驱动力或制动力也减小为 0。减小滑动率 s 会导致纵向力降低，同时侧向力增大，侧向力增加的情况如图 3.69 所示。

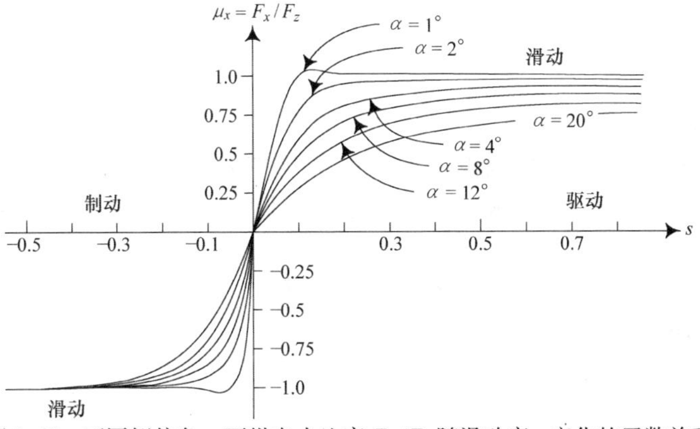

图 3.66 不同侧偏角 α 下纵向力比率 F_x/F_z 随滑动率 s 变化的函数关系

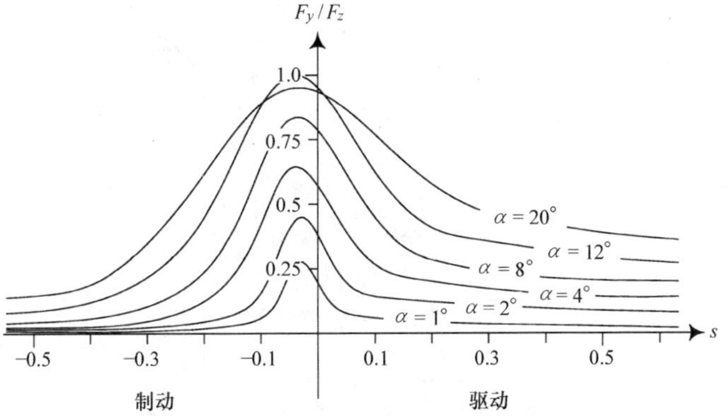

图 3.67 不同侧偏角 α 下侧向力比率 F_y/F_z 随滑动率 s 变化的函数关系

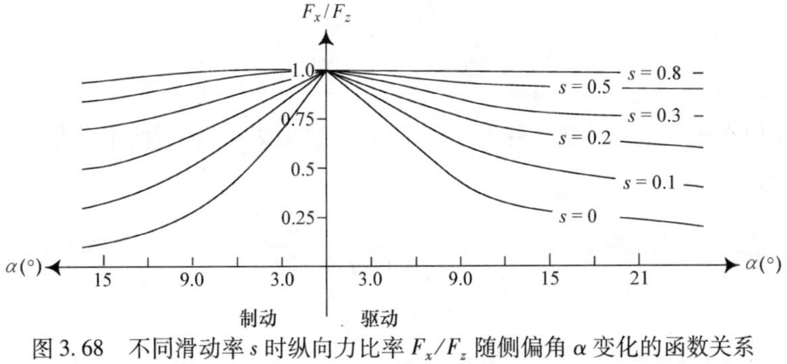

图 3.68 不同滑动率 s 时纵向力比率 F_x/F_z 随侧偏角 α 变化的函数关系

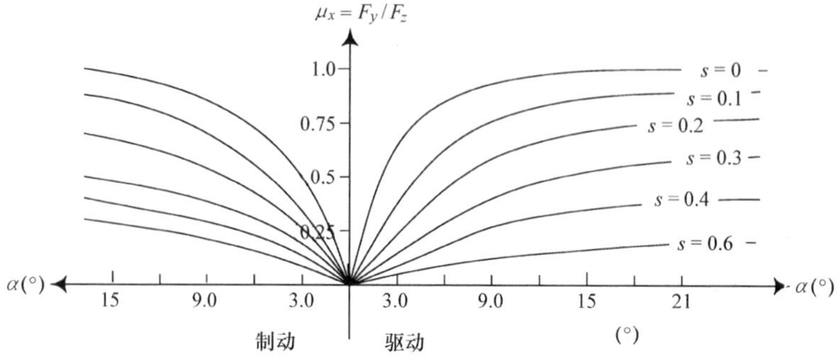

图3.69 不同滑动率 s 时侧向力比率 F_y/F_z 随侧偏角 α 变化的函数关系

例127 摩擦椭圆

轮胎同时存在纵向滑动和侧向滑动的情况下，称为组合滑动。处于组合滑动下的轮胎接地印迹内的剪切力可以通过摩擦椭圆模型进行近似计算

$$\left(\frac{F_y}{F_{y_M}}\right)^2 + \left(\frac{F_x}{F_{x_M}}\right)^2 = 1 \tag{3.205}$$

摩擦椭圆如图3.70所示。

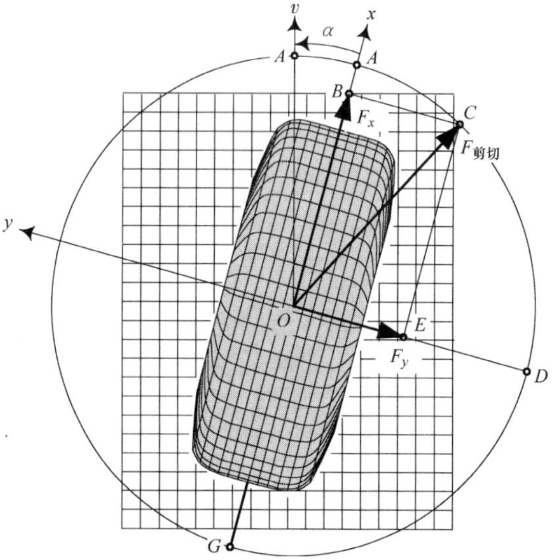

图3.70 摩擦椭圆

证明：作用在轮胎接地印迹上平行于地面的剪切力 $\boldsymbol{F}_{剪切}$ 包括两个分量，分别是纵向力 F_x 和侧向力 F_y。

$$F_{剪切} = F_x\,\hat{i} + F_y\,\hat{j} \tag{3.206}$$

$$F_x = C_s s F_z \tag{3.207}$$

$$F_y = -C_\alpha \alpha \tag{3.208}$$

这两个力不能超过各自的最大值 F_{y_M} 和 F_{x_M}。

$$F_{y_M}=\mu_y F_z \tag{3.209}$$

$$F_{x_M}=\mu_x F_z \tag{3.210}$$

图3.70中的轮胎沿速度矢量v以侧偏角α运动，x表示轮胎平面。轮胎没有侧偏时，最大纵向力为$F_{x_M}=\mu_x F_z=\overrightarrow{OA}$。此时，如果在轮胎上施加一个侧偏角，将会生成一个侧向力$F_y=\overrightarrow{OE}$，纵向力减小为$F_x=\overrightarrow{OB}$。在没有纵向滑动时，轮胎最大侧向力为$F_{y_M}=\mu_y F_z=\overrightarrow{OD}$。

纵向力和侧向力同时存在时，可以假设最大剪切力矢量的极值点是在一个摩擦椭圆上。

$$\left(\frac{F_y}{F_{y_M}}\right)^2+\left(\frac{F_x}{F_{x_M}}\right)^2=1 \tag{3.211}$$

在$\mu_x=\mu_y=\mu$时，摩擦椭圆将变为一个圆形，且

$$F_{剪切}=\mu F_z \tag{3.212}$$

例128　宽轮胎

与窄轮胎相比，宽轮胎的接地印迹较短。假设有两辆相同的车分别装配了宽轮胎和窄轮胎，且轮胎胎压相同，则两辆车上轮胎的接地印迹面积应该相等。在侧偏角相同的情况下，接地印迹较短的轮胎比接地印迹较长的轮胎路面粘附段的长度要长。因此，轮胎负载和侧偏角相同时，与窄轮胎接地印迹相比，较宽的轮胎接地印迹能产生更大的侧向力。

一般而言，无论是宽轮胎还是窄轮胎，轮胎的性能和最大附着力都会随着速度提高而降低。

例129　正弦轮胎力模型

几十年前，基于实验数据建立了一系列应用正弦函数描述轮胎力的模型。用正弦函数对轮胎力建模可以提高效率，对计算机分析更加突出。

轮胎侧向力的正弦函数模型为

$$F_y=A\sin(B\arctan(C\Phi)) \tag{3.213}$$

$$\Phi=(1-E)(\alpha+\delta)\mu F_z \tag{3.214}$$

$$C=\frac{C_\alpha}{AB}\qquad C_\alpha=C_1\sin\left(2\arctan\frac{F_z}{C_2}\right) \tag{3.215}$$

$$A,B=形状因子 \tag{3.216}$$

$$C_1=最大侧偏刚度 \tag{3.217}$$

$$C_2=达到最大侧偏刚度时的轮胎负载 \tag{3.218}$$

例130★　经验轮胎模型

基于实验数据和曲线拟合，人们于1991年提出了为非线性轮胎力建模的Paceja模型。

$$F(u)=c_1\sin\{c_2\arctan[c_3u(1-c_4)+c_4\arctan(c_3 s)]\} \tag{3.219}$$

式中，c_1、c_2、c_3和c_4是4个由轮胎实验数据确定的常数。当变量u是纵向滑动率s时，则取$F(s)=F_x$表示纵向驱动力。当变量u是侧偏角α时，则取$F(\alpha)=F_y$表示侧向力。系数c_1、c_2、c_3和c_4分别表示刚度、形状、极值和曲率系数。

当轮胎同时受纵向力和侧向力时，则F_x和F_y的计算系数要满足式（3.211）。

3.10　小结

本章我们将坐标系（$oxyz$）设置在轮胎的接地印迹中心上，称为轮胎坐标系。其x轴沿轮胎平面与地面的交线，其z轴与地面垂直，其y轴与上述两轴共同构成该坐标系，使坐标

系符合右手定则，并用两个角度表示轮胎的方位：外倾角 γ 和侧偏角 α。外倾角 γ 是指轮胎平面与垂直平面之间的夹角，绕 x 轴测量；侧偏角 α 是速度矢量 v 与 x 轴之间的夹角，绕 z 轴测量。

受垂向载荷的车轮在水平路面上滚动时，存在一个有效半径 R_w，称作滚动半径

$$R_w = \frac{v_x}{\omega_w} \tag{3.220}$$

式中 v_x 是前进速度，ω_w 是车轮滚动角速度。有效半径可以做如下近似计算

$$R_w \approx R_g - \frac{R_g - R_h}{3} \tag{3.221}$$

该值介于无负载半径或几何半径 R_g 与负载高度 R_h 之间。

$$R_h < R_w < R_g \tag{3.222}$$

x 轴方向上的轮胎力是纵向力 F_x 和滚动阻力 F_r 的合力，纵向力为

$$F_x = \mu_x(s) F_z \tag{3.223}$$

式中 s 是轮胎的纵向滑动率。

$$s = \frac{R_g \omega_w}{v_x} - 1 \tag{3.224}$$

$$\mu_x(s) = C_s s \qquad s << 1 \tag{3.225}$$

y 轴方向上的轮胎力 F_y 是侧偏力和外倾推力的合力。

$$F_y = -C_\gamma \gamma - C_\alpha \alpha \tag{3.226}$$

式中第一项，$-C_\gamma \gamma$，是外倾推力，该力与轮胎的外倾角 γ 成正比。第二项，$C_\alpha \alpha$，称作侧偏力，该力与轮胎侧偏角 α 成正比。侧偏系数 C_α 和外倾系数 C_γ 与作用在轮胎上的垂直载荷成正比，并由实验测试确定。

地面上的滚动轮胎还会产生一个称为滚动阻力的纵向力，该力的作用方向与运动方向相反，并与作用在接地印迹上的垂向力成正比

$$F_r = \mu_r F_z \tag{3.227}$$

式中参数 μ_r 称作滚动阻力系数，该系数与轮胎的几何特性、速度、磨损情况、温度、载荷、尺寸、驱动力与制动力和路面状况有关。因为 F_r 的方向与速度 v 的方向相反，所以 $\alpha \neq 0$ 时 F_x 和 F_y 都会受其影响。

3.11　主要符号

a 以及 $\ddot{x}$	加速度
a，b	A_P 的半轴
a_{x_α}	回正力臂
a_{x_γ}	外倾拖距
a_{y_γ}	外倾力臂
A_P	轮胎接地印迹的面积
c_1，c_2，c_3，c_4	函数 $F_x = F_x(s)$ 的系数
C_0，C_1，C_2	多项式函数 $F_r = F_r(v_x)$ 的系数
C_s	纵向滑动系数
C_{s_x}，C_{s_y}	纵向滑动系数和侧向滑动系数
C_α	侧偏系数，侧偏刚度
C_γ	外倾系数，外倾刚度
d	轮胎单元的径向偏移
d_F	无滑动轮胎行程
d_A	实际轮胎行程
D	轮胎直径

E	杨氏模量
f	函数
f_k	弹簧力
F_r　$\boldsymbol{F}_r$	滚动阻力
F_x	纵向力，前进力
F_y	侧向力
F_{y_M}	最大侧向力
F_z	法向力，垂向力，轮胎载荷
g　$\boldsymbol{g}$	重力加速度
j	轮胎接地印迹内的胎面的加速度变化率
k	刚度
k_1，k_2，k_3，k_4	非线性轮胎刚度系数
k_{eq}	等效刚度
k_s	$s=0$ 时 $F_x(s)$对 s 的斜率
k_x	x 方向的轮胎刚度
k_y	y 方向的轮胎刚度
k_z	z 方向的轮胎刚度
K	$\mu_r=\mu_r(p, v_x)$ 中子午线轮胎和非子午线轮胎的参数
m	质量
M_r　$\boldsymbol{M}_r$	滚动阻力矩
M_x　$\boldsymbol{M}_x$	侧倾力矩，外倾力矩，倾斜力矩
M_y	俯仰力矩，滚动阻力矩
M_z	横摆力矩，回正力矩，自回正力矩，钻转力矩
n	A_P 的形状与应力分布指数
n_1	轮胎转动数
p	轮胎充气压力
P	滚动阻力功率
r	轮胎外围的径向位置
R_g	轮胎几何半径
R_h	轮胎负载高
R_w	轮胎滚动半径，有效半径
s	纵向滑动率
s_c	纵向滑动率极值
s_y	侧向滑动率
T	车轮转矩
v 以及$\dot{x}$，v	速度，接地印迹内的胎面速度
v_g	地面的速度
v_{rel}	轮胎胎面相对于地面的速度
x，y，z，$\boldsymbol{x}$	位移
x，y，z	坐标轴
x_g	地面的位移
x_{rel}	轮胎胎面相对于地面的位移
Δx	轮胎在 x 轴方向的变形量，滚动阻力臂
Δy	轮胎在 y 轴方向的变形量
Δz	轮胎在 z 轴方向的变形量
$\dot{z}$	轮胎在 x 轴方向的变形率
α	轮胎侧偏角
α_M	最大轮胎侧偏角
β	倾斜坡道斜率
γ	外倾角
δ	变形量
ε	应变
Δx	轮胎在 x 轴方向的变形量，滚动阻力臂
Δy	轮胎在 y 轴方向的变形量
Δz	轮胎在 z 轴方向的变形量
θ	轮胎转动角度
μ_0，μ_1	非线性滚动摩擦系数
μ_r	滚动摩擦系数
$\mu_x(s)$	纵向摩擦系数
μ_{dp}	驱动时摩擦系数峰值
μ_{ds}	摩擦系数稳定值
σ_{z_M}	最大法向应力
$\sigma_{z_{(x,y)}}$	轮胎接地印迹上的法向应力
σ_{z_m}	法向应力平均值
τ	剪切应力

τ_x，τ_y	轮胎接地印迹上的剪切应力	ω_{eq}	等效轮胎角速度
τ_{x_M}，τ_{y_M}	最大剪切应力	ω，ω_w	车轮角速度，实际轮胎角速度
φ	接地角，A_P 所覆盖的角度		

习　题

1. 轮胎接地印迹尺寸与平均法向应力

路虎 LR3 汽车的整备质量为 $m=2641$kg，车辆总质量为 $m-3230$kg，假设前后轴负载之比为$\frac{F_{z_f}}{F_{z_r}}=\frac{1450\text{kg}}{1780\text{kg}}$。且有 $l=2885$mm，轮胎规格：255/55R19。

假设轮胎接地印迹上的法向应力均匀分布，请应用上述数据，考虑前轴和后轴轮胎充气压力 p 的影响，确定轮胎接地印迹的尺寸参数 a 和 b。

2. 轮胎接地印迹尺寸，子午线轮胎

霍顿 TK Barina 是一种舱背式汽车，其参数为 $m=860$kg，$l=2480$mm，轮胎规格 185/55R15 82V。

假设$\frac{a_1}{a_2}=1.1$，假设轮胎接地印迹上的最大压力等于 σ_{z_M}（单位为 Pa），试确定取 $n=3$ 时轮胎接地印迹的尺寸。

3. ★等效黏性阻尼

橡胶材料上载荷的加载与卸载形成了“力—位移”，即（F，x）的循环平面。

（a）试说明根据循环平面的面积即可确定一个加载和卸载的往复周期中耗费的能量。

（b）解释为什么代表加载的曲线一定高于代表卸载的曲线。

（c）设材料为弹性材料，试求该等效黏性阻尼系数 c_{eq}，使得一个往复循环中消耗的能量保持不变。

4. 轮胎接地印迹尺寸与轮胎负载

假设某轮胎向上压力 p 均匀分布、承受负载为 F_z 的汽车，其参数如下：

$$pA_P=p(2a\times 2b)=F_z$$

（a）考虑压力 p 的影响，确定轮胎接地印迹一半长度的尺寸 a。

（b）考虑 a 和 F_z 的影响，确定轮胎的有负载高度 R_h。

（c）根据 F_z—R_h 曲线确定轮胎的垂向刚度。

（d）考虑轮胎负载 F_z，确定轮胎滚动的有效半径 R_w。

5. 轮胎接地印迹的平均应变

考虑某承载轮胎的接地印迹面积为 $A_P=2a\times 2b$，该负载下轮胎弧长 $R_g\varphi$ 变为 $2a$，试确定轮胎接地印迹上的接触应变 $\varepsilon=\Delta l/l$。

6. 径向加速度变化率

根据函数关系 $r=r(\theta)$，确定并画出轮胎接地印迹上的径向加速度变化率 $\dddot{r}$。

7. ★轮胎接地印迹上的胎面运动速度

滚动轮胎接地印迹区域内胎面的运动速度为

$$v = R_g\omega\frac{\cos\varphi}{\cos^2\theta}\quad -\varphi < \theta < \varphi$$

（a）$\varphi = 15°$时，绘制 $v/R_g\omega$ 随 θ 变化的曲线。

（b）在某两个对称的点，存在 v 等于 $R_g\omega$，试确定此时的角度 θ。

8. 轮胎接地印迹上的最大 v_{rel}

轮胎接地印迹上 v_{rel}的极值点发生在接地印迹的两端和中间 $\theta = 0$ 的位置，试确定并绘出 $\theta = 0$ 时，v_{rel}与 φ 的关系。

9. 滚动阻力系数

阿尔法·罗密欧 Spider 汽车的参数为 $m = 1690\text{kg}$，$l = 2530\text{mm}$，轮胎规格 P225/50 R17。假设 $a_1/a_2 = 1.2$，$p = 180\text{kPa}$，且有 $v_M = 235.0\text{km/h}$。试确定汽车前轴轮胎和后轴轮胎在最大速度 v_M 下的滚动阻力系数 μ_r。

10. 滚动阻力功率

某三菱 Galant 汽车的参数为 $m = 1700\text{kg}$，$l = 2750\text{mm}$，$v_M = 190\text{km/h}$，轮胎规格 P235/45 R18。假设 $a_1/a_2 = 1.2$，$p = 27180\text{kPa}$，试确定最大速度下的滚动阻力功率。

11. 滚动阻力

滚动阻力 $\boldsymbol{F}_r$ 的方向与 $-v$ 一致还是与 $-i$ 一致？试区分不同情况和假设进行讨论。

12. 纵向滑动

（a）假设 $R_w = 0.98R_g$，试确定 P225/50 R17 轮胎的纵向滑动率 s。

（b）如果车轮的运动速度为 $v = 100\text{km/h}$，试求车轮角速度 ω_w 和轮胎的等效角速度 ω_{eq}。

13. 轮胎上的侧偏力和牵引阻力

考虑如图 3.54 所示某轮胎的侧向力特性，假设侧偏角 α 为 4°，垂向负载 $F_z = 5000\text{N}$，计算此时作用在轮胎上的侧偏力和牵引阻力。

14. 外倾角

考虑如图 3.65 所示某轮胎的特性，假设 $F_z = 4000\text{N}$ 时轮胎需要侧向力 $F_y = -3000\text{N}$，如果 $\alpha = 4°$，所需外倾角 γ 应为多大？试计算系数 C_α 和 C_γ。

15. 大外倾角

某轮胎 $C_\gamma = 300\text{N}/°$，$C_\alpha = 700\text{N}/°$，如果外倾角 $\gamma = 18°$，则在零侧偏角情况下侧向力是多大？试分析轮胎侧偏角是多少时才可以使侧向力降低到 $F_y = -3000\text{N}$？

16. 侧偏角与纵向滑动

考虑如图 3.67 所示某轮胎的特性，假设一辆装有该轮胎的汽车以稳定速度在某弯道上转向，其轮胎侧偏角 $\alpha = 4°$。试求要维持相同的侧向力，使车辆加速令滑动率 $s = 0.05$ 时，轮胎侧偏角 α 应为多少？使车辆减速令滑动率 $s = -0.05$ 时，轮胎侧偏角 α 应为多少？

17. ★轮胎内空气的运动

思考车辆以稳定速度或稳定加速度行驶时，轮胎内压缩空气的运动情况如何？

4　动力传动系统动力学

车辆能够达到的最大加速度受两个因素制约：驱动轮的最大转矩和轮胎接地印迹上的最大牵引力。第一个因素取决于发动机和传动系的性能，第二个因素取决于轮胎－地面的摩擦。本章将研究发动机和传动系统的性能。

4.1　发动机动力学

内燃机能够达到的最大功率 P_e 是发动机角速度 ω_e 的函数，即 $P_e = P_e(\omega_e)$，称为**功率特性函数**。该函数需要通过实验来确定，也可以用一个三阶多项式做近似计算。

$$P_e = \sum_{i=1}^{3} P_i \omega_e^i = P_1\omega_e + P_2\omega_e^2 + P_3\omega_e^3 \tag{4.1}$$

如果用 P_M 表示发动机最大功率，此时的发动机转动角速度为 ω_M，其中 P_M 的单位为 W，ω_M 的单位为 rad/s，对火花点火式发动机采用如下算式

$$P_1 = \frac{P_M}{\omega_M} \qquad P_2 = \frac{P_M}{\omega_M^2} \qquad P_3 = -\frac{P_M}{\omega_M^3} \tag{4.2}$$

图 4.1 所示为某火花点火式发动机的功率性能，图中显示该发动机在 $\omega_M = 586\text{rad/s} \approx 5600\text{r/min}$ 时达到 $P_M = 50\text{kW}$，该曲线起始于能够使发动机稳定惰转的某个角速度。

对非直喷式柴油发动机采用如下算式

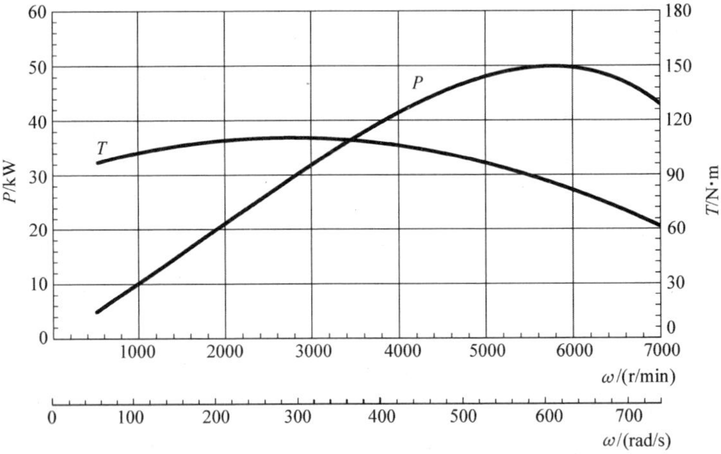

图 4.1　某火花点火式发动机的功率和转矩性能

$$P_1 = 0.6\frac{P_M}{\omega_M} \qquad P_2 = 1.4\frac{P_M}{\omega_M^2} \qquad P_3 = -\frac{P_M}{\omega_M^3} \tag{4.3}$$

对直喷柴油发动机采用如下算式。

$$P_1 = 0.87\frac{P_M}{\omega_M} \qquad P_2 = 1.13\frac{P_M}{\omega_M^2} \qquad P_3 = -\frac{P_M}{\omega_M^3} \tag{4.4}$$

发动机输出功率为 P_e 时的驱动转矩 T_e 计算如下。

$$T_e = \frac{P_e}{\omega_e} = P_1 + P_2\omega_e + P_3\omega_e^2 \tag{4.5}$$

例 131 Porsche 911 和 Corvett Z06 发动机

某款 Porsche 911 带涡轮增压发动机的汽车配置了一台水平对置 6 缸、双涡轮增压发动机，排量为 3596mL。该发动机在转速为 $\omega_M = 6000\text{r/min} \approx 628\text{rad/s}$ 时输出最大功率 $P_M = 353\text{kW}$，在转速为 $\omega_e = 5000\text{r/min} \approx 523\text{rad/s}$ 时输出最大转矩 $T_M = 620\text{N} \cdot \text{m}$。汽车的质量为 1585kg，可以用 3.7s 从静止加速到 96km/h，该车最大速度为 310km/h。

Porsche 911 发动机的功率特性函数的系数如下

$$P_1 = \frac{P_M}{\omega_M} = \frac{353000}{628} = 562.1\text{Ws} \tag{4.6}$$

$$P_2 = \frac{P_M}{\omega_M^2} = \frac{353000}{628^2} = 0.89507\text{Ws}^2 \tag{4.7}$$

$$P_3 = -\frac{P_M}{\omega_M^3} = \frac{353000}{628^3} = -1.4253 \times 10^{-3}\text{Ws}^3 \tag{4.8}$$

其功率特性函数为

$$P_e = 562.1\omega_e + 0.89507\omega_e^2 - 1.4253 \times 10^{-3}\omega_e^3 \tag{4.9}$$

某款 Corvette Z06 汽车配置一台 V8 发动机，排量为 6997mL。该发动机在转速为 $\omega_e = 6300\text{r/min} \approx 660\text{rad/s}$ 时可输出最大功率 $P_M = 377\text{kW}$，在转速为 $\omega_e = 4800\text{r/min} \approx 502\text{rad/s}$ 时输出最大转矩为 $T_M = 637\text{N} \cdot \text{m}$。该汽车质量为 1418kg，可用 3.9s 从静止加速到 100km/h，其最大速度为 320km/h。

该 Corvette Z06 汽车发动机的功率特性函数的系数如下

$$P_1 = \frac{P_M}{\omega_M} = \frac{377000}{660} = 571.2\text{Ws} \tag{4.10}$$

$$P_2 = \frac{P_M}{\omega_M^2} = \frac{353000}{660^2} = 0.86547\text{Ws}^2 \tag{4.11}$$

$$P_3 = -\frac{P_M}{\omega_M^3} = \frac{353000}{660^3} = -1.3113 \times 10^{-3}\text{Ws}^3 \tag{4.12}$$

故其功率特性函数为

$$P_e = 571.2\omega_e + 0.86547{\omega_e}^2 - 1.3113 \times 10^{-3}\,\omega_e^3 \tag{4.13}$$

图 4.2 所示为 Porsche 911 和 Corvette Z06 功率特性曲线对比的情况。

尽管对研发大功率发动机没有限制，但是功率为 73.5kW 左右的发动机对一般民用汽车已经足够了，功率为 735kW 的发动机则已经超过民用汽车的应用极限。但是对赛车而言，通常会配备符合比赛规则的更高功率的发动机。例如，F1 赛车规则中明确了允许配备的发动机类型，其发动机必须是四冲程发动机，同时排量小于 3000mL，气缸数不多于 10 个，并且每个气缸上的气门数不多于 5 个，但是并没有对发动机功率进行限制。

例 132 P_e 曲线和 T_e 曲线下方的区域

理论上讲，一台发动机可以在其特性曲线 $P_e = P_e(\omega_e)$ 下方任意工况点工作，因此，功率特性曲线 $P_e = P_e(\omega_e)$ 也就可以看作是该发动机功率水平的上限。假设通过给发动机施加

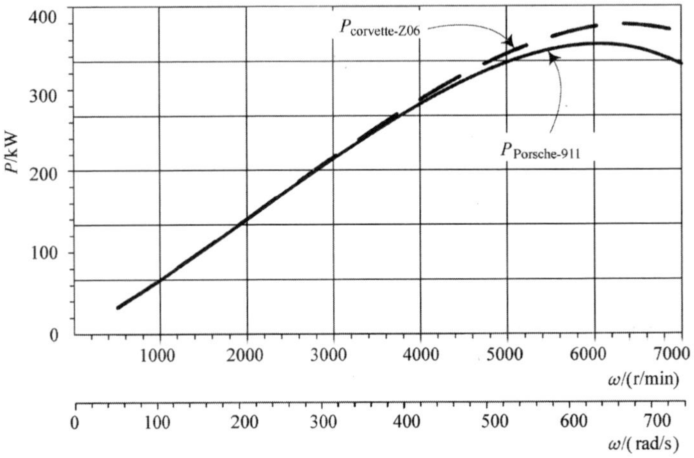

图 4.2 Porsche 911 和 Corvette Z06 的功率特性曲线

一个制动力使其保持在某一稳定转速，然后增大节气门开度，随着节气门开度的逐渐增大，发动机将输出更大的功率，直至节气门完全打开，此时即可获得发动机在该转速下的最大输出功率。

发动机的功率特性会随着 ω_e 的增大而持续升高，直至在 ω_M 时达到最大功率值 P_M，此后功率特性又随着 ω_e 的增大开始下降。其转矩 $T_e = P_e/\omega_e$ 也会随着 ω_e 的增大而升高，但是会在达到最大功率之前的某一较低转速时升至其最大值。可见，随着转速 ω_e 的增大，转矩要早于功率开始下降。等到功率开始下降的时候，转矩值已经远低于其最大值。

驾驶人通常不会感受到发动机的功率特性，但是却会在加速时感受到发动机的转矩特性。

例 133 发动机效率曲线

发动机将蕴含在燃油里的化学能转化成发动机输出轴的机械能，这种转化的效率与发动机的工况有关。为了表示发动机在某工况下的效率，可以在发动机特性图上增加等效率曲线。因此，功率特性曲线 $P_e = P_e(\omega_e)$ 下的任意一点都是发动机某一确定效率下的工况点。最大效率点通常发生在产生最大转矩的角速度附近，此时节气门也接近最大开度，图 4.3 所示为含等效率线的某火花点火式发动机的功率特性图。

例 134 功率单位

目前存在几种不同的表示功率的单位，功率的国际单位制单位为瓦特（W）。

$$1\text{W} = \frac{1\text{J}}{1\text{s}} = \frac{1\text{N}\cdot\text{m}}{1\text{s}} \tag{4.14}$$

在车辆动力学和车辆工业领域，马力（hp）也较为常用。

$$1\text{W} = 0.001341\text{hp} \qquad 1\text{hp} = 745.699872\text{W} \tag{4.15}$$

需要说明的是，马力在不同的领域有四种定义：英制单位，米制单位，水力单位和电工单位。

$$1\text{hp}(\text{英制单位}) = 745.699872\text{W} \tag{4.16}$$

$$1\text{hp}(\text{电工单位}) = 746\text{W} \tag{4.17}$$

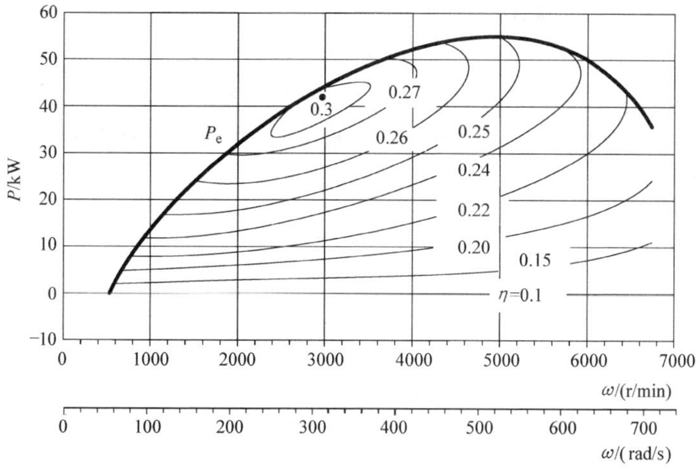

图 4.3 含等效率线的某火花点火式发动机的功率特性图

$$1\text{hp}(\text{水力单位})=746.043\text{W} \tag{4.18}$$

$$1\text{hp}(\text{米制单位})=735.4988\text{W} \tag{4.19}$$

实际应用中，还有另外一些功率单位。

$$1\text{W}=0.239006\text{cal/s} \tag{4.20}$$

$$1\text{W}=0.000948\text{Btu/s} \tag{4.21}$$

$$1\text{W}=0.737561\text{ftlb/s} \tag{4.22}$$

James Watt（1736－1819）通过试验计算出一匹马能够在 1s 内将 550lb 的质量提升 1ft 的高度，也就意味着这匹马做功的功率为 550ftlb/s≈745.701W。Watt 将此做功能力算作一匹马做功的功率，即 1 马力。下面是用于由英制单位体系测量获得的转矩值来计算功率值的公式。

$$P(\text{hp})=\frac{T(\text{ft}\cdot\text{lb})\omega(\text{r/min})}{5252} \qquad P(\text{hp})=\frac{F(\text{lb})v_x(\text{mile/h})}{374} \tag{4.23}$$

例 135 稳定速度下的燃油消耗

假设某车以稳定速度 v_x 沿直线行驶，计算其行驶所需要的能量可以通过将驱动车轮上的功率与时间相乘获得。

$$E=Pt=P\frac{d}{v_x} \tag{4.24}$$

式中，d 为行驶距离，E 为车轮滚动所需要的能量。但是，要确定驱动全车行驶所需的实际能量，还需要包括进一些效率系数。通常用 η_e 表示发动机效率，用 η_t 表示传动系效率用 H 表示燃油的热值，用 ρ_f 表示燃油的密度。车辆在某一稳定速度下行驶时，其驱动力 F_x 与阻力相等，因此，单位距离上发生的燃油消耗 q 为

$$q=\frac{F_x}{\eta_e\eta_t\rho_f H} \tag{4.25}$$

国际单位制中 q 的单位是 m^3/m，但是 L/100km 更为常用。在美国，车辆的燃油消耗率单位是 mile/gal。

例 136★ $P_e=P_e(\omega_e)$曲线的变化

发动机压缩比增加时功率特性曲线会整体向上移动，通过改变凸轮、进气总管长度和进气歧管流道长度也可以使发动机达到最大转矩时的角速度位置发生变化。

由于存在传动损失，车轮的功率曲线，或称地面作用功率曲线的形状可能会与发动机功率特性曲线的形状有所不同，最大功率转速 ω_e 也可能不同，而通过车辆底盘功率计测试获得的功率曲线最为可靠、实用。

例 137★ 最大功率与最大转矩

车辆在某一档位下，发动机工作于其最大转矩转速（假设为 $P_e=173.4\text{kW}$，$\omega_e=3600\text{r/min}$），这时发动机产生并传递到驱动车轮上一定大小的转矩（假设为 $T_M=460\text{N}\cdot\text{m}$，该值乘以总传动比），这就是该档下的最佳性能。通过换档，并使发动机工作于最大功率转速（假设为 $P_e=209\text{kW}$，$\omega_e=5000\text{r/min}$），此时发动机将会输出某一较低转矩 $T_e=400\text{N}\cdot\text{m}$。但是，在车速相同时，传递到驱动车轮的转矩却会增大。这是因为，换档时发动机转速提高了近39%[≈(5000－3600)/3600]，而发动机转矩降低了13%[≈(460－400)/460]。因此，对于某一车速而言，最大功率转速时的驱动车轮转矩比最大转矩转速时的驱动车轮转矩增加26%。

如果发动机特性曲线与图4.1中的特性曲线相似，则就某一给定汽车速度而言，发动机在最大功率转速 ω_M 以外的任意转速时，其输出到驱动车轮的转矩都低于在最大功率转速 ω_M 下输出到驱动车轮的转矩。因此，理论上讲，车辆最佳最高车速总是发生在发动机最大功率工况时。

汽车在发动机最大功率工况下行驶并达到某车速后，该车将不能再在该车速的基础上继续加速。即使通过选择其他档位使发动机在最大转矩工况附近工作，这种换档也不能再令车速提高。在发动机最大功率工况下行驶的汽车，能够于某一车速下向轮胎输出最大转矩，但是，此时发动机并未处于其最大转矩工况。传动装置放大了从发动机输出的转矩，放大倍数等于传动比。

例 138★ 理想发动机特性

理想的发动机应该能够在任何速度下发出稳定的功率，故对这样的理想发动机有

$$P_e=P_0 \qquad T_e=\frac{P_0}{\omega_e} \tag{4.26}$$

图4.4所示为某功率为 $P_0=50\text{kW}$ 的理想发动机功率和转矩特性曲线。

车辆动力学中，通过引入一个变速器使发动机保持在最大功率工况工作或者在最大功率工况附近工作，这样可以令发动机功率，即车轮功率，稳定在最大功率值。因此，车轮上的转矩与理想发动机发出的转矩相似。

电动机能够近似地实现稳定功率特性输出。

理想发动机的另一种设想是发动机能够输出转矩－转速为线性关系的功率，对这样的发动机有

$$T_e=C_e\omega_e \qquad P_e=C_e{\omega_e}^2 \tag{4.27}$$

但是内燃机却不能实现上述发动机的特性，图4.5所示为 $C_e=0.14539$ 时的理想特性曲线。

例 139★ 相同 ω_M 下的最大功率与最大转矩

理想性能的发动机最好能够在同一转速 ω_M 时达到最大转矩和最大功率，但是，获得这

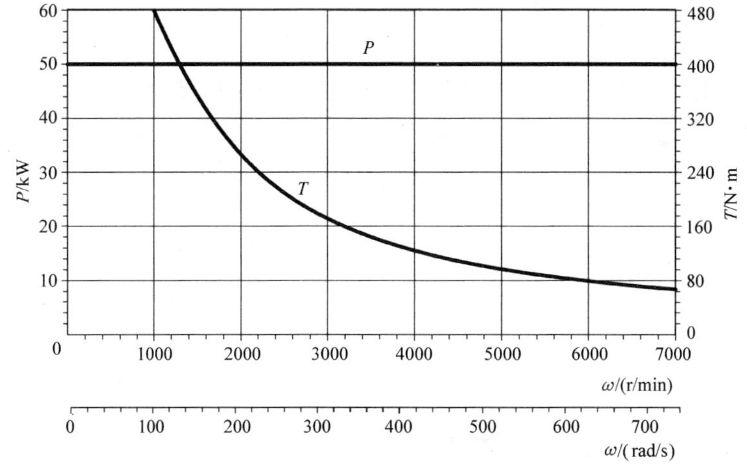

图 4.4　理想发动机的功率和转矩特性曲线

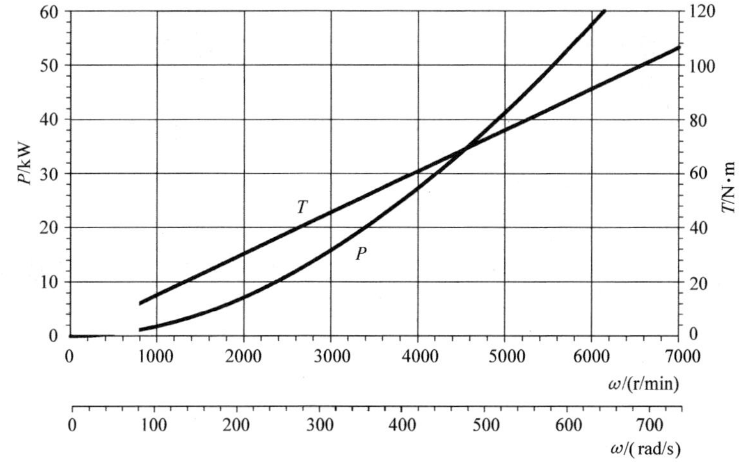

图 4.5　具有线性转矩 - 转速关系的某理想发动机的特性曲线，$T_e = 0.14539\omega_e$

样的发动机并不现实，因为火花点火式发动机达到最大转矩 T_M 时的转速为

$$\frac{dT_e}{d\omega_e} = P_2 + 2P_3\omega_e = 0 \tag{4.28}$$

$$\omega_e = \frac{-P_2}{2P_3} = \frac{P_M/\omega_M^2}{2P_M/\omega_M^3} = \frac{1}{2}\ \omega_M \tag{4.29}$$

该转速仅是最大功率转速的一半。

当转矩达到最大值时，其功率为

$$P_e = P_1\ \frac{\omega_M}{2} + P_2\left(\frac{\omega_M}{2}\right)^2 + P_3\left(\frac{\omega_M}{2}\right)^3 = \frac{5}{8}P_M \tag{4.30}$$

而当转速为 $\omega_e = \omega_M$ 时，欲达到最大功率，其转矩为

$$T_e = \frac{1}{\omega_M}P_M \tag{4.31}$$

4.2 动力传动系统及其效率

此处所讲的**动力传动系统**，是指传动装置，包括车辆中所有将转矩和功率从发动机传递给驱动车轮的系统和设备。大多数车辆采用如下两种类型的传动装置：手动换档传动装置和带变矩器的自动换档传动装置。动力传动系包括发动机、离合器、变速器、传动轴、差速器、驱动轴和驱动车轮。图4.6所示为某后轮驱动车辆动力传动系统的组成。

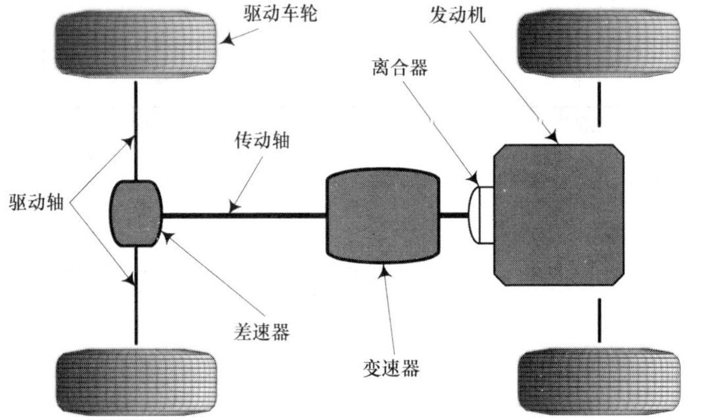

图4.6 后轮驱动车辆动力传动系统的组成

发动机是动力传动系统的动力源，它输出的是对应于某一发动机转速 ω_e 的发动机转矩 T_e。

离合器用在配置手动变速器的车辆上连接和切断发动机与其他动力传动系部件的动力传递。

变速器用于改变发动机到驱动车轮的传动比。

传动轴用于变速器和差速器的连接。发动机前置、前轮驱动和发动机后置、后轮驱动的车辆中没有传动轴，在这类车辆中差速器和变速器集成在一起，称作**驱动桥**。

差速器是一个定传动比传动箱，该传动箱能够使两侧的驱动车轮获得不同的速度，从而使车辆转弯行驶。

驱动轴用于连接差速器和驱动车轮。

驱动车轮将由发动机传来的转矩转变成地面驱动力。

动力传动系统中每个部件的输出和输入转矩与角速度如图4.7所示。

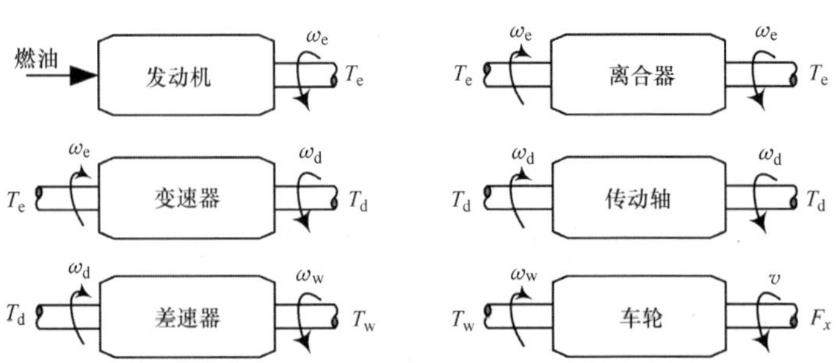

图4.7 动力传动系统各部件输入和输出的转矩与角速度

驱动车轮上获得的功率为

$$P_w = \eta P_e \tag{4.32}$$

式中，$\eta < 1$，表示发动机与驱动车轮之间的总效率。

$$\eta = \eta_c \eta_t \tag{4.33}$$

$\eta_c < 1$ 是变矩器效率，$\eta_t < 1$ 是传动装置效率。

发动机转动角速度和车速之间的关系为

$$v_x = \frac{R_w \omega_e}{n_g n_d} \tag{4.34}$$

式中，n_g 是变速器传动比；n_d 是差速器传动比；ω_e 是发动机转动角速度；R_w 是轮胎有效半径。

齿轮传动装置的**传动比**或**齿轮减速比**，n，是输入速度与输出速度之比。

$$n = \frac{\omega_{in}}{\omega_{out}} \tag{4.35}$$

而**速比**，ω_r，是输出速度与输入速度之比。

$$\omega_r = \frac{\omega_{out}}{\omega_{in}} \tag{4.36}$$

证明：发动机通过传动系连接到驱动车轮，由于传动系中摩擦的存在（以变速器和变矩器中的摩擦为主），驱动车轮上的功率总是小于发动机输出轴端的功率，输出功率与输入功率的比值称作效率。

$$\eta = \frac{P_{out}}{P_{in}} \tag{4.37}$$

如果用 η_t 表示传动装置效率，η_c 表示变矩器效率，则传动系总效率为 $\eta = \eta_c \eta_t$。车轮上的功率为传动系的输出功率 $P_{out} = P_w$，发动机功率为传动系的输入功率 $P_{in} = P_e$。所以有

$$P_w = \eta P_e \tag{4.38}$$

图 4.8 所示为某半径为 R_w 的驱动车轮以角速度 ω_w 在地面上滚动，其运动速度为 v_x。

$$v_x = R_w \omega_w \tag{4.39}$$

在发动机和驱动车轮之间有两个齿轮装置：变速器和差速器。记 n_g 为变速器传动比，n_d 为差速器传动比，则传动系的总传动比为

$$n = n_g n_d \tag{4.40}$$

因此，发动机角速度 ω_e 是驱动车轮角速度 ω_w 的 n 倍。

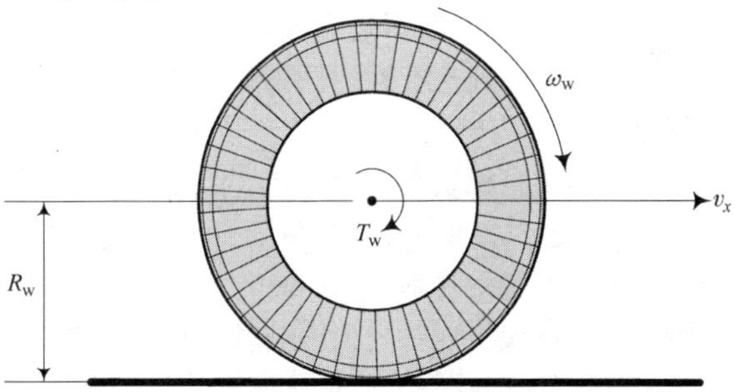

图 4.8　半径为 R_w 轮胎以角速度 ω_w、运动速度 v_x 在地面上滚动

$$\omega_e = n\omega_w = n_g n_d \omega_w \tag{4.41}$$

最终获得

$$v_x = \frac{R_w \omega_e}{n_g n_d} \tag{4.42}$$

例 140　发动机前置与后置，前轮驱动与后轮驱动

汽车上的发动机有的布置在前部，有的布置在后部，分别称作发动机前置车辆和发动机后置车辆。驱动车轮可以布置在前部，也可以布置在后部，还有的车辆所有车轮都是驱动轮，这样就会有6种组合。在这6种组合中，发动机前置前轮驱动（FWD）、发动机前置后轮驱动（RWD）和发动机前置全轮驱动（AWD）的组合最为常见。仅有少数厂家生产发动机后置后轮驱动的汽车，没有采用发动机后置前轮驱动方案的车辆。

例141　车轮上的转矩

车轮上的功率为$P_w=\eta P_e$，滚动角速度为$\omega_w=\omega_e/(n_g n_d)$。因为$P=T\omega$，所以车轮上的转矩$T_w$为

$$T_w=\frac{P_w}{\omega_w}=\eta n_g n_d\frac{P_e}{\omega_e}=\eta n_g n_d T_e \tag{4.43}$$

例142　功率定律

动力传动系中的任何机械装置都适用一个简单的定律。

$$功率输出=功率输入-功率损失$$

$$P_{out}=P_{in}-P_{loss} \tag{4.44}$$

同理，因为

$$功率=转矩\times角速度$$

$$P=T\omega \tag{4.45}$$

所以，汽车动力传动系中的所有齿轮类装置都可以通过增大角速度来降低输入转矩，或通过减小角速度来提高输入转矩。

例143★　容积效率，热效率和机械效率

由燃油蕴含能量转变为发动机输出轴上能量的过程存在一定的效率。

$$\eta'=\eta_V\eta_T\eta_M \tag{4.46}$$

η_V为容积效率，η_T为热效率，η_M为机械效率。

容积效率η_V用于表示进入气缸的燃油空气量的多少。

在吸气行程中进入气缸空间的燃油空气混合物是用于产生能量的物质基础。容积效率η_V用于表示气缸内燃油空气相对于等体积大气的量，如果气缸内燃油空气的气压为大气压力，则发动机的容积效率为100%。增压器能够提高进气压力，从而使发动机的容积效率大于100%。反之，如果气缸内的气压低于大气压力，则发动机的容积效率小于100%。一般发动机工作时的容积效率η_V在80%～100%之间。

燃油空气流入气缸时受到影响时，其容积效率η_V将发生变化。发动机的功率取决于进入发动机气缸的燃油/空气质量比率，并与之成正比。

热效率η_T表示燃油所蕴含能量中转化为可供使用能量的程度。

增加燃油空气进入气缸的量意味着会有更多的燃油能量可以用于做功，但是，并非所有燃油能量都能转化为机械能，即使是最好的发动机也只能将大约1/3的化学能转化为机械能。

热效率会随压缩比、点火时间、火花塞位置和燃烧室设计的改变而变化，低压缩比发动机的热效率$\eta_T\approx0.26$，赛车用的高压缩比发动机的热效率$\eta_T\approx0.34$，所以，由于具有较高的热效率，赛车发动机能够比一般车辆发动机多产生30%的功率。

热效率η_T的提高能够显著增大发动机最终产生的功率，因此，人们在提高热效率η_T

的研究方面投入巨大。

机械效率 η_M 用来表示发动机用于自身运转消耗功率的多少。

发动机的运动部件会消耗掉一部分发动机产生的功率，这些功率用于克服零件间的摩擦和驱动发动机附件。因此，发动机为维持本身运转会消耗掉一部分功率，这部分功率和进入气缸的燃油多少有关，也和进一步生成功率的多少有关。去除上述消耗掉的功率之后，才是能够在发动机功率计上测得的功率。可见，机械效率 η_M 应由发动机输出功率与发动机气缸内生成功率之间的差值确定。

机械效率除了受发动机的机械零件或安装在发动机上的设备影响之外，还与发动机的转速有关。发动机转速越高，其维持本身运行的功率需求就越大，也就是说，η_M 随发动机转速的提高而降低。因为机械效率 η_M 可以表征克服发动机自身摩擦所需功率的量，所以这部分消耗掉的功率也被称作摩擦功率。

汽车厂家提供的发动机功率特性曲线通常是指发动机的指示功率性能，并未包含进机械效率的影响。因此，发动机传递到传动装置输入轴上的功率会因为需要驱动附件的消耗而降低，这些附件包括风扇、发电机、动力转向泵、冷却液泵、制动系统和空调压缩机等。

4.3 变速器和离合器动力学

内燃机不能在低于某一最低转速 $\omega_{\min}$下运转，因此，在发动机与驱动车轮之间的动力传递结合状态下，车辆也不能在低于某一最低速度 $v_{\min}$下行驶。

$$v_{\min}=\frac{R_w\omega_{\min}}{n_g n_d} \tag{4.47}$$

起步、停车阶段，车辆需要在低于 $v_{\min}$的速度下行驶，车辆起步、停车、换档时，必须由离合器或变矩器来帮助完成。

设想某车仅有一个驱动车轮，车辆向前行驶速度 v_x 与发动机转速角 ω_e 成正比，牵引力 F_x 与发动机转矩 T_e 成正比。

$$\omega_e=\frac{n_i n_d}{R_w}v_x \tag{4.48}$$

$$T_e=\frac{1}{\eta}\frac{R_w}{n_i n_d}F_x \tag{4.49}$$

式中，R_w 为轮胎有效半径；n_d 为差速器传动比；n_i 为变速器在第 i 挡的传动比；η 为传动系总效率。式（4.48）称作**速度方程**，式（4.49）称作**牵引力方程**，速度方程用来设计车辆变速器各档位的传动比。

证明：半径为 R_w 的驱动车轮具有向前的行驶速度

$$v_x=R_w\omega_w \tag{4.50}$$

该驱动车轮上的牵引力为

$$F_x=\frac{T_w}{R_w} \tag{4.51}$$

T_w 为施加在车轮上的转矩，ω_w 为车轮转动角速度。

车轮上输入的 T_w 和 ω_w 即为差速器的输出转矩和转速，差速器的输入转矩 T_d 和转动角速度 ω_d 为

$$T_{\mathrm{d}}=\frac{1}{\eta_{\mathrm{d}}n_{\mathrm{d}}}T_{\mathrm{w}} \tag{4.52}$$

$$\omega_{\mathrm{d}}=n_{\mathrm{d}}\omega_{\mathrm{w}} \tag{4.53}$$

式中，n_{d} 为差速器传动比；η_{d} 为差速器效率。

差速器上输入的 T_{d} 和 ω_{d} 即为车辆变速器的输出转矩和转速，发动机转矩 T_{e} 和角速度 ω_{e} 则是变速器的输入转矩和转速。变速器的输入 - 输出关系取决于所挂档位的传动比 n_i。

$$T_{\mathrm{e}}=\frac{1}{\eta_{\mathrm{g}}n_i}T_{\mathrm{d}} \tag{4.54}$$

$$\omega_{\mathrm{e}}=n_i\omega_{\mathrm{d}} \tag{4.55}$$

η_{g} 是变速器效率，n_i 是第 i 档的减速比。因此，当传动系与发动机的动力传递接合时，车辆驱动车轮的向前速度 v_x 与发动机转速 ω_{e} 成正比，轮胎牵引力 F_x 与发动机转矩 T_{e} 成正比。

$$\omega_{\mathrm{e}}=\frac{n_in_{\mathrm{d}}}{R_{\mathrm{w}}}v_x \tag{4.56}$$

$$T_{\mathrm{e}}=\frac{1}{\eta_{\mathrm{g}}\eta_{\mathrm{d}}}\frac{1}{n_in_{\mathrm{d}}}T_{\mathrm{w}}=\frac{1}{\eta_{\mathrm{g}}\eta_{\mathrm{d}}}\frac{R_{\mathrm{w}}}{n_in_{\mathrm{d}}}F_x=\frac{1}{\eta}\frac{R_{\mathrm{w}}}{n_in_{\mathrm{d}}}F_x \tag{4.57}$$

获得转矩特性函数 $T_{\mathrm{e}}=T_{\mathrm{e}}(\omega_{\mathrm{e}})$后，就可以在每一个档位传动比 n_i 上确定作为车辆速度 v_x 函数的车轮转矩 T_{w}。

$$T_{\mathrm{w}}=\eta n_i\, n_{\mathrm{d}}T_{\mathrm{e}}(\omega_{\mathrm{e}}) \tag{4.58}$$

可以用式（4.5）对转矩 T_{e} 进行近似计算。

$$\begin{aligned}T_{\mathrm{w}}&=\eta n_in_{\mathrm{d}}\left(P_1+P_2\left(\frac{n_in_{\mathrm{d}}}{R_{\mathrm{w}}}v_x\right)+P_3\left(\frac{n_in_{\mathrm{d}}}{R_{\mathrm{w}}}v_x\right)^2\right)\\&=\eta P_1n_{\mathrm{d}}n_i+\eta\frac{P_2}{R_{\mathrm{w}}}n_2^2n_i^2v_x+\eta\frac{P_2}{R_{\mathrm{w}}^2}n_{\mathrm{d}}^3n_i^3v_x^2\end{aligned} \tag{4.59}$$

例 144 六档变速器

某效率不高的乘用车具有如下参数：

$$m=1550\mathrm{kg}\qquad R_{\mathrm{w}}=0.326\mathrm{m}\qquad \eta=0.24$$

$$\text{转矩}=392\mathrm{Nm}\qquad \text{转速}:4000\mathrm{r/min}\approx460.7\mathrm{rad/s} \tag{4.60}$$

$$\text{功率}=206000\mathrm{W}\qquad \text{转速}:6800\mathrm{r/min}\approx712.1\mathrm{rad/s}$$

$$\begin{aligned}&1\text{ 档传动比}=n_1=3.827\qquad 2\text{ 档传动比}=n_2=2.36\\&3\text{ 档传动比}=n_3=1.685\qquad 4\text{ 档传动比}=n_4=1.312\\&5\text{ 档传动比}=n_5=1\qquad 6\text{ 档传动比}=n_6=0.793\\&\text{倒档传动比}=n_r=3.28\qquad \text{主减速比}=n_{\mathrm{d}}=3.5451\end{aligned} \tag{4.61}$$

根据速度方程（4.48）

$$\omega_{\mathrm{e}}=\frac{n_in_{\mathrm{d}}}{R_{\mathrm{w}}}v_x=\frac{3.5451n_i}{0.326}v_x=10.875n_iv_x \tag{4.62}$$

可以获得不同档位下的档位 - 速度关系，将它们绘出后如图 4.9 所示。

最大功率转速和最大转矩转速分别用细线画出，发动机的功率特性和转矩特性方程可以近似计算如下：

$$P_{\mathrm{e}}=289.29\omega_{\mathrm{e}}+0.40624\omega_{\mathrm{e}}^2-5.7049\times10^{-4}\omega_{\mathrm{e}}^3 \tag{4.63}$$

$$T_{\mathrm{e}}=289.29+0.40624\omega_{\mathrm{e}}-5.7049\times10^{-4}\,\omega_{\mathrm{e}}^2 \tag{4.64}$$

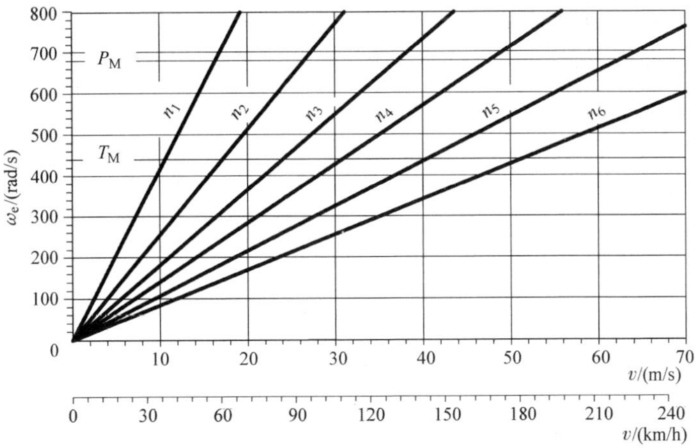

图 4.9　某变速器的档位 - 速度图

这是因为

$$P_1 = \frac{P_M}{\omega_w} = \frac{206000}{712.1} = 289.29\text{W/s} \tag{4.65}$$

$$P_2 = \frac{P_M}{\omega_M^2} = \frac{206000}{712.1^2} = 0.40624\text{W/s}^3 \tag{4.66}$$

$$P_3 = -\frac{P_M}{\omega_M^3} = -\frac{206000}{712.1^3} = -5.7049\times10^{-4}\ \text{W/s}^3 \tag{4.67}$$

应用转矩方程式（4.64）和牵引力方程式（4.49）可以绘制出以车速为参量的各档位车轮转矩曲线图。

$$\begin{aligned} T_w &= \eta n_i n_d T_e \\ &= \eta n_i n_d (289.29 + 0.40624\omega_e - 5.7049\times10^{-4}\ \omega_e^2) \\ &= -5.7405\times10^{-2}\ n_i^3 v_x^2 + 3.758 n_i^2 v_x + 246.13 n_i \end{aligned} \tag{4.68}$$

图 4.10 所示为该变速器各档位传动比 n_i 下车轮的转矩 - 速度关系曲线，图中几条转矩 - 速度关系曲线的包络线与稳定功率理想发动机的转矩曲线相似。

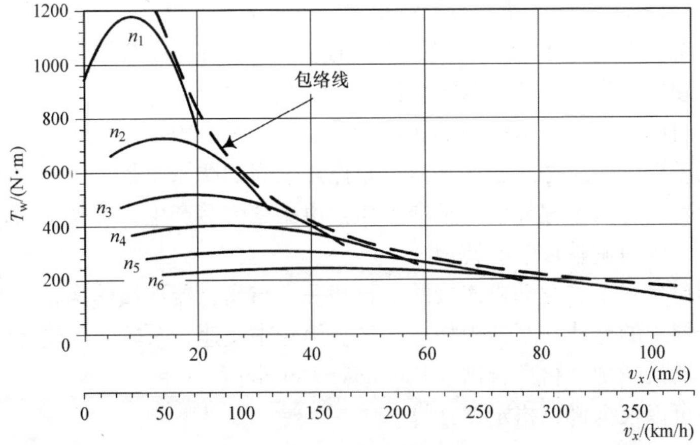

图 4.10　变速器各档位传动比 n_i 下车轮转矩 - 速度关系曲线
以及模拟理想发动机性能的包络线

例 145★ 转矩 - 速度曲线簇的包络线

汽车的转矩 - 速度方程与式（4.68）相似，该方程是速度的二次方程，并以档位传动比 $n=n_i$ 为参数。

$$T=an^3v^2+bn^2v+cn \tag{4.69}$$

改变参数时上述方程会生成一组曲线，称作曲线簇，包络曲线是与这组曲线都相切的一条曲线。为了确定该包络曲线，应该消除一定参数下曲线簇方程和其求导后方程之间的参数。参数为 n 时曲线簇方程求导得

$$\frac{\partial T}{\partial n}=3an^2v^2+2bnv+c=0 \tag{4.70}$$

求解得

$$n=\frac{-b\pm\sqrt{b^2-3ac}}{3av} \tag{4.71}$$

将上面正的参数解代回曲线簇方程即可得到包络曲线方程。

$$T=\frac{(b+\sqrt{b^2-3ac})(b^2+b\sqrt{b^2-3ac}-6ac)}{27a^2v} \tag{4.72}$$

所以，车轮的各档位转矩 - 速度曲线簇的包络曲线方程可以写作

$$T=\frac{C}{v} \tag{4.73}$$

式中，C 为常数。

$$C=\frac{2b^3-9abc+2(b^2-3ac)^{3/2}}{27a^2} \tag{4.74}$$

该转矩方程符合例 138 中所述理想稳定功率装置的要求。

例 146 机械离合器和液力离合器

机械离合器在乘用车中广泛应用，一般为干式单片离合器。这种离合器通过其环形摩擦片的相互摩擦实现输入轴与输出轴之间的动力传递。发动机在转速 $\omega_e=\omega_{min}$ 时离合器开始接合，此时离合器踏板被逐渐松开，并经历从 $t=0$ 到 $t=t_1$ 的时间。同时，从发动机向变速器传递的转矩 T_c 将从 $T_c=0$ 逐渐接近线性地增大到最大值 $T_c=T_{c_1}$，该过程中离合器被控制在摩滑模式。在主动摩擦片与被动摩擦片达到速度一致前，离合器传递的转矩保持稳定。主、被动摩擦片速度一致后，离合器完全接合，且 $T_c=T_e$。

在 $0<t<t_1$ 时间段，离合器传递的转矩 T_c 克服车辆行驶阻力并使车辆加速。离合器能够传递转矩的大小取决于摩擦片上的压力、摩擦片之间的摩擦系数、摩擦片的有效摩擦面积和摩擦副的数量。离合器摩擦片所受轴向力通常由压紧弹簧产生，驾驶人通过操纵离合器踏板控制弹簧压力，进而调整传输的转矩。

液力离合器包括一个与发动机连接的泵轮和一个与离合器连接的涡轮，涡轮上制有径向叶片。液力离合器中的流体在泵轮中加速，又在涡轮中减速，泵轮与涡轮之间通过流体传递转矩。液力离合器又叫佛廷格离合器（Foettinger Clutch）。

传输的转矩可以根据佛廷格定律计算

$$T_c=C_c\rho\omega_p^2D^2 \tag{4.75}$$

式中，C_c 是摩擦系数；ρ 是油液密度；ω_p 是泵轮转动角速度；D 是离合器直径。

例 147 不同速度下的加速能力

假设某发动机工作在最大功率转速 ω_M，其最大功率为 P_M。

$$P_M = T_e\omega_M = \frac{1}{\eta}F_x v_x \tag{4.76}$$

代入

$$F_x = ma_x \tag{4.77}$$

整理得

$$P_M = \frac{m}{\eta}a_x v_x \tag{4.78}$$

因此

$$a_x = P_M\frac{\eta}{m}\frac{1}{v_x} \tag{4.79}$$

式（4.79）称作加速能力方程，表示车辆在速度 v_x 下能够达到的加速度。车辆的加速能力随着车速的提高而降低，随着最大功率的增大而提高。例如，图 4.11 是以车辆前进速度 v_x 为参量的加速能力 a_x 的曲线图，该车质量 $m=860\text{kg}$，效率 $\eta=0.25$，最大功率 P_M 分别为 50kW、100kW、150kW 和 200kW。

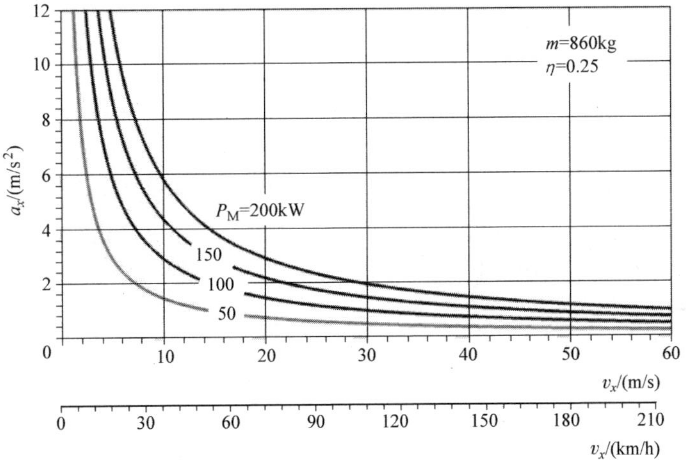

图 4.11 以前进速度 v_x 为参量的加速能力 a_x

例 148 功率限制与牵引力限制下的加速度

假设轮胎的驱动力没有达到牵引力上限，车辆的加速能力将会受到功率的限制，车辆达到其加速度极限的原因是发动机不能输出更大的功率。

加速度的牵引力限制是指发动机能够输出更大的功率时，轮胎不能再向地面传递更大的驱动力，从而导致车辆加速度受限。方程 $F_x=\eta_x F_z$ 给出了能够传递的最大力，如果过多驱动力矩作用于车轮，轮胎产生滑转并处于动态摩擦状态，则会引起摩擦系数减小，最终导致牵引力降低。

例 149★ 变速器稳定条件

假设某车变速器在 i 档时的传动比为 n_i，行驶速度为 v_x。为安全起见，只能选择如下传动比，这些传动比使发动机达到最大转矩时换到低一档位 n_{i-1}，避免发动机在最大允许转速下工作。发动机的最大允许转速通常会在发动机转速表上的红色区域内用红线标出。

某发动机转速为 $\omega_e=\omega_T$ 时达到最大扭矩 T_M，此时车速为

$$v_x=\frac{R_w}{n_i n_d}\omega_T \tag{4.80}$$

将档位换到 $i-1$ 档，传动比变为 n_{i-1}，车速不变时，发动机转速 ω_e 跳升到某一较高转速 $\omega_e=\omega_{i-1}>\omega_T$。

$$\omega_{i-1}=\frac{n_{i-1}\ n_d}{R_w}v_x \tag{4.81}$$

发动机稳定工作要求其转速 ω_{i-1} 小于发动机最大允许转速 ω_{Max}，即

$$\omega_{i-1}\leqslant\omega_{Max} \tag{4.82}$$

应用式（4.80）和式（4.81），可以确定两个相邻档位的传动比和发动机转速的工况。

$$\frac{\omega_{i-1}}{\omega_i}=\frac{\omega_{Max}}{\omega_T}=\frac{n_{i-1}}{n_i} \tag{4.83}$$

对变速器设计而言，一个简单的规则是在稳定车速下采用固定的相邻传动比。

$$\frac{n_{i-1}}{n_i}=c_g \tag{4.84}$$

例150 传动比和稳定条件

假设某乘用车变速器的传动比如下：

$$\begin{aligned}&1\text{档传动比}=n_1=3.827 && 2\text{档传动比}=n_2=2.36\\ &3\text{档传动比}=n_3=1.685 && 4\text{档传动比}=n_4=1.312\\ &5\text{档传动比}=n_5=1 && 6\text{档传动比}=n_6=0.793\\ &\text{主减速比}=n_d=3.5451\end{aligned} \tag{4.85}$$

稳定条件要求 $n_{i-1}/n_i=cte$，但是检验各档传动比的关系显示，彼此相邻的档位传动比之比并不是常数。

$$\begin{aligned}&\frac{n_5}{n_6}=\frac{1}{0.793}=1.261 && \frac{n_4}{n_5}=\frac{1.312}{1}=1.312\\ &\frac{n_3}{n_4}=\frac{1.685}{1.312}=1.2843 && \frac{n_2}{n_3}=\frac{2.36}{1.685}=1.4\\ &\frac{n_1}{n_2}=\frac{3.827}{2.36}=1.6216\end{aligned} \tag{4.86}$$

可以通过改变档位传动比使 $n_{i-1}/n_i=cte$，从最高的两个档位开始，并用 $c_g=n_5/n_6=1.261$ 来确定较低档位的传动比。

$$\begin{aligned}n_5&=1\\ n_6&=0.793\\ n_4&=c_g n_5=1.261\\ n_3&=c_g n_4=1.261\times1.261=1.59\\ n_2&=c_g n_3=1.59\times1.261=2\\ n_1&=c_g n_2=2\times1.261=2.522\end{aligned} \tag{4.87}$$

还可以从最低的两个档位开始，并用 $c_g=n_1/n_2=3.827/2.36=1.6216$ 来确定较高档位的传

动比。

$$n_1 = 3.827$$

$$n_2 = 2.36$$

$$n_3 = \frac{n_2}{c_g} = \frac{2.36}{1.6216} = 1.455$$

$$n_4 = \frac{n_3}{c_g} = \frac{1.455}{1.6216} = 0.897$$

$$n_5 = \frac{n_4}{c_g} = \frac{0.897}{1.6216} = 0.553$$

$$n_6 = \frac{n_5}{c_g} = \frac{0.553}{1.6216} = 0.341 \tag{4.88}$$

上面两组数据都不能满足实际设计需要，获得等比例传动比最好的方法是用最低档和最高档的传动比，并在两个传动比之间插入四个传动比，使 $n_{i-1}/n_i = cte$。由 n_1 和 n_6

$$\frac{n_1}{n_6} = \frac{3.827}{0.793} = \frac{n_1}{n_2}\frac{n_2}{n_3}\frac{n_3}{n_4}\frac{n_4}{n_5}\frac{n_5}{n_6} = c_g^5 \tag{4.89}$$

计算得

$$c_g = 1.37 \tag{4.90}$$

接下来就可以确定满足一档和六档传动比要求的各档传动比。

$$n_1 = 3.827$$

$$n_2 = \frac{n_1}{c_g} = \frac{3.827}{1.37} = 2.793$$

$$n_3 = \frac{n_2}{c_g} = \frac{2.793}{1.37} = 2.039$$

$$n_4 = \frac{n_3}{c_g} = \frac{2.039}{1.37} = 1.488$$

$$n_5 = \frac{n_4}{c_g} = \frac{1.488}{1.37} = 1.086$$

$$n_6 = 0.793 \tag{4.91}$$

4.4　变速器设计

速度方程式（4.48）和牵引力方程式（4.49）可以用于计算变速器各档位的传动比和车辆性能。从理论意义上讲，发动机应该工作在其最大功率工况以获得最佳性能。但是，因为需要通过调整发动机的角速度来控制车速，所以在发动机最大功率转速 ω_M 附近选取一个角速度范围（ω_1，ω_2），并在不同档位下反复扫过这一速度范围。该速度范围（ω_1，ω_2）称作发动机的**工作范围**，如图 4.12 所示。

作为一般性指导，以下是一些对设计车辆变速器传动比的建议：

1）通过综合考虑差速器传动比 n_d 和最高档传动比 n_n，将最高档设计成直接档，即令 $n_n = 1$，用于车辆的公路中速行驶工况。传动比 $n_n = 1$，类似于变速器的输入端与输出端之间直接连接，这种直接传动时变速器机械效率最高。

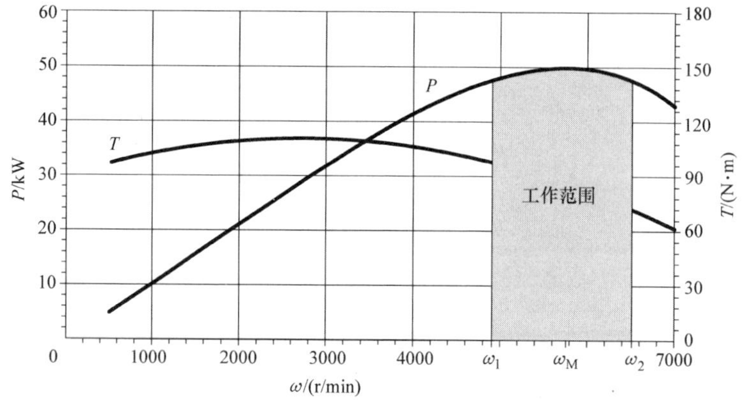

图4.12 ω_M 附近的角速度范围（ω_1，ω_2）和发动机工作范围

2）通过综合考虑差速器传动比 n_d 和最高档传动比 n_n，将最高档设计成直接档，即令 $n_n=1$，用于车辆的最高可达车速行驶工况。

3）最低档的传动比 n_1 根据驱动车轮的最大需求转矩来设计，最大转矩由车辆的道路爬坡角度要求确定。

4）中间各档位的传动比根据变速器的稳定条件要求确定，稳定条件要求是指当变速器档位为 n_i，发动机在最大转矩点工作时，变速器档位由 n_i 档降到 n_{i-1} 档后，发动机转速不能高于其最大允许转速。

5）相邻档位之间的传动比之比为

$$\frac{n_{i-1}}{n_i}=c_g \tag{4.92}$$

该值的取值范围

$$1\leqslant c_g\leqslant 2 \tag{4.93}$$

有两种确定中间档传动比的方法：

① 几何传动比。

② 递增传动比。

4.4.1 等比级数传动比变速器设计

若在某确定车速下，变速器档位在两个相邻档位之间切换时发动机的转速跳变量为常数，则称这种变速器为等比级数传动比变速器。等比级数传动比变速器的设计条件是

$$n_i=\frac{n_{i-1}}{c_g} \tag{4.94}$$

式中 c_g 是两相邻档位传动比的固定比率，这种情况称作**跳变**。

证明：配置等比级数传动比变速器的车辆换档时，发动机转速跳变量为固定值，所以，这种变速器应该满足如图4.13所示的档位-转速图。

设发动机的工作范围由两个速度（ω_1，ω_2）确定

$$\{(\omega_1,\omega_2),\omega_1<\omega_M<\omega_2\} \tag{4.95}$$

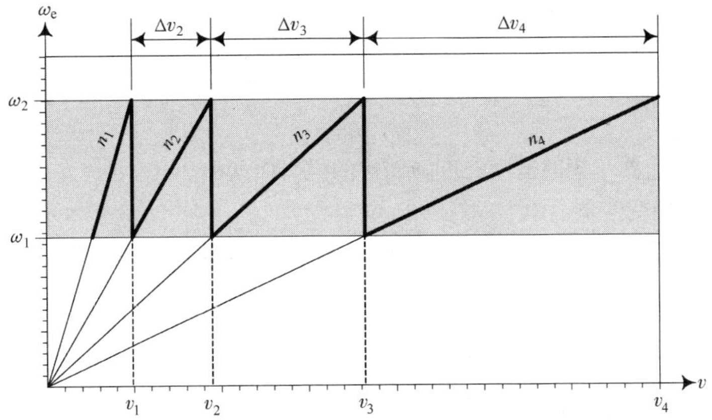

图 4.13　等比级数传动比变速器的档位 - 转速图

变速器在第 i 档时的传动比为 n_i，发动机转速达到最大值 ω_2 后换上传动比为 n_{i+1} 的第 $i+1$ 档，令发动机转速向下跳变到 ω_1。相邻档位 n_i 向 n_{i+1} 换档时，发动机的转速跳变量保持不变，应用速度方程式（4.48）得到

$$\begin{aligned}\omega &= \omega_2 - \omega_1 = \frac{n_{i-1} - n_d}{R_w} v_x - \frac{n_i n_d}{R_w} v_x \\ &= (n_{i-1} - n_i)\frac{n_d}{R_w} v_x\end{aligned} \tag{4.96}$$

因此

$$\begin{aligned}\frac{\omega_2 - \omega_1}{\omega_1} &= \frac{n_{i-1} - n_i}{n_i} \\ \frac{\omega_2}{\omega_1} - 1 &= \frac{n_{i-1}}{n_i} - 1 \\ \frac{\omega_2}{\omega_1} &= \frac{n_{i-1}}{n_i} = c_g\end{aligned} \tag{4.97}$$

令 v_i 表示车辆在第 i 档传动比为 n_i 时的最高车速，v_{i-1} 表示车辆在第 $i-1$ 档传动比为 n_{i-1} 时的最高车速，此时 $\omega_e = \omega_2$。

$$\omega_2 = \frac{n_i n_d}{R_w} v_i = \frac{n_{i-1} n_d}{R_w} v_{i-1} \tag{4.98}$$

车辆在第 i 档时的最高车速与车辆在第 $i-1$ 档时的最高车速之比等于传动比比率的倒数。

$$c_g = \frac{n_{i-1}}{n_i} = \frac{v_i}{v_{i-1}} \tag{4.99}$$

第 i 档与第 $i-1$ 档车速的变化量表示为

$$\Delta v_i = v_i - v_{i-1} \tag{4.100}$$

称作**速度跨度**。

已知跳变量 c_g，再获得车辆在第 i 档时的最大速度 v_i，就可以确定车辆在相邻档位下的最大速度

$$v_i = c_g v_{i-1} \tag{4.101}$$

$$v_{i-1} = \frac{1}{c_g} v_i \tag{4.102}$$

$$v_{i+1} = c_g v_i \tag{4.103}$$

等比级数传动比变速器车辆的速度跨度随档位的提高而增加。

例151　某三档变速器

假设某汽车质量 $m = 860\text{kg}$，发动机效率 $\eta = \eta_d \eta_g = 0.84$，功率－速度关系如下：

$$P_e = 100 - \frac{100}{398^2}(\omega_e - 398)^2 \text{kW} \tag{4.104}$$

式中，ω_e 的单位是 rad/s。功率 $100\text{kW} \geqslant P_e \geqslant 90\text{kW}$，发动机工作范围

$$272\text{rad/s}(\approx 2600\text{r/min}) \leqslant \omega_e \leqslant 524\text{rad/s}(\approx 5000\text{r/min}) \tag{4.105}$$

功率特性方程式（4.104）的曲线如图4.14所示，阴影部分是工作范围。

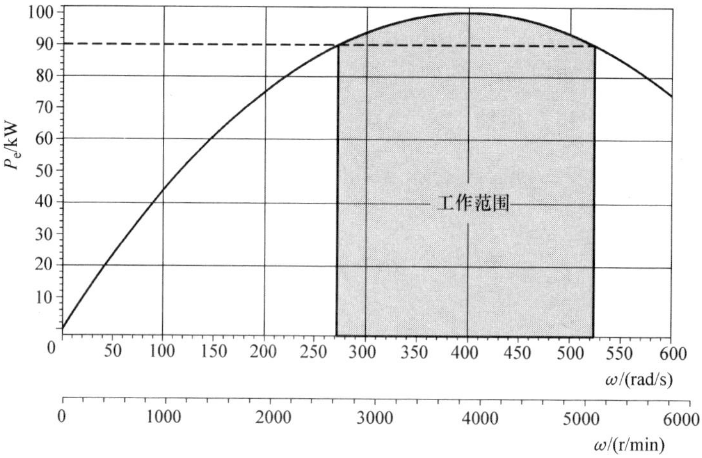

图4.14　功率特性曲线和工作范围

车辆的差速器传动比 $n_d = 4$，有效轮胎半径 $R_w = 0.326\text{m}$。下面将设计一个三档等比级数传动比变速器，使该车车速在最短的时间内达到 $v_x = 100\text{km/h} \approx 27.78\text{m/s}$。假设总阻力保持不变，车辆最高行驶速度 $v_x = 180\text{km/h} \approx 50\text{m/s}$。假设换档时间均为0.47s，且从发动机起动到挂上一档需要的时间 $t_0 = 2.58\text{s}$。

应用式（4.48），车速与发动机转速之间的关系为

$$v_x = \frac{R_w}{n_d n_i}\omega_e = \frac{0.326}{4n_i}\omega_e \tag{4.106}$$

车辆达到最大速度 $v_x = 50\text{m/s}$ 时，发动机转速处于其工作范围的上限 $\omega_e = 524\text{rad/s}$，变速器挂在三档。因此，由式（4.106）可知

$$n_3 = \frac{0.326}{4}\frac{\omega_e}{v_x} = \frac{0.326}{4}\frac{524}{50} = 0.85412 \tag{4.107}$$

变速器挂三档 $n_i = n_3$ 时，发动转速 ω_e 在工作范围内，都可以用如下速度方程。

$$v_x = \frac{0.326}{4 \times 0.85412}\omega_e \tag{4.108}$$

通过降低发动机转速，并使其向下掠过工作范围区域，车辆速度将会降低。在工作范围的下限转速 $\omega_e=272\text{rad/s}$，车辆速度为

$$\begin{aligned} v_x &= \frac{0.326}{4\times 0.85412}\times 272 = 25.95\text{m/s} \\ &\approx 93.43\text{km/h} \end{aligned} \tag{4.109}$$

在此车速下，应该将变速器档位换到二档，传动比为 n_2，进而发动机转速跳变回到工作范围的最高转速 $\omega_e=524\text{rad/s}$，这样就得到

$$n_2=\frac{0.326}{4}\frac{\omega_e}{v_x}=\frac{0.326}{4}\frac{524}{25.95}=1.6457 \tag{4.110}$$

因此，二档时发动机转速和车辆行驶速度的关系为

$$v_x=\frac{0.326}{4\times 1.6457}\omega_e \tag{4.111}$$

变速器挂二档 $n_i=n_2$ 时，发动转速 ω_e 在工作范围内，式（4.111）均适用。发动机转速再次向下掠过工作范围区域，车辆速度下降为

$$\begin{aligned} v_x &= \frac{0.326}{4\times 1.6457}\times 272 = 13.47\text{m/s} \\ &\approx 48.49\text{km/h} \end{aligned} \tag{4.112}$$

在此车速下，应该将变速器档位换到一档，传动比为 n_1，发动机转速再次跳变回到最高转速 $\omega_e=524\text{rad/s}$，这样就得到

$$n_1=\frac{0.326}{4}\frac{\omega_e}{v_x}=\frac{0.326}{4}\frac{524}{13.47}=3.1705 \tag{4.113}$$

因此，一档时的速度方程为

$$v_x=\frac{0.326}{4\times 3.1705}\omega_e \tag{4.114}$$

变速器挂一档后，$n_i=n_1$，当发动转速 ω_e 在工作范围的低速区工作时，车辆速度为

$$v_x=\frac{0.326}{4\times 3.1705}\times 272=7\text{m/s}\approx 25.2\text{km/h} \tag{4.115}$$

因此，该三档变速器采用如下传动比：

$$n_1=3.1705 \quad n_2=1.6457 \quad n_3=0.85412 \tag{4.116}$$

用档位－速度图表示的三个档位的速度方程如图 4.15 所示，该图同时还显示出换档工作点和车速从 $v_x=50\text{m/s}$ 降到 $v_x=7\text{m/s}$ 的过程。

欲计算达到某预期速度消耗的时间，需要根据牵引力方程求出牵引力并进行积分。

$$\begin{aligned} F_x &= \eta\frac{n_i n_d}{R_w}\frac{P_e}{\omega_e}=\frac{\eta}{\omega_e}\frac{n_i n_d}{R_w}\left(100-\frac{100}{398^2}(\omega_e-398)^2\right) \\ &= \frac{25}{39601}\frac{\eta}{{R_w}^2}n_d n_i(796R_w-n_d\,n_i\,v_x)\text{kN} \end{aligned} \tag{4.117}$$

车辆在最大速度时，变速器挂三档，牵引力 F_x 等于总阻力 F_R，假设 F_R 保持不变。

$$F_x=F_R=\frac{\eta P_e}{v_x}=\frac{0.84\times 90}{50}=1.512\text{kN} \tag{4.118}$$

则挂一档时的牵引力为

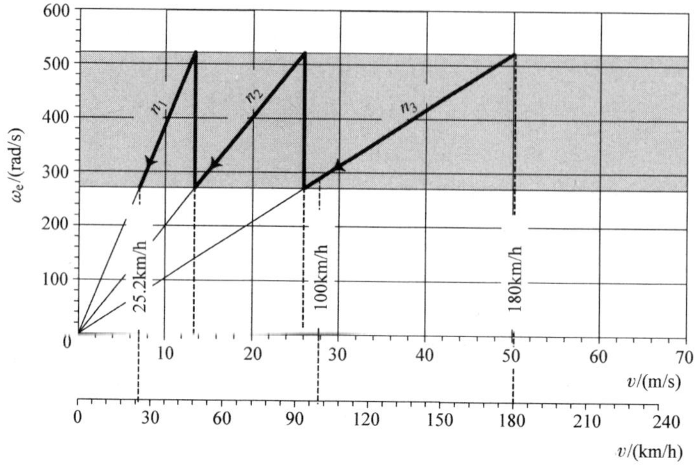

图 4.15　某三档变速器的档位 - 转速图

$$
\begin{aligned}
F_x &= \frac{25}{39601}\frac{\eta}{R_w^2}n_d n_1(796R_w - n_d n_1 v_x) \\
&= \frac{25}{39601}\frac{0.84}{0.326^2}\times 4\times 3.1705(796\times 0.326 - 4\times 3.1705v_x) \\
&= (16.421 - 0.80252v_x)\,\text{kN}
\end{aligned} \tag{4.119}
$$

根据牛顿运动方程

$$
F_x - F_R = m\frac{\mathrm{d}v_x}{\mathrm{d}t} \tag{4.120}
$$

可以计算出车辆速度从0加速到 $v_x = 13.47\text{m/s}$ 需要的时间。

$$
\begin{aligned}
t_1 &= m\int_0^{13.47}\frac{1}{F_x - F_R}\mathrm{d}v_x \\
&= 860\int_0^{13.47}\frac{10^{-3}}{16.421 - 0.80252v_x - 1.512}\mathrm{d}v_x = 1.3837\text{s}
\end{aligned} \tag{4.121}
$$

挂二档的时候

$$
\begin{aligned}
F_x &= \frac{25}{39601}\frac{\eta}{R_w{}^2}n_d n_2(796R_w - n_d n_2 v_x) \\
&= \frac{25}{39601}\frac{0.84}{0.326^2}\times 4\times 1.6457(796\times 0.326 - 4\times 1.6457v_x) \\
&= (8.5235 - 0.21622v_x)\,\text{kN}
\end{aligned} \tag{4.122}
$$

所以，在二档加速用时

$$
\begin{aligned}
t_2 &= m\int_{13.47}^{25.95}\frac{1}{F_x - F_R}\mathrm{d}v_x \\
&= 860\int_{13.47}^{25.95}\frac{10^{-3}}{8.5235 - 0.21622v_x - 1.512}\mathrm{d}v_x = 4.2712\text{s}
\end{aligned} \tag{4.123}
$$

最后，挂三档时的牵引力方程为

$$
\begin{aligned}
F_x &= \frac{25}{39601}\frac{\eta}{R_w^2}n_d n_3(796R_w - n_d n_3 v_x)\\
&= \frac{25}{39601}\frac{0.84}{0.326^2}\times 4\times 0.85412(796\times 0.326 - 4\times 0.85412 v_x)\\
&= (4.4237 - 5.8242\times 10^{-2}v_x)\text{kN}
\end{aligned}
\tag{4.124}
$$

加速到 $v_x = 27.78\text{m/s}$ 用时

$$
\begin{aligned}
t_3 &= m\int_{25.95}^{27.78}\frac{1}{F_x - F_R}\mathrm{d}v_x\\
&= 860\int_{25.95}^{27.78}\frac{10^{-3}}{4.4237 - 5.8242\times 10^{-2}v_x - 1.512}\mathrm{d}v_x = 1.169\text{s}
\end{aligned}
\tag{4.125}
$$

所以，车辆加速到 $v_x = 100\text{km/h} \approx 27.78\text{m/s}$ 用的总时间为

$$
\begin{aligned}
t &= t_0 + t_1 + t_2 + t_3 + 2\times 0.47\\
&= 2.58 + 1.3837 + 4.2712 + 1.169 + 2\times 0.47 = 10.344\text{s}
\end{aligned}
\tag{4.126}
$$

例 152 性能更好的四档变速器

装配小型发动机的某汽车参数如下

$$m = 860\text{kg} \quad R_w = 0.326\text{m} \quad \eta = 0.84 \quad n_d = 4 \tag{4.127}$$

其发动机的工作符合如下性能方程

$$P_e = 100 - \frac{100}{398^2}(\omega_e - 398)^2\text{kW} \tag{4.128}$$

式中 ω_e 的单位是 rad/s。发动机工作范围

$$272\text{rad/s}(\approx 2600\text{r/min}) \leqslant \omega_e \leqslant 524\text{rad/s}(\approx 5000\text{r/min}) \tag{4.129}$$

功率范围是 $100\text{kW} \geqslant P_e \geqslant 90\text{kW}$，设计一个变速器，使该车车速在最短的时间内达到 $v_x = 100\text{km/h} \approx 27.78\text{m/s}$。

发动机功率特性方程式（4.128）的曲线图如图 4.14 所示，阴影部分是工作范围。为了与例 151 对比，本例中仍然假设车辆行驶总阻力固定不变，车辆最高行驶速度 $v_x = 180\text{km/h} \approx 50\text{m/s}$。同时，假设换档时间均为 0.47s，从发动机起动到挂上一档需要的时间 $t_0 = 2.58\text{s}$。

下面来设计一个四档等比级数传动比变速器，并令挂三档时汽车达到预期速度 $v_x = 27.78\text{m/s}$，此时发动机的转速应在其工作范围的上限，即 $\omega_e = 524\text{rad/s}$，图 4.16 是该变速器的档位 - 速度图。

应用速度方程式（4.48），车速和发动机转速之间的关系为

$$v_x = \frac{R_w}{n_i n_d}\omega_e = \frac{0.326}{4n_i}\omega_e \tag{4.130}$$

车辆达到速度 $v_x = 100\text{km/h} \approx 27.78\text{m/s}$ 时，发动机转速处于其工作范围的上限 $\omega_e = 524\text{rad/s}$，变速器挂在三档，即 $n_i = n_3$。因此，

$$n_3 = \frac{0.326}{4}\frac{\omega_e}{v_x} = \frac{0.326}{4}\frac{524}{27.78} = 1.5373 \tag{4.131}$$

第三档速度方程为

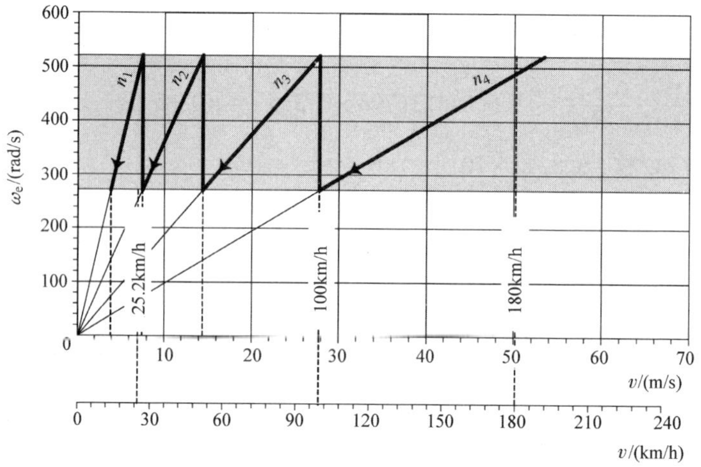

图 4.16　例 152 的档位 - 速度图

$$v_x = \frac{0.326}{4 \times 1.5373}\omega_e \tag{4.132}$$

式中，ω_e 为发动机工作范围内的转速。通过降低发动机转速，并使其向下掠过工作范围区域，在工作范围的下限转速 $\omega_e = 272\text{rad/s}$，车辆速度降为

$$\begin{aligned} v_x &= \frac{0.326}{4 \times 1.5373} \times 272 = 14.42\text{m/s} \\ &\approx 51.91\text{km/h} \end{aligned} \tag{4.133}$$

在此车速下，应该将变速器档位换到二档，传动比为 n_2，进而发动机转速跳变回到工作范围的最高转速 $\omega_e = 524\text{rad/s}$，这样就得到

$$n_2 = \frac{0.326}{4}\frac{\omega_e}{v_x} = \frac{0.326}{4}\frac{524}{14.42} = 2.9616 \tag{4.134}$$

因此，二档时，$n_i = n_2$，档位 - 速度关系为

$$v_x = \frac{0.326}{4 \times 2.9616}\omega_e \tag{4.135}$$

发动机转速再次向下掠过工作范围区域，直至下限 $\omega_e = 272\text{rad/s}$，车辆速度下降为

$$\begin{aligned} v_x &= \frac{0.326}{4 \times 2.9616} \times 272 = 7.48\text{m/s} \\ &\approx 26.9\text{km/h} \end{aligned} \tag{4.136}$$

在此车速下，将变速器档位换到一档（传动比为 n_1），发动机转速又跳变回到最高转速 $\omega_e = 524\text{rad/s}$，得到

$$n_1 = \frac{0.326}{4}\frac{\omega_e}{v_x} = \frac{0.326}{4}\frac{524}{7.48} = 5.7055 \tag{4.137}$$

因此，一档时的速度方程为

$$v_x = \frac{0.326}{4 \times 5.7055}\omega_e \tag{4.138}$$

变速器挂一档后，$n_i = n_1$，当发动转速 ω_e 在工作范围的转速下限工作时，车辆速度为

$$v_x = \frac{0.326}{4 \times 5.7055} \times 272 = 3.88\text{m/s}$$
$$\approx 14\text{km/h} \tag{4.139}$$

为了计算四档传动比 $n_i = n_4$，应用档位 - 速度方程，并设发动机在工作范围的下限转速 $\omega_e = 272\text{rad/s}$ 工作，汽车在三档的最大速度行驶。

$$n_4 = \frac{0.326}{4}\frac{\omega_e}{v_x} = \frac{0.326}{4}\frac{272}{27.78} = 0.79798 \tag{4.140}$$

最后，该四档变速器采用如下传动比：

$$n_1 = 5.7055 \quad n_2 = 2.9616$$
$$n_3 = 1.5373 \quad n_4 = 0.79798 \tag{4.141}$$

为了计算达到速度 $v_x = 100\text{km/h} \approx 27.78\text{m/s}$ 的加速时间，需要根据牵引力方程求出牵引力 F_x。

$$F_x = \eta \frac{n_i n_d}{R_w}\frac{P_e}{\omega_e} = \frac{\eta}{\omega_e}\frac{n_i n_d}{R_w}\left(100 - \frac{100}{398^2}(\omega_e - 398)^2\right)$$
$$= \frac{25}{39601}\frac{\eta}{{R_w}^2} n_d n_i (796 R_w - n_d n_i v_x)\text{kN} \tag{4.142}$$

车辆在最大速度时，变速器挂四档，牵引力 F_x 等于总阻力 F_R，假设 F_R 保持不变。

$$F_x = F_R = \frac{\eta P_e}{v_x} = \frac{0.84 \times 90}{50} = 1.512\text{kN} \tag{4.143}$$

则挂一档时的牵引力为

$$F_x = \frac{25}{39601}\frac{\eta}{{R_w}^2} n_d n_1 (796 R_w - n_d n_1 v_x)$$
$$= \frac{25}{39601}\frac{0.84}{0.326^2} \times 4 \times 5.7055(796 \times 0.326 - 4 \times 5.7055 v_x)$$
$$= (29.55 - 2.5989 v_x)\text{kN} \tag{4.144}$$

根据牛顿运动方程

$$F_x - F_R = m\frac{\mathrm{d}v_x}{\mathrm{d}t} \tag{4.145}$$

可以计算出车辆速度从 0 加速到 $v_x = 7.48\text{m/s}$ 需要的时间。

$$t_1 = m\int_0^{7.48} \frac{1}{F_x - F_R}\mathrm{d}v_x$$
$$= 860\int_0^{7.48} \frac{10^{-3}}{29.55 - 2.5989 v_x - 1.512}\mathrm{d}v_x = 0.39114\text{s} \tag{4.146}$$

挂二档的时候

$$F_x = \frac{25}{39601}\frac{\eta}{{R_w}^2} n_d n_2 (796 R_w - n_d n_2 v_x)$$
$$= \frac{25}{39601}\frac{0.84}{0.326^2} \times 4 \times 2.9616(796 \times 0.326 - 4 \times 2.9616 v_x)$$
$$= (15.339 - 0.70025 v_x)\text{kN} \tag{4.147}$$

所以，在二档加速用时

$$t_2 = m\int_{7.48}^{14.42} \frac{1}{F_x - F_R}\mathrm{d}v_x$$

$$= 860\int_{7.48}^{14.42} \frac{10^{-3}}{15.339 - 0.70025v_x - 1.512}\mathrm{d}v_x = 1.0246\mathrm{s} \tag{4.148}$$

三档牵引力方程为

$$F_x = \frac{25}{39601}\frac{\eta}{R_\mathrm{w}^2}n_\mathrm{d}n_3(796R_\mathrm{w} - n_\mathrm{d}n_3v_x)$$

$$= \frac{25}{39601}\frac{0.84}{0.326^2}\times 4\times 1.5373(796\times 0.326 - 4\times 1.5373v_x)$$

$$= (7.9621 - 0.18868v_x)\mathrm{kN} \tag{4.149}$$

在三档加速时间

$$t_3 = m\int_{14.42}^{27.78} \frac{1}{F_x - F_R}\mathrm{d}v_x$$

$$= 860\int_{14.42}^{27.78} \frac{10^{-3}}{7.9621 - 0.18868v_x - 1.512}\mathrm{d}v_x = 5.1359\mathrm{s} \tag{4.150}$$

所以，车辆加速到 $v_x = 100\mathrm{km/h} \approx 27.78\mathrm{m/s}$ 用的总时间为

$$t = t_0 + t_1 + t_2 + t_3 + 2\times 0.47$$

$$= 2.58 + 0.39114 + 1.0246 + 5.1359 + 2\times 0.47 = 10.072\mathrm{s} \tag{4.151}$$

例 153 改变工作范围

某汽车装配的小型发动机满足如下功率特性方程

$$P_\mathrm{e} = 100 - \frac{100}{398^2}(\omega_\mathrm{e} - 398)^2\mathrm{kW} \tag{4.152}$$

式中 ω_e 的单位是 rad/s。汽车参数如下：

$$m = 860\mathrm{kg} \quad R_\mathrm{w} = 0.326\mathrm{m} \quad \eta = 0.84 \quad n_\mathrm{d} = 4 \tag{4.153}$$

发动机在转速 $\omega_\mathrm{M} = 400\mathrm{rad/s}$ 时达到其最高功率点 $P_\mathrm{M} = 100\mathrm{kW}$。

假设车辆行驶总阻力恒定，最大速度为 $v_x = 180\mathrm{km/h}$。同时，假设各档换档时间均为 0.47s，调整发动机转速直至挂上一档需要的最短时间为 $t_0 = 0.18\mathrm{s}$。试设计一个四档变速器，尽量缩短汽车车速达到 $v_x = 100\mathrm{km/h} \approx 27.78\mathrm{m/s}$ 的时间。

为了确定发动机最佳工作范围，将三档作为达到预期速度 $v_x = 100\mathrm{km/h}$ 的档位，此时发动机的转速应在其工作范围的上限。因此，汽车再加速并挂上四档时，发动机转速将从其工作范围的下限开始。如果把四档设置为汽车达到最高车速 $v_x = 180\mathrm{km/h} = 50\mathrm{m/s}$ 的档位，届时发动机在其工作范围的上限转速工作，则根据档位 - 速度方程

$$\omega_\mathrm{e} = \frac{n_i n_\mathrm{d}}{R_\mathrm{w}} v_x \tag{4.154}$$

得到

$$\omega_\mathrm{Max} = \frac{4n_4}{0.326}\times 50 \quad \omega_\mathrm{min} = \frac{4n_4}{0.326}\times 27.78 \tag{4.155}$$

令 ω_min 和 ω_Max 与 ω_M 的距离相同，则有

$$\frac{\omega_\mathrm{Max} + \omega_\mathrm{min}}{2} = 400 \tag{4.156}$$

进而得到

$$n_4 = 0.83826 \quad \omega_{\min} = 285.73\text{rad/s} \quad \omega_{\text{Max}} = 514.27\text{rad/s} \tag{4.157}$$

要设计的变速器中，各个档的 ω_e/v_x 比值应该相等。在发动机转速为 $\omega_{\min}$时，变速器档位从四档换到三档（传动比 n_4 变到 n_3），同时发动机转速从 $\omega_{\min}$跳变到 ω_{Max}，所以

$$\omega_{\text{Max}} = \frac{4n_3}{0.326} \times 27.78 = 514.27 \tag{4.158}$$

$$n_3 = 1.5087 \tag{4.159}$$

因此，变速器挂三档，发动机在工作范围的转速下限工作，车速为

$$v_x = 27.78\frac{\omega_{\min}}{\omega_{\text{Max}}} = 27.78 \times \frac{27.78}{50} = 15.435\text{m/s} \tag{4.160}$$

变速器档位从三档换到二档（传动比 n_3 变到 n_2），发动机转速跳变到 ω_{Max}。

$$\omega_{\text{Max}} = \frac{4n_2}{0.326} \times 15.435 = 514.27 \tag{4.161}$$

$$n_2 = 2.7155 \tag{4.162}$$

继而，变速器挂二档，发动机在工作范围的转速下限工作，车速为

$$v_x = 15.435\frac{\omega_{\min}}{\omega_{\text{Max}}} = 15.435 \times \frac{27.78}{50} = 8.5757\text{m/s} \tag{4.163}$$

据此获得一档传动比如下

$$\omega_{\text{Max}} = \frac{4n_1}{0.326} \times 8.5757 = 514.27 \tag{4.164}$$

$$n_2 = 4.8874 \tag{4.165}$$

变速器挂一档，发动机在工作范围的转速下限工作，车速为

$$v_x = 8.5757\frac{\omega_{\min}}{\omega_{\text{Max}}} = 8.5757 \times \frac{27.78}{50} = 4.7647\text{m/s} \tag{4.166}$$

所以，该变速器四个档位的传动比为

$$\begin{gathered} n_1 = 4.8874 \quad n_2 = 2.7155 \\ n_3 = 1.5087 \quad n_4 = 0.83826 \end{gathered} \tag{4.167}$$

发动机的工作范围为

$$285.73\text{rad/s}\ (\approx 2730\text{r/min}) \leqslant \omega_e \leqslant 514.27\text{rad/s}\ (\approx 4911\text{r/min}) \tag{4.168}$$

功率特性曲线即式（4.152）如图4.17所示，图中阴影部分为工作区域。图4.18为本设计的档位-速度图。

根据最大速度时车辆的牵引力 F_x 与总行驶阻力 F_R 的平衡关系得

$$F_x = F_R = \frac{\eta P_e}{v_x} = \frac{0.84 \times 90}{50} = 1.512\text{kN} \tag{4.169}$$

一档时的牵引力为

$$\begin{aligned} F_x &= \frac{25}{39601}\frac{\eta}{R_w{}^2}n_d n_1(796R_w - n_d n_1 v_x) \\ &= \frac{25}{39601}\frac{0.84}{0.326^2} \times 4 \times 4.8874(796 \times 0.326 - 4 \times 4.8874v_x) \\ &= (25.313 - 1.907v_x)\text{kN} \end{aligned} \tag{4.170}$$

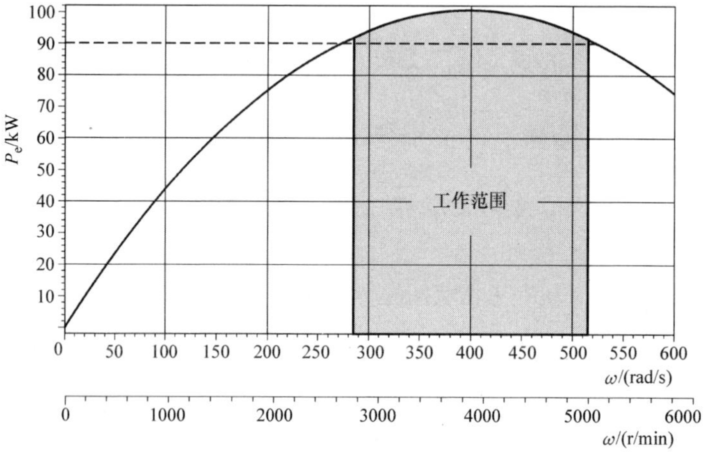

图 4.17　功率特性曲线即式（4.152）及其工作范围

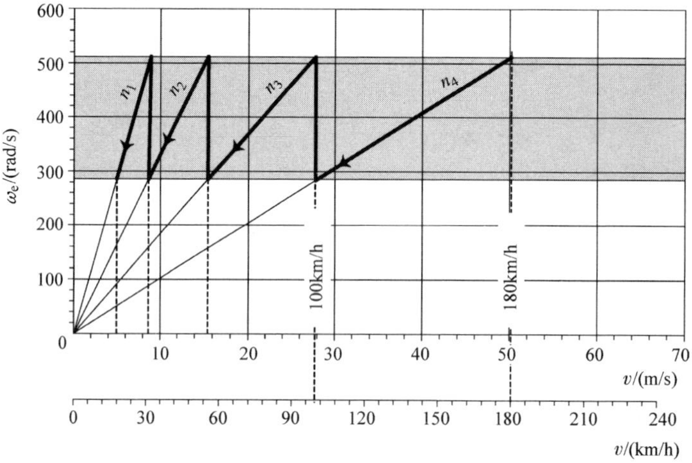

图 4.18　例 153 的档位－速度图

根据牛顿运动方程

$$F_x - F_R = m\frac{\mathrm{d}v_x}{\mathrm{d}t} \tag{4.171}$$

可以计算出车辆速度从 $v_x = 0$ 加速到 $v_x = 8.5757\mathrm{m/s}$ 需要的时间。

$$\begin{aligned} t_1 &= m\int_0^{8.5757}\frac{1}{F_x - F_R}\mathrm{d}v_x \\ &= 860\int_0^{8.5757}\frac{10^{-3}}{25.313 - 1.907v_x - 1.512}\mathrm{d}v_x = 0.52398\mathrm{s} \end{aligned} \tag{4.172}$$

挂二档时牵引力为

$$\begin{aligned} F_x &= \frac{25}{39601}\frac{\eta}{R_w{}^2}n_d n_2(796R_w - n_d n_2 v_x) \\ &= \frac{25}{39601}\frac{0.84}{0.326^2}\times 4\times 2.7155(796\times 0.326 - 4\times 2.7155v_x) \\ &= (14.064 - 0.5887v_x)\mathrm{kN} \end{aligned} \tag{4.173}$$

所以，在二档加速用时

$$t_2 = m\int_{8.5757}^{15.435}\frac{1}{F_x - F_R}\mathrm{d}v_x = 860\int_{8.5757}^{15.435}\frac{10^{-3}}{14.064 - 0.5887v_x - 1.512}\mathrm{d}v_x = 1.1286\mathrm{s} \tag{4.174}$$

三档牵引力为

$$\begin{aligned}F_x &= \frac{25}{39601}\frac{\eta}{{R_\mathrm{w}}^2}n_\mathrm{d}n_3(796R_\mathrm{w} - n_\mathrm{d}n_3v_x)\\ &= \frac{25}{39601}\frac{0.84}{0.326^2}\times 4\times 1.5087(796\times 0.326 - 4\times 1.5087v_x)\\ &= (7.814 - 0.18172v_x)\,\mathrm{kN}\end{aligned} \tag{4.175}$$

在三档加速用时

$$\begin{aligned}t_3 &= m\int_{15.435}^{27.78}\frac{1}{F_x - F_R}\mathrm{d}v_x\\ &= 860\int_{15.435}^{27.78}\frac{10^{-3}}{7.814 - 0.18172v_x - 1.512}\mathrm{d}v_x = 4.8544\mathrm{s}\end{aligned} \tag{4.176}$$

所以，车辆加速到 $v_x = 100\mathrm{km/h} \approx 27.78\mathrm{m/s}$ 用的总时间为

$$\begin{aligned}t &= t_0 + t_1 + t_2 + t_3 + 2\times 0.47\\ &= 2.58 + 0.52398 + 1.1286 + 4.8544 + 2\times 0.47 = 10.027\mathrm{s}\end{aligned} \tag{4.177}$$

4.4.2 ★　递增传动比变速器设计

如果变速器在两个相邻档位之间变化时车辆速度跨度固定不变，则称这种变速器为递增传动比变速器。递增传动比变速器的设计条件是

$$n_{i+1} = \frac{n_i n_{i-1}}{2n_{i-1} - n_i} \tag{4.178}$$

式中 n_{i-1}、n_i 和 n_{i+1}是三个相邻档位的传动比。

证明：装有递增传动比变速器的车辆换档时，车速跨度为固定值，所以，递增传动比变速器应该满足如图 4.19 所示的档位－速度图。

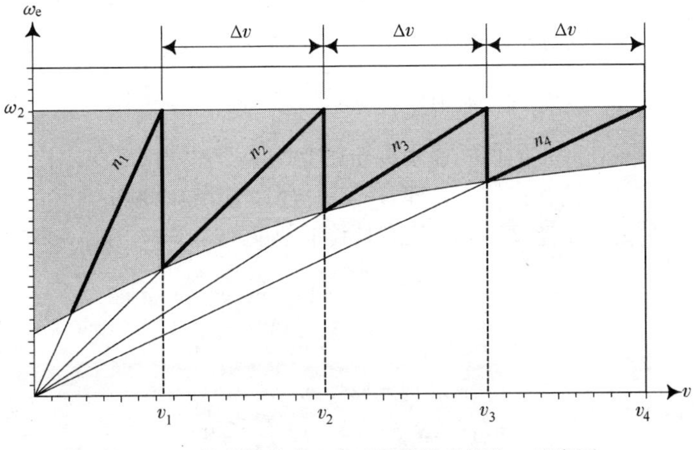

图 4.19　某递增传动比变速器设计的档位－速度图

令 v_i 表示车辆在 i 档时（传动比为 n_i）的最高车速，v_{i-1} 表示车辆在 $i-1$ 档时（传动比为 n_{i-1}）的最高车速，v_{i+1} 表示车辆在 $i+1$ 档时（传动比为 n_{i+1}）的最高车速，则有

$$\omega_2 = \frac{n_i n_d}{R_w} v_i = \frac{n_{i-1} n_d}{R_w} v_{i-1} = \frac{n_{i+1} n_d}{R_w} v_{i+1} \tag{4.179}$$

发动机最高转速时车辆档位之间的速度差为

$$\Delta v = v_i - v_{i-1} = v_{i+1} - v_i \tag{4.180}$$

因此

$$v_{i+1} + v_{i-1} = 2v_i \tag{4.181}$$

$$\frac{v_{i+1}}{v_i} + \frac{v_{i-1}}{v_i} = 2 \tag{4.182}$$

$$\frac{n_i}{n_{i+1}} + \frac{n_i}{n_{i-1}} = 2 \tag{4.183}$$

$$n_{i+1} = \frac{n_i n_{i-1}}{2n_{i-1} - n_i} \tag{4.184}$$

递增传动比变速器的传动比跳变量随着档位增高而减小，若 c_{g_i} 代表 n_i 和 n_{i+1} 的跳变

$$\frac{n_i}{n_{i+1}} = c_{g_i} \tag{4.185}$$

则

$$c_{g_i} = 2 - \frac{1}{c_{g_{i-1}}} \tag{4.186}$$

例 154 四档递增传动比变速器

效率为 $\eta = \eta_d \eta_g = 0.84$ 的某汽车发动机的功率特性方程如下

$$P_e = 100 - \frac{100}{398^2}(\omega_e - 398)^2 \text{kW} \tag{4.187}$$

式中 ω_e 的单位是 rad/s。

$$P_M = 100\text{kW} \quad \omega_M = 400\text{rad/s} \tag{4.188}$$

差速器传动比和等效轮胎半径为

$$n_d = 4 \quad R_w = 0.326\text{m} \tag{4.189}$$

假设行驶总阻力保持不变，车辆最高行驶速度 $v_x = 180\text{km/h} \approx 50\text{m/s}$。

应用式（4.48），车速与发动机转速之间的关系为

$$v_x = \frac{R_w}{n_d n_i} \omega_e = \frac{0.326}{4n_i} \omega_e \tag{4.190}$$

下面设计一个具有等车速跨度的四档递增传动比变速器，并令汽车在四档时达到最高速度，此时发动机应工作在其最高允许转速，即 $\omega_2 = \omega_e = 524\text{rad/s} = 5000\text{r/min}$。

将最高车速等分为四个速度区来确定各档位的速度跨度

$$\Delta v = \frac{v_M}{4} = \frac{50}{4} = 12.5\text{m/s} \tag{4.191}$$

因此，四个档位的最高车速分别为

$$v_1 = 12.5\text{m/s} \tag{4.192}$$

$$v_2 = v_1 + \Delta v = 12.5 + 12.5 = 25\text{m/s} \tag{4.193}$$

$$v_3 = v_2 + \Delta v = 25 + 12.5 = 37.5\text{m/s} \tag{4.194}$$

$$v_4 = v_3 + \Delta v = 37.5 + 12.5 = 50\text{m/s} \tag{4.195}$$

发动机在其最高允许转速 $\omega_e = 524\text{rad/s}$ 工作时，均能达到各档最高车速，应用式（4.190）确定各档传动比。

$$n_4 = \frac{0.326}{4v_4}\omega_e = \frac{0.326}{4\times 50}524 = 0.85412 \tag{4.196}$$

$$n_3 = \frac{0.326}{4v_3}\omega_e = \frac{0.326}{4\times 37.5}524 = 1.1388 \tag{4.197}$$

$$n_2 = \frac{0.326}{4v_2}\omega_e = \frac{0.326}{4\times 25}524 = 1.7082 \tag{4.198}$$

$$n_1 = \frac{0.326}{4v_1}\omega_e = \frac{0.326}{4\times 12.5}524 = 3.4165 \tag{4.199}$$

发动机最低转速 ω_1，即换档点速度，不是固定不变的。假设变速器挂一档，传动比为 n_1，发动机达到最高转速 $\omega_e = 524\text{rad/s}$。此时，应该升为二档，令传动比变为 n_2，并降低发动机转速。将 v_1 代入式（4.198）可以确定一档换档点的发动机转速

$$\omega_e = \frac{4v_1 n_2}{0.326} = \frac{4\times 12.5\times 1.7082}{0.326} = 261.99\text{rad/s} \tag{4.200}$$

将 v_2 代入式（4.197）可以确定二档换档点的发动机转速

$$\omega_e = \frac{4v_2 n_3}{0.326} = \frac{4\times 25\times 1.1388}{0.326} = 349.33\text{rad/s} \tag{4.201}$$

将 v_3 代入式（4.196）可以确定三档换档点的发动机转速

$$\omega_e = \frac{4v_3 n_4}{0.326} = \frac{4\times 37.5\times 0.85412}{0.326} = 393\text{rad/s} \tag{4.202}$$

图 4.20 所示为变速器在不同档位时发动机转速和车速之间的关系。

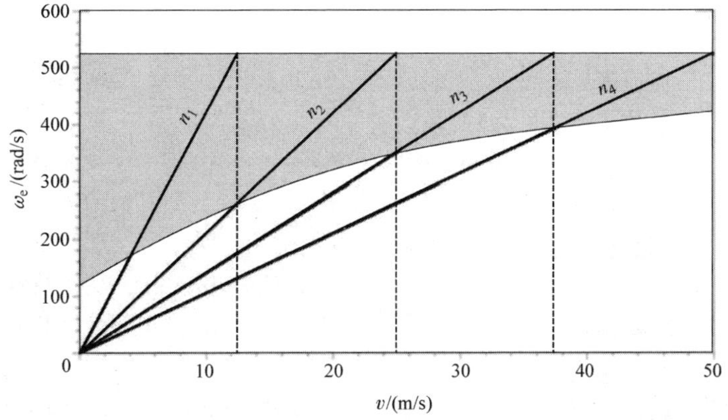

图 4.20 不同档位时发动机转速和车速之间的关系

4.5 小结

内燃机能够达到的最大功率 P_e 是发动机角速度 ω_e 的函数，该**功率特性函数** $P_e = P_e(\omega_e)$，需要通过实验来确定，也可以通过如下公式做近似计算。

$$P_e = P_1\,\omega_e + P_2\,\omega_e{}^2 + P_3\,\omega_e{}^3 \tag{4.203}$$

式中

$$P_1 = \frac{P_M}{\omega_M} \quad P_2 = \frac{P_M}{\omega_M{}^2} \quad P_3 = -\frac{P_M}{\omega_M{}^3} \tag{4.204}$$

P_M 为发动机的最大功率，单位为 W，ω_M 为发动机最大功率时的转动角速度，单位为 rad/s。

发动机输出功率为 P_e 时的转矩 T_e 为

$$T_e = \frac{P_e}{\omega_e} = P_1 + P_2\,\omega_e + P_3\,\omega_e{}^2 \tag{4.205}$$

理想的发动机是指能够在任何速度下发出稳定功率的发动机，对理想发动机有

$$P_e = P_0 \quad T_e = \frac{P_0}{\omega_e} \tag{4.206}$$

人们采用变速器来使发动机近似在某一接近 P_M 的稳定功率下工作，为进行变速器设计，应用**速度方程**

$$\omega_e = \frac{n_i n_d}{R_w} v_x \tag{4.207}$$

和**牵引力方程**

$$T_e = \frac{1}{\eta}\frac{R_w}{n_i n_d} F_x \tag{4.208}$$

上述方程表明，车辆的前进速度 v_x 与发动机曲轴的转动角速度 ω_e 成正比，**轮胎牵引力** F_x 与发动机转矩 T_e 成正比。其中，R_w 为轮胎有效半径，n_d 为差速器传动比，n_i 为变速器在第 i 档的传动比，η 为传动系总效率。

4.6 主要符号

a 以及 $\ddot{x}$	加速度	n_i	变速器 i 档时的传动比
a_i，$i=0$，…，6	函数 $T_e = T_e(\omega_e)$ 的系数	n_d	差速器传动比，主减速比
a_x	加速能力	n_g	变速器传动比
AWD	全轮驱动	P	功率
c_g	相邻档位传动比的固定比率，跳变	P_0	理想发动机稳定功率
		P_1，P_2，P_3	功率特性方程的系数
C_c	摩擦系数	P_e	发动机可达到的最大功率（外特性功率）
d	移动距离		
D	离合器直径	$P_e = P_e\ (\omega_e)$	功率特性方程
E	能量	P_M	最大功率
F_x	牵引力	q	单位里程的燃油消耗量
FWD	前轮驱动	$r = \omega/\omega_n$	频率比
H	燃油的热值	RWD	后轮驱动
m	车辆的质量	T_d	差速器输入转矩
$n = \omega_{in}/\omega_{out}$	档位减速比	T_e	发动机转矩

T_M	最大转矩	η_T	热效率
T_w	车轮转矩	η_V	容积效率
v 以及 $\dot{x}$，v	速度	μ_x	牵引系数
v_{min}	与 ω_{min}对应的最低车速	ρ	油液密度
Δv	两个不同档位下最高车速的差值，速度跨度	ρ_f	燃油密度
		ϕ	道路坡度
x，y，z，x	位移	ω_d	差速器输入转速
η	总效率	ω_e	发动机转速
η_c	变矩器效率	ω_M	发动机最大功率转速
η_e	发动机效率	ω_{Max}	发动机最高转速
η_M	机械效率	ω_p	泵轮转速
η_t	传动效率	$\omega_r = \omega_{out}/\omega_{in}$	速比

习　题

1. 功率特性

奥迪 R8 汽车质量 $m = 1558\text{kg}$，其 V8 发动机最大功率

$$P_M = 313\text{kW}，最大功率转速\ \omega_M = 7800\text{r/min}$$

奥迪 TT 跑车质量为 $m = 1430\text{kg}$，其 V6 发动机最大功率

$$P_M = 184\text{kW}，最大功率转速\ \omega_M = 6300\text{r/min}$$

试确定两种发动机的功率特性方程，并比较汽车的功率质量比 P_M/m。

2. 功率与转矩特性

某款日产 350Z 汽车质量 $m = 1522\text{kg}$，其 V6 发动机最大功率 $P_M = 288\text{kW}$，最大功率转速 $\omega_M = 6800\text{r/min}$；$T_M = 363\text{N}\cdot\text{m}$，最大转矩转速 $\omega = 4800\text{r/min}$ 试确定发动机的功率与转矩特性方程，并比较从转矩方程计算获得的 T_M 和上面给出最大转矩值的大小。

3. 功率特性与模型

宝马 X3 汽车提供配置不同发动机的四种车型：xDrive20d，xDrive25i，xDrive30i 和 xDrive30d。各种车型的质量、最大功率和最大转矩以及与其对应的发动机转速分别为

	P_M/kW	ω_M/r/min	T_M/N·m	ω/r/min	m/kg
xDrive20d	130	4000	350	1750	1750
xDrive25i	160	6500	250	2750	1755
xDrive30i	200	6650	315	2750	1765
xDrive30d	160	4000	500	1750	1810

(a) 应用式 (4.1) 表达这些车型的功率特性。

(b) 基于功率特性解析方程计算各车型的最大转矩，并比较最大转矩的计算值与实际值，确定对哪个车型建立的解析方程模型比较准确。

4. 燃油消耗换算

一款斯巴鲁 Impreza 汽车质量 $m=1521\text{kg}$，其涡轮增压水平对置 4 缸发动机最大功率 $P_M=219\text{kW}$，最大功率转速 $\omega_M=6000\text{r/min}$。该汽车的市区行驶燃油消耗率为 19mile/gal，城际公路行驶燃油消耗率为 25mile/gal，试确定汽车每行驶 100km 消耗的燃油容积（L）。

5. 驱动力

一款奔驰 SLR 汽车质量 $m=1724\text{kg}$，其增压 V8 发动机最大功率

$$P_M=485\text{kW}，最大功率转速\ \omega_M=6500\text{r/min}$$

汽车最高车速 $v_M=337\text{km/h}$。假设发动机达到最大功率时汽车在最高车速行驶，此时总效率为 $\eta=0.75$，试确定最高车速下的驱动力。

6. 变速器速度方程

宝马 X3 汽车提供配置不同变速器的四种车型：xDrive20d，xDrive25i，xDrive30i 和 xDrive30d。各种车型的变速器传动比分别为

	n_1	n_2	n_3	n_4	n_5	n_6	n_r	n_d
xDrive20d	4.17	2.34	1.52	1.14	0.87	0.69	3.4	3.73
xDrive25i	4.07	2.37	1.55	1.16	0.85	0.67	3.2	4.44
xDrive30i	4.07	2.37	1.55	1.16	0.85	0.67	3.2	4.44
xDrive30d	4.17	2.34	1.52	1.14	0.87	0.69	3.4	3.46

各车型均采用相同的轮胎和轮辋：235/55 R17，8J × 17，各车的其他参数在习题 3 中给出。

（a）应用速度方程，分别绘制 4 种车型的档位 - 速度图。

（b）假设 $\eta=1$，在一张图中绘制各车型的加速能力曲线并进行比较。

（c）假设 $\omega_2=1.2\omega_M$，制作一个表格，表中为各车型每个档位下不同 ω_1 的值。

（d）验算各变速器的变速器稳定条件。

（e）★确定各变速器的最佳稳定 ω_1 和 ω_2，使各变速器均尽可能接近于几何式传动比设计。

7. 车速与发动机转速

某款丰田 Camry 汽车的 6 缸发动机排量为 3.5L，其最大功率

$$P_M=197\text{kW}，最大功率转速\ \omega_M=6200\text{r/min}$$

该车采用前轮驱动形式，装有 6 档 ECT - i 自动变速器。

1 档传动比 $=n_1=3.300$　　　2 档传动比 $=n_2=1.900$

3 档传动比 $=n_3=1.420$　　　4 档传动比 $=n_4=1.000$

5 档传动比 $=n_5=0.713$　　　6 档传动比 $=n_6=0.609$

倒档传动比 $=n_r=4.148$　　　主减速比 $=n_d=3.685$

试确定汽车选用如下两种规格的轮胎时，发动机最大功率转速 ω_M 工况下各档的车速。

（a）P215/55 R17 轮胎

（b）P215/60 R16 轮胎

8. 档位 - 速度方程

某款福特 Mondeo 汽车发动机排量为 2. 0L，其最大转矩

$$T_{\mathrm{M}}=185\mathrm{N}\cdot\mathrm{m}，对应转速\ \omega_{\mathrm{e}}=4500\mathrm{r/min}$$

该车装有 5 档手动变速器。

1 档传动比 $=n_1=3.42$，2 档传动比 $=n_2=2.14$，3 档传动比 $=n_3=1.45$，4 档传动比 $=n_4=1.03$，5 档传动比 $=n_5=0.81$，倒档传动比 $=n_r=3.46$，主减速比 $=n_{\mathrm{d}}=4.06$

若汽车轮胎规格为 205/55 R16，试确定各档的档位 - 速度方程。

9. 主减速比与各档传动比

某款达契亚 Logan 汽车质量 $m=1115\mathrm{kg}$，其 4 缸发动机最大功率 $P_{\mathrm{M}}=77\mathrm{kW}$，最大功率转速 $\omega_{\mathrm{M}}=5750\mathrm{r/min}$；$T_{\mathrm{M}}=148\mathrm{N}\cdot\mathrm{m}$，对应转速 $\omega_{\mathrm{e}}=3750\mathrm{r/min}$；$v_{\mathrm{M}}=183\mathrm{km/h}$，轮胎规格：185/65 R15。

该车装有 5 档变速器，发动机转速为 1000r/min 时，各档车速分别为

1 档车速 $=v_{\mathrm{M1}}=7.25\mathrm{km/h}$

2 档车速 $=v_{\mathrm{M2}}=13.18\mathrm{km/h}$

3 档车速 $=v_{\mathrm{M3}}=19.37\mathrm{km/h}$

4 档车速 $=v_{\mathrm{M4}}=26.21\mathrm{km/h}$

5 档车速 $=v_{\mathrm{M5}}=33.94\mathrm{km/h}$ 试测算 $n_{\mathrm{d}}=4$ 时各档传动比 n_i，$i=1, 2, \cdots 5$。

10. 牵引力方程

某款吉普 Wrangler 汽车装配一台 6 缸发动机，并具有如下性能参数

$P_{\mathrm{M}}=153\mathrm{kW}$，最大功率转速 $\omega_{\mathrm{M}}=5200\mathrm{r/min}$

$T_{\mathrm{M}}=325\mathrm{N}\cdot\mathrm{m}$，对应转速 $\omega_{\mathrm{e}}=4000\mathrm{r/min}$

该车型装配一个 6 档手动变速器，各档传动比为

1 档传动比 $=n_1=4.46$	2 档传动比 $=n_2=2.61$
3 档传动比 $=n_3=1.72$	4 档传动比 $=n_4=1.25$
5 档传动比 $=n_5=1.00$	6 档传动比 $=n_6=0.84$
倒档传动比 $=n_r=4.06$	主减速比 $=n_{\mathrm{d}}=3.21$

或者装配一个 4 档自动变速器，各档传动比为：

1 档传动比 $=n_1=2.84$	2 档传动比 $=n_2=1.57$
3 档传动比 $=n_3=1.0$	4 档传动比 $=n_4=0.69$
倒档传动比 $=n_r=2.21$	主减速比 $=n_{\mathrm{d}}=4.10$

假设

$$\eta=0.8\ 轮胎规格：245/75\ \mathrm{R16}$$

试分别针对上述两种变速器配置确定各自的牵引力方程。

11. 加速能力

兰博基尼 Murcielago 汽车装有一台排量为 6. 2L 的 V12 发动机，该发动机性能参数如下

$P_{\mathrm{M}}=464\mathrm{kW}$，最大功率转速 $\omega_{\mathrm{M}}=8000\mathrm{r/min}$

$T_{\mathrm{M}}=660\mathrm{N}\cdot\mathrm{m}$，对应转速 $\omega_{\mathrm{e}}=6000\mathrm{r/min}$

$m=1650\mathrm{kg}$

前轮轮胎规格：P245/35 ZR18

后轮轮胎规格：P335/30 ZR18

汽车变速器的传动比接近下面的似取值：

1档传动比 $= n_1 = 2.94$　　2档传动比 $= n_2 = 2.056$

3档传动比 $= n_3 = 1.520$　　4档传动比 $= n_4 = 1.179$

5档传动比 $= n_5 = 1.030$　　6档传动比 $= n_6 = 0.914$

倒档传动比 $= n_r = 2.529$　　主减速比 $= n_d = 3.42$

假设 $\eta = 0.8$

（a）试确定各档的车轮转矩方程。

（b）试确定汽车的加速能力。

12. ★变速器稳定性

某款捷豹 XJ 汽车为后轮驱动，装有一台排量为 4.2L 的 V8 发动机，该汽车的部分性能参数如下

$m = 1650\text{kg}\ l = 3033\text{mm}$

前轮胎规格：P235/50 R18

后轮胎规格：P235/50 R18

$P_M = 220\text{kW}$，对应转速 $\omega_M = 6000\text{r/min}$

若该汽车的变速器各档传动比如下：

1档传动比 $= n_1 = 4.17$　　2档传动比 $= n_2 = 2.34$

3档传动比 $= n_3 = 1.52$　　4档传动比 $= n_4 = 1.14$

5档传动比 $= n_5 = 0.87$　　6档传动比 $= n_6 = 0.69$

倒档传动比 $= n_r = 3.4$　　主减速比 $= n_d = 2.87$

试检验变速器稳定条件。如果相邻档位传动比的比例不是常数，请根据前两个档位的相对传动比确定新的各档位传动比。

13. ★等比级数传动比变速器设计

兰博基尼 Diablo 是一款后轮驱动的汽车，研发于 1990—2000 年。该车装有一台排量为 5.7L 的 V12 发动机，该车部分性能参数如下

$P_M = 362\text{kW}$，对应转速 $\omega_M = 7000\text{r/min}$

$T_M = 580\text{N}\cdot\text{m}$，对应转速 $\omega_e = 5200\text{r/min}$

$v_M = 328\text{km/h}$

$m = 1576\text{kg}l = 2650\text{mm}$

$w_f = 1540\text{mm}w_r = 1640\text{mm}$

前轮胎规格：245/40 ZR17 后轮胎规格：335/35 ZR17

该汽车的变速器各档传动比如下：

1档传动比 $= n_1 = 4.17$　　$v_M = 97.3\text{km/h}$

2档传动比 $= n_2 = 2.34$　　$v_M = 147.7\text{km/h}$

3档传动比 $= n_3 = 1.52$　　$v_M = 200.2\text{km/h}$

4档传动比 $= n_4 = 1.14$　　$v_M = 254.8\text{km/h}$

5档传动比 $= n_5 = 0.87$　　$v_M = 325\text{km/h}$

倒档传动比 $= n_r = 2.12$　　$v_M = 105.7\text{km/h}$

主减速比 $= n_d = 2.41$

假设 $\eta=0.9$

（a）试确定各档换档时的跳变量。

（b）试确定各档换档时的速度跨度。

（c）试确定各档最高车速时的发动机转速。

（d）试确定功率特性方程，并求出各档最高车速时的发动机功率。

（e）汽车最高车速与5档最大速度之间存在一个速度差，试求汽车最高车速时的发动机功率。根据汽车最高车速，确定总阻力。

14. 手动变速器与自动变速器的比较

某款日产U12 Pintara汽车有手动变速器和自动变速器两种配置。手动变速器配置车型的档传动比参数如下：

1档传动比 $=n_1=3.285$　　2档传动比 $=n_2=1.850$

3档传动比 $=n_3=1.272$　　4档传动比 $=n_4=0.954$

5档传动比 $=n_5=0.740$

倒档传动比 $=n_r=3.428$　　主减速比 $=n_d=3.895$

自动变速器配置车型的传动比参数如下：

1档传动比 $=n_1=2.785$　　2档传动比 $=n_2=1.545$

3档传动比 $=n_3=1.000$　　4档传动比 $=n_4=0.694$

倒档传动比 $=n_r=2.272$　　主减速比 $=n_d=3.876$

将这两种变速器与等比级数传动比变速器设计条件进行比较，试确定哪一种变速器会产生最大偏差。

15. ★递增传动比和等比级数传动比变速器设计

某款全轮驱动的现代Santa Fe汽车性能参数如下

$P_M=178\text{kW}$，对应发动机转速 $\omega_M=6000\text{r/min}$

$T_M=306\text{N}\cdot\text{m}$，对应发动机转速 $\omega_e=4500\text{r/min}$

$m=1724\text{kg}$

$l=2700\text{mm}$

轮胎规格：P235/70 R16

1档传动比 $=n_1=3.79$　　2档传动比 $=n_2=2.06$

3档传动比 $=n_3=1.42$　　4档传动比 $=n_4=1.03$

5档传动比 $=n_5=0.73$

倒档传动比 $=n_r=3.81$　　主减速比 $=n_d=3.68$

发动机在最大功率 P_M，变速器挂5档（$n_5=0.73$）时，汽车可以达到速度 $v=200.2\text{km/h}$。保留 n_1 和 n_5，根据递增传动比和几何传动比变速器设计要求分别重新计算变速器的各档传动比。

16. ★递增传动比和等比级数传动比变速器设计

设某后轮驱动汽车的性能参数如下：

$m=2858\text{kg}$

$l=3886\text{mm}$

$F_{z_1}/F_{z_2}=4410/6000$

轮胎规格：245/75 R16

如果试验数据表明

$$v_M=100\text{km/h}，坡度3\%$$

$$v_M=84\text{km/h}，坡度6\%$$

$$v_M=0，坡度33.2\%$$

假设 $\eta=0.85$，试估算该车的最大转矩和最大功率。

提示：假设车辆在最大坡度道路上驻车时，发动机在最大转矩工况下工作。同时假设车辆在某一坡度道路上以最高速度行驶时，发动机在最大功率工况下工作。坡度为3%表示道路与水平线之间的夹角为

$$\phi=\arctan\frac{3}{100}$$

17. ★变速器设计

设某后轮驱动汽车的性能参数如下：

$P_M=141\text{kW}$，对应发动机转速 $\omega_M=7800\text{r/min}$

$T_M=181\text{N}\cdot\text{m}$，对应发动机转速 $\omega_e=6800\text{r/min}$

$v_M=237\text{km/h}$

$\eta=0.90$

$m=875\text{kg}$ $l=2300\text{mm}$

前轮胎规格：195/50 R16 后轮胎规格：225/45 R17

1档传动比 $=n_1=3.116$　　2档传动比 $=n_2=2.050$

3档传动比 $=n_3=1.481$　　4档传动比 $=n_4=1.166$

5档传动比 $=n_5=0.916$　　6档传动比 $=n_6=0.815$

倒档传动比 $=n_r=3.250$　　主减速比 $=n_d=4.529$

根据6档最大速度，重新设计各档传动比。工作范围可以选用最大功率的 ±20%。

Ⅱ　车辆运动学

5 应用运动学

位置、速度和加速度称作运动学信息，旋转位置分析是存在相对运动的刚体运动学计算的关键。本章将回顾运动学知识，并给出计算刚体相对运动学信息所采用的方法。车辆包括很多运动子系统，如悬架系，车辆本身可以看作在惯性坐标系中运动的刚体，

5.1 绕全域笛卡儿坐标轴的旋转

设在某刚体 B 上固定有一个正交笛卡儿连体坐标系 B（$Oxyz$），该坐标系与大地 G 在原点 O 处相连。如果 $Oxyz$ 相对于固定在大地的全域坐标系 G（$OXYZ$）的方位确定了，则刚体 B 相对于 $OXYZ$ 的方位也为已知。图 5.1 所示为连体坐标系 B 绕全域坐标系 G 中的 O 点旋转的情况。

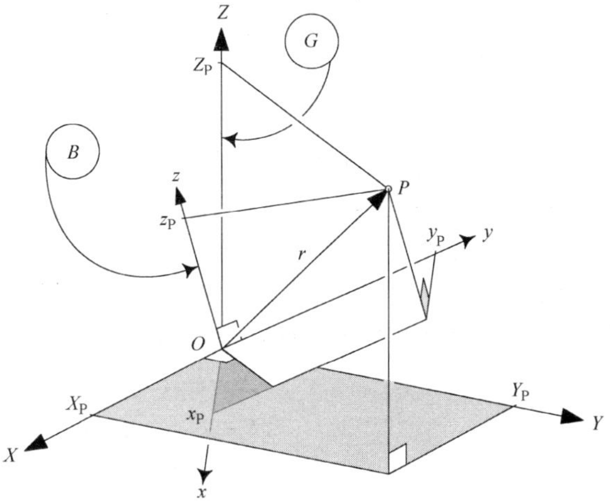

图 5.1 连体坐标系 B 相对于全域坐标系 G 中的 O 点的旋转

如果刚体 B 绕全域坐标系 G 中 Z 轴旋转 α 度，则刚体 B 上任意一点 P 的局部坐标系坐标和全域坐标系坐标的关系可用下面公式表示

$$^{G}\boldsymbol{r} = R_{Z,\alpha}\,^{B}\boldsymbol{r} \tag{5.1}$$

式中

$$R_{Z,\alpha} = \begin{bmatrix} \cos\alpha & -\sin\alpha & 0 \\ \sin\alpha & \cos\alpha & 0 \\ 0 & 0 & 1 \end{bmatrix} \tag{5.2}$$

且

$$^{G}\boldsymbol{r} = \begin{bmatrix} X \\ Y \\ Y \end{bmatrix} \quad ^{B}\boldsymbol{r} = \begin{bmatrix} x \\ y \\ z \end{bmatrix} \tag{5.3}$$

同理，刚体 B 绕全域坐标系 G 中 Y 轴旋转 β 度，和绕 X 轴旋转 γ 度时，P 点局部坐标系坐标和全域坐标系坐标的关系可用如下公式表示。

$$^{G}\boldsymbol{r} = R_{Y,\beta}\,^{B}\boldsymbol{r} \tag{5.4}$$

$$^{G}\boldsymbol{r} = R_{X,\gamma}\,^{B}\boldsymbol{r} \tag{5.5}$$

式中

$$R_{Y,\beta} = \begin{bmatrix} \cos\beta & 0 & \sin\beta \\ 0 & 1 & 0 \\ -\sin\beta & 0 & \cos\beta \end{bmatrix} \tag{5.6}$$

$$R_{X,Y}=\begin{bmatrix}1 & 0 & 0\\ 0 & \cos\gamma & -\sin\gamma\\ 0 & \sin\gamma & \cos\gamma\end{bmatrix} \tag{5.7}$$

证明：令（i，j，k）和（I，J，K）分别表示沿 $Oxyz$ 和 $OXYZ$ 中坐标轴的单位向量，刚体的空间固定点 O 为 $Oxyz$ 和 $OXYZ$ 的共用原点。假定有固定在某刚体上的点 P 绕 Z 轴旋转了角度 α。图 5.2 所示为旋转后的坐标系顶视图，图中用虚线表示出初始位置点（X_1，Y_1，Z_1）。

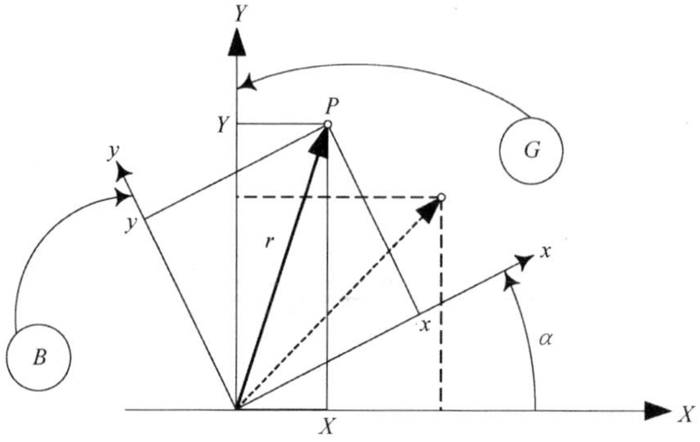

图 5.2 旋转后的坐标系顶视图

P 点的位置向量 $\boldsymbol{r}$ 在连体坐标系和全域坐标系中的坐标可以表示为

$$^{B}\boldsymbol{r}=x\hat{i}+y\hat{j}+z\hat{k} \tag{5.8}$$

$$^{G}\boldsymbol{r}=X\hat{I}+Y\hat{J}+Z\hat{K} \tag{5.9}$$

式中，$^{B}\boldsymbol{r}$ 是位置向量 $\boldsymbol{r}$ 在连体坐标系 B 中的表达形式；$^{G}\boldsymbol{r}$ 是位置向量 $\boldsymbol{r}$ 在全域坐标系 G 中的表达形式。

应用式（5.8）和内积的定义，可以写作

$$\boldsymbol{X}=\hat{I}\cdot\boldsymbol{r}=\hat{I}\cdot x\hat{i}+\hat{I}\cdot y\hat{J}+\hat{I}\cdot z\hat{k} \tag{5.10}$$

$$\boldsymbol{Y}=\hat{J}\cdot\boldsymbol{r}=\hat{J}\cdot x\hat{i}+\hat{J}\cdot y\hat{J}+\hat{J}\cdot z\hat{k} \tag{5.11}$$

$$\boldsymbol{Z}=\hat{K}\cdot\boldsymbol{r}=\hat{K}\cdot x\hat{i}+\hat{K}\cdot y\hat{J}+\hat{K}\cdot z\hat{k} \tag{5.12}$$

或等效写作

$$\begin{bmatrix}X\\ Y\\ Z\end{bmatrix}=\begin{bmatrix}\hat{I}\cdot\hat{i} & \hat{I}\cdot\hat{J} & \hat{I}\cdot\hat{k}\\ \hat{J}\cdot\hat{i} & \hat{J}\cdot\hat{J} & \hat{J}\cdot\hat{k}\\ \hat{K}\cdot\hat{i} & \hat{K}\cdot\hat{J} & \hat{K}\cdot\hat{k}\end{bmatrix}\begin{bmatrix}x\\ y\\ z\end{bmatrix} \tag{5.13}$$

分析图 5.2 显示

$$\begin{aligned}&\hat{I}\cdot\hat{i}=\cos\alpha\ \hat{I}\cdot\hat{J}=-\sin\alpha\ \hat{I}\cdot\hat{k}=0\\ &\hat{J}\cdot\hat{i}=\sin\alpha\ \hat{J}\cdot\hat{J}=\cos\alpha\ \hat{J}\cdot\hat{k}=0\\ &\hat{K}\cdot\hat{i}=0\quad \hat{K}\cdot\hat{J}=0\qquad \hat{K}\cdot\hat{k}=1\end{aligned} \tag{5.14}$$

联立式（5.13）和式（5.14）得到

$$^{G}\boldsymbol{r}=R_{Z,\alpha}{}^{B}\boldsymbol{r} \tag{5.15}$$

$$\begin{bmatrix}X\\ Y\\ Z\end{bmatrix}=\begin{bmatrix}\cos\alpha & -\sin\alpha & 0\\ \sin\alpha & \cos\alpha & 0\\ 0 & 0 & 1\end{bmatrix}\begin{bmatrix}x\\ y\\ z\end{bmatrix} \tag{5.16}$$

Z 轴旋转矩阵，$R_{Z,\alpha}$，的各元素称作 $^{B}\boldsymbol{r}$ 相对于 $OXYZ$ 的方向余弦。

$$R_{Z,\alpha}=\begin{bmatrix}\cos\alpha & -\sin\alpha & 0\\ \sin\alpha & \cos\alpha & 0\\ 0 & 0 & 1\end{bmatrix} \tag{5.17}$$

式（5.15）表明向量 $\boldsymbol{r}$ 在全域坐标系中的第二个位置等于 $R_{Z,\alpha}$ 乘以局部坐标系中的位置向量。因此，如果已知刚体上某点的局部坐标，就能够获得该点绕 Z 轴旋转后的全域坐标。

同理，绕 Y 轴旋转角度 β 和绕 X 轴旋转角度 γ 的情况也可以分别用 Y 轴旋转矩阵 $R_{Y,\beta}$ 和 X 轴旋转矩阵 $R_{X,\gamma}$ 表示。

$$R_{Y,\beta}=\begin{bmatrix}\cos\beta & 0 & \sin\beta\\ 0 & 1 & 0\\ -\sin\beta & 0 & \cos\beta\end{bmatrix} \tag{5.18}$$

$$R_{X,\gamma}=\begin{bmatrix}1 & 0 & 0\\ 0 & \cos\gamma & -\sin\gamma\\ 0 & \sin\gamma & \cos\gamma\end{bmatrix} \tag{5.19}$$

旋转矩阵 $R_{Z,\alpha}$、$R_{Y,\beta}$ 和 $R_{X,\gamma}$ 称作**基本全域旋转矩阵**。通常人们分别用 α、β 和 γ 表示绕全域坐标系第一、第二和第三坐标轴的旋转。

例 155　绕全域坐标轴的连续旋转

点 $P(1,2,3)$ 绕 Z 轴旋转 30°，继而绕 X 轴旋转 30°，再绕 Y 轴旋转 90°，其最终位置可以通过如下方法获得。首先令 $R_{Z,30}$ 乘以［1，2，3］^{T} 得到 P 点第一次旋转后的全域坐标位置。

$$\begin{bmatrix}X_2\\ Y_2\\ Z_2\end{bmatrix}=\begin{bmatrix}\cos\dfrac{\pi}{6} & -\sin\dfrac{\pi}{6} & 0\\ \sin\dfrac{\pi}{6} & \cos\dfrac{\pi}{6} & 0\\ 0 & 0 & 1\end{bmatrix}\begin{bmatrix}1\\ 2\\ 3\end{bmatrix}=\begin{bmatrix}-0.134\\ 2.23\\ 3\end{bmatrix} \tag{5.20}$$

再令 $R_{X,30}$ 乘以［−0.134，2.23，3］^{T} 计算第二次旋转后 P 点的全域坐标位置。

$$\begin{bmatrix}X_3\\ Y_3\\ Z_3\end{bmatrix}=\begin{bmatrix}1 & 0 & 0\\ 0 & \cos\dfrac{\pi}{6} & -\sin\dfrac{\pi}{6}\\ 0 & \sin\dfrac{\pi}{6} & \cos\dfrac{\pi}{6}\end{bmatrix}\begin{bmatrix}-0.134\\ 2.23\\ 3\end{bmatrix}=\begin{bmatrix}-0.134\\ 0.433\\ 3.714\end{bmatrix} \tag{5.21}$$

最后令 $R_{Y,90}$ 乘以［−0.134，0.433，3.714］^{T} 计算第三次旋转后 P 点的最终全域坐标位置。

$$\begin{bmatrix}X_4\\ Y_4\\ Z_4\end{bmatrix}=\begin{bmatrix}\cos\dfrac{\pi}{2} & 0 & \sin\dfrac{\pi}{2}\\ 0 & 1 & 0\\ -\sin\dfrac{\pi}{2} & 0 & \cos\dfrac{\pi}{2}\end{bmatrix}\begin{bmatrix}-0.134\\ 0.433\\ 3.714\end{bmatrix}=\begin{bmatrix}3.714\\ 0.433\\ 0.134\end{bmatrix} \tag{5.22}$$

例 156　全域旋转，局部位置

如果点 P 绕 Z 轴旋转 60°运动到 ${}^{G}\boldsymbol{r}=$［1，2，3］^{T}，该点在局部坐标系中的位置为

$${}^{B}\boldsymbol{r}=R_{Z,60}^{-1}\,{}^{G}\boldsymbol{r}$$

$$\begin{bmatrix}x_2\\ x_2\\ x_2\end{bmatrix}=\begin{bmatrix}\cos\dfrac{\pi}{3} & -\sin\dfrac{\pi}{3} & 0\\ \sin\dfrac{\pi}{3} & \cos\dfrac{\pi}{3} & 0\\ 0 & 0 & 1\end{bmatrix}^{-1}\begin{bmatrix}2\\ 3\\ 2\end{bmatrix}=\begin{bmatrix}3.6\\ -0.23\\ 2\end{bmatrix} \tag{5.23}$$

例 157　时变全域旋转

假设某刚体 B 以速度 0. 1rad/s 绕 Z 轴连续旋转，该刚体的变换矩阵为

$$ {}^{G}R_{B}=\begin{bmatrix}\cos 0.1t & -\sin 0.1t & 0\\ \sin 0.1t & \cos 0.1t & 0\\ 0 & 0 & 1\end{bmatrix} \tag{5.24}$$

且有

$$\begin{aligned}\begin{bmatrix}X\\Y\\Z\end{bmatrix}&=\begin{bmatrix}\cos 0.1t & -\sin 0.1t & 0\\ \sin 0.1t & \cos 0.1t & 0\\ 0 & 0 & 1\end{bmatrix}\begin{bmatrix}x\\y\\z\end{bmatrix}\\&=\begin{bmatrix}x\cos 0.1t-y\sin 0.1t\\ y\cos 0.1t+x\sin 0.1t\\ z\end{bmatrix}\end{aligned} \tag{5.25}$$

这种旋转使刚体 B 上的每一个点都在平行于平面（X，Y）的平面上以半径 $R=\sqrt{X^2+Y^2}$ 做环形运动：

$$\begin{aligned}X^2+Y^2&=(x\cos 0.1t-y\sin 0.1t)^2+(y\cos 0.1t+x\sin 0.1t)^2\\&=x^2+y^2=R^2\end{aligned} \tag{5.26}$$

考虑在刚体 B 上的某点 P，此时有 ${}^{B}\boldsymbol{r}=[1\quad 0\quad 0]^{\mathrm{T}}$。经过 $t=1\mathrm{s}$ 后，该点在

$$\begin{bmatrix}X\\Y\\Z\end{bmatrix}=\begin{bmatrix}\cos 0.1 & -\sin 0.1 & 0\\ \sin 0.1 & \cos 0.1 & 0\\ 0 & 0 & 1\end{bmatrix}\begin{bmatrix}1\\0\\0\end{bmatrix}=\begin{bmatrix}0.995\\0.0998\\0\end{bmatrix} \tag{5.27}$$

经过 $t=6\mathrm{s}$ 后，该点在

$$\begin{bmatrix}X\\Y\\Z\end{bmatrix}=\begin{bmatrix}\cos 0.6 & -\sin 0.6 & 0\\ \sin 0.6 & \cos 0.6 & 0\\ 0 & 0 & 1\end{bmatrix}\begin{bmatrix}1\\0\\0\end{bmatrix}=\begin{bmatrix}0.825\\0.564\\0\end{bmatrix} \tag{5.28}$$

5.2　绕全域笛卡儿坐标轴的连续旋转

某刚体 B 上点 P 的位置向量 $\boldsymbol{r}$ 的经过一系列绕全域坐标轴的旋转 R_1，R_2，R_3，…，R_n 后，其最终全域坐标位置可以通过如下方法获得。

$$ {}^{G}\boldsymbol{r}={}^{G}R_{B}\,{}^{B}\boldsymbol{r} \tag{5.29}$$

式中，

$$ {}^{G}R_{B}=R_n\cdots R_3\ R_2\ R_1 \tag{5.30}$$

${}^{G}\boldsymbol{r}$ 和 ${}^{B}\boldsymbol{r}$ 分别是位置向量 $\boldsymbol{r}$ 在全域坐标系和局部坐标系中的表示。变换矩阵 ${}^{G}R_{B}$ 称作**全域旋转矩阵**，用于完成由局部坐标向相应的全域坐标的转换。

例 158　连续全域旋转，全域位置

如果某刚体上的一点 P 与全域坐标系在 O 点关联，并处于坐标

$$\begin{bmatrix}X\\Y\\Z\end{bmatrix}=\begin{bmatrix}0.0\\0.26\\0.97\end{bmatrix} \tag{5.31}$$

该点绕 X 轴旋转 $-29°$，继而绕 Z 轴旋转 $30°$，再绕 X 轴旋转 $132°$后，计算其最终位置的旋转矩阵为

$$
{}^{G}R_{B}=R_{X,132}R_{Z,30}R_{X,-29}=\begin{bmatrix}0.87 & -0.44 & -0.24\\ -0.33 & -0.15 & -0.93\\ 0.37 & 0.89 & -0.27\end{bmatrix} \tag{5.32}
$$

因此，其最新位置为

$$
\begin{bmatrix}X\\Y\\Z\end{bmatrix}=\begin{bmatrix}0.87 & -0.44 & -0.24\\ -0.33 & -0.15 & -0.93\\ 0.37 & 0.89 & -0.27\end{bmatrix}\begin{bmatrix}0.0\\0.26\\0.97\end{bmatrix}=\begin{bmatrix}-0.35\\-0.94\\-0.031\end{bmatrix} \tag{5.33}
$$

例 159　旋转顺序，矩阵相乘顺序

改变全域旋转矩阵的顺序相当于改变旋转的顺序。

某刚体 B 上点 P 的位置在${}^{B}\boldsymbol{r}=[1\quad 2\quad 3]^{\mathrm{T}}$，该点绕 X 轴旋转 $30°$，再绕 Y 轴旋转 $45°$后，其全域坐标位置为

$$
\begin{aligned}
{}^{G}\boldsymbol{r}_{1} &= R_{Y,45}R_{X,30}{}^{B}\boldsymbol{r}\\
&=\begin{bmatrix}0.53 & -0.84 & -0.13\\ 0.0 & 0.15 & 0.99\\ -0.85 & -0.52 & 0.081\end{bmatrix}\begin{bmatrix}1\\2\\3\end{bmatrix}=\begin{bmatrix}-0.76\\3.27\\-1.64\end{bmatrix}
\end{aligned} \tag{5.34}
$$

如果改变旋转顺序，则其位置为

$$
\begin{aligned}
G\boldsymbol{r}_{2} &= R_{X,30}R_{Y,45}{}^{B}\boldsymbol{r}\\
&=\begin{bmatrix}0.53 & 0.0 & -0.85\\ -0.84 & 0.15 & -0.52\\ -0.13 & 0.99 & 0.081\end{bmatrix}\begin{bmatrix}1\\2\\3\end{bmatrix}=\begin{bmatrix}3.08\\1.02\\-1.86\end{bmatrix}
\end{aligned} \tag{5.35}
$$

P 经上述两种旋转后的最终位置相距 $d=|{}^{G}\boldsymbol{r}_{1}-{}^{G}\boldsymbol{r}_{2}|=4.456$。

例 160　全域侧倾－俯仰－横摆角

绕全域坐标系 X 轴的旋转称为**侧倾**，绕全域坐标系 Y 轴的旋转称为**俯仰**，绕全域坐标系 Z 轴的旋转称为**横摆**。全域侧倾－俯仰－横摆旋转矩阵为

$$
\begin{aligned}
{}^{G}R_{B} &= R_{Z,\gamma}R_{Y,\beta}R_{X,\alpha}\\
&=\begin{bmatrix}\cos\beta\cos\gamma & -\cos\alpha\sin\gamma+\cos\gamma\sin\alpha\sin\beta & \sin\alpha\sin\gamma+\cos\alpha\cos\gamma\sin\beta\\ \cos\beta\sin\gamma & \cos\alpha\cos\gamma+\sin\alpha\sin\beta\sin\gamma & -\cos\gamma\sin\alpha+\cos\alpha\sin\beta\sin\gamma\\ -\sin\beta & \cos\beta\sin\alpha & \cos a\cos\beta\end{bmatrix}
\end{aligned} \tag{5.36}
$$

给定侧倾、俯仰和横摆角度后，就可以应用式（5.36）计算出总旋转矩阵。同样，旋转矩阵给出后，也可以计算等效侧倾、俯仰和横摆角。令 r_{ij}表示侧倾－俯仰－横摆旋转矩阵的第 i 行第 j 列元素，则侧倾角为

$$
\alpha=\arctan\left(\frac{r_{32}}{r_{33}}\right) \tag{5.37}
$$

俯仰角为

$$
\beta=-\arcsin(r_{31}) \tag{5.38}
$$

横摆角为

$$\gamma = \arctan\left(\frac{r_{21}}{r_{11}}\right) \tag{5.39}$$

假设 $\cos\beta \neq 0$。

5.3 绕局部笛卡儿坐标轴的旋转

设含有一个空间固定点 O 的某刚体 B，其局部体坐标系 $B(Oxyz)$ 与全域坐标系 $G(OXYZ)$ 重合，两个坐标系的原点均在固定点 O 处。如果该刚体绕局部连坐标系的 z 轴旋转角度 ϕ，刚体上任意一点在局部坐标系和全域坐标系中坐标之间的关系可以由下式给出。

$$^{B}\boldsymbol{r} = R_{z,\varphi}\,{}^{G}\boldsymbol{r} \tag{5.40}$$

图5.3为系统的顶视图，向量$^{G}\boldsymbol{r}$和$^{B}\boldsymbol{r}$分别是该点在全域坐标系和局部坐标系中的位置向量。

$$^{G}\boldsymbol{r} = \begin{bmatrix} X \\ Y \\ Z \end{bmatrix} \quad {}^{B}\boldsymbol{r} = \begin{bmatrix} x \\ y \\ z \end{bmatrix} \tag{5.41}$$

$R_{z,\varphi}$为 z 轴旋转矩阵。

$$R_{z,\varphi} = \begin{bmatrix} \cos\varphi & \sin\varphi & 0 \\ -\sin\varphi & \cos\varphi & 0 \\ 0 & 0 & 1 \end{bmatrix} \tag{5.42}$$

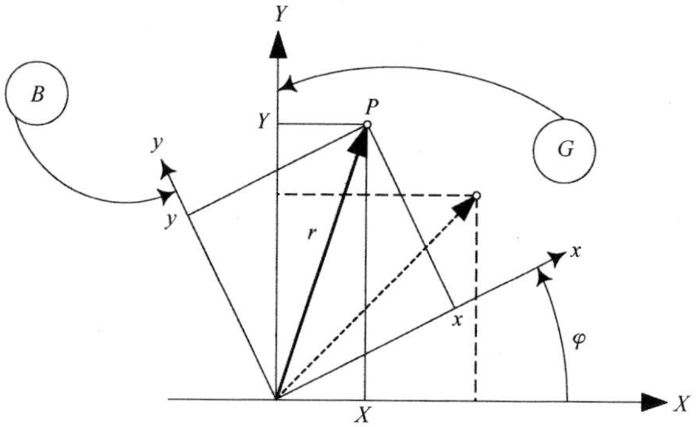

图5.3 局部连坐标系绕局部连坐标系 z 轴旋转前后点 P 的位置向量

同理，绕局部坐标系的 y 轴旋转角度 θ 和绕局部坐标系的 x 轴旋转角度 ψ 可以分别用 y **轴旋转矩阵** $R_{y,\theta}$和 x **轴旋转矩阵** $R_{x,\psi}$表示。

$$R_{y,\theta} = \begin{bmatrix} \cos\theta & 0 & -\sin\theta \\ 0 & 1 & 0 \\ \sin\theta & 0 & \cos\theta \end{bmatrix} \tag{5.43}$$

$$R_{x,\psi} = \begin{bmatrix} 1 & 0 & 0 \\ 0 & \cos\psi & \sin\psi \\ 0 & -\sin\psi & \cos\psi \end{bmatrix} \tag{5.44}$$

证明：向量 $\boldsymbol{r}$ 表示旋转后刚体 B 上点 P 的位置，令（$\hat{\imath}$，$\hat{\jmath}$，$\hat{k}$）和（$\hat{I}$，$\hat{J}$，$\hat{K}$）分别表示沿局部坐标系 B（$Oxyz$）坐标轴和全域坐标系 G（$OXYZ$）坐标轴的单位向量，两个坐标系中位置向量的表示形式为

$$^{B}\boldsymbol{r} = x\hat{\imath} + y\hat{\jmath} + z\hat{k} \tag{5.45}$$

$$^{G}\boldsymbol{r} = X\hat{I} + Y\hat{J} + Z\hat{K} \tag{5.46}$$

如果$^{G}\boldsymbol{r}$分量已知的话，则$^{B}\boldsymbol{r}$分量也可以获得。应用式（5.45）和内积的定义，可以写

$$x = \hat{\imath}\cdot\boldsymbol{r} = \hat{\imath}\cdot X\hat{I} + \hat{\imath}\cdot Y\hat{J} + \hat{\imath}\cdot Z\hat{K} \tag{5.47}$$

$$y = \hat{\jmath}\cdot\boldsymbol{r} = \hat{\jmath}\cdot X\hat{I} + \hat{\jmath}\cdot Y\hat{J} + \hat{\jmath}\cdot Z\hat{K} \tag{5.48}$$

$$z = \hat{k}\cdot\boldsymbol{r} = \hat{k}\cdot X\hat{I} + \hat{k}\cdot Y\hat{J} + \hat{k}\cdot Z\hat{K} \tag{5.49}$$

或者等效地

$$\begin{bmatrix} x \\ y \\ z \end{bmatrix} = \begin{bmatrix} \hat{i} \cdot \hat{I} & \hat{i} \cdot \hat{J} & \hat{i} \cdot \hat{K} \\ \hat{j} \cdot \hat{I} & \hat{j} \cdot \hat{J} & \hat{j} \cdot \hat{K} \\ \hat{k} \cdot \hat{I} & \hat{k} \cdot \hat{J} & \hat{k} \cdot \hat{K} \end{bmatrix} \begin{bmatrix} X \\ Y \\ Z \end{bmatrix} \tag{5.50}$$

z 轴旋转矩阵 $R_{z,\varphi}$ 的元素是 ${}^G\boldsymbol{r}$ 相对于 $Oxyz$ 的**方向余弦**，所以式（5.50）矩阵的元素为

$$\begin{aligned} &\hat{i} \cdot \hat{I} = \cos\varphi \quad \hat{i} \cdot \hat{J} = \sin\varphi \quad \hat{i} \cdot \hat{K} = 0 \\ &\hat{j} \cdot \hat{I} = -\sin\varphi \quad \hat{j} \cdot \hat{J} = \cos\varphi \quad \hat{j} \cdot \hat{K} = 0 \\ &\hat{k} \cdot \hat{I} = 0 \quad \hat{k} \cdot \hat{J} = 0 \quad \hat{k} \cdot \hat{K} = 1 \end{aligned} \tag{5.51}$$

联立式（5.50）和式（5.51），可以通过令 z 轴旋转矩阵 $R_{z,\varphi}$ 乘以向量 ${}^G\boldsymbol{r}$ 获得 ${}^B\boldsymbol{r}$ 的分量。

$$\begin{bmatrix} x \\ y \\ z \end{bmatrix} = \begin{bmatrix} \cos\varphi & \sin\varphi & 0 \\ -\sin\varphi & \cos\varphi & 0 \\ 0 & 0 & 1 \end{bmatrix} \begin{bmatrix} X \\ Y \\ Z \end{bmatrix} \tag{5.52}$$

上述公式也可以用如下简写形式：

$${}^B\boldsymbol{r} = R_{z,\varphi} {}^G\boldsymbol{r} \tag{5.53}$$

式中，

$$R_{z,\varphi} = \begin{bmatrix} \cos\varphi & \sin\varphi & 0 \\ -\sin\varphi & \cos\varphi & 0 \\ 0 & 0 & 1 \end{bmatrix} \tag{5.54}$$

式（5.53）表明，经过绕局部坐标系 z 轴的旋转后，在局部坐标系中的位置向量等于 $R_{z,\varphi}$ 乘以全域坐标系中的位置向量。因此，如果已经知道了刚体上某点在全域坐标系中的坐标，则可以求得绕轴旋转后该点在局部坐标系中的坐标。

同理，绕 y 轴旋转角度 θ 和绕 x 轴旋转角度 ψ 可以分别用 y 轴旋转矩阵 $R_{y,\theta}$ 和 x 轴旋转矩阵 $R_{x,\psi}$ 表示。

$$R_{y,\theta} = \begin{bmatrix} \cos\theta & 0 & -\sin\theta \\ 0 & 1 & 0 \\ \sin\theta & 0 & \cos\theta \end{bmatrix} \tag{5.55}$$

$$R_{x,\psi} = \begin{bmatrix} 1 & 0 & 0 \\ 0 & \cos\psi & \sin\psi \\ 0 & -\sin\psi & \cos\psi \end{bmatrix} \tag{5.56}$$

通常分别用 φ、θ 和 ψ 表示绕局部坐标轴的第一、第二和第三旋转。

例 161 局部旋转，局部位置

如果某局部坐标系 B（$Oxyz$）绕其 z 轴旋转了 60°，全域坐标系 G（$OXYZ$）中的某点 P 在（4，3，2），该点在局部坐标系 B 中的坐标为

$$\begin{bmatrix} x \\ y \\ z \end{bmatrix} = \begin{bmatrix} \cos\dfrac{\pi}{3} & \sin\dfrac{\pi}{3} & 0 \\ -\sin\dfrac{\pi}{3} & \cos\dfrac{\pi}{3} & 0 \\ 0 & 0 & 1 \end{bmatrix} \begin{bmatrix} 4 \\ 3 \\ 2 \end{bmatrix} = \begin{bmatrix} 4.60 \\ -1.97 \\ 2.0 \end{bmatrix} \tag{5.57}$$

例 162　局部旋转，全域位置

如果某局部坐标系 $B(Oxyz)$ 绕其 z 轴旋转了 60°，局部坐标系 B 中的某点 P 在（4，3，2），该点在全域坐标系 $G(OXYZ)$ 中的位置为

$$\begin{bmatrix} X \\ Y \\ Z \end{bmatrix} = \begin{bmatrix} \cos\frac{\pi}{3} & \sin\frac{\pi}{3} & 0 \\ -\sin\frac{\pi}{3} & \cos\frac{\pi}{3} & 0 \\ 0 & 0 & 1 \end{bmatrix}^{-1} \begin{bmatrix} 4 \\ 3 \\ 2 \end{bmatrix} = \begin{bmatrix} -0.60 \\ 4.96 \\ 2.0 \end{bmatrix} \tag{5.58}$$

例 163　连续局部旋转，全域位置

令刚体绕 y 轴旋转 −90°，接着绕 x 轴旋转 90°，如果刚体上某点 P 在 ${}^B\boldsymbol{r} = [9.5 \quad -10.1 \quad 10.1]^{\mathrm{T}}$，该点在全域坐标系中的位置为

$$\begin{aligned} {}^G\boldsymbol{r}_p &= [R_{x,90}R_{y,-90}]^{-1}\,{}^B\boldsymbol{r} = R_{y,-90}^{-1}R_{x,90}^{-1}\,{}^B\boldsymbol{r} \\ &= R_{y,-90}^{\mathrm{T}}R_{x,90}^{\mathrm{T}}\,{}^B\boldsymbol{r} = \begin{bmatrix} 10.1 \\ -10.1 \\ 9.5 \end{bmatrix} \end{aligned} \tag{5.59}$$

旋转变换矩阵的逆矩阵和转置矩阵相等，即

$$R^{-1} = R^{\mathrm{T}} \tag{5.60}$$

这种矩阵称作正交矩阵。

例 164　全域位置和旋转矩阵右乘

旋转后某点 P 的局部坐标位置在 ${}^B\boldsymbol{r} = [1 \quad 2 \quad 3]^{\mathrm{T}}$，如果从 ${}^G\boldsymbol{r}$ 向 ${}^B\boldsymbol{r}$ 转换的局部旋转矩阵为

$$R_{z,\varphi} = \begin{bmatrix} \cos\varphi & \sin\varphi & 0 \\ -\sin\varphi & \cos\varphi & 0 \\ 0 & 0 & 1 \end{bmatrix} = \begin{bmatrix} \cos\frac{\pi}{6} & \sin\frac{\pi}{6} & 0 \\ -\sin\frac{\pi}{6} & \cos\frac{\pi}{6} & 0 \\ 0 & 0 & 1 \end{bmatrix} \tag{5.61}$$

则可以通过令局部位置向量 ${}^B\boldsymbol{r}^{\mathrm{T}}$ 右乘 $R_{z,\varphi}$ 获得全域位置向量 ${}^G\boldsymbol{r}$。

$$\begin{aligned} {}^G\boldsymbol{r}^{\mathrm{T}} &= {}^B\boldsymbol{r}^{\mathrm{T}}R_{z,\varphi} = [1 \quad 2 \quad 3] \begin{bmatrix} \cos\frac{\pi}{6} & \sin\frac{\pi}{6} & 0 \\ -\sin\frac{\pi}{6} & \cos\frac{\pi}{6} & 0 \\ 0 & 0 & 1 \end{bmatrix} \\ &= [-0.13 \quad 2.23 \quad 3.0] \end{aligned} \tag{5.62}$$

不必用 ${}^B\boldsymbol{r}$ 左乘 $R_{z,\varphi}^{-1}$。

$$\begin{aligned} {}^G\boldsymbol{r} &= R_{z,\varphi}^{-1}\,{}^B\boldsymbol{r} \\ &= \begin{bmatrix} \cos\frac{\pi}{6} & -\sin\frac{\pi}{6} & 0 \\ \sin\frac{\pi}{6} & \cos\frac{\pi}{6} & 0 \\ 0 & 0 & 1 \end{bmatrix} \begin{bmatrix} 1 \\ 2 \\ 3 \end{bmatrix} = \begin{bmatrix} -0.13 \\ 2.23 \\ 3.0 \end{bmatrix} \end{aligned} \tag{5.63}$$

5.4 绕局部笛卡儿坐标轴的连续旋转

位置向量为 $\boldsymbol{r}$ 的某刚体 B 上一点 P，经过一系列绕局部坐标轴的旋转 R_1，R_2，R_3，…，R_n 后，其最终全域坐标位置可以通过如下方法获得。

$$ {}^{B}\boldsymbol{r} = {}^{B}R_{G}\,{}^{G}\boldsymbol{r} \tag{5.64}$$

式中

$$ {}^{B}R_{G} = R_{n}\cdots R_{3}\,R_{2}\,R_{1} \tag{5.65}$$

变换矩阵 ${}^{B}R_{G}$ 称作局部旋转矩阵，用于完成由全域坐标向相应的局部坐标的转换。

例 165 连续局部旋转，局部位置

初始时与全域坐标系 $G(OXYZ)$ 重合的局部坐标系 $B(Oxyz)$，先绕 z 轴旋转角度 $\varphi=30°$，接着绕 x 轴旋转角度 $\theta=30°$，再绕 y 轴旋转角度 $\psi=30°$。位于 $X=5$，$Y=30$，$Z=10$ 处的点 P 的局部坐标可以通过下面的方法获得

$$\begin{bmatrix} x \\ y \\ z \end{bmatrix} = {}^{B}R_{G}\begin{bmatrix} 5 \\ 30 \\ 10 \end{bmatrix} \tag{5.66}$$

局部旋转矩阵为

$$ {}^{B}R_{G} = R_{y,30}R_{x,30}R_{z,30} = \begin{bmatrix} 0.63 & 0.65 & -0.43 \\ -0.43 & 0.75 & 0.50 \\ 0.65 & -0.125 & 0.75 \end{bmatrix} \tag{5.67}$$

点 P 在局部坐标系中的坐标为

$$\begin{bmatrix} x \\ y \\ z \end{bmatrix} = \begin{bmatrix} 0.63 & 0.65 & -0.43 \\ -0.43 & 0.75 & 0.50 \\ 0.65 & -0.125 & 0.75 \end{bmatrix}\begin{bmatrix} 5 \\ 30 \\ 10 \end{bmatrix} = \begin{bmatrix} 18.35 \\ 25.35 \\ 7.0 \end{bmatrix} \tag{5.68}$$

例 166 连续局部旋转

物体上某点 $P(x,y,z)$ 经过旋转 $R_{z,\varphi}$ 后，又进行 $R_{x,\theta}$ 和 $R_{y,\psi}$ 旋转，旋转矩阵为

$$\begin{aligned} {}^{B}R_{G} &= R_{y,\psi}R_{x,\theta}R_{z,\varphi} \\ &= \begin{bmatrix} \cos\varphi\cos\psi - \sin\theta\sin\varphi\sin\psi & \cos\psi\sin\varphi + \cos\varphi\sin\theta\sin\psi & -\cos\theta\sin\psi \\ -\cos\theta\sin\varphi & \cos\theta\cos\varphi & \sin\theta \\ \cos\varphi\sin\psi + \sin\theta\cos\psi\sin\varphi & \sin\varphi\sin\psi - \cos\varphi\sin\theta\cos\psi & \cos\theta\cos\psi \end{bmatrix} \end{aligned} \tag{5.69}$$

例 167 局部侧倾 - 俯仰 - 横摆角

绕局部坐标系 x 轴的旋转称作侧倾或倾斜，绕局部坐标系 y 轴的旋转称作俯仰或航姿，绕局部坐标系 z 轴的旋转称作横摆、自旋或航向。某汽车的局部侧倾 - 俯仰 - 横摆角如图 5.4 所示。

局部侧倾 - 俯仰 - 横摆矩阵为

$$\begin{aligned} {}^{B}R_{G} &= R_{z,\psi}R_{y,\theta}R_{x,\varphi} \\ &= \begin{bmatrix} \cos\theta\cos\psi & \cos\varphi\sin\psi + \sin\theta\cos\psi\sin\varphi & \sin\varphi\sin\psi - \cos\varphi\sin\theta\cos\psi \\ -\cos\theta\sin\psi & \cos\varphi\cos\psi - \sin\theta\sin\psi\sin\varphi & \cos\psi\sin\varphi + \cos\varphi\sin\theta\sin\psi \\ \sin\theta & -\cos\theta\sin\varphi & \cos\theta\cos\varphi \end{bmatrix} \end{aligned} \tag{5.70}$$

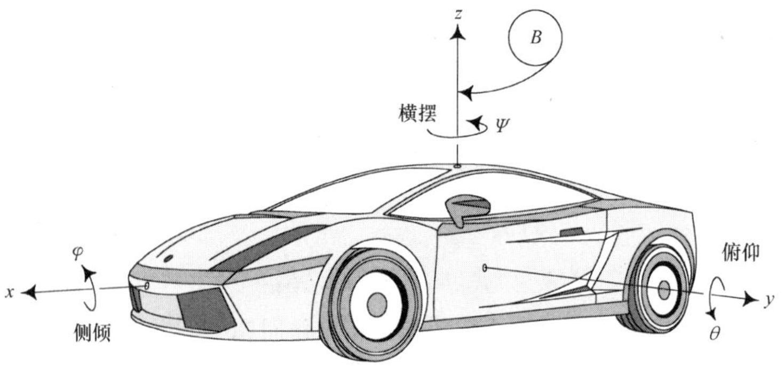

图5.4　局部侧倾－俯仰－横摆角

例168★　欧拉角

绕全域坐标系 Z 轴的旋转称作进动，绕局部坐标系 x 轴的旋转称作章动，绕局部坐标系 z 轴的旋转称作自旋，进动－章动－自旋角称作欧拉角，基于欧拉角的旋转矩阵可以应用于刚体运动学中。为了求取从全域坐标系 $G(OXYZ)$ 向局部坐标系 $B(Oxyz)$ 的欧拉角旋转矩阵，需要构建如图5.5a所示的连体坐标系 B'（$Ox'y'z'$），该坐标系未旋转时与全域坐标系重合。假设该坐标系绕 z' 轴旋转角度 φ，因为 Z 轴和 z' 轴重合，所以

$$^{B'}\boldsymbol{r} = {}^{B'}R_G\,{}^{G}\boldsymbol{r} \tag{5.71}$$

$$^{B'}R_G = R_{z,\varphi} = \begin{bmatrix} \cos\varphi & \sin\varphi & 0 \\ -\sin\varphi & \cos\varphi & 0 \\ 0 & 0 & 1 \end{bmatrix} \tag{5.72}$$

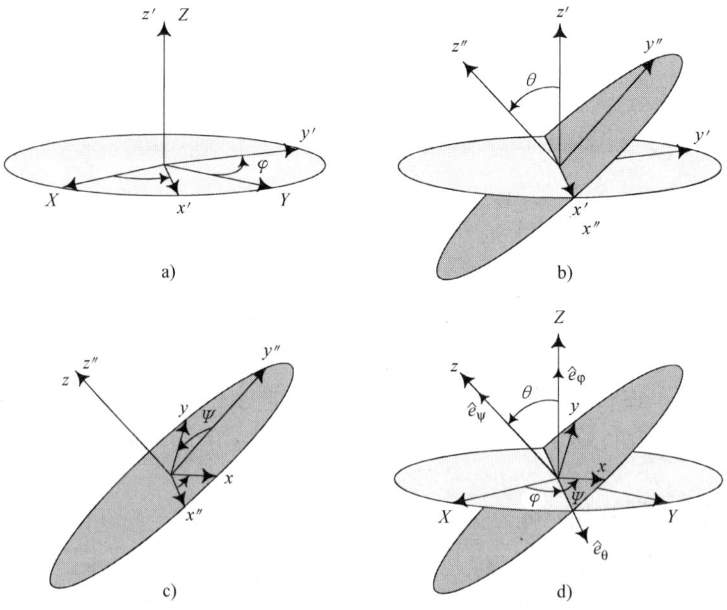

图5.5　欧拉角

然后，假设坐标系 B'（$Ox'\ y'\ z'$）是新的固定全域坐标系，并引入一个新的连体坐标系 B''（$Ox''\ y''\ z''$），在第二次旋转之前，两个坐标系重合。接着令其绕 x''轴旋转角度 θ，如图 5.5b 所示。B'（$Ox'\ y'\ z'$）和 B''（$Ox''\ y''\ z''$）的变换矩阵为

$$^{B''}\boldsymbol{r} = {}^{B''}R_{B'}\,{}^{B'}\boldsymbol{r} \tag{5.73}$$

$$^{B''}R_{B'} = R_{x,\theta} = \begin{bmatrix} 1 & 0 & 0 \\ 0 & \cos\theta & \sin\theta \\ 0 & -\sin\theta & \cos\theta \end{bmatrix} \tag{5.74}$$

最后，假设坐标系 B''（$Ox''\ y''\ z''$）是新的固定全域坐标系，并认为在第三次旋转前最终连体坐标系 $B(Oxyz)$与坐标系 B''重合。接下来令其绕 z''轴旋转角度 ψ，如图 5.5c 所示。B''（$Ox''\ y''\ z''$）和 $B(Oxyz)$的变换矩阵为

$$^{B}\boldsymbol{r} = {}^{B}R_{B''}\,{}^{B''}\boldsymbol{r} \tag{5.75}$$

$$^{B}R_{B''} = R_{z,\psi} = \begin{bmatrix} \cos\psi & \sin\psi & 0 \\ -\sin\psi & \cos\psi & 0 \\ 0 & 0 & 1 \end{bmatrix} \tag{5.76}$$

根据旋转组合法则，从 $G(OXYZ)$向 $B(Oxyz)$的转换方法为

$$^{B}\boldsymbol{r} = {}^{B}R_{G}\,{}^{G}\boldsymbol{r} \tag{5.77}$$

式中

$$\begin{aligned} ^{B}R_{G} &= R_{z,\psi}R_{x,\theta}R_{z,\varphi} \\ &= \begin{bmatrix} \cos\varphi\cos\psi - \cos\theta\sin\varphi\sin\psi & \cos\psi\sin\varphi + \cos\theta\cos\varphi\sin\psi & \sin\theta\sin\psi \\ -\cos\varphi\sin\psi - \cos\theta\cos\psi\sin\varphi & -\sin\varphi\sin\psi + \cos\theta\cos\varphi\cos\psi & \sin\theta\cos\psi \\ \sin\theta\sin\varphi & -\cos\varphi\sin\theta & \cos\theta \end{bmatrix} \end{aligned} \tag{5.78}$$

所以有

$$\begin{aligned} ^{B}R_{G}^{-1} &= {}^{B}R_{G}^{\mathrm{T}} = {}^{G}R_{B} = [R_{z,\psi}R_{x,\theta}R_{z,\varphi}]^{\mathrm{T}} \\ &= \begin{bmatrix} \cos\varphi\cos\psi - \cos\theta\sin\varphi\sin\psi & -\cos\varphi\sin\psi - \cos\theta\cos\psi\sin\varphi & \sin\theta\sin\varphi \\ \cos\psi\sin\varphi + \cos\theta\cos\varphi\sin\psi & -\sin\varphi\sin\psi + \cos\theta\cos\varphi\cos\psi & -\cos\varphi\sin\theta \\ \sin\theta\sin\psi & \sin\theta\cos\psi & \cos\theta \end{bmatrix} \end{aligned} \tag{5.79}$$

给定进动角 φ、章动角 θ 和自旋角 ψ 后，就可以应用式（5.78）计算总旋转矩阵。同样也可以在给定旋转矩阵后计算出进动角、章动角和自旋角。

如果 r_{ij}表示进动－章动－自旋旋转矩阵位于第 i 行第 j 列的元素，则

$$\theta = \arccos r_{33} \tag{5.80}$$

$$\varphi = -\arctan\left(\frac{r_{31}}{r_{32}}\right) \tag{5.81}$$

$$\psi = \arctan\left(\frac{r_{13}}{r_{23}}\right) \tag{5.82}$$

条件是 $\sin\theta \neq 0$。

例 169★ 局部旋转矩阵的欧拉角

绕 z 轴旋转 30°，绕 x 轴旋转 30°，绕 y 轴旋转 30°后，局部旋转矩阵为

$$
\begin{aligned}
{}^{B}R_G &= R_{y,30}R_{x,30}R_{z,30} \\
&= \begin{bmatrix} 0.63 & 0.65 & -0.43 \\ -0.43 & 0.75 & 0.50 \\ 0.65 & -0.125 & 0.75 \end{bmatrix}
\end{aligned} \tag{5.83}
$$

因此，位于 $X=5$，$Y=30$，$Z=10$ 处某点的局部坐标为

$$
\begin{bmatrix} x \\ y \\ z \end{bmatrix} = \begin{bmatrix} 0.63 & 0.65 & -0.43 \\ -0.43 & 0.75 & 0.50 \\ 0.65 & -0.125 & 0.75 \end{bmatrix} \begin{bmatrix} 5 \\ 30 \\ 10 \end{bmatrix} = \begin{bmatrix} 18.35 \\ 25.35 \\ 7.0 \end{bmatrix} \tag{5.84}
$$

对应该进动 - 章动 - 自旋旋转矩阵的欧拉角为

$$
\theta = \arccos(0.75) = 41.41° \tag{5.85}
$$

$$
\varphi = -\arctan\left(\frac{0.65}{-0.125}\right) = 79.15° \tag{5.86}
$$

$$
\psi = \arctan\left(\frac{-0.43}{0.50}\right) = -40.7° \tag{5.87}
$$

对 $\varphi=79.15°$，$\theta=41.41°$ 和 $\psi=-40.7°$，也可以检验进动 - 章动 - 自旋旋转矩阵。

$$
\begin{aligned}
{}^{B}R_G &= R_{z,-40.7}R_{x,41.41}R_{z,79.15} \\
&= \begin{bmatrix} 0.63 & 0.65 & -0.43 \\ -0.43 & 0.75 & 0.50 \\ 0.65 & -0.125 & 0.75 \end{bmatrix}
\end{aligned} \tag{5.88}
$$

因此，$\varphi=79.15°$，$\theta=41.41°$，$\psi=-40.7°$ 时，$R_{y,30}R_{x,30}R_{z,30}=R_{z,\psi}R_{x,\theta}R_{z,\varphi}$。换言之，固定在局部坐标系上的刚体通过连续三次绕 z 轴、x 轴和 z 轴分别旋转角度 $\varphi=79.15°$，$\theta=41.41°$和 $\psi=-40.7°$后运动到其最终位置，也可以通过连续三次分别绕 z 轴、x 轴和 y 轴旋转角度 30°，30°和 30°实现。因此，刚体从初始位置到最终位置的三次旋转方法并不是唯一的。

例 170★　两个物体的相对旋转矩阵

设某刚体 B_1 满足由欧拉角 $\varphi=30°$，$\theta=-45°$，$\psi=60°$构成的姿态矩阵${}^{1}R_G$，另一刚体 B_2 满足相对于全域坐标系的欧拉角 $\varphi=10°$，$\theta=25°$，$\psi=-15°$，为获得由第二个连体坐标系 B_2 向第一个连体坐标系 B_1 映射的旋转矩阵${}^{1}R_2$，需要先确定各自的旋转矩阵。

$$
\begin{aligned}
{}^{1}R_G &= R_{z,60}R_{x,-45}R_{z,30} \\
&= \begin{bmatrix} 0.127 & 0.78 & -0.612 \\ -0.927 & -0.127 & -0.354 \\ -0.354 & 0.612 & 0.707 \end{bmatrix}
\end{aligned} \tag{5.89}
$$

$$
\begin{aligned}
{}^{2}R_G &= R_{z,10}R_{x,25}R_{z,-15} \\
&= \begin{bmatrix} 0.992 & -6.33\times10^{-2} & -0.109 \\ 0.103 & 0.907 & 0.408 \\ 7.34\times10^{-2} & -0.416 & 0.906 \end{bmatrix}
\end{aligned} \tag{5.90}
$$

要求取的旋转矩阵${}^{1}R_2$可以用如下方法求得

$$
{}^{1}R_2 = {}^{1}R_G\,{}^{G}R_2 \tag{5.91}
$$

上式等效于

$$
\begin{aligned}
{}^{1}R_{2} &= {}^{1}R_{G}\,{}^{2}R_{G}^{\mathrm{T}} \\
&= \begin{bmatrix} 0.992 & 0.103 & 7.34\times10^{-2} \\ -6.33\times10^{-2} & 0.907 & -0.416 \\ -0.109 & 0.408 & 0.906 \end{bmatrix}
\end{aligned} \tag{5.92}
$$

例 171★　小角度的欧拉角旋转矩阵

对很小的欧拉角 φ，θ 和 ψ 的欧拉旋转矩阵 ${}^{B}R_{G}=R_{z,\psi}R_{x,\theta}R_{z,\varphi}$，可以近似等于

$$
{}^{B}R_{G}=\begin{bmatrix} 1 & \gamma & 0 \\ -\gamma & 1 & \theta \\ 0 & -\theta & 1 \end{bmatrix} \tag{5.93}
$$

式中

$$
\gamma=\varphi+\psi \tag{5.94}
$$

因此，当旋转角很小时，角 φ 和 ψ 影响不显著。

如果 $\theta\to0$，则欧拉旋转矩阵 ${}^{B}R_{G}=R_{z,\psi}R_{x,\theta}R_{z,\varphi}$ 变为

$$
\begin{aligned}
{}^{B}R_{G} &= \begin{bmatrix} \cos\varphi\cos\psi-\sin\varphi\sin\psi & \cos\psi\sin\varphi+\cos\varphi\sin\psi & 0 \\ -\cos\varphi\sin\psi-\cos\psi\sin\varphi & -\sin\varphi\sin\psi+\cos\varphi\cos\psi & 0 \\ 0 & 0 & 1 \end{bmatrix} \\
&= \begin{bmatrix} \cos(\varphi+\psi) & \sin(\varphi+\psi) & 0 \\ -\sin(\varphi+\psi) & \cos(\varphi+\psi) & 0 \\ 0 & 0 & 1 \end{bmatrix}
\end{aligned} \tag{5.95}
$$

可见，即使角 φ 和 ψ 不是非常小，其影响也不显著。因此，$\theta=0$ 时，式（5.78）中旋转矩阵的欧拉角的解不唯一。

例 172★　欧拉频率表示的角速度向量

引入单位向量 $\hat{e}_{\varphi}$，$\hat{e}_{\theta}$ 和 $\hat{e}_{\psi}$ 可以构建欧拉局部坐标系 E（O，$\hat{e}_{\varphi}$，$\hat{e}_{\theta}$，$\hat{e}_{\psi}$），如图 5.5d 所示。尽管欧拉坐标系未必是正交坐标系，但是其对刚体运动学分析非常有帮助。

连体坐标系 $B(Oxyz)$ 相对于全域坐标系 $G(OXYZ)$ 的旋转角速度向量 ${}_{G}\boldsymbol{\omega}_{B}$ 可以在欧拉角坐标系 E 中写成三个欧拉角速度向量的总和。

$$
{}_{G}^{E}\boldsymbol{\omega}_{B}=\dot{\varphi}\hat{e}_{\varphi}+\dot{\theta}\hat{e}_{\theta}+\dot{\psi}\hat{e}_{\psi} \tag{5.96}
$$

式中欧拉角变化率 $\dot{\varphi}$，$\dot{\theta}$ 和 $\dot{\psi}$ 称作欧拉频率。

为了在连体坐标系中求解 ${}_{G}\boldsymbol{\omega}_{B}$，需要在连体坐标系中表示单位向量 $\hat{e}_{\varphi}$，$\hat{e}_{\theta}$ 和 $\hat{e}_{\psi}$。在全域坐标系中的单位向量 $\hat{e}_{\varphi}=[0\quad0\quad1)]^{\mathrm{T}}=\hat{K}$ 可以通过三次旋转变换到连体坐标系。

$$
{}^{B}\hat{e}_{\varphi}={}^{B}R_{G}\hat{K}=R_{z,\psi}R_{x,\theta}R_{z,\varphi}\hat{K}=\begin{bmatrix} \sin\theta\sin\psi \\ \sin\theta\cos\psi \\ \cos\theta \end{bmatrix} \tag{5.97}
$$

$\hat{e}_{\theta}=[1\quad0\quad0]^{\mathrm{T}}=\hat{\imath}'$ 是中间坐标系 $Ox'y'z'$ 中的单位向量，需要通过两次旋转 $R_{x,\theta}$ 和 $R_{z,\varphi}$ 变换到连体坐标系。

$$
{}^{B}\hat{e}_{\theta}={}^{B}R_{Ox'y'z'}\hat{\imath}'=R_{z,\psi}R_{x,\theta}\hat{\imath}'=\begin{bmatrix} \cos\psi \\ -\sin\psi \\ 0 \end{bmatrix} \tag{5.98}
$$

单位向量$\hat{e}_{\psi}$已经位于连体坐标系中，$\hat{e}_{\psi}=[0\quad 0\quad 1]^{\mathrm{T}}=\hat{k}$。因此，${}_{G}\boldsymbol{\omega}_{B}$在连体坐标系中被表示为

$$\begin{aligned}{}_{G}^{B}\boldsymbol{\omega}_{B}&=\dot{\varphi}\begin{bmatrix}\sin\theta\sin\psi\\ \sin\theta\cos\psi\\ \cos\theta\end{bmatrix}+\dot{\theta}\begin{bmatrix}\cos\psi\\ -\sin\psi\\ 0\end{bmatrix}+\dot{\psi}\begin{bmatrix}0\\ 0\\ 1\end{bmatrix}\\&=(\dot{\varphi}\sin\theta\sin\psi+\dot{\theta}\cos\psi)\hat{\imath}+(\dot{\varphi}\sin\theta\sin\psi-\dot{\theta}\sin\psi)\hat{\jmath}\\&\quad+(\dot{\varphi}\cos\theta+\dot{\psi})\hat{k}\end{aligned}\tag{5.99}$$

因此，${}_{G}\boldsymbol{\omega}_{B}$在连体坐标系$B(Oxyz)$中的分量与欧拉角坐标系$E(O\varphi\theta\psi)$通过如下关系式关联

$${}_{G}^{B}\boldsymbol{\omega}_{B}={}^{B}R_{E}\,{}_{G}^{E}\boldsymbol{\omega}_{B}\tag{5.100}$$

$$\begin{bmatrix}\omega_x\\ \omega_y\\ \omega_z\end{bmatrix}=\begin{bmatrix}\sin\theta\sin\psi & \cos\psi & 0\\ \sin\theta\cos\psi & -\sin\psi & 0\\ \cos\theta & 0 & 1\end{bmatrix}\begin{bmatrix}\dot{\varphi}\\ \dot{\theta}\\ \dot{\psi}\end{bmatrix}\tag{5.101}$$

${}_{G}\boldsymbol{\omega}_{B}$在全域坐标系中可以用欧拉旋转矩阵式（5.78）的逆变换来表示。

$${}_{G}^{G}\boldsymbol{\omega}_{B}={}^{B}R_{G}^{-1}\,{}_{G}^{B}\boldsymbol{\omega}_{B}={}^{B}R_{G}^{-1}\begin{bmatrix}\dot{\varphi}\sin\theta\sin\psi+\dot{\theta}\cos\psi\\ \dot{\varphi}\sin\theta\cos\psi-\dot{\theta}\sin\psi\\ \dot{\varphi}\cos\theta+\dot{\psi}\end{bmatrix}\tag{5.102}$$

$$\begin{aligned}&=(\dot{\theta}\cos\varphi+\dot{\psi}\sin\theta\sin\varphi)\hat{I}+(\dot{\theta}\sin\varphi-\dot{\psi}\cos\varphi\sin\theta)\hat{J}\\&\quad+(\dot{\varphi}+\dot{\psi}\cos\theta)\hat{K}\end{aligned}\tag{5.103}$$

因此，${}_{G}\boldsymbol{\omega}_{B}$在全域坐标系$G(OXYZ)$中的分量与欧拉角坐标系$E(O\varphi\theta\psi)$通过如下关系式关联。

$${}_{G}^{G}\boldsymbol{\omega}_{B}={}^{G}R_{E}\,{}_{G}^{E}\boldsymbol{\omega}_{B}\tag{5.104}$$

$$\begin{bmatrix}\omega_X\\ \omega_Y\\ \omega_Z\end{bmatrix}=\begin{bmatrix}0 & \cos\varphi & \sin\theta\sin\varphi\\ 0 & \sin\varphi & -\cos\varphi\sin\theta\\ 1 & 0 & \cos\theta\end{bmatrix}\begin{bmatrix}\dot{\varphi}\\ \dot{\theta}\\ \dot{\psi}\end{bmatrix}\tag{5.105}$$

例173★　基于笛卡儿角速度向量的欧拉频率

向量${}_{G}^{B}\boldsymbol{\omega}_{B}$表示在坐标系$B$中刚体$B$相对于全域坐标系$G$的角速度，该向量与欧拉频率的关系为：

$${}_{G}^{B}\boldsymbol{\omega}_{B}={}^{B}R_{E}\,{}_{G}^{E}\boldsymbol{\omega}_{B}$$

$${}_{G}^{B}\boldsymbol{\omega}_{B}=\begin{bmatrix}\omega_x\\ \omega_y\\ \omega_z\end{bmatrix}=\begin{bmatrix}\sin\theta\sin\psi & \cos\psi & 0\\ \sin\theta\cos\psi & -\sin\psi & 0\\ \cos\theta & 0 & 1\end{bmatrix}\begin{bmatrix}\dot{\varphi}\\ \dot{\theta}\\ \dot{\psi}\end{bmatrix}\tag{5.106}$$

这里的系数矩阵不是一个正交矩阵，因为

$${}^{B}R_{E}^{\mathrm{T}}\neq{}^{B}R_{E}^{-1}\tag{5.107}$$

$${}^{B}R_{E}^{\mathrm{T}}=\begin{bmatrix}\sin\theta\sin\psi & \sin\theta\cos\psi & \cos\theta\\ \cos\psi & -\sin\psi & 0\\ 0 & 0 & 1\end{bmatrix}\tag{5.108}$$

$$ {}^{B}R_{E}^{-1}=\frac{1}{\sin\theta}\begin{bmatrix}\sin\psi & \cos\psi & 0\\ \sin\theta\cos\psi & -\sin\theta\sin\psi & 0\\ -\cos\theta\sin\psi & -\cos\theta\cos\psi & 1\end{bmatrix} \tag{5.109} $$

正是因为欧拉角坐标系 $E(O\varphi\theta\psi)$ 不是正交坐标系，所以，与欧拉频率及${}_{G}^{G}\boldsymbol{\omega}_{B}$分量相关的系数矩阵也不是正交矩阵。

$$ {}_{G}^{G}\boldsymbol{\omega}_{B}={}^{G}R_{E}\,{}_{G}^{E}\boldsymbol{\omega}_{B} \tag{5.110} $$

$$ {}_{G}^{G}\boldsymbol{\omega}_{B}=\begin{bmatrix}\omega_X\\ \omega_Y\\ \omega_Z\end{bmatrix}=\begin{bmatrix}0 & \cos\varphi & \sin\theta\sin\varphi\\ 0 & \sin\varphi & -\cos\varphi\sin\theta\\ 1 & 0 & \cos\theta\end{bmatrix}\begin{bmatrix}\dot{\varphi}\\ \dot{\theta}\\ \dot{\psi}\end{bmatrix} \tag{5.111} $$

因此，基于角速度向量${}_{G}\boldsymbol{\omega}_{B}$局部坐标和全域坐标分解的欧拉频率必须通过系数矩阵的逆矩阵单独求解。

$$ {}_{G}^{E}\boldsymbol{\omega}_{B}={}^{B}R_{E}^{-1}\,{}_{G}^{B}\boldsymbol{\omega}_{B} \tag{5.112} $$

$$ \begin{bmatrix}\dot{\varphi}\\ \dot{\theta}\\ \dot{\psi}\end{bmatrix}=\frac{1}{\sin\theta}\begin{bmatrix}\sin\psi & \cos\psi & 0\\ \sin\theta\cos\psi & -\sin\theta\sin\psi & 0\\ -\cos\theta\sin\psi & -\cos\theta\cos\psi & 1\end{bmatrix}\begin{bmatrix}\omega_x\\ \omega_y\\ \omega_z\end{bmatrix} \tag{5.113} $$

且

$$ {}_{G}^{E}\boldsymbol{\omega}_{B}={}^{G}R_{E}^{-1}\,{}_{G}^{G}\boldsymbol{\omega}_{B} \tag{5.114} $$

$$ \begin{bmatrix}\dot{\varphi}\\ \dot{\theta}\\ \dot{\psi}\end{bmatrix}=\frac{1}{\sin\theta}\begin{bmatrix}-\cos\theta\sin\varphi & \cos\theta\cos\varphi & 1\\ \sin\theta\cos\varphi & \sin\theta\sin\varphi & 0\\ \sin\varphi & -\cos\varphi & 0\end{bmatrix}\begin{bmatrix}\omega_X\\ \omega_Y\\ \omega_Z\end{bmatrix} \tag{5.115} $$

应用式（5.112）和式（5.114），可以证明变换矩阵${}^{B}R_{G}={}^{B}R_{E}\,{}^{G}R_{E}^{-1}$与欧拉变换矩阵式（5.78）相同。

则角速度向量可以表示为

$$ \begin{aligned} {}_{G}\boldsymbol{\omega}_{B} &=[\hat{\imath}\quad \hat{\jmath}\quad \hat{k}]\begin{bmatrix}\omega_x\\ \omega_y\\ \omega_z\end{bmatrix}=[\hat{I}\quad \hat{J}\quad \hat{K}]\begin{bmatrix}\omega_X\\ \omega_Y\\ \omega_Z\end{bmatrix}\\ &=[\hat{K}\quad \hat{e}_{\theta}\quad \hat{k}]\begin{bmatrix}\dot{\varphi}\\ \dot{\theta}\\ \dot{\psi}\end{bmatrix} \end{aligned} \tag{5.116} $$

5.5 通用转换

考虑在具有共同原点的两个普通坐标系 $G(OXYZ)$ 和 $B(Oxyz)$ 中表示向量 $\boldsymbol{r}$ 的各分量。总会找到一个变换矩阵${}^{G}R_{B}$将 $\boldsymbol{r}$ 的分量从一个坐标系 $B(Oxyz)$ 转换到另一个坐标系 $G(OXYZ)$。

$$ {}^{G}\boldsymbol{r}={}^{G}R_{B}\,{}^{B}\boldsymbol{r} \tag{5.117} $$

而且，其逆转换${}^{B}\boldsymbol{r}={}^{G}R_{B}^{-1}\,{}^{G}\boldsymbol{r}$可以通过${}^{B}R_{G}$完成。

$$ {}^{B}\boldsymbol{r} = {}^{B}R_{G}\,{}^{G}\boldsymbol{r} \tag{5.118} $$

坐标系 B 和 G 为正交时，其旋转矩阵称作**正交矩阵**。正交矩阵［R］的转置矩阵 R^{T} 和逆矩阵 R^{-1} 相等。

$$ {}^{B}R_{G} = {}^{G}R_{B}^{-1} = {}^{G}R_{B}^{\mathrm{T}} \tag{5.119} $$

$$ |{}^{G}R_{B}| = |{}^{B}R_{G}| = 1 \tag{5.120} $$

由于矩阵的正交性，${}^{G}R_{B}$ 的9个元素中只有3个元素是独立的。

证明：沿 $B(Oxyz)$ 的各轴分解 $G(OXYZ)$ 的单位向量

$$ \hat{I} = (\hat{I}\cdot\hat{i})\hat{i} + (\hat{I}\cdot\hat{j})\hat{j} + (\hat{I}\cdot\hat{k})\hat{k} \tag{5.121} $$

$$ \hat{J} = (\hat{J}\cdot\hat{i})\hat{i} + (\hat{J}\cdot\hat{j})\hat{j} + (\hat{J}\cdot\hat{k})\hat{k} \tag{5.122} $$

$$ \hat{K} = (\hat{K}\cdot\hat{i})\hat{i} + (\hat{K}\cdot\hat{j})\hat{j} + (\hat{K}\cdot\hat{k})\hat{k} \tag{5.123} $$

引入转换矩阵 ${}^{G}R_{B}$ 实现从局部坐标系向全域坐标系的变换

$$ \begin{bmatrix} \hat{I} \\ \hat{J} \\ \hat{K} \end{bmatrix} = \begin{bmatrix} \hat{I}\cdot\hat{i} & \hat{I}\cdot\hat{j} & \hat{I}\cdot\hat{k} \\ \hat{J}\cdot\hat{i} & \hat{J}\cdot\hat{j} & \hat{J}\cdot\hat{k} \\ \hat{K}\cdot\hat{i} & \hat{K}\cdot\hat{j} & \hat{K}\cdot\hat{k} \end{bmatrix} \begin{bmatrix} \hat{i} \\ \hat{j} \\ \hat{k} \end{bmatrix} = {}^{G}R_{B} \begin{bmatrix} \hat{i} \\ \hat{j} \\ \hat{k} \end{bmatrix} \tag{5.124} $$

式中

$$ \begin{aligned} {}^{G}R_{B} &= \begin{bmatrix} \hat{I}\cdot\hat{i} & \hat{I}\cdot\hat{j} & \hat{I}\cdot\hat{k} \\ \hat{J}\cdot\hat{i} & \hat{J}\cdot\hat{j} & \hat{J}\cdot\hat{k} \\ \hat{K}\cdot\hat{i} & \hat{K}\cdot\hat{j} & \hat{K}\cdot\hat{k} \end{bmatrix} \\ &= \begin{bmatrix} \cos(\hat{I},\hat{i}) & \cos(\hat{I},\hat{j}) & \cos(\hat{I},\hat{k}) \\ \cos(\hat{J},\hat{i}) & \cos(\hat{J},\hat{j}) & \cos(\hat{J},\hat{k}) \\ \cos(\hat{K},\hat{i}) & \cos(\hat{K},\hat{j}) & \cos(\hat{K},\hat{k}) \end{bmatrix} \end{aligned} \tag{5.125} $$

${}^{G}R_{B}$ 的元素是 $G(OXYZ)$ 坐标轴在 $B(Oxyz)$ 中的方向余弦。这一组9个方向余弦完整确定了坐标系 $B(Oxyz)$ 在坐标系 $G(OXYZ)$ 中的方位，并用于将任何一点的局部坐标 (x,y,z) 变换为对应的全域坐标 (X,Y,Z)。

或者，应用单位向量分解方法求出矩阵 ${}^{B}R_{G}$ 并得到

$$ {}^{B}\boldsymbol{r} = {}^{B}R_{G}\,{}^{G}\boldsymbol{r} = {}^{G}R_{B}^{-1}\,{}^{G}\boldsymbol{r} \tag{5.126} $$

$$ \begin{aligned} {}^{B}R_{G} &= \begin{bmatrix} \hat{i}\cdot\hat{I} & \hat{i}\cdot\hat{J} & \hat{i}\cdot\hat{K} \\ \hat{j}\cdot\hat{I} & \hat{j}\cdot\hat{J} & \hat{j}\cdot\hat{K} \\ \hat{k}\cdot\hat{I} & \hat{k}\cdot\hat{J} & \hat{k}\cdot\hat{K} \end{bmatrix} \\ &= \begin{bmatrix} \cos(\hat{i},\hat{I}) & \cos(\hat{i},\hat{J}) & \cos(\hat{i},\hat{K}) \\ \cos(\hat{j},\hat{I}) & \cos(\hat{j},\hat{J}) & \cos(\hat{j},\hat{K}) \\ \cos(\hat{k},\hat{I}) & \cos(\hat{k},\hat{J}) & \cos(\hat{k},\hat{K}) \end{bmatrix} \end{aligned} \tag{5.127} $$

上式表明转换矩阵的逆矩阵与转换矩阵的转置矩阵相等，即

$$ {}^{G}R_{B}^{-1} = {}^{G}R_{B}^{\mathrm{T}} \tag{5.128} $$

式（5.128）所述的矩阵称作**正交矩阵**，R 的正交性源于其能够实现由一个正交坐标系

变换到另一个正交坐标系。

转换矩阵 R 只有 3 个独立元素，应用正交条件式（5.128）可以求得 R 元素间的约束方程。

$$ {}^{G}R_{B}\cdot {}^{G}R_{B}^{\mathrm{T}}=I \tag{5.129}$$

$$\begin{bmatrix} r_{11} & r_{12} & r_{13} \\ r_{21} & r_{22} & r_{23} \\ r_{31} & r_{32} & r_{33} \end{bmatrix}\begin{bmatrix} r_{11} & r_{21} & r_{31} \\ r_{12} & r_{22} & r_{32} \\ r_{13} & r_{23} & r_{33} \end{bmatrix}=\begin{bmatrix} 1 & 0 & 0 \\ 0 & 1 & 0 \\ 0 & 0 & 1 \end{bmatrix} \tag{5.130}$$

因此，${}^{G}R_{B}$中任意两不同行元素的点乘均为 0，${}^{G}R_{B}$中任意一行元素与本行元素的点乘均为 1。

$$\begin{gathered} r_{11}^2+r_{12}^2+r_{13}^2=1 \\ r_{21}^2+r_{22}^2+r_{23}^2=1 \\ r_{31}^2+r_{32}^2+r_{33}^2=1 \\ r_{11}r_{21}+r_{12}r_{22}+r_{13}r_{23}=0 \\ r_{11}r_{31}+r_{12}r_{32}+r_{13}r_{33}=0 \\ r_{21}r_{31}+r_{22}r_{32}+r_{23}r_{33}=0 \end{gathered} \tag{5.131}$$

${}^{G}R_{B}$的各列同样满足上述关系，显然${}^{B}R_{G}$的行和列也满足这种关系。正交条件可以总结为下式：

$$\hat{\boldsymbol{r}}_{H_i}\cdot\hat{\boldsymbol{r}}_{H_j}=\hat{\boldsymbol{r}}_{H_i}^{\mathrm{T}}\hat{\boldsymbol{r}}_{H_j}=\sum_{i=1}^{3}r_{ij}r_{ik}=\delta_{jk}\quad(j,k=1,2,3) \tag{5.132}$$

式中 r_{ij}是转换矩阵 R 的第 i 行第 j 列元素，δ_{jk}是克罗内克函数。

$$\delta_{jk}=\begin{cases} 1 & j=k \\ 0 & j\neq k \end{cases} \tag{5.133}$$

式（5.132）给出的关于 9 个方向余弦满足的 6 条独立关系，结果只有 3 个独立的方向余弦满足条件。矩阵 R 的独立元素不能处于相同的行、相同的列或任何方向的对角线上。

转换矩阵的行列式值等于 1。

$$|{}^{G}R_{B}|=1 \tag{5.134}$$

这是由于受式（5.129）的约束，且有

$$|{}^{G}R_{B}\cdot {}^{G}R_{B}^{\mathrm{T}}|=|{}^{G}R_{B}|\cdot|{}^{G}R_{B}^{\mathrm{T}}|=|{}^{G}R_{B}|\cdot|{}^{G}R_{B}|=|{}^{G}R_{B}|^2=1 \tag{5.135}$$

应用线性代数和${}^{G}R_{B}$的行向量 $\hat{\boldsymbol{r}}_{H_1}$，$\hat{\boldsymbol{r}}_{H_2}$和 $\hat{\boldsymbol{r}}_{H_3}$，可知

$$|{}^{G}R_{B}|=\hat{\boldsymbol{r}}_{H_1}^{\mathrm{T}}\cdot(\hat{\boldsymbol{r}}_{H_2}\times\hat{\boldsymbol{r}}_{H_3}) \tag{5.136}$$

因为坐标系服从右手定则，故有 $\hat{\boldsymbol{r}}_{H_2}\times\hat{\boldsymbol{r}}_{H_3}=\hat{\boldsymbol{r}}_{H_1}$，所以 $|{}^{G}R_{B}|=\hat{\boldsymbol{r}}_{H_1}^{\mathrm{T}}\cdot\hat{\boldsymbol{r}}_{H_1}=1$。

例 174 转换矩阵的元素

无论是在坐标系 $G(OXYZ)$ 中，还是在坐标系 $B(Oxyz)$ 中，点 P 的位置向量 $\boldsymbol{r}$ 都可以用其分量的形式表示。如果${}^{G}\boldsymbol{r}=100\hat{I}-50\hat{J}+150\hat{K}$，若要在坐标系 $B(Oxyz)$ 中求 $\boldsymbol{r}$ 的分量，首先需要找到适当的旋转矩阵${}^{B}R_{G}$。假设 x 轴和 X 轴之间的夹角为 40°，y 轴和 Y 轴之间的夹角为 60°，则

$$
{}^{B}R_{G}=\begin{bmatrix}\hat{i}\cdot\hat{I} & \hat{i}\cdot\hat{J} & \hat{i}\cdot\hat{K}\\ \hat{j}\cdot\hat{I} & \hat{j}\cdot\hat{J} & \hat{j}\cdot\hat{K}\\ \hat{k}\cdot\hat{I} & \hat{k}\cdot\hat{J} & \hat{k}\cdot\hat{K}\end{bmatrix}=\begin{bmatrix}\cos 40 & 0 & \sin 40\\ \hat{j}\cdot\hat{I} & \cos 60 & \hat{j}\cdot\hat{K}\\ \hat{k}\cdot\hat{I} & \hat{k}\cdot\hat{J} & \hat{k}\cdot\hat{K}\end{bmatrix}
=\begin{bmatrix}0.766 & 0 & 0.643\\ \hat{j}\cdot\hat{I} & 0.5 & \hat{j}\cdot\hat{K}\\ \hat{k}\cdot\hat{I} & \hat{k}\cdot\hat{J} & \hat{k}\cdot\hat{K}\end{bmatrix} \tag{5.137}
$$

调用${}^{B}R_{G}{}^{G}R_{B}={}^{B}R_{G}{}^{B}R_{G}^{\mathrm{T}}=I$

$$
\begin{bmatrix}0.766 & 0 & 0.643\\ r_{21} & 0.5 & r_{23}\\ r_{31} & r_{32} & r_{33}\end{bmatrix}\begin{bmatrix}0.766 & r_{21} & r_{31}\\ 0 & 0.5 & r_{32}\\ 0.643 & r_{23} & r_{33}\end{bmatrix}=\begin{bmatrix}1 & 0 & 0\\ 0 & 1 & 0\\ 0 & 0 & 1\end{bmatrix} \tag{5.138}
$$

这样就得到用于求另外元素的 5 个方程

$$
\begin{gathered}
0.766r_{21}+0.643r_{23}=0\\
0.766r_{31}+0.643r_{33}=0\\
r_{21}^{2}+r_{23}^{2}+0.25=1\\
r_{21}r_{31}+0.5r_{32}+r_{23}r_{33}=0\\
r_{31}^{2}+r_{32}^{2}+r_{33}^{2}=1
\end{gathered} \tag{5.139}
$$

解方程组得到如下转换矩阵：

$$
{}^{B}R_{G}=\begin{bmatrix}0.766 & 0 & 0.643\\ 0.557 & 0.5 & -0.663\\ -0.322 & 0.866 & 0.383\end{bmatrix} \tag{5.140}
$$

接着可以求得${}^{B}\boldsymbol{r}$ 的分量

$$
{}^{B}\boldsymbol{r}={}^{B}R_{G}{}^{G}\boldsymbol{r}
=\begin{bmatrix}0.766 & 0 & 0.643\\ 0.557 & 0.5 & -0.663\\ -0.322 & 0.866 & 0.383\end{bmatrix}\begin{bmatrix}100\\ -50\\ 150\end{bmatrix}=\begin{bmatrix}173.05\\ -68.75\\ -18.05\end{bmatrix} \tag{5.141}
$$

例 175　应用${}^{B}r$ 和${}^{B}R_{G}$求全域位置向量

点 P 的位置向量 $\boldsymbol{r}$ 可以在坐标系 $G(OXYZ)$ 中表示，也可以在坐标系 $B(Oxyz)$ 中表示。如果${}^{B}\boldsymbol{r}=100\hat{i}-50\hat{j}+150\hat{k}$，${}^{B}R_{G}$是从${}^{G}\boldsymbol{r}$ 到${}^{B}\boldsymbol{r}$ 的转换矩阵，即

$$
{}^{B}\boldsymbol{r}={}^{B}R_{G}{}^{G}\boldsymbol{r}
=\begin{bmatrix}0.766 & 0 & 0.643\\ 0.557 & 0.5 & -0.663\\ -0.322 & 0.866 & 0.383\end{bmatrix}{}^{G}\boldsymbol{r} \tag{5.142}
$$

则${}^{G}\boldsymbol{r}$ 在 $G(OXYZ)$ 中的分量为

$$
{}^{G}\boldsymbol{r}={}^{G}R_{B}{}^{B}\boldsymbol{r}={}^{B}R_{G}^{\mathrm{T}}{}^{B}\boldsymbol{r}
=\begin{bmatrix}0.766 & 0.557 & -0.322\\ 0 & 0.5 & 0.866\\ 0.643 & -0.663 & 0.383\end{bmatrix}\begin{bmatrix}100\\ -50\\ 150\end{bmatrix}=\begin{bmatrix}0.45\\ 104.9\\ 154.9\end{bmatrix} \tag{5.143}
$$

例 176　用两个点表示的转换矩阵

刚体 B 上两个点 P_1 和 P_2 的全域位置向量为

$$ {}^G\boldsymbol{r}_{P_1}=\begin{bmatrix}1.077\\1.365\\2.666\end{bmatrix}\quad {}^G\boldsymbol{r}_{P_2}=\begin{bmatrix}-0.473\\2.239\\-0.959\end{bmatrix} \tag{5.144} $$

连体坐标系 $B(Oxyz)$ 的原点与坐标系 $G(OXYZ)$ 的原点固连，点 P_1 和 P_2 分别在 x 轴和 y 轴上。

为了求 ${}^GR_B$，应用局部单位向量 ${}^G\hat{\imath}$ 和 ${}^G\hat{\jmath}$

$$ {}^G\hat{\imath}=\frac{{}^G\boldsymbol{r}_{P_1}}{|{}^G\boldsymbol{r}_{P_1}|}=\begin{bmatrix}0.338\\0.429\\0.838\end{bmatrix}\quad {}^G\hat{\jmath}=\frac{{}^G\boldsymbol{r}_{P_2}}{|{}^G\boldsymbol{r}_{P_2}|}=\begin{bmatrix}-0.191\\0.902\\-0.387\end{bmatrix} \tag{5.145} $$

再求 ${}^G\hat{k}$

$$ \begin{aligned} {}^G\hat{k}&=\hat{\imath}\times\hat{\jmath}=\tilde{\imath}\hat{\jmath}\\ &=\begin{bmatrix}0&-0.838&0.429\\0.838&0&-0.338\\-0.429&0.338&0\end{bmatrix}\begin{bmatrix}-0.191\\0.902\\-0.387\end{bmatrix}\\ &=\begin{bmatrix}-0.922\\-0.029\\0.387\end{bmatrix} \end{aligned} \tag{5.146} $$

式中 $\tilde{\imath}$ 是关于 $\hat{\imath}$ 的斜对称矩阵，$\tilde{\imath}\hat{\jmath}$ 是 $\hat{\imath}\times\hat{\jmath}$ 的另一种形式。

因此，应用两个点 ${}^G\boldsymbol{r}_{P_1}$ 和 ${}^G\boldsymbol{r}_{P_2}$ 坐标表示的转换矩阵为

$$ \begin{aligned} {}^GR_B&=[{}^G\hat{\imath}\quad {}^G\hat{\jmath}\quad {}^G\hat{k}]\\ &=\begin{bmatrix}0.338&-0.191&-0.922\\0.429&0.902&-0.029\\0.838&-0.387&0.387\end{bmatrix} \end{aligned} \tag{5.147} $$

例 177　位置向量的长度不变

应用旋转矩阵在不同的坐标系中描述一个向量并不影响向量的长度和方向属性，因此，向量的长度是不变化的。

$$ |\boldsymbol{r}|=|{}^G\boldsymbol{r}|=|{}^B\boldsymbol{r}| \tag{5.148} $$

长度的恒定性可以表示为

$$ \begin{aligned} |\boldsymbol{r}|^2&={}^G\boldsymbol{r}^{\mathrm{T}\,G}\boldsymbol{r}=[{}^GR_B\ {}^B\boldsymbol{r}]^{\mathrm{T}\,G}R_B{}^B\boldsymbol{r}\\ &={}^B\boldsymbol{r}^{\mathrm{T}\,G}R_B^{\mathrm{T}\,G}R_B{}^B\boldsymbol{r}={}^B\boldsymbol{r}^{\mathrm{T}\,B}\boldsymbol{r} \end{aligned} \tag{5.149} $$

例 178★　关于 $\hat{\imath}$，$\hat{\jmath}$ 和 $\hat{k}$ 的斜对称矩阵

关于某向量 $\boldsymbol{a}$ 的斜对称矩阵 $\tilde{a}$ 定义为

$$ \tilde{a}=\begin{bmatrix}0&-a_3&a_2\\a_3&0&-a_1\\-a_2&a_1&0\end{bmatrix} \tag{5.150} $$

所以，

$$\tilde{i}=\begin{bmatrix}0&0&0\\0&0&-1\\0&1&0\end{bmatrix}\quad \tilde{j}=\begin{bmatrix}0&0&1\\0&0&0\\-1&0&0\end{bmatrix}\quad \tilde{k}=\begin{bmatrix}0&-1&0\\1&0&0\\0&0&0\end{bmatrix}\tag{5.151}$$

例 179　欧拉角旋转矩阵的逆矩阵

为了实现从连体坐标系到全域坐标系的变换，必须将进动－章动－自旋或欧拉角旋转矩阵式（5.78）

$$\begin{aligned}{}^{B}R_{G}&=R_{z,\psi}R_{x,\theta}R_{z,\varphi}\\&=\begin{bmatrix}\cos\varphi\cos\psi-\cos\theta\sin\varphi\sin\psi & \cos\psi\sin\varphi+\cos\theta\cos\varphi\sin\psi & \sin\theta\sin\psi\\-\cos\varphi\sin\psi-\cos\theta\cos\psi\sin\varphi & -\sin\varphi\sin\psi+\cos\theta\cos\varphi\cos\psi & \sin\theta\cos\psi\\\sin\theta\sin\varphi & -\cos\varphi\sin\theta & \cos\theta\end{bmatrix}\end{aligned}\tag{5.152}$$

求逆后成为一个转换矩阵

$$\begin{aligned}{}^{G}R_{B}&={}^{B}R_{G}^{-1}=R_{z,\varphi}^{\mathrm{T}}R_{x,\theta}{}^{\mathrm{T}}R_{z,\psi}^{\mathrm{T}}\\&=\begin{bmatrix}\cos\varphi\cos\psi-\cos\theta\sin\varphi\sin\psi & -\cos\varphi\sin\psi-\cos\theta\cos\psi\sin\varphi & \sin\theta\sin\varphi\\\cos\psi\sin\varphi+\cos\theta\cos\varphi\sin\psi & -\sin\varphi\sin\psi+\cos\theta\cos\varphi\cos\psi & -\cos\varphi\sin\theta\\\sin\theta\sin\psi & \sin\theta\cos\psi & \cos\theta\end{bmatrix}\end{aligned}\tag{5.153}$$

转换矩阵式（5.152）称作局部欧拉旋转矩阵，转换矩阵式（5.153）称作全域欧拉旋转矩阵。

例 180★　转换矩阵的另一种证明

下述恒等式

$$\begin{bmatrix}\hat{i}&\hat{j}&\hat{k}\end{bmatrix}\begin{bmatrix}\hat{i}\\\hat{j}\\\hat{k}\end{bmatrix}=1\tag{5.154}$$

可以写作

$$\begin{bmatrix}\hat{I}\\\hat{J}\\\hat{K}\end{bmatrix}=\begin{bmatrix}\hat{I}\\\hat{J}\\\hat{K}\end{bmatrix}\begin{bmatrix}\hat{i}&\hat{j}&\hat{k}\end{bmatrix}\begin{bmatrix}\hat{i}\\\hat{j}\\\hat{k}\end{bmatrix}\tag{5.155}$$

由于可以按照任意顺序完成矩阵相乘，可知

$$\begin{bmatrix}\hat{I}\\\hat{J}\\\hat{K}\end{bmatrix}=\begin{bmatrix}\hat{I}\cdot\hat{i}&\hat{I}\cdot\hat{j}&\hat{I}\cdot\hat{k}\\\hat{J}\cdot\hat{i}&\hat{J}\cdot\hat{j}&\hat{J}\cdot\hat{k}\\\hat{K}\cdot\hat{i}&\hat{K}\cdot\hat{j}&\hat{K}\cdot\hat{k}\end{bmatrix}\begin{bmatrix}\hat{i}\\\hat{j}\\\hat{k}\end{bmatrix}={}^{G}R_{B}\begin{bmatrix}\hat{i}\\\hat{j}\\\hat{k}\end{bmatrix}\tag{5.156}$$

式中，

$${}^{G}R_{B}\begin{bmatrix}\hat{I}\\\hat{J}\\\hat{K}\end{bmatrix}=\begin{bmatrix}\hat{i}&\hat{j}&\hat{k}\end{bmatrix}\tag{5.157}$$

根据相同的方法可得

$${}^{B}R_{G}\begin{bmatrix}\hat{i}\\\hat{j}\\\hat{k}\end{bmatrix}=\begin{bmatrix}\hat{I}&\hat{J}&\hat{K}\end{bmatrix}\tag{5.158}$$

5.6　局部旋转和全域旋转

全域旋转矩阵${}^{G}R_{B}$是局部旋转矩阵${}^{B}R_{G}$的逆矩阵，反之亦然。

$$ {}^{G}R_{B} = {}^{B}R_{G}^{-1} \quad {}^{B}R_{G} = {}^{G}R_{B}^{-1} \tag{5.159} $$

自左乘全域旋转矩阵与自右乘局部旋转矩阵结果相等。

证明：令［Q］表示绕全域坐标系坐标轴的旋转矩阵，［A］表示绕局部坐标系坐标轴的旋转矩阵。设经过一系列全域旋转并获得由位置向量${}^{B}\boldsymbol{r}$转换到位置向量${}^{G}\boldsymbol{r}$的全域旋转矩阵为${}^{G}Q_{B}$：

$$ {}^{G}\boldsymbol{r} = {}^{G}Q_{B}\,{}^{B}\boldsymbol{r} \tag{5.160} $$

同时应用局部旋转矩阵${}^{B}A_{G}$也可以将全域位置向量${}^{G}\boldsymbol{r}$转换为${}^{B}\boldsymbol{r}$：

$$ {}^{B}\boldsymbol{r} = {}^{B}A_{G}\,{}^{G}\boldsymbol{r} \tag{5.161} $$

联立式（5.160）和式（5.161）得到

$$ {}^{G}\boldsymbol{r} = {}^{G}Q_{B}\,{}^{B}A_{G}\,{}^{G}\boldsymbol{r} \tag{5.162} $$

$$ {}^{B}\boldsymbol{r} = {}^{B}A_{G}\,{}^{G}Q_{B}\,{}^{B}\boldsymbol{r} \tag{5.163} $$

所以，

$$ {}^{G}Q_{B}\,{}^{B}A_{G} = {}^{B}A_{G}\,{}^{G}Q_{B} = \boldsymbol{I} \tag{5.164} $$

因此，全域旋转矩阵和局部旋转矩阵互为逆矩阵：

$$ {}^{G}Q_{B} = {}^{B}A_{G}^{-1} \tag{5.165} $$

$$ {}^{G}Q_{B}^{-1} = {}^{B}A_{G} \tag{5.166} $$

假设

$$ {}^{G}Q_{B} = Q_{n}\cdots Q_{3}Q_{2}Q_{1} \tag{5.167} $$

$$ {}^{B}A_{G} = A_{n}\cdots A_{3}A_{2}A_{1} \tag{5.168} $$

则

$$ {}^{G}Q_{B} = {}^{B}A_{G}^{-1} = A_{1}^{-1}A_{2}^{-1}A_{3}^{-1}\cdots A_{n}^{-1} \tag{5.169} $$

$$ {}^{B}A_{G} = {}^{G}Q_{B}^{-1} = Q_{1}^{-1}Q_{2}^{-1}Q_{3}^{-1}\cdots Q_{n}^{-1} \tag{5.170} $$

式（5.164）变为

$$ Q_{n}\cdots Q_{2}Q_{1}A_{n}\cdots A_{2}A_{1} = A_{n}\cdots A_{2}A_{1}Q_{n}\cdots Q_{2}Q_{1} = \boldsymbol{I} \tag{5.171} $$

因此，

$$ Q_{n}\cdots Q_{3}Q_{2}Q_{1} = A_{1}^{-1}A_{2}^{-1}A_{3}^{-1}\cdots A_{n}^{-1} \tag{5.172} $$

$$ A_{n}\cdots A_{3}A_{2}A_{1} = Q_{1}^{-1}Q_{2}^{-1}Q_{3}^{-1}\cdots Q_{n}^{-1} \tag{5.173} $$

或者

$$ Q_{1}^{-1}Q_{2}^{-1}Q_{3}^{-1}\cdots Q_{n}^{-1}Q_{n}\cdots Q_{3}Q_{2}Q_{1} = \boldsymbol{I} \tag{5.174} $$

$$ A_{1}^{-1}A_{2}^{-1}A_{3}^{-1}\cdots A_{n}^{-1}A_{n}\cdots A_{3}A_{2}A_{1} = \boldsymbol{I} \tag{5.175} $$

因此，绕全域坐标系坐标轴按某顺序旋转的作用等效于绕局部坐标系坐标轴按相反顺序旋转：

$$ {}^{G}Q_{B} = A_{1}^{-1}A_{2}^{-1}A_{3}^{-1}\cdots A_{n}^{-1} \tag{5.176} $$

$$ {}^{B}A_{G} = Q_{1}^{-1}Q_{2}^{-1}Q_{3}^{-1}\cdots Q_{n}^{-1} \tag{5.177} $$

所以，全域旋转矩阵${}^{G}R_{B}$是局部旋转矩阵 ${}^{B}R_{G}$的逆矩阵，反之亦然。

$$ {}^{G}R_{B} = {}^{B}R_{G}^{-1} \quad {}^{B}R_{G} = {}^{G}R_{B}^{-1} \tag{5.178} $$

例 181 右乘旋转矩阵

假设经过旋转后点 P 的局部坐标位置在${}^{B}\boldsymbol{r}=[1 \quad 2 \quad 3]^{\mathrm{T}}$，如果从${}^{G}\boldsymbol{r}$ 转换为${}^{B}\boldsymbol{r}$ 的局部旋转矩阵为

$$ {}^{B}R_{z,\varphi} = \begin{bmatrix} \cos\varphi & \sin\varphi & 0 \\ -\sin\varphi & \cos\varphi & 0 \\ 0 & 0 & 1 \end{bmatrix} = \begin{bmatrix} \cos30 & \sin30 & 0 \\ -\sin30 & \cos30 & 0 \\ 0 & 0 & 1 \end{bmatrix} \tag{5.179} $$

则可以通过${}^{B}R_{z,\psi}$与局部位置向量${}^{B}\boldsymbol{r}^{\mathrm{T}}$右乘求得全域位置向量${}^{G}\boldsymbol{r}$，

$$ \begin{aligned} {}^{G}\boldsymbol{r}^{\mathrm{T}} = {}^{B}\boldsymbol{r}^{\mathrm{T}}\,{}^{B}R_{z,\varphi} &= [1 \quad 2 \quad 3]\begin{bmatrix} \cos30 & \sin30 & 0 \\ -\sin30 & \cos30 & 0 \\ 0 & 0 & 1 \end{bmatrix} \\ &= [-0.13 \quad 2.23 \quad 3] \end{aligned} \tag{5.180} $$

取代用${}^{B}R_{z,\varphi}^{-1}$左乘${}^{B}\boldsymbol{r}$：

$$ \begin{aligned} {}^{G}\boldsymbol{r} &= {}^{B}R_{z,\varphi}^{-1}\,{}^{B}\boldsymbol{r} \\ &= \begin{bmatrix} \cos30 & -\sin30 & 0 \\ \sin30 & \cos30 & 0 \\ 0 & 0 & 1 \end{bmatrix}\begin{bmatrix} 1 \\ 2 \\ 3 \end{bmatrix} = \begin{bmatrix} -0.13 \\ 2.23 \\ 3 \end{bmatrix} \end{aligned} \tag{5.181} $$

5.7 轴-角旋转

一个刚体经过有限次旋转后的最终位姿等效于绕某一个轴仅旋转一次，角度和轴的确定称作刚体的位姿运动学。假设连体坐标系 $B(Oxyz)$绕全域坐标系 $G(OXYZ)$中的某一条直线旋转了角度 φ。该轴线用包含方向余弦 u_1，u_1 和 u_3 的单位向量 $\hat{u}$ 表示，

$$ \hat{u} = u_1\hat{I} + u_2\hat{J} + u_3\hat{K} \tag{5.182} $$

$$ \sqrt{u_1^2 + u_2^2 + u_3^2} = 1 \tag{5.183} $$

用两个参数定义通过 O 的旋转轴，并用一个参数定义绕该轴旋转量的大小，称作旋转的轴-角表示方法，即一次轴-角旋转需要由三个独立参数定义。

由连体坐标系 $B(Oxyz)$坐标到全域坐标系 $G(OXYZ)$相关坐标转换的轴-角转换矩阵${}^{G}R_{B}$满足

$$ {}^{G}\boldsymbol{r} = {}^{G}R_{B}\,{}^{B}\boldsymbol{r} \tag{5.184} $$

且

$$ {}^{G}R_{B} = R_{\hat{u},\phi} = \boldsymbol{I}\cos\phi + \hat{u}\hat{u}^{\mathrm{T}}\operatorname{vers}\phi + \tilde{u}\sin\phi \tag{5.185} $$

$$ {}^{G}R_{B} = \begin{bmatrix} u_1^2\operatorname{vers}\phi + \cos\phi & u_1u_2\operatorname{vers}\phi - u_3\sin\phi & u_1u_3\operatorname{vers}\phi + u_2\sin\phi \\ u_1u_2\operatorname{vers}\phi + u_3\sin\phi & u_2^2\operatorname{vers}\phi + \cos\phi & u_2u_3\operatorname{vers}\phi - u_1\sin\phi \\ u_1u_3\operatorname{vers}\phi - u_2\sin\phi & u_2u_3\operatorname{vers}\phi + u_1\sin\phi & u_3^2\operatorname{vers}\phi + \cos\phi \end{bmatrix} \tag{5.186} $$

其中

$$ \operatorname{vers}\phi = versine\phi = 1 - \cos\phi = 2\sin\frac{\phi}{2} \tag{5.187} $$

$\tilde{u}$ 是与向量 $\hat{u}$ 相关联的斜对称矩阵，

$$\tilde{u}=\begin{bmatrix}0 & -u_3 & u_2\\ u_3 & 0 & -u_1\\ -u_2 & u_1 & 0\end{bmatrix} \tag{5.188}$$

矩阵 $\tilde{u}$ 满足如下条件的时候是斜对称矩阵：

$$\tilde{u}^{\mathrm{T}}=-\tilde{u} \tag{5.189}$$

对任意转换矩阵 ${}^GR_B$，可以通过确定轴 $\hat{u}$ 和角度 ϕ 获得相同的矩阵，即

$$\tilde{u}=\frac{1}{2\sin\phi}({}^GR_B-{}^GR_B^{\mathrm{T}}) \tag{5.190}$$

$$\cos\phi=\frac{1}{2}[\mathrm{tr}({}^GR_B)-1] \tag{5.191}$$

式（5.186）称作**角-轴旋转矩阵或轴-角旋转矩阵**，该矩阵是位于全域坐标系 G 中的连体坐标系 B 旋转的最一般的转换矩阵。如果旋转轴式（5.182）与全域坐标轴 Z，Y 或 X 重合，则式（5.186）简化为主局部旋转矩阵。

证明：绕轴 $\hat{u}$ 旋转角度 ϕ 等效于绕连体坐标系 B 坐标轴的一组旋转，即局部坐标系首先通过旋转使其一个坐标轴，假设为 z 轴，与旋转轴 $\hat{u}$ 重合，接着，绕局部坐标轴旋转角度 ϕ，再做与第一组旋转相反的旋转。

图 5.6 所示为局部坐标系 z 轴与旋转轴 $\hat{u}$ 重合时的旋转轴 $\hat{u}=u_1\hat{I}+u_2\hat{J}+u_3\hat{K}$，全域坐标系 $G(OXYZ)$ 和旋转连体坐标系 $B(Oxyz)$。假设初始状态下连体坐标系和全域坐标系重合，则使连体坐标系 $B(Oxyz)$ 绕自己的 z 轴旋转角度 φ，绕 y 轴旋转角度 θ 之后，局部坐标系的 z 轴将与旋转轴 $\hat{u}$ 重合。这时使其绕旋转轴 $\hat{u}$ 旋转角度 ϕ，接着再连续反向旋转角度 φ 和角度 θ。根据式（5.169），连体坐标系中一点绕 $\hat{u}$ 旋转角度 ϕ 后，将连体坐标系坐标转换成全域坐标系坐标的旋转矩阵为

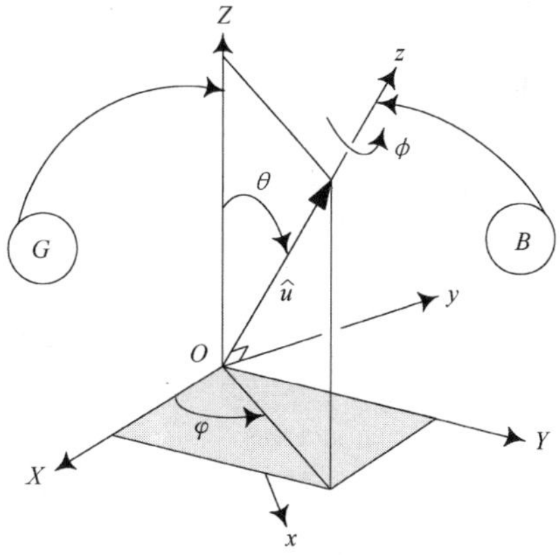

图 5.6　旋转轴 $\hat{u}$ 与局部坐标 z 轴重合的轴-角旋转

$$\begin{aligned}{}^GR_B&={}^BR_G^{-1}={}^BR_G^{\mathrm{T}}=R_{\hat{u},\phi}\\&=[R_{z,-\varphi}\quad R_{y,-\theta}\quad R_{z,\phi}\quad R_{y,\theta}\quad R_{z,\varphi}]^{\mathrm{T}}\\&=[R_{z,\varphi}^{\mathrm{T}}\quad R_{y,\theta}^{\mathrm{T}}\quad R_{z,\phi}^{\mathrm{T}}\quad R_{y,-\theta}^{\mathrm{T}}\quad R_{z,-\varphi}^{\mathrm{T}}]\end{aligned} \tag{5.192}$$

把公式

$$\sin\varphi=\frac{u_2}{\sqrt{u_1^2+u_2^2}}\quad\cos\varphi=\frac{u_1}{\sqrt{u_1^2+u_2^2}}$$
$$\sin\theta=\sqrt{u_1^2+u_2^2}\quad\cos\theta=u_3$$
$$\sin\theta\sin\varphi=u_2\quad\sin\theta\cos\varphi=u_1 \tag{5.193}$$

代入${}^GR_B$将获得轴－角旋转矩阵

$$
\begin{aligned}
{}^GR_B &= R_{\hat{u},\phi} \qquad (5.194)\\
&= \begin{bmatrix} u_1^2\operatorname{vers}\phi+\cos\phi & u_1u_2\operatorname{vers}\phi-u_3\sin\phi & u_1u_3\operatorname{vers}\phi+u_2\sin\phi \\ u_1u_2\operatorname{vers}\phi+u_3\sin\phi & u_2^2\operatorname{vers}\phi+\cos\phi & u_2u_3\operatorname{vers}\phi-u_1\sin\phi \\ u_1u_3\operatorname{vers}\phi-u_2\sin\phi & u_2u_3\operatorname{vers}\phi+u_1\sin\phi & u_3^2\operatorname{vers}\phi+\cos\phi \end{bmatrix}
\end{aligned}
$$

式（5.194）可以分解为

$$
\begin{aligned}
R_{\hat{u},\phi} &= \cos\phi\begin{bmatrix}1&0&0\\0&1&0\\0&0&1\end{bmatrix}+(1-\cos\phi)\begin{bmatrix}u_1\\u_2\\u_3\end{bmatrix}\begin{bmatrix}u_1 & u_2 & u_3\end{bmatrix}\\
&\quad+\sin\phi\begin{bmatrix}0&-u_3&u_2\\u_3&0&-u_1\\-u_2&u_1&0\end{bmatrix} \qquad (5.195)
\end{aligned}
$$

上式简写为式（5.185），以元素形式表示旋转矩阵${}^GR_B=R_{\hat{u},\phi}=[r_{ij}]$，则有

$$r_{ij}=\delta_{ij}\cos\phi+u_iu_j(1-\cos\phi)-\epsilon_{ijk}u_k\sin\phi \qquad (5.196)$$

轴－角旋转方程式（5.185）又称作 Rodriguez 旋转公式。Rodriguez 旋转公式可以表示成如下任何一种等效形式：

$$R_{\hat{u},\phi}=\boldsymbol{I}+\tilde{u}\sin\phi+2\tilde{u}^2\sin^2\frac{\phi}{2} \qquad (5.197)$$

$$R_{\hat{u},\phi}=\boldsymbol{I}+2\tilde{u}\sin\frac{\phi}{2}\left(\boldsymbol{I}\cos\frac{\phi}{2}+\tilde{u}\sin\frac{\phi}{2}\right) \qquad (5.198)$$

$$R_{\hat{u},\phi}=\boldsymbol{I}+\tilde{u}\sin\phi+\tilde{u}^2\operatorname{vers}\phi \qquad (5.199)$$

$$R_{\hat{u},\phi}=[\boldsymbol{I}-\hat{u}\hat{u}^{\mathrm{T}}]\cos\phi+\tilde{u}\sin\phi+\hat{u}\hat{u}^{\mathrm{T}} \qquad (5.200)$$

$$R_{\hat{u},\phi}=[\boldsymbol{I}+\tilde{u}^2]+\tilde{u}\sin\phi-\tilde{u}^2\cos\phi \qquad (5.201)$$

角－轴旋转矩阵的逆矩阵为

$${}^BR_G={}^GR_B^{\mathrm{T}}=R_{\hat{u},-\phi}=\boldsymbol{I}\cos\phi+\hat{u}\hat{u}^{\mathrm{T}}\operatorname{vers}\phi-\tilde{u}\sin\phi \qquad (5.202)$$

这说明，B在G中时B绕$\hat{u}$旋转角度ϕ后的位姿，等同于G在B中时B绕$\hat{u}$旋转角度$-\phi$后的位姿，则旋转$R_{\hat{u},-\phi}$也称作**逆旋转**。

通过如下直接代入方法验证式（5.190）和式（5.191）。

$$
\begin{aligned}
{}^GR_B-{}^GR_B^{\mathrm{T}} &= \begin{bmatrix}0&-2u_3\sin\phi&2u_2\sin\phi\\2u_3\sin\phi&0&-2u_1\sin\phi\\-2u_2\sin\phi&2u_1\sin\phi&0\end{bmatrix}\\
&=2\sin\phi\begin{bmatrix}0&-u_3&u_2\\u_3&0&-u_1\\-u_2&u_1&0\end{bmatrix}=2\tilde{u}\sin\phi \qquad (5.203)
\end{aligned}
$$

且

$$\begin{aligned}\operatorname{tr}({}^G R_B) &= r_{11}+r_{22}+r_{33}\\ &= 3\cos\phi+u_1^2(1-\cos\phi)+u_2^2(1-\cos\phi)+u_3^2(1-\cos\phi)\\ &= 3\cos\phi+u_1^2+u_2^2+u_3^2-(u_1^2+u_2^2+u_3^2)\cos\phi\\ &= 2\cos\phi+1\end{aligned} \tag{5.204}$$

旋转轴 $\hat{u}$ 又称作欧拉轴，或特征轴。

例 182★　$\hat{u}=\hat{K}$ 时的轴 - 角旋转

如果局部坐标系 $B(Oxyz)$ 绕 Z 轴旋转，则

$$\hat{u}=\hat{K} \tag{5.205}$$

转换矩阵式（5.186）简化为

$$\begin{aligned}{}^G R_B &= \begin{bmatrix} 0\operatorname{vers}\phi+\cos\phi & 0\operatorname{vers}\phi-1\sin\phi & 0\operatorname{vers}\phi+0\sin\phi\\ 0\operatorname{vers}\phi+1\sin\phi & 0\operatorname{vers}\phi+\cos\phi & 0\operatorname{vers}\phi-0\sin\phi\\ 0\operatorname{vers}\phi-0\sin\phi & 0\operatorname{vers}\phi+0\sin\phi & 1\operatorname{vers}\phi+\cos\phi\end{bmatrix}\\ &= \begin{bmatrix}\cos\phi & -\sin\phi & 0\\ \sin\phi & \cos\phi & 0\\ 0 & 0 & 1\end{bmatrix}\end{aligned} \tag{5.206}$$

该矩阵与绕全域坐标系 Z 轴旋转的旋转矩阵相等。

例 183★　绕已旋转过的局部坐标轴的旋转

如果连体坐标系 $B(Oxyz)$ 绕 Z 轴旋转角度 φ，则 x 轴将会与如下向量重合

$$\hat{u}_x={}^G R_{Z,\varphi}\hat{\imath}=\begin{bmatrix}\cos\varphi & -\sin\varphi & 0\\ \sin\varphi & \cos\varphi & 0\\ 0 & 0 & 1\end{bmatrix}\begin{bmatrix}1\\0\\0\end{bmatrix}=\begin{bmatrix}\cos\varphi\\ \sin\varphi\\ 0\end{bmatrix} \tag{5.207}$$

绕 $\hat{u}_x=(\cos\varphi)\hat{I}+(\sin\varphi)\hat{J}$ 旋转角度 θ 可以通过 Rodriguez 旋转公式（5.186）定义

$${}^G R_{\hat{u}_x,\theta}=\begin{bmatrix}\cos^2\varphi\operatorname{vers}\theta+\cos\theta & \cos\varphi\sin\varphi\operatorname{vers}\theta & \sin\varphi\sin\theta\\ \cos\varphi\sin\varphi\operatorname{vers}\theta & \sin^2\varphi\operatorname{vers}\theta+\cos\theta & -\cos\varphi\sin\theta\\ -\sin\varphi\sin\theta & \cos\varphi\sin\theta & \cos\theta\end{bmatrix} \tag{5.208}$$

此时，绕全域坐标系的 Z 轴旋转角度 φ，再绕局部坐标系的 x 轴旋转角度 θ 的转换矩阵为

$$\begin{aligned}{}^G R_B &= {}^G R_{\hat{u}_x,\theta}\,{}^G R_{Z,\varphi}\\ &= \begin{bmatrix}\cos\varphi & -\cos\theta\sin\varphi & \sin\theta\sin\varphi\\ \sin\varphi & \cos\theta\cos\varphi & -\cos\varphi\sin\theta\\ 0 & \sin\theta & \cos\theta\end{bmatrix}\end{aligned} \tag{5.209}$$

该矩阵应该等于 $[R_{x,\theta}R_{z,\varphi}]^{-1}=R_{z,\varphi}^{\mathrm{T}}R_{x,\theta}^{\mathrm{T}}$

例 184★　旋转矩阵的旋转轴和旋转角度

某连体坐标系 $B(Oxyz)$ 经过三次相对于全域坐标系 $G(OXYZ)$ 的欧拉旋转 $(\varphi,\theta,\psi)=(30,45,60)$，自 B 向 G 转换的旋转矩阵为

$$\begin{aligned}{}^G R_B &= {}^B R_G^{\mathrm{T}}=[R_{z,\psi}R_{x,\theta}R_{z,\varphi}]^{\mathrm{T}}=R_{z,\varphi}^{\mathrm{T}}R_{x,\theta}^{\mathrm{T}}R_{z,\psi}^{\mathrm{T}}\\ &= \begin{bmatrix}0.12683 & -0.92678 & 0.35355\\ 0.78033 & -0.12683 & -0.61237\\ 0.61237 & 0.35355 & 0.70711\end{bmatrix}\end{aligned} \tag{5.210}$$

该旋转矩阵唯一的旋转角 - 轴可以通过式（5.190）和式（5.191）求得。

$$\phi = \arccos\left(\frac{1}{2}\left(\mathrm{tr}\,{}^{G}R_{B}\right)-1\right) = \arccos(-0.14645) = 98^{\circ} \tag{5.211}$$

$$\begin{aligned}\tilde{u} &= \frac{1}{2\sin\phi}\left({}^{G}R_{B} - {}^{G}R_{B}^{\mathrm{T}}\right)\\ &= \begin{bmatrix} 0.0 & -0.86285 & -0.13082 \\ 0.86285 & 0.0 & -0.48822 \\ 0.13082 & -0.48822 & 0.0 \end{bmatrix}\end{aligned} \tag{5.212}$$

$$\hat{u} = \begin{bmatrix} 0.48822 \\ -0.13082 \\ 0.86285 \end{bmatrix} \tag{5.213}$$

作为详细检查，可以通过检验角 - 轴旋转公式并导出相同的旋转矩阵。

$$\begin{aligned}{}^{G}R_{B} &= R_{\hat{u},\phi} = \boldsymbol{I}\cos\phi + \hat{u}\hat{u}^{\mathrm{T}}\mathrm{vers}\phi + \tilde{u}\sin\phi\\ &= \begin{bmatrix} 0.12682 & -0.92677 & 0.35354 \\ 0.78032 & -0.12683 & -0.61237 \\ 0.61236 & 0.35355 & 0.70709 \end{bmatrix}\end{aligned} \tag{5.214}$$

5.8　刚体运动

设某固定有局部坐标系 $B(Oxyz)$ 的刚体在全域坐标系 $G(OXYZ)$ 中运动，该刚体可以在 G 中旋转，刚体 B 上的点 o 可以相对 G 的原点 O 移动，如图 5.7 所示。向量 ${}^{G}\boldsymbol{d}$ 表示运动原点 o 相对固定原点 O 的位置，刚体上某点 P 在局部坐标系和全域坐标系中的坐标通过下式关联起来。

$${}^{G}\boldsymbol{r}_{P} = {}^{G}R_{B}\,{}^{B}\boldsymbol{r}_{P}\,{}^{G}\boldsymbol{d} \tag{5.215}$$

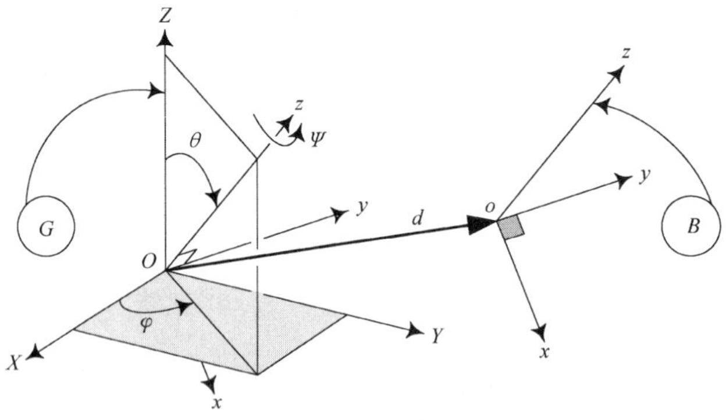

图 5.7　连体坐标系的旋转和移动

式中

$${}^{G}\boldsymbol{r} = \begin{bmatrix} X_P \\ Y_P \\ Z_P \end{bmatrix} \quad {}^{B}\boldsymbol{r} = \begin{bmatrix} x_P \\ y_P \\ z_P \end{bmatrix} \quad {}^{G}\boldsymbol{d} = \begin{bmatrix} X_o \\ Y_o \\ Z_o \end{bmatrix} \tag{5.216}$$

向量${}^{G}\boldsymbol{d}$称作 B 相对于 G 的**距离**或**位移**，${}^{G}R_B$ 是${}^{G}\boldsymbol{d}=0$ 时由${}^{B}\boldsymbol{r}$ 向${}^{G}\boldsymbol{r}$ 转换的旋转矩阵。式(5.215)所表示的既有旋转又有平移的运动称作**刚体运动**，刚体运动中，刚体的姿态可以通过 B 的原点 o 位置和 B 的方向来表示。

将刚体运动分解为旋转运动和平移运动是表示刚体空间位移的一种实用方法，这种方法中用向量表示平移，用正交笛卡儿转换矩阵表示旋转。

证明：设某连体坐标系 B 初始时与固定的全域坐标系 G 重合，图 5.7 所示为 B 在 G 中的平移和旋转。这种一般旋转可以用 Rodriguez 旋转公式（5.185）表示。

$$
{}^{G}R_B = R_{\hat{u},\phi} = \boldsymbol{I}\cos\phi + \hat{u}\hat{u}^{\mathrm{T}}\operatorname{vers}\phi + \tilde{u}\sin\phi \tag{5.217}
$$

对平移${}^{G}\boldsymbol{d}$ 而言，刚体上的所有点均具有相同的位移量。因此，刚体的平移不受局部位置向量${}^{B}\boldsymbol{r}$ 的影响。基于此，就可以用旋转和平移表示刚体的一般位移：

$$
{}^{G}\boldsymbol{r} = (\boldsymbol{I}\cos\phi + \hat{u}\hat{u}^{\mathrm{T}}\operatorname{vers}\phi + \tilde{u}\sin\phi)\,{}^{B}\boldsymbol{r} + {}^{G}\boldsymbol{d} = {}^{G}R_B\,{}^{B}\boldsymbol{r} + {}^{G}\boldsymbol{d} \tag{5.218}
$$

式（5.218）表明，刚体的一般位移由相对一轴的旋转和沿一轴的平移构成。参考点 o 可以随意选择，但是，当这个点选定并建立了连体坐标系之后，刚体的旋转运动和平移运动也就随之确定了。

基于旋转和平移，刚体的位姿可以通过 6 个独立参数唯一确定：3 个平移分量 X_o，Y_o，Z_o 和 3 个旋转分量。如果一个刚体运动时其旋转分量保持不变，则该运动称为**纯平移运动**；如果刚体运动时 X_o，Y_o，Z_o 保持不变，则该运动称为**纯旋转运动**。因此，一个刚体具有 3 个平移运动自由度和 3 个旋转运动自由度。

例 185 连体坐标系的旋转和平移

某与全域坐标系 $G(OXYZ)$ 重合的连体坐标系 $B(Oxyz)$ 绕 X 轴旋转 60°，并平移至 $[3\quad 4\quad 5]^{\mathrm{T}}$，位于${}^{B}\boldsymbol{r}=[x\quad y\quad z]^{\mathrm{T}}$ 的点的全域坐标系位置是

$$
\begin{aligned}
{}^{G}\boldsymbol{r} &= {}^{G}R_B\,{}^{B}\boldsymbol{r} + {}^{G}\boldsymbol{d} \\
&= \begin{bmatrix} 1 & 0 & 0 \\ 0 & \cos\dfrac{\pi}{3} & -\sin\dfrac{\pi}{3} \\ 0 & \sin\dfrac{\pi}{3} & \cos\dfrac{\pi}{3} \end{bmatrix} \begin{bmatrix} x \\ y \\ z \end{bmatrix} + \begin{bmatrix} 3 \\ 4 \\ 5 \end{bmatrix} \\
&= (x+3)\hat{I} + \left(\frac{1}{2}y - \frac{\sqrt{3}}{2}z + 4\right)\hat{J} + \left(\frac{1}{2}z + \sqrt{3}y + 5\right)\hat{K}
\end{aligned} \tag{5.219}
$$

例 186 刚体运动的合成

假设某刚体 B_1 相对于刚体 B_2 运动，继而刚体 B_2 又相对于坐标系 G 运动，即

$$
{}^{2}\boldsymbol{r} = {}^{2}R_1\,{}^{1}\boldsymbol{r} + {}^{2}\boldsymbol{d}_1 \tag{5.220}
$$

$$
{}^{G}\boldsymbol{r} = {}^{G}R_2\,{}^{2}\boldsymbol{r} + {}^{G}\boldsymbol{d}_2 \tag{5.221}
$$

这两个运动可以通过合成确定从${}^{1}\boldsymbol{r}$ 向${}^{G}\boldsymbol{r}$ 的刚体运动：

$$
\begin{aligned}
{}^{G}\boldsymbol{r} &= {}^{G}R_2({}^{2}R_1\,{}^{1}\boldsymbol{r} + {}^{2}\boldsymbol{d}_1) + {}^{G}\boldsymbol{d}_2 \\
&= {}^{G}R_2\,{}^{2}R_1\,{}^{1}\boldsymbol{r} + {}^{G}R_2\,{}^{2}\boldsymbol{d}_1 + {}^{G}\boldsymbol{d}_2 \\
&= {}^{G}R_1\,{}^{1}\boldsymbol{r} + {}^{G}\boldsymbol{d}_1
\end{aligned} \tag{5.222}
$$

因此，

$$^{G}R_{1}={}^{G}R_{2}{}^{2}R_{1} \tag{5.223}$$

$$^{G}\boldsymbol{d}_{1}={}^{G}R_{2}{}^{2}\boldsymbol{d}_{1}+{}^{G}\boldsymbol{d}_{2} \tag{5.224}$$

表明由坐标系 B_1 向坐标系 G 的转换可以通过旋转运动 $^{G}R_1$ 和平移运动 $^{G}\boldsymbol{d}_1$ 实现。

例 187 平移刚体的旋转运动

某刚体 B 上的点 P 的初始位置向量为 $^{B}\boldsymbol{r}_P$，即

$$^{B}\boldsymbol{r}_{P}=\begin{bmatrix}1\\2\\3\end{bmatrix} \tag{5.225}$$

如果该刚体绕 x 轴旋转 45°，接着移动 $^{G}\boldsymbol{d}=[3\quad 2\quad 1]^{\mathrm{T}}$，则点 P 的最终位置是

$$^{G}\boldsymbol{r}={}^{B}R_{x,45}^{\mathrm{T}}{}^{B}\boldsymbol{r}_{P}+{}^{G}\boldsymbol{d} \tag{5.226}$$

$$=\begin{bmatrix}1&0&0\\0&\cos\frac{\pi}{4}&\sin\frac{\pi}{4}\\0&-\sin\frac{\pi}{4}&\cos\frac{\pi}{4}\end{bmatrix}\begin{bmatrix}1\\2\\3\end{bmatrix}+\begin{bmatrix}3\\2\\1\end{bmatrix}=\begin{bmatrix}4\\1.29\\4.53\end{bmatrix}$$

5.9 角速度

设一个刚体 $B(Oxyz)$ 在参考坐标系 $G(OXYZ)$ 中绕固定点 O 旋转，刚体的运动可以通过全域坐标系和连体坐标系之间的随时间变化的旋转转换矩阵表示，并将连体坐标系 B 中任意点的瞬时坐标转换为全域坐标系 G 中的坐标。

$$^{G}\boldsymbol{r}(t)={}^{G}R_{B}(t){}^{B}\boldsymbol{r} \tag{5.227}$$

刚体上某点在全域坐标系中的速度为

$$^{G}\dot{\boldsymbol{r}}(t)={}^{G}v(t)={}^{G}\dot{\boldsymbol{R}}_{B}(t){}^{B}\boldsymbol{r}={}_{G}\tilde{\omega}_{B}{}^{G}\boldsymbol{r}(t)={}_{G}\boldsymbol{\omega}_{B}\times{}^{G}\boldsymbol{r}(t) \tag{5.228}$$

式中 ${}_{G}\boldsymbol{\omega}_{B}$ 是 B 相对于 G 的**角速度向量**。等同于以**角速率** ϕ 绕一个**瞬时旋转轴** $\hat{u}$ 的旋转。

$$\boldsymbol{\omega}=\begin{bmatrix}\omega_1\\\omega_2\\\omega_3\end{bmatrix}=\dot{\phi}\hat{u} \tag{5.229}$$

该角速度向量与一个称作**角速度矩阵**的斜对称矩阵 ${}_{G}\tilde{\omega}_{B}$ 有关。

$${}_{G}\tilde{\omega}_{B}=\begin{bmatrix}0&-\omega_3&\omega_2\\\omega_3&0&-\omega_1\\-\omega_2&\omega_1&0\end{bmatrix} \tag{5.230}$$

$${}_{G}\tilde{\omega}_{B}={}^{G}\dot{R}_{B}{}^{G}R_{B}^{\mathrm{T}}=\dot{\phi}\tilde{u} \tag{5.231}$$

证明：设某刚体上有一个固定点 O 并附着有坐标系 $B(Oxyz)$，连体坐标系 B 初始时与全域坐标系 G 重合，则刚体上一点 P 的位置向量为

$$^{G}\boldsymbol{r}(t_0)={}^{B}\boldsymbol{r} \tag{5.232}$$

$^{G}\boldsymbol{r}$ 的全域坐标时间导数为

$$^{G}v={}^{G}\dot{\boldsymbol{r}}=\frac{^{G}d}{\mathrm{d}t}{}^{G}\boldsymbol{r}(t)=\frac{^{G}d}{\mathrm{d}t}[{}^{G}R_{B}(t){}^{B}\boldsymbol{r}]$$

$$= \frac{{}^{G}d}{dt}[\,{}^{G}R_B(t)\,{}^{G}\boldsymbol{r}(t_0)\,] = {}^{G}\dot{R}_B(t)\,{}^{B}\boldsymbol{r} \tag{5.233}$$

消去式（5.227）和式（5.233）中的${}^{B}\boldsymbol{r}$后可以确定全域坐标系中该点的速度。

$${}^{G}v = {}^{G}\dot{R}_B(t)\,{}^{G}R_B^{\mathrm{T}}(t)\,{}^{G}\boldsymbol{r}(t) \tag{5.234}$$

用 $\tilde{\omega}$ 表示${}^{G}\boldsymbol{r}(t)$的系数

$${}_{G}\tilde{\omega}_B = {}^{G}\dot{R}_B\,{}^{G}R_B^{\mathrm{T}} \tag{5.235}$$

将式（5.234）写作

$${}^{G}v = {}_{G}\tilde{\omega}_B\,{}^{G}\boldsymbol{r}(t) \tag{5.236}$$

或写作

$${}^{G}v = {}_{G}\boldsymbol{\omega}_B \times {}^{G}\boldsymbol{r}(t) \tag{5.237}$$

由正交性条件${}^{G}R_B\,{}^{G}R_B^{\mathrm{T}} = \boldsymbol{I}$的时间导数引入一个重要的恒等式

$${}^{G}\dot{R}_B\,{}^{G}R_B^{\mathrm{T}} + {}^{G}R_B\,{}^{G}\dot{R}_B^{\mathrm{T}} = 0 \tag{5.238}$$

该恒等式可以用于说明${}_{G}\tilde{\omega}_B = [\,{}^{G}\dot{R}_B\,{}^{G}R_B^{\mathrm{T}}]$是一个斜对称矩阵，因为

$${}^{G}R_B\,{}^{G}\dot{R}_B^{\mathrm{T}} = [\,{}^{G}\dot{R}_B\,{}^{G}R_B^{\mathrm{T}}]^{\mathrm{T}} \tag{5.239}$$

向量${}_{G}^{G}\boldsymbol{\omega}_B$称作在全域坐标系 G 中刚体 B 相对于 G 的**瞬时角速度**。

因为向量方程可以在任意坐标系中使用，所以，可以用下面两种方式中的任意一种在连体坐标系或全域坐系中表示刚体上一点的速度。

$${}_{G}^{G}v_P = {}_{G}^{G}\boldsymbol{\omega}_B \times {}^{G}\boldsymbol{r}_P \tag{5.240}$$

$${}_{G}^{B}v_P = {}_{G}^{B}\boldsymbol{\omega}_B \times {}^{B}\boldsymbol{r}_P \tag{5.241}$$

式中${}_{G}^{G}v_P$是点 P 在全域坐标系中表示的全域速度；${}_{G}^{B}v_P$是点 P 在连体坐标系中表示的全域速度。

$${}_{G}^{G}v_P = {}^{G}R_B\,{}_{G}^{B}v_P = {}^{G}R_B({}_{G}^{B}\boldsymbol{\omega}_B \times {}^{B}\boldsymbol{r}_P) \tag{5.242}$$

${}_{G}^{G}v_P$ 和${}_{G}^{B}v_P$可以通过一个旋转矩阵相互转换，即

$$\begin{aligned} {}_{G}^{B}v_P &= {}^{G}R_B^{\mathrm{T}}\,{}_{G}^{G}v_P = {}^{G}R_B^{\mathrm{T}}\,{}_{G}\tilde{\omega}_B\,{}_{G}^{G}\boldsymbol{r}_P \\ &= {}^{G}R_B^{\mathrm{T}}\,{}^{G}\dot{R}_B\,{}^{G}R_B^{\mathrm{T}}\,{}_{G}^{G}\boldsymbol{r}_P = {}^{G}R_B^{\mathrm{T}}\,{}^{G}\dot{R}_B\,{}_{G}^{B}\boldsymbol{r}_P \end{aligned} \tag{5.243}$$

表明

$${}_{G}^{B}\tilde{\omega}_B = {}^{G}R_B^{\mathrm{T}}\,{}^{G}\dot{R}_B \tag{5.244}$$

称作在连体坐标系 B 中刚体 B 相对于全域坐标系 G 的**瞬时角速度**。从${}_{G}\tilde{\omega}_B$ 和${}_{G}^{B}\tilde{\omega}_B$ 的定义可知，可以通过如下方法实现两个角速度矩阵的变换。

$${}_{G}\tilde{\omega}_B = {}^{G}R_B\,{}_{G}^{B}\tilde{\omega}_B\,{}^{G}R_B^{\mathrm{T}} \tag{5.245}$$

$${}_{G}^{B}\tilde{\omega}_B = {}^{G}R_B^{\mathrm{T}}\,{}_{G}^{G}\tilde{\omega}_B\,{}^{G}R_B \tag{5.246}$$

或者

$${}^{G}\dot{R}_B = {}_{G}\tilde{\omega}_B\,{}^{G}R_B \tag{5.247}$$

$${}^{G}\dot{R}_B = {}^{G}R_B\,{}_{G}^{B}\tilde{\omega}_B \tag{5.248}$$

$${}_{G}\tilde{\omega}_B\,{}^{G}R_B = {}^{G}R_B\,{}_{G}^{B}\tilde{\omega}_B \tag{5.249}$$

如果在相同坐标系中表示，则 B 在 G 中的角速度是 G 在 B 中角速度的负数，即

$$ {}^{G}_{G}\tilde{\omega}_{B}=-{}^{G}_{B}\tilde{\omega}_{G} \tag{5.250} $$

$$ {}^{B}_{G}\tilde{\omega}_{B}=-{}^{B}_{B}\tilde{\omega}_{G} \tag{5.251} $$

${}_{G}\boldsymbol{\omega}_{B}$ 也可以表示为如下形式：

$$ {}_{G}\boldsymbol{\omega}_{B}=\omega\hat{u} \tag{5.252} $$

式中，$\hat{u}$ 是平行于${}_{G}\boldsymbol{\omega}_{B}$ 的单位向量，该单位向量表示**瞬时旋转轴**。

例 188 刚体上一点绕全域坐标轴的旋转

某刚体以角速度 $\dot{\alpha}=10°/\mathrm{s}$ 绕 Z 轴旋转，当刚体旋转 $\alpha=30°$ 时，刚体上某点 $P(5,30,10)$的全域速度为

$$ \begin{aligned} {}^{G}v_{P}&={}^{G}\dot{R}_{B}(t)\,{}^{B}\boldsymbol{r}_{P}\\ &=\frac{{}^{G}\mathrm{d}}{\mathrm{d}t}\left(\begin{bmatrix}\cos\alpha & -\sin\alpha & 0\\ \sin\alpha & \cos\alpha & 0\\ 0 & 0 & 1\end{bmatrix}\right)\begin{bmatrix}5\\30\\10\end{bmatrix}\\ &=\dot{\alpha}\begin{bmatrix}-\sin\alpha & -\cos\alpha & 0\\ \cos\alpha & -\sin\alpha & 0\\ 0 & 0 & 0\end{bmatrix}\begin{bmatrix}5\\30\\10\end{bmatrix}\\ &=\frac{10\pi}{180}\begin{bmatrix}-\sin\frac{\pi}{6} & -\cos\frac{\pi}{6} & 0\\ \cos\frac{\pi}{6} & -\sin\frac{\pi}{6} & 0\\ 0 & 0 & 0\end{bmatrix}\begin{bmatrix}5\\30\\10\end{bmatrix}=\begin{bmatrix}-4.97\\-1.86\\0\end{bmatrix} \end{aligned} \tag{5.253} $$

此时，点 P 位于

$$ \begin{aligned} {}^{G}\boldsymbol{r}_{P}&={}^{G}R_{B}\,{}^{B}\boldsymbol{r}_{P}\\ &=\begin{bmatrix}\cos\frac{\pi}{6} & -\sin\frac{\pi}{6} & 0\\ \sin\frac{\pi}{6} & \cos\frac{\pi}{6} & 0\\ 0 & 0 & 1\end{bmatrix}\begin{bmatrix}5\\30\\10\end{bmatrix}=\begin{bmatrix}-10.67\\28.48\\10\end{bmatrix} \end{aligned} \tag{5.254} $$

例 189 全域坐标点绕全域坐标轴的旋转

刚体上某一点 P 位于${}^{B}\boldsymbol{r}_{P}=[5\quad 30\quad 10]^{\mathrm{T}}$，此点绕 Z 轴旋转 $\alpha=30°$后，点 P 的全域坐标为

$$ \begin{aligned} {}^{G}\boldsymbol{r}_{P}&={}^{G}R_{B}\,{}^{B}\boldsymbol{r}_{P}\\ &=\begin{bmatrix}\cos\frac{\pi}{6} & -\sin\frac{\pi}{6} & 0\\ \sin\frac{\pi}{6} & \cos\frac{\pi}{6} & 0\\ 0 & 0 & 1\end{bmatrix}\begin{bmatrix}5\\30\\10\end{bmatrix}=\begin{bmatrix}-10.67\\28.48\\10\end{bmatrix} \end{aligned} \tag{5.255} $$

若该刚体以角速度 $\dot{\alpha}=10°/\mathrm{s}$ 旋转，则点 P 的全域坐标系速度为

$$
\begin{aligned}
{}^G v_P &= {}^G\dot{R}_B\,{}^G R_B^{\mathrm{T}}\,{}^G\boldsymbol{r}_P \\
&= \frac{10\pi}{180}\begin{bmatrix} -\sin\frac{\pi}{6} & -\cos\frac{\pi}{6} & 0 \\ \cos\frac{\pi}{6} & -\sin\frac{\pi}{6} & 0 \\ 0 & 0 & 0 \end{bmatrix}\begin{bmatrix} \cos\frac{\pi}{6} & -\sin\frac{\pi}{6} & 0 \\ \sin\frac{\pi}{6} & \cos\frac{\pi}{6} & 0 \\ 0 & 0 & 1 \end{bmatrix}^{\mathrm{T}}\begin{bmatrix} -10.67 \\ 28.48 \\ 10 \end{bmatrix} \\
&= \begin{bmatrix} -4.97 \\ -1.86 \\ 0 \end{bmatrix}
\end{aligned}
\tag{5.256}
$$

例 190★ 主角速度

绕 X 轴，Y 轴和 Z 轴的主旋转矩阵分别为

$$
R_{X,\gamma}=\begin{bmatrix} 1 & 0 & 0 \\ 0 & \cos\gamma & -\sin\gamma \\ 0 & \sin\gamma & \cos\gamma \end{bmatrix}\quad R_{Y,\beta}=\begin{bmatrix} \cos\beta & 0 & \sin\beta \\ 0 & 1 & 0 \\ -\sin\beta & 0 & \cos\beta \end{bmatrix}\quad R_{Z,\alpha}=\begin{bmatrix} \cos\alpha & -\sin\alpha & 0 \\ \sin\alpha & \cos\alpha & 0 \\ 0 & 0 & 1 \end{bmatrix}
\tag{5.257}
$$

它们各自对时间求导数后分别为

$$
\dot{R}_{X,\gamma}=\dot{\gamma}\begin{bmatrix} 0 & 0 & 0 \\ 0 & -\sin\gamma & -\cos\gamma \\ 0 & \cos\gamma & -\sin\gamma \end{bmatrix}\quad \dot{R}_{Y,\beta}=\dot{\beta}\begin{bmatrix} -\sin\beta & 0 & \cos\beta \\ 0 & 0 & 0 \\ -\cos\beta & 0 & -\sin\beta \end{bmatrix}\quad \dot{R}_{Z,\alpha}=\dot{\alpha}\begin{bmatrix} -\sin\alpha & -\cos\alpha & 0 \\ \cos\alpha & -\sin\alpha & 0 \\ 0 & 0 & 0 \end{bmatrix}
\tag{5.258}
$$

因此，它们绕 X 轴，Y 轴和 Z 轴的主角速度矩阵分别为

$$
{}_G\tilde{\omega}_X=\dot{R}_{X,\gamma}\,R_{X,\gamma}^{\mathrm{T}}=\dot{\gamma}\begin{bmatrix} 0 & 0 & 0 \\ 0 & 0 & -1 \\ 0 & 1 & 0 \end{bmatrix}
\tag{5.259}
$$

$$
{}_G\tilde{\omega}_Y=\dot{R}_{X,\beta}R_{Y,\beta}^{\mathrm{T}}=\dot{\beta}\begin{bmatrix} 0 & 0 & 1 \\ 0 & 0 & 0 \\ -1 & 0 & 0 \end{bmatrix}
\tag{5.260}
$$

$$
{}_G\tilde{\omega}_Z=\dot{R}_{Z,\alpha}R_{Z,\alpha}^{\mathrm{T}}=\dot{\alpha}\begin{bmatrix} 0 & -1 & 0 \\ 1 & 0 & 0 \\ 0 & 0 & 0 \end{bmatrix}
\tag{5.261}
$$

等效于

$$
{}_G\tilde{\omega}_X=\dot{\gamma}\tilde{I}\quad {}_G\tilde{\omega}_Y=\dot{\beta}\tilde{J}\quad {}_G\tilde{\omega}_Z=\dot{\alpha}\tilde{K}
\tag{5.262}
$$

因此，它们的主角速度向量为

$$
{}_G\boldsymbol{\omega}_X=\omega_X\hat{I}=\dot{\gamma}\hat{I}
\tag{5.263}
$$

$$
{}_G\boldsymbol{\omega}_Y=\omega_Y\hat{J}=\dot{\beta}\hat{J}
\tag{5.264}
$$

$$
{}_G\boldsymbol{\omega}_Z=\omega_Z\hat{K}=\dot{\alpha}\hat{K}
\tag{5.265}
$$

应用以上方法可以求得如下绕局部坐标轴的主角速度矩阵：

$$
{}_G^B\tilde{\omega}_x=R_{x,\psi}^{\mathrm{T}}\dot{R}_{x,\psi}=\dot{\psi}\begin{bmatrix} 0 & 0 & 0 \\ 0 & 0 & -1 \\ 0 & 1 & 0 \end{bmatrix}=\dot{\psi}\tilde{i}
\tag{5.266}
$$

$$ {}_G^B\tilde{\omega}_y = R_{y,\theta}^{\mathrm{T}}\dot{R}_{y,\theta} = \dot{\theta}\begin{bmatrix} 0 & 0 & 1 \\ 0 & 0 & 0 \\ -1 & 0 & 0 \end{bmatrix} = \dot{\theta}\tilde{j} \tag{5.267} $$

$$ {}_G^B\tilde{\omega}_Z = R_{z,\varphi}^{\mathrm{T}}\dot{R}_{z,\varphi} = \dot{\varphi}\begin{bmatrix} 0 & -1 & 0 \\ 1 & 0 & 0 \\ 0 & 0 & 0 \end{bmatrix} = \dot{\varphi}\tilde{k} \tag{5.268} $$

例 191 主角速度向量的分解

每一个角速度向量都可以分解为三个主角速度向量。

$$ \begin{aligned} {}_G\boldsymbol{\omega}_B &= ({}_G\boldsymbol{\omega}_B \cdot \hat{I})\hat{I} + ({}_G\boldsymbol{\omega}_B \cdot \hat{J})\hat{J} + ({}_G\boldsymbol{\omega}_B \cdot \hat{K})\hat{K} \\ &= \omega_X\hat{I} + \omega_Y\hat{J} + \omega_Z\hat{K} = \dot{\gamma}\hat{I} + \dot{\beta}\hat{J} + \dot{\alpha}\hat{K} \\ &= \boldsymbol{\omega}_X + \boldsymbol{\omega}_Y + \boldsymbol{\omega}_Z \end{aligned} \tag{5.269} $$

例 192 角速度的合并

首先考虑以下旋转的合并

$$ {}^0R_2 = {}^0R_1{}^1R_2 \tag{5.270} $$

对时间求导后得到

$$ {}^0\dot{R}_2 = {}^0\dot{R}_1{}^1R_2 + {}^0R_1{}^1\dot{R}_2 \tag{5.271} $$

此时，再将旋转矩阵的导数表示为

$$ {}^0\dot{R}_2 = {}_0\tilde{\omega}_2{}^0R_2 \quad {}^0\dot{R}_1 = {}_0\tilde{\omega}_1{}^0R_1 \quad {}^1\dot{R}_2 = {}_1\tilde{\omega}_2{}^1R_2 \tag{5.272} $$

进而得到

$$ \begin{aligned} {}_0\tilde{\omega}_2{}^0R_2 &= {}_0\tilde{\omega}_1{}^0R_1{}^1R_2 + {}^0R_1{}_1\tilde{\omega}_2{}^1R_2 \\ &= {}_0\tilde{\omega}_1{}^0R_2 + {}^0R_1{}_1\tilde{\omega}_2{}^0R_1^{\mathrm{T}0}R_1{}^1R_2 \\ &= {}_0\tilde{\omega}_1{}^0R_2 + {}_1^0\tilde{\omega}_2{}^0R_2 \end{aligned} \tag{5.273} $$

式中

$$ {}^0R_1{}_1\tilde{\omega}_2{}^0R_1^{\mathrm{T}} = {}_1^0\tilde{\omega}_2 \tag{5.274} $$

因此有

$$ {}_0\tilde{\omega}_2 = {}_0\tilde{\omega}_1 + {}_1^0\tilde{\omega}_2 \tag{5.275} $$

表明角速度可以分别相加：

$$ {}_0\boldsymbol{\omega}_2 = {}_0\boldsymbol{\omega}_1 + {}_1^0\boldsymbol{\omega}_2 \tag{5.276} $$

以上结论同样适用于任意数量角速度的合并

$$ {}_0\boldsymbol{\omega}_n = {}_0\boldsymbol{\omega}_1 + {}_1^0\boldsymbol{\omega}_2 + {}_2^0\boldsymbol{\omega}_3 + \cdots + {}_{n-1}^{\;\;0}\boldsymbol{\omega}_n = \sum_{i=1}^{n} {}_{i-1}^{\;\;0}\boldsymbol{\omega}_i \tag{5.277} $$

例 193★ 以欧拉频率形式表示的角速度

角速度向量可以用欧拉频率表示，即

$$ \begin{aligned} {}_G^B\boldsymbol{\omega}_B &= \omega_x\hat{i} + \omega_y\hat{j} + \omega_z\hat{k} = \dot{\varphi}\hat{e}_\varphi + \dot{\theta}\hat{e}_\theta + \dot{\psi}\hat{e}_\psi \\ &= \dot{\varphi}\begin{bmatrix} \sin\theta\sin\psi \\ \sin\theta\cos\psi \\ \cos\theta \end{bmatrix} + \dot{\theta}\begin{bmatrix} \cos\psi \\ -\sin\psi \\ 0 \end{bmatrix} + \dot{\psi}\begin{bmatrix} 0 \\ 0 \\ 1 \end{bmatrix} \end{aligned} $$

$$=\begin{bmatrix}\sin\theta\sin\psi & \cos\psi & 0\\ \sin\theta\cos\psi & -\sin\psi & 0\\ \cos\theta & 0 & 1\end{bmatrix}\begin{bmatrix}\dot{\varphi}\\ \dot{\theta}\\ \dot{\psi}\end{bmatrix} \tag{5.278}$$

同时

$${}_G^G\boldsymbol{\omega}_B = {}^BR_G^{-1}\,{}_G^B\boldsymbol{\omega}_B = {}^BR_G^{-1}\begin{bmatrix}\dot{\varphi}\sin\theta\sin\psi+\dot{\theta}\cos\psi\\ \dot{\varphi}\sin\theta\cos\psi-\dot{\theta}\sin\psi\\ \dot{\varphi}\cos\theta+\dot{\psi}\end{bmatrix}$$

$$=\begin{bmatrix}0 & \cos\varphi & \sin\theta\sin\varphi\\ 0 & \sin\varphi & -\cos\varphi\sin\theta\\ 1 & 0 & \cos\theta\end{bmatrix}\begin{bmatrix}\dot{\varphi}\\ \dot{\theta}\\ \dot{\psi}\end{bmatrix} \tag{5.279}$$

其中欧拉转换矩阵的逆矩阵为

$${}^BR_G^{-1}=\begin{bmatrix}\cos\varphi\cos\psi-\cos\theta\sin\varphi\sin\psi & -\cos\varphi\sin\psi-\cos\theta\cos\psi\sin\varphi & \sin\theta\sin\varphi\\ \cos\psi\sin\varphi+\cos\theta\cos\varphi\sin\psi & -\sin\varphi\sin\psi+\cos\theta\cos\varphi\cos\psi & -\cos\varphi\sin\theta\\ \sin\theta\sin\psi & \sin\theta\cos\psi & \cos\theta\end{bmatrix} \tag{5.280}$$

例 194★ 以旋转频率形式表示的角速度

设有欧拉角转换矩阵：

$${}^BR_G = R_{z,\psi}R_{x,\theta}R_{z,\varphi} \tag{5.281}$$

则角速度矩阵等于

$$\begin{aligned}{}_B\tilde{\omega}_G &= {}^B\dot{R}_G\,{}^BR_G^{\mathrm{T}}\\ &=\left(\dot{\varphi}R_{z,\psi}R_{x,\theta}\frac{\mathrm{d}R_{z,\varphi}}{\mathrm{d}t}+\dot{\theta}R_{z,\psi}\frac{\mathrm{d}R_{x,\theta}}{\mathrm{d}t}R_{z,\varphi}+\dot{\psi}\frac{\mathrm{d}R_{z,\psi}}{\mathrm{d}t}R_{x,\theta}R_{z,\varphi}\right)\\ &\quad\times\left(R_{z,\psi}R_{x,\theta}R_{z,\varphi}\right)^{\mathrm{T}}\\ &=\dot{\varphi}R_{z,\psi}R_{x,\theta}\frac{\mathrm{d}R_{z,\varphi}}{\mathrm{d}t}R_{z,\varphi}^{\mathrm{T}}R_{x,\theta}^{\mathrm{T}}R_{z,\psi}^{\mathrm{T}}+\dot{\theta}R_{z,\psi}\frac{\mathrm{d}R_{x,\theta}}{\mathrm{d}t}R_{x,\theta}^{\mathrm{T}}R_{z,\psi}^{\mathrm{T}}\\ &\quad+\dot{\psi}\frac{\mathrm{d}R_{z,\psi}}{\mathrm{d}t}R_{z,\psi}^{\mathrm{T}}\end{aligned} \tag{5.282}$$

其矩阵形式为

$$\begin{aligned}{}_B\tilde{\omega}_G &= \dot{\varphi}\begin{bmatrix}0 & \cos\theta & -\sin\theta\cos\psi\\ -\cos\theta & 0 & \sin\theta\sin\psi\\ \sin\theta\cos\psi & -\sin\theta\sin\psi & 0\end{bmatrix}\\ &\quad+\dot{\theta}\begin{bmatrix}0 & 0 & \sin\psi\\ 0 & 0 & \cos\psi\\ -\sin\psi & -\cos\psi & 0\end{bmatrix}+\dot{\psi}\begin{bmatrix}0 & 1 & 0\\ -1 & 0 & 0\\ 0 & 0 & 0\end{bmatrix}\end{aligned} \tag{5.283}$$

或

$${}_B\tilde{\omega}_G=\begin{bmatrix}0 & \dot{\psi}+\dot{\varphi}\cos\theta & \dot{\theta}\sin\psi-\dot{\varphi}\sin\theta\cos\psi\\ -\dot{\psi}-\dot{\varphi}\cos\theta & 0 & \dot{\theta}\cos\psi+\dot{\varphi}\sin\theta\sin\psi\\ -\dot{\theta}\sin\psi+\dot{\varphi}\sin\theta\cos\psi & -\dot{\theta}\cos\psi-\dot{\varphi}\sin\theta\sin\psi & 0\end{bmatrix} \tag{5.284}$$

相应的角速度向量为

$$
{}_B\boldsymbol{\omega}_G = -\begin{bmatrix} \dot{\theta}\cos\psi + \dot{\varphi}\sin\theta\sin\psi \\ -\dot{\theta}\sin\psi + \dot{\varphi}\sin\theta\cos\psi \\ \dot{\psi} + \dot{\varphi}\cos\theta \end{bmatrix}
= -\begin{bmatrix} \sin\theta\sin\psi & \cos\psi & 0 \\ \sin\theta\cos\psi & -\sin\psi & 0 \\ \cos\theta & 0 & 1 \end{bmatrix}\begin{bmatrix} \dot{\varphi} \\ \dot{\theta} \\ \dot{\psi} \end{bmatrix} \tag{5.285}
$$

因为

$$ {}_B^B\tilde{\omega}_G = -{}_G^B\tilde{\omega}_B \tag{5.286} $$

$$ {}_B^B\boldsymbol{\omega}_G = -{}_G^B\boldsymbol{\omega}_B \tag{5.287} $$

所以有

$$
{}_G^B\boldsymbol{\omega}_B = \begin{bmatrix} \sin\theta\sin\psi & \cos\psi & 0 \\ \sin\theta\cos\psi & -\sin\psi & 0 \\ \cos\theta & 0 & 1 \end{bmatrix}\begin{bmatrix} \dot{\varphi} \\ \dot{\theta} \\ \dot{\psi} \end{bmatrix} \tag{5.288}
$$

例 195★ 角速度的坐标转换

坐标系 B_2 相对于坐标系 B_1 的角速度${}_1\boldsymbol{\omega}_2$ 在坐标系 B_1 中表示后，可以根据下面公式在基础坐标系 B_0 中表示

$$ {}^0R_{1\,1}\tilde{\omega}_2\,{}^0R_1^{\mathrm{T}} = {}_1^0\tilde{\omega}_2 \tag{5.289} $$

为说明等式成立，在等式两边分别乘以任意向量${}^0\boldsymbol{r}$。等式左边将变为

$$
\begin{aligned}
{}^0R_{1\,1}\tilde{\omega}_2\,{}^0R_1^{\mathrm{T}\,0}\boldsymbol{r} &= {}^0R_{1\,1}\tilde{\omega}_2\,{}^1R_0\,{}^0\boldsymbol{r} = {}^0R_{1\,1}\tilde{\omega}_2\,{}^1\boldsymbol{r} \\
&= {}^0R_1({}_1\boldsymbol{\omega}_2 \times {}^1\boldsymbol{r}) = {}^0R_{1\,1}\boldsymbol{\omega}_2 \times {}^0R_1\,{}^1\boldsymbol{r} \\
&= {}_1^0\boldsymbol{\omega}_2 \times {}^0\boldsymbol{r}
\end{aligned} \tag{5.290}
$$

与等式右边乘以向量${}^0\boldsymbol{r}$ 后相等，即

$$ {}_1^0\tilde{\omega}_2\,{}^0\boldsymbol{r} = {}_1^0\boldsymbol{\omega}_2 \times {}^0\boldsymbol{r} \tag{5.291} $$

例 196★ 单位向量的时间导数

应用式（5.241）可以定义连体坐标系 B（$\hat{i}$, $\hat{j}$, $\hat{k}$）在全域坐标系 G（$\hat{I}$, $\hat{J}$, $\hat{K}$）中旋转时单位向量对时间的导数。

$$ \frac{{}^G\mathrm{d}\hat{i}}{\mathrm{d}t} = {}_G^B\boldsymbol{\omega}_B \times \hat{i} \quad \frac{{}^G\mathrm{d}\hat{j}}{\mathrm{d}t} = {}_G^B\boldsymbol{\omega}_B \times \hat{j} \quad \frac{{}^G\mathrm{d}\hat{k}}{\mathrm{d}t} = {}_G^B\boldsymbol{\omega}_B \times \hat{k} \tag{5.292} $$

5.10 ★ 时间导数与坐标系

向量的时间导数与求导数时所参照的坐标系有关，向量 $\boldsymbol{r}$ 在全域坐标系中的时间导数称作 G-导数，记作

$$ \frac{{}^G\mathrm{d}}{\mathrm{d}t}\boldsymbol{r} $$

向量 $\boldsymbol{r}$ 在连体坐标系中的时间导数称作 B - 导数，记作

$$\frac{{}^{B}d}{dt}\boldsymbol{r}$$

导数符号的左上标表示求导数所参照的坐标系，因此，可以假设其单位向量为常数。

因为单位向量为常数，标量系数是唯一的时间变量，所以如果向量表示与求导在同一坐标系中，则时间导数称作简单导数。B 中的简单导数${}^{B}\boldsymbol{r}_P$ 和 G 中的简单导数${}^{G}\boldsymbol{r}_P$ 为

$$\frac{{}^{B}d}{dt}{}^{B}\boldsymbol{r}_P = {}^{B}\dot{\boldsymbol{r}}_P = {}^{B}v_P = \dot{x}\hat{\imath} + \dot{y}\hat{\jmath} + \dot{z}\hat{k} \tag{5.293}$$

$$\frac{{}^{G}d}{dt}{}^{G}\boldsymbol{r}_P = {}^{G}\dot{\boldsymbol{r}}_P = {}^{G}v_P = \dot{X}\hat{I} + \dot{Y}\hat{J} + \dot{Z}\hat{K} \tag{5.294}$$

也可以求${}^{B}\boldsymbol{r}_P$ 的 G - 导数和${}^{G}\boldsymbol{r}_P$ 的 B - 导数，定义体向量${}^{B}\boldsymbol{r}_P$ 的 G - 导数为

$${}^{B}_{G}v_P = \frac{{}^{G}d}{dt}{}^{B}\boldsymbol{r}_P \tag{5.295}$$

同理，全域向量${}^{G}\boldsymbol{r}_P$ 的 B - 导数为

$${}^{G}_{B}v_P = \frac{{}^{B}d}{dt}{}^{G}\boldsymbol{r}_P \tag{5.296}$$

当坐标系 B 在坐标系 G 中旋转，且点 P 在坐标系 B 中运动时，${}^{B}\boldsymbol{r}_P$（t）的 G - 导数定义为

$$\frac{{}^{G}d}{dt}{}^{B}\boldsymbol{r}_P(t) = {}^{B}\dot{\boldsymbol{r}}_P + {}^{B}_{G}\boldsymbol{\omega}_B \times {}^{B}\boldsymbol{r}_P = {}^{B}_{G}\dot{\boldsymbol{r}}_P \tag{5.297}$$

${}^{G}\boldsymbol{r}_P$ 的 B - 导数定义为

$$\frac{{}^{B}d}{dt}{}^{G}\boldsymbol{r}_P(t) = {}^{G}\dot{\boldsymbol{r}}_P - {}_{G}\boldsymbol{\omega}_B \times {}^{G}\boldsymbol{r}_P = {}^{G}_{B}\dot{\boldsymbol{r}}_P \tag{5.298}$$

证明：令包括单位向量$\hat{I}$，$\hat{J}$和$\hat{K}$的 $G(OXYZ)$作为全域坐标系，令包括单位向量$\hat{\imath}$，$\hat{\jmath}$和$\hat{k}$的 $B(Oxyz)$作为连体坐标系，运动点 P 的位置向量可以分别在连体坐标系和全域坐标系中表示

$${}^{B}\boldsymbol{r}_P(t) = x(t)\hat{\imath} + y(t)\hat{\jmath} + z(t)\hat{k} \tag{5.299}$$

$${}^{G}\boldsymbol{r}_P(t) = X(t)\hat{I} + Y(t)\hat{J} + Z(t)\hat{K} \tag{5.300}$$

因为假设式（5.299）中 B 的单位向量和式（5.300）中 G 的单位向量为常数，所以，${}^{B}\boldsymbol{r}_P$ 在 B 中和${}^{G}\boldsymbol{r}_P$ 在 G 中的时间导数分别为

$$\frac{{}^{B}d}{dt}{}^{B}\boldsymbol{r}_P = {}^{B}\dot{\boldsymbol{r}}_P = {}^{B}v_P = \dot{x}\hat{\imath} + \dot{y}\hat{\jmath} + \dot{z}\hat{k} \tag{5.301}$$

$$\frac{{}^{G}d}{dt}{}^{G}\boldsymbol{r}_P = {}^{G}\dot{\boldsymbol{r}}_P = {}^{G}v_P = \dot{X}\hat{I} + \dot{Y}\hat{J} + \dot{Z}\hat{K} \tag{5.302}$$

对在连体坐标系中表示的固定在体上点 P 的全域速度应用式（5.241）得到

$${}^{B}_{G}v_P = {}^{B}_{G}\boldsymbol{\omega}_B \times {}^{B}\boldsymbol{r}_P = \frac{{}^{G}d}{dt}{}^{B}\boldsymbol{r}_P \tag{5.303}$$

结合式（5.295），可以求出位置向量${}^{B}\boldsymbol{r}_P$ 的 G - 导数

$$\frac{{}^{G}d}{dt}{}^{B}\boldsymbol{r}_P = \frac{{}^{G}d}{dt}(x\hat{\imath} + y\hat{\jmath} + z\hat{k})$$

$$= \dot{x}\hat{i} + \dot{y}\hat{j} + \dot{z}\hat{k} + x\frac{{}^G\mathrm{d}\hat{i}}{\mathrm{d}t} + y\frac{{}^G\mathrm{d}\hat{j}}{\mathrm{d}t} + z\frac{{}^G\mathrm{d}\hat{k}}{\mathrm{d}t}$$

$$= {}^B\dot{\boldsymbol{r}}_P + x{}_G^B\boldsymbol{\omega}_B \times \hat{i} + y{}_G^B\boldsymbol{\omega}_B \times \hat{j} + z{}_G^B\boldsymbol{\omega}_B \times \hat{k}$$

$$= {}^B\dot{\boldsymbol{r}}_P + {}_G^B\boldsymbol{\omega}_B \times (x\hat{i} + y\hat{j} + z\hat{k})$$

$$= {}^B\dot{\boldsymbol{r}}_P + {}_G^B\boldsymbol{\omega}_B \times {}^B\boldsymbol{r}_P = \frac{{}^Bd}{\mathrm{d}t}{}^B\boldsymbol{r}_P + {}_G^B\boldsymbol{\omega}_B \times {}^B\boldsymbol{r}_P \tag{5.304}$$

之所以得到这个结果，是因为${}^B\boldsymbol{r}_P$在x，y和z方向上的分量是标量，标量不随坐标系的转换而变化。因此，如果x是标量，则

$$\frac{{}^Gd}{\mathrm{d}t}x = \frac{{}^Bd}{\mathrm{d}t}x = \dot{x} \tag{5.305}$$

同理，可以求出${}^G\boldsymbol{r}_P$的B－导数

$$\frac{{}^Bd}{\mathrm{d}t}{}^G\boldsymbol{r}_P = \frac{{}^Bd}{\mathrm{d}t}(X\hat{I} + Y\hat{J} + Z\hat{K})$$

$$= \dot{X}\hat{I} + \dot{Y}\hat{J} + \dot{Z}\hat{K} + X\frac{{}^B\mathrm{d}\hat{I}}{\mathrm{d}t} + Y\frac{{}^B\mathrm{d}\hat{J}}{\mathrm{d}t} + Z\frac{{}^B\mathrm{d}\hat{K}}{\mathrm{d}t}$$

$$= {}^G\dot{\boldsymbol{r}}_P + {}_B^G\boldsymbol{\omega}_G \times {}^G\boldsymbol{r}_P \tag{5.306}$$

因此，

$$\frac{{}^Bd}{\mathrm{d}t}{}^G\boldsymbol{r}_P = {}^G\dot{\boldsymbol{r}}_P - {}_G\boldsymbol{\omega}_B \times {}^G\boldsymbol{r}_P \tag{5.307}$$

B相对于G的角速度是一个向量，可以在任意一个坐标系中表示。

$${}_G^G\boldsymbol{\omega}_B = \omega_X\hat{I} + \omega_Y\hat{J} + \omega_Z\hat{K} \tag{5.308}$$

$${}_G^B\boldsymbol{\omega}_B = \omega_x\hat{i} + \omega_y\hat{j} + \omega_z\hat{k} \tag{5.309}$$

例 197★ B中一个运动点的时间导数

假设在坐标系G中有一个以角速度$\dot{\alpha}$绕Z轴旋转的局部坐标系B，和一个以速度${}^B\boldsymbol{r}_P(t) = t\hat{i}$运动的点，故有

$${}^G\boldsymbol{r}_P = {}^GR_B{}^B\boldsymbol{r}_P = R_{Z,\alpha}(t){}^B\boldsymbol{r}_P$$

$$= \begin{bmatrix} \cos\alpha & -\sin\alpha & 0 \\ \sin\alpha & \cos\alpha & 0 \\ 0 & 0 & 1 \end{bmatrix}\begin{bmatrix} t \\ 0 \\ 0 \end{bmatrix}$$

$$= t\cos\alpha\hat{I} + t\sin\alpha\hat{J} \tag{5.310}$$

角速度矩阵为

$${}_G\tilde{\omega}_B = {}^G\dot{R}_B{}^GR_B^{\mathrm{T}} = \dot{\alpha}\tilde{K} \tag{5.311}$$

进而得出

$${}_G\boldsymbol{\omega}_B = \dot{\alpha}\hat{K} \tag{5.312}$$

也可以证明

$${}_G^B\tilde{\omega}_B = {}^GR_B^{\mathrm{T}}{}_G^G\tilde{\omega}_B{}^GR_B = \dot{\alpha}\tilde{K} \tag{5.313}$$

所以，

$$ {}_G^B\boldsymbol{\omega}_B=\dot{\alpha}\hat{k} \tag{5.314}$$

至此，可以求出下面的导数：

$$\frac{{}^Bd}{dt}{}^B\boldsymbol{r}_P={}^B\dot{\boldsymbol{r}}_P=\hat{\imath} \tag{5.315}$$

$$\frac{{}^Gd}{dt}{}^G\boldsymbol{r}_P={}^G\dot{\boldsymbol{r}}_P=(\cos\alpha-t\dot{\alpha}\sin\alpha)\hat{I}+(\sin\alpha+t\dot{\alpha}\cos\alpha)\hat{J} \tag{5.316}$$

对于混合导数，可以先从下式开始求导

$$\begin{aligned}\frac{{}^Gd}{dt}{}^B\boldsymbol{r}_P&=\frac{{}^Bd}{dt}{}^B\boldsymbol{r}_P+{}_G^B\boldsymbol{\omega}_B\times{}^B\boldsymbol{r}_P\\&=\begin{bmatrix}1\\0\\0\end{bmatrix}+\dot{\alpha}\begin{bmatrix}0\\0\\1\end{bmatrix}\times\begin{bmatrix}t\\0\\0\end{bmatrix}=\begin{bmatrix}1\\t\dot{\alpha}\\0\end{bmatrix}\\&=\hat{\imath}+t\dot{\alpha}\hat{\jmath}={}_G^B\dot{\boldsymbol{r}}_P\end{aligned} \tag{5.317}$$

上式为在坐标系 B 中表达的 P 的全域速度。但是，也可以将${}_G^B\dot{\boldsymbol{r}}_P$转换到全域坐标系并求出在 G 中表达的全域速度。

$$\begin{aligned}{}^G\dot{\boldsymbol{r}}_P&={}^GR_B\,{}_G^B\dot{\boldsymbol{r}}_P\\&=\begin{bmatrix}\cos\alpha&-\sin\alpha&0\\\sin\alpha&\cos\alpha&0\\0&0&1\end{bmatrix}\begin{bmatrix}1\\t\dot{\alpha}\\0\end{bmatrix}=\begin{bmatrix}\cos\alpha-t\dot{\alpha}\sin\alpha\\\sin\alpha+t\dot{\alpha}\cos\alpha\\0\end{bmatrix}\\&=(\cos\alpha-t\dot{\alpha}\sin\alpha)\hat{I}+(\sin\alpha+t\dot{\alpha}\cos\alpha)\hat{J}\end{aligned} \tag{5.318}$$

进一步求导

$$\begin{aligned}\frac{{}^Bd}{dt}{}^G\boldsymbol{r}_P&={}^G\dot{\boldsymbol{r}}_P-{}_G\boldsymbol{\omega}_B\times{}^G\boldsymbol{r}_P\\&=\begin{bmatrix}\cos\alpha-t\dot{\alpha}\sin\alpha\\\sin\alpha+t\dot{\alpha}\cos\alpha\\0\end{bmatrix}-\dot{\alpha}\begin{bmatrix}0\\0\\1\end{bmatrix}\times\begin{bmatrix}t\cos\alpha\\t\sin\alpha\\0\end{bmatrix}\\&=\begin{bmatrix}\cos\alpha\\\sin\alpha\\0\end{bmatrix}=(\cos\alpha)\hat{I}+(\sin\alpha)\hat{J}\\&={}_B^G\dot{\boldsymbol{r}}_P\end{aligned} \tag{5.319}$$

此为在坐标系 G 中表示的点 P 相对于坐标系 B 的速度。为了在坐标系 B 中表示该速度，需要应用坐标变换

$$\begin{aligned}{}^B\dot{\boldsymbol{r}}_P&={}^GR_B^{\mathrm{T}}\,{}_B^G\dot{\boldsymbol{r}}_P\\&=\begin{bmatrix}\cos\alpha&-\sin\alpha&0\\\sin\alpha&\cos\alpha&0\\0&0&1\end{bmatrix}^{\mathrm{T}}\begin{bmatrix}\cos\alpha\\\sin\alpha\\0\end{bmatrix}=\begin{bmatrix}1\\0\\0\end{bmatrix}=\hat{\imath}\end{aligned} \tag{5.320}$$

有时常常将向量转换到与求导所在坐标系相同的坐标系，应用微分算子，即

$$\frac{{}^{G}d}{dt}{}^{B}\boldsymbol{r}_P=\frac{{}^{G}d}{dt}({}^{G}R_B{}^{B}\boldsymbol{r}_P)$$

$$=\frac{{}^{G}d}{dt}\begin{bmatrix}t\cos\alpha\\t\sin\alpha\\0\end{bmatrix}=\begin{bmatrix}\cos\alpha-t\dot{\alpha}\sin\alpha\\\sin\alpha+t\dot{\alpha}\cos\alpha\\0\end{bmatrix}\tag{5.321}$$

并有

$$\frac{{}^{B}d}{dt}{}^{G}\boldsymbol{r}_P=\frac{{}^{B}d}{dt}({}^{G}R_B^{\mathrm{T}}{}^{G}\boldsymbol{r}_P)=\frac{{}^{B}d}{dt}\begin{bmatrix}t\\0\\0\end{bmatrix}=\begin{bmatrix}1\\0\\0\end{bmatrix}\tag{5.322}$$

例 198★ 位置和速度的正交性

如果某一刚体上的点的位置向量在全域坐标系中记为 $\boldsymbol{r}$，则

$$\frac{d\boldsymbol{r}}{dt}\cdot\boldsymbol{r}=0\tag{5.323}$$

为了表示这一属性，可以对下式求导

$$\boldsymbol{r}\cdot\boldsymbol{r}=r^2\tag{5.324}$$

并求出

$$\frac{d}{dt}(\boldsymbol{r}\cdot\boldsymbol{r})=\frac{d\boldsymbol{r}}{dt}\cdot\boldsymbol{r}+\boldsymbol{r}\cdot\frac{d\boldsymbol{r}}{dt}=2\frac{d\boldsymbol{r}}{dt}\cdot\boldsymbol{r}=0\tag{5.325}$$

向量和导数在同一坐标系中表示时，式（5.323）对所有坐标系和常数向量都适用。

例 199★ 导数转换公式

连体坐标系 $B(Oxyz)$ 中某固定点的全域速度可以通过式（5.228）求出，下面设有能在 $B(Oxyz)$ 中运动的某点 P，因为此时其体位置向量 ${}^{B}\boldsymbol{r}_P$ 不是常量，所以，该点在 B 中表示的全域速度为

$$\frac{{}^{G}d}{dt}{}^{B}\boldsymbol{r}_P=\frac{{}^{B}d}{dt}{}^{B}\boldsymbol{r}_P+{}_{G}^{B}\boldsymbol{\omega}_B\times{}^{B}\boldsymbol{r}_P={}_{G}^{B}\dot{\boldsymbol{r}}_P\tag{5.326}$$

有时，式（5.326）的结果可以用来定义从连体坐标系到全域坐标系转换的微分算子

$$\frac{{}^{G}d}{dt}\boldsymbol{r}=\frac{{}^{B}d}{dt}\boldsymbol{r}+{}_{G}^{B}\boldsymbol{\omega}_B\times{}^{B}\boldsymbol{r}={}_{G}^{B}\dot{\boldsymbol{r}}\tag{5.327}$$

最后结果 ${}_{G}^{B}\dot{\boldsymbol{r}}$ 表明在连体坐标系（B）中表示的全域（G）时间导数，向量 $\boldsymbol{r}$ 可以是任意向量，如位置、速度、角速度、动量或随时间变化的力向量。

式（5.327）称作导数转换公式，该式将某一向量的时间导数由在坐标系 G 中观察的导数转换为在坐标系 B 中观察的导数。导数转换公式（5.327）为一般性公式，可以用于任意两个相对运动坐标系之间的任意向量的导数转换。

例 200★ 旋转矩阵的微分方程

定义角速度矩阵的式（5.231）可以写成一个一阶微分方程

$$\frac{d}{dt}{}^{G}R_B-{}^{G}R_{B\,G}\tilde{\omega}_B=0\tag{5.328}$$

该式的解验证了旋转矩阵指数形式的定义，即

$$^{G}R_{B}=e^{\tilde{\omega}t} \tag{5.329}$$

或

$$\tilde{\omega}t=\dot{\phi}\,\tilde{u}=\ln({}^{G}R_{B}) \tag{5.330}$$

例 201★　全域坐标系中刚体上一点的加速度

刚体 $B(Oxyz)$ 在全域坐标系 $G(OXYZ)$ 中的角加速度向量记作 ${}_{G}\boldsymbol{\alpha}_{B}$，并由 ${}_{G}\boldsymbol{\omega}_{B}$ 的全域时间导数定义。

$${}_{G}\boldsymbol{\alpha}_{B}=\frac{^{G}d}{\mathrm{d}t}{}_{G}\boldsymbol{\omega}_{B} \tag{5.331}$$

应用该定义，全域坐标系中刚体上某一固定点的加速度为

$$^{G}\boldsymbol{a}_{P}=\frac{^{G}d}{\mathrm{d}t}({}_{G}\boldsymbol{\omega}_{B}\times{}^{G}\boldsymbol{r}_{P})={}_{G}\boldsymbol{\alpha}_{B}\times{}^{G}\boldsymbol{r}_{P}+{}_{G}\boldsymbol{\omega}_{B}\times({}_{G}\boldsymbol{\omega}_{B}\times{}^{G}\boldsymbol{r}_{P}) \tag{5.332}$$

例 202★　角速度向量的另一种定义

刚体 B（$\hat{\imath}$，$\hat{\jmath}$，$\hat{k}$）在全域坐标系 G（$\hat{I}$，$\hat{J}$，$\hat{K}$）中的角速度向量也可以通过下式定义

$${}_{G}^{B}\boldsymbol{\omega}_{B}=\hat{\imath}\left(\frac{^{G}\mathrm{d}\hat{\jmath}}{\mathrm{d}t}\cdot\hat{k}\right)+\hat{\jmath}\left(\frac{^{G}\mathrm{d}\hat{k}}{\mathrm{d}t}\cdot\hat{\imath}\right)+\hat{k}\left(\frac{^{G}\mathrm{d}\hat{\imath}}{\mathrm{d}t}\cdot\hat{\jmath}\right) \tag{5.333}$$

证明：设某包含一个固定点的连体坐标系 B 在全域坐标系 G 中运动，刚体上的固定点选在两个坐标系的原点上，如图 5.8 所示。可以通过描述局部单位向量 $\hat{\imath}$，$\hat{\jmath}$，$\hat{k}$ 的运动来描述刚体的运动，令 $\boldsymbol{r}_P$ 作为刚体上某点 P 的位置向量，则 $^{B}\boldsymbol{r}_P$ 即为包含常量分量的向量。

$$^{B}\boldsymbol{r}_{P}=x\hat{\imath}+y\hat{\jmath}+z\hat{k} \tag{5.334}$$

刚体运动时，仅有单位向量 $\hat{\imath}$，$\hat{\jmath}$ 和 $\hat{k}$ 相对于全域坐标系的变化，微分位移微元为

$$\mathrm{d}\boldsymbol{r}_{P}=x\mathrm{d}\hat{\imath}+y\mathrm{d}\hat{\jmath}+z\mathrm{d}\hat{k} \tag{5.335}$$

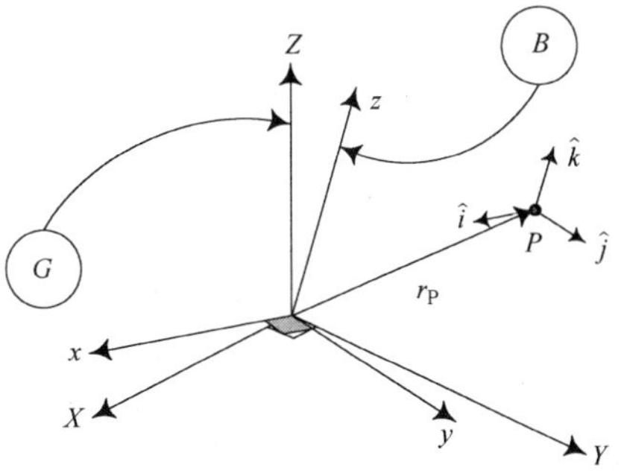

图 5.8　包含固定点连体坐标系在全域坐标系中的运动

上式也可以写作

$$\mathrm{d}\boldsymbol{r}_{P}=(\mathrm{d}\boldsymbol{r}_{P}\cdot\hat{\imath})\hat{\imath}+(\mathrm{d}\boldsymbol{r}_{P}\cdot\hat{\jmath})\hat{\jmath}+(\mathrm{d}\boldsymbol{r}_{P}\cdot\hat{k})\hat{k} \tag{5.336}$$

将式（5.335）代入式（5.336）的右侧得到

$$\begin{aligned}\mathrm{d}\boldsymbol{r}_{P}&=(x\hat{\imath}\cdot\mathrm{d}\hat{\imath}+y\hat{\imath}\cdot\mathrm{d}\hat{\jmath}+z\hat{\imath}\cdot\mathrm{d}\hat{k})\hat{\imath}\\&\quad+(x\hat{\jmath}\cdot\mathrm{d}\hat{\imath}+y\hat{\jmath}\cdot\mathrm{d}\hat{\jmath}+z\hat{\jmath}\cdot\mathrm{d}\hat{k})\hat{\jmath}\\&\quad+(x\hat{k}\cdot\mathrm{d}\hat{\imath}+y\hat{k}\cdot\mathrm{d}\hat{\jmath}+z\hat{k}\cdot\mathrm{d}\hat{k})\hat{k}\end{aligned} \tag{5.337}$$

应用单位向量的关系

$$\hat{\jmath}\cdot\mathrm{d}\hat{\imath}=-\hat{\imath}\cdot\mathrm{d}\hat{\jmath} \tag{5.338}$$

$$\hat{k}\cdot\mathrm{d}\hat{\jmath}=-\hat{\jmath}\cdot\mathrm{d}\hat{k} \tag{5.339}$$

$$\hat{\imath}\cdot\mathrm{d}\hat{k}=-\hat{k}\cdot\mathrm{d}\hat{\imath} \tag{5.340}$$

$$\hat{\imath}\cdot\mathrm{d}\hat{\imath}=\hat{\jmath}\cdot\mathrm{d}\hat{\jmath}=\hat{k}\cdot\mathrm{d}\hat{k}=0 \tag{5.341}$$

$$\hat{\imath}\cdot\hat{\jmath}=\hat{\jmath}\cdot\hat{k}=\hat{k}\cdot\hat{\imath}=0 \tag{5.342}$$

$$\hat{\imath}\cdot\hat{\imath}=\hat{\jmath}\cdot\hat{\jmath}=\hat{k}\cdot\hat{k}=1 \tag{5.343}$$

$\mathrm{d}\boldsymbol{r}_P$ 简化为

$$\begin{aligned}\mathrm{d}\boldsymbol{r}_P &= (z\hat{\imath}\cdot\mathrm{d}\hat{k}-y\hat{\jmath}\cdot\mathrm{d}\hat{\imath})\hat{\imath}+(x\hat{\jmath}\cdot\mathrm{d}\hat{\imath}-z\hat{k}\cdot\mathrm{d}\hat{\jmath})\hat{\jmath}\\ &\quad+(y\hat{k}\cdot\mathrm{d}\hat{\jmath}-x\hat{\imath}\cdot\mathrm{d}\hat{k})\hat{k}\end{aligned} \tag{5.344}$$

该式可以整理并表示为一个矢积

$$\mathrm{d}\boldsymbol{r}_P=((\hat{k}\cdot\mathrm{d}\hat{\jmath})\hat{\imath}+(\hat{\imath}\cdot\mathrm{d}\hat{k})\hat{\jmath}+(\hat{\jmath}\cdot\mathrm{d}\hat{\imath})\hat{k})\times(x\hat{\imath}+y\hat{\jmath}+z\hat{k}) \tag{5.345}$$

或

$${}_G^B\dot{\boldsymbol{r}}_P=\left[\left(\hat{k}\cdot\frac{{}^G\mathrm{d}\hat{\jmath}}{\mathrm{d}t}\right)\hat{\imath}+\left(\hat{\imath}\cdot\frac{{}^G\mathrm{d}\hat{k}}{\mathrm{d}t}\right)\hat{\jmath}+\left(\hat{\jmath}\cdot\frac{{}^G\mathrm{d}\hat{\imath}}{\mathrm{d}t}\right)\hat{k}\right]\times(x\hat{\imath}+y\hat{\jmath}+z\hat{k}) \tag{5.346}$$

将上述结果与下式对比

$$\dot{\boldsymbol{r}}_P={}_G\boldsymbol{\omega}_B\times\boldsymbol{r}_P \tag{5.347}$$

可得

$${}_G^B\boldsymbol{\omega}_B=\hat{\imath}\left(\frac{{}^G\mathrm{d}\hat{\jmath}}{\mathrm{d}t}\cdot\hat{k}\right)+\hat{\jmath}\left(\frac{{}^G\mathrm{d}\hat{k}}{\mathrm{d}t}\cdot\hat{\imath}\right)+\hat{k}\left(\frac{{}^G\mathrm{d}\hat{\imath}}{\mathrm{d}t}\cdot\hat{\jmath}\right) \tag{5.348}$$

例 203★ 角速度定义（5.333）的另一种证明

式（5.333）给出的角速度定义还可以通过直接将${}^GR_B$ 代入到角速度矩阵${}_G^B\tilde{\omega}_B$ 实现。

$${}_G^B\tilde{\omega}_B={}^GR_B^{\mathrm{T}}\,{}^G\dot{R}_B \tag{5.349}$$

因此，

$$\begin{aligned}{}_G^B\tilde{\omega}_B &=\begin{bmatrix}\hat{\imath}\cdot\hat{I} & \hat{\imath}\cdot\hat{J} & \hat{\imath}\cdot\hat{K}\\ \hat{\jmath}\cdot\hat{I} & \hat{\jmath}\cdot\hat{J} & \hat{\jmath}\cdot\hat{K}\\ \hat{k}\cdot\hat{I} & \hat{k}\cdot\hat{J} & \hat{k}\cdot\hat{K}\end{bmatrix}\cdot\frac{{}^G\mathrm{d}}{\mathrm{d}t}\begin{bmatrix}\hat{I}\cdot\hat{\imath} & \hat{I}\cdot\hat{\jmath} & \hat{I}\cdot\hat{k}\\ \hat{J}\cdot\hat{\imath} & \hat{J}\cdot\hat{\jmath} & \hat{J}\cdot\hat{k}\\ \hat{K}\cdot\hat{\imath} & \hat{K}\cdot\hat{\jmath} & \hat{K}\cdot\hat{k}\end{bmatrix}\\ &=\begin{bmatrix}\left(\hat{\imath}\cdot\frac{{}^G\mathrm{d}\hat{\imath}}{\mathrm{d}t}\right) & \left(\hat{\imath}\cdot\frac{{}^G\mathrm{d}\hat{\jmath}}{\mathrm{d}t}\right) & \left(\hat{\imath}\cdot\frac{{}^G\mathrm{d}\hat{k}}{\mathrm{d}t}\right)\\ \left(\hat{\jmath}\cdot\frac{{}^G\mathrm{d}\hat{\imath}}{\mathrm{d}t}\right) & \left(\hat{\jmath}\cdot\frac{{}^G\mathrm{d}\hat{\jmath}}{\mathrm{d}t}\right) & \left(\hat{\jmath}\cdot\frac{{}^G\mathrm{d}\hat{k}}{\mathrm{d}t}\right)\\ \left(\hat{k}\cdot\frac{{}^G\mathrm{d}\hat{\imath}}{\mathrm{d}t}\right) & \left(\hat{k}\cdot\frac{{}^G\mathrm{d}\hat{\jmath}}{\mathrm{d}t}\right) & \left(\hat{k}\cdot\frac{{}^G\mathrm{d}\hat{k}}{\mathrm{d}t}\right)\end{bmatrix}\end{aligned} \tag{5.350}$$

进而可以得到

$${}_G^B\boldsymbol{\omega}_B=\begin{bmatrix}\left(\frac{{}^G\mathrm{d}\hat{\jmath}}{\mathrm{d}t}\cdot\hat{k}\right)\\ \left(\frac{{}^G\mathrm{d}\hat{k}}{\mathrm{d}t}\cdot\hat{\imath}\right)\\ \left(\frac{{}^G\mathrm{d}\hat{\imath}}{\mathrm{d}t}\cdot\hat{\jmath}\right)\end{bmatrix} \tag{5.351}$$

例 204★ 二阶导数

通常，${}^G\mathrm{d}\boldsymbol{r}/\mathrm{d}t$ 在 $G(OXYZ)$ 和 $B(Oxyz)$ 等其他任意坐标系中是一个变化向量，因此，可以在坐标系 G 和坐标系 B 中求其微分。但是，求微分的阶数非常重要，一般有

$$\frac{{}^{B}d}{dt}\frac{{}^{G}d\boldsymbol{r}}{dt} \neq \frac{{}^{G}d}{dt}\frac{{}^{B}d\boldsymbol{r}}{dt} \tag{5.352}$$

作为案例，设有一个绕 Z 轴旋转的连体坐标系，某变量向量如下

$${}^{G}\boldsymbol{r} = t\hat{I} \tag{5.353}$$

因此

$$\frac{{}^{G}d\boldsymbol{r}}{dt} = {}^{G}\dot{\boldsymbol{r}} = \hat{I} \tag{5.354}$$

所以有

$$\begin{aligned}{}^{B}\left(\frac{{}^{G}d\boldsymbol{r}}{dt}\right) &= {}^{B}_{G}\dot{\boldsymbol{r}} = R^{\mathrm{T}}_{Z,\varphi}[\hat{I}] = \begin{bmatrix}\cos\varphi & \sin\varphi & 0\\ -\sin\varphi & \cos\varphi & 0\\ 0 & 0 & 1\end{bmatrix}\begin{bmatrix}1\\0\\0\end{bmatrix}\\ &= \cos\varphi\hat{\imath} - \sin\varphi\hat{\jmath}\end{aligned} \tag{5.355}$$

进而得到

$$\frac{{}^{B}d}{dt}\frac{{}^{G}d\boldsymbol{r}}{dt} = -\dot{\varphi}\sin\varphi\hat{\imath} - \dot{\varphi}\cos\varphi\hat{\jmath} \tag{5.356}$$

和

$${}^{G}\left(\frac{{}^{B}d}{dt}\frac{{}^{G}d\boldsymbol{r}}{dt}\right) = -\dot{\varphi}\hat{J} \tag{5.357}$$

则有

$${}^{B}\boldsymbol{r} = R^{\mathrm{T}}_{Z,\varphi}[t\hat{I}] = t\cos\varphi\hat{\imath} - t\sin\varphi\hat{\jmath} \tag{5.358}$$

从上式得到

$$\frac{{}^{B}d\boldsymbol{r}}{dt} = (-t\dot{\varphi}\sin\varphi + \cos\varphi)\hat{\imath} - (\sin\varphi + t\dot{\varphi}\cos\varphi)\hat{\jmath} \tag{5.359}$$

且有

$$\begin{aligned}{}^{G}\left(\frac{{}^{B}d\boldsymbol{r}}{dt}\right) &= {}^{G}_{B}\dot{\boldsymbol{r}} = R_{Z,\varphi}[(-t\dot{\varphi}\sin\varphi + \cos\varphi)\hat{\imath} - (\sin\varphi + t\dot{\varphi}\cos\varphi)\hat{\jmath}]\\ &= \begin{bmatrix}\cos\varphi & -\sin\varphi & 0\\ \sin\varphi & \cos\varphi & 0\\ 0 & 0 & 1\end{bmatrix}\begin{bmatrix}-t\dot{\varphi}\sin\varphi + \cos\varphi\\ -\sin\varphi - t\dot{\varphi}\cos\varphi\\ 0\end{bmatrix}\\ &= \hat{I} - t\dot{\varphi}\hat{J}\end{aligned} \tag{5.360}$$

并得出

$$\frac{{}^{G}d}{dt}\frac{{}^{B}d\boldsymbol{r}}{dt} = -(\dot{\varphi} + t\ddot{\varphi})\hat{J} \neq \frac{{}^{B}d}{dt}\frac{{}^{G}d\boldsymbol{r}}{dt}$$

5.11 刚体的速度

设一个固定于局部坐标系 $B(oxyz)$ 上的刚体在静止的全域坐标系 $G(OXYZ)$ 中自由运动，如图 5.9 所示。该刚体可以在全域坐标系中旋转，同时，连体坐标系 B 的原点也可以相对于坐标系 G 的原点移动。刚体上某点 P 在局部坐标系和全域坐标系中的坐标通过如下公式关联：

$${}^{G}\boldsymbol{r}_P = {}^{G}R_B\,{}^{B}\boldsymbol{r}_P + {}^{G}\boldsymbol{d}_B \tag{5.361}$$

式中 ${}^{G}\boldsymbol{d}_B$ 表示运动原点 o 相对于固定原点 O 的位置。

点 P 在 G 中的速度是

$$
\begin{aligned}
{}^G v_P &= {}^G\dot{\boldsymbol{r}}_P = {}^G\dot{R}_B {}^B\boldsymbol{r}_P + {}^G\dot{\boldsymbol{d}}_B = {}_G\tilde{\omega}_B {}_B^G\boldsymbol{r}_P + {}^G\dot{\boldsymbol{d}}_B \\
&= {}_G\tilde{\omega}_B({}^G\boldsymbol{r}_P - {}^G\boldsymbol{d}_B) + {}^G\dot{\boldsymbol{d}}_B \\
&= {}_G\boldsymbol{\omega}_B \times ({}^G\boldsymbol{r}_P - {}^G\boldsymbol{d}_B) + {}^G\dot{\boldsymbol{d}}_B
\end{aligned}
\tag{5.362}
$$

证明：直接求微分

$$
\begin{aligned}
{}^G v_P &= \frac{{}^G d}{dt}{}^G\boldsymbol{r}_P = {}^G\dot{\boldsymbol{r}}_P = \frac{{}^G d}{dt}({}^G R_B {}^B\boldsymbol{r}_P + {}^G\boldsymbol{d}_B) \\
&= {}^G\dot{R}_B {}^B\boldsymbol{r}_P + {}^G\dot{\boldsymbol{d}}_B
\end{aligned}
\tag{5.363}
$$

局部位置向量 ${}^B\boldsymbol{r}_P$ 可以从式（5.361）中消除，并得到

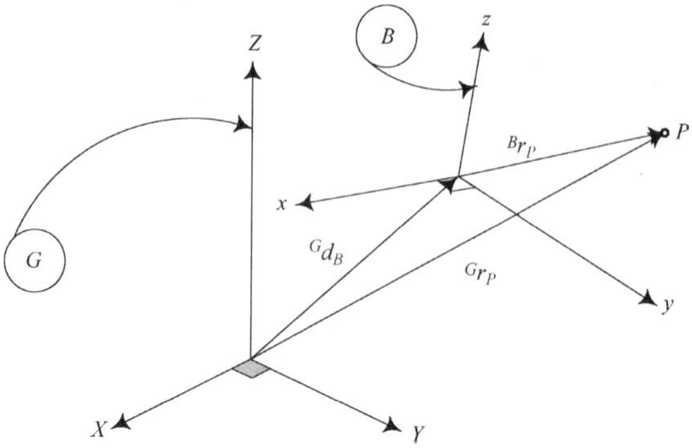

图5.9　固定有坐标系 $B(Oxyz)$ 并在全域坐标系 $G(OXYZ)$ 中自由运动的刚体

$$
\begin{aligned}
{}^G v_P &= {}^G\dot{R}_B {}^G R_B^{\mathrm{T}}({}^G\boldsymbol{r}_P - {}^G\boldsymbol{d}_B) + {}^G\dot{\boldsymbol{d}}_B \\
&= {}_G\tilde{\omega}_B({}^G\boldsymbol{r}_P - {}^G\boldsymbol{d}_B) + {}^G\dot{\boldsymbol{d}}_B \\
&= {}_G\boldsymbol{\omega}_B \times ({}^G\boldsymbol{r}_P - {}^G\boldsymbol{d}_B) + {}^G\dot{\boldsymbol{d}}_B
\end{aligned}
\tag{5.364}
$$

也可以采用相对位置向量写作

$$
{}^G v_P = {}_G\boldsymbol{\omega}_B \times {}_B^G\boldsymbol{r}_P + {}^G\dot{\boldsymbol{d}}_B \tag{5.365}
$$

例205★　二阶导数

设某运动刚体上的一点 P，该点的全域速度

$$
{}^G v_P = {}_G\boldsymbol{\omega}_B \times {}_B^G\boldsymbol{r}_P + {}^G\dot{\boldsymbol{d}}_B
$$

是旋转速度和移动速度的矢量和，两个速度均在全域坐标系中表示。此时，可以认为连体坐标系与全域坐标系重叠，但是连体坐标系存在相对全域坐标系的速度 ${}^G\dot{\boldsymbol{d}}_B$。移动速度 ${}^G\dot{\boldsymbol{d}}_B$ 是刚体上的每一个点的共同属性，但是刚体上不同点的旋转速度 ${}_G\boldsymbol{\omega}_B \times {}_B^G\boldsymbol{r}_P$ 各自不同。

例206　运动的连体坐标系中运动点的速度

假设图5.9中的点 P 在连体坐标系 B 中运动，用随时间变化的位置向量 ${}^B\boldsymbol{r}_P(t)$ 表示。点 P 的全域速度是点 P 在 B 中的速度、B 相对于 G 的旋转速度和 B 相对于 G 的移动速度的合成速度。

$$
\begin{aligned}
\frac{{}^G d}{dt}{}^G\boldsymbol{r}_P &= \frac{{}^G d}{dt}({}^G\boldsymbol{d}_B + {}^G R_B {}^B\boldsymbol{r}_P) \\
&= \frac{{}^G d}{dt}{}^G\boldsymbol{d}_B + \frac{{}^G d}{dt}({}^G R_B {}^B\boldsymbol{r}_P) \\
&= {}^G\dot{\boldsymbol{d}}_B + {}_B^G\dot{\boldsymbol{r}}_P + {}_G\boldsymbol{\omega}_B \times {}_B^G\boldsymbol{r}_P
\end{aligned}
\tag{5.366}
$$

例207　刚体上的点在多个坐标系中的速度

假设有如图5.10所示的3个坐标系 B_0，B_1 和 B_2，下面分析点 P 的速度。如果该点在某一坐标系中静止，假设是 B_2，则其在 B_2 中的时间导数 ${}^2\boldsymbol{r}_P$ 为0。如果坐标系 B_2 相对于坐标系 B_1 运动，则时间导数 ${}^1\boldsymbol{r}_P$ 是由 B_2 相对于 B_1 的旋转而生成的旋转分量和 B_2 相对于 B_1 的运动速度合成而来。在正向运动学中，速度应该在基本坐标系 B_0 中测算。因此，点 P 在

基本坐标系中的速度是 B_2 相对于 B_1 的速度和 B_1 相对于 B_0 的速度的合成速度。

刚体上点 P 的全域坐标是

$$ {}^0\boldsymbol{r}_P = {}^0\boldsymbol{d}_1 + {}^0_1\boldsymbol{d}_2 + {}^0_2\boldsymbol{r}_P = {}^0\boldsymbol{d}_1 + {}^0R_1{}^1\boldsymbol{d}_2 + {}^0R_2{}^2\boldsymbol{r}_P \tag{5.367} $$

所以，点 P 的速度可以通过相对速度的合成获得。

$$ \begin{aligned} {}^0\dot{\boldsymbol{r}}_P &= {}^0\dot{\boldsymbol{d}}_1 + ({}^0\dot{R}_1{}^1\boldsymbol{d}_2 + {}^0R_1{}^1\dot{\boldsymbol{d}}_2) + {}^0\dot{R}_2{}^2\boldsymbol{r}_P \\ &= {}^0\dot{\boldsymbol{d}}_1 + {}^0_0\boldsymbol{\omega}_1 \times {}^0_1\boldsymbol{d}_2 + {}^0R_1{}^1\dot{\boldsymbol{d}}_2 + {}^0_0\boldsymbol{\omega}_2 \times {}^0_2\boldsymbol{r}_P \end{aligned} \tag{5.368} $$

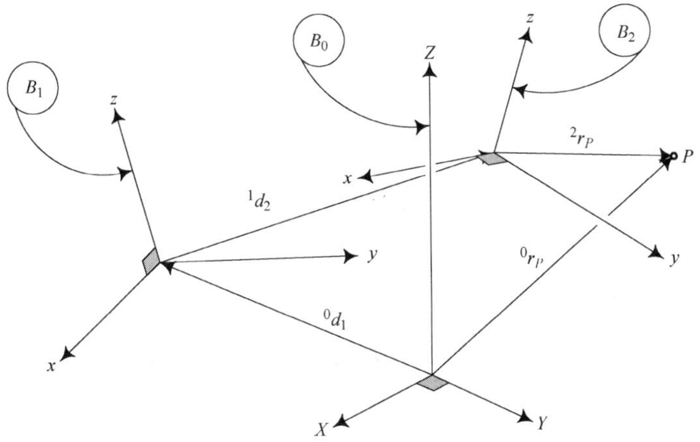

图 5.10 刚体坐标系 B_2 在坐标系 B_1 中运动，坐标系 B_1 在基本坐标系 B_0 中的运动

一般用相对速度方法比较简单，该方法写作

$$ {}^0_0v_P = {}^0_0v_1 + {}^0_1v_2 + {}^0_2v_P \tag{5.369} $$

因为

$$ {}^0_0v_1 = {}^0_0\dot{\boldsymbol{d}}_1 \quad {}^0_1v_2 = {}^0_0\boldsymbol{\omega}_1 \times {}^0_1\boldsymbol{d}_2 + {}^0R_1{}^1\dot{\boldsymbol{d}}_2 \quad {}^0_2v_P = {}^0_0\boldsymbol{\omega}_2 \times {}^0_2\boldsymbol{r}_P \tag{5.370} $$

所以

$$ {}^0v_P = {}^0\dot{\boldsymbol{d}}_1 + {}^0_0\boldsymbol{\omega}_1 \times {}^0_1\boldsymbol{d}_2 + {}^0R_1{}^1\dot{\boldsymbol{d}}_2 + {}^0_0\boldsymbol{\omega}_2 \times {}^0_2\boldsymbol{r}_P \tag{5.371} $$

例 208 不同坐标系中的速度向量

为了在不同坐标系中表示速度向量，只需将其先乘以旋转矩阵。因此，可以令${}^k_jv_i$表示在坐标系 B_k 中表示的坐标系 B_i 的原点相对于坐标系 B_j 的原点的速度，其表达式为

$$ {}^k_jv_i = -{}^k_jv_j \tag{5.372} $$

同时

$$ {}^k_jv_i = {}^kR_m\,{}^m_jv_i \tag{5.373} $$

因此

$$ \frac{{}^i\mathrm{d}}{\mathrm{d}t}{}^i_i\boldsymbol{r}_P = {}^iv_P = {}^i_jv_P + {}^i_i\omega_j \times {}^i_j\boldsymbol{r}_P \tag{5.374} $$

例 209 ★ 零速度点

为了明确是否始终存在一个速度为 0 的点，可以应用式（5.364）并写作

$$ {}_G\tilde{\omega}_B({}^G\boldsymbol{r}_0 - {}^G\boldsymbol{d}_B) + {}^G\dot{\boldsymbol{d}}_B = 0 \tag{5.375} $$

求出${}^G\boldsymbol{r}_0$表示的零速度的点

$$ {}^G\boldsymbol{r}_0 = {}^G\boldsymbol{d}_B - {}_G\tilde{\omega}_B^{-1}\,{}^G\dot{\boldsymbol{d}}_B \tag{5.376} $$

但是，斜对称矩阵${}_G\tilde{\omega}_B$是奇异矩阵，且没有逆矩阵。也就是说，式（3.375）不存在一般解。

如果运动仅是平面运动，假设为XY平面，则有${}_G\tilde{\boldsymbol{\omega}}_B = \omega\hat{K}$和${}_G\tilde{\omega}_B^{-1} = 1/\omega$。所以，在二维空间，在任意时刻都存在一个速度为0的点，该点的位置在${}^G\boldsymbol{r}_0$，通过下式求出

$$ {}^G\boldsymbol{r}_0(t) = {}^G\boldsymbol{d}_B(t) - \frac{1}{\omega}\,{}^G\dot{\boldsymbol{d}}_B(t) \tag{5.377} $$

该零速度点称作极点或瞬时旋转中心，极点的位置一般是时间的函数，其运动路径称作质心轨迹。

例210 ★　欧拉视角和拉格朗日视角

变量值在静止的全域坐标系内测量时，称作绝对视角或拉格朗日视角，当变量值在运动的连体坐标系中测量时，称作相对视角或欧拉视角。

在刚体的二维平面运动中，始终存在一个零速度极点处于下面位置

$$ {}^G\boldsymbol{r}_0 = {}^G\boldsymbol{d}_B - \frac{1}{\omega}\,{}^G\dot{\boldsymbol{d}}_B \tag{5.378} $$

该连体坐标系中的极点位置可以通过在式（5.361）中代替${}^G\boldsymbol{r}$获得

$$ {}^GR_B\,{}^B\boldsymbol{r}_0 + {}^G\boldsymbol{d}_B = {}^G\boldsymbol{d}_B - {}_G\tilde{\omega}_B^{-1}\,{}^G\dot{\boldsymbol{d}}_B \tag{5.379} $$

进而求出连体坐标系中零速度点的位置${}^B\boldsymbol{r}_0$。

$$ \begin{aligned} {}^B\boldsymbol{r}_0 &= -{}^GR_B^{\mathrm{T}}\,{}_G\tilde{\omega}_B^{-1}\,{}^G\dot{\boldsymbol{d}}_B = -{}^GR_B^{\mathrm{T}}\left[{}^G\dot{R}_B\,{}^GR_B^{\mathrm{T}}\right]^{-1}{}^G\dot{\boldsymbol{d}}_B \\ &= -{}^GR_B^{\mathrm{T}}\left[{}^GR_B\,{}^G\dot{R}_B^{-1}\right]{}^G\dot{\boldsymbol{d}}_B = -{}^G\dot{R}_B^{-1}\,{}^G\dot{\boldsymbol{d}}_B \end{aligned} \tag{5.380} $$

因此，${}^G\boldsymbol{r}_0$是极点运动轨迹在全域坐标系中的表述，${}^B\boldsymbol{r}_0$是极点运动轨迹在连体坐标系中表述。${}^G\boldsymbol{r}_0$指的是拉格朗日质心，${}^B\boldsymbol{r}_0$指的是欧拉质心。

5.12　角加速度

设旋转刚体$B(Oxyz)$包含一个在参考坐标系$G(OXYZ)$中固定的点，对于原点固定的连体坐标系中某点的速度向量有式（5.228）

$$ {}^G\dot{\boldsymbol{r}}(t) = {}^Gv(t) = {}_G\tilde{\omega}_B\,{}^G\boldsymbol{r}(t) = {}_G\boldsymbol{\omega}_B \times {}^G\boldsymbol{r}(t) \tag{5.381} $$

可以用来求出刚体上点的加速度向量

$$ {}^G\ddot{\boldsymbol{r}} = \frac{{}^G\mathrm{d}}{\mathrm{d}t}\,{}^G\dot{\boldsymbol{r}}(t) = {}_G\boldsymbol{\alpha}_B \times {}^G\boldsymbol{r} + {}_G\boldsymbol{\omega}_B \times ({}_G\boldsymbol{\omega}_B \times {}^G\boldsymbol{r}) \tag{5.382} $$

$$ = (\ddot{\phi}\hat{u} + \dot{\phi}\dot{\boldsymbol{u}}) \times {}^G\boldsymbol{r} + \dot{\phi}^2\hat{u} \times (\hat{u} \times {}^G\boldsymbol{r}) \tag{5.383} $$

${}_G\boldsymbol{\alpha}_B$是刚体相对于坐标系$G$的角加速度向量。

$$ {}_G\boldsymbol{\alpha}_B = \frac{{}^G\mathrm{d}}{\mathrm{d}t}\,{}_G\boldsymbol{\omega}_B \tag{5.384} $$

证明： 由式（5.381）求导可知

$$ \begin{aligned} {}^G\boldsymbol{a} &= {}^G\dot{v} = {}^G\ddot{\boldsymbol{r}} = {}_G\dot{\boldsymbol{\omega}}_B \times {}^G\boldsymbol{r} + {}_G\boldsymbol{\omega}_B \times {}^G\dot{\boldsymbol{r}} \\ &= {}_G\boldsymbol{\alpha}_B \times {}^G\boldsymbol{r} + {}_G\boldsymbol{\omega}_B \times ({}_G\boldsymbol{\omega}_B \times {}^G\boldsymbol{r}) \end{aligned} \tag{5.385} $$

因为

$$\boldsymbol{\omega}=\dot{\phi}\hat{u} \tag{5.386}$$

$$\boldsymbol{\alpha}=\ddot{\phi}\hat{u}+\dot{\phi}\dot{\boldsymbol{u}} \tag{5.387}$$

可以导出式（5.383），所以，刚体上点的位置、速度和加速度向量分别为

$$^{B}\boldsymbol{r}_{P}=x\hat{i}+y\hat{j}+z\hat{k} \tag{5.388}$$

$$^{G}v_{P}={}^{G}\dot{\boldsymbol{r}}_{P}=\frac{^{G}\mathrm{d}}{\mathrm{d}t}{}^{B}\boldsymbol{r}_{P}={}_{G}\boldsymbol{\omega}_{B}\times{}^{G}\boldsymbol{r} \tag{5.389}$$

$$\begin{aligned}^{G}\boldsymbol{a}_{P}&={}^{G}\dot{v}_{P}={}^{G}\ddot{\boldsymbol{r}}_{P}=\frac{^{G}\mathrm{d}^{2}}{\mathrm{d}t^{2}}{}^{B}\boldsymbol{r}_{P}={}_{G}\boldsymbol{\alpha}_{B}\times{}^{G}\boldsymbol{r}+{}_{G}\boldsymbol{\omega}_{B}\times{}^{G}\dot{\boldsymbol{r}}\\&={}_{G}\boldsymbol{\alpha}_{B}\times{}^{G}\boldsymbol{r}+{}_{G}\boldsymbol{\omega}_{B}\times({}_{G}\boldsymbol{\omega}_{B}\times{}^{G}\boldsymbol{r})\end{aligned} \tag{5.390}$$

在连体坐标系中表示的刚体角加速度是其角速度向量的导数，可以采用导数转换公式（5.327）说明

$$^{B}_{G}\boldsymbol{\alpha}_{B}=\frac{^{G}\mathrm{d}_{B}}{\mathrm{d}t}{}_{G}\boldsymbol{\omega}_{B}=\frac{^{B}\mathrm{d}_{B}}{\mathrm{d}t}{}_{G}\boldsymbol{\omega}_{B}\times{}^{B}_{G}\boldsymbol{\omega}_{B}\times{}^{B}_{G}\boldsymbol{\omega}_{B}=\frac{^{B}\mathrm{d}_{B}}{\mathrm{d}t}{}_{G}\boldsymbol{\omega}_{B}={}^{B}_{G}\dot{\boldsymbol{\omega}}_{B} \tag{5.391}$$

B 在 G 中的角加速度始终可以表示为如下形式

$${}_{G}\boldsymbol{\alpha}_{B}={}_{G}\alpha_{B}\hat{u}_{\alpha} \tag{5.392}$$

式中 $\hat{u}_{\alpha}$ 是平行于 ${}_{G}\boldsymbol{\alpha}_{B}$ 的单位向量。角速度和角加速度向量一般不会平行，所以

$$\hat{u}_{\alpha}\neq\hat{u}_{\omega} \tag{5.393}$$

$${}_{G}\boldsymbol{\alpha}_{B}\neq{}_{G}\dot{\omega}_{B} \tag{5.394}$$

但是，旋转轴在坐标系 B 和 G 中均固定的特殊情况下，两者平行。此时

$${}_{G}\boldsymbol{\alpha}_{B}=\alpha\hat{u}=\dot{\omega}\hat{u}=\ddot{\phi}\hat{u} \tag{5.395}$$

例 211　简单钟摆的速度和加速度

一个有质量的点固定在无质量杆上，并悬挂于一个转动关节上，这种机构称为简单钟摆，如图 5.11 所示。现将一个局部坐标系 B 固定在钟摆上，该钟摆在全域坐标系 G 中转动。摆锤的位置向量 $^{B}\boldsymbol{r}$ 和角速度向量 ${}_{G}\boldsymbol{\omega}_{B}$ 分别为

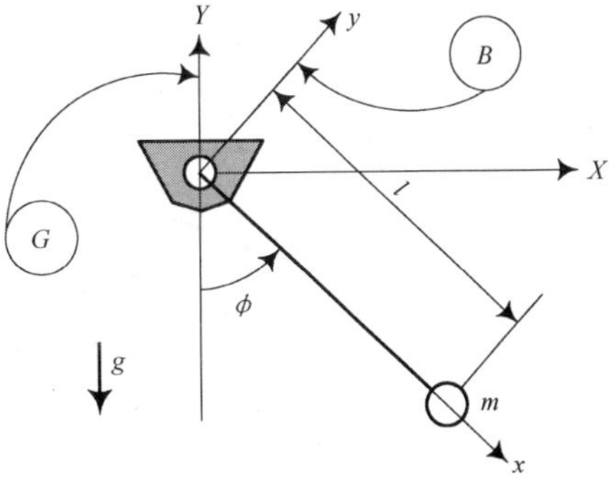

图 5.11　一个简单钟摆

$$^{B}\boldsymbol{r}=l\hat{i}\quad {}^{G}\boldsymbol{r}={}^{G}R_{B}{}^{B}\boldsymbol{r}=\begin{bmatrix}l\sin\phi\\-l\cos\phi\\0\end{bmatrix} \tag{5.396}$$

$$^{B}_{G}\boldsymbol{\omega}_{B}=\dot{\phi}\hat{k}\quad {}_{G}\boldsymbol{\omega}_{B}={}^{G}R_{G}^{\mathrm{T}}{}^{B}_{G}\boldsymbol{\omega}_{B}=\dot{\phi}\hat{K} \tag{5.397}$$

$$^{G}R_{B}=\begin{bmatrix}\cos\left(\frac{3}{2}\pi+\phi\right)&-\sin\left(\frac{3}{2}\pi+\phi\right)&0\\\sin\left(\frac{3}{2}\pi+\phi\right)&\cos\left(\frac{3}{2}\pi+\phi\right)&0\\0&0&1\end{bmatrix}$$

$$
=\begin{bmatrix} \sin\phi & \cos\phi & 0 \\ -\cos\phi & \sin\phi & 0 \\ 0 & 0 & 1 \end{bmatrix} \tag{5.398}
$$

所以其速度通过下式给出

$$
{}_G^B v = {}^B\dot{\boldsymbol{r}} + {}_G^B\boldsymbol{\omega}_B \times {}_G^B\boldsymbol{r} = 0 + \dot{\phi}\hat{k} \times l\hat{i} = l\dot{\phi}\hat{j} \tag{5.399}
$$

$$
{}^G v = {}^G R_B {}^B v = \begin{bmatrix} l\dot{\phi}\cos\phi \\ l\dot{\phi}\sin\phi \\ 0 \end{bmatrix} \tag{5.400}
$$

摆锤的加速度等于

$$
{}_G^B\boldsymbol{a} = {}_G^B\dot{v} + {}_G^B\boldsymbol{\omega}_B \times {}_G^B v = l\ddot{\phi}\hat{j} + \dot{\phi}\hat{k} \times l\dot{\phi}\hat{j} = l\ddot{\phi}\hat{j} - l\dot{\phi}^2\hat{i} \tag{5.401}
$$

$$
{}^G\boldsymbol{a} = {}^G R_B {}^B\boldsymbol{a} = \begin{bmatrix} l\ddot{\phi}\cos\phi - l\dot{\phi}^2\sin\phi \\ l\ddot{\phi}\sin\phi + l\dot{\phi}^2\cos\phi \\ 0 \end{bmatrix} \tag{5.402}
$$

例212　车辆在地球上的运动

设某车辆在地球北纬30°的地域向北运动，如图5.12所示。车辆行驶速度 $v = {}_E^B\dot{\boldsymbol{r}} = 80\text{km/h} = 22.22\text{m/s}$，加速度为 $a = {}_E^B\ddot{\boldsymbol{r}} = 0.1\text{m/s}^2$，这里的速度和加速度均是相对于路面而言的。若地球的半径为 R，则车辆运动学关系如下

$$
{}_E^B\boldsymbol{r} = R\hat{k}\ \text{m} \quad {}_E^B\dot{\boldsymbol{r}} = 22.22\hat{i}\ \text{m/s} \quad {}_E^B\ddot{\boldsymbol{r}} = 0.1\hat{i}\ \text{m/s}^2 \tag{5.403}
$$

$$
\dot{\theta} = \frac{v}{R}\text{rad/s} \quad \ddot{\boldsymbol{\theta}} = \frac{a}{R}\ \text{rad/s}^2 \tag{5.404}
$$

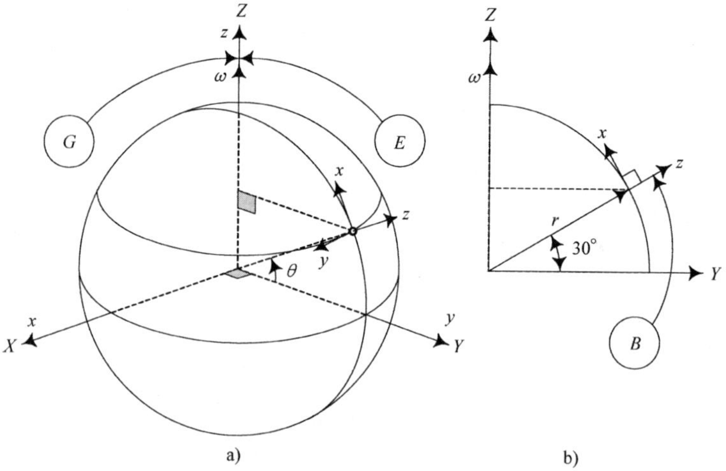

图5.12　车辆在地球纬度30°上向北运动

本例共涉及三个坐标系，连体坐标系 B 固定在车上，全域坐标系 G 位于地球中心，另一个局部坐标系 E 与地球刚性固定，并与地球共同旋转。坐标系 B 的角速度为

$$
\begin{aligned}
{}_G^B\boldsymbol{\omega}_B &= {}_G\boldsymbol{\omega}_E + {}_E^G\boldsymbol{\omega}_B = {}^BR_G(\omega_E\hat{K} + \dot{\theta}\hat{I}) \\
&= (\omega_E\cos\theta)\hat{i} + (\omega_E\sin\theta)\hat{k} + \dot{\theta}\hat{j} \\
&= (\omega_E\cos\theta)\hat{i} + (\omega_E\sin\theta)\hat{k} + \frac{v}{R}\hat{j}
\end{aligned} \tag{5.405}
$$

因此，车辆的速度和加速度为

$$
\begin{aligned}
{}_G^Bv &= {}^B\dot{\boldsymbol{r}} + {}_G^B\boldsymbol{\omega}_B \times {}_G^B\boldsymbol{r} = 0 + {}_G^B\boldsymbol{\omega}_B \times R\hat{k} \\
&= v\hat{i} - (R\omega_E\cos\theta)\hat{j}
\end{aligned} \tag{5.406}
$$

$$
\begin{aligned}
{}_G^B\boldsymbol{a} &= {}_G^B\dot{v} + {}_G^B\boldsymbol{\omega}_B \times {}_G^Bv \\
&= a\hat{i} + (R\omega_E\dot{\theta}\sin\theta)\hat{j} + \begin{bmatrix} \omega_E\cos\theta \\ \dfrac{v}{R} \\ \omega_E\sin\theta \end{bmatrix} \times \begin{bmatrix} v \\ -R\omega_E\cos\theta \\ 0 \end{bmatrix} \\
&= \begin{bmatrix} a + R\omega_E^2\cos\theta\sin\theta \\ 2R\omega_E\dot{\theta}\sin\theta \\ -\dfrac{1}{R}v^2 - R\omega_E^2\cos^2\theta \end{bmatrix}
\end{aligned} \tag{5.407}
$$

$a\hat{i}$项代表相对于地球的加速度，$(2R\omega_E\dot{\theta}\sin\theta)\hat{j}$项代表科里奥利加速度，$-\frac{v^2}{R}\hat{k}$是因车辆行驶产生的离心加速度，$-(R\omega_E{}^2\cos^2\theta)$是因地球旋转产生的离心加速度。

将数值代入，并取 $R = 6.3677 \times 10^6$ m，得到

$$
\begin{aligned}
{}_G^Bv &= 22.22\hat{i} - 6.3677 \times 10^6\left(\frac{2\pi}{24 \times 3600}\frac{366.25}{365.25}\right)\cos\frac{\pi}{6}\hat{j} \\
&= 22.22\hat{i} - 402.13\hat{j}\ \text{m/s}
\end{aligned} \tag{5.408}
$$

$$
{}_G^B\boldsymbol{a} = 1.5662 \times 10^{-2}\hat{i} + 1.6203 \times 10^{-3}\hat{j} - 2.5473 \times 10^{-2}\hat{k}\ \text{m/s}^2 \tag{5.409}
$$

例 213★ 角加速度的合成

几个相互存在相对旋转运动体的角速度可以根据式（5.277）建立如下关系

$$
{}_0\boldsymbol{\omega}_n = {}_0\boldsymbol{\omega}_1 + {}_1^0\boldsymbol{\omega}_2 + {}_2^0\boldsymbol{\omega}_3 + \cdots + {}_{n-1}^{\ \ 0}\boldsymbol{\omega}_n \tag{5.410}
$$

几个相互存在相对旋转运动的刚体的角加速度同样符合上述规律：

$$
{}_0\boldsymbol{\alpha}_n = {}_0\boldsymbol{\alpha}_1 + {}_1^0\boldsymbol{\alpha}_2 + {}_2^0\boldsymbol{\alpha}_3 + \cdots + {}_{n-1}^{\ \ 0}\boldsymbol{\alpha}_n \tag{5.411}
$$

假设在基本坐标系 $\boldsymbol{B}_0$ 中有一对相对转动的刚性铰接杆，点 $\boldsymbol{O}$ 固定，两铰接杆的角速度关系为

$$
{}_0\boldsymbol{\omega}_2 = {}_0\boldsymbol{\omega}_1 + {}_1^0\boldsymbol{\omega}_2 \tag{5.412}
$$

所以其角加速度分别为

$$
{}_0\boldsymbol{\alpha}_1 = \frac{{}^0\mathrm{d}}{\mathrm{d}t}{}^0\boldsymbol{\omega}_1 \tag{5.413}
$$

$$
{}_0\boldsymbol{\alpha}_2 = \frac{{}^0\mathrm{d}}{\mathrm{d}t}{}_0\boldsymbol{\omega}_2 = {}_0\boldsymbol{\alpha}_1 + {}_1^0\boldsymbol{\alpha}_2 \tag{5.414}
$$

例 214★ 角加速度和欧拉角

角速度${}_G^B\boldsymbol{\omega}_B$ 的欧拉角形式为

$$
{}_G^G\boldsymbol{\omega}_B=\begin{bmatrix}\omega_X\\ \omega_Y\\ \omega_Z\end{bmatrix}=\begin{bmatrix}0 & \cos\varphi & \sin\theta\sin\varphi\\ 0 & \sin\varphi & -\cos\varphi\sin\theta\\ 1 & 0 & \cos\theta\end{bmatrix}\begin{bmatrix}\dot{\varphi}\\ \dot{\theta}\\ \dot{\psi}\end{bmatrix}
=\begin{bmatrix}\dot{\theta}\cos\varphi+\dot{\psi}\sin\theta\sin\varphi\\ \dot{\theta}\sin\varphi-\dot{\psi}\cos\varphi\sin\theta\\ \dot{\varphi}+\dot{\psi}\cos\theta\end{bmatrix} \tag{5.415}
$$

则角加速度等于

$$
{}_G^G\boldsymbol{\alpha}_B=\frac{{}^G\mathrm{d}}{\mathrm{d}t}{}_G^G\boldsymbol{\omega}_B \tag{5.416}
$$

$$
=\begin{bmatrix}\cos\varphi(\ddot{\theta}+\dot{\varphi}\dot{\psi}\sin\theta)+\sin\varphi(\ddot{\psi}\sin\theta+\dot{\theta}\dot{\psi}\cos\theta-\dot{\theta}\dot{\varphi})\\ \sin\varphi(\ddot{\theta}+\dot{\varphi}\dot{\psi}\sin\theta)+\cos\varphi(\dot{\theta}\dot{\varphi}-\ddot{\psi}\sin\theta-\dot{\theta}\dot{\psi}\cos\theta)\\ \ddot{\varphi}+\ddot{\psi}\cos\theta-\dot{\theta}\dot{\psi}\sin\theta\end{bmatrix}
$$

而连体坐标系中角加速度向量等于

$$
{}_G^B\boldsymbol{\alpha}_B={}^GR_B^{\mathrm{T}}\,{}_G^G\boldsymbol{\alpha}_B \tag{5.417}
$$

$$
=\begin{bmatrix}\cos\varphi\cos\psi-\cos\theta\sin\varphi\sin\psi & \cos\psi\sin\varphi+\cos\theta\cos\varphi\sin\psi & \sin\theta\sin\psi\\ -\cos\varphi\sin\psi-\cos\theta\cos\psi\sin\varphi & -\sin\varphi\sin\psi+\cos\theta\cos\varphi\cos\psi & \sin\theta\cos\psi\\ \sin\theta\sin\varphi & -\cos\varphi\sin\theta & \cos\theta\end{bmatrix}{}_G^G\boldsymbol{\alpha}_B
$$

$$
=\begin{bmatrix}\cos\psi\ (\ddot{\theta}+\dot{\varphi}\dot{\psi}\sin\theta\ )\ +\sin\psi\ (\ddot{\varphi}\sin\theta+\dot{\theta}\dot{\varphi}\cos\theta-\dot{\theta}\dot{\psi}\\ \cos\psi\ (\ddot{\varphi}\sin\theta+\dot{\theta}\dot{\varphi}\cos\theta-\dot{\theta}\dot{\psi})\ -\sin\psi\ (\ddot{\theta}+\dot{\varphi}\dot{\psi}\sin\theta)\\ \ddot{\varphi}\cos\theta-\ddot{\psi}-\dot{\theta}\dot{\varphi}\sin\theta\end{bmatrix}
$$

5.13　刚体的加速度

设有一个刚体和固定在该刚体上的局部坐标系 $B(oxyz)$ 在静止的全域坐标系 $G(OXYZ)$ 中自由运动。刚体能够在全域坐标系中旋转，连体坐标系 B 的原点能够相对于全域坐标系 G 的原点移动。刚体上点 P 在局部坐标系和全域坐标系中的坐标如图5.13所示，它们的关系如下

$$
{}^G\boldsymbol{r}_P={}^GR_B\,{}^B\boldsymbol{r}_P+{}^G\boldsymbol{d}_B \tag{5.418}
$$

式中 ${}^G\boldsymbol{d}_B$ 表示运动原点 $\boldsymbol{o}$ 相对于静止原点 $\boldsymbol{O}$ 的位置。

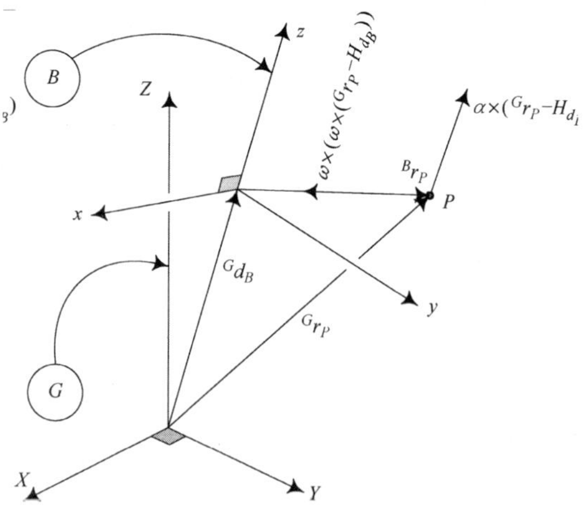

图5.13　固定有坐标系 B（$oxyz$）并在全域坐标系 G（$OXYZ$）中自由运动的刚体

点 $\boldsymbol{P}$ 在全域坐标系 $\boldsymbol{G}$ 中的位置为

$$
{}^G\boldsymbol{a}_P={}^G\dot{v}_P={}^G\ddot{\boldsymbol{r}}_P={}_G\boldsymbol{\alpha}_B\times({}^G\boldsymbol{r}_P-{}^G\boldsymbol{d}_B)+{}_G\boldsymbol{\omega}_B\times[{}_G\boldsymbol{\omega}_B\times({}^G\boldsymbol{r}_P-{}^G\boldsymbol{d}_B)]+{}^G\ddot{\boldsymbol{d}}_B \tag{5.419}
$$

证明：点 P 的加速度由对式（5.364）或式（5.365）求微分获得。

$$\begin{aligned}{}^{G}\boldsymbol{a}_P &= \frac{{}^{G}\mathrm{d}}{\mathrm{d}t}{}^{G}v_P = {}_{G}\boldsymbol{\alpha}_B \times {}_{B}^{G}\boldsymbol{r}_P + {}_{G}\boldsymbol{\omega}_B \times {}_{B}^{G}\dot{\boldsymbol{r}}_P + {}^{G}\ddot{\boldsymbol{d}}_B \\ &= {}_{G}\boldsymbol{\alpha}_B \times {}_{B}^{G}\boldsymbol{r}_P + {}_{G}\boldsymbol{\omega}_B \times ({}_{G}\boldsymbol{\omega}_B \times {}_{B}^{G}\boldsymbol{r}_P) + {}^{G}\ddot{\boldsymbol{d}}_B \\ &= {}_{G}\boldsymbol{\alpha}_B \times ({}^{G}\boldsymbol{r}_P - {}^{G}\boldsymbol{d}_B) \\ &\quad + {}_{G}\boldsymbol{\omega}_B \times [{}_{G}\boldsymbol{\omega}_B \times ({}^{G}\boldsymbol{r}_P - {}^{G}\boldsymbol{d}_B)] + {}^{G}\ddot{\boldsymbol{d}}_B\end{aligned} \tag{5.420}$$

式中${}_{G}\boldsymbol{\omega}_B \times ({}_{G}\boldsymbol{\omega}_B \times {}_{B}^{G}\boldsymbol{r}_P)$项称作**向心加速度**，与角加速度无关。${}_{G}\boldsymbol{\alpha}_B \times {}_{B}^{G}\boldsymbol{r}_P$项称作**切向加速度**，该加速度垂直于${}_{B}^{G}\boldsymbol{r}_P$。

例 215 2R 平面机械臂第二关节的角加速度

2R 平面机械臂如图 5.14 所示，肘部关节可以绕基础关节进行圆周运动，已知

$${}_{0}\boldsymbol{\omega}_1 = \dot{\theta}_1 {}^{0}\hat{k}_0 \tag{5.421}$$

可以写作

$${}_{0}\boldsymbol{\alpha}_1 = {}_{0}\dot{\boldsymbol{\omega}}_1 = \ddot{\theta}_1 {}^{0}\hat{k}_0 \tag{5.422}$$

$${}_{0}\dot{\boldsymbol{\omega}}_1 \times {}^{0}\boldsymbol{r}_1 = \ddot{\theta}_1 {}^{0}\hat{k}_0 \times {}^{0}\boldsymbol{r}_1 = \ddot{\theta}_1 R_{Z,\theta+90} {}^{0}\boldsymbol{r}_1 \tag{5.423}$$

$${}_{0}\boldsymbol{\omega}_1 \times ({}_{0}\boldsymbol{\omega}_1 \times {}^{0}\boldsymbol{r}_1) = -\dot{\theta}_1^{2} {}^{0}\boldsymbol{r}_1 \tag{5.424}$$

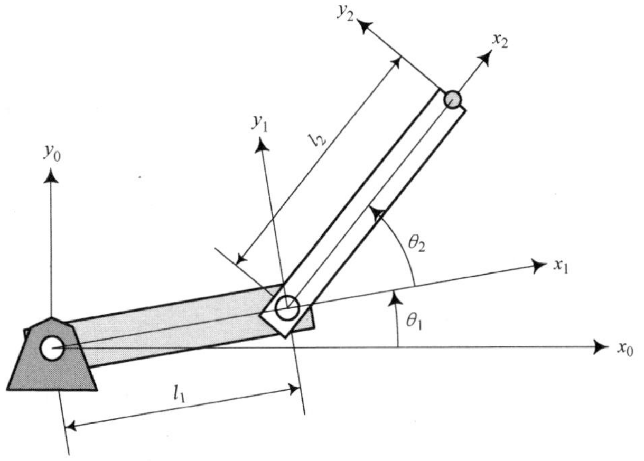

图 5.14 一个 2R 平面机械臂

进而计算出肘部关节的加速度

$${}^{0}\ddot{\boldsymbol{r}}_1 = \ddot{\theta}_1 R_{Z,\theta+90} {}^{0}\boldsymbol{r}_1 - \dot{\theta}_1^{2} {}^{0}\boldsymbol{r}_1 \tag{5.425}$$

例 216 运动的连体坐标系中运动点的加速度

假设用随时间变化的局部位置向量${}^{B}\boldsymbol{r}_P(t)$表示图 5.13 中的点 P，则点 P 的速度和加速度可以通过应用导数转换公式（5.327）求出。

$$\begin{aligned}{}^{G}v_P &= {}^{G}\dot{\boldsymbol{d}}_B + {}^{B}\dot{\boldsymbol{r}}_P + {}_{G}^{B}\boldsymbol{\omega}_B \times {}^{B}\boldsymbol{r}_P \\ &= {}^{G}\dot{\boldsymbol{d}}_B + {}^{B}v_P + {}_{G}^{B}\boldsymbol{\omega}_B \times {}^{B}\boldsymbol{r}_P\end{aligned} \tag{5.426}$$

$$\begin{aligned}{}^{G}\boldsymbol{a}_P &= {}^{G}\ddot{\boldsymbol{d}}_B + {}^{B}\ddot{\boldsymbol{r}}_P + {}_{G}^{B}\boldsymbol{\omega}_B \times {}^{B}\dot{\boldsymbol{r}}_P + {}_{G}^{B}\dot{\boldsymbol{\omega}}_B \times {}^{B}\boldsymbol{r}_P \\ &\quad + {}_{G}^{B}\boldsymbol{\omega}_B \times ({}^{B}\dot{\boldsymbol{r}}_P + {}_{G}^{B}\boldsymbol{\omega}_B \times {}^{B}\boldsymbol{r}_P) \\ &= {}^{G}\ddot{\boldsymbol{d}}_B + {}^{B}\boldsymbol{a}_P + 2{}_{G}^{B}\boldsymbol{\omega}_B \times {}^{B}v_P + {}_{G}^{B}\dot{\boldsymbol{\omega}}_B \times {}^{B}\boldsymbol{r}_P \\ &\quad + {}_{G}^{B}\boldsymbol{\omega}_B \times ({}_{G}^{B}\boldsymbol{\omega}_B \times {}^{B}\boldsymbol{r}_P)\end{aligned} \tag{5.427}$$

还可以通过假设${}^{B}\dot{\boldsymbol{r}}_P \neq 0$,并对式(5.361)求导数,进而求出点 P 的加速度。

$${}^{G}\boldsymbol{r}_P = {}^{G}\boldsymbol{R}_B {}^{B}\boldsymbol{r}_P + {}^{G}\boldsymbol{d}_B \tag{5.428}$$

$$\begin{aligned}{}^{G}\dot{\boldsymbol{r}}_P &= {}^{G}\dot{R}_B {}^{B}\boldsymbol{r}_P + {}^{G}R_B {}^{B}\dot{\boldsymbol{r}}_P + {}^{G}\dot{\boldsymbol{d}}_B \\ &= {}_{G}\boldsymbol{\omega}_B \times {}^{G}R_B {}^{B}\boldsymbol{r}_P + {}^{G}R_B {}^{B}\dot{\boldsymbol{r}}_P + {}^{G}\dot{\boldsymbol{d}}_B\end{aligned} \tag{5.429}$$

$$
\begin{aligned}
{}^G\ddot{\boldsymbol{r}}_P &= {}_G\dot{\boldsymbol{\omega}}_B \times {}^GR_B{}^B\boldsymbol{r}_P + {}_G\boldsymbol{\omega}_B \times {}^G\dot{R}_B{}^B\boldsymbol{r}_P + {}_G\boldsymbol{\omega}_B \times {}^GR_B{}^B\dot{\boldsymbol{r}}_P \\
&\quad + {}^G\dot{R}_B{}^B\dot{\boldsymbol{r}}_P + {}^GR_B{}^B\ddot{\boldsymbol{r}}_P + {}^G\ddot{\boldsymbol{d}}_B \\
&= {}_G\dot{\boldsymbol{\omega}}_B \times {}_B^G\boldsymbol{r}_P + {}_G\boldsymbol{\omega}_B \times ({}_G\boldsymbol{\omega}_B \times {}^G\boldsymbol{r}_P) + 2{}_G\boldsymbol{\omega}_B \times {}_B^G\dot{\boldsymbol{r}}_P \\
&\quad + {}_B^G\ddot{\boldsymbol{r}}_P + {}^G\ddot{\boldsymbol{d}}_B
\end{aligned} \tag{5.430}
$$

等式右边第三项称作科里奥利加速度，科里奥利加速度同时与${}_G\boldsymbol{\omega}_B$和${}^B\dot{\boldsymbol{r}}_P$垂直。

例217★ 刚体上点的加速度

假设有一个在全域坐标系中运动和旋转的刚体，可以通过对位置向量取两次时间导数求出刚体上某点的加速度。

$$
{}^G\boldsymbol{r}_P = {}^GR_B{}^B\boldsymbol{r}_P + {}^G\boldsymbol{d}_B \tag{5.431}
$$

$$
{}^G\dot{\boldsymbol{r}}_P = {}^G\dot{R}_B{}^B\boldsymbol{r}_P + {}^G\dot{\boldsymbol{d}}_B \tag{5.432}
$$

$$
\begin{aligned}
{}^G\ddot{\boldsymbol{r}}_P &= {}^G\ddot{R}_B{}^B\boldsymbol{r}_P + {}^G\ddot{\boldsymbol{d}}_B \\
&= {}^G\ddot{R}_B{}^GR_B^{\mathrm{T}}({}^G\boldsymbol{r}_P - {}^G\boldsymbol{d}_B) + {}^G\ddot{\boldsymbol{d}}_B
\end{aligned} \tag{5.433}
$$

对角速度矩阵求微分

$$
{}_G\tilde{\omega}_B = {}^G\dot{R}_B{}^GR_B^{\mathrm{T}} \tag{5.434}
$$

得到

$$
\begin{aligned}
{}_G\dot{\tilde{\omega}}_B &= \frac{{}^Gd}{\mathrm{d}t}{}_G\tilde{\omega}_B = {}^G\ddot{R}_B{}^GR_B^{\mathrm{T}} + {}^G\dot{R}_B{}^G\dot{R}_B^{\mathrm{T}} \\
&= {}^G\ddot{R}_B{}^GR_B^{\mathrm{T}} + {}_G\tilde{\omega}_B{}_G\tilde{\omega}_B^{\mathrm{T}}
\end{aligned} \tag{5.435}
$$

所以，

$$
{}^G\ddot{R}_B{}^GR_B^{\mathrm{T}} = {}_G\dot{\tilde{\omega}}_B - {}_G\tilde{\omega}_B{}_G\tilde{\omega}_B^{\mathrm{T}} \tag{5.436}
$$

刚体上某点的加速度坐标变为

$$
{}^G\ddot{\boldsymbol{r}}_P = ({}_G\dot{\tilde{\omega}}_B - {}_G\tilde{\omega}_B{}_G\tilde{\omega}_B^{\mathrm{T}})({}^G\boldsymbol{r}_P - {}^G\boldsymbol{d}_B) + {}^G\ddot{\boldsymbol{d}}_B \tag{5.437}
$$

式中

$$
{}_G\dot{\tilde{\omega}}_B = {}_G\tilde{\alpha}_B = \begin{bmatrix} 0 & -\dot{\omega}_3 & \dot{\omega}_2 \\ \dot{\omega}_3 & 0 & -\dot{\omega}_1 \\ -\dot{\omega}_2 & \dot{\omega}_1 & 0 \end{bmatrix} \tag{5.438}
$$

并且

$$
{}_G\tilde{\omega}_B{}_G\tilde{\omega}_B^{\mathrm{T}} = \begin{bmatrix} \omega_2^2+\omega_3^2 & -\omega_1\omega_2 & -\omega_1\omega_3 \\ -\omega_1\omega_2 & \omega_1{}^2+\omega_3^2 & -\omega_2\omega_3 \\ -\omega_1\omega_3 & -\omega_2\omega_3 & \omega_1^2+\omega_2^2 \end{bmatrix} \tag{5.439}
$$

5.14★ 螺旋运动

根据Chasles定理，刚体沿某一直线平动的同时又绕该直线转动，这种合成运动称为**螺旋运动**。设有一个如图5.15所示的螺旋运动，点P绕以$\hat{u}$表示的螺旋轴旋转，同时沿该轴做平动运动。螺旋轴线上的所有点沿该轴线运动，不在该轴上的点沿螺旋线运动。

刚体绕螺旋轴线的旋转运动称为**盘旋**，螺旋**斜度** p 是移动距离 h 与旋转角度 ϕ 之比。

$$p=\frac{h}{\phi} \tag{5.440}$$

所以，斜度是刚体每转过一圈沿着平行于螺旋轴方向移动的直线距离。如果 $p>0$，为右螺旋运动，如果 $p<0$ 则为左螺旋运动。

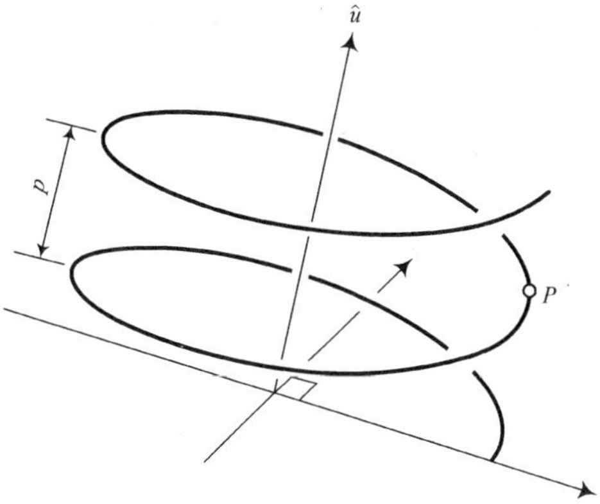

图 5.15　螺旋运动是沿某一直线运动和绕该直线旋转运动的合成运动

螺旋运动用 $\check{s}$（h，ϕ，$\hat{u}$，$\boldsymbol{s}$）表示，包括单位向量 $\hat{u}$，位置向量 $\boldsymbol{s}$，盘旋角 ϕ 和移动距离 h（或斜度 p）。位置向量 $\boldsymbol{s}$ 表示螺旋轴上的某一点的全域坐标位置，盘旋角 ϕ，盘旋轴 $\hat{u}$ 和移动距离 h（或斜度 p）称作**螺旋运动参数**。

螺旋运动是表示刚体运动的另一种转换方法，将沿轴线的直线距离与绕同一轴线的角度变化两者合成源于车辆转向运动学。如果用 ${}^B\boldsymbol{r}_P$ 表示刚体上某点的位置向量，该点经过螺旋运动后在全域坐标系中的位置向量是

$${}^G\boldsymbol{r}_P=\check{s}(h,\phi,\hat{u},\boldsymbol{s})\,{}^B\boldsymbol{r}_P \tag{5.441}$$

是平动 ${}^G\boldsymbol{d}_B$ 和旋转 ${}^GR_B$ 的合成。

$${}^G\boldsymbol{r}_P={}^GR_B\,{}^B\boldsymbol{r}_P+{}^G\boldsymbol{d}_B \tag{5.442}$$

引入如下称作**齐次矩阵**的 4×4 矩阵［T］，

$${}^GT_B=\begin{bmatrix}{}^GR_B & {}^G\boldsymbol{d}\\ 0 & 1\end{bmatrix} \tag{5.443}$$

并将平动和旋转合成起来，仅用矩阵乘法表示运动

$${}^G\boldsymbol{r}_P={}^GT_B\,{}^B\boldsymbol{r}_P \tag{5.444}$$

为了与 4×4 矩阵［T］一致，将 ${}^G\boldsymbol{r}_P$ 和 ${}^B\boldsymbol{r}_P$ 各增加一个零元素

$${}^G\boldsymbol{r}_P=\begin{bmatrix}X\\Y\\Z\\0\end{bmatrix}\quad {}^B\boldsymbol{r}_P=\begin{bmatrix}x\\y\\z\\0\end{bmatrix} \tag{5.445}$$

齐次矩阵表示法可以用于合成绕螺旋轴线的旋转和沿螺旋轴线的平动，进而描述螺旋运动的转换。

如果 $\hat{u}$ 通过坐标系的原点，则 $\boldsymbol{s}=0$，螺旋运动称作**中心螺旋运动** $\check{s}(h,\phi,\hat{u})$。中心螺旋运动有如下关系：

$${}^G\check{s}_B(h,\phi,\hat{u})=D_{\hat{u},h}R_{\hat{u},\phi} \tag{5.446}$$

式中

$$D_{\hat{u},h}=\begin{bmatrix}1&0&0&hu_1\\0&1&0&hu_2\\0&0&1&hu_3\\0&0&0&1\end{bmatrix} \tag{5.447}$$

$$R_{\hat{u},\phi}=\begin{bmatrix} u_1^2\operatorname{vers}\phi+\cos\phi & u\ u_2\operatorname{vers}\phi-u_3\sin\phi & u_1u_3\operatorname{vers}\phi+u_2\sin\phi & 0\\ u_1\ u_2\operatorname{vers}\phi+u_3\sin\phi & u_2^2\operatorname{vers}\phi+\cos\phi & u_2u_3\operatorname{vers}\phi-u_1\sin\phi & 0\\ u_1\ u_3\operatorname{vers}\phi-u_2\ \sin\phi & u_2u_3\operatorname{vers}\phi+u_1\sin\phi & {u_3}^2\operatorname{vers}\phi+\cos\phi & 0\\ 0 & 0 & 0 & 1 \end{bmatrix} \tag{5.448}$$

因此

$$\begin{aligned} {}^{G}\check{s}_B(h,\phi,\hat{u}) &= \begin{bmatrix} {}^{G}R_B & {}^{G}\boldsymbol{d}\\ 0 & 1\end{bmatrix}\\ &= \begin{bmatrix} u_1^2\operatorname{vers}\phi+\cos\phi & u_1u_2\operatorname{vers}\phi-u_3\sin\phi & u_1u_3\operatorname{vers}\phi+u_2\sin\phi & hu_1\\ u_1\ u_2\operatorname{vers}\phi+u_3\sin\phi & u_2^2\operatorname{vers}\phi+\cos\phi & u_2u_3\operatorname{vers}\phi-u_1\sin\phi & hu_2\\ u_1\ u_3\operatorname{vers}\phi-u_2\ \sin\phi & u_2u_3\operatorname{vers}\phi+u_1\sin\phi & {u_3}^2\operatorname{vers}\phi+\cos\phi & hu_3\\ 0 & 0 & 0 & 1 \end{bmatrix} \end{aligned} \tag{5.449}$$

中心螺旋运动转换矩阵包括纯平动或基本移动和纯旋转运动，是螺旋运动的一种特殊情况，纯平动时 $\phi=0$，纯转动时 $h=0$（或 $P=\infty$）。

当螺旋运动不是中心螺旋运动时，$\hat{u}$ 不通过坐标系的原点，从 $\boldsymbol{p}$ 到 $\boldsymbol{p}''$的螺旋运动可以表示为

$$\begin{aligned}\boldsymbol{p}''=&(\boldsymbol{p}-\boldsymbol{s})\cos\phi+(1-\cos\phi)(\hat{u}\cdot(\boldsymbol{p}-\boldsymbol{s}))\hat{u}\\ &+(\hat{u}\times(\boldsymbol{p}-\boldsymbol{s}))\sin\phi+\boldsymbol{s}+h\hat{u}\end{aligned} \tag{5.450}$$

或

$$\boldsymbol{p}''={}^{G}R_B(\boldsymbol{p}+\boldsymbol{s})+\boldsymbol{s}+h\hat{u}={}^{G}R_B\boldsymbol{p}+\boldsymbol{s}-{}^{G}R_B\boldsymbol{s}+h\hat{u} \tag{5.451}$$

因此

$$\boldsymbol{p}''=\check{s}(h,\phi,\hat{u},\boldsymbol{s})\boldsymbol{p}=[T]\boldsymbol{p} \tag{5.452}$$

式中

$$[T]=\begin{bmatrix} {}^{G}R_B & {}^{G}\boldsymbol{s}-{}^{G}R_B{}^{G}\boldsymbol{s}+h\hat{u}\\ 0 & 1\end{bmatrix}=\begin{bmatrix} {}^{G}R_B & {}^{G}\boldsymbol{d}\\ 0 & 1\end{bmatrix} \tag{5.453}$$

向量${}^{G}\boldsymbol{s}$ 称作**位置向量**，是刚体坐标系做螺旋运动之前在全域坐标系中的位置。向量 $\boldsymbol{p}$ 和 $\boldsymbol{p}''$ 分别是图 5.16 中的点 P 做螺旋运动前、后在全域坐标系中的位置。

螺旋轴线用单位向量 $\hat{u}$ 表示，刚体上一点 P 通过绕 $\hat{u}$ 的旋转从其第一个位置运动到第二个位置 P'，接着通过沿平行于 $\hat{u}$ 的方向移动 h 后到 P''处。点 P 的初始位置用 $\boldsymbol{p}$ 表示，最终位置用 $\boldsymbol{p}''$表示。

螺旋运动是包含四个变量的函数 $\check{s}(h,\phi,\hat{u},\boldsymbol{s})$，螺旋运动在${}^{G}\boldsymbol{s}$ 处有一条作用线变量 $\hat{u}$，一个盘旋角变量 ϕ 和一个移动距离变量 h。

尽管 Chasles（1793 – 1880）以发现瞬时螺旋轴线著称，但是，事实上 Mozzi（1730 – 1813）于 1763 年首先应用了瞬时螺旋轴线。

证明：角度 – 轴线旋转公式（5.185）给出了 $\boldsymbol{r}$ 和 $\boldsymbol{r}'$的关系，其中 $\boldsymbol{r}$ 和 $\boldsymbol{r}'$分别是点 P 在 $\boldsymbol{s}=0$，$h=0$ 时，旋转角度 ϕ 前、后的位置向量。

$$\boldsymbol{r}'=\boldsymbol{r}\cos\phi+(1-\cos\phi)(\hat{u}\cdot\boldsymbol{r})\hat{u}+(\hat{u}\times\boldsymbol{r})\sin\phi \tag{5.454}$$

但是，螺旋轴线不通过 $G(OXYZ)$ 的原点时，则 $\boldsymbol{r}'$和 $\boldsymbol{r}$ 需要根据下面的关系代入：

$$\boldsymbol{r}=\boldsymbol{p}-\boldsymbol{s} \tag{5.455}$$

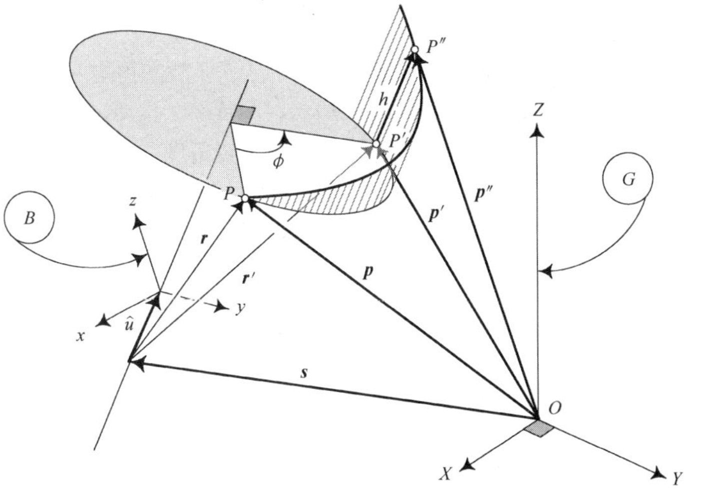

图 5.16 刚体的螺旋运动

$$\boldsymbol{r}' = \boldsymbol{p}'' - \boldsymbol{s} - h\hat{u} \tag{5.456}$$

式中，$\boldsymbol{r}'$是旋转后在坐标系 G 中的向量；$\boldsymbol{r}$ 是旋转前在坐标系 B 中的向量。

所以，刚体上点 P 做螺旋运动前和运动后的位置关系为

$$\begin{aligned}\boldsymbol{p}'' = &(\boldsymbol{p}-\boldsymbol{s})\cos\phi + (1-\cos\phi)(\hat{u}\cdot(\boldsymbol{p}-s))\hat{u}\\ &+(\hat{u}\times(\boldsymbol{p}-\boldsymbol{s}))\sin\phi + (\boldsymbol{s}+h\hat{u})\end{aligned} \tag{5.457}$$

式（5.457）是关于刚体运动的最通用的 Rodriguez 公式，再定义新的符号${}^{G}\boldsymbol{p}=\boldsymbol{p}''$和${}^{B}\boldsymbol{p}=\boldsymbol{p}$，并令 $\boldsymbol{s}$ 表示旋转轴线上的一点，因此旋转对 $\boldsymbol{s}$ 没有影响，可以把${}^{B}\boldsymbol{p}$ 提出来，用系数形式把 Rodriguez 公式写成如下形式

$$\begin{aligned}{}^{G}\boldsymbol{p} &= [\boldsymbol{I}\cos\phi + \hat{u}\hat{u}^{\mathrm{T}}(1-\cos\phi) + \tilde{u}\sin\phi]\,{}^{B}\boldsymbol{p}\\ &\quad -[\boldsymbol{I}\cos\phi + \hat{u}\hat{u}^{\mathrm{T}}(1-\cos\phi) + \tilde{u}\sin\phi]\,{}^{G}\boldsymbol{s} + {}^{G}\boldsymbol{s} + h\hat{u}\end{aligned} \tag{5.458}$$

整理该式后可以发现，螺旋运动能够用齐次转换表示

$$\begin{aligned}{}^{G}\boldsymbol{p} &= {}^{G}R_{B}\,{}^{B}\boldsymbol{p} + {}^{G}\boldsymbol{s} - {}^{G}R_{B}\,{}^{G}\boldsymbol{s} + h\hat{u}\\ &= {}^{G}R_{B}\,{}^{B}\boldsymbol{p} + {}^{G}\boldsymbol{d} = {}^{G}T_{B}\,{}^{B}\boldsymbol{p}\end{aligned} \tag{5.459}$$

$$\begin{aligned}{}^{G}T_{B} &= {}^{G}\check{s}_{B}\ (h,\ \phi,\ \hat{u},\ \boldsymbol{s})\\ &= \begin{bmatrix}{}^{G}R_{B} & {}^{G}\boldsymbol{s} - {}^{G}R_{B}\,{}^{G}\boldsymbol{s} + h\hat{u}\\ 0 & 1\end{bmatrix} = \begin{bmatrix}{}^{G}R_{B} & {}^{G}\boldsymbol{d}\\ 0 & 1\end{bmatrix}\end{aligned} \tag{5.460}$$

式中

$${}^{G}R_{B} = \boldsymbol{I}\cos\phi + \hat{u}\hat{u}^{\mathrm{T}}(1-\cos\phi) + \tilde{u}\sin\phi \tag{5.461}$$

$${}^{G}\boldsymbol{d} = [(\boldsymbol{I}-\hat{u}\hat{u}^{\mathrm{T}})(1-\cos\phi) - \tilde{u}\sin\phi]\,{}^{G}\boldsymbol{s} + h\hat{u} \tag{5.462}$$

直接代入可得

$${}^{G}R_{B} = \begin{bmatrix} u_1^2\operatorname{vers}\phi + \cos\phi & u_1u_2\operatorname{vers}\phi - u_3\sin\phi & u_1u_3\operatorname{vers}\phi + u_2\sin\phi\\ u_1\ u_2\operatorname{vers}\phi + u_3\sin\phi & u_2^2\operatorname{vers} + \cos\phi & u_2u_3\operatorname{vers}\phi - u_1\sin\phi\\ u_1\ u_3\operatorname{vers}\phi - u_2\sin\phi & u_2u_3\operatorname{vers}\phi + u_1\sin\phi & {u_3}^2\operatorname{vers}\phi + \cos\phi\end{bmatrix} \tag{5.463}$$

$$
{}^{G}\boldsymbol{d}=\begin{bmatrix} hu_1+[(1-u_1^2)s_1-u_1(s_2u_2+s_3u_3)]\operatorname{vers}\phi+(s_2u_3-s_3u_2)\sin\phi \\ hu_2+[(1-u_2^2)s_2-u_2(s_3u_3+s_1u_1)]\operatorname{vers}\phi+(s_3u_1-s_1u_3)\sin\phi \\ hu_3+[(1-u_3{}^2)s_3-u_3(s_1u_1+s_2u_2)]\operatorname{vers}\phi+(s_1u_2-s_2u_1)\sin\phi \end{bmatrix} \tag{5.464}
$$

这种刚体运动的表达需要6个独立参数，即一个旋转角度 ϕ 的参数，一个移动量 h 的参数，两个螺旋轴线 $\hat{u}$ 的参数，两个位置向量 ${}^{G}\boldsymbol{s}$ 的参数。因为 $\hat{u}$ 的三个分量相互关联

$$
\hat{u}^{\mathrm{T}}\hat{u}=1 \tag{5.465}
$$

位置向量 ${}^{G}\boldsymbol{s}$ 可以确定螺旋轴线上任意一点的位置。通常选取与原点 O 距离最近的点，并令 ${}^{G}\boldsymbol{s}$ 垂直于 $\hat{u}$。令 ${}^{G}\boldsymbol{s}_0$ 表示**最短位置向量**，则对位置向量分量的约束条件为

$$
{}^{G}\boldsymbol{s}_0{}^{\mathrm{T}}\hat{u}=0 \tag{5.466}
$$

如果 $\boldsymbol{s}=0$，则螺旋轴线通过坐标系 G 的原点，式（5.460）简化为式（5.449）。

螺旋运动参数 ϕ 和 h，与螺旋轴线 $\hat{u}$ 以及位置向量 ${}^{G}\boldsymbol{s}$，能够完整定义刚体 $B(oxyz)$ 在 $G(OXYZ)$ 中的运动。在确定螺旋运动参数和螺旋轴线后，就可以通过式（5.463）和式（5.464）求出转换矩阵的元素。所以，给出转换矩阵 ${}^{G}T_B$ 后，就可以通过下面关系求出螺旋运动的盘旋角和螺旋轴线。

$$
\begin{aligned}
\cos\phi &=\frac{1}{2}(tr({}^{G}R_B)-1)=\frac{1}{2}(tr({}^{G}T_B)-2)\\
&=\frac{1}{2}(r_{11}+r_{22}+r_{33}-1)
\end{aligned} \tag{5.467}
$$

$$
\tilde{u}=\frac{1}{2\sin\phi}({}^{G}R_B-{}^{G}R_B^{\mathrm{T}}) \tag{5.468}
$$

进而求得

$$
\hat{u}=\frac{1}{2\sin\phi}\begin{bmatrix} r_{32}-r_{23} \\ r_{13}-r_{31} \\ r_{21}-r_{12} \end{bmatrix} \tag{5.469}
$$

为了求出所有的螺旋运动参数，还必须求出 h 和螺旋轴线上一点的坐标。因为螺旋轴线上的一点在旋转时位置不变，所以一定存在如下关系。

$$
\begin{bmatrix} r_{11} & r_{12} & r_{13} & r_{14} \\ r_{21} & r_{22} & r_{23} & r_{24} \\ r_{31} & r_{32} & r_{33} & r_{34} \\ 0 & 0 & 0 & 1 \end{bmatrix}\begin{bmatrix} X \\ Y \\ Z \\ 1 \end{bmatrix}=\begin{bmatrix} 1 & 0 & 0 & hu_1 \\ 0 & 1 & 0 & hu_2 \\ 0 & 0 & 1 & hu_3 \\ 0 & 0 & 0 & 1 \end{bmatrix}\begin{bmatrix} X \\ Y \\ Z \\ 1 \end{bmatrix} \tag{5.470}
$$

式中 (X,Y,Z) 是螺旋轴线上点的坐标。

可以找到螺旋线与 YZ 平面的交点，例如设 $X_s=0$，求出 $\boldsymbol{s}=[0\quad Y_s\quad Z_s]^{\mathrm{T}}$。所以，

$$
\begin{bmatrix} r_{11}-1 & r_{12} & r_{13} & r_{14}-hu_1 \\ r_{21} & r_{22}-1 & r_{23} & r_{24}-hu_2 \\ r_{31} & r_{32} & r_{33}-1 & r_{34}-hu_3 \\ 0 & 0 & 0 & 0 \end{bmatrix}\begin{bmatrix} 0 \\ Y_s \\ Z_s \\ 1 \end{bmatrix}=\begin{bmatrix} 0 \\ 0 \\ 0 \\ 0 \end{bmatrix} \tag{5.471}
$$

生成三个等式，解之得到 Y_s，Z_s 和 h。

$$\begin{bmatrix} h \\ Y_s \\ Z_s \end{bmatrix} = \begin{bmatrix} u_1 & -r_{12} & -r_{13} \\ u_2 & 1-r_{22} & -r_{23} \\ u_3 & -r_{32} & 1-r_{33} \end{bmatrix}^{-1} \begin{bmatrix} r_{14} \\ r_{24} \\ r_{34} \end{bmatrix} \tag{5.472}$$

此时，就可以通过下式求出最短位置向量${}^G\boldsymbol{s}_0$

$${}^G\boldsymbol{s}_0 = \boldsymbol{s} - (\boldsymbol{s} \cdot \hat{u})\hat{u} \tag{5.473}$$

例 218★　基础单位向量的中心螺旋转换

假设有两个初始状态时重合的坐标系 $G(OXYZ)$ 和 $B(oxyz)$，刚体沿 Y 轴进行螺旋运动，$h=2$，$\phi=90°$。应用中心螺旋转换可以求出刚体上$[1 \quad 0 \quad 0 \quad 1]^{\mathrm{T}}$ 处点运动后的位置。

$$\check{s}(h,\phi,\hat{u}) = \check{s}\left(2,\frac{\pi}{2},\hat{J}\right) = D(2\hat{J})R\left(\hat{J},\frac{\pi}{2}\right) \tag{5.474}$$

$$= \begin{bmatrix} 1 & 0 & 0 & 0 \\ 0 & 1 & 0 & 2 \\ 0 & 0 & 1 & 0 \\ 0 & 0 & 0 & 1 \end{bmatrix} \begin{bmatrix} 0 & 0 & 1 & 0 \\ 0 & 1 & 0 & 0 \\ -1 & 0 & 0 & 0 \\ 0 & 0 & 0 & 1 \end{bmatrix} = \begin{bmatrix} 0 & 0 & 1 & 0 \\ 0 & 1 & 0 & 2 \\ -1 & 0 & 0 & 0 \\ 0 & 0 & 0 & 1 \end{bmatrix}$$

所以

$${}^G\hat{i} = \check{s}\left(2,\frac{\pi}{2},\hat{J}\right){}^B\hat{i} \tag{5.475}$$

$$= \begin{bmatrix} 0 & 0 & 1 & 0 \\ 0 & 1 & 0 & 2 \\ -1 & 0 & 0 & 0 \\ 0 & 0 & 0 & 1 \end{bmatrix} \begin{bmatrix} 1 \\ 0 \\ 0 \\ 1 \end{bmatrix} = \begin{bmatrix} 0 \\ 2 \\ -1 \\ 1 \end{bmatrix}$$

螺旋运动的斜度是

$$p = \frac{h}{\phi} = \frac{2}{\frac{\pi}{2}} = \frac{4}{\pi} = 1.2732 \tag{5.476}$$

例 219★　点的螺旋转换

设有两个初始状态时平行的坐标系 $G(OXYZ)$ 和 $B(oxyz)$，刚体沿 $X=2$，且平行于 Y 轴的轴线做螺旋运动，$h=2$，$\phi=90°$，即连体坐标系处于 $\boldsymbol{s}=[2 \quad 0 \quad 0]^{\mathrm{T}}$。应用螺旋转换可以求出刚体上${}^B\boldsymbol{r}=[3 \quad 0 \quad 0 \quad 1]^{\mathrm{T}}$ 处点的位置。

$${}^GT_B = \begin{bmatrix} {}^GR_B & \boldsymbol{s} - {}^GR_B\boldsymbol{s} + h\hat{u} \\ 0 & 1 \end{bmatrix} = \begin{bmatrix} 0 & 0 & 1 & 2 \\ 0 & 1 & 0 & 2 \\ -1 & 0 & 0 & 2 \\ 0 & 0 & 0 & 1 \end{bmatrix} \tag{5.477}$$

因为

$${}^GR_B = \begin{bmatrix} 0 & 0 & 1 \\ 0 & 1 & 0 \\ -1 & 0 & 0 \end{bmatrix} \quad \boldsymbol{s} = \begin{bmatrix} 2 \\ 0 \\ 0 \end{bmatrix} \quad \hat{u} = \begin{bmatrix} 0 \\ 1 \\ 0 \end{bmatrix} \tag{5.478}$$

所以，位置向量${}^G\boldsymbol{r}$ 应该为

$${}^G\boldsymbol{r} = {}^GT_B\,{}^B\boldsymbol{r}$$

$$=\begin{bmatrix}0&0&1&2\\0&1&0&2\\-1&0&0&2\\0&0&0&1\end{bmatrix}\begin{bmatrix}3\\0\\0\\1\end{bmatrix}=\begin{bmatrix}2\\2\\-1\\1\end{bmatrix}\tag{5.479}$$

例 220★ 向量旋转

转换等式${}^G\boldsymbol{r}={}^GR_B{}^B\boldsymbol{r}$和 Rodriguez 旋转公式（5.185）两者都用来描述固定在刚体上任意向量的旋转，但是，可以方便地用固定在刚体上的两个点表示该向量，并推导出螺旋等式。

以用位置向量$\boldsymbol{r}_1$表示的参考点P_1为起点，以用位置向量$\boldsymbol{r}_2$表示的参考点P_2为终点，定义刚体上的 个向量，则刚体坐标系和全域坐标系之间的转化等式可以写作

$${}^G(\boldsymbol{r}_2-\boldsymbol{r}_1)={}^GR_B{}^B(\boldsymbol{r}_2-\boldsymbol{r}_1)\tag{5.480}$$

假设参考点P_1的初始位置和最终位置都在旋转轴线上，则式（5.480）可以重新整理成便于计算点P_2新位置坐标的形式，即转换矩阵形式

$$\begin{aligned}{}^G\boldsymbol{r}_2&={}^GR_B{}^B(\boldsymbol{r}_2-\boldsymbol{r}_1)+{}^G\boldsymbol{r}_1={}^GR_B{}^B\boldsymbol{r}_2+{}^G\boldsymbol{r}_1-{}^GR_B{}^B\boldsymbol{r}_1\\&={}^GT_B{}^B\boldsymbol{r}_2\end{aligned}\tag{5.481}$$

式中

$${}^GT_B=\begin{bmatrix}{}^GR_B&{}^G\boldsymbol{r}_1-{}^GR_B{}^B\boldsymbol{r}_1\\0&1\end{bmatrix}\tag{5.482}$$

上式与$h=0$时的螺旋运动式（5.460）一致。

例 221★ 螺旋运动判定的特例

螺旋运动有两种特殊情况，第一种情况发生在$r_{11}=r_{22}=r_{33}=1$时，此时$\phi=0$，则运动为平行于$\hat{u}$的纯平动h，其中

$$\hat{u}=\frac{r_{14}-s_1}{h}\hat{I}+\frac{r_{24}-s_2}{h}\hat{J}+\frac{r_{34}-s_3}{h}\hat{K}\tag{5.483}$$

由于在这种情况下不存在一条螺旋轴线，也就不能确定螺旋轴线上的特定点。

第二种特殊情况发生在$\phi=180°$时，此时

$$\hat{u}=\begin{bmatrix}\sqrt{\frac{1}{2}(r_{11}+1)}\\\sqrt{\frac{1}{2}(r_{22}+1)}\\\sqrt{\frac{1}{2}(r_{33}+1)}\end{bmatrix}\tag{5.484}$$

而h和(X,Y,Z)可以通过式（5.472）计算。

例 222★ 平面内的旋转和平动

假设某平面从位置1运动到位置2，如图5.17所示，Q_2点的新坐标为

$$\begin{aligned}\boldsymbol{r}_{Q_2}&={}^2R_1\ (\boldsymbol{r}_{Q_1}-\boldsymbol{r}_{P_1})\ +\boldsymbol{r}_{P_2}\\&=\begin{bmatrix}\cos58&-\sin58&0\\\sin58&\cos58&0\\0&0&1\end{bmatrix}\left(\begin{bmatrix}3\\1\\0\end{bmatrix}-\begin{bmatrix}1\\1\\0\end{bmatrix}\right)+\begin{bmatrix}4\\1.5\\0\end{bmatrix}\end{aligned}\tag{5.485}$$

$$
=\begin{bmatrix}1.06\\1.696\\0\end{bmatrix}+\begin{bmatrix}4\\1.5\\0\end{bmatrix}=\begin{bmatrix}5.06\\3.196\\0.0\end{bmatrix}
$$

或者

$$
\boldsymbol{r}_{Q_2}={}^2T_1\boldsymbol{r}_{Q_1}=\begin{bmatrix}{}^2R_1 & \boldsymbol{r}_{P_2}-{}^2R_1\boldsymbol{r}_{P_1}\\0 & 1\end{bmatrix}\boldsymbol{r}_{Q_1} \tag{5.486}
$$

$$
=\begin{bmatrix}\cos58 & -\sin58 & 0 & 4.318\\ \sin58 & \cos58 & 0 & 0.122\\ 0 & 0 & 1 & 0\\ 0 & 0 & 0 & 1\end{bmatrix}\begin{bmatrix}3\\1\\0\\1\end{bmatrix}=\begin{bmatrix}5.06\\3.196\\0\\1\end{bmatrix}
$$

例 223★　平面运动的极点

在刚体从位置 1 到位置 2 的平面运动里，平面上始终存在一个位置不变的点。可以认为刚体是在绕该点旋转，通常称其为有限旋转极点。可以用转换矩阵确定该极点，图 5.17 所示为一个三角形的平面运动，为了确定运动的极点 $P_0(X_0,Y_0)$，需要对运动做转换。采用图 5.17 中的坐标数据，可以进行如下计算。

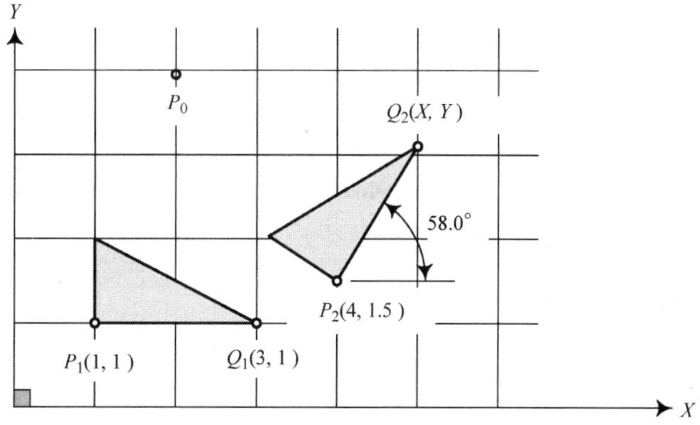

图 5.17　平面运动

$$
{}^2T_1=\begin{bmatrix}{}^2R_1 & \boldsymbol{r}_{P_2}-{}^2R_1\boldsymbol{r}_{P_1}\\0 & 1\end{bmatrix} \tag{5.487}
$$

$$
=\begin{bmatrix}\cos\alpha & -\sin\alpha & 0 & -\cos\alpha+\sin\alpha+4\\ \sin\alpha & \cos\alpha & 0 & -\cos\alpha-\sin\alpha+3.5\\ 0 & 0 & 1 & 0\\ 0 & 0 & 0 & 1\end{bmatrix}
$$

在转化中极点保持不变，因此，

$$
r_{P_0}={}^2T_1\boldsymbol{r}_{P_0}
$$

$$
\begin{bmatrix}X_0\\Y_0\\0\\1\end{bmatrix}=\begin{bmatrix}\cos\alpha & -\sin\alpha & 0 & -\cos\alpha+\sin\alpha+4\\ \sin\alpha & \cos\alpha & 0 & -\cos\alpha-\sin\alpha+1.5\\ 0 & 0 & 1 & 0\\ 0 & 0 & 0 & 1\end{bmatrix}\begin{bmatrix}X_0\\Y_0\\0\\1\end{bmatrix} \tag{5.488}
$$

$\alpha=58°$时，上式计算得到

$$
X_0=-1.5\sin\alpha+1-4\cos\alpha=2.049 \tag{5.489}
$$

$$
Y_0=4\sin\alpha+1-1.5\cos\alpha=3.956 \tag{5.490}
$$

例 224★　螺旋运动参数的确定

已知刚体上三个不在同一直线上点的初始位置和终止位置，就可以确定螺旋运动的参

数。假设 $\boldsymbol{p}_0$、$\boldsymbol{q}_0$ 和 $\boldsymbol{r}_0$ 分别表示点 P、Q 和 R 在螺旋运动前所处的位置，$\boldsymbol{p}_1$、$\boldsymbol{q}_1$ 和 $\boldsymbol{r}_1$ 分别表示它们在螺旋运动之后的位置。

为了确定螺旋运动参数 ϕ、$\hat{u}$、h 和 $\boldsymbol{s}$，需要解如下三个同步 Rodriguez 方程组：

$$\boldsymbol{p}_1-\boldsymbol{p}_0=\tan\frac{\phi}{2}\hat{u}\times(\boldsymbol{p}_1+\boldsymbol{p}_0-2\boldsymbol{s})+h\hat{u} \tag{5.491}$$

$$\boldsymbol{q}_1-\boldsymbol{q}_0=\tan\frac{\phi}{2}\hat{u}\times(\boldsymbol{q}_1+\boldsymbol{q}_0-2\boldsymbol{s})+h\hat{u} \tag{5.492}$$

$$\boldsymbol{r}_1-\boldsymbol{r}_0=\tan\frac{\phi}{2}\hat{u}\times(\boldsymbol{r}_1+\boldsymbol{r}_0-2\boldsymbol{s})+h\hat{u} \tag{5.493}$$

首先令式（5.491）和式（5.492）分别减去式（5.493）。

$$(\boldsymbol{p}_1-\boldsymbol{p}_0)-(\boldsymbol{r}_1-\boldsymbol{r}_0)=\tan\frac{\phi}{2}\hat{u}\times[(\boldsymbol{p}_1+\boldsymbol{p}_0)-(\boldsymbol{r}_1+\boldsymbol{r}_0)] \tag{5.494}$$

$$(\boldsymbol{q}_1-\boldsymbol{q}_0)-(\boldsymbol{r}_1-\boldsymbol{r}_0)=\tan\frac{\phi}{2}\hat{u}\times[(\boldsymbol{q}_1+\boldsymbol{q}_0)-(\boldsymbol{r}_1+\boldsymbol{r}_0)] \tag{5.495}$$

进而将式（5.494）两侧同时乘以 $[(\boldsymbol{q}_1-\boldsymbol{q}_0)-(\boldsymbol{r}_1-\boldsymbol{r}_0)]$，该向量垂直于 $\hat{u}$。

$$\begin{aligned}&[(\boldsymbol{q}_1-\boldsymbol{q}_0)-(\boldsymbol{r}_1-\boldsymbol{r}_0)]\times[(\boldsymbol{p}_1-\boldsymbol{p}_0)-(\boldsymbol{r}_1-\boldsymbol{r}_0)]\\&=\tan\frac{\phi}{2}[(\boldsymbol{q}_1-\boldsymbol{q}_0)-(\boldsymbol{r}_1-\boldsymbol{r}_0)]\times\{\hat{u}\times[(\boldsymbol{p}_1+\boldsymbol{p}_0)-(\boldsymbol{r}_1+\boldsymbol{r}_0)]\}\end{aligned} \tag{5.496}$$

整理得

$$\begin{aligned}&[(\boldsymbol{q}_1-\boldsymbol{q}_0)-(\boldsymbol{r}_1-\boldsymbol{r}_0)]\times[(\boldsymbol{p}_1+\boldsymbol{p}_0)-(\boldsymbol{r}_1+\boldsymbol{r}_0)]\\&=\tan\frac{\phi}{2}\{[(\boldsymbol{q}_1-\boldsymbol{q}_0)-(\boldsymbol{r}_1-\boldsymbol{r}_0)]\cdot[(\boldsymbol{p}_1-\boldsymbol{p}_0)-(\boldsymbol{r}_1-\boldsymbol{r}_0)]\}\hat{u}\end{aligned} \tag{5.497}$$

因此，旋转角可以通过列出 $\tan\dfrac{\phi}{2}$ 与下式右侧范数的等式求出：

$$tan\frac{\phi}{2}\hat{u}=\frac{[(\boldsymbol{q}_1-\boldsymbol{q}_2)-(\boldsymbol{r}_1-\boldsymbol{r}_0)]\times[(\boldsymbol{p}_1-\boldsymbol{p}_0)-(\boldsymbol{r}_1-\boldsymbol{r}_0)]}{[(\boldsymbol{q}_1-\boldsymbol{q}_2)-(\boldsymbol{r}_1-\boldsymbol{r}_0)]\cdot[(\boldsymbol{p}_1+\boldsymbol{p}_0)-(\boldsymbol{r}_1+\boldsymbol{r}_0)]} \tag{5.498}$$

为了求出 $\boldsymbol{s}$，可以首先令式（5.491）叉乘 $\hat{u}$

$$\begin{aligned}\hat{u}\times(\boldsymbol{p}_1-\boldsymbol{p}_0)&=\hat{u}\times\left[\tan\frac{\phi}{2}\hat{u}\times(\boldsymbol{p}_1+\boldsymbol{p}_0-2\boldsymbol{s})+h\hat{u}\right]\\&=\tan\frac{\phi}{2}\{[\hat{u}\cdot(\boldsymbol{p}_1+\boldsymbol{p}_0)]\hat{u}-(\boldsymbol{p}_1+\boldsymbol{p}_0)+2[\boldsymbol{s}-(\hat{u}\cdot\boldsymbol{s})\hat{u}]\}\end{aligned} \tag{5.499}$$

注意到 $\boldsymbol{s}-(\hat{u}\cdot\boldsymbol{s})\hat{u}$ 是 $\boldsymbol{s}$ 垂直于 $\hat{u}$ 的元素，其中 $\boldsymbol{s}$ 是从全域坐标系 $G(OXYZ)$ 的原点指向螺旋轴线上任意一点的向量，而该垂直元素表示具有 O 与 $\hat{u}$ 之间的最短距离的向量。假设最短的 $\boldsymbol{s}$ 称作 $\boldsymbol{s}_0$，则有

$$\begin{aligned}\boldsymbol{s}_0&=\boldsymbol{s}-(\hat{u}\cdot\boldsymbol{s})\hat{u}\\&=\frac{1}{2}\left[\frac{\hat{u}\times\boldsymbol{p}_1-\boldsymbol{p}_0}{\tan\dfrac{\phi}{2}}-[\hat{u}\cdot(\boldsymbol{p}_1+\boldsymbol{p}_0)]\hat{u}+\boldsymbol{p}_1+\boldsymbol{p}_0\right]\end{aligned} \tag{5.500}$$

最后一个螺旋运动参数斜度 h，可以通过式（5.491）、式（5.492）或式（5.493）中的任意一个求出。

$$h=\hat{u}\cdot(\boldsymbol{p}_1-\boldsymbol{p}_0)=\hat{u}\cdot(\boldsymbol{q}_1-\boldsymbol{q}_0)=\hat{u}\cdot(\boldsymbol{r}_1-\boldsymbol{r}_0) \tag{5.501}$$

例 225★ 螺旋运动转换的另一种推导

假设螺旋轴线不通过坐标系 G 的原点，如果$^G\boldsymbol{s}$ 是轴线 $\hat{u}$ 上某点的位置向量，则可以通过下述方法推导出表示螺旋运动 $\check{s}(h,\phi,\hat{u},\boldsymbol{s})$ 的矩阵，即先将螺旋轴线移动到原点，然后进行中心螺旋运动，再将轴线移动回其初始位置。

$$\begin{aligned}\check{s}(h,\phi,\hat{u},\boldsymbol{s}) &= D(^G\boldsymbol{s})\check{s}(h,\phi,\hat{u})D(-^G\boldsymbol{s})\\ &= D(^G\boldsymbol{s})D(h\hat{u})R(\hat{u},\phi)D(-^G\boldsymbol{s})\\ &= \begin{bmatrix}\boldsymbol{I} & ^G\boldsymbol{s}\\ 0 & 1\end{bmatrix}\begin{bmatrix}^GR_B & h\hat{u}\\ 0 & 1\end{bmatrix}\begin{bmatrix}\boldsymbol{I} & -^G\boldsymbol{s}\\ 0 & 1\end{bmatrix}\\ &= \begin{bmatrix}^GR_B & ^Gs-{}^GR_B{}^G\boldsymbol{s}+h\hat{u}\\ 0 & 1\end{bmatrix}\end{aligned} \tag{5.502}$$

例 226★ 绕非中心轴线的旋转

某刚体通过点$^G\boldsymbol{s}$ 绕某轴线 $\hat{u}$ 旋转，其中$^G\boldsymbol{s}\times\hat{u}\neq 0$，这种旋转是绕非中心轴线的旋转。通过在螺旋运动转换中令 $h=0$，可以获得绕非中心轴线旋转的转换矩阵。因此，绕非中心轴线旋转的转换矩阵为

$$^GT_B = \begin{bmatrix}^GR_B & ^G\boldsymbol{s}-{}^GR_B{}^G\boldsymbol{s}\\ 0 & 1\end{bmatrix} \tag{5.503}$$

例 227★ 主中心螺旋运动

共有 3 种中心螺旋运动，即 x 螺旋运动，y 螺旋运动和 z 螺旋运动，分别为

$$\check{s}(h_Z,\alpha,\hat{K}) = \begin{bmatrix}\cos\alpha & -\sin\alpha & 0 & 0\\ \sin\alpha & \cos\alpha & 0 & 0\\ 0 & 0 & 1 & p_Z\alpha\\ 0 & 0 & 0 & 1\end{bmatrix} \tag{5.504}$$

$$\check{s}(h_Y,\beta,\hat{J}) = \begin{bmatrix}\cos\beta & 0 & \sin\beta & 0\\ 0 & 1 & 0 & p_Y\beta\\ -\sin\beta & 0 & \cos\beta & 0\\ 0 & 0 & 0 & 1\end{bmatrix} \tag{5.505}$$

$$\check{s}(h_X,\gamma,\hat{I}) = \begin{bmatrix}1 & 0 & 0 & p_X\gamma\\ 0 & \cos\gamma & -\sin\gamma & 0\\ 0 & \sin\gamma & \cos\gamma & 0\\ 0 & 0 & 0 & 1\end{bmatrix} \tag{5.506}$$

例 228★ Chasles 定理的证明

令 $[T]$ 为任意空间位移，并将其分解为一个绕轴线 $\hat{u}$ 的旋转运动 R 和一个平动 D。

$$[T]=[D][R] \tag{5.507}$$

还可以进一步将 $[D]$ 分解为两个分别平行和垂直于 $\hat{u}$ 的分量$[D_{\parallel}]$和$[D_{\perp}]$。

$$[T]=[D_{\parallel}][D_{\perp}][R] \tag{5.508}$$

此时，$[D_{\perp}][R]$是一个平面运动，等同于绕与旋转轴线$\hat{u}$平行的某轴线的旋转运动，即$[R']=[D_{\perp}][R]$。这样就分解为$[T]=[D_{\parallel}][R']$，因为轴线$[D_{\parallel}]$等同于轴线 $\hat{u}$，所以，经分解后可以证明 Chasles 定理。

例 229★　所有刚体运动都是螺旋运动

为了证明任何刚体运动都可以看作是一种螺旋运动，需要首先证明齐次转换矩阵

$$^GT_B=\begin{bmatrix} ^GR_B & ^G\boldsymbol{d} \\ 0 & 1 \end{bmatrix} \tag{5.509}$$

可以写成如下形式

$$^GT_B=\begin{bmatrix} ^GR_B & (\boldsymbol{I}-{^GR_B})\boldsymbol{s}+h\hat{u} \\ 0 & 1 \end{bmatrix} \tag{5.510}$$

则问题变为找到令下面等式成立合适的 h 和 $\hat{u}$。

$$^G\boldsymbol{d}=(\boldsymbol{I}-{^GR_B})\boldsymbol{s}+h\hat{u} \tag{5.511}$$

因为 ^GR_B 的特征值始终为 1，所以 $[\boldsymbol{I}-{^GR_B}]$ 是一个退化矩阵。特征值对应着特征向量 $\hat{u}$，因此，

$$[\boldsymbol{I}-{^GR_B}]\hat{u}=[\boldsymbol{I}-{^GR_B^{\mathrm{T}}}]\hat{u}=0 \tag{5.512}$$

求内积

$$\begin{aligned}\hat{u}\cdot{^G\boldsymbol{d}}&=\hat{u}\cdot[\boldsymbol{I}-{^GR_B}]\boldsymbol{s}+\hat{u}\cdot h\hat{u}\\&=[\boldsymbol{I}-{^GR_B}]\hat{u}\cdot\boldsymbol{s}+\hat{u}\cdot h\hat{u}\end{aligned} \tag{5.513}$$

得到

$$h=\hat{u}\cdot{^G\boldsymbol{d}} \tag{5.514}$$

接着可以通过 h 求 $\boldsymbol{s}$

$$\boldsymbol{s}=[\boldsymbol{I}-{^GR_B}]^{-1}({^G\boldsymbol{d}}-h\hat{u}) \tag{5.515}$$

5.15　小结

为了分析刚体的相对运动，通常在每个刚体的质心位置设置一个连体坐标系，则刚体的相对运动可以表示为坐标系的相对运动。

某点在两个具有共同原点的笛卡儿连体坐标系中的坐标，可以根据另一坐标系 3 个坐标轴的 9 个方向余弦进行转换，两个坐标系内坐标的转换可以通过矩阵转换实现。

$$^G\boldsymbol{r}={^GR_B}\,{^B\boldsymbol{r}} \tag{5.516}$$

$$\begin{bmatrix} X_2 \\ Y_2 \\ Z_2 \end{bmatrix}=\begin{bmatrix} \hat{I}\cdot\hat{\imath} & \hat{I}\cdot\hat{\jmath} & \hat{I}\cdot\hat{k} \\ \hat{J}\cdot\hat{\imath} & \hat{J}\cdot\hat{\jmath} & \hat{J}\cdot\hat{k} \\ \hat{K}\cdot\hat{\imath} & \hat{K}\cdot\hat{\jmath} & \hat{K}\cdot\hat{k} \end{bmatrix}\begin{bmatrix} x_2 \\ y_2 \\ z_2 \end{bmatrix} \tag{5.517}$$

式中

$$^GR_B=\begin{bmatrix} \cos(\hat{I},\hat{\imath}) & \cos(\hat{I},\hat{\jmath}) & \cos(\hat{I},\hat{k}) \\ \cos(\hat{J},\hat{\imath}) & \cos(\hat{J},\hat{\jmath}) & \cos(\hat{J},\hat{k}) \\ \cos(\hat{K},\hat{\imath}) & \cos(\hat{K},\hat{\jmath}) & \cos(\hat{K},\hat{k}) \end{bmatrix} \tag{5.518}$$

转换矩阵 ^GR_B 是正交矩阵，所以其逆矩阵等于其转置矩阵。

$$^GR_B^{-1}={^GR_B^{\mathrm{T}}} \tag{5.519}$$

若刚体坐标系 B 和全域坐标系 G 有共同的原点，坐标系 B 相对于坐标系 G 进行连续旋转时，旋转矩阵 ^GR_B 与时间相关。

$$ {}^{G}\boldsymbol{r}(t)={}^{G}R_{B}(t)\,{}^{B}\boldsymbol{r} \tag{5.520} $$

则坐标系 B 中一点在全域坐标系速度为

$$ {}^{G}\dot{\boldsymbol{r}}(t)={}^{G}v(t)={}^{G}\dot{R}_{B}(t)\,{}^{B}\boldsymbol{r}={}_{G}\tilde{\omega}_{B}\,{}^{G}\boldsymbol{r}(t) \tag{5.521} $$

式中${}_{G}\tilde{\omega}_{B}$是斜对称角速度矩阵。

$$ {}_{G}\tilde{\omega}_{B}={}^{G}\dot{R}_{B}\,{}^{G}R_{B}^{\mathrm{T}} \tag{5.522} $$

$$ {}_{G}\tilde{\omega}_{B}=\begin{bmatrix} 0 & -\omega_{3} & \omega_{2} \\ \omega_{3} & 0 & -\omega_{1} \\ -\omega_{2} & \omega_{1} & 0 \end{bmatrix} \tag{5.523} $$

矩阵${}_{G}\tilde{\omega}_{B}$与角速度向量${}_{G}\boldsymbol{\omega}_{B}=\dot{\phi}\hat{u}$有关，该向量等于绕瞬时旋转轴线$\hat{u}$的角速率$\dot{\phi}$。

一组相连刚体的角速度可以通过相加求出第 n 个刚体在基础坐标系中的角速度。

$$ {}_{0}\boldsymbol{\omega}_{n}={}_{0}\boldsymbol{\omega}_{1}+{}_{1}^{0}\boldsymbol{\omega}_{2}+{}_{2}^{0}\boldsymbol{\omega}_{3}+\cdots+{}_{n-1}^{\ \ 0}\boldsymbol{\omega}_{n}=\sum_{i=1}^{n}{}_{i-1}^{\ \ 0}\boldsymbol{\omega}_{i} \tag{5.524} $$

全域坐标系和附着在某运动刚体上坐标系之间的相对时间导数必须根据如下规则求出。

$$ \frac{{}^{B}d}{\mathrm{d}t}\,{}^{B}\boldsymbol{r}_{P}={}^{B}\dot{\boldsymbol{r}}_{P}={}^{B}v_{P}=\dot{x}\hat{\imath}+\dot{y}\hat{\jmath}+\dot{z}\hat{k} \tag{5.525} $$

$$ \frac{{}^{G}d}{\mathrm{d}t}\,{}^{G}\boldsymbol{r}_{P}={}^{G}\dot{\boldsymbol{r}}_{P}={}^{G}v_{P}=\dot{X}\hat{I}+\dot{Y}\hat{J}+\dot{Z}\hat{K} \tag{5.526} $$

$$ \frac{{}^{G}d}{\mathrm{d}t}\,{}^{B}\boldsymbol{r}_{P}(t)={}^{B}\dot{\boldsymbol{r}}_{P}+{}_{G}^{B}\boldsymbol{\omega}_{B}\times{}^{B}\boldsymbol{r}_{P}={}_{G}^{B}\dot{\boldsymbol{r}}_{P} \tag{5.527} $$

$$ \frac{{}^{B}d}{\mathrm{d}t}\,{}^{G}\boldsymbol{r}_{P}(t)={}^{G}\dot{\boldsymbol{r}}_{P}-{}_{G}\boldsymbol{\omega}_{B}\times{}^{G}\boldsymbol{r}_{P}={}_{B}^{G}\dot{\boldsymbol{r}}_{P} \tag{5.528} $$

下面位置上

$$ {}^{G}\boldsymbol{r}_{P}={}^{G}R_{B}\,{}^{B}\boldsymbol{r}_{P}+{}^{G}\boldsymbol{d}_{B} \tag{5.529} $$

运动坐标系 B 中某一点 P 的全域速度为

$$ \begin{aligned} {}^{G}v_{P}&={}^{G}\dot{\boldsymbol{r}}_{P}={}_{G}\tilde{\omega}_{B}({}^{G}\boldsymbol{r}_{P}-{}^{G}\boldsymbol{d}_{B})+{}^{G}\dot{\boldsymbol{d}}_{B} \\ &={}_{G}\boldsymbol{\omega}_{B}\times({}^{G}\boldsymbol{r}_{P}-{}^{G}\boldsymbol{d}_{B})+{}^{G}\dot{\boldsymbol{d}}_{B} \end{aligned} \tag{5.530} $$

连体坐标系 B 和全域坐标系 G 原点重合时，坐标系 B 中某一点 P 的全域加速度为

$$ {}^{G}\ddot{\boldsymbol{r}}=\frac{{}^{G}d}{\mathrm{d}t}\,{}^{G}v_{P}={}_{G}\boldsymbol{\alpha}_{B}\times{}^{G}\boldsymbol{r}+{}_{G}\boldsymbol{\omega}_{B}\times({}_{G}\boldsymbol{\omega}_{B}\times{}^{G}\boldsymbol{r}) \tag{5.531} $$

式中，${}_{G}\boldsymbol{\alpha}_{B}$是连体坐标系 B 相对于全域坐标系 G 的角加速度。

$$ {}_{G}\boldsymbol{\alpha}_{B}=\frac{{}^{G}d}{\mathrm{d}t}\,{}^{G}\boldsymbol{\omega}_{B} \tag{5.532} $$

但是，当连体坐标系 B 相对于全域坐标系 G 发生刚体运动时，则有

$$ \begin{aligned} {}^{G}\boldsymbol{a}_{P}&=\frac{{}^{G}d}{\mathrm{d}t}\,{}^{G}v_{P}={}_{G}\boldsymbol{\alpha}_{B}\times({}^{G}\boldsymbol{r}_{P}-{}^{G}\boldsymbol{d}_{B}) \\ &\quad+{}_{G}\boldsymbol{\omega}_{B}\times[{}_{G}\boldsymbol{\omega}_{B}\times({}^{G}\boldsymbol{r}_{P}-{}^{G}\boldsymbol{d}_{B})]+{}^{G}\ddot{\boldsymbol{d}}_{B} \end{aligned} \tag{5.533} $$

式中${}^{G}\boldsymbol{d}_{B}$表示坐标系 B 的原点相对于坐标系 G 的原点位置。

两个相连刚体的角加速度根据下式计算。

$$ {}_0\boldsymbol{\alpha}_2 = {}_0\boldsymbol{\alpha}_1 + {}_1^0\boldsymbol{\alpha}_2 + {}_0\boldsymbol{\omega}_1 \times {}_1^0\boldsymbol{\omega}_2 \tag{5.534} $$

5.16　主要符号

B，$Oxyz$	笛卡儿连体坐标系
${}^G\boldsymbol{d}_B$	连体坐标系 B 在全域坐标系 G 中的位置向量
${}_1^0\boldsymbol{d}_2$	在坐标系 B_0 中表示的坐标系 B_2 相对于 B_1 的位置
$\hat{e}_\varphi$，$\hat{e}_\theta$，$\hat{e}_\psi$	欧拉角坐标系的单位向量
G，$OXYZ$	笛卡儿全域坐标系
$\hat{i}$，$\hat{j}$，$\hat{k}$	关于$\hat{i}$，$\hat{j}$，$\hat{k}$的斜对称矩阵
$\hat{I}$，$\hat{J}$，$\hat{K}$	全域坐标系单位向量
$p = h/\phi$	螺旋运动的斜度
P	点
${}^G\boldsymbol{r}$	全域坐标系中的位置向量
${}^B\boldsymbol{r}$	连体坐标系中的位置向量
$\hat{r}_{H_1}$，$\hat{r}_{H_2}$，$\hat{r}_{H_3}$	旋转矩阵的行向量
R_Z	绕全域坐标系 Z 轴的旋转矩阵
R_Y	绕全域坐标系 Y 轴的旋转矩阵
R_X	绕全域坐标系 X 轴的旋转矩阵
$\dot{R}$	旋转矩阵 R 的时间导数
${}^GR_B$	从局部坐标系到全域坐标系的旋转矩阵
R^{T}	旋转矩阵的转置矩阵
R^{-1}	旋转矩阵的逆矩阵
R_z	绕连体坐标系 z 轴的旋转矩阵
R_y	绕连体坐标系 y 轴的旋转矩阵
R_x	绕连体坐标系 x 轴的旋转矩阵
${}^{B_1}R_{B_2}$	从连体坐标系 B_1 到连体坐标系 B_2 的旋转矩阵
${}^BR_G$	从全域坐标系到局部坐标系的旋转矩阵
$\check{s}(h,\phi,\hat{u},\boldsymbol{s})$	螺旋运动
t	时间
$\hat{u}$，ϕ	旋转轴和旋转角
$\hat{u}_\alpha$	瞬时角加速度轴线
$\hat{u}_\omega$	瞬时角速度轴线
x，y，z	某点的连体坐标
X，Y，Z	某点的全域坐标
x，y，z，x	位移
${}_G\boldsymbol{\alpha}_B$	在坐标系 G 中表示的刚体 B 的角加速度
δ_{jk}	克罗内克函数（Kronecker delta）
ϵ_{ijk}	排列符号
$\dot{\varphi}$，$\dot{\theta}$，$\dot{\psi}$	欧拉频率
${}_G\boldsymbol{\omega}_B$	在坐标系 G 中表示的刚体 B 的角速度
$\tilde{\omega}$	关于 ω 的斜对称矩阵

习　　题

1. 刚体上的点和全域旋转

点 P 在连体坐标系 $B(Oxyz)$ 中位于 $\boldsymbol{r}_P =$（1，2，1），该点绕 X 轴旋转 30°，再绕 Z 轴旋转 45°，求点 P 在全域坐标系中的位置。

2. 经全域旋转后刚体上的点

局部坐标系中一点 P 经全域旋转后运动到${}^G\boldsymbol{r}_P = [1,3,2]^{\mathrm{T}}$，求该点经下面几种旋转后在局部坐标系中的位置

（a）绕 Z 轴旋转 60°。

（b）绕 X 轴旋转 60°。

（c）绕 Z 轴旋转 60°，再绕 X 轴旋转 60°。

（d）★是否可以将以上 c 项中的旋转合并，绕 X 轴和 Z 轴的二等分线只旋转一次并获得相同的结果？

3. 向量的不变化性

一点位于${}^{B}\boldsymbol{r}_P=[1,2,z]^{\mathrm{T}}$，经过绕 X 轴旋转 60°，再绕 Z 轴旋转 30°后位于

$$
{}^{G}\boldsymbol{r}_P=\begin{bmatrix} X \\ Y \\ 2.933 \end{bmatrix}
$$

求 z，X，Y。

4. ★定长度向量

试证明向量的长度不会随旋转而改变。

$$
|{}^{G}\boldsymbol{r}|=|{}^{G}R_B\,{}^{B}\boldsymbol{r}|
$$

试证明刚体上两个点之间的距离不会随旋转而改变。

$$
|{}^{B}\boldsymbol{p}_1-{}^{B}\boldsymbol{p}_2|=|{}^{G}R_B\,{}^{B}\boldsymbol{p}_1-{}^{G}R_B\,{}^{B}\boldsymbol{p}_2|
$$

5. 全域侧倾－俯仰－横摆角

计算下面旋转矩阵的全域侧倾－俯仰－横摆角：

$$
{}^{B}R_G=\begin{bmatrix} 0.53 & -0.84 & 0.13 \\ 0.0 & 0.15 & 0.99 \\ -0.85 & -0.52 & 0.081 \end{bmatrix}
$$

6. 刚体上的点，局部旋转

试求位于${}^{B}\boldsymbol{r}_P=[2,2,3]^{\mathrm{T}}$的刚体上的点，绕 x 轴旋转 60°后的全域坐标。

7. 两次局部旋转

试求位于${}^{B}\boldsymbol{r}_P=[2,2,3]^{\mathrm{T}}$的刚体上的点，绕 x 轴旋转 60°，再绕 z 轴旋转 60°后的全域坐标。

8. 局部旋转与全域旋转的组合

试求位于${}^{B}\boldsymbol{r}_P=[10,10,-10]^{\mathrm{T}}$的刚体上的点，绕 x 轴旋转 45°，再绕 Z 轴旋转 60°后的全域位置。

9. 全域旋转与局部旋转的组合

试求位于${}^{B}\boldsymbol{r}_P=[10,10,-10]^{\mathrm{T}}$的刚体上的点，绕 X 轴旋转 45°，再绕 z 轴旋转 60°后的全域位置。

10. ★ 旋转矩阵欧拉角

试求下面旋转矩阵的欧拉角：

$$
{}^{B}R_G=\begin{bmatrix} 0.53 & -0.84 & 0.13 \\ 0.0 & 0.15 & 0.99 \\ -0.85 & -0.52 & 0.081 \end{bmatrix}
$$

11. ★ 两次旋转的等效欧拉角

试求对应下面旋转矩阵的欧拉角：

$${}^{B}R_{G}=A_{y,45}A_{x,30}$$

12. ★ 三次旋转的等效欧拉角

试求对应下面旋转矩阵的欧拉角：

$${}^{B}R_{G}=A_{z,60}A_{y,45}A_{x,30}$$

13. 局部和全域位置，欧拉角

试求由${}^{G}\boldsymbol{r}_{P}=[1,1,0]^{\mathrm{T}}$移动到${}^{B}\boldsymbol{r}_{P}=[0,1,1]^{\mathrm{T}}$时的欧拉角。

14. 旋转矩阵的元素

旋转矩阵${}^{G}R_{B}$的元素为

$${}^{G}R_{B}=\begin{bmatrix}\cos(\hat{I},\hat{\imath}) & \cos(\hat{I},\hat{\jmath}) & \cos(\hat{I},\hat{k})\\ \cos(\hat{J},\hat{\imath}) & \cos(\hat{J},\hat{\jmath}) & \cos(\hat{J},\hat{k})\\ \cos(\hat{K},\hat{\imath}) & \cos(\hat{K},\hat{\jmath}) & \cos(\hat{K},\hat{k})\end{bmatrix}$$

如果${}^{G}\boldsymbol{r}_{P_1}$ =（0.7071，-1.2247，1.4142）是位于x轴上的一个点，而${}^{G}\boldsymbol{r}_{P_2}$ =（2.7803，0.38049，-1.0607）是位于y轴上的一个点，试求${}^{G}R_{B}$。

15. 局部位置，全域速度

一刚体以稳定角速度$\dot{\alpha}=2\mathrm{rad/s}$绕$Z$轴转动，刚体上的一点位于

$${}^{B}\boldsymbol{r}=\begin{bmatrix}5\\30\\10\end{bmatrix}$$

试求该点的全域速度。

16. 全域位置，稳定角速度

一刚体以稳定角速度$\dot{\alpha}=2\mathrm{rad/s}$绕$Z$轴转动，刚体上的一点位于

$${}^{B}\boldsymbol{r}=\begin{bmatrix}5\\30\\10\end{bmatrix}$$

如果$t=0$秒时体坐标系与全域坐标系重合，试求经过$t=3$秒后该点的全域位置。

17. 绕x轴旋转

某连体坐标系以35°/s的速度绕x轴旋转，试求转到45°时的角速度矩阵。

18. 组合旋转和角速度

某连体坐标系绕Z轴旋转30°，然后绕X轴旋转30°，再绕Y轴旋转90°，求连体坐标系的旋转矩阵。如果刚体绕Z轴、Y轴和X轴旋转的角速度分别是$\dot{\alpha}=20°/\mathrm{s}$，$\dot{\beta}=-40°/\mathrm{s}$和$\dot{\gamma}=55°/\mathrm{s}$，试求其角速度矩阵。

19. 在连体坐标系中表示角速度

点P在连体坐标系$B(Oxyz)$中位于$\boldsymbol{r}_{P}=(1,2,1)$，连体坐标系绕以$\dot{\gamma}=75°/\mathrm{s}$的角速度绕$X$轴转动30°，再以$\dot{\alpha}=25°/\mathrm{s}$的角速度绕$Z$轴转动45°，求${}_{G}^{B}\tilde{\omega}_{B}$。

20. 全域侧倾-俯仰-横摆角速度

全域侧倾-俯仰-横摆旋转的参数分别为：$\alpha=30°$，$\beta=30°$，$\gamma=30°$，$\dot{\alpha}=20°/\mathrm{s}$，$\dot{\beta}=-20°/\mathrm{s}$和$\dot{\gamma}=20°/\mathrm{s}$，试求其角速度。

21. 侧倾－俯仰－横摆角速度

侧倾－俯仰－横摆参数分别为 $\dot{\alpha}=20°/\text{s}$，$\dot{\beta}=-20\ °/\text{s}$ 和 $\dot{\gamma}=20°/\text{s}$，旋转矩阵为

$$
{}^{B}R_{G}=\begin{bmatrix} 0.53 & -0.84 & 0.13 \\ 0.0 & 0.15 & 0.99 \\ -0.85 & -0.52 & 0.081 \end{bmatrix}
$$

试求 ${}_{G}^{B}\tilde{\omega}$ 和 ${}_{G}\tilde{\omega}_{B}$。

22. ★ 局部和全域坐标系中求微分

设有一个局部坐标系中的点位于 ${}^{B}\boldsymbol{r}_{P}=t\hat{i}+\hat{j}$，局部坐标系 B 在 G 中以 $\dot{\alpha}$ 绕 Z 轴旋转，试计算 $\frac{{}^{B}\mathrm{d}_{B}}{\mathrm{d}t}\boldsymbol{r}_{P}$，$\frac{{}^{G}\mathrm{d}_{G}}{\mathrm{d}t}\boldsymbol{r}_{P}$，$\frac{{}^{B}\mathrm{d}_{G}}{\mathrm{d}t}\boldsymbol{r}_{P}$ 和 $\frac{{}^{G}\mathrm{d}_{B}}{\mathrm{d}t}\boldsymbol{r}_{P}$。

23. ★角速度指数的转换

试证明：${}_{G}^{B}\tilde{\omega}_{B}^{n}={}^{G}R_{B}^{\mathrm{T}}\,{}_{G}\tilde{\omega}_{B}^{n}\,{}^{G}R_{B}$

24. 局部位置，全域加速度

某刚体以固定角加速度 $\ddot{\alpha}=2\text{rad/s}^2$ 绕 Z 轴转动，已知 $\dot{\alpha}=2\text{rad/s}$，$\alpha=\pi/3\text{rad}$，且

$$
{}^{B}\boldsymbol{r}=\begin{bmatrix} 5 \\ 30 \\ 10 \end{bmatrix}
$$

试求刚体上某点的全域速度。

25. 全域位置，固定角加速度

某刚体以固定角加速度 $\ddot{\alpha}=2\text{rad/s}^2$ 绕 Z 轴转动，且

$$
{}^{B}\boldsymbol{r}=\begin{bmatrix} 5 \\ 30 \\ 10 \end{bmatrix}
$$

如果 $t=0$ 秒时连体坐标系与全域坐标系重合，试求经过 $t=3$ 秒后该点的全域位置。

26. 绕 x 轴的转动

某连体坐标系以角加速度 $-5\ °/\text{s}^2$，角速度 35 °/s 绕 x 轴旋转，试求转到 45°时的角加速度矩阵。

27. 角加速度和欧拉角

设欧拉角及其导数为

$$
\varphi=0.25\text{rad}\quad \dot{\varphi}=2.5\text{rad/s}\quad \ddot{\varphi}=25\text{rad/s}^2
$$
$$
\theta=-0.25\text{rad}\quad \dot{\theta}=-4.5\text{rad/s}\quad \ddot{\theta}=35\text{rad/s}^2
$$
$$
\psi=0.5\text{rad}\quad \dot{\psi}=3\text{rad/s}\quad \ddot{\psi}=25\text{rad/s}^2
$$

试计算连体坐标系和全域坐标系中的角速度和角加速度。

28. 组合旋转和角加速度

某连体坐标系绕 Z 轴旋转 30°，然后绕 X 轴旋转 30°，再绕 Y 轴旋转 90°，试求其旋转矩阵。如果刚体绕 Z 轴、Y 轴和 X 轴旋转的角速度分别是 $\dot{\alpha}=20°/\text{s}$，$\dot{\beta}=-40\ °/\text{s}$ 和 $\dot{\gamma}=55°/\text{s}$，试求其角速度矩阵。如果刚体绕 Z 轴、Y 轴和 X 轴旋转的角加速度分别是 $\ddot{\alpha}=2°/\text{s}^2$，$\ddot{\beta}=4°/\text{s}^2$ 和 $\ddot{\gamma}=-6\ °/\text{s}^2$，试求其角加速度矩阵。

6 应用机构学

车辆子系统中用到的多数机械机构是铰链四杆机构，双 A 臂式独立悬架机构和梯形转向机构即是车辆子系统中两个机械机构的范例。本章将论述这类机构的分析方法和设计方法。

6.1 铰链四杆机构

能够相对其他刚性结构件产生运动的独立刚性结构件称作**构件**，构件在不同情况下也称作**杆**、**体**、**臂**或**件**。对于任意两个或者多个连在一起的构件，如果它们之间不能发生相对运动，则称其为单构件。

两个构件通过关节连接，其相对运动可以由一个位于关节处的坐标表示。一般的关节包括转动（旋转）和平动（平移）两种，图 6.1 所示为转动关节和平动关节的几何形式。**转动关节**（R），类似合页，允许两个构件发生相对旋转。**平动关节**（P），允许两个构件发生相对平移。

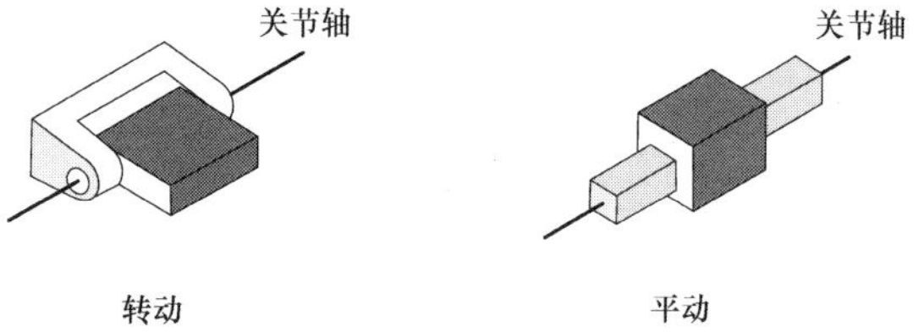

图 6.1 转动关节和平动关节

由转动关节或平动关节连接的两个构件通过一个称作**关节轴**的线发生相对旋转或平移。用于描述在一个关节处连接的两个构件相对位置的变量称作关节坐标或关节变量，对于转动关节该变量为**角度**，对于平动关节，该变量为**长度**。

一组相互连接的构件叫作**机构**，有一个构件连接或者固定在地面的机构称作**链**，固定的构件叫作**地面构件**。链分为两类，**封闭环链**或称**并联链**，**开放环链**或称**串联链**。在车辆的子系统中常用到的是封闭环链，开放环链通常用于机器人系统，在机器人系统中由作动器控制着各关节处的关节变量。

图 6.2 所示为一个铰链四杆机构，构件 1 是地面构件 MN。地面构件是整个机构的基础，被用作参考构件，所有关节变量都要相对地面构件进行测量。构件 2 即 MA 通常为输入构

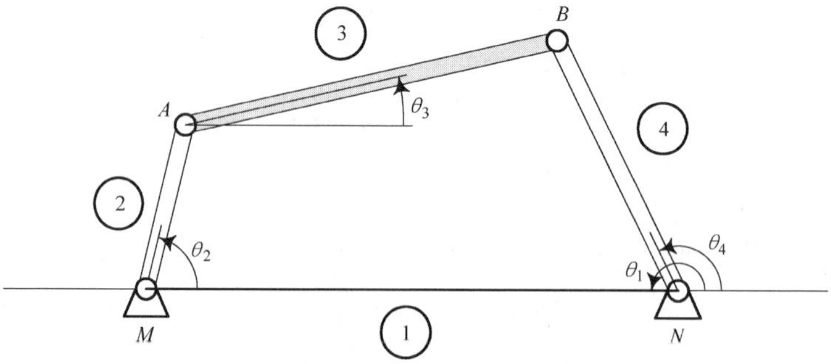

图 6.2 铰链四杆机构

件，该构件由输入角 θ_2 控制。构件 4 即 NB 通常为输出构件，该构件具有角度位置 θ_4。构件 3 即 AB 为关联构件，该构件具有角度位置 θ_3，且使输入构件和输出构件发生关联。输出构件和关联构件的角度位置 θ_4 和 θ_3 是构件长度和输入变量 θ_2 角度值的函数，角度 θ_4 和 θ_3 可以通过下式计算。

$$\theta_4 = 2\arctan\left(\frac{-B \pm \sqrt{B^2 - 4AC}}{2A}\right) \tag{6.1}$$

$$\theta_3 = 2\arctan\left(\frac{-E \pm \sqrt{E^2 - 4DF}}{2D}\right) \tag{6.2}$$

式中

$$A = J_3 - J_1 + (1 - J_2)\cos\theta_2 \tag{6.3}$$

$$B = -2\sin\theta_2 \tag{6.4}$$

$$C = J_1 + J_3 - (1 + J_2)\cos\theta_2 \tag{6.5}$$

$$D = J_5 - J_1 + (1 + J_4)\cos\theta_2 \tag{6.6}$$

$$E = -2\sin\theta_2 \tag{6.7}$$

$$F = J_5 + J_1 - (1 - J_4)\cos\theta_2 \tag{6.8}$$

并且

$$J_1 = \frac{d}{a} \tag{6.9}$$

$$J_2 = \frac{d}{c} \tag{6.10}$$

$$J_3 = \frac{a^2 - b^2 + c^2 + d^2}{2ac} \tag{6.11}$$

$$J_4 = \frac{d}{b} \tag{6.12}$$

$$J_5 = \frac{c^2 - d^2 - a^2 - b^2}{2ab} \tag{6.13}$$

证明：铰链四杆机构可以用一个向量环表示，如图 6.3 所示。各向量的方向可以任意选取，但是，各向量的角度要相对 x 轴的正方向测量，各构件的向量表示见表 6.1。

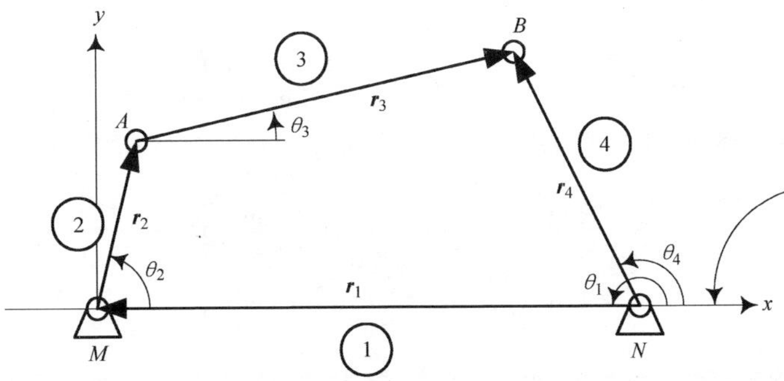

图 6.3　用向量环表示铰链四杆机构

表 6.1　图 6.3 中所示铰链四杆机构的向量表示

构件	名称	向量	长度	角度	变量
1	地面构件	$\boldsymbol{r}_1$	d	$\theta_1=180°$	-
2	输入构件	$\boldsymbol{r}_2$	a	θ_2	θ_2
3	关联构件	$\boldsymbol{r}_3$	b	θ_3	θ_3
4	输出构件	$\boldsymbol{r}_4$	c	θ_4	θ_4

全域坐标系 G 中的向量环为

$$^G\boldsymbol{r}_4+{}^G\boldsymbol{r}_1+{}^G\boldsymbol{r}_2-{}^G\boldsymbol{r}_3=0 \tag{6.14}$$

式中

$$^G\boldsymbol{r}_1=-d\,\hat{\imath} \tag{6.15}$$

$$^G\boldsymbol{r}_2=a(\cos\theta_2\hat{\imath}+\sin\theta_2\hat{\jmath}) \tag{6.16}$$

$$^G\boldsymbol{r}_3=b(\cos\theta_3\hat{\imath}+\sin\theta_3\hat{\jmath}) \tag{6.17}$$

$$^G\boldsymbol{r}_4=c(\cos\theta_4\hat{\imath}+\sin\theta_4\hat{\jmath}) \tag{6.18}$$

左上标 G 表示该向量以固定着地面构件的全域坐标系表示。在式（6.14）中代入笛卡儿坐标系的平面向量得到

$$\begin{aligned}-d\,\hat{\imath}+a(\cos\theta_2\,\hat{\imath}+\sin\theta_2\,\hat{\jmath})+b(\cos\theta_3\,\hat{\imath}+\sin\theta_3\,\hat{\jmath})\\-c(\cos\theta_4\,\hat{\imath}+\sin\theta_4\,\hat{\jmath})=0\end{aligned} \tag{6.19}$$

这里可以将式（6.19）分解为正弦和余弦分量。

$$a\sin\theta_2+b\sin\theta_3-c\sin\theta_4=0 \tag{6.20}$$

$$-d+a\cos\theta_2+b\cos\theta_3-c\cos\theta_4=0 \tag{6.21}$$

为了获得输入角 θ_2 和输出角 θ_4 之间的关系，需要在式（6.20）和式（6.19）中消除关联角 θ_3。将不含 θ_3 的项移到方程式的另外一侧，并对两侧取平方，得到下面的方程式：

$$(b\sin\theta_3)^2=(-a\sin\theta_2+c\sin\theta_4)^2 \tag{6.22}$$

$$(b\cos\theta_3)^2=(-a\cos\theta_2+c\cos\theta_4+d)^2 \tag{6.23}$$

有了式（6.22）和式（6.23）后化简，得到下式：

$$J_1\cos\theta_4-J_2\cos\theta_2+J_3=\cos(\theta_4-\theta_2) \tag{6.24}$$

式中

$$J_1=\frac{d}{a}\quad J_2=\frac{d}{c}\quad J_3=\frac{a^2-b^2+c^2+d^2}{2ac} \tag{6.25}$$

式（6.24）称作**弗罗伊登斯坦等式**（Freudenstein′s equation），该等式可以用三角函数展开。

$$\sin\theta_4=\frac{2\tan\dfrac{\theta_4}{2}}{1+\tan^2\dfrac{\theta_4}{2}}\qquad\cos\theta_4=\frac{1-\tan^2\dfrac{\theta_4}{2}}{1+\tan^2\dfrac{\theta_4}{2}} \tag{6.26}$$

下式是更为实用的方程式

$$A\tan^2\frac{\theta_4}{2}+B\tan\frac{\theta_4}{2}+C=0 \tag{6.27}$$

式中，A、B 和 C 是输入变量的函数。

$$A = J_3 - J_1 + (1 - J_2)\cos\theta_2 \tag{6.28}$$

$$B = -2\sin\theta_2 \tag{6.29}$$

$$C = J_1 + J_3 - (1 + J_2)\cos\theta_2 \tag{6.30}$$

式（6.27）是关于 tan（$\theta_4/2$）的二次方程，可以用来求解输入角为 θ_2 时的输出角 θ_4。

$$\theta_4 = 2\arctan\left(\frac{-B \pm \sqrt{B^2 - 4AC}}{2A}\right) \tag{6.31}$$

为了获得输入角 θ_2 和关联角 θ_3 之间的关系，需要消除式（6.20）和式（6.21）中的输出角 θ_4。将不含 θ_4 的项移到方程式的右侧，并对两侧取平方，得到下面的方程式：

$$(c\sin\theta_4)^2 = (a\sin\theta_2 + b\sin\theta_3)^2 \tag{6.32}$$

$$(c\cos\theta_4)^2 = (a\cos\theta_2 + b\cos\theta_3 - d)^2 \tag{6.33}$$

有了式（6.32）和式（6.33）后化简，推导得到下式：

$$J_1\cos\theta_3 + J_4\cos\theta_2 + J_5 = \cos(\theta_3 - \theta_2) \tag{6.34}$$

式中

$$J_4 = \frac{d}{b} \quad J_5 = \frac{c^2 - d^2 - a^2 - b^2}{2ab} \tag{6.35}$$

式（6.34）展开并变形为

$$D\tan^2\frac{\theta_3}{2} + E\tan\frac{\theta_3}{2} + F = 0 \tag{6.36}$$

式中 D，E 和 F 是输入变量的函数。

$$D = J_5 - J_1 + (1 + J_4)\cos\theta_2 \tag{6.37}$$

$$E = -2\sin\theta_2 \tag{6.38}$$

$$F = J_5 + J_1 - (1 - J_4)\cos\theta_2 \tag{6.39}$$

式（6.36）是关于 tan（$\theta_3/2$）的二次方程，可以用来求解关联角 θ_3。

$$\theta_3 = 2\arctan\left(\frac{-E \pm \sqrt{E^2 - 4DF}}{2D}\right) \tag{6.40}$$

给定 a，b，c 和 d 后，式（6.31）和式（6.40）作为输入角 θ_2 的函数可以用于计算输出角 θ_4 和关联角 θ_3。

例 230 铰链四杆机构的两种构型

对任意角 θ_2，如果 a，b，c 和 d 取适当值，通过式（6.1）和式（6.2）会得出两种输出角 θ_4 和关联角 θ_3 的值。两个解都可以实现，每一个输入角 θ_2 均可以获得两个不同的构型。

一组合适的（a，b，c，d）值使铰链四杆机构形成一个封闭的环，同时可以令式（6.1）和式（6.2）的根为实数。

例如某机构的值为

$$a = 1 \quad b = 2 \quad c = 2.5 \quad d = 3 \tag{6.41}$$

J_i，$i = 1, 2, 3, 4, 5$ 是连杆长度的函数，且等于

$$J_1 = \frac{d}{a} = 3$$

$$J_2 = \frac{d}{c} = \frac{3}{2.5} = 1.2$$

$$J_3=\frac{a^2-b^2+c^2+d^2}{2ac}=2.45$$

$$J_4=\frac{d}{b}=1.5$$

$$J_5=\frac{c^2-d^2-a^2-b^2}{2ab}=-1.9375 \tag{6.42}$$

则接着可以计算二次方程的系数。

$$\begin{aligned} &A=-0.6914213562 && B=-1.414213562 \\ &C=3.894365082 && D=-3.169733048 \\ &E=-1.414213562 && F=1.416053390 \end{aligned} \tag{6.43}$$

在式（6.1）和式（6.2）中取负号，$\theta_2=\pi/4\text{rad}=45°$时输出角和关联角分别为

$$\begin{aligned} \theta_4 &\approx 2\text{rad}\approx 114.73° \\ \theta_3 &\approx 0.897\text{rad}\approx 51.42° \end{aligned} \tag{6.44}$$

在式（6.1）和式（6.2）中取正号，输出角和关联角分别为

$$\begin{aligned} \theta_4 &\approx -2.6\text{rad}\approx -149° \\ \theta_3 &\approx -1.495\text{rad}\approx -85.7° \end{aligned} \tag{6.45}$$

图6.4所示为$\theta_2=45°$时铰链四杆机构两种可能的构型。图6.4a中的构型称作凸面型、无交叉型或提肘型，图6.4b中的构型称作凹面型、交叉型或沉肘型。

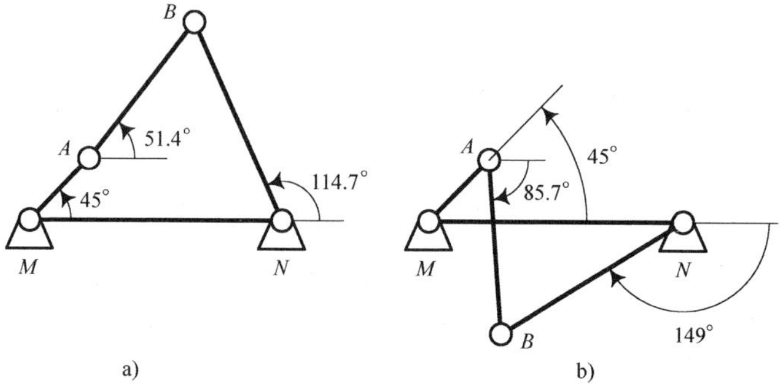

图6.4 同一输入角 θ_2 时一个铰链四杆机构的两种可能构型

例231 铰链四杆机构的速度分析

通过求式（6.20）和式（6.21）的时间导数可以对铰链四杆机构进行速度分析。

$$\begin{aligned} &\frac{d}{\mathrm{d}t}(a\sin\theta_2+b\sin\theta_3-c\sin\theta_4) \\ &=a\omega_2\cos\theta_2+b\omega_3\cos\theta_3-c\omega_4\cos\theta_4=0 \end{aligned} \tag{6.46}$$

$$\begin{aligned} &\frac{d}{\mathrm{d}t}(-d+a\cos\theta_2+b\cos\theta_3-c\cos\theta_4) \\ &=-a\omega_2\sin\theta_2-b\omega_3\sin\theta_3+c\omega_4\sin\theta_4=0 \end{aligned} \tag{6.47}$$

式中

$$\omega_2=\dot{\theta}_2 \quad \omega_3=\dot{\theta}_3 \quad \omega_4=\dot{\theta}_4 \tag{6.48}$$

假设 θ_2 和 ω_2 给定，且 θ_3、θ_4 从式（6.1）和式（6.2）获得，则通过式（6.46）和式（6.47）可以求得 ω_3 和 ω_4。

$$\omega_4=\frac{a\ \sin(\theta_2-\theta_3)}{c\ \sin(\theta_4-\theta_3)}\omega_2 \tag{6.49}$$

$$\omega_3=\frac{a\ \sin(\theta_2-\theta_4)}{b\ \sin(\theta_4-\theta_3)}\omega_2 \tag{6.50}$$

例 232 铰链四杆机构运动关节的速度

已知 θ_2、θ_3、θ_4 的值以及速度 ω_2、ω_3、ω_4，就可以计算图 6.3 中点 A 和 B 的绝对速度和相对速度。一点的绝对速度是指相对于地面构件的速度，一点的相对速度是指相对于某运动点的速度。

点 A 和点 B 的绝对速度为

$$\begin{aligned}{}^{G}v_A &= {}_G\boldsymbol{\omega}_2\times{}^{G}\boldsymbol{r}_2\\ &=\begin{bmatrix}0\\0\\\omega_2\end{bmatrix}\times\begin{bmatrix}a\cos\theta_2\\a\sin\theta_2\\0\end{bmatrix}=\begin{bmatrix}-a\omega_2\sin\theta_2\\a\omega_2\cos\theta_2\\0\end{bmatrix}\end{aligned} \tag{6.51}$$

$$\begin{aligned}{}^{G}v_B &= {}_G\boldsymbol{\omega}_4\times{}^{G}\boldsymbol{r}_4\\ &=\begin{bmatrix}0\\0\\\omega_4\end{bmatrix}\times\begin{bmatrix}c\cos\theta_4\\c\sin\theta_4\\0\end{bmatrix}=\begin{bmatrix}-c\omega_4\sin\theta_4\\c\omega_4\cos\theta_4\\0\end{bmatrix}\end{aligned} \tag{6.52}$$

点 B 相对于点 A 的速度为

$$\begin{aligned}{}^{G}v_{B/A}={}^{G}v_B-{}^{G}v_A&=\begin{bmatrix}-c\omega_4\sin\theta_4\\c\omega_4\cos\theta_4\\0\end{bmatrix}-\begin{bmatrix}-a\omega_2\sin\theta_2\\a\omega_2\cos\theta_2\\0\end{bmatrix}\\ &=\begin{bmatrix}a\omega_2\sin\theta_2-c\omega_4\sin\theta_4\\c\omega_4\cos\theta_4-a\omega_2\cos\theta_2\\0\end{bmatrix}\end{aligned} \tag{6.53}$$

点 B 相对于点 A 的速度也可以用下式求出

$$\begin{aligned}{}^{G}v_{B/A}&={}^{G}R_2{}^{2}\,v_B={}^{G}R_2{}^{2}\,v_B={}^{G}R_2({}_2\boldsymbol{\omega}_3\times{}^{2}\boldsymbol{r}_3)={}_G\boldsymbol{\omega}_3\times{}^{G}\boldsymbol{r}_3\\ &=\begin{bmatrix}0\\0\\\omega_3\end{bmatrix}\times\begin{bmatrix}b\cos\theta_3\\b\sin\theta_3\\0\end{bmatrix}=\begin{bmatrix}-b\omega_3\sin\theta_3\\b\omega_3\cos\theta_3\\0\end{bmatrix}\end{aligned} \tag{6.54}$$

式（6.53）和式（6.54）均正确且可以互相转换。

例 233 铰链四杆机构的加速度分析

通过求式（6.46）和式（6.47）的时间导数可以对铰链四杆机构进行加速度分析。

$$\begin{aligned}&\frac{d}{dt}(a\omega_2\cos\theta_2+b\omega_3\cos\theta_3-c\omega_4\cos\theta_4)\\ &=a\alpha_2\cos\theta_2+b\alpha_3\cos\theta_3-c\alpha_4\cos\theta_4\\ &\quad-a\omega_2^2\sin\theta_2-b\omega_3^2\sin\theta_3+c\omega_4^2\sin\theta_4=0\end{aligned} \tag{6.55}$$

$$\begin{aligned}&\frac{d}{dt}(-a\omega_2\sin\theta_2-b\omega_3\sin\theta_3+c\omega_4\sin\theta_4)\\=&-a\alpha_2\sin\theta_2-b\alpha_3\sin\theta_3+c\alpha_4\sin\theta_4\\&-a\omega_2^2\cos\theta_2-b\omega_3^2\cos\theta_3+c\omega_4^2\cos\theta_4=0\end{aligned}\tag{6.56}$$

式中

$$\begin{aligned}\alpha_2&=\dot{\omega}_2\\\alpha_3&=\dot{\omega}_3\\\alpha_4&=\dot{\omega}_4\end{aligned}\tag{6.57}$$

假设 θ_2、ω_2 和 α_2 作为输入构件运动学的条件给定，由式（6.1）和式（6.2）求出 θ_3、θ_4，由式（6.49）和式（6.50）求出 ω_3、ω_4，最后就可以通过解式（6.55）和式（6.56）求出 α_3 和 α_4。

$$\alpha_4=\frac{C_3C_4-C_1C_6}{C_1C_5-C_2C_4}\tag{6.58}$$

$$\alpha_3=\frac{C_3C_5-C_2C_6}{C_1C_5-C_2C_4}\tag{6.59}$$

式中

$$\begin{aligned}&C_1=c\sin\theta_4\quad C_2=b\sin\theta_3\\&C_3=a\alpha_2\sin\theta_2+a\omega_2^2\cos\theta_2+b\omega_3^2\cos\theta_3-c\omega_4^2\cos\theta_4\\&C_4=c\cos\theta_4\quad C_5=b\cos\theta_3\\&C_6=a\alpha_2\cos\theta_2-a\omega_2^2\sin\theta_2-b\omega_3^2\sin\theta_3+c\omega_4^2\sin\theta_4\end{aligned}\tag{6.60}$$

例234 铰链四杆机构运动关节的加速度

已知铰链四杆机构的角度运动学参数 θ_2、θ_3、θ_4、ω_2、ω_3、ω_4、α_2、α_3 和 α_4，就可以计算图6.3中点 A 和 B 的绝对加速度和相对加速度。

点 A 和 B 的绝对加速度为

$$\begin{aligned}{}^G\boldsymbol{a}_A&={}_G\boldsymbol{\alpha}_2\times{}^G\boldsymbol{r}_2+{}_G\boldsymbol{\omega}_2({}_G\boldsymbol{\omega}_2\times{}^G\boldsymbol{r}_2)\\&=\begin{bmatrix}-a\alpha_2\sin\theta_2-a\omega_2^2\cos\theta_2\\a\alpha_2\cos\theta_2-a\omega_2^2\sin\theta_2\\0\end{bmatrix}\end{aligned}\tag{6.61}$$

$$\begin{aligned}{}^G\boldsymbol{a}_B&={}_G\boldsymbol{\alpha}_4\times{}^G\boldsymbol{r}_4+{}_G\boldsymbol{\omega}_4({}_G\omega_4\times{}^G\boldsymbol{r}_4)\\&=\begin{bmatrix}-c\alpha_4\sin\theta_4-c\omega_4^2\cos\theta_4\\c\alpha_4\cos\theta_4-c\omega_4^2\sin\theta_4\\0\end{bmatrix}\end{aligned}\tag{6.62}$$

式中

$${}^G\boldsymbol{r}_2=\begin{bmatrix}a\cos\theta_2\\a\sin\theta_2\\0\end{bmatrix}\qquad{}^G\boldsymbol{r}_4=\begin{bmatrix}c\cos\theta_4\\c\sin\theta_4\\0\end{bmatrix}\tag{6.63}$$

$$
{}_G\boldsymbol{\omega}_2 = \begin{bmatrix} 0 \\ 0 \\ \omega_2 \end{bmatrix} \qquad {}_G\boldsymbol{\omega}_4 = \begin{bmatrix} 0 \\ 0 \\ \omega_4 \end{bmatrix} \tag{6.64}
$$

$$
{}_G\boldsymbol{\alpha}_2 = \begin{bmatrix} 0 \\ 0 \\ \alpha_2 \end{bmatrix} \qquad {}_G\boldsymbol{\alpha}_4 = \begin{bmatrix} 0 \\ 0 \\ \alpha_4 \end{bmatrix} \tag{6.65}
$$

点 B 相对于点 A 的加速度是

$$
\begin{aligned}
{}^G\boldsymbol{a}_{B/A} &= {}_G\boldsymbol{\alpha}_3 \times {}^G\boldsymbol{r}_3 + {}_G\boldsymbol{\omega}_3({}_G\boldsymbol{\omega}_3 \times {}^G\boldsymbol{r}_3) \\
&= \begin{bmatrix} -b\alpha_3\sin\theta_3 - b\omega_3^2\cos\theta_3 \\ b\alpha_3\cos\theta_3 - b\omega_3^2\sin\theta_3 \\ 0 \end{bmatrix}
\end{aligned} \tag{6.66}
$$

式中

$$
{}^G\boldsymbol{r}_3 = \begin{bmatrix} b\cos\theta_3 \\ b\sin\theta_3 \\ 0 \end{bmatrix} \qquad {}_G\boldsymbol{\omega}_3 = \begin{bmatrix} 0 \\ 0 \\ \omega_3 \end{bmatrix} \qquad {}_G\boldsymbol{\alpha}_3 = \begin{bmatrix} 0 \\ 0 \\ \alpha_3 \end{bmatrix} \tag{6.67}
$$

例 235 格拉晓夫准则

铰链四杆机构是否能够获得一个旋转构件可以通过格拉晓夫准则判断，假设 4 个构件的长度为 s、l、p 和 q，其中

$$
l = \text{最长构件}
$$

$$
s = \text{最短构件}
$$

$$
p,q = \text{另两个构件}
$$

按照格拉晓夫准则，如果满足如下条件，机构中就存在一个旋转构件。

$$
l + s < p + q \tag{6.68}
$$

格拉晓夫机构的几种类型如下：

1）最短构件作为输入件，则该机构为曲柄－摇杆机构。

2）最短构件作为地面构件，则该机构为曲柄－曲柄机构，又称连杆机构、双曲柄机构。

3）所有其他的情况，该机构为摇杆－摇杆机构，又称双摇杆机构。

例 236 铰链四杆机构的极限位置

如果铰链四杆机构的输入件能够转动，而输出件停止转动，则称该机构处在极限位置，此时输入件和联动件之间的角度为 180°或 360°。如果铰链四杆机构存在极限位置，则必须经设计师确认，以保证机构设计的适用性。图 6.5 所示为某个铰链四杆机构的极限位置。

用 $\theta_{4_{L1}}$、$\theta_{4_{L2}}$ 表示输出件的极限角，用 $\theta_{2_{L1}}$、$\theta_{2_{L2}}$ 表示相应的输入角。这些角可以计算如下：

$$
\theta_{2_{L1}} = \arccos\left[\frac{(a+b)^2 + d^2 - c^2}{2d(a+b)}\right] \tag{6.69}
$$

$$
\theta_{4_{L1}} = \arccos\left[\frac{(a+b)^2 - d^2 - c^2}{2cd}\right] \tag{6.70}
$$

$$
\theta_{2_{L2}} = \arccos\left[\frac{(b-a)^2 + d^2 - c^2}{2d(b-a)}\right] \tag{6.71}
$$

$$\theta_{4_{L2}} = \arccos\left[\frac{(b-a)^2 - d^2 - c^2}{2cd}\right] \tag{6.72}$$

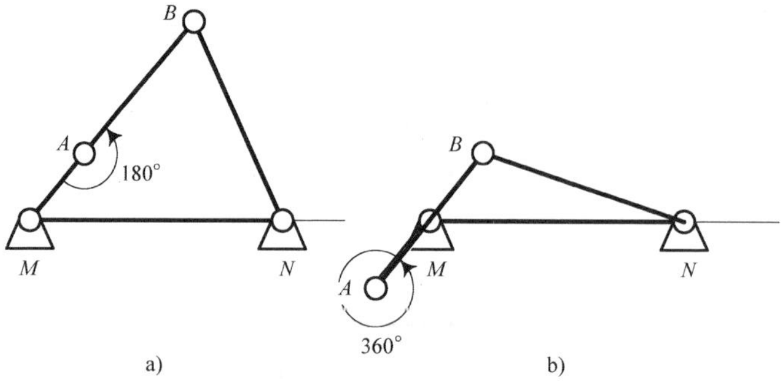

图6.5 某铰链四杆机构的极限位置

输出件的掠角为

$$\phi = \theta_{4_{L2}} - \theta_{4_{L1}} \tag{6.73}$$

例237 铰链四杆机构的死点位置

铰链四杆机构的输入件被锁止时，称该机构处在死点位置，此时输出件和联动件之间的角度为180°或360°。如果铰链四杆机构存在死点位置，则必须由设计师决定，以确保机构不会在死点位置卡住。某一铰链四杆机构的死点位置如图6.6所示。

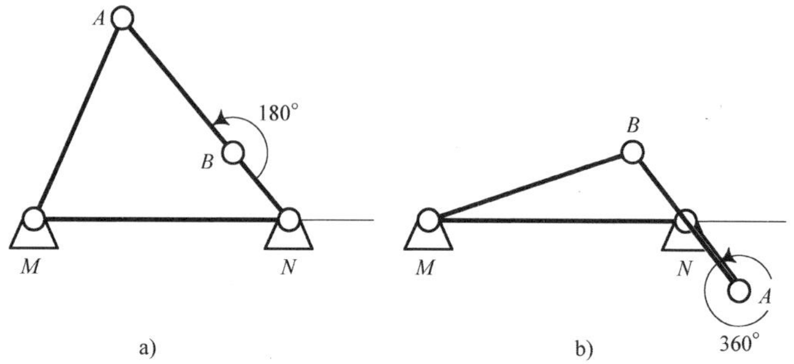

图6.6 某铰链四杆机构的死点位置

用 θ_{4D1}、θ_{4D2} 表示输出件的死角，用 θ_{2D1}、θ_{2D2} 表示相应的输入角。这些角可以计算如下：

$$\theta_{2_{D1}} = \arccos\left[\frac{a^2 + d^2 - (b+c)^2}{2ad}\right] \tag{6.74}$$

$$\theta_{4_{D1}} = \arccos\left[\frac{a^2 - d^2 - (b+c)^2}{2(b+c)d}\right] \tag{6.75}$$

$$\theta_{2_{D2}} = \arccos\left[\frac{a^2 + d^2 - (b-c)^2}{2ad}\right] \tag{6.76}$$

$$\theta_{4_{D2}} = \arccos\left[\frac{a^2 - d^2 - (b-c)^2}{2ad}\right] \tag{6.77}$$

例238 ★应用弗罗伊登斯坦等式设计铰链四杆机构

设计一个机构，可以想象为确定各构件的长度以使其完成某一特定功能，应用到以下

弗罗伊登斯坦等式

$$J_1\cos\theta_4 - J_2\cos\theta_2 + J_3 = \cos(\theta_4 - \theta_2) \quad (6.78)$$

$$J_1 = \frac{d}{a} \quad J_2 = \frac{d}{c} \quad J_3 = \frac{a^2 - b^2 + c^2 + d^2}{2ac} \quad (6.79)$$

可以确定一个铰链四杆机构的输入－输出关系。这个公式可以用来设计一个实现3个相关输入－输出角度的铰链四杆机构。

图6.7所示为四种常用风窗玻璃刮水器系统，最常用刮水器系统是双臂平行式的，在大多数乘用汽车上应用。尽管双臂反向式刮水器自20世纪开始应用，但其应用并不广泛。单臂简单式刮水器效果不是很好，可控单臂刮水器可使刮水面积最大化。

刮水器用在风窗玻璃和前照灯处，图6.8所示为某个双臂平行刮水器的机构图。该系统用一个铰链四杆机构作为主要机构来匹配左、右刮水器的角度位置。一个双杆组件或二杆机构将驱动电动机和主铰链四杆机构相连，从而把电动机输出的旋转运动转换为刮水器的往复运动。

图6.9中所示为主铰链四杆机构输入和输出件的3个不同位置。其中 θ_{21} 和 θ_{23} 分别表示输入件的开始角度和终止角度，θ_{41} 和 θ_{43} 分别表示输出件的开始角度和终止角度。为了设计该机构，必须匹配左、右刮水片在开始和终止时的角度位置。此外，在总刮扫角度中间位置再增加一个匹配角度，并开始通过匹配表6.2中的各角度来设计一个铰链四杆机构。

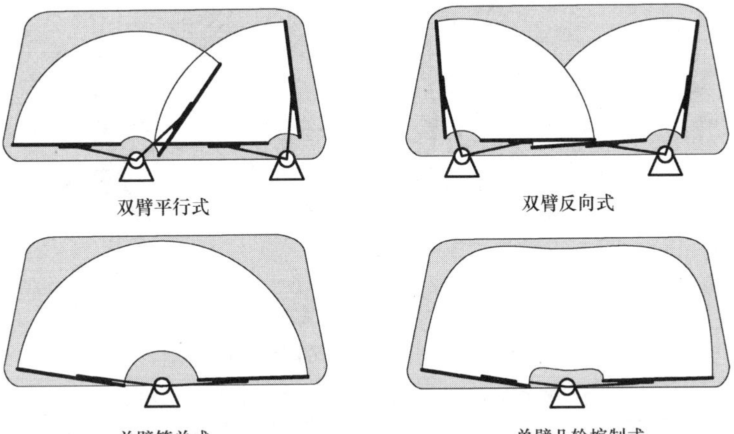

图6.7　四种常用的风窗玻璃刮水器系统

将输入角和输出角代人弗罗伊登斯坦等式，即式（6.24）

$$\begin{aligned} J_1\cos\theta_{41} - J_2\cos\theta_{21} + J_3 &= \cos(\theta_{41} - \theta_{21}) \\ J_1\cos\theta_{42} - J_2\cos\theta_{22} + J_3 &= \cos(\theta_{42} - \theta_{22}) \\ J_1\cos\theta_{43} - J_2\cos\theta_{23} + J_3 &= \cos(\theta_{43} - \theta_{23}) \end{aligned} \quad (6.80)$$

然后得到下面方程组

$$\begin{aligned} J_1\cos2.74 - J_2\cos2.75 + J_3 &= \cos(2.74 - 2.75) \\ J_1\cos1.7 - J_2\cos1.97 + J_3 &= \cos(1.7 - 1.97) \\ J_1\cos0.468 - J_2\cos1.213 + J_3 &= \cos(0.468 - 1.213) \end{aligned} \quad (6.81)$$

方程组式（6.81）对未知量 J_1，J_2 和 J_3 呈线性，即

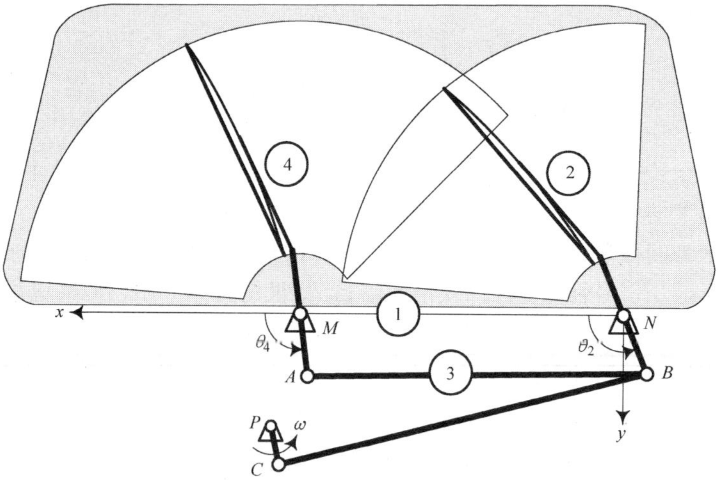

图6.8　某双臂平行式风窗玻璃刮水器机构

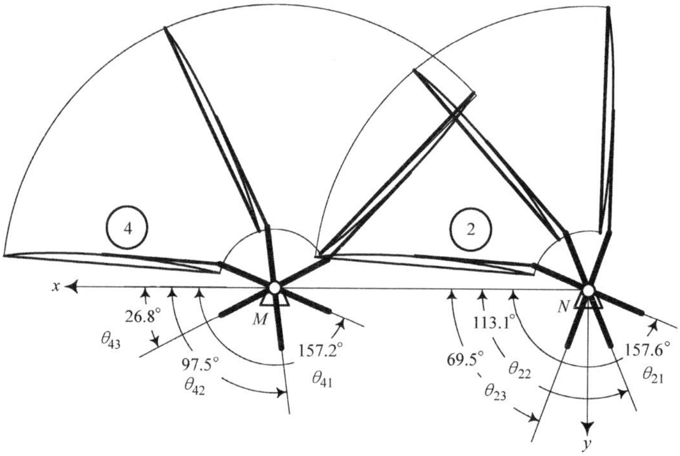

图6.9　处于不同位置的刮水器主铰链四杆机构输入件和输出件

表6.2　图6.9所示双臂平行式铰链四杆机构的匹配角度

序号	输入角	输出角
1	$\theta_{21}=157.6°\approx 2.75\text{rad}$	$\theta_{41}=157.2°\approx 2.74\text{rad}$
2	$\theta_{22}=113.1°\approx 1.97\text{rad}$	$\theta_{42}=97.5°\approx 1.7\text{rad}$
3	$\theta_{23}=69.5°\approx 1.213\text{rad}$	$\theta_{43}=26.8°\approx 0.468\text{rad}$

$$\begin{bmatrix} -0.92044 & 0.9243 & 1 \\ -0.12884 & 0.38868 & 1 \\ 0.89247 & -0.35021 & 1 \end{bmatrix}\begin{bmatrix} J_1 \\ J_2 \\ J_3 \end{bmatrix}=\begin{bmatrix} 0.99995 \\ 0.96377 \\ 0.73509 \end{bmatrix} \tag{6.82}$$

得到如下解：

$$\begin{bmatrix} J_1 \\ J_2 \\ J_3 \end{bmatrix}=\begin{bmatrix} 2.5284 \\ 3.8043 \\ -0.18911 \end{bmatrix} \tag{6.83}$$

其中的 3 个系数 J_1，J_2 和 J_3 用于求解 4 个构件的长度。

$$J_1=\frac{d}{a}\quad J_2=\frac{d}{c}\quad J_3=\frac{a^2-b^2+c^2+d^2}{2ac} \tag{6.84}$$

所以可以通过设定一个构件的长度，并根据物理状况解方程求出另外 3 个构件的长度。习惯上令 $a=1$，并据此求其他长度，此时，就可以增长或缩短构件的长度满足需要的几何关系，进而设计机构。本例的解为

$$a=1\quad b=2.8436\quad c=0.66462\quad d=2.5284 \tag{6.85}$$

假设某实际乘用车左右固定关节 M 和 N 之间的距离为 $d=75\text{cm}$，最后可以求出如下长度：

$$\begin{aligned}a&=296\text{mm}\quad b=843\text{mm}\\ c&=197\text{mm}\quad d=750\text{mm}\end{aligned} \tag{6.86}$$

该机构的初始位置如图 6.10 所示。

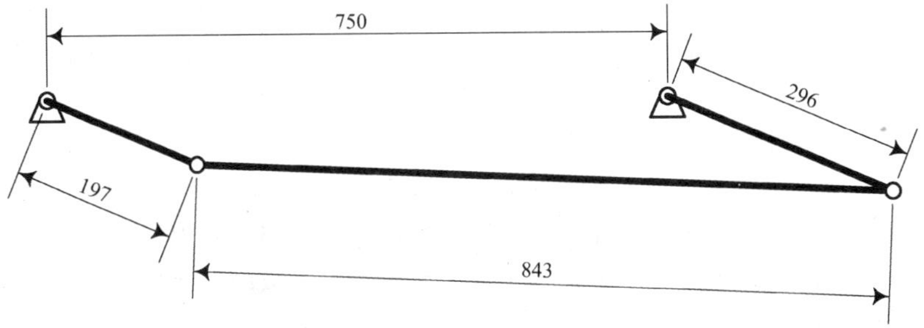

图 6.10　风窗玻璃刮水器主铰链四杆机构初始位置（单位：mm）

例 239★　输入件和输出件的等刮扫角

现将例 238 中的风窗玻璃刮水器置于总刮扫角的中间位置，设为第二个匹配点。

$$\theta_{22}=\frac{157.6+69.5}{2}=113.55°\approx1.982\text{rad}$$

$$\theta_{42}=\frac{157.2+26.8}{2}=92°\approx1.605\text{rad} \tag{6.87}$$

该匹配点的第一刮扫角和第二刮扫角相等，尽管不能保证左、右刮片的角速度保持恒定，但是刮扫角相同会使刮水器的运动更为规则，见表 6.3。

表 6.3　图 6.9 所示的双臂平行式主铰链四杆机构的等刮扫角匹配点

序号	输入角	输出角
1	$\theta_{21}=157.6°\approx2.75\text{rad}$	$\theta_{41}=157.2°\approx2.74\text{rad}$
2	$\theta_{22}=113.55°\approx1.982\text{rad}$	$\theta_{42}=92°\approx1.605\text{rad}$
3	$\theta_{23}=69.5°\approx1.213\text{rad}$	$\theta_{43}=26.8°\approx0.468\text{rad}$

将表中角度代入式（6.24），得到下面方程组

$$\begin{aligned}J_1\cos2.74-J_2\cos2.75+J_3&=\cos(2.74-2.75)\\ J_1\cos1.605-J_2\cos1.982+J_3&=\cos(1.605-1.982)\\ J_1\cos0.468-J_2\cos1.213+J_3&=\cos(0.468-1.213)\end{aligned} \tag{6.88}$$

上述方程组可以写成对未知量 J_1，J_2 和 J_3 的矩阵形式

$$\begin{bmatrix} -0.92044 & 0.9243 & 1 \\ -0.0332 & 0.3993 & 1 \\ 0.89247 & -0.35021 & 1 \end{bmatrix}\begin{bmatrix} J_1 \\ J_2 \\ J_3 \end{bmatrix}=\begin{bmatrix} 0.99995 \\ 0.929589 \\ 0.73509 \end{bmatrix} \tag{6.89}$$

得到如下解：

$$\begin{bmatrix} J_1 \\ J_2 \\ J_3 \end{bmatrix}=\begin{bmatrix} 0.276 \\ 0.6 \\ 0.699 \end{bmatrix} \tag{6.90}$$

取 $a=1$，则三个系数 J_1，J_2 和 J_3

$$J_1=\frac{d}{a} \quad J_2=\frac{d}{c} \quad J_3=\frac{a^2-b^2+c^2+d^2}{2ac} \tag{6.91}$$

接着可以求出构件的长度

$$a=1 \quad b=0.803 \quad c=0.46 \quad d=0.276 \tag{6.92}$$

假设某实际乘用车刮水器左、右固定关节 M 和 N 之间的距离为 $d=75\text{cm}$，则可以据此计算出下面各尺寸：

$$\begin{aligned} a=2717\text{mm} \quad b=2182\text{mm} \\ c=1250\text{mm} \quad d=750\text{mm} \end{aligned} \tag{6.93}$$

因为构件长度可能比车辆宽度还长，所以上述尺寸未必能够实用。

由此可见，机构设计很大程度上依赖于第二匹配点，所以应该通过选择一个合适的第二匹配点来设计预期的结构。

例 240★ 第二匹配点和构件长度

为了检验例 238 中第二匹配点对风窗玻璃刮水器机构设计的影响程度，设

$$\theta_{22}=\frac{157.6+69.5}{2}=113.55°\approx 1.982\text{rad} \tag{6.94}$$

且令 θ_{42} 作为变量。该刮水器系统主铰链四杆机构的 3 个匹配点的数据见表 6.4。

表 6.4 图 6.9 所示的双臂平行式铰链四杆机构中变化的第二匹配点

序号	输入角	输出角
1	$\theta_{21}=157.6°\approx 2.75\text{rad}$	$\theta_{41}=157.2°\approx 2.74\text{rad}$
2	$\theta_{22}=113.55°\approx 1.982\text{rad}$	θ_{42}
3	$\theta_{23}=69.5°\approx 1.213\text{rad}$	$\theta_{43}=26.8°\approx 0.468\text{rad}$

代入式（6.24），得到

$$\begin{aligned} J_1\cos 2.74-J_2\cos 2.75+J_3=\cos(2.74-2.75) \\ J_1\cos\theta_{42}-J_2\cos 1.982+J_3=\cos(\theta_{42}-1.982) \\ J_1\cos 0.468-J_2\cos 1.213+J_3=\cos(0.468-1.213) \end{aligned} \tag{6.95}$$

求解该方程组可以得到如下解：

$$J_1=\frac{79.657\cos(\theta_{42}-1.9815)-70.96}{79.657\cos\theta_{42}+13.828}$$

$$J_2=\frac{93.642\cos(\theta_{42}-1.981)+13.681\cos\theta_{42}-81.045}{65.832\cos\theta_{42}+11.428}$$

$$J_3=\frac{32.357-25.959\cos(\theta_{42}-1.981)+53.184\cos(\theta_{42})}{11.428+65.83\cos(\theta_{42})} \tag{6.96}$$

地面构件的左、右固定关节 M 和 N 之间的距离为 $d=75\text{cm}$，应用系数 J_1，J_2 和 J_3

$$J_1=\frac{d}{a}\quad J_2=\frac{d}{c}\quad J_3=\frac{a^2-b^2+c^2+d^2}{2ac} \tag{6.97}$$

进而将构件 a，b 和 c 的长度作为 θ_{42} 的函数求出。图 6.11 所示为角度 θ_{42} 对构件长度的影响。

为了把机构布置在发动机舱盖下的狭窄空间，应使构件 a 和 c 的长度远小于地面构件 d 的长度。基于图 6.11，一个可用解的角度在 $\theta_{42}=100°$ 附近。图 6.12 所示为角度在 $\theta_{42}=100°$ 附近时的放大图。

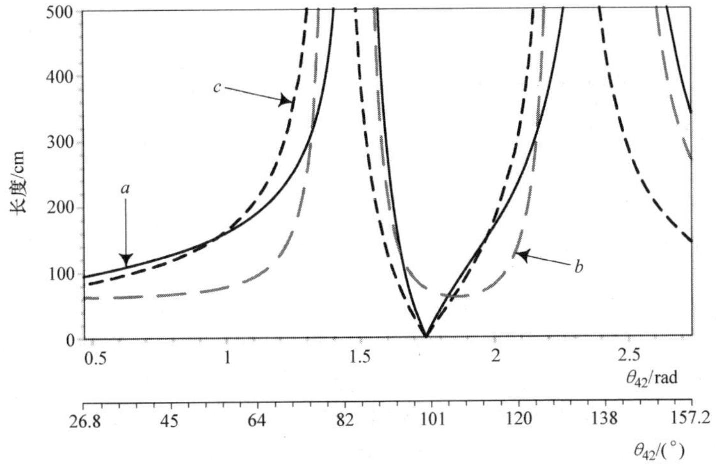

图 6.11　作为 θ_{42} 函数的构件 a，b 和 c 的长度

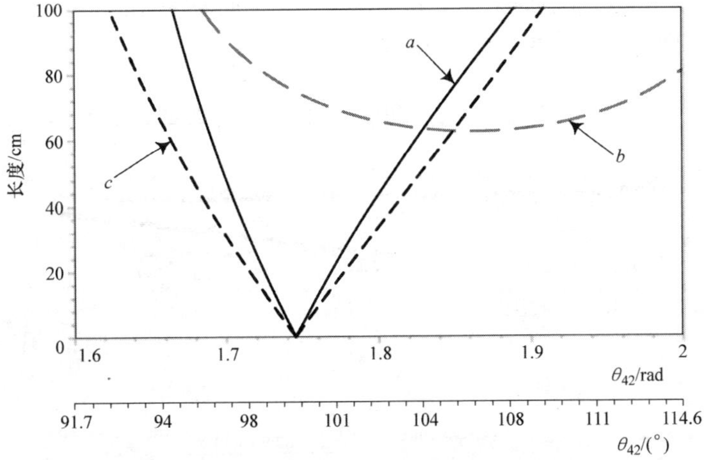

图 6.12　作为 θ_{42} 函数的构件 a，b 和 c 的长度最优设计附近曲线的放大图

为了使 a 和 c 的长度小于100mm，选取 $\theta_{42}=99.52°\approx1.737\text{rad}$，则系数 J_1，J_2 和 J_3 为

$$\begin{bmatrix}J_1\\J_2\\J_3\end{bmatrix}=\begin{bmatrix}9.740208376\\14.06262379\\-3.032892944\end{bmatrix}\tag{6.98}$$

$d=750\text{mm}$ 时各构件的长度为

$$\begin{aligned}a&=77\text{mm}\quad b=772\text{mm}\\c&=53.3\text{mm}\quad d=750\text{mm}\end{aligned}\tag{6.99}$$

上面构件组成了一套紧凑、合理的机构，图6.13所示为处于初始位置的风窗玻璃刮水器铰链四杆机构的最终设计。

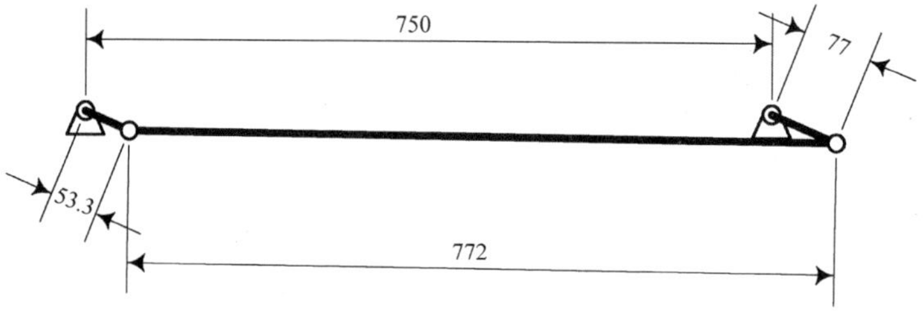

图6.13　处于初始位置的风窗玻璃刮水器主铰链四杆机构的最终设计（单位：mm）

例241★　设计连接电动机的双杆组件

因为输入件和输出件都必须在特定的区间内摆动，所以风窗玻璃刮水器的铰链四杆机构是一个摇杆-摇杆机构。为了驱动刮片并将其运动限制在设定区域，可以设计一套双杆组件。首先，根据实际情况选择设置安装旋转电动机的点。如图6.14所示，令驱动该机构的电动机安装在 P 点。接着，在输入件上选取与双杆组件第二个杆连接的点。尽管通常用选关节 B 作为最佳点，本设计将连接点选在输入件的延伸部分，以 D 表示，并在关节 D 和 P 之间设计长度分别为 d 和 p 的双杆组件。该机构在初始位置时，关节 D 与电动机 P 之间的距离最长。当机构在最终位置时，关节 D 与电动机 P 之间的距离最短。分别以 l 和 s 分别表示关节 D 和 P 之间的最长距离和最短距离。

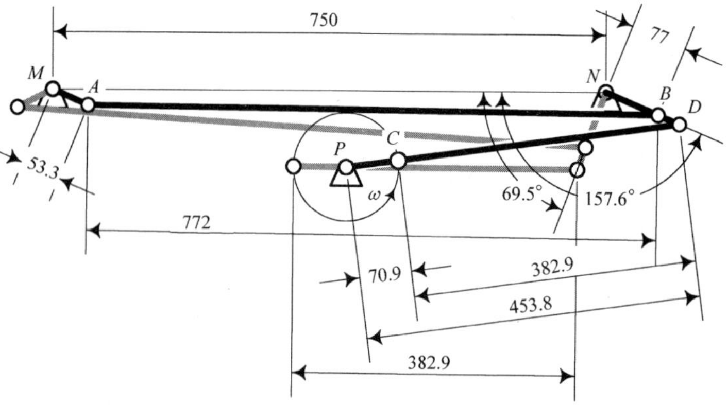

图6.14　处于初始和最终位置的刮水器主铰链四杆机构的最终设计方案（单位：mm）

$$l = P\text{ 与 }D\text{ 之间的最长距离}$$
$$s = P\text{ 与 }D\text{ 之间的最短距离}$$
$$p,\ q = P\text{ 与 }D\text{ 之间的双杆的长度}$$

关节 P 与 D 之间的距离最长时，双杆组件的两个杆应该彼此分开并处于一条直线上，P 与 D 之间的距离最短时，两个杆应该彼此重合并处于一条直线上。因此，

$$l = q + p \quad s = q - p \tag{6.100}$$

设 p 为双杆组件最短杆的长度，d 为最长杆的长度，解方程组（6.100）得到 p 和 d 的表达式：

$$p = \frac{l - s}{2} \quad q = \frac{l + s}{2} \tag{6.101}$$

本例中，

$$l = 453.8\text{mm} \quad s = 312.1\text{mm} \tag{6.102}$$

计算得到 p 和 d

$$p = 70.8\text{mm} \quad q = 382.9\text{mm} \tag{6.103}$$

风窗玻璃刮水器主铰链四杆机构最终设计方案的初始和最终位置以及驱动电动机位置如图 6.14 所示。双杆组件的短杆 p 与电动机在 P 点连接，长杆则与关节 D 连接，并与短杆在 C 处连接。电动机驱动短杆 PC 以角速度 ω 旋转，长杆 CD 则驱动四杆机构并保证刮片杆件不会超出初始角和最终角。

例 242　铰链四杆机构在车辆中的应用

双 A 臂悬架在道路车辆独立悬架中应用非常普遍，图 6.15 所示为一个双 A 臂悬架及其对应的运动学模型，车轮装在连杆点 C 处，双 A 臂悬架又称作**双横臂**悬架。

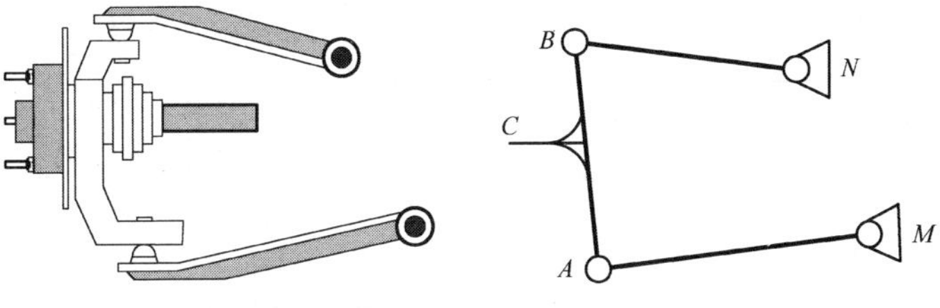

图 6.15　铰链四杆机构式双 A 臂悬架

6.2　滑块 - 曲柄机构

图 6.16 所示为一个滑块 - 曲柄机构。滑块 - 曲柄机构是铰链四杆机构的一种，构件 1 是地面构件，是整个机构的基础和参照。构件 2 即 MA 通常作为输入件，控制输入角 θ_2。构件 4 是滑块，通常用作输出件。输出变量为滑块与地面构件上某固定点的水平距离 s，固

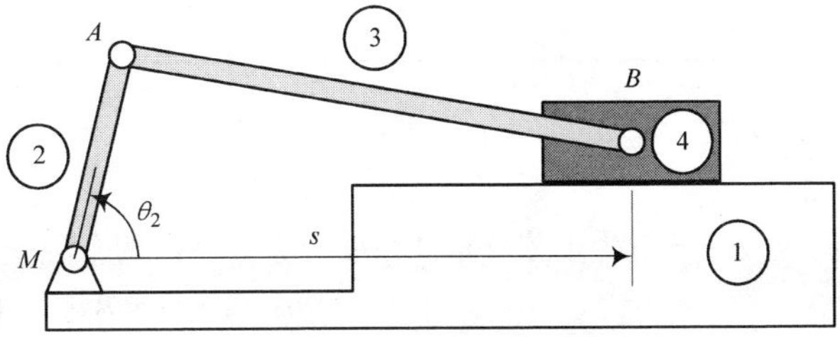

图 6.16　滑块 - 曲柄机构

定点一般在转动关节 M 处。如果滑块沿着一平面滑动，则可以用一条通过 M 且平行于滑动平面的直线定义水平线。构件3即 AB 是连接构件，用于连接输入件和输出滑块，其角度位置为 θ_3。因为该机构的输入件是一个能够360°旋转的曲柄，输出件是一个滑块，所以该机构称作滑块－曲柄机构。

输出滑块的位置 s 和连接杆的角度 θ_3 是杆长度和输入变量 θ_2 角度值的函数。该函数为

$$s=\frac{-G\pm\sqrt{G^2-4H}}{2} \tag{6.104}$$

$$\theta_3=\arcsin\left(\frac{e-a\sin\theta_2}{-b}\right) \tag{6.105}$$

式中

$$G=-2a\cos\theta_2 \tag{6.106}$$

$$H=a^2+e^2-b^2-2ae\sin\theta_2 \tag{6.107}$$

证明：图6.17中用向量环表示滑块－曲柄机构，各个向量的方向可以任意选定，但是其角度应该与向量的方向相对应，并以正的 x 轴方向为基准。各构件及其向量的表示见表6.5。

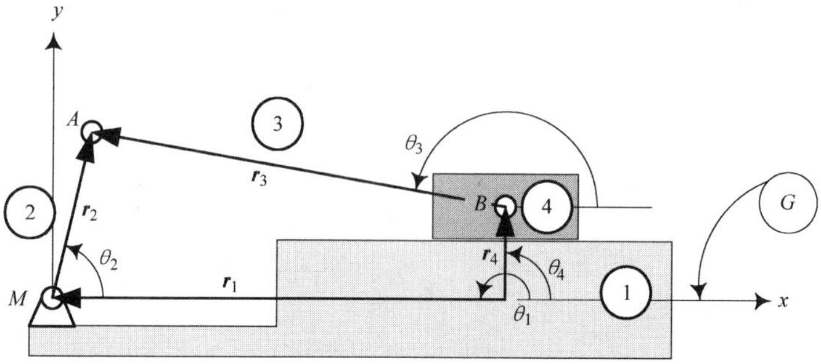

图6.17　用向量环表示滑块－曲柄机构

表6.5　图6.17中滑块－曲柄机构的向量表示

构件	向量	长度	角度	变量
1	${}^G\boldsymbol{r}_1$	s	$\theta_1=180°$	s
2	${}^G\boldsymbol{r}_2$	a	θ_2	θ_2
3	${}^G\boldsymbol{r}_3$	b	θ_3	θ_3
4	${}^G\boldsymbol{r}_4$	e	$\theta_4=90°$	—

向量环公式为

$${}^G\boldsymbol{r}_1+{}^G\boldsymbol{r}_2-{}^G\boldsymbol{r}_3-{}^G\boldsymbol{r}_4=0 \tag{6.108}$$

将向量公式分解为正弦分量和余弦分量，获得两个独立的方程。

$$a\sin\theta_2-b\sin\theta_3-e=0 \tag{6.109}$$

$$a\cos\theta_2-b\cos\theta_3-s=0 \tag{6.110}$$

为了推导输入角度 θ_2 和输出位置 s 之间的关系，需要在式（6.109）和式（6.110）之

间消去连接杆角度 θ_3。将含 θ_3 的项移到方程式一侧，并对两侧取平方，得到

$$(b\sin\theta_3)^2 = (a\sin\theta_2 - e)^2 \tag{6.111}$$

$$(b\cos\theta_3)^2 = (a\cos\theta_2 - s)^2 \tag{6.112}$$

结合式（6.111）和式（6.112）可以得到如下方程：

$$s^2 - 2as\cos\theta_2 + a^2 + e^2 - b^2 - 2ae\sin\theta_2 = 0 \tag{6.113}$$

或

$$s^2 + Gs + H = 0 \tag{6.114}$$

式中

$$G = -2a\cos\theta_2 \tag{6.115}$$

$$H = a^2 + e^2 - b^2 - 2ae\sin\theta_2 \tag{6.116}$$

式（6.114）是 s 的二次方程，求解后得到两个根：

$$s = \frac{-G \pm \sqrt{G^2 - 4H}}{2} \tag{6.117}$$

为了获得输入角度 θ_2 和连接杆角度 θ_3 之间的关系，可以通过式（6.109）和式（6.110）求出 θ_3。

$$\theta_3 = \arcsin\left(\frac{e - a\sin\theta_2}{-b}\right) \tag{6.118}$$

$$\theta_3 = \arccos\left(\frac{s - a\cos\theta_2}{-b}\right) \tag{6.119}$$

如果长度 a，b 和 e 已知，可以用式（6.117）和式（6.118）计算作为输入角度 θ_2 函数的输出变量 s 和关联变量 θ_3。

例 243 一个滑块－曲柄机构的两种可能构型

对于任意角度 θ_2 和适当的长度 a，b 和 e，由式（6.117）可以求出输出变量 s 的两个可能解，这两个解都可行并构成两种不同构型的机构。一组合理的长度值（a，b，e）能够令式（6.117）的根为实数。

本例中，设某滑块－曲柄机构各杆长度为

$$a = 1 \quad b = 2 \quad e = 0.5 \tag{6.120}$$

在 $\theta_2 = \pi/4\text{rad} = 45°$时，为得到可能的构型，首先计算二次方程式（6.114）的系数

$$G = -2a\cos\theta_2 = -1.4142 \tag{6.121}$$

$$H = a^2 + e^2 - b^2 - 2ae\sin\theta_2 = -3.4571 \tag{6.122}$$

代入式（6.117）得到

$$s = \frac{-G \pm \sqrt{G^2 - 4H}}{2} = \begin{cases} 2.696 \\ -1.282 \end{cases} \tag{6.123}$$

对应的关联角度 θ_3 可以从式（6.118）或式（6.119）求得。

$$\begin{aligned} \theta_3 &= \arcsin\left(\frac{e - a\sin\theta_2}{-b}\right) = \arccos\left(\frac{s - a\cos\theta_2}{-b}\right) \\ &\approx \begin{cases} 3.037\text{rad} \approx 174° \\ 0.103\text{rad} \approx 5.9° \end{cases} \end{aligned} \tag{6.124}$$

图 6.18 所示为 $\theta_2 = 45°$时两种可能的构型。

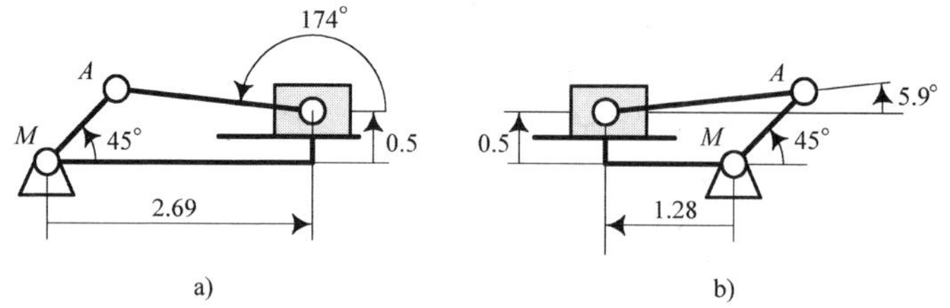

图6.18 输入角 θ_2 相同时滑块－曲柄机构的两种可能构型

例244 滑块－曲柄机构的速度分析

将式（6.109）和式（6.110）对时间求导可以进行滑块－曲柄机构速度分析，

$$\frac{\mathrm{d}}{\mathrm{d}t}(a\sin\theta_2-b\sin\theta_3-e)=a\omega_2\cos\theta_2-b\omega_3\cos\theta_3=0 \tag{6.125}$$

$$\frac{\mathrm{d}}{\mathrm{d}t}(a\cos\theta_2-b\cos\theta_3-s)=-a\omega_2\sin\theta_2+b\omega_3\sin\theta_3-\dot{s}=0 \tag{6.126}$$

式中

$$\omega_2=\dot{\theta}_2 \quad \omega_3=\dot{\theta}_3 \tag{6.127}$$

假设 θ_2 和 ω_2 已知，且 θ_3 能从式（6.104）和式（6.105）获得，则可以通过式（6.125）和式（6.126）求解 $\dot{s}$ 和 ω_3。

$$\dot{s}=\frac{\sin(\theta_3-\theta_2)}{\cos\theta_3}a\omega_2 \tag{6.128}$$

$$\omega_3=\frac{\cos\theta_2}{\cos\theta_3}\frac{a}{b}\omega_2 \tag{6.129}$$

例245 滑块－曲柄机构运动关节的速度

图6.17中，如果 θ_2，θ_3，s 的取值和速度 ω_2，ω_3，$\dot{s}$ 已知，则可以计算点 A 和 B 的绝对速度与相对速度。点 A 和 B 的绝对速度为

$$\begin{aligned}{}^{G}v_A&={}_G\boldsymbol{\omega}_2\times{}^{G}\boldsymbol{r}_2\\&=\begin{bmatrix}0\\0\\\omega_2\end{bmatrix}\times\begin{bmatrix}a\cos\theta_2\\a\sin\theta_2\\0\end{bmatrix}=\begin{bmatrix}-a\omega_2\sin\theta_2\\a\omega_2\cos\theta_2\\0\end{bmatrix}\end{aligned} \tag{6.130}$$

$${}^{G}v_B=\dot{s}\hat{\imath}=\begin{bmatrix}\frac{\sin(\theta_3-\theta_2)}{\cos\theta_3}a\omega_2\\0\\0\end{bmatrix} \tag{6.131}$$

点 B 相对于点 A 的相对速度为

$$\begin{aligned}{}^{G}v_{B/A}&={}^{G}v_B-{}^{G}v_A\\&=\begin{bmatrix}\frac{\sin(\theta_3-\theta_2)}{\cos\theta_3}a\omega_2\\0\\0\end{bmatrix}-\begin{bmatrix}-a\omega_2\sin\theta_2\\a\omega_2\cos\theta_2\\0\end{bmatrix}\end{aligned}$$

$$= \begin{bmatrix} a\omega_2\sin\theta_2 + a\dfrac{\omega_2}{\cos\theta_3}\sin(\theta_3 - \theta_2) \\ -a\omega_2\cos\theta_2 \\ 0 \end{bmatrix} \tag{6.132}$$

同样也可以用以下方法求出点 B 相对于点 A 的相对速度

$$\begin{aligned} {}^G v_{B/A} &= {}^G R_2 {}^2 v_B = {}^G R_2 ({}_2\boldsymbol{\omega}_3 \times {}^2\boldsymbol{r}_3) = {}_G\boldsymbol{\omega}_3 \times {}^G\boldsymbol{r}_3 \\ &= \begin{bmatrix} 0 \\ 0 \\ \omega_3 \end{bmatrix} \times \begin{bmatrix} b\cos\theta_3 \\ b\sin\theta_3 \\ 0 \end{bmatrix} = \begin{bmatrix} -b\omega_3\sin\theta_3 \\ b\omega_3\cos\theta_3 \\ 0 \end{bmatrix} \end{aligned} \tag{6.133}$$

式（6.132）和式（6.133）都正确且可以相互转换。

例 246 滑块 - 曲柄机构的加速度分析

由式（6.125）和式（6.126）对时间求导可以进行滑块 - 曲柄机构的加速度分析。

$$\frac{\mathrm{d}}{\mathrm{d}t}(a\omega_2\cos\theta_2 - b\omega_3\cos\theta_3)$$

$$= a\alpha_2\cos\theta_2 - b\alpha_3\cos\theta_3 - a\omega_2^2\sin\theta_2 + b\omega_3^2\sin\theta_3 = 0 \tag{6.134}$$

$$\frac{\mathrm{d}}{\mathrm{d}t}(-a\omega_2\sin\theta_2 + b\omega_3\sin\theta_3 - \dot{s})$$

$$= -a\alpha_2\sin\theta_2 - b\alpha_3\sin\theta_3 + a\omega_2^2\cos\theta_2 + b\omega_3^2\cos\theta_3 - \ddot{s} = 0 \tag{6.135}$$

式中

$$\alpha_2 = \dot{\omega}_2 \quad \alpha_3 = \dot{\omega}_3 \tag{6.136}$$

假设 θ_2，ω_2 和α_2 的值作为输入件运动学给定，s，θ_3 由式（6.104）和式（6.105）求出，$\dot{s}$，ω_3 由式（6.128）和式（6.129）获得，则可以通过解方程式（6.134）和式（6.135）求 $\ddot{s}$ 和 α_3。

$$\ddot{s} = \frac{-a\,\alpha_2\sin(\theta_2 + \theta_3) + b\omega_3^2\cos2\theta_3 + a\omega_2^2\cos(\theta_2 - \theta_3)}{\cos\theta_3} \tag{6.137}$$

$$\alpha_3 = \frac{a\alpha_2\cos\theta_2 - a\omega_2^2\sin\theta_2 + b\omega_3^2\sin\theta_3}{b\cos\theta_3} \tag{6.138}$$

例 247 滑块 - 曲柄机构运动关节的加速度

已知滑块 - 曲柄机构的运动学参数 θ_2，θ_3，s，ω_2，ω_3，$\dot{s}$，α_2，α_3 和 $\ddot{s}$ 后，即可计算点 A 和 B 的绝对加速度和相对加速度，如图 6.17 所示。

点 A 和 B 的绝对加速度为

$$\begin{aligned} {}^G\boldsymbol{a}_A &= {}_G\boldsymbol{\alpha}_2 \times {}^G\boldsymbol{r}_2 + {}_G\boldsymbol{\omega}_2 \times ({}_G\boldsymbol{\omega}_2 \times {}^G\boldsymbol{r}_2) \\ &= \begin{bmatrix} -a\alpha_2\sin\theta_2 - a\omega_2^2\cos\theta_2 \\ a\alpha_2\cos\theta_2 - a\omega_2^2\sin\theta_2 \\ 0 \end{bmatrix} \end{aligned} \tag{6.139}$$

$$\begin{aligned} {}^G\boldsymbol{a}_B &= \ddot{s}\hat{\imath} \\ &= \begin{bmatrix} \dfrac{-a\alpha_2\sin(\theta_2 + \theta_3) + b\omega_3^2\cos2\theta_3 + a\omega_2^2\cos(\theta_2 - \theta_3)}{\cos\theta_3} \\ 0 \\ 0 \end{bmatrix} \end{aligned} \tag{6.140}$$

点 B 相对 A 的加速度为

$$
\begin{aligned}
{}^{G}\boldsymbol{a}_{B/A} &= {}_{G}\boldsymbol{\alpha}_3 \times {}^{G}\boldsymbol{r}_3 + {}_{G}\boldsymbol{\omega}_3 \times ({}_{G}\boldsymbol{\omega}_3 \times {}^{G}\boldsymbol{r}_3) \\
&= \begin{bmatrix} -b\,\alpha_3\sin\theta_3 - b\omega_3^2\cos\theta_3 \\ b\,\alpha_3\cos\theta_3 - b\omega_3^2\sin\theta_3 \\ 0 \end{bmatrix}
\end{aligned} \tag{6.141}
$$

例 248　滑块 - 曲柄机构的极限位置

滑块 - 曲柄机构的输入杆能够转动，而输出滑块运动停止时，称滑块处于其**极限位置**。这种情况发生在输入件和连杆之间的角度为 180°和 360°的时候。通常滑块 - 曲柄机构的极限位置会在设计要求提出，某一滑块 - 曲柄机构的极限位置如图 6.19 所示。

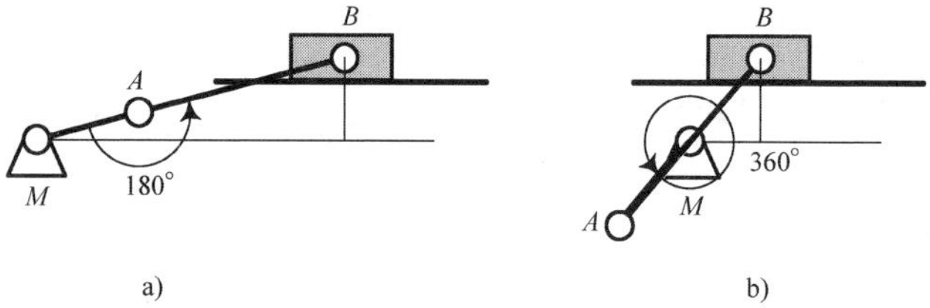

图 6.19　滑块 - 曲柄 机构的极限位置

令θ_{2L1}，θ_{2L2}表示输入件的极限角度，令 s_{Max}，s_{min}表示相应的滑块水平距离，这些值可以通过下面的公式计算：

$$\theta_{2L1} = \arcsin\left(\frac{e}{b+a}\right) \tag{6.142}$$

$$s_{Max} = \sqrt{(b+a)^2 - e^2} \tag{6.143}$$

$$\theta_{2L2} = \arcsin\left(\frac{e}{b-a}\right) \tag{6.144}$$

$$s_{min} = \sqrt{(b-a)^2 - e^2} \tag{6.145}$$

滑块往复运动的行程长度为

$$s = s_{Max} - s_{min} = \sqrt{(b+a)^2 - e^2} - \sqrt{(b-a)^2 - e^2} \tag{6.146}$$

例 249★　急回滑块 - 曲柄机构

设一个滑块 - 曲柄机构的输入杆以稳定角速度 ω_2 转动，若从 s_{min}到 s_{Max}的时间为

$$t_1 = \frac{\theta_{2L2} - \theta_{2L1}}{\omega_2} = \frac{1}{\omega_2}\left(\pi + \arcsin\left(\frac{e}{b-a}\right) - \arcsin\left(\frac{e}{b+a}\right)\right) \tag{6.147}$$

从 s_{Max}到 S_{min}的返回时间为

$$t_2 = \frac{\theta_{2L1} - \theta_{2L2}}{\omega_2} = \frac{1}{\omega_2}\left(\arcsin\left(\frac{e}{b+a}\right) - \pi - \arcsin\left(\frac{e}{b-a}\right)\right) \tag{6.148}$$

如果 $e=0$，则

$$\theta_{2L1} = 0° \quad \theta_{2L2} = 180° \tag{6.149}$$

因此，

$$t_1 = t_2 = \frac{\pi}{\omega_2} \tag{6.150}$$

而当 $e<0$ 时，

$$t_2 < t_1 \tag{6.151}$$

滑块将更加快速地返回到 s_{min}，这样的机构称作**急回机构**。

6.3 反向滑块－曲柄机构

如图 6.20 所示为一个反向滑块－曲柄机构，该机构是一个铰链四杆机构。构件 1 为地面构件，是整个机构的基础和参照件。构件 2 即 MA 通常用作输入件，并受输入角 θ_2 控制。构件 4 是滑块，通常用作输出件。构件 4 与地面构件间是一个旋转关节，与连接件 3 即 AB 之间是一个移动关节。输出变量可以是滑块与水平面之间的角度，也可以是 AB 的长度。构件 3 即 AB 是连接件，角度值为 θ_3。

如果将一个滑块－曲柄机构的连接件固定在地面，则可以构成一个反向滑块－曲柄机构。改变着地件会生成一个称作前述机构反向机构的新机构。因此，反向滑块－曲柄机构是原滑块－曲柄机构的反向机构。

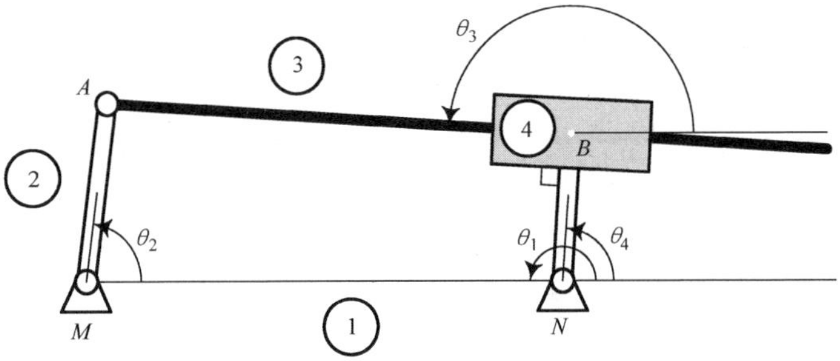

图 6.20 一个反向滑块－曲柄机构

输出滑块的角度位置 θ_4 和连接件长度 b 是各杆长度和输入角 θ_2 的函数，这些变量为：

$$b = \pm\sqrt{a^2 + d^2 - e^2 - 2ad\cos\theta_2} \tag{6.152}$$

$$\theta_4 = \theta_3 + \frac{\pi}{2} = 2\arctan\left(\frac{-H \pm \sqrt{H^2 - 4GI}}{2G}\right) \tag{6.153}$$

式中

$$G = d - e - a\cos\theta_2 \tag{6.154}$$

$$H = 2a\sin\theta_2 \tag{6.155}$$

$$I = a\cos\theta_2 - d - e \tag{6.156}$$

证明：图 6.21 所示是一个用向量环表示的反向滑块－曲柄机构。图中各个向量的方向可以任意选定，但是其角度应该与向量的方向相对应，并以正的 x 轴方向为基准，各构件及其向量的表示见表 6.6。

向量环公式为

$$^G\boldsymbol{r}_1 + {^G\boldsymbol{r}_2} - {^G\boldsymbol{r}_3} - {^G\boldsymbol{r}_4} = 0 \tag{6.157}$$

将向量公式分解为正弦分量和余弦分量。

$$a\sin\theta_2 - b\sin\left(\theta_4 - \frac{\pi}{2}\right) - e\sin\theta_4 = 0 \tag{6.158}$$

$$-d + a\cos\theta_2 - b\sin\left(\theta_4 - \frac{\pi}{2}\right) - e\cos\theta_4 = 0 \tag{6.159}$$

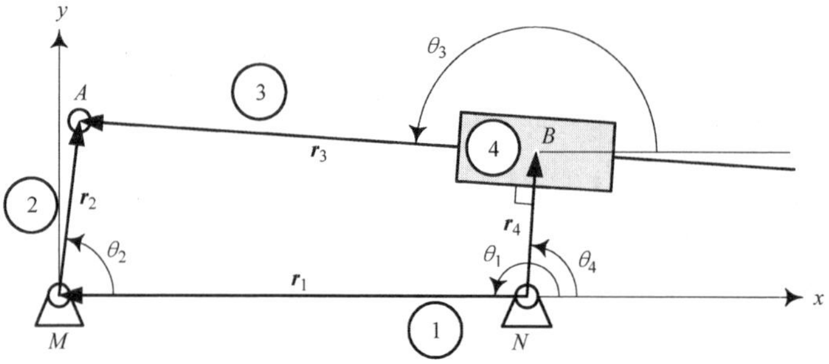

图6.21　反向滑块－曲柄机构的运动学模型

表6.6　图6.21中反向滑块－曲柄机构的向量表示

构件	向量	长度	角度	变量
1	${}^G\boldsymbol{r}_1$	d	$\theta_1=180°$	d
2	${}^G\boldsymbol{r}_2$	a	θ_2	θ_2
3	${}^G\boldsymbol{r}_3$	b	θ_3	θ_3或θ_4
4	${}^G\boldsymbol{r}_4$	e	$\theta_4=\theta_3+90°$	—

为了推导输入角度θ_2和输出角θ_4之间的关系，需要在式（6.158）和式（6.159）之间消去b得到

$$(a\cos\theta_2-d)\cos\theta_4+a\sin\theta_2\sin\theta_4-e=0 \tag{6.160}$$

为了表述方便并有利于计算机编程，可以采用三角函数方程形式

$$\sin\theta_4=2\frac{2\tan\dfrac{\theta_4}{2}}{1+\tan^2\dfrac{\theta_4}{2}}\qquad\cos\theta_4=\frac{1-\tan^2\dfrac{\theta_4}{2}}{1+\tan^2\dfrac{\theta_4}{2}} \tag{6.161}$$

将式（6.160）转换成更实用的形式

$$G\tan^2\frac{\theta_4}{2}+H\tan\frac{\theta_4}{2}+I=0 \tag{6.162}$$

式中，G、H和I是输入变量的函数。

为了推导输入角度θ_2和输出角θ_4之间的关系，在式（6.158）和式（6.159）之间消去b得到

$$G=d-e-a\cos\theta_2 \tag{6.163}$$

$$H=2a\sin\theta_2 \tag{6.164}$$

$$I=a\cos\theta_2-d-e \tag{6.165}$$

式（6.162）是$\tan(\theta_4/2)$的二次方程，可以用来求输入角θ_4。

$$\theta_4=2\arctan\left(\frac{-H\pm\sqrt{H^2-4GI}}{2G}\right) \tag{6.166}$$

为了获得输入角度θ_2和连接杆长度b之间的关系，可以通过式（6.158）和式（6.159）求出$\sin\theta_4$和$\cos\theta_4$。

$$\sin\theta_4 = \frac{ab\cos\theta_2 - ae\sin\theta_2 + bd}{b^2 + e^2} \tag{6.167}$$

$$\cos\theta_4 = \frac{ab\sin\theta_2 - ae\cos\theta_2 + ed}{b^2 + e^2} \tag{6.168}$$

或者将式（6.167）代入式（6.160）求出 b。对式（6.167）和式（6.168）取平方后再相加，可以得到如下方程：

$$a^2 - b^2 + d^2 - e^2 - 2ad\cos\theta_2 = 0 \tag{6.169}$$

进而求出 b。

$$b = \pm\sqrt{a^2 + d^2 - e^2 - 2ad\cos\theta_2} \tag{6.170}$$

例 250　反向滑块 - 曲柄机构的两种构型

对任意角度 θ_2 和适当的 a，b 和 e 取值，由式（6.152）和式（6.153）可以求出两组输出长度 b 以及连接杆角度 θ_4。这两种解都能实现并可以获得两个不同的机构构型，一组适当的（a，d，e）值可以令式（6.152）和式（6.153）的根取成实数。

设有一个反向滑块 - 曲柄机构，$\theta_2 = \pi/4\text{rad} = 45°$，各构件长度值为

$$a = 1 \qquad b = 0.5 \qquad d = 3 \tag{6.171}$$

式（6.152）的参数为

$$\begin{aligned} G &= d - e - a\cos\theta_2 = 1.7929 \\ H &= 2a\sin\theta_2 = 1.4142 \\ I &= a\cos\theta_2 - d - e = -2.7929 \end{aligned} \tag{6.172}$$

则由式（6.162）可以求得两个 θ_4 的两个实数值

$$\theta_4 \approx \begin{cases} 1.48\text{rad} \approx 84.8° \\ -2.08\text{rad} \approx -120° \end{cases} \tag{6.173}$$

取 $\theta_4 = 1.48\text{rad}$ 时，由式（6.167）求得

$$b \approx 2.33 \tag{6.174}$$

若取 $\theta_4 = -2.08\text{rad}$，可得

$$b = 2.28 \tag{6.175}$$

图 6.22 所示为机构在 $\theta_2 = 45°$ 时的两种构型。

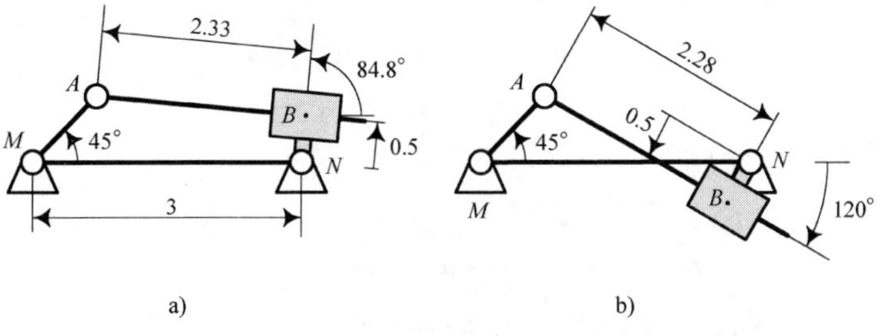

图 6.22　$\theta_2 = 45°$ 时反向滑块 - 曲柄机构的两种构型

例 251　反向滑块 - 曲柄机构的速度分析

反向滑块 - 曲柄机构的速度分析可以通过对式（6.158）和式（6.159）求时间的导数

实现。

$$\frac{\mathrm{d}}{\mathrm{d}t}(a\sin\theta_2 + b\cos\theta_4 - e\sin\theta_4)$$

$$= a\,\omega_2\cos\theta_2 - b\,\omega_4\sin\theta_4 + \dot{b}\cos\theta_4 - e\,\omega_4\cos\theta_4 = 0 \tag{6.176}$$

$$\frac{\mathrm{d}}{\mathrm{d}t}(a\cos\theta_2 + b\cos\theta_4 - e\cos\theta_4 - d)$$

$$= -a\,\omega_2\sin\theta_2 - b\,\omega_4\sin\theta_4 + \dot{b}\cos\theta_4 + e\,\omega_4\sin\theta_4 = 0 \tag{6.177}$$

式中

$$\omega_2 = \dot{\theta}_2 \qquad \omega_4 = \omega_3 = \dot{\theta}_4 \tag{6.178}$$

假设给出 θ_2 和ω_2，且 b 和 θ_4 通过式（6.152）和式（6.153）获得，则可以求解式（6.176）和式（6.177）得到$\dot{b}$和ω_4。

$$\dot{b} = \frac{a}{b}\omega_2[b\cos(\theta_4 - \theta_2) - e\sin(\theta_4 - \theta_2)] \tag{6.179}$$

$$\omega_4 = \omega_3 = \frac{a}{b}\omega_2\sin(\theta_2 - \theta_4) \tag{6.180}$$

例 252 反向滑块－曲柄机构运动关节的速度分析

已知θ_2，θ_4，b 的值以及速度ω_2，ω_4，$\dot{b}$，就可以计算图6.21 中点A 和B 的绝对速度和相对速度。点A 和B 的绝对速度和相对速度分别为

$$\begin{aligned}{}^G v_A &= {}_G\boldsymbol{\omega}_2 \times {}^G\boldsymbol{r}_2 \\ &= \begin{bmatrix} 0 \\ 0 \\ \omega_2 \end{bmatrix} \times \begin{bmatrix} a\cos\theta_2 \\ a\sin\theta_2 \\ 0 \end{bmatrix} = \begin{bmatrix} -a\,\omega_2\sin\theta_2 \\ a\,\omega_2\cos\theta_2 \\ 0 \end{bmatrix}\end{aligned} \tag{6.181}$$

$$\begin{aligned}{}^G v_{B_4} &= {}_G\boldsymbol{\omega}_4 \times {}^G\boldsymbol{r}_4 \\ &= \begin{bmatrix} 0 \\ 0 \\ \omega_4 \end{bmatrix} \times \begin{bmatrix} e\cos\theta_4 \\ e\sin\theta_4 \\ 0 \end{bmatrix} = \begin{bmatrix} -e\,\omega_4\sin\theta_4 \\ e\,\omega_4\cos\theta_4 \\ 0 \end{bmatrix}\end{aligned} \tag{6.182}$$

$$\begin{aligned}{}^G v_{B_3/A} &= {}_G\boldsymbol{\omega}_3 \times (-{}^G\boldsymbol{r}_3) \\ &= \begin{bmatrix} 0 \\ 0 \\ \omega_4 \end{bmatrix} \times \begin{bmatrix} -b\cos\theta_4 \\ -b\sin\theta_4 \\ 0 \end{bmatrix} = \begin{bmatrix} b\,\omega_4\sin\theta_4 \\ -b\,\omega_4\cos\theta_4 \\ 0 \end{bmatrix}\end{aligned} \tag{6.183}$$

$$\begin{aligned}{}^G v_{B_3} &= {}^G v_{B_3/A} + {}^G v_A \\ &= \begin{bmatrix} b\,\omega_4\sin\theta_4 \\ -b\,\omega_4\cos\theta_4 \\ 0 \end{bmatrix} + \begin{bmatrix} -a\,\omega_2\sin\theta_2 \\ a\,\omega_2\cos\theta_2 \\ 0 \end{bmatrix} \\ &= \begin{bmatrix} b\,\omega_4\sin\theta_4 - a\,\omega_2\sin\theta_2 \\ a\,\omega_2\cos\theta_2 - b\,\omega_4\cos\theta_4 \\ 0 \end{bmatrix}\end{aligned} \tag{6.184}$$

$$
\begin{aligned}
{}^{G}v_{B_3/B_4} &= {}^{G}v_{B_3} - {}^{G}v_{B_4} \\
&= \begin{bmatrix} b\,\omega_4\sin\theta_4 - a\,\omega_2\sin\theta_2 \\ a\,\omega_2\cos\theta_2 - b\,\omega_4\cos\theta_4 \\ 0 \end{bmatrix} - \begin{bmatrix} -e\,\omega_4\sin\theta_4 \\ e\,\omega_4\cos\theta_4 \\ 0 \end{bmatrix} \\
&= \begin{bmatrix} \omega_4 e\sin\theta_4 - a\,\omega_2\sin\theta_2 + b\,\omega_4\sin\theta_4 \\ a\,\omega_2\cos\theta_2 - \omega_4 e\cos\theta_4 - b\,\omega_4\cos\theta_4 \\ 0 \end{bmatrix}
\end{aligned}
\tag{6.185}
$$

例 253 反向滑块 - 曲柄机构的加速度分析

通过求式（6.176）和式（6.177）的时间导数可以对反向滑块 - 曲柄机构进行加速度分析。

$$
\begin{aligned}
&\frac{\mathrm{d}}{\mathrm{d}t}(a\,\omega_2\cos\theta_2 - b\,\omega_4\sin\theta_4 + \dot{b}\cos\theta_4 - e\,\omega_4\cos\theta_4) \\
&= a\,\alpha_2\cos\theta_2 - a\,\omega_2^2\sin\theta_2 - b\,\alpha_4\sin\theta_4 + b\,\omega_4^2\cos\theta_4 \\
&\quad + \ddot{b}\cos\theta_4 - \dot{b}\omega_4\sin\theta_4 - e\,\alpha_4\cos\theta_4 + e\,\omega_4^2\sin\theta_4 = 0
\end{aligned}
\tag{6.186}
$$

$$
\begin{aligned}
&\frac{\mathrm{d}}{\mathrm{d}t}(-a\,\omega_2\sin\theta_2 - b\,\omega_4\sin\theta_4 + \dot{b}\cos\theta_4 + e\,\omega_4\sin\theta_4) \\
&= -a\,\alpha_2\sin\theta_2 + a\,\omega_2^2\cos\theta_2 - b\,\alpha_4\sin\theta_4 - b\,\omega_4^2\cos\theta_4 \\
&\quad + \ddot{b}\cos\theta_4 - \dot{b}\omega_4\sin\theta_4 + e\,\alpha_4\sin\theta_4 + e\,\omega_4^2\cos\theta_4 = 0
\end{aligned}
\tag{6.187}
$$

式中

$$
\alpha_2 = \dot{\omega}_2 \qquad \alpha_4 = \alpha_3 = \dot{\omega}_4 = \dot{\omega}_3 \tag{6.188}
$$

假设 θ_2，ω_2和α_4作为输入构件运动学的条件给定，由式（6.152）和式（6.153）求出 b，θ_4，由式（6.179）和式（6.180）求出 $\dot{b}$，ω_4，则可以通过解式（6.186）和式（6.187）求出 $\ddot{b}$ 和α_4。

$$
\ddot{b} = \frac{C_7 C_{12} - C_9 C_{10}}{C_7 C_{11} - C_8 C_{10}} \tag{6.189}
$$

$$
\alpha_4 = \frac{C_9 C_{11} - C_8 C_{12}}{C_7 C_{11} - C_8 C_{10}} \tag{6.190}
$$

式中

$$
\begin{aligned}
C_7 &= \sin\theta_4 \\
C_8 &= b\cos\theta_4 + e\sin\theta_4 \\
C_9 &= a\,\alpha_2\sin\theta_2 + a\,\omega_2^2\cos\theta_2 - 2\,\dot{b}\omega_4\cos\theta_4 \\
&\quad + b\,\omega_4^2\sin\theta_4 - e\,\omega_4^2\cos\theta_4 \\
C_{10} &= \cos\theta_4 \\
C_{11} &= -b\sin\theta_4 + e\cos\theta_4 \\
C_{12} &= a\,\alpha_2\cos\theta_2 - a\,\omega_2^2\sin\theta_2 + 2\,\dot{b}\omega_4\sin\theta_4 \\
&\quad + b\,\omega_4^2\cos\theta_4 + e\,\omega_4^2\sin\theta_4
\end{aligned}
\tag{6.191}
$$

例 254　反向滑块 - 曲柄机构在车辆中的应用

麦弗逊悬架是汽车独立式前悬架的常用机构，图 6.23 所示为一个麦弗逊悬架及其等效运动学模型，其中车轮安装在连接件的 C 点处。

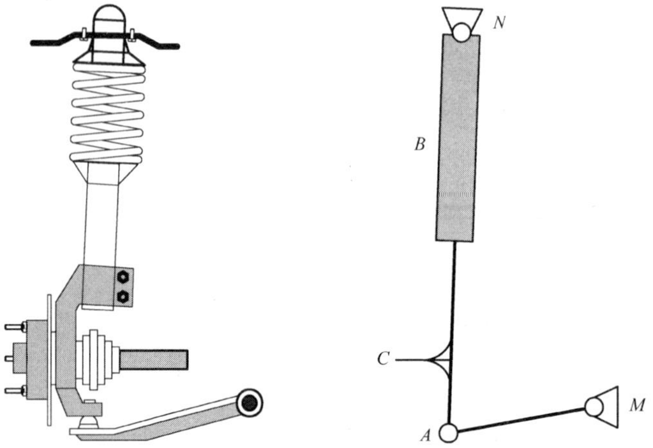

图 6.23　麦弗逊悬架是一个反向滑块 - 曲柄机构

减振器的活塞杆位于悬架支撑杆的顶部，并作为转向主销轴。在底部，减振器支撑在位于下支臂的球铰上。麦弗逊悬架，又叫查普曼悬架，由厄尔・麦弗逊于 20 世纪 40 年代，首次应用于 1949 年款的福特 Vedette 汽车上，然后又被 1951 年款的福特 Consul 汽车采用，并因其紧凑性和低成本逐渐成为主流悬架系统之一。

6.4　瞬时旋转中心

一般刚体的平面运动中，在某一瞬间，刚体上任意一点的速度可以表示为绕某一垂直于平面的轴的旋转运动。该轴线与平面的交点称作刚体相对于地面的瞬时旋转中心，瞬时旋转中心又称作**瞬心**、**旋转中心**和**旋转极点**。

如果已知一个刚体上两个不同点 A 和点 B 速度的方向，瞬时旋转中心 I 位于速度向量v_A和v_B垂直线的交点，如图 6.24a 所示。

特殊情况下，当点 A 和点 B 的速度向量v_A和v_B均垂直于直线 AB 时，则瞬时旋转中心 I 位于直线 AB 与两个速度向量末点连线所确定直线的交点处，如图 6.24b 所示。

任何两个相对运动的构件间都存在一个瞬时旋转中心，该瞬心位于在两个连体坐标系中速度相同的一个共同点处。

三个构件 1、2 和 3 的三个瞬心I_{12}、I_{23}和I_{13}位于同一直线上，这个结论称作**肯尼迪法则**(Kennedy thoerem)。

证明：设有两个与地面连接且存在相对运动的刚体，如图 6.25 所示。构件 1 为地面，构件 2 和构件 3 分别绕地面上的点 M 和点 N 旋转，相对地面的旋转角速度分别为ω_2和ω_3，这两个构件在点 C 处接触。

位于 M 处的旋转关节是构件 2 和构件 1 之间的瞬时旋转中心I_{12}，位于 N 处的旋转关节是构件 3 和构件 1 之间的瞬时旋转中心I_{13}。构件 2 上任意一点相对于地面的速度均垂直于该

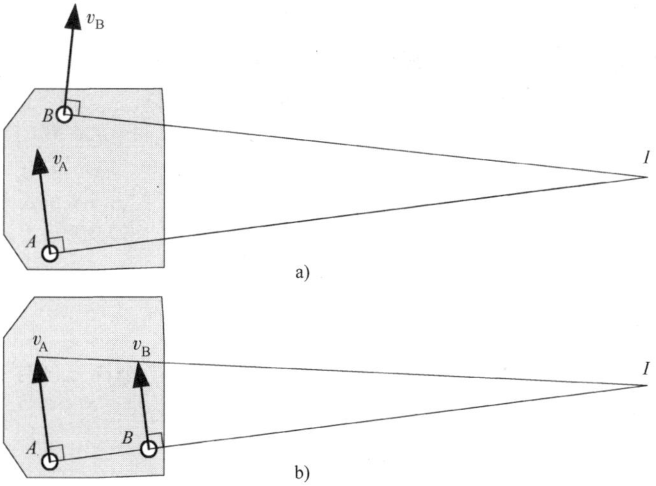

图 6.24 运动刚体瞬时旋转中心 I 的确定

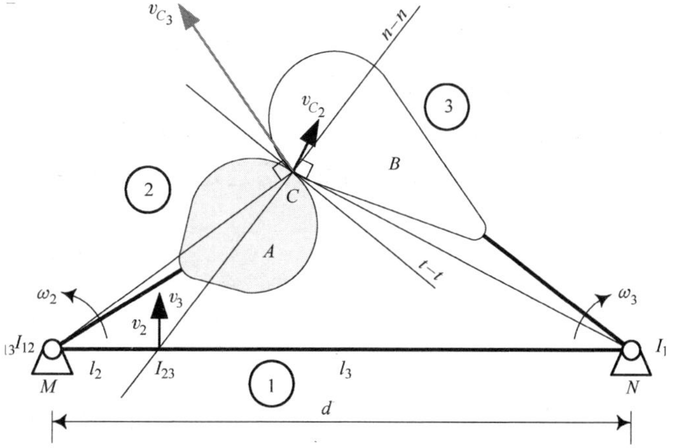

图 6.25 由地面构件 1，运动构件 2 和 3 构成的一个三构件机构

点到 M 的连线，同理，构件 3 上任意一点相对于地面的速度均垂直于该点到 N 的连线。因此，在构件 2 上接触点 C 的速度为v_{C_2}，垂直于半径 NC。在构件 3 上接触点 C 的速度为v_{C_3}，垂直于半径 NC。

瞬时旋转中心I_{23}应该位于两个刚体上相对地面速度相同的一点处，在接触点 C 处画出构件 2 和构件 3 上曲线的法向线 $n-n$ 和切线 $t-t$。为了使两个刚体保持接触，v_{C_2}和v_{C_3}的法向分量应该相等，对法向线 $n-n$ 上任意其他点也适用。速度v_{C_2}和v_{C_3}的仅仅是其切向分量不同。因此，瞬时旋转中心I_{23}应该位于法向线 $n-n$ 上的某一位置，两个刚体在该位置处沿切线 $t-t$ 方向的速度应该相等。法向线 $n-n$ 和中心线 MN 的交点是I_{13}唯一可能的瞬时旋转中心点，两个刚体在该点处的速度相同。因为它们在法向线 $n-n$ 上的分量相等，所以它们也必然相等。

现定义

$$I_{12}I_{23}=l_2 \tag{6.192}$$

$$I_{13}I_{23}=l_3 \tag{6.193}$$

由于两个刚体的速度在共同瞬时旋转中心处一定相等，则得到

$$l_2\omega_2=l_3\omega_3 \tag{6.194}$$

或者

$$\frac{\omega_2}{\omega_3}=\frac{l_3}{l_2}==\frac{1}{1+\dfrac{d}{l_2}} \tag{6.195}$$

式中，d 是地面构件 MN 的长度。

例 255　瞬心的数量

每两个相对运动的刚体之间都存在一个瞬心，所以在三个刚体之间存在三个瞬心。在 n 个相对运动的刚体之间存在 N 个瞬心，且

$$N=\frac{n(n-1)}{2} \tag{6.196}$$

所以，铰链四杆机构存在6个瞬心，I_{12}、I_{13}、I_{14}、I_{23}、I_{24}和I_{34}，I_{ij}表示构件 i 和 j 间的瞬时旋转中心。因为两个构件间只有一个瞬心，所以

$$I_{ij}=I_{ji} \tag{6.197}$$

铰链四杆机构、滑块－曲柄机构、反向滑块－曲柄机构的瞬时旋转中心如图6.26所示。两个相互滑动的构件间的瞬时旋转中心位于垂直于其共同切线的直线上的无穷远处，所以，图6.26b中的I_{14}位于垂直于地面构件的直线上的无穷远处，图6.26c中的I_{34}位于垂直于构件3的直线上的无穷远处。

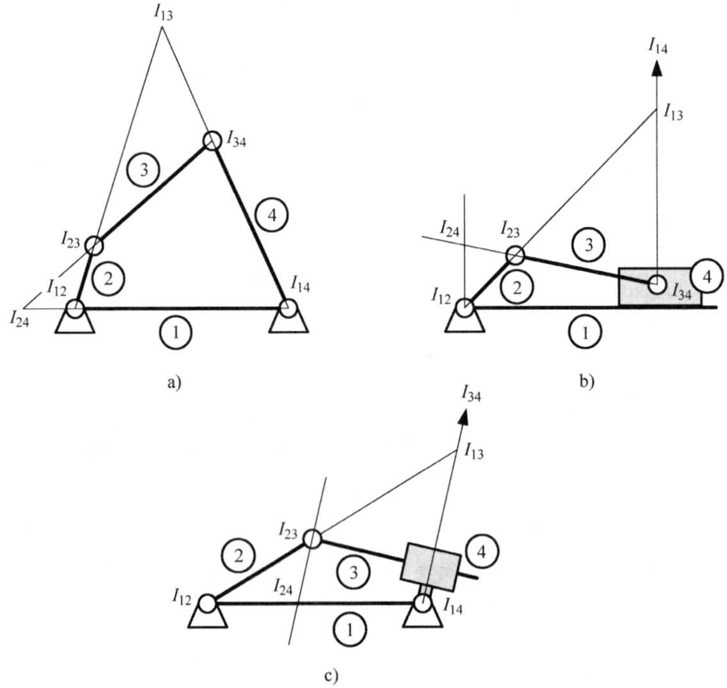

图6.26　铰链四连杆机构、滑块－曲柄机构、反向滑块－曲柄机构的瞬时旋转中心

图 6.27 所示为一个六构件机构的 15 个瞬时旋转中心。

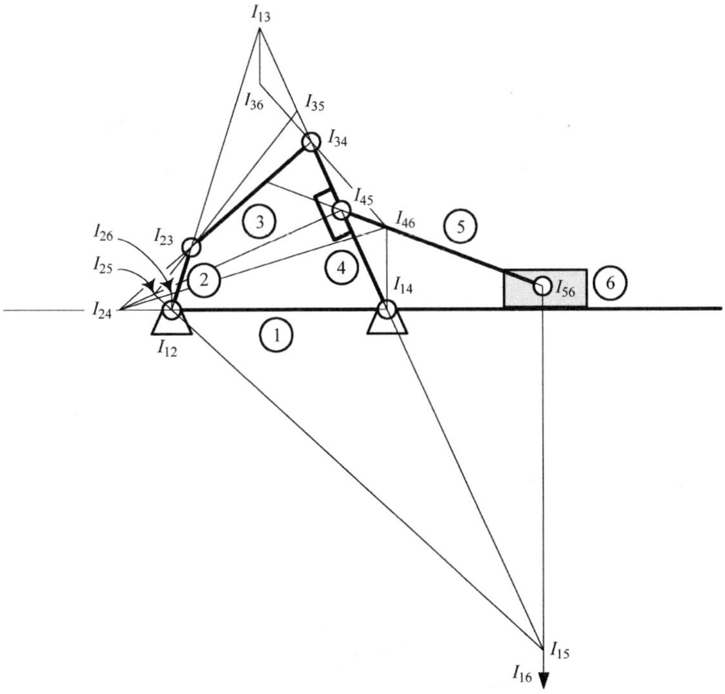

图 6.27　一个六构件机构的 15 个瞬时旋转中心

例 256　瞬时旋转中心在车辆中的应用

图 6.28 所示为一个双 A 臂悬架及其等效铰链四杆机构运动学模型，车轮安装在连接件 *AB* 处，并将上 A 臂 *BN* 与下 A 臂 *AM* 连接在一起。A 型臂在 *N* 和 *M* 处通过两个转动关节与车身相连，车身则作为悬架机构的地面构件。

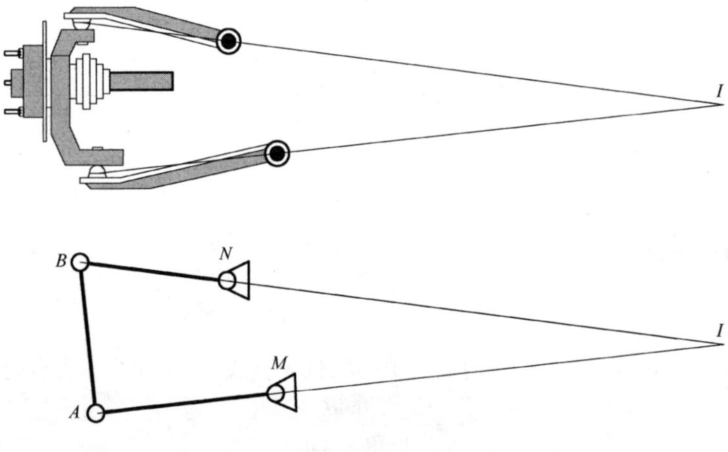

图 6.28　双 A 臂悬架装置的侧倾中心及其运动学模型

点 N 和 M 分别是上、下A臂相对于车身的瞬时旋转中心，上、下A臂延长线的交点是连接件相对于车体的瞬时旋转中心。悬架运动时，车轮将以点 I 为中心绕车身旋转，点 I 称作车轮与车身的**侧倾中心**。

例257　瞬时旋转中心未必是固定的

如果瞬时旋转中心不在与地面构件固定的关节上，则机构运动时，瞬时旋转中心也可能会发生移动。图6.29所示为一个铰链四杆机构的连接件相对于地面构件瞬时旋转中心I_{13}的若干位置。点I_{13}随着机构的运动而移动，且其移动沿着如图所示的路径。

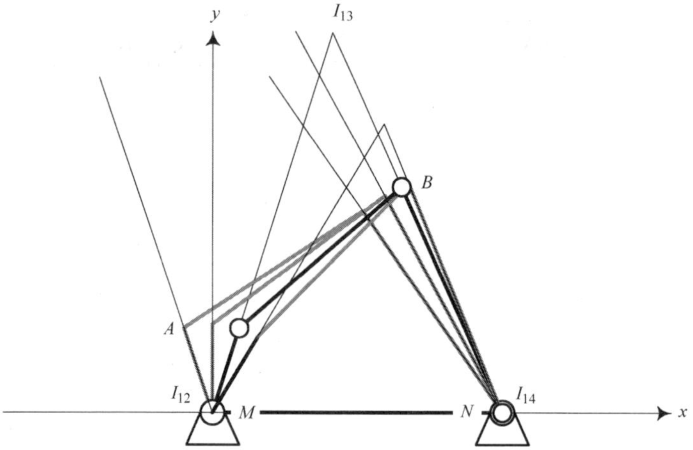

图6.29　瞬时旋转中心 I_{13}的移动路径

对于一组给定的长度 a、b、c 和 d，点 M、A、B 和 N 的坐标见表6.7。

表6.7　铰链四杆机构的坐标

点	x 坐标	y 坐标
M	0	0
A	$a\cos\theta_2$	$a\sin\theta_2$
B	$d+c\cos\theta_4$	$c\sin\theta_4$
N	d	0

直线 MA 的方程为

$$y=\frac{y_A}{x_A}x=(\tan\theta_2)x \tag{6.198}$$

直线 NB 的方程为

$$y=\frac{y_B}{x_B-d}(x-d)=(\tan\theta_4)(x-d) \tag{6.199}$$

连接件 AB 相对于地面 MN 的瞬时旋转中心I_{23}位于直线 MA 和 NB 的交点处。

$$x=d\frac{\tan\theta_4}{\tan\theta_4-\tan\theta_2} \tag{6.200}$$

$$y=d\frac{\tan\theta_4\tan\theta_2}{\tan\theta_4-\tan\theta_2} \tag{6.201}$$

图 6.30 所示为瞬时旋转中心I_{13}的坐标（x，y），此时

$$a=1 \qquad b=2 \qquad c=2.5 \qquad d=3 \tag{6.202}$$

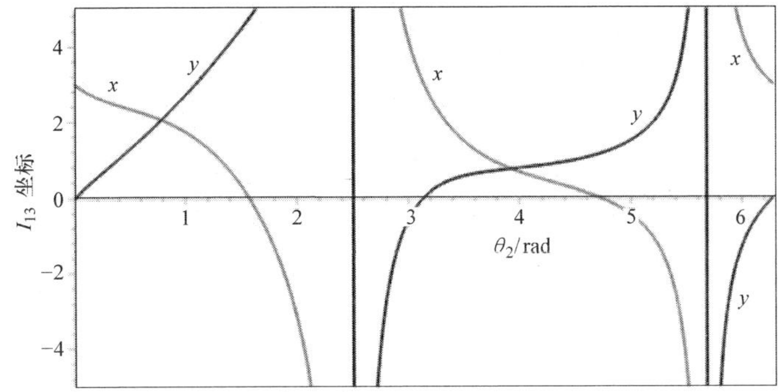

图 6.30　以 θ_2 为参量时瞬时旋转中心 I_{13}的坐标（x，y）

输入构件和输出构件平行时，$\theta_4=\theta_2$，此时瞬时旋转中心I_{23}移至无穷远处。弗罗伊登斯坦等式为

$$J_1\cos\theta_4-J_2\cos\theta_2+J_3=\cos(\theta_4-\theta_2) \tag{6.203}$$

满足平行条件时，得到

$$\cos\theta_2=\frac{1-J_3}{J_1-J_2}=\frac{(a-c)^2-b^2+d^2}{2d(a-c)} \tag{6.204}$$

对于式（202）中的取值，当 $\theta_2=\theta_4$时：

$$\theta_2=\arccos\frac{(a-c)^2-b^2+d^2}{2d(a-c)}=\begin{cases}2.1598\text{rad}\\5.3014\text{rad}\end{cases} \tag{6.205}$$

图 6.31 所示为 $0<\theta_2<2\pi$ 时瞬时转向中心I_{13}的移动路径，自 $\theta_2=0$ 开始，I_{23}从位置 1 处的（3，0）移动到位置 2 处，并在 $\theta_2\to 2.1598$ 时向无穷远处移动。θ_2超过 2.1598 时，I_{23}移动到位置 3，并由此移动到位置 4，在 $\theta_2\to 5.3014$ 时移动到无穷远处。瞬时转向中心I_{23}在 $5.3014<\theta_2<2\pi$ 时又出现在位置 5 并移动到坐标（3，0）处。

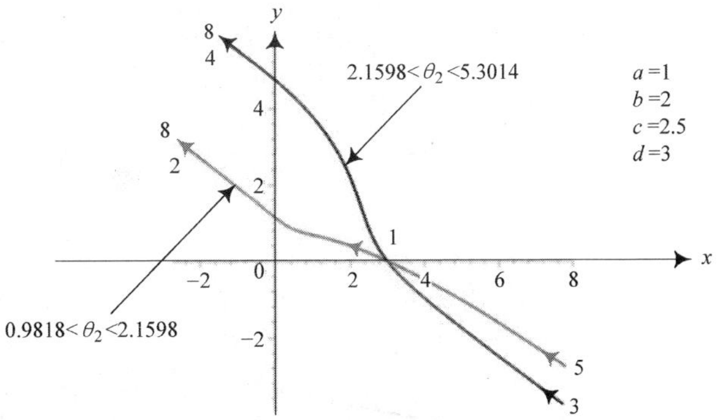

图 6.31　$0<\theta_2<2\pi$ 时瞬时转向中心 I_{13}的移动路径

例 258　在短墙上细长杆的滑动

图 6.32 所示为一个细长杆 AB 以点 A 和 C 为支点滑动，因为点 A 和 C 在速度轴上，所以可以找到瞬时转动中心 I。

I 的坐标是参数 θ 的函数：

$$x_I=h\cot\theta \tag{6.206}$$

$$y_I=h+x_I\cot\theta=h(1+\cot^2\theta) \tag{6.207}$$

在 x 和 y 之间消去 θ，生成 I 的移动路径。

$$y_I = h\left(1 + \frac{x_I^2}{h^2}\right) \tag{6.208}$$

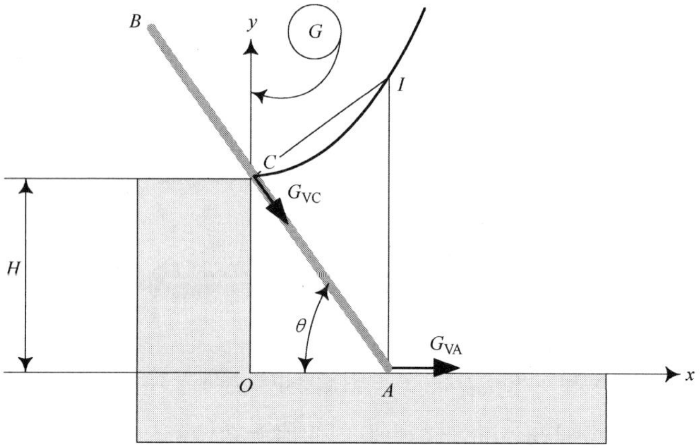

图 6.32　以点 A 和点 C 为滑动点的细长杆 AB

例 259★　刚体的平面运动

刚体的平面运动是指刚体上所有的点都只在平行平面中的运动，所以，要研究刚体的运动，只需研究一个平面中点的运动即可。

图 6.33 所示为平面运动中某刚体及相应坐标系。刚体上的某一点 P 的位置和速度为：

$$^G\boldsymbol{r}_P = {}^G\boldsymbol{d}_B + {}^GR_B{}^B\boldsymbol{r}_P = {}^G\boldsymbol{d}_B + {}_B^G\boldsymbol{r}_P \tag{6.209}$$

$$^Gv_P = {}^G\dot{\boldsymbol{d}}_B + {}_G\boldsymbol{\omega}_B \times ({}^G\boldsymbol{r}_P - {}^G\boldsymbol{d}_B) = {}^G\dot{\boldsymbol{d}}_B + {}_G\boldsymbol{\omega}_B \times {}_B^G\boldsymbol{r}_P \tag{6.210}$$

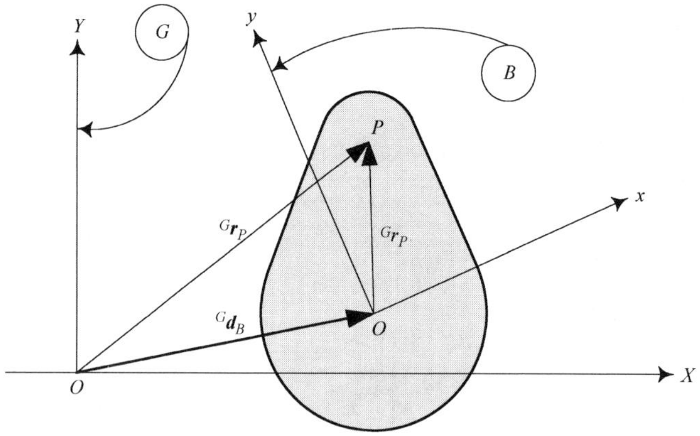

图 6.33　平面运动中的某刚体

式中，$^G\boldsymbol{d}_B$ 表示运动原点 o 相对于固定原点 O 的位置；$^G\dot{\boldsymbol{d}}_B$ 项为点 o 的速度；${}_G\boldsymbol{\omega}_B \times {}_B^G\boldsymbol{r}_P$ 项为点 P 相对于点 o 的速度，上述两项均在坐标系 G 中。

$$^Gv_{P/o} = {}_G\boldsymbol{\omega}_B \times {}_B^G\boldsymbol{r}_P \tag{6.211}$$

尽管不是很准确，但有时为了便于说明，分别将$^G\dot{\boldsymbol{d}}_B$ 和${}_G\boldsymbol{\omega}_B \times {}_B^G\boldsymbol{r}_P$ 理解为^Gv_P的平移速度分量和旋转速度分量。此时，刚体上某一点 P 的速度，是任意一点 o 的速度$^G\dot{\boldsymbol{d}}_B$ 与点 P 相对于 o

的角速度${}_G\boldsymbol{\omega}_B \times {}^G_B\boldsymbol{r}_P$ 的叠加。

相对速度向量${}^Gv_{P/o}$垂直于相对位置向量${}^G_B\boldsymbol{r}_P$，同理，也可以认为点 P 和点 o 相对于另一个点 Q 的速度分别垂直于${}^G_B\boldsymbol{r}_{P/Q}$和${}^G_B\boldsymbol{r}_{o/Q}$。我们能够找到一点 Q，并令其作为瞬时旋转中心，该点处速度为0。点 o，点 P 和点 Q 如图 6.34 所示。

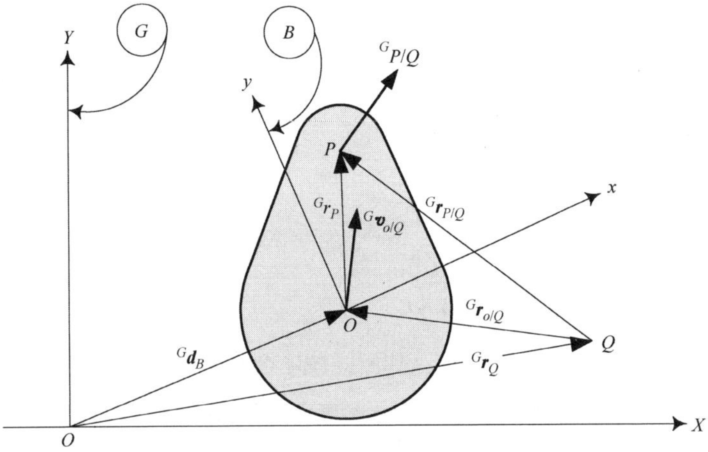

图 6.34　平面运动中某刚体的瞬体旋转中心 Q

设瞬时旋转中心 Q 的位置向量为${}^G_B\boldsymbol{r}_{o/Q}$，并定义

$$ {}^G\boldsymbol{r}_{o/Q} = a_Q {}^G\dot{\boldsymbol{d}}_B + b_Q {}_G\boldsymbol{\omega}_B \times {}^G\dot{\boldsymbol{d}}_B \tag{6.212} $$

则根据式（6.210），点 Q 的速度可以表示为

$$ \begin{aligned} {}^Gv_Q &= {}^G\dot{\boldsymbol{d}}_B + {}_G\boldsymbol{\omega}_B \times {}^G\boldsymbol{r}_{Q/o} = {}^G\dot{\boldsymbol{d}}_B - {}_G\boldsymbol{\omega}_B \times {}^G\boldsymbol{r}_{o/Q} \\ &= {}^G\dot{\boldsymbol{d}}_B - {}_G\boldsymbol{\omega}_B \times (a_Q {}^G\dot{\boldsymbol{d}}_B + b_Q {}_G\boldsymbol{\omega}_B \times {}^G\dot{\boldsymbol{d}}_B) \\ &= {}^G\dot{\boldsymbol{d}}_B - a_Q {}_G\boldsymbol{\omega}_B \times {}^G\dot{\boldsymbol{d}}_B - b_Q {}_G\boldsymbol{\omega}_B \times ({}_G\boldsymbol{\omega}_B \times {}^G\dot{\boldsymbol{d}}_B) \\ &= 0 \end{aligned} \tag{6.213} $$

此时，应用公式

$$ {}_G\boldsymbol{\omega}_B = \omega \hat{K} \tag{6.214} $$

$$ {}_G\boldsymbol{\omega}_B ({}_G\boldsymbol{\omega}_B \times {}^G\dot{\boldsymbol{d}}_B) = ({}_G\boldsymbol{\omega}_B \cdot {}^G\dot{\boldsymbol{d}}_B) {}_G\boldsymbol{\omega}_B - \omega^2 {}^G\dot{\boldsymbol{d}}_B \tag{6.215} $$

$$ {}_G\boldsymbol{\omega}_B \cdot {}^G\dot{\boldsymbol{d}}_B = 0 \tag{6.216} $$

发现

$$ (1 + b_Q \omega^2) {}^G\dot{\boldsymbol{d}}_B - a_Q {}_G\boldsymbol{\omega}_B \times {}^G\dot{\boldsymbol{d}}_B = 0 \tag{6.217} $$

由于${}^G\dot{\boldsymbol{d}}_B$ 和${}_G\boldsymbol{\omega}_B \times {}^G\dot{\boldsymbol{d}}_B$ 必须垂直,由式(6.217)可得

$$ 1 + b_Q \omega^2 = 0 \quad a_Q = 0 \tag{6.218} $$

因此，

$$ {}^G\boldsymbol{r}_{Q/o} = \frac{1}{\omega^2}({}_G\boldsymbol{\omega}_B \times {}^G\dot{\boldsymbol{d}}_B) \tag{6.219} $$

例 260★　加速度瞬心

对于刚体的平面运动，可以在刚体上找到一点，且该点处加速度为0。满足上述条件的点称为加速度瞬心。当刚体进行平面运动时，可以用如图6.34所示的方法表示刚体上某一点 P 的加速度。

$$\begin{aligned}{}^{G}\boldsymbol{a}_{P} &= {}^{G}\ddot{\boldsymbol{d}}_{B} + {}_{G}\boldsymbol{\alpha}_{B} \times ({}^{G}\boldsymbol{r}_{P} - {}^{G}\boldsymbol{d}_{B}) \\ &\quad + {}_{G}\boldsymbol{\omega}_{B} \times [{}_{G}\boldsymbol{\omega}_{B}({}^{G}\boldsymbol{r}_{P} - {}^{G}\boldsymbol{d}_{B})] \\ &= {}^{G}\ddot{\boldsymbol{d}}_{B} + {}_{G}\boldsymbol{\alpha}_{B} \times {}_{B}^{G}\boldsymbol{r}_{P} + {}_{G}\boldsymbol{\omega}_{B} \times ({}_{G}\boldsymbol{\omega}_{B} \times {}_{B}^{G}\boldsymbol{r}_{P})\end{aligned} \tag{6.220}$$

式中，${}_{G}\boldsymbol{\omega}_{B} \times ({}_{G}\boldsymbol{\omega}_{B} \times {}_{B}^{G}\boldsymbol{r}_{P})$ 为向心加速度项；${}_{G}\boldsymbol{\alpha}_{B} \times {}_{B}^{G}\boldsymbol{r}_{P}$ 为切向加速度项。因为运动是平面运动，所以角速度向量始终平行于单位向量 $\hat{k}$ 和 $\hat{K}$。

$${}_{G}\boldsymbol{\omega}_{B} = \omega \hat{K} \quad {}_{G}\boldsymbol{\alpha}_{B} = \alpha \hat{K} \tag{6.221}$$

因此，速度 ${}^{G}v_{P}$ 和加速度 ${}^{G}\boldsymbol{a}_{P}$ 可以简化为

$${}^{G}\boldsymbol{a}_{P} = {}^{G}\ddot{\boldsymbol{d}}_{B} + {}_{G}\boldsymbol{\alpha}_{B} \times {}_{B}^{G}\boldsymbol{r}_{P} - \omega^{2}\,{}_{B}^{G}\boldsymbol{r}_{P} \tag{6.222}$$

这样就可以找到一个加速度为0的点 S，其位置向量表示为

$${}^{G}\boldsymbol{r}_{S/o} = a_{S}\,{}^{G}\ddot{\boldsymbol{d}}_{B} + b_{S}\,{}_{G}\boldsymbol{\alpha}_{B} \times {}^{G}\ddot{\boldsymbol{d}}_{B} \tag{6.223}$$

根据式（6.222）可知，

$$\begin{aligned}{}^{G}\boldsymbol{a}_{S} &= {}^{G}\ddot{\boldsymbol{d}}_{B} + {}_{G}\boldsymbol{\alpha}_{B} \times {}_{B}^{G}\boldsymbol{r}_{S} - \omega^{2}\,{}_{B}^{G}\boldsymbol{r}_{S} \\ &= {}^{G}\ddot{\boldsymbol{d}}_{B} + {}_{G}\boldsymbol{\alpha}_{B} \times {}^{G}\boldsymbol{r}_{S/o} - \omega^{2}\,{}^{G}\boldsymbol{r}_{S/o} \\ &= {}^{G}\ddot{\boldsymbol{d}}_{B} + {}_{G}\boldsymbol{\alpha}_{B} \times (a_{S}\,{}^{G}\ddot{\boldsymbol{d}}_{B} + b_{S}\,{}_{G}\boldsymbol{\alpha}_{B} \times {}^{G}\ddot{\boldsymbol{d}}_{B}) \\ &\quad - \omega^{2}(a_{S}\,{}^{G}\ddot{\boldsymbol{d}}_{B} + b_{S}\,{}_{G}\boldsymbol{\alpha}_{B} \times {}^{G}\ddot{\boldsymbol{d}}_{B}) \\ &= {}^{G}\ddot{\boldsymbol{d}}_{B} + a_{S}\,{}_{G}\boldsymbol{\alpha}_{B} \times {}^{G}\ddot{\boldsymbol{d}}_{B} + b_{S}\,{}_{G}\boldsymbol{\alpha}_{B} \times ({}_{G}\boldsymbol{\alpha}_{B} \times {}^{G}\ddot{\boldsymbol{d}}_{B}) \\ &\quad - a_{S}\,\omega^{2}\,{}^{G}\ddot{\boldsymbol{d}}_{B} - b_{S}\,\omega^{2}\,{}_{G}\boldsymbol{\alpha}_{B} \times {}^{G}\ddot{\boldsymbol{d}}_{B} = 0\end{aligned} \tag{6.224}$$

上述公式简化后得到

$$(1 - a_{S}\,\omega^{2} - b_{S}\,\alpha^{2})\,{}^{G}\ddot{\boldsymbol{d}}_{B} + (a_{S} - b_{S}\,\omega^{2})\,{}_{G}\boldsymbol{\alpha}_{B} \times {}^{G}\ddot{\boldsymbol{d}}_{B} = 0 \tag{6.225}$$

由于 ${}^{G}\ddot{\boldsymbol{d}}_{B}$ 与 ${}_{G}\boldsymbol{\alpha}_{B} \times {}^{G}\ddot{\boldsymbol{d}}_{B}$ 互相垂直，则必有

$$1 - a_{S}\omega^{2} - b_{S}\alpha^{2} = 0 \quad a_{S} - b_{S}\,\omega^{2} = 0 \tag{6.226}$$

因此，

$$a_{S} = \frac{\omega^{2}}{\omega^{2} + \alpha^{2}} \quad b_{S} = \frac{1}{\omega^{2} + \alpha^{2}} \tag{6.227}$$

加速度瞬心的位置向量等于

$${}^{G}\boldsymbol{r}_{S/o} = \frac{1}{\omega^{2} + \alpha^{2}}(\omega^{2}\,{}^{G}\ddot{\boldsymbol{d}}_{B} + {}_{G}\boldsymbol{\alpha}_{B} \times {}^{G}\ddot{\boldsymbol{d}}_{B}) \tag{6.228}$$

6.5　连杆点曲线

车轮通过一套机构与底盘连接，从而赋予车轮和车辆底盘之间运动的灵活性。最常用的悬架机构是双A臂反向滑块－曲柄机构。车辆的车轮连接在机构连杆的一点上，通过分析

连杆点的位移可以计算车轮和底盘之间的相对运动。

6.5.1 铰链四杆机构的连杆点曲线

图6.35所示为一个铰链四杆机构 *MNAB*，其连杆点位于 *C* 处，该机构运动时，连杆点 *C* 会沿某一路径运动。

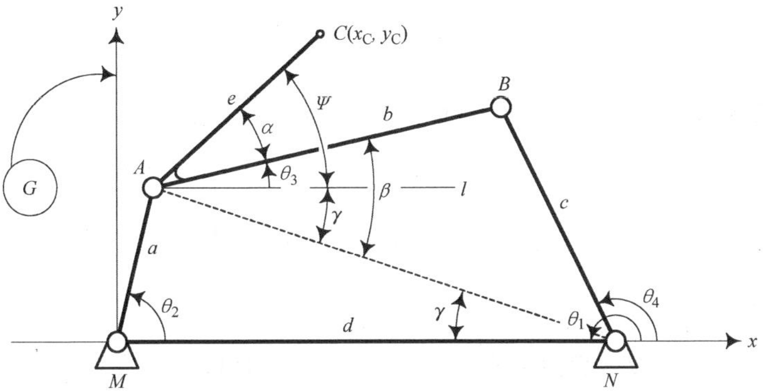

图6.35 一个铰链四杆机构 *MNAB* 和位于 *C* 处的连杆点

连杆点的运动路径称作**连杆点曲线**，设 θ_2 为该机构的输入变量，连杆点曲线（x_C，y_C）的参数化坐标为

$$x_C = a\cos\theta_2 + e\cos(\beta - \gamma + \alpha) \tag{6.229}$$

$$y_C = a\sin\theta_2 + e\sin(\beta - \gamma + \alpha) \tag{6.230}$$

式中

$$\gamma = \arctan\frac{a\sin\theta_2}{d - a\cos\theta_2} \tag{6.231}$$

$$\beta = \arctan\frac{\sqrt{4b^2f^2 - (b^2 + f^2 - c^2)^2}}{b^2 + f^2 - c^2} \tag{6.232}$$

$$f = \sqrt{a^2 + d^2 - 2ad\cos\theta_2} \tag{6.233}$$

证明：图6.35中连杆点 *C* 的位置通过相对于连杆 *AB* 的极坐标长度 e 和角度 α 定义，在与大地固定的笛卡儿坐标系 *G* 中通过（x_C，y_C）定义。各构件的长度分别用 $MA = a$，$AB = b$，$NB = c$ 和 $MN = d$ 表示，并令 γ 表示角度 $\angle ANM$，β 表示 $\angle BAN$。通过点 *A* 做一条平行于地面构件 *MN* 的直线 l，可得

$$\angle NAl = \angle ANM = \gamma \tag{6.234}$$

$$\angle CAl = \psi \tag{6.235}$$

$$\psi = \beta - \gamma + \alpha \tag{6.236}$$

则点 *C* 的全域坐标为

$$x_C = a\cos\theta_2 + e\cos\psi \tag{6.237}$$

$$y_C = a\sin\theta_2 + e\sin\psi \tag{6.238}$$

式中，ψ 由式（6.236）获得，角度 β 利用 $\triangle BAN$ 根据余弦定理计算。

$$\cos\beta = \frac{b^2 + f^2 - c^2}{2bf} \tag{6.239}$$

式中，$f=AN$，在$\triangle AMN$中应用余弦定理，根据式（6.233）可知

$$f=\sqrt{a^2+d^2-2ad\cos\theta_2} \tag{6.240}$$

在计算机计算时，采用三角函数公式求解β更方便，即

$$\tan^2\beta=\sec^2\beta-1 \tag{6.241}$$

并从式（6.239）中代入$\sec\beta$。

$$\beta=\arctan\frac{\sqrt{4b^2f^2-(b^2+f^2-c^2)^2}}{b^2+f^2-c^2} \tag{6.242}$$

根据点A与地面构件MN的垂直距离，可以由正切方程求出角度γ。

$$\gamma=\arctan\frac{a\sin\theta_2}{d-a\cos\theta_2} \tag{6.243}$$

因此，给出a，b，c，d，e和α的一组数值后，可以求出坐标x_C和y_C的关于θ_2的两个参数化方程式。

例261 某设计不佳的双A臂悬架机构

图6.36所示为一个双A臂悬架机构及其等效铰链四杆机构运动学模型，点M和点N是固定于车体之上的关节，点A和点B是与车轮连接的运动关节，点C在车轮轴上，并假设其位于车轮的中心，车轮支撑着机构的连接件。车轮上下运动时，车轮中心点沿如图所示的连接点曲线移动。理想悬架机构的车轮中心应该在悬架行程的工作范围内垂直运动，但是，图6.36中所示悬架的车轮中心运动路径的曲度却很大，产生了不希望出现的外倾角。

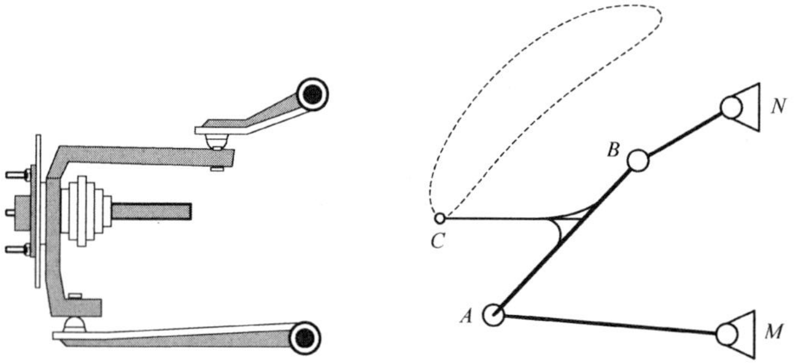

图6.36 一个双A臂悬架机构及其等效铰链四杆机构运动学模型

悬架运动学模型的小范围运动如图6.37所示，图中同时给出了实际悬架和车轮的结构。

6.5.2 滑块-曲柄机构的连杆点曲线

图6.38所示为一个滑块-曲柄机构，连接点位于C处。该机构运动时，连杆点C将沿连杆点曲线移动，曲线的参数化方程如下：

$$x_C=a\cos\theta_2+c\cos(\alpha-\gamma) \tag{6.244}$$

$$y_C=a\sin\theta_2+c\sin(\alpha-\gamma) \tag{6.245}$$

角θ_2为该机构的输入角度，是方程组的参数，角γ可以由下式计算获得。

$$\gamma=\arcsin\frac{a\sin\theta_2-e}{b} \tag{6.246}$$

证明：将平面笛卡儿坐标系固定在地面构件的点M处，其x轴平行于地面，即滑动平

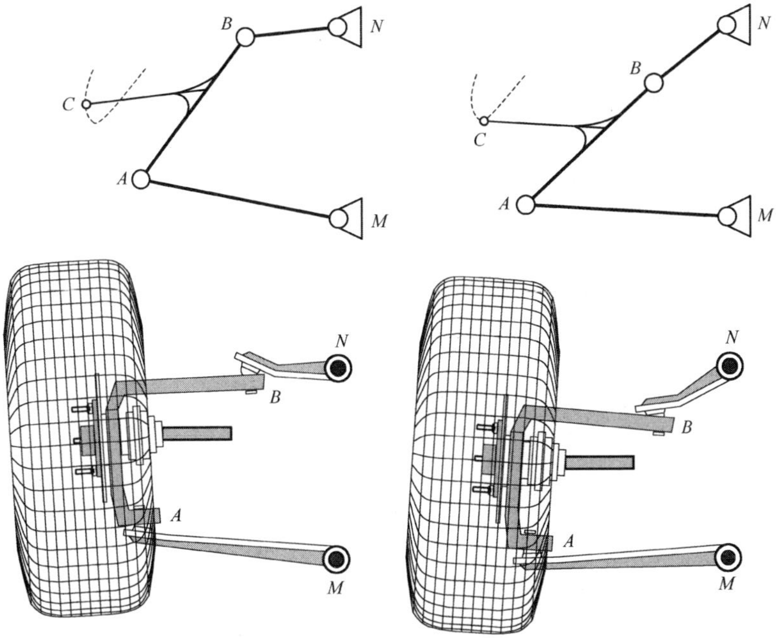

图 6.37　悬架运动学模型的小范围运动以及实际的悬架和车轮

面，如图 6.38 所示。通过点 A 做一条平行于地面的直线 l，可得

$$\beta = \alpha - \gamma \tag{6.247}$$

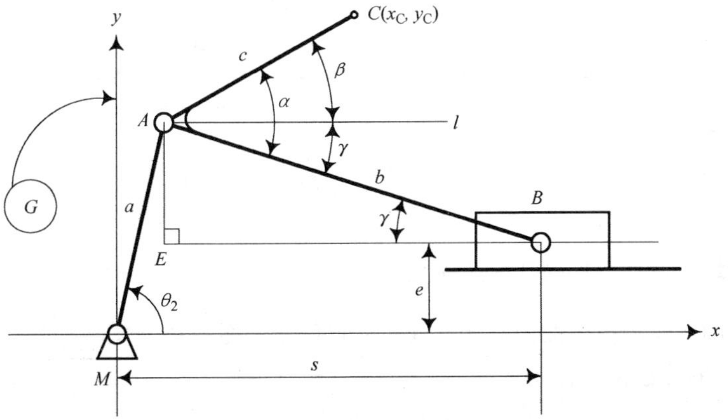

图 6.38　一个滑块 - 曲柄机构及其连杆点 C

式中 γ 是连杆构件和地面的夹角。

则连杆点 C 的坐标（x_C，y_C）为

$$x_C = a\cos\theta_2 + c\cos\beta \tag{6.248}$$

$$y_C = a\sin\theta_2 + c\sin\beta \tag{6.249}$$

为了计算角 γ 的值，观察 $\triangle AEB$ 可知

$$\sin\gamma = \frac{AE}{AB} = \frac{a\sin\theta_2 - e}{b} \tag{6.250}$$

从而证明了式（6.246）。因此，给出 a，b，c，e 和 α 的一组数值后，可以求出坐标 x_C 和 y_C 的关于 θ_2 的两个参数化方程式。

例 262 中心对称的滑块 - 曲柄机构

图 6.39 中，点 C（x_C，y_C）是一个中心对称滑块 - 曲柄机构的连杆点。因为 $e=0$，所以该机构的运动具有中心对中性，又因为 $a=b$，所以该机构的运动具有对称性，且有 $\theta_2=\theta_4$。点 C 位于连杆构件 AB 上，距离点 A 长度为 kb，其中 $0<k<1$。

点 C 的坐标为

$$x_C=a\cos\theta_2+ka\cos\theta_2=a(1+k)\cos\theta_2 \tag{6.251}$$

$$y_C=a\sin\theta_2-ka\sin\theta_2=a(1-k)\sin\theta_2 \tag{6.252}$$

因此，

$$\cos\theta_2=\frac{x_C}{a(1+k)}\quad \sin\theta_2=\frac{y_C}{a(1-k)} \tag{6.253}$$

应用关系 $\cos^2\theta_2+\sin^2\theta_2=1$，可以证明连杆点 C 将沿一个椭圆运动。

$$\frac{x_C^2}{a^2(1+k)^2}+\frac{y_C^2}{a^2(1-k)^2}=1 \tag{6.254}$$

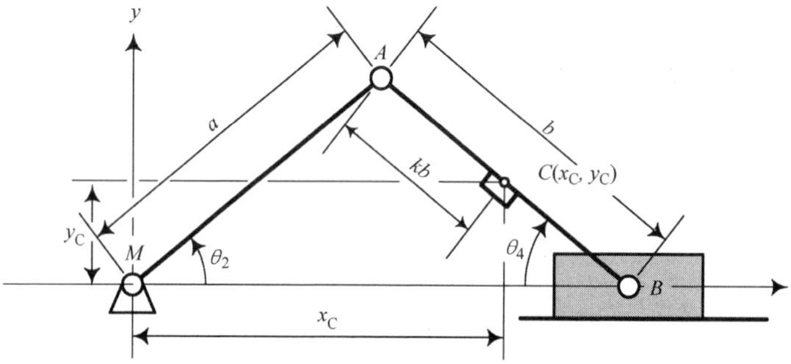

图 6.39 一个中心对称滑块 - 曲柄机构

6.5.3 反向滑块 - 曲柄机构的连杆点曲线

图 6.38 中的反向滑块 - 曲柄机构，其连杆点位于 C 处。该机构运动时，连杆点 C 将一曲线移动，曲线的参数化方程如下：

$$x_C=a\cos\theta_2+c\cos(\pi-\alpha-\theta_4) \tag{6.255}$$

$$y_C=a\sin\theta_2+c\sin(\pi-\alpha-\theta_4) \tag{6.256}$$

θ_2 为该机构的输入角度，是方程组的参数，θ_4 为该机构输出件的角度，由式（6.153）确定。

$$\theta_4=2\arctan\left(\frac{-H\pm\sqrt{H^2-4GI}}{2G}\right) \tag{6.257}$$

$$G=d-e-a\cos\theta_2 \tag{6.258}$$

$$H=2a\sin\theta_2 \tag{6.259}$$

$$I=a\cos\theta_2-d-e \tag{6.260}$$

证明：将平面笛卡儿坐标系固定在地面构件 MN 上，通过点 C 做一条垂直于地面的直线，定义角度变量 $\gamma=\angle ACF$，如图 6.40 所示。同时为了简化计算，再定义另外三个角度，$\beta_1=\angle ANM$，$\beta_2=\angle ANB$ 和，$\beta_3=\angle BEF$。观察三角形 $\triangle ACE$ 可知

$$\gamma=\pi-\beta_3-\alpha \tag{6.261}$$

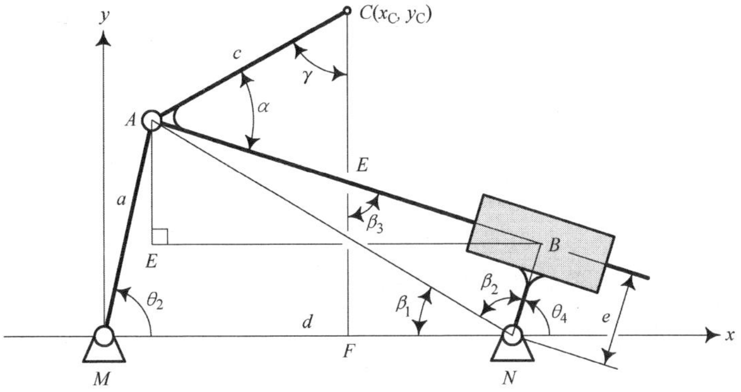

图 6.40 一个反向滑块－曲柄机构及其连接点 C

由四边形□$EFNB$ 可知

$$\beta_3+\angle EFN+\beta_2+\beta_1+\angle EBN=2\pi \tag{6.262}$$

同时由于，

$$\angle EBN=\frac{\pi}{2} \tag{6.263}$$

$$\angle EFN=\frac{\pi}{2} \tag{6.264}$$

故有，

$$\beta_3+\beta_2+\beta_1=\pi \tag{6.265}$$

输出角 θ_4

$$\theta_4=\pi-(\beta_2+\beta_1) \tag{6.266}$$

则有，

$$\theta_4=\beta_3 \tag{6.267}$$

此时角 γ 可以写作

$$\gamma=\pi-\theta_4-\alpha \tag{6.268}$$

式中 θ_4 为输出角，见式(6.153)。

因此，给出 a,d,c,e 和 α 的一组数值后，可以求出坐标 x_C 和 y_C 关于θ_2 的两个参数化方程式。

6.6★ 万向节

如图 6.41 所示的万向节是一种用于连接有一定角度 φ 的两个转动轴的机构。万向节又被称作**胡克联轴器**、**胡克节**、**卡登节**或**叉式节**。

图 6.42 中是一个实际的万向节，万向节中含有四个构件：构件 1 为大地，该构件与输入构件 2 和输出构件 4 之间存在转动关节。输入构件与输出构件均与十字形的构件 3 相连。该万

向节是一个三维四杆装置,其中十字形构件为连接构件。

主动轴和被动轴完成一周转动的时间相同,但是在转动过程中,两个轴的转动速率并不是实时相等的。输出轴 4 转动角速度相对于输入轴 2 转动角速度的比称作**速比** Ω,该值是输入轴角度位置 θ 和两轴之间夹角 φ 函数。

$$\Omega=\frac{\omega_4}{\omega_2}=\frac{\cos\varphi}{1-\sin^2\varphi\cos^2\theta} \tag{6.269}$$

证明：万向节的形式很多，但是如果不考虑其具体构造，一个万向节应具备的基本结构如图 6.42 所示。每个连接轴的轴端都装有一个 U 形连接叉，两个 U 形连接叉同时与一个刚性十字形构件相连，该十字形构件的四个连接头分别装在两个 U 形连接叉上的轴承内。主动连接叉转动时，十字形构件将以 AB 为轴相对于连接叉旋转，十字形构件同时又以 CD 为轴相对于被动连接叉旋转。

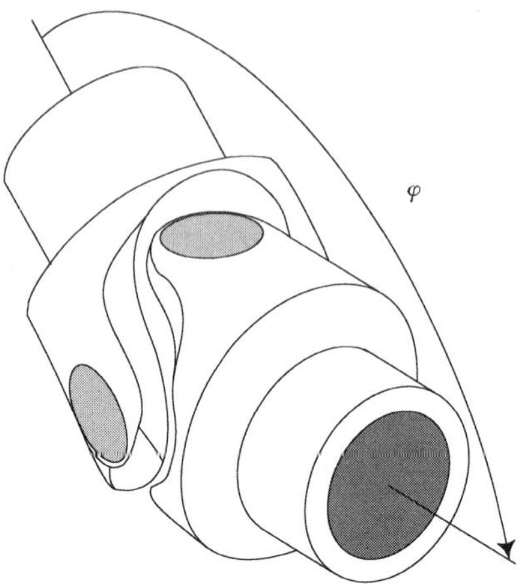

图 6.41　万向节

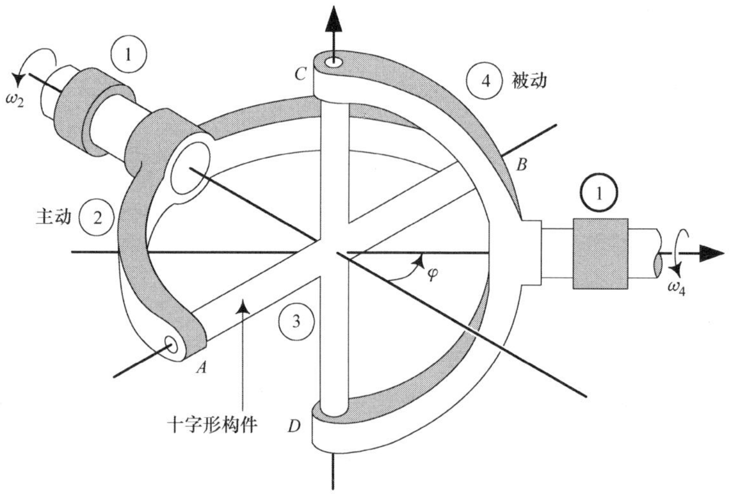

图 6.42　四构件万向节：构件 1 为大地，构件 2 为输入件，构件 4 为输出件，十字形构件为连接构件

尽管主动轴和被动轴同时完成一周的旋转，但是转动过程中两个轴的转动速率并非实时相等。图 6.43 所示为分解后输入件、输出件、十字形构件的演示图。

十字形构件的角速度可以表示如下：

$$ {}_1\boldsymbol{\omega}_3={}_1\boldsymbol{\omega}_2+{}_2^1\boldsymbol{\omega}_3={}_1\boldsymbol{\omega}_4+{}_4^1\boldsymbol{\omega}_3 \tag{6.270}$$

式中，${}_1\boldsymbol{\omega}_2$ 是主动连接叉绕 x_2 轴旋转的角速度；${}_2^1\boldsymbol{\omega}_3$ 是在大地坐标系中十字形构件相对于被动连接叉绕 AB 轴旋转的角速度。

图 6.44 中，$\hat{j}_2$ 和$\hat{j}_3$ 为沿十字形构件臂方向的单位向量，$\hat{i}_2$ 和$\hat{i}_4$ 为沿输入与输出轴方向的单位向量。角速度向量关系如下：

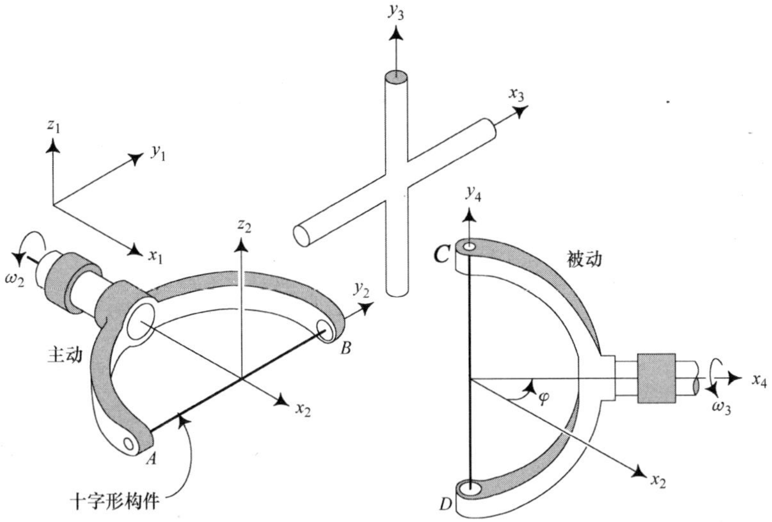

图 6.43 分开显示的万向节输入件、输出件和十字形连接构件

$$
{}_1\boldsymbol{\omega}_2=\begin{bmatrix}\omega_{21}\hat{i}_1\\ \hat{j}_1\\ \hat{k}_1\end{bmatrix}=\begin{bmatrix}\omega_{21}\\ 0\\ 0\end{bmatrix} \quad (6.271)
$$

$$
{}_1\boldsymbol{\omega}_4=\begin{bmatrix}\omega_{41}\hat{i}_4\\ \hat{j}_4\\ \hat{k}_4\end{bmatrix}=\begin{bmatrix}\omega_{41}\\ 0\\ 0\end{bmatrix} \quad (6.272)
$$

$$
{}_2\boldsymbol{\omega}_3=\begin{bmatrix}\hat{i}_2\\ \omega_{32}\hat{j}_2\\ \hat{k}_2\end{bmatrix}\quad {}_2^3\boldsymbol{\omega}_3=\begin{bmatrix}\omega_{32}\hat{i}_3\\ \hat{j}_3\\ \hat{k}_3\end{bmatrix} \quad (6.273)
$$

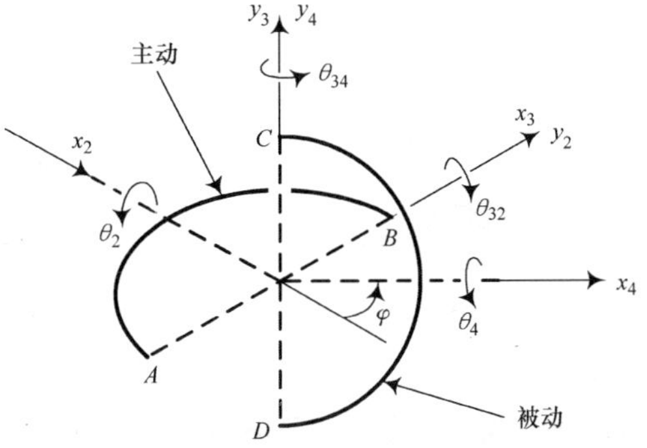

图 6.44 万向节的运动学模型

$$
{}_4\boldsymbol{\omega}_3=\begin{bmatrix}\hat{i}_4\\ \omega_{34}\hat{j}_4\\ \hat{k}_4\end{bmatrix}\quad {}_4^3\boldsymbol{\omega}_3=\begin{bmatrix}\hat{i}_3\\ \omega_{34}\hat{j}_3\\ \hat{k}_3\end{bmatrix} \qquad (6.274)
$$

从而可以将式(6.270)简化为

$$
\omega_{32}\hat{i}_3+\omega_{21}\hat{i}_2=\omega_{41}\hat{i}_4+\omega_{34}\hat{j}_3 \qquad (6.275)
$$

但是,十字形构件坐标系服从右手定则,即

$$
\hat{i}_3\times\hat{j}_3=\hat{k}_3 \qquad (6.276)
$$

因此有,

$$
(\omega_{32}\hat{i}_3+\omega_{21}\hat{i}_2)\cdot\hat{k}_3=(\omega_{41}\hat{i}_4+\omega_{34}\hat{j}_3)\cdot\hat{k}_3 \qquad (6.277)
$$

进而可以得到

$$\omega_{21}\hat{i}_2 \cdot \hat{k}_3 = \omega_{41}\hat{i}_4 \cdot \hat{k}_3 \tag{6.278}$$

则要寻找的速比 $\Omega=\omega_{41}/\omega_{21}$ 的表达式为

$$\Omega = \frac{\omega_{41}}{\omega_{21}} = \frac{\hat{i}_3 \times \hat{j}_3 \cdot \hat{i}_2}{\hat{i}_3 \times \hat{j}_3 \cdot \hat{i}_4} \tag{6.279}$$

单位向量 $\hat{j}_3$ 垂直于$\hat{i}_3$ 和$\hat{i}_4$，可以写作

$$\hat{j}_3 = a\,\hat{i}_4 \times \hat{i}_3 \tag{6.280}$$

式中 a 是一个系数，此时

$$\hat{i}_3 \times \hat{j}_3 = \hat{i}_3 \times (a\,\hat{i}_4 \times \hat{i}_3) = a[\hat{i}_4 - (\hat{i}_3 \cdot \hat{i}_4)\hat{i}_3] \tag{6.281}$$

由于

$$\hat{i}_3 \cdot \hat{i}_2 = 0 \tag{6.282}$$

可以知道

$$\begin{aligned}\Omega &= \frac{\omega_{41}}{\omega_{21}} = \frac{\hat{i}_2 \cdot a[\hat{i}_4 - (\hat{i}_3 \cdot \hat{i}_4)\hat{i}_3]}{\hat{i}_3 \cdot a[\hat{i}_4 - (\hat{i}_3 \cdot \hat{i}_4)\hat{i}_3]} \\ &= \frac{\hat{i}_2 \cdot \hat{i}_4}{1-(\hat{i}_3 \cdot \hat{i}_4)^2} = \frac{\cos\varphi}{1-(\hat{i}_3 \cdot \hat{i}_4)^2}\end{aligned} \tag{6.283}$$

如果用 θ 表示输入连接叉的角速度位置,则有

$$\hat{i}_3 = \cos\theta\,\hat{j}_1 + \sin\theta\hat{k}_1 \tag{6.284}$$

$$\hat{i}_4 = \cos\varphi\,\hat{i}_1 - \sin\varphi\,\hat{j}_1 \tag{6.285}$$

从而得到速比的最终方程为

$$\Omega = \frac{\omega_{41}}{\omega_{21}} = \frac{\cos\varphi}{1-\sin^2\varphi\cos^2\theta} \tag{6.286}$$

上式表明，虽然两轴同时完成一周的旋转，但是两轴转速之间的速比却随主动轴旋转角度 $\theta(t)$ 的变化而变化，同时速比又是两轴间夹角角度 φ 的函数。因此，尽管主动轴的角速度 ω_{21} 为等速，被动轴的角速度 ω_{41} 却不能保持等速。

例 263★　图解万向节速比 Ω

图 6.45 中，将 Ω 作为 θ 和 φ 的函数，绘出了 Ω 的三维曲面图，Ω 曲面根据主动轴转动一周过程中的角度与每一个可能的两轴夹角所对应的速比值绘成。

$$-\pi < \theta < \pi \quad -\pi < \varphi < \pi \tag{6.287}$$

图 6.46 是 Ω 的二维图，$\varphi \leqslant 10°$时，速比的波动不大。但是当两轴夹角 $\varphi > 10°$时，则不能再假设速比 Ω 为常量。$\varphi = 90°$时万向节将被卡住，因为理论上讲

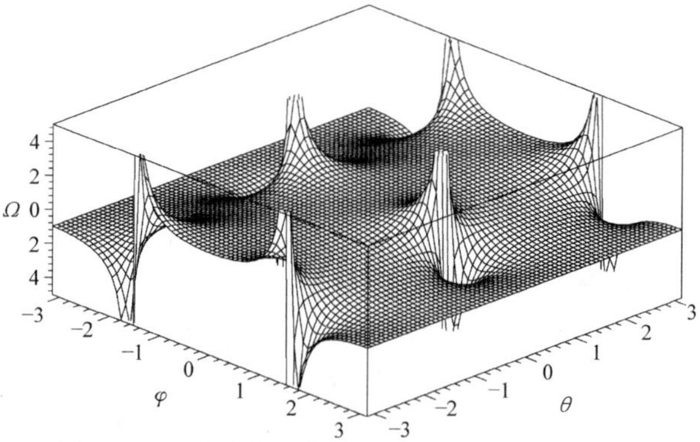

图 6.45　万向节的三维速比曲面（Ω 为输入角 θ 和输入轴与输出轴夹角 φ 的函数）

$$\lim_{\varphi \to 90} \Omega = \text{不确定} \tag{6.288}$$

作为 θ 和 φ 的函数，Ω 的变化规律在极坐标中可以观察得更清楚，如图 6.47 所示。

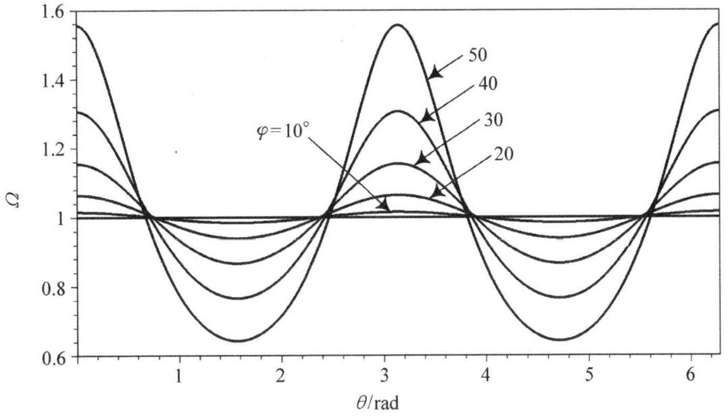

图 6.46　二维速比曲线（Ω 为输入角 θ 和输入轴与输出轴夹角 φ 的函数）

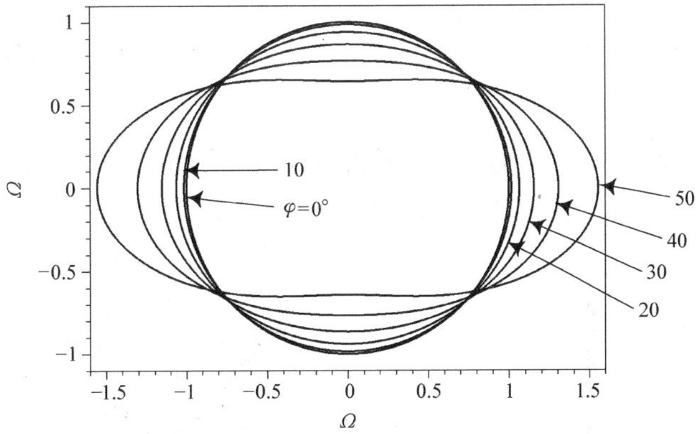

图 6.47　极坐标中速比变化规律（Ω 为 θ 和 φ 的函数）

例 264　★ 旋转一周中 ω_{41} 的最大值和最小值

Ω 的最大值为

$$\Omega_M = \frac{1}{\cos\varphi} \tag{6.289}$$

此值发生在

$$\theta = 0, \pi \tag{6.290}$$

Ω 的最小值为

$$\Omega_m = \cos\varphi \tag{6.291}$$

此值发生在

$$\theta = \frac{\pi}{2}, \frac{3\pi}{2} \tag{6.292}$$

例 265★　双万向节

为了消除由万向节连接导致的输入轴和输出轴之间速比的不一致性，可以增加一个万向节，令这两个万向节之间的中间轴相对于输入轴和输出轴都具有变化的速比，最终可以使输入轴与输出轴之间的总速比为1。图6.48所示为两种可行布置方案，这两种布置方案能够消除有夹角或偏置的两个轴之间的万向节速比偏差。

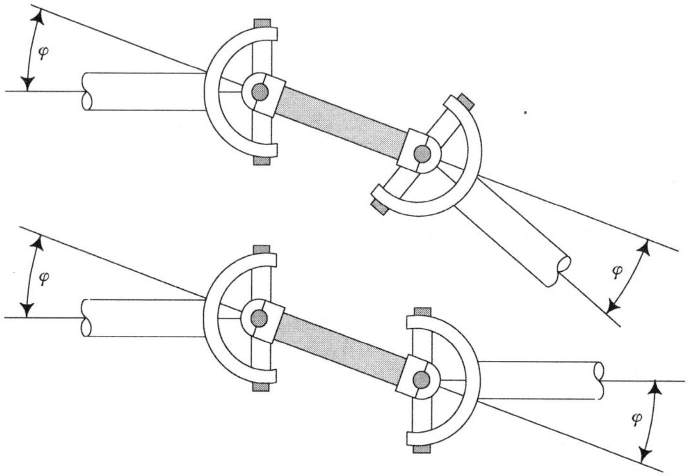

图6.48 消除有夹角或偏置布置的两轴间万向节速比偏差的两种可行方案

例266★ 万向节公式的另一种证明

考虑图6.42中的万向节，自输入轴的轴线方向观察，可以发现点A和点B在沿一个圆运动，而点C和点D在沿一个椭圆运动，如图6.49a所示。

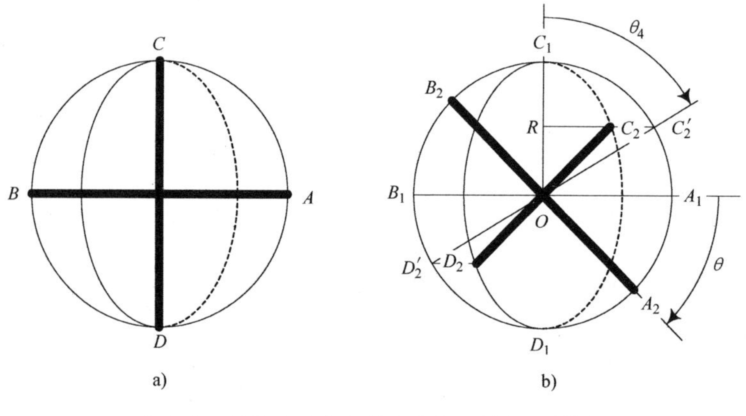

图6.49 从输入轴方向观察的十字形构件的旋转

这是因为点A和点B是在垂直于输入轴的一个平面中的圆上运动，而点C和点D则是在输入轴垂直方向转过了角度φ的平面中的一个圆上运动。假设万向节刚开始旋转时，十字形构件的轴线CD处于由CD所在运动平面和AB所在运动平面的交线处，如图6.49a所示。如果轴线AB转过角度θ，则轴线CD的投影也会在椭圆上转动，如图6.49b所示。但是，CD转过的角度为θ_4，而自输出轴方向观察轴线CD，其转过的角度为θ。

从输入轴方向观察，轴线AB转过角度θ后，从A_1B_1开始，然后运动到A_2B_2。从同一视角观察，轴线CD从C_1D_1开始，然后运动到C_2D_2。但是，如果从输出轴的方向观察，轴

线 CD 最终运动到 $C_2'D_2'$。角度之间的几何关系为

$$\frac{C_2'R}{OR} = \tan\theta_4 \quad \frac{C_2R}{OR} = \tan\theta \quad \frac{C_2R}{C_2'R} = \cos\varphi \tag{6.293}$$

因此，

$$\tan\theta = \tan\theta_4 \cos\varphi \tag{6.294}$$

取导数后变为

$$\frac{\omega_2}{\csc^2\theta} = \frac{\omega_4}{\csc^2\theta_4}\cos\varphi \tag{6.295}$$

在式（6.294）和式（6.295）之间消去 θ_4，可以获得输入轴与输出轴角速度之间的关系。

$$\omega_4 = \frac{\cos\varphi}{\sin^2\theta + \cos^2\theta\cos^2\varphi}\omega_2 \tag{6.296}$$

求出的速比与式（6.269）相同。

$$\Omega = \frac{\omega_4}{\omega_2} = \frac{\cos\varphi}{\sin^2\theta + \cos^2\theta\cos^2\varphi} = \frac{\cos\varphi}{1 - \sin^2\varphi\cos^2\theta} \tag{6.297}$$

例 267 ★ 万向节的历史

从一个轴向另一个与之存在夹角的轴传递转动的需求源于 14 世纪的钟塔安装问题，由于钟塔构造的原因，向钟表指针传递转动时需要一定的偏移位置。Cardano（1501 – 1576）于 1550 年，Hooke（1635 – 1703）于 1663 年，Schott（1608 – 1666）于 1664 年分别将万向节用于旋转运动的传递，Hooke 最早提出输入轴与输出轴之间存在旋转运动的不一致。Monge（1746 – 1818）于 1794 年最先发表了关于万向节的数学理论，之后 Poncelet（1788 – 1867）也于 1822 年发表了同样的理论。

关于万向节速比方程的另一种证明，Poncelet（1788 – 1867）于 1824 年应用球面三角学建立了万向节速比方程，本书作者于 2011 年应用坐标变化方法推导出该方程。

与弹性联轴器相比，万向节可以用于在更大角度偏置的情况下传递转矩。根据应用需要，万向节传递功率的角度能够达到 $\varphi = 15°$，万向节同时能够获得很大范围的转矩传递能力。

6.7 小结

车辆上的每一个运动部件，如车门、发动机舱盖、风窗刮水器、车桥、车轮和悬架，都通过一定的机构与车体相连。铰链四杆机构和反向滑块 – 曲柄机构是将独立悬架的车轮连接到车辆底盘的两种常用机构。可以用解析方程确定所有构件相对于一个假设固定不动的构件的位置，该构件称作大地构件。

车轮安装在一个轴上，该轴与机构的连接构件刚性连接。车轮的中心将会沿着连杆点曲线运动，采用解析表达可以确定车轮中心的运动，也可以确定车轮相对于车身的角度。

6.8 主要符号

a 以及 $\ddot{x}$	加速度	$\mathbf{a}$	加速度向量
a，b	方程的系数	A，B，…	二次方程的系数
a，b，c，…	铰链构件的长度	b	反向滑块的相对位置

$\dot{b}$	滑块的相对速度
$\ddot{b}$	滑块的相对加速度
C_1，C_2，…	连杆机构中构件的加速度参数
$\boldsymbol{d}$	运动坐标系的位置向量
$f=1/T$	循环频率，单位 Hz
g	重力加速度
$\hat{i}$，$\hat{j}$，$\hat{k}$	笛卡儿坐标系的单位向量
I	瞬时旋转中心
J_1，J_2，…	连杆机构中构件的位置参数
k	0 到 1 之间的参数，$0<k<1$
l	长度，最长构件的长度
n	构件的数量
N	瞬时旋转中心的数量
p，q	中间构件的长度
Q	速度的瞬时中心
$\boldsymbol{r}$	关节的相对位置向量
s	滑块的偏置量
s	最短构件的长度
S	加速度的瞬时中心
$\dot{s}$	滑块的速度
$\ddot{s}$	滑块的加速度
t	时间
T	周期
x，y，z，$\boldsymbol{x}$	位移
x，y，z	笛卡儿坐标
x_C，y_C	连杆点坐标
v	速度向量
$\boldsymbol{\alpha}$	角速度向量
α_i	构件 i 的角加速度
θ_i	构件 i 的角度位置
θ	万向节输入轴和输出轴的角度位置
φ	万向节输入轴和输出轴之间的夹角
$\boldsymbol{\omega}$	角速度向量
ω_i	构件 i 的角速度
Ω	角速度比

习　题

1. 铰链四杆机构的两种可能构型

假设一个铰链四杆机构有如下构件：

$$a=10\text{cm}\quad b=25\text{cm}\quad c=30\text{cm}\quad d=25\text{cm}$$

如果 $\theta_2=30°$，则对于凸面型机构，角度 θ_3 和 θ_4 应为多少？

2. 铰链四杆机构输出构件的角速度

假设一个铰链四杆机构有如下构件：

$$a=10\text{cm}\quad b=25\text{cm}\quad c=30\text{cm}\quad d=25\text{cm}$$

如果 $\omega_2=2\pi$ rad/s，求 $\theta_2=30°$时输出构件的角速度 ω_4。

3. 铰链四杆机构输出构件的角加速度

假设一个铰链四杆机构有如下构件：

$$a=10\text{cm}\quad b=25\text{cm}\quad c=30\text{cm}\quad d=25\text{cm}$$

如果 $\alpha_2=0.2\pi$ rad/s^2，且 $\omega_2=2\pi$ rad/s，求 $\theta_2=30°$时输出构件的角加速度 α_4。

4. 格拉晓夫准则

假设一个铰链四杆机构有如下构件：

$$a=10\text{cm}\quad b=25\text{cm}\quad c=30\text{cm}$$

试确定满足格拉晓夫准则的构件长度 d 的极限值。

5. 极限位置和死点位置

假设一个铰链四杆机构有如下构件：

$$a=10\text{cm}\quad b=25\text{cm}\quad c=30\text{cm}\quad d=25\text{cm}$$

该连杆机构是否存在极限位置和死点位置？如果有，试确定之。

6. ★极限位置的确定

说明在下面的情况下如何确定一个铰链四杆机构的极限位置。

$$\frac{d\theta}{dt}=0$$

7. ★设计一个风窗刮水器机构

图 6.50 所示为一个由两个铰链四杆机构并联构成的六构件风窗刮水器机构，构件 PC 装在驱动电动机上。假设 $PC=1$，$MP=NP$，试设计该机构，令构件 MA 和 NB 与下表中给出的角度匹配。

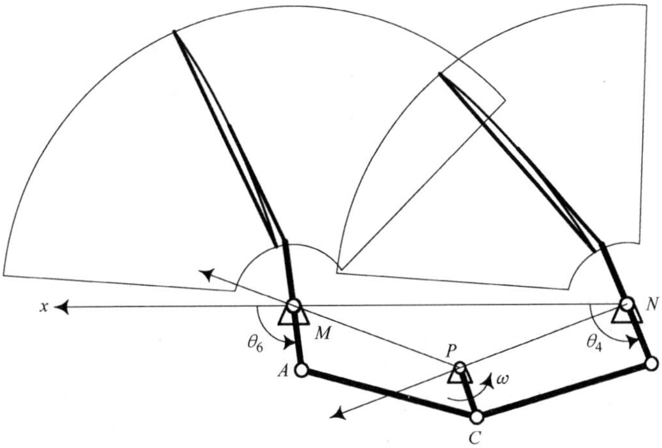

图 6.50 一个六构件风窗刮水器机构

匹配	NB 的角度	MA 的角度
1	$\theta_{41}=157.6°\approx2.75\text{rad}$	$\theta_{61}=157.2°\approx2.74\text{rad}$
3	$\theta_{43}=69.5°\approx1.213\text{rad}$	$\theta_{43}=26.8°\approx0.468\text{rad}$

8. 滑块 - 曲柄机构的两种可能构型

假设一个滑块 - 曲柄机构有如下构件：

$$a=10\text{cm}\quad b=45\text{cm}\quad e=0$$

如果 $\theta_2=30°$，则对于凸面型机构，角度 θ_3 和滑块位置 s 应为多少？

9. 滑块 - 曲柄机构中滑块的角速度和加速度

假设一个滑块 - 曲柄机构有如下构件：

$$a=10\text{cm}\quad b=45\text{cm}\quad e=0$$

如果 $\omega_2=2\pi\ \text{rad/s}$，且 $\alpha_2=0.2\pi\ \text{rad/s}^2$，求 $\theta_2=30°$时滑块的角速度和加速度。

10. 急回时间

假设一个滑块－曲柄机构有如下构件：

$$a=10\text{cm}\quad b=45\text{cm}\quad e=3\text{cm}$$

如果 $\omega_2=2\pi$ rad/s，试确定该机构中滑块来回两个半循环过程的时间差。

11. 一个反向滑块－曲柄机构的两种可能构型

假设一个反向滑块－曲柄机构有如下构件：

$$a=10\text{cm}\quad b=45\text{cm}\quad e=5\text{cm}$$

如果 $\theta_2=30°$，则角度 θ_3 和滑块的位置 b 是多少？

12. 瞬时旋转中心

试找到如下图中铰链六杆机构的瞬时旋转中心：

（a）图6.51。

（b）图6.52。

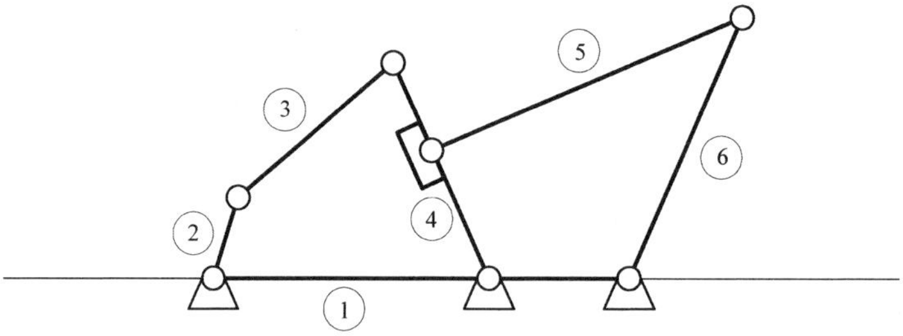

图6.51 一个铰链六杆机构

13. 铰链四杆机构的连杆点

假设一个铰链四杆机构有如下参数

$$a=10\text{cm}\quad b=25\text{cm}\quad c=30\text{cm}\quad d=25\text{cm}$$

连杆点的参数如下：

$$e=10\text{cm}\quad \alpha=30°$$

试确定 $\theta_2=30°$时连杆点的坐标。

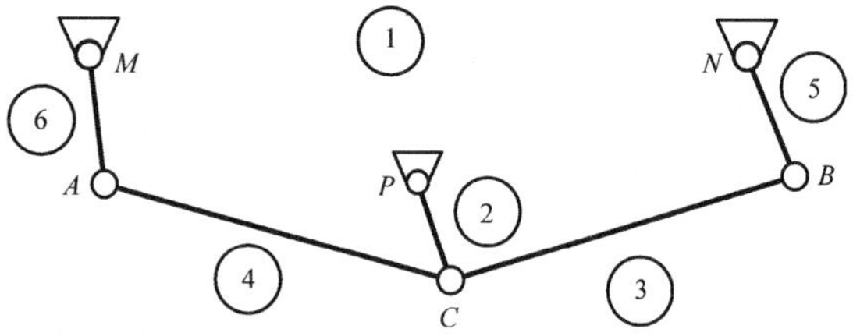

图6.52 一个铰链六杆机构

14. 滑块－曲柄机构的连杆点

假设一个滑块－曲柄机构有如下参数：

$$a=10\text{cm}\quad b=45\text{cm}\quad e=3\text{cm}$$

$$c=10\text{cm}\quad \alpha=30°$$

试确定连杆点的坐标。

15. $\theta_2=30°$时反向滑块－曲柄机构的连杆点

假设一个反向滑块－曲柄机构有如下参数：

$$a=10\text{cm}\quad b=45\text{cm}\quad e=5\text{cm}$$

$$c=10\text{cm}\quad \alpha=30°$$

试确定 $\theta_2=30°$时连杆点的坐标。

7　转向动力学

车辆行驶需要一套能使转向车轮偏转的转向机构，本章介绍的转向动力学将讨论有关转向系统在弯曲道路上引导车辆行驶方向的需求和挑战。

7.1　运动学转向

一辆前轮转向（FWS）车辆向左转向，如图 7.1 所示。车辆行驶速度很慢时，在内侧车轮和外侧车轮之间存在一个运动学条件，满足该条件时，车轮将实现无滑移转向，该条件称作阿克曼条件，可以表示为

$$\cot\delta_o - \cot\delta_i = \frac{w}{l} \tag{7.1}$$

式中，δ_i 是内侧车轮转向角；δ_o 是外侧车轮转向角。内侧车轮和外侧车轮根据转向中心 O 确定。

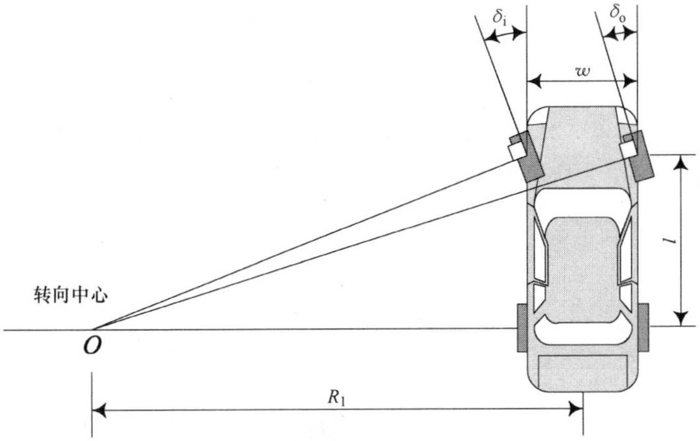

图 7.1　前轮转向车辆和阿克曼条件

两侧转向车轮转向轴之间的距离称作轮距，用 w 表示。车辆前、后轴之间的距离称作轴距，用 l 表示，轮距 w 和轴距 l 是车辆的运动学宽度和长度。

对前轮转向车辆的转向角还有如下更为一般的运动学条件：

$$\cot\delta_{fr} - \cot\delta_{fl} = \frac{w_f}{l} \tag{7.2}$$

式中，δ_{fl}和 δ_{fr}分别是左前车轮和右前车轮的转向角。该式中，转向角参照 x 轴测量，按右手定则绕 z 轴正方向为正值。

转向车辆的质心沿半径为 R 的圆运动

$$R = \sqrt{a_2^2 + l^2\cot^2\delta} \tag{7.3}$$

式中，δ 是内外侧车轮转向角的余切平均角，即

$$\cot\delta = \frac{\cot\delta_o + \cot\delta_i}{2} \tag{7.4}$$

δ 是具有相同轴距 l 和转向半径 R 自行车的等效转向角。

证明：为了能使所有车轮在弯道上自由滚动，所有的轮胎轴线应该交于一点，这个准则就是阿克曼条件。轮胎轴线是通过轮胎中心并垂直于轮胎平面的直线。

图7.2所示为一辆相对于转向中心 O 向左转向的车辆，其转向中心 O 在车的左侧，左侧车轮靠近转向中心，是内侧车轮。则根据 ΔOAD 和 ΔOBC 的角可以计算出内侧转向角 δ_i 和外侧转向角 δ_o 如下：

$$\tan\delta_i = \frac{l}{R_1 - \frac{w}{2}} \tag{7.5}$$

$$\tan\delta_o = \frac{l}{R_1 + \frac{w}{2}} \tag{7.6}$$

消掉 R_1

$$R_1 = \frac{1}{2}w + \frac{l}{\tan\delta_i} = -\frac{1}{2}w + \frac{l}{\tan\delta_o} \tag{7.7}$$

即可得到阿克曼条件［式（7.1）］中角 δ_i 和 δ_o 的直接关系为

$$\cot\delta_o - \cot\delta_i = \frac{w}{l} \tag{7.8}$$

为了确定车辆转向半径 R，定义一个等效自行车模型，如图7.3所示。转向半径 R 通过质心 C 垂直于车辆速度向量v，应用图中所示自行车模型的几何关系，可以得到

$$R^2 = a_2^2 + R_1^2 \tag{7.9}$$

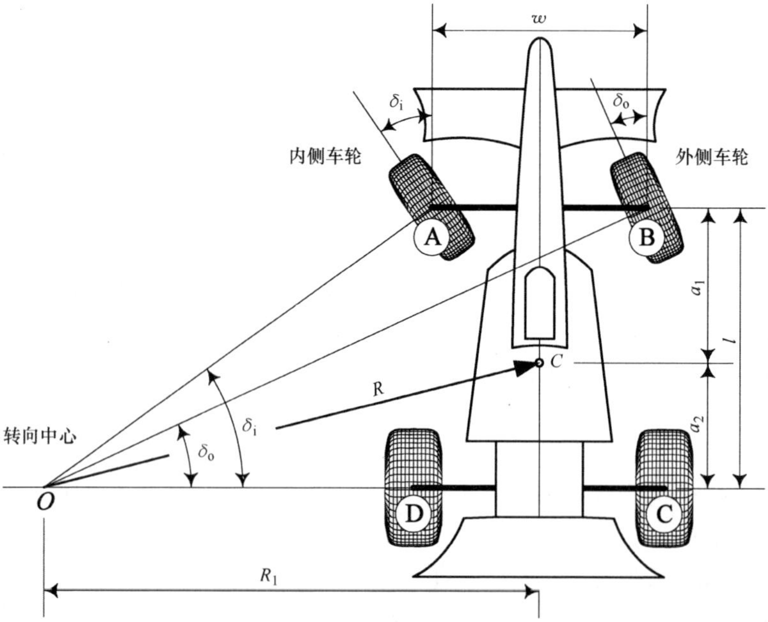

图7.2　前轮转向车辆及其内外侧车轮的转向角

$$\cot\delta = \frac{R_1}{l} = \frac{1}{2}(\cot\delta_i + \cot\delta_o) \tag{7.10}$$

所以

$$R = \sqrt{a_2^2 + l^2\cot^2\delta} \tag{7.11}$$

阿克曼条件在车速很低，且侧偏角接近于0时适用，这种情况下，没有相互平衡的侧向力和离心力。阿克曼转向条件又称作**运动学转向条件**，所以这只是一种速度为0的静态条件。

能够根据阿克曼条件提供转向的装置称作阿克曼转向系、阿克曼机构或阿克曼几何。尽管没有能够完全满足阿克曼条件的真实铰链四杆机构，但是却可以设计出一套与阿克曼条件接近，并且能在几个角度上准确符合阿克曼条件的多杆机构。

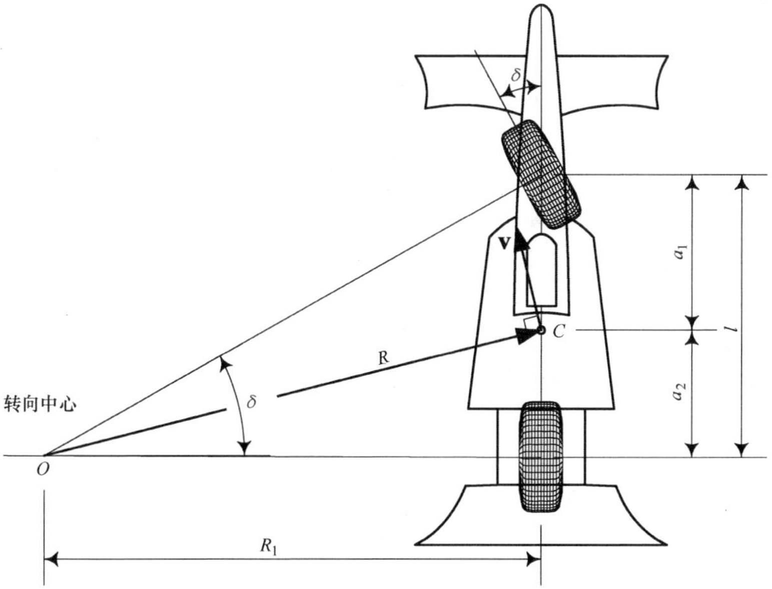

图7.3　前轮转向车辆的等效自行车模型

图7.4所示为各种 w/l 值下的阿克曼条件，内外侧转向角之差将随着 w/l 值的减小而减小。

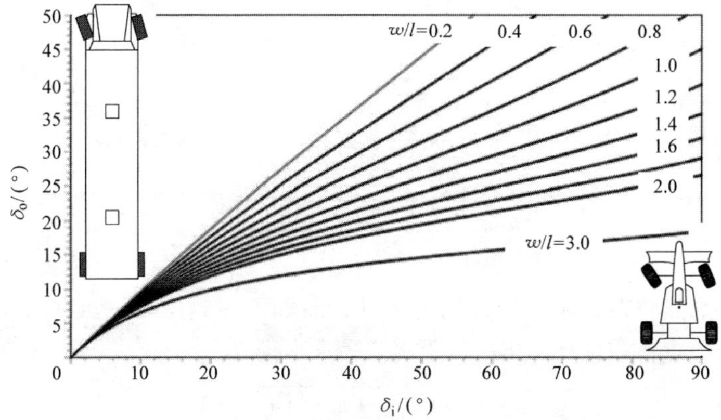

图7.4　前轮转向车辆 w/l 值对阿克曼条件的影响

例268　转向角和转向半径

假设某车尺寸和内侧车轮转向角如下：

$$l = 2.619\text{m} \qquad w = 1.565\text{m}$$
$$a_2 = 1.524\text{m} \qquad \delta_i = 12° \approx 0.209\text{rad} \tag{7.12}$$

该车的运动学转向参数为

$$\delta_o = \text{arccot}\left(\frac{w}{l} + \cot\delta_i\right) = 0.186\text{rad} \approx 10.661° \tag{7.13}$$

$$\delta = \text{arccot}\left(\frac{\cot\delta_o + \cot\delta_i}{2}\right) = 0.19684\text{rad} \approx 11.278° \tag{7.14}$$

$$R_1 = l\cot\delta_i + \frac{1}{2}w = 13.129\text{m} \tag{7.15}$$

$$R = \sqrt{a_2^2 + l^2\cot^2\delta} = 13.219\text{m} \tag{7.16}$$

例269　w 是指前轴轮距

多数车辆的前轴轮距与后轴轮距不相等，运动学条件式（7.1）中的轮距指的是前轴轮距 w_f，后轴轮距对前轮转向车辆的运动学条件没有影响，前轮转向车辆的后轴轮距 w_r 可以在相同运动学转向条件［式（7.1）］下取为0。

例270　宽度要求

运动学转向条件可以用来计算车辆转向过程中的空间需求，假设一辆两轴车辆的前轮根据阿克曼几何转向，如图7.5所示。

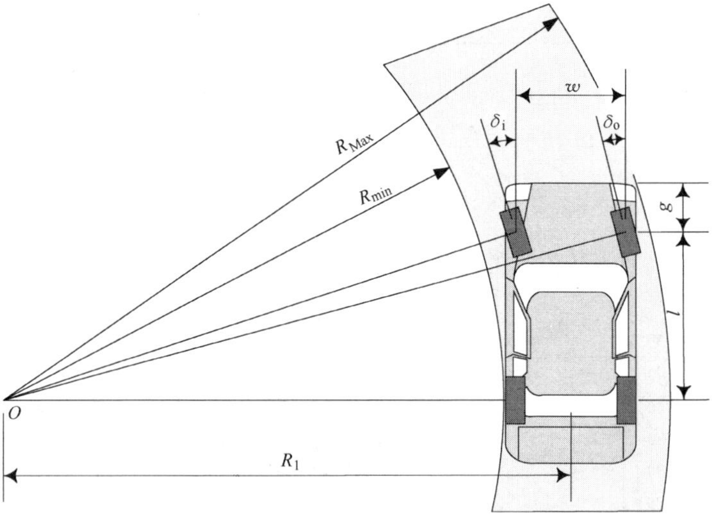

图7.5　两轴车辆转向所需空间

车辆前部外廓点将在最大半径 R_{Max} 上运动，后轴上内侧的某一点在最小转向半径 R_{min} 上运动，前部外廓点自前轴外伸出一段距离。最大半径 R_{Max} 为

$$R_{Max} = \sqrt{(R_{min} + w)^2 + (l + g)^2} \tag{7.17}$$

因此，转向所需空间是一个宽度为 ΔR 的圆环。

$$\Delta R = R_{\text{Max}} - R_{\min} = \sqrt{(R_{\min} + w)^2 + (l + g)^2} - R_{\min} \tag{7.18}$$

所需圆环的半径差 ΔR 可以通过替换 $R_{\min}$，根据转向角计算得

$$R_{\min} = R_1 - \frac{1}{2}w = \frac{l}{\tan\delta_i} = \frac{l}{\tan\delta_0} - w \tag{7.19}$$

进而得到

$$\Delta R = \sqrt{\left(\frac{l}{\tan\delta_i} + 2w\right)^2 + (l + g)^2} - \frac{l}{\tan\delta_i} \tag{7.20}$$

$$= \sqrt{\left(\frac{l}{\tan\delta_o} + w\right)^2 + (l + g)^2} - \frac{l}{\tan\delta_o} + w \tag{7.21}$$

本例中，假设车辆宽度 w_v 和轮距 w 相等，实际上车辆宽度应始终大于其轮距，即

$$w_v > w \tag{7.22}$$

车辆长度变长和 w/l 变大时，车辆转向需要更多空间的要求也变得更为迫切。图 7.6 所示为一辆大客车和一辆长货车转向所需要空间的 ΔR。

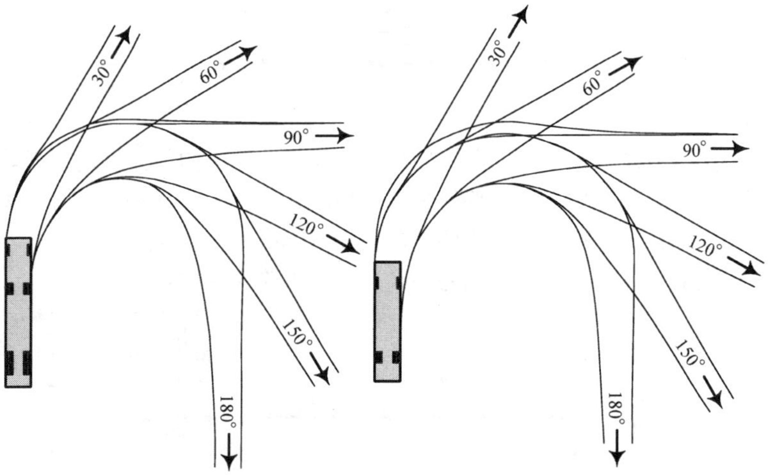

图 7.6　一辆大客车和一辆长货车转向所占用空间的 ΔR

例 271　半挂汽车的 ΔR

图 7.7 所示为一辆转向中的半挂拖车，分析牵引车可以得到转向半径 R_1，R_1 是牵引车转向角和前部宽度的函数。

$$R_1 = \frac{1}{2}w + \frac{a_1}{\tan\delta_i} = -\frac{1}{2}w + \frac{a_1}{\tan\delta_o} \tag{7.23}$$

因此，最大转向半径由牵引车上的某点确定，最大转向半径为

$$R_{\text{Max}} = \sqrt{\left(R_1 + \frac{1}{2}w\right)^2 + a_3^2} \tag{7.24}$$

最小转向半径由拖车上的某点确定，最小转向半径为

$$R_{\min} = \sqrt{R_1^2 - a_2^2} - \frac{1}{2}w_r \tag{7.25}$$

所以，其转向占用空间是一个半径差为 ΔR 的圆环。

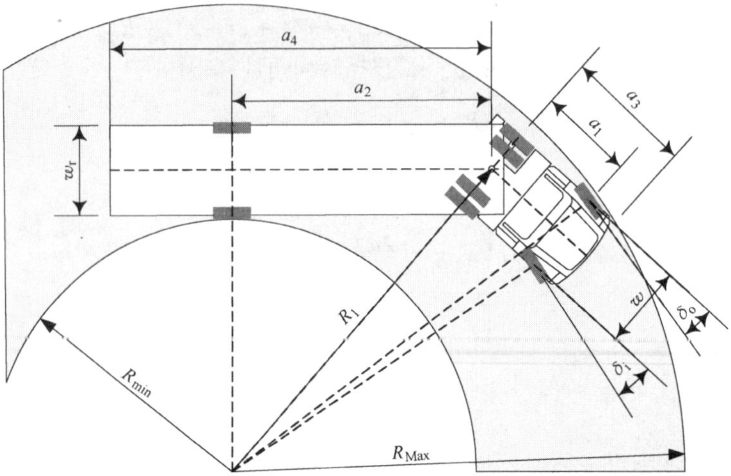

图 7.7　一辆转向中的半挂汽车

$$\Delta R = R_{Max} - R_{min} = \sqrt{\left(R_1 + \frac{1}{2}w\right)^2 + a_3^2} - \left(\sqrt{R_1 - a_2^2} - \frac{1}{2}w_r\right) \tag{7.26}$$

例 272　梯形转向机构

图 7.8 所示为一个被称作梯形转向机构的对称铰链四杆机构，该机构用于转向传动装置已有 100 多年的历史。该机构有两个特征参数：角度 β 和梯形臂长度 d。图 7.9 所示为该梯形机构转动后的情况，从中可以看出内侧转向角 δ_i 和外侧转向角 δ_o。

梯形转向机构的内外侧转向角之间的关系通过如下隐含函数获得：

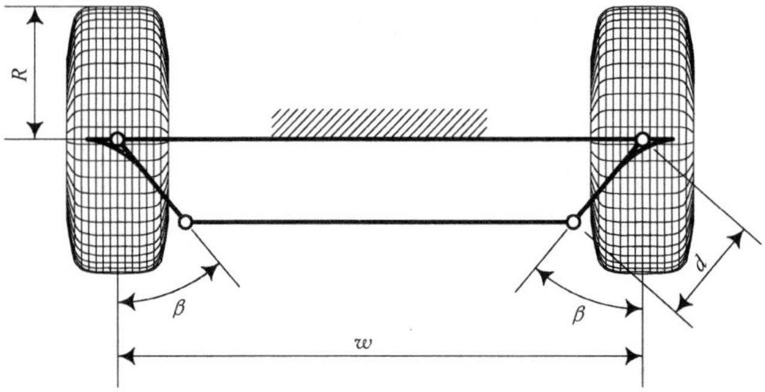

图 7.8　一个梯形转向机构

$$\sin(\beta + \delta_i) + \sin(\beta - \delta_o) = \frac{w}{d} - \sqrt{\left(\frac{w}{d} - 2\sin\beta\right)^2 - [\cos(\beta - \delta_o) - \cos(\beta + \delta_i)]^2} \tag{7.27}$$

为了证明该公式，可以参考图 7.10，在三角形 ΔABC 中可以写作

$$(w - 2d\sin\beta)^2 = [w - d\sin(\beta - \delta_o) - d\sin(\beta + \delta_i)]^2 + [d\cos(\beta - \delta_o) - d\cos(\beta + \delta_i)]^2 \tag{7.28}$$

进而通过数学运算推导出式（7.27）。

函数化的梯形转向机构性能与相应阿克曼条件的对比如图 7.11 和图 7.12 所示，图中 $l = 2.93\text{m}$，$w = 1.66\text{m}$，分别对应 $d = 0.4\text{m}$ 和 $d = 0.2\text{m}$ 的情况。其横轴表示内侧车轮转角，

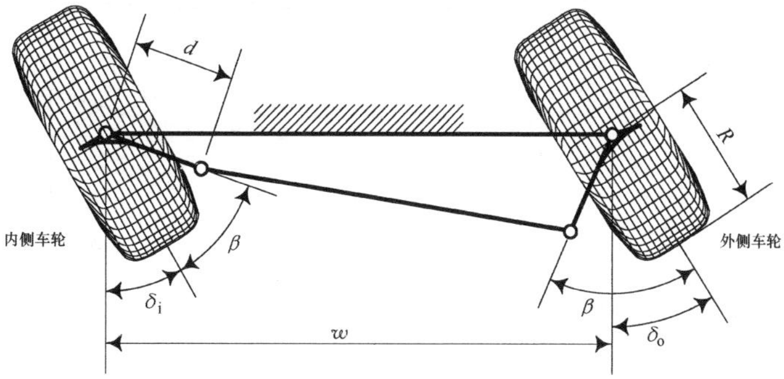

图 7.9　一个梯形转向机构转过一定角度后的情况

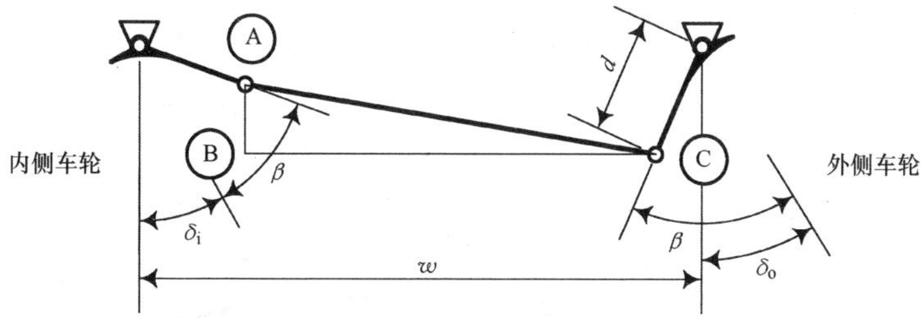

图 7.10　转向梯形中的三角形 ΔABC

纵轴表示外侧车轮转角。对于给定的 l 和 w 值，如果 $\delta_i < 50°$，且 $18° \leqslant \beta \leqslant 22°$时，梯形转向机构对阿克曼机构的模拟贴近程度最高。

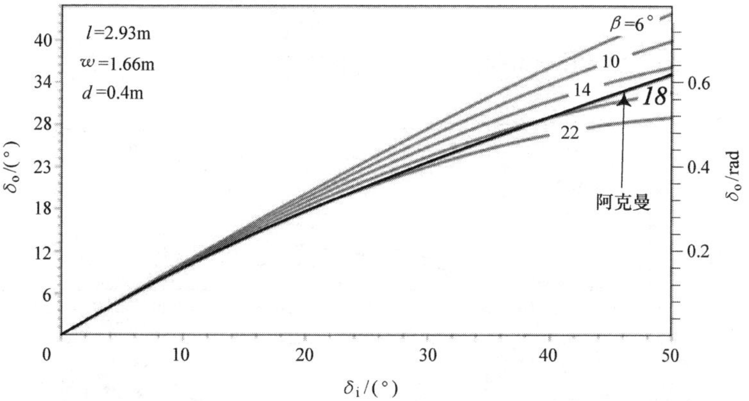

图 7.11　与 $d = 0.4$m 的阿克曼机构相比较，梯形转向机构的特性

为了检验梯形转向机构的性能并与阿克曼条件对比，现定义一个差值参数 $e = \delta_{D_o} - \delta_{A_o}$。差值参数是在内侧转向角 δ_i 相同的情况下，梯形转向机构外侧转向角与阿克曼条件外侧转向角之差。

$$e = \Delta\delta_o = \delta_{D_o} - \delta_{A_o} \tag{7.29}$$

图 7.13 和图 7.14 所示为以 β 为参数时，上述转向机构案例的差值变化情况。

例 273★　后车桥闭锁

在简单车辆的设计中，有时取消差速器，将后车桥闭锁，即左、右侧车轮之间没有相对

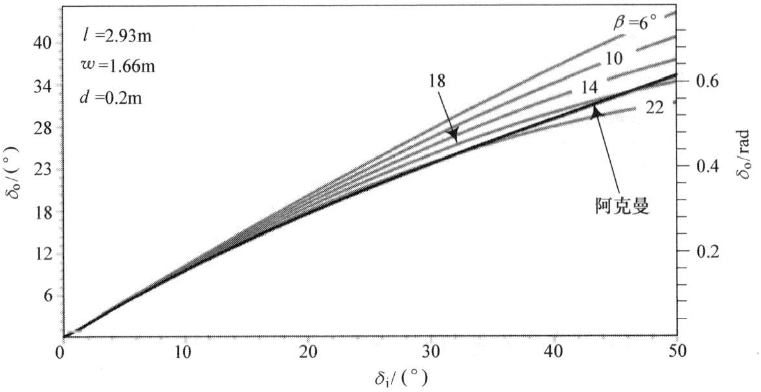

图 7.12 $d=0.2\text{m}$ 时，一个梯形转向机构与阿克曼机构的特性对比

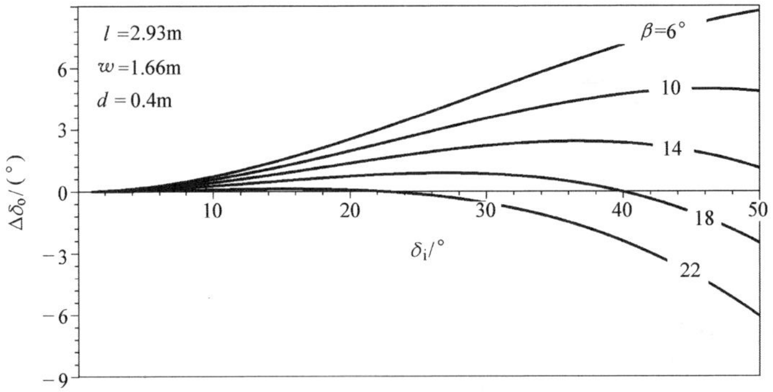

图 7.13 $d=0.4\text{m}$ 时，某梯形转向机构的差值参数 $e=\delta_{D_o}-\delta_{A_o}$

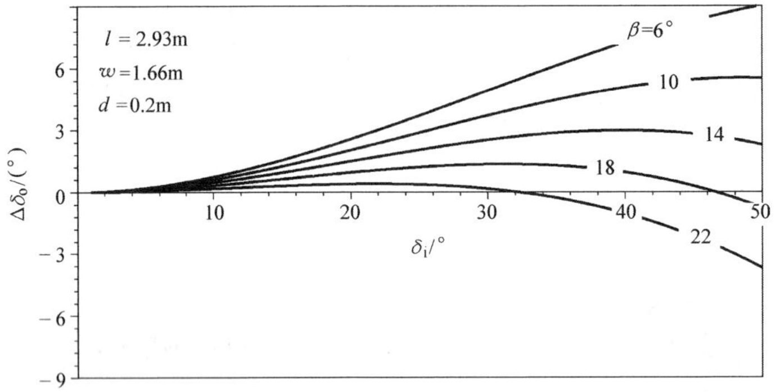

图 7.14 $d=0.2\text{m}$ 时，某梯形转向机构的差值参数 $e=\delta_{D_o}-\delta_{A_o}$

转动。这种简单的设计通常用于玩具车中，或者用于小型越野车辆，如 Baja 赛车。

考虑图 7.2 中所示车辆，在向左缓慢转向时，其内侧后车轮的速度应为

$$v_{ri}=\left(R_1-\frac{w}{2}\right)r=R_w\omega_{ri} \tag{7.30}$$

外侧后车轮的速度应为

$$v_{ro} = \left(R_1 + \frac{w}{2}\right)r = R_w \omega_{ro} \tag{7.31}$$

式中，r 是车辆的横摆角速度；R_w 是后车轮的半径；ω_{ri}、ω_{ro}分别是后部内侧车轮和后部外侧车轮相对于共同后车桥的角速度。如果后车桥闭锁，则有

$$\omega_{ri} = \omega_{ro} = \omega \tag{7.32}$$

但是，因为

$$R_1 - \frac{w}{2} \neq R_1 + \frac{w}{2} \tag{7.33}$$

所以，对于非零 ω 值，上述关系在闭锁车桥上不可能实现。

转向降低了作用在内侧车轮上的载荷，令闭锁车桥上的后内侧车轮克服摩擦力并发生滑转，因此，内侧车轮的牵引力降低，其值等于载荷降低后的最大摩擦力。同时，外侧车轮上的载荷增加，导致外侧车轮上的摩擦力极限值增加，从而帮助在后外侧车轮上生成更大的牵引力。

对于一般民用汽车，不应取消差速器并闭锁驱动轴。但是这种设计可以用于专门在泥泞湿滑路面上行驶的小型或轻型汽车，这样能够显著降低成本和简化设计。

在传统的两轮驱动机动车辆中，后轮采用差速器驱动，车辆通过改变前轮的方向实现转向。如果车辆装有理想的差速器，两个驱动车轮应该能够获得相同的转矩，驱动车轮的旋转速度由差速器和轮胎－地面特性决定。但是，当一侧车轮的牵引力较低时，装有差速器的车辆也暴露出不足。两侧驱动车轮之间牵引特性的差别可能来自于不同的轮胎－地面特性或质量分配不同。由于差速器向两侧车轮分配相同的转矩，具有较强牵引力的车轮也只能获得与牵引力较低车轮一样的转矩，有差速器的车辆在轮胎－路面条件变化的情况下具有相对稳定的转向特性。但是，两侧驱动车轮牵引条件不同时，其总推力可能会减小。

例 274★ 后轮转向

后轮转向通常用于叉车等对操纵性能要求较高的低速车辆。因为后轮转向车辆在高速时不稳定，所以不适用于一般民用汽车，后轮转向车辆的转向中心始终位于车辆前轴延长线的一点上。

图 7.15 所示为一辆后轮转向车辆，运动学转向条件式（7.1）对后轮转向车辆仍然适用。

$$\cot\delta_o - \cot\delta_i = \frac{w}{l} \tag{7.34}$$

例 275★ 另一种运动学转向角方程

考虑如图 7.16 所示的一辆前轮转向的后轮驱动车辆，假设该车前轮距和后轮距相等，其驱动车轮转动时无滑动。如果用 ω_i 和 ω_o 分别表示内侧驱动车轮和外侧驱动车轮的角速度，则前轮的运动学转向角可以表示为

$$\delta_i = \arctan\left[\frac{l}{w}\left(\frac{\omega_o}{\omega_i} - 1\right)\right] \tag{7.35}$$

$$\delta_o = \arctan\left[\frac{l}{w}\left(1 - \frac{\omega_i}{\omega_o}\right)\right] \tag{7.36}$$

可以从驱动车轮的无滑动条件入手证明这些公式：

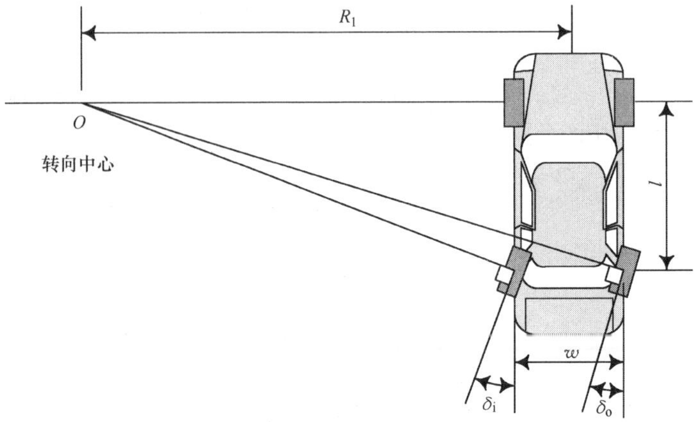

图 7.15 一辆后轮转向车辆

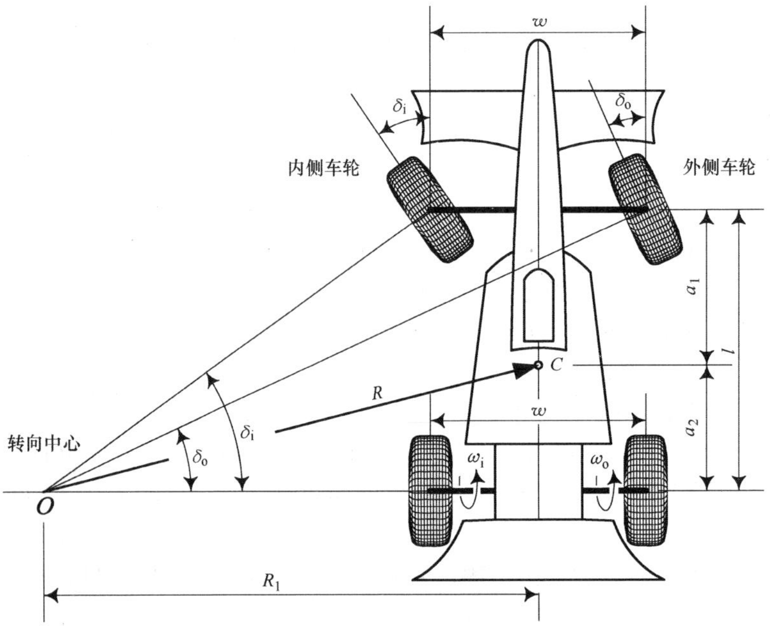

图 7.16 以内侧车轮和外侧车轮角速度表示的前轮转向车辆运动学条件

$$\frac{R_w\omega_o}{R_1+\frac{w}{2}}=\frac{R_w\omega_i}{R_1-\frac{w}{2}} \tag{7.37}$$

重新整理式（7.37）可得

$$\frac{\omega_o}{\omega_i}=\frac{R_1+\frac{w}{2}}{R_1-\frac{w}{2}} \tag{7.38}$$

代入式（7.35）和式（7.36）并简化为式（7.5）和式（7.6）。

式（7.37）是车辆绕 z 轴的横摆率，同时也是车辆绕转向中心的角速度。

$$r=\frac{R_w\omega_o}{R_1+\frac{w}{2}}=\frac{R_w\omega_i}{R_1-\frac{w}{2}} \tag{7.39}$$

例 276★　前轮距与后轮距不相等

车辆设计中经常会使用不同的前、后轮距，这是在赛车上常用的设计。为了增加牵引力和稳定性，其后轮胎的宽度和半径较大，图 7.17 所示为一辆前后轮距不同的车辆。但是民用汽车通常采用相同的前、后轮胎，一般其后轮距比前轮距相对较大。

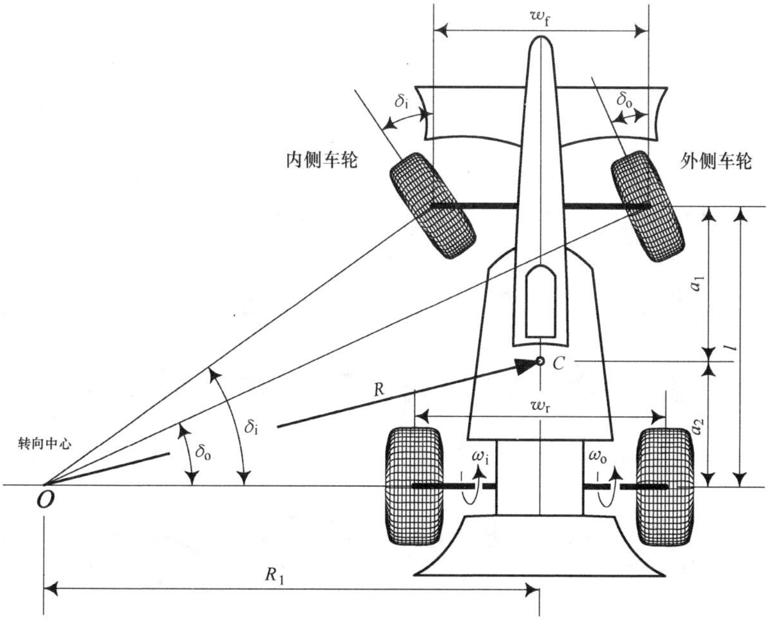

图 7.17　不同前、后轮距车辆的运动学转向条件

车辆的横摆率或横摆角速度为

$$r=\frac{R_w\omega_o}{R_1+\frac{w_r}{2}}=\frac{R_w\omega_i}{R_1-\frac{w_r}{2}} \tag{7.40}$$

内、外前轮的运动学转向角为

$$\delta_i=\arctan\frac{2l(\omega_o+\omega_i)}{w_f(\omega_o-\omega_i)+w_r(\omega_o+\omega_i)} \tag{7.41}$$

$$\delta_o=\arctan\frac{2l(\omega_o-\omega_i)}{w_f(\omega_o-\omega_i)+w_r(\omega_o+\omega_i)} \tag{7.42}$$

为了证明上述方程，应从式（7.40）中导出 R_1，即

$$R_1=\frac{w_r}{2}\frac{\omega_o+\omega_i}{\omega_o-\omega_i} \tag{7.43}$$

并代入如下几何方程

$$\tan\delta_i=\frac{l}{R_1-\frac{w_f}{2}} \tag{7.44}$$

$$\tan\delta_o = \frac{l}{R_1 + \frac{w_f}{2}} \tag{7.45}$$

上述公式中，w_f 是前轴轮距，w_r 是后轴轮距，R_w 是车轮的有效半径。

例 277★　独立后轮驱动

对某些特种车辆而言，如月球车和自主移动机器人，可以在每个驱动车轮上加装独立控制的电机，令其产生任何需要的角速度。这种车辆的转向轮通常要设计得能够向左、右做大于90°的转向，在低速时具有很好的操纵性。

图7.18所示为这种高转向性车辆的优势及其能够实现的转向形式。图7.18a～c为其前进时的操纵性图示，后车轮一侧的箭头表示该车轮角速度的大小，前车轮上的箭头表示其运动方向。图7.18d～f为车辆向后运动时操纵性的图示，这样的车辆可以使车辆绕包括后轴内部点在内的后轴上任意一点转向。图7.18g所示为车辆绕右后车轮中心转向，图7.18h所示为车辆绕左后车轮中心转向，图7.18i所示为车辆绕后轴的中心转向。

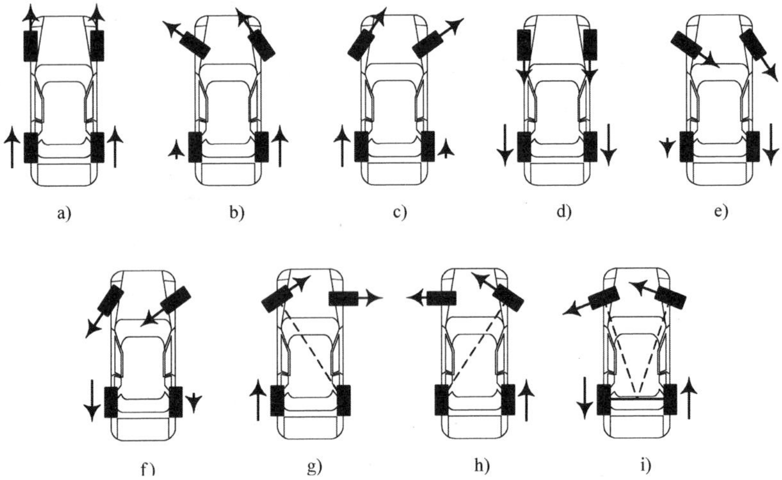

图7.18　高转向能力车辆

上述各方案中，前轮转向角应该由一定的公式来确定，如式（7.44）和式（7.45）。外侧驱动车轮对内侧驱动转动角速度的比例 ω_o/ω_i，可以根据内侧转向角或外侧转向角确定。

$$\frac{\omega_o}{\omega_i} = \frac{\delta_o(w_f - w_r) - 2l}{\delta_o(w_f + w_r) - 2l} \tag{7.46}$$

$$\frac{\omega_o}{\omega_i} = \frac{\delta_i(w_f + w_r) + 2l}{\delta_i(w_f - w_r) + 2l} \tag{7.47}$$

例 278★　赛车的转向

阿克曼条件或运动学转向条件适用于车辆转向运动速度极低的情况，车辆转向很快时，需要较大的侧向加速度，所以车轮应在大侧偏角下转动。同时，内侧车轮载荷比外侧车轮载荷低很多。轮胎性能曲线表明通过增加车轮载荷，可以只需要较小的侧偏角就达到峰值侧向力。这种情况下，运动学转向车辆的前部内侧车轮可能需要用比预期转向角大一些的转向角来获得其最大侧向力。因此，高速转向车辆的内侧车轮转向角必须比运动学转向所需转向角小一些，外侧车轮转向角必须比运动学转向所需转向角大一些，这些要求使内侧车轮转向角和外侧车轮转向角之间的差值减小。

对于赛车，常用到平行转向机构或反阿克曼转向机构，阿克曼转向机构、平行转向机构和反阿克曼转向机构如图 7.19 所示。适当的转向角是瞬时车轮载荷、路面条件、速度和轮胎特性的函数，在此基础上，车辆也必须要在阿克曼转向条件下进行低速转向。因此，只能通过用线控和智能系统独立地控制各转向车轮的转向角，获得理想的转向机构。

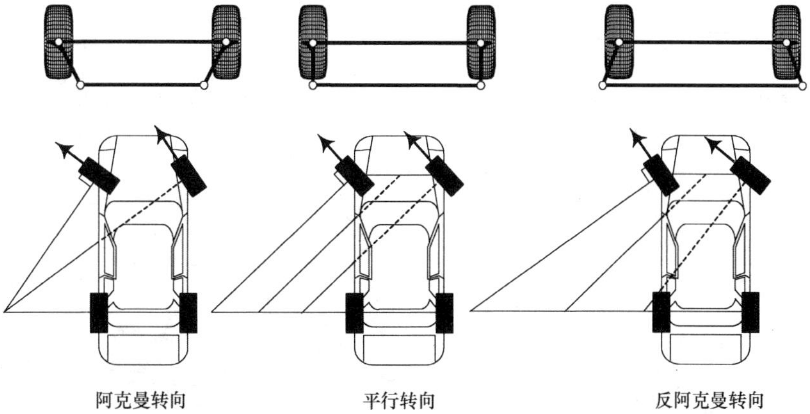

图 7.19　为了加快转向时的速度，用平行或反阿克曼转向代替阿克曼转向

例 279★　与速度相关的转向系统

有一种根据速度调整的思想，即车辆在高速转向时转向系统应该较沉，需要较大的操纵力矩。这种思想可以应用在动力转向系统中，使其根据速度调整力矩，这样在低速转向时助力较重，在高速转向时助力较轻。这种思想基于如下事实，即驾驶人在泊车时可能需要较大角度转向，而在高速行驶时需要小角度转向。

例 280★　阿克曼条件的历史

对于早期的四轮马车和汽车，寻求合适的转向结构是一个主要问题，四轮或六轮的汽车和马车总是在行驶过后留下橡胶印迹，这也是过去有很多三轮的汽车或马车的原因。这个问题催生了一种机构，使车辆在圆周运动时，内侧车轮转向半径小于外侧车轮转向半径。

前轮转向四轮马车的转向需要的几何条件由 George Langensperger 于 1816 年在德国慕尼黑提出，图 7.20 所示为 George Langensperger 提出的机构。

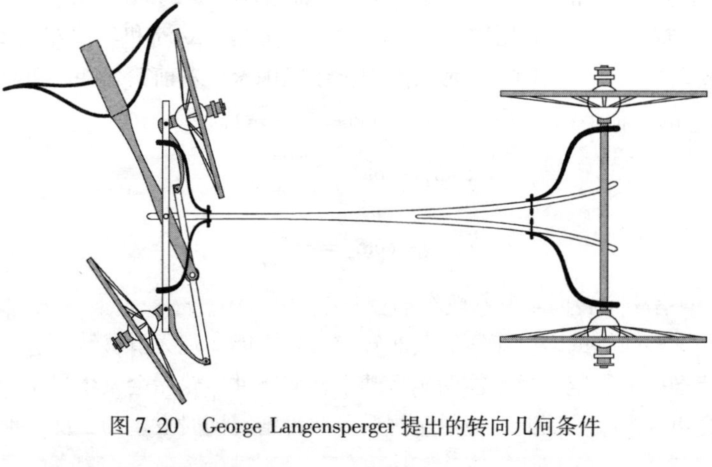
图 7.20　George Langensperger 提出的转向几何条件

阿克曼（Rudolf Ackerman）与 Langensperger 相见并看到他的发明，之后阿克曼作为 Langensperger 的专利代理人向英国四轮马车生产商推广这一发明。从1881年开始，车辆生产厂已经在他们生产的转向机构上使用并改进阿克曼结构。

车辆转向系统的基本设计已经与转向机构发明时有所不同，驾驶人的转向输入通过各种齿轮减速机构的轴传递到前轮，使其发生转向运动。

7.2 多于两个车轴的车辆

如果车辆的车轴数超过两个，则除一个车轴外，其他所有车轴都应该可以转向，以实现车辆速度为0时的无滑移转向。一辆 n 轴车辆只有一个非转向轴，$n-1$ 个几何转向工况。某两车轴转向的三轴车辆如图7.21所示。

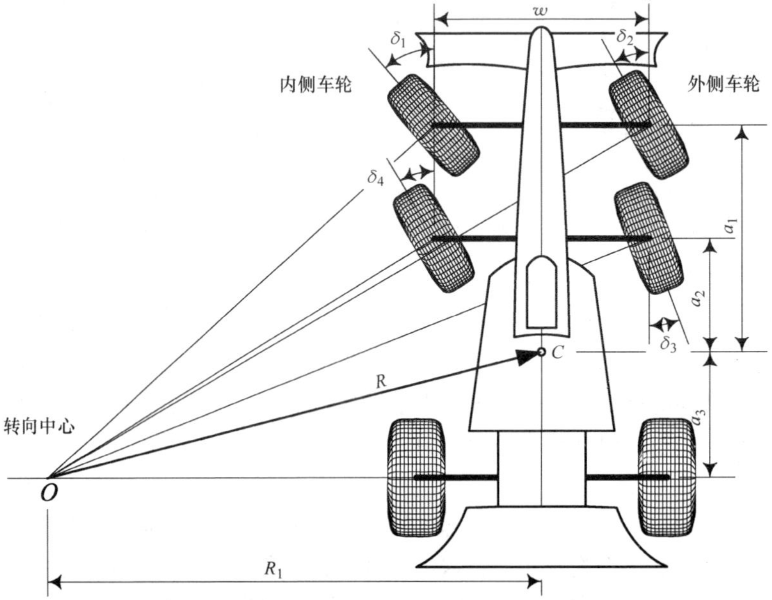

图7.21 某三轴车辆的转向

为了表达多轴车辆的几何结构，从前轴开始，测量第 i 轴至车辆质心 C 的纵向距离 a_i。所以，a_1 为前轴与质心 C 的纵向距离，a_2 为第二轴与质心 C 的纵向距离，依此类推。并且以左前车轮为1，按顺时针方向用数字标记车轮。在美国、欧洲和其他左舵驾驶系统国家，左前车轮是驾驶人车轮，在英国和其他右舵驾驶系统国家，左前轮是乘客车轮。

图7.21所示的三轴车辆，存在两组独立的阿克曼条件：

$$\cot\delta_2 - \cot\delta_1 = \frac{w}{a_1 + a_3} \tag{7.48}$$

$$\cot\delta_3 - \cot\delta_4 = \frac{w}{a_2 + a_3} \tag{7.49}$$

例281★ 只有一个转向轴的六轮车辆

对于只有一个转向轴的多轴车辆，其非转向车轮不能实现无滑移转动。车辆轴距或车辆运动学长度不能准确地界定，也不能明确运动学转向条件。轮胎会发生严重磨损，在低速和大转角情况下会更为严重。因此，应尽量规避这两种情况同时发生的工况。但是，对于一个长车身三轴车辆，当其两个非转向轴相距较近时，可以对其低速转向的工况进行近似分析。

如图 7.22 所示为一辆只有一个转向轴的多轴车辆，其前轴是转向轴。设计车辆转向机构时，将转向中心 O 设置在两个后轴之间的一条称作中线的横线上。车辆的运动学长度 l，是前轴到中线的距离。对于这种设计

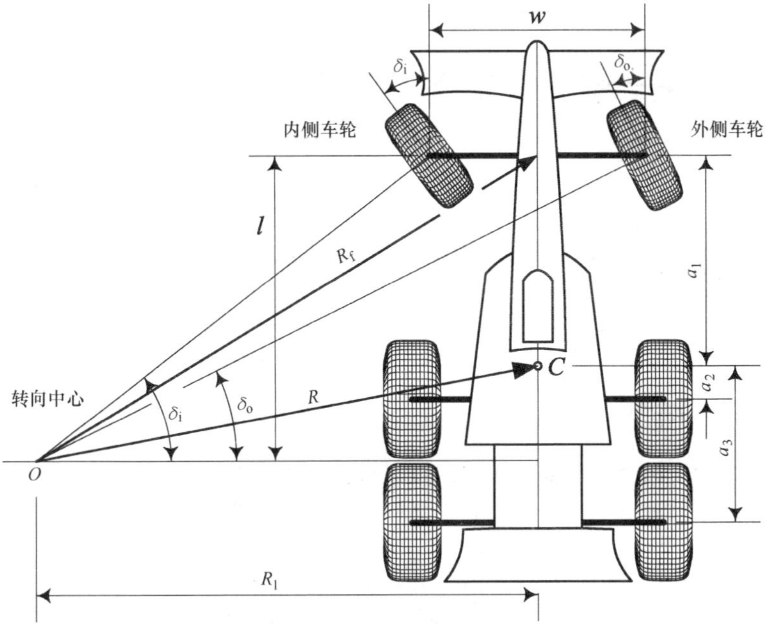

图 7.22 仅有一个前桥转向的六轮车辆

$$\cot\delta_o - \cot\delta_i = \frac{w}{l} \tag{7.50}$$

且有

$$l = a_1 + a_2 + \frac{a_3 - a_2}{2} \tag{7.51}$$

$$R_1 = l\cot\delta_o - \frac{w}{2} = l\cot\delta_i + \frac{w}{2} \tag{7.52}$$

前轴的中心和车辆质心分别以 R_f 和 R 为半径绕 O 转向，即

$$R_f = \frac{R_1}{\cos\left(\arctan\dfrac{l}{R_1}\right)} \qquad R = \frac{R_1}{\cos\left(\arctan\dfrac{a_3 - a_2}{2R_1}\right)} \tag{7.53}$$

如果转向半径远大于轮距，式（7.52）和式（7.53）可以近似如下：

$$R_1 = \frac{l}{2}(\cot\delta_o + \cot\delta_i) \tag{7.54}$$

$$R_f \approx \frac{R_1}{\cos\left(\dfrac{l}{R_1}\right)} \qquad R \approx \frac{R_1}{\cos\left(\dfrac{a_3 - a_2}{2R_1}\right)} \tag{7.55}$$

为了避免对轮胎的严重磨损，可以在车辆载重不大时抬起一个车轴。对于这样的车辆，通常以未抬起的车轴为基准设计转向机构，使其满足阿克曼条件。但是，当这种车辆载重较

大时，所有车轴都会承载负荷，轻载重时能够抬起的车轴会在大转向角时发生严重磨损。

多轴车辆的另一种形式是采用自转向车轮，这种形式的车轮可以自动调整，使滑移最小。这种车轮不能提供横向力，因此对操纵性不利。自转向车轮可以用在梭式矿车和拖车上，用于机车车辆的自转向车轴机构如图 7.23 所示。

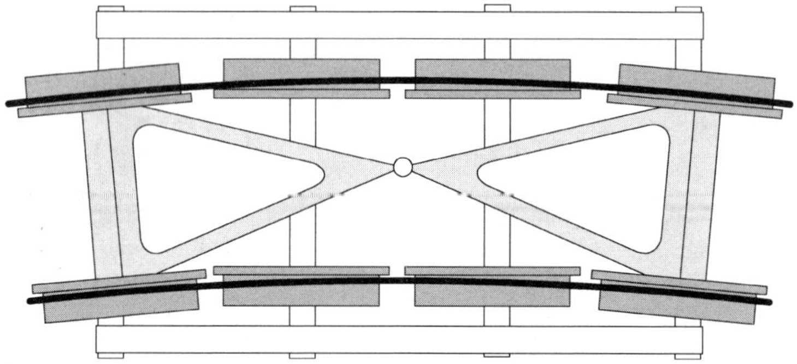

图 7.23　机车车辆的自转向车轴机构

7.3★　带拖车的车辆

对于一辆四轮车辆带有单轴的拖车，可以推导出无滑移转向运动学条件。图 7.24 所示为一辆带单轴拖车的车辆，该车的质心在半径为 R 的圆环上转向，而拖车在半径为 R_t 的圆环上转向。

$$R_t = \sqrt{\left(l\cot\delta_i + \frac{1}{2}w\right)^2 + b_1^2 - b_2^2} \tag{7.56}$$

$$R_t = \sqrt{\left(l\cot\delta_o - \frac{1}{2}w\right)^2 + b_1^2 - b_2^2} \tag{7.57}$$

在稳定工况条件下，拖车和车辆的角度为

$$\theta = \begin{cases} 2\arctan\left[\dfrac{1}{b_1 - b_2}\left(R_t \mp \sqrt{R_t^2 - b_1^2 + b_2^2}\right)\right] & b_1 - b_2 \neq 0 \\ 2\arctan\dfrac{1}{2R_t}(b_1 + b_2) & b_1 - b_2 = 0 \end{cases} \tag{7.58}$$

证明：应用图 7.24 中的三角形△OAB，可以写出拖车的转向半径

$$R_t = \sqrt{R_1^2 + b_1^2 - b_2^2} \tag{7.59}$$

由于$\overline{OB}$的长度为

$$\overline{OB}^2 = R_t^2 + b_2^2 = R_1^2 + b_1^2 \tag{7.60}$$

代入式（7.7）中的 R_1，可知拖车的转向半径与车辆几何尺寸及转向角的关系如下：

$$R_t = \sqrt{\left(l\cot\delta_i + \frac{1}{2}w\right)^2 + b_1^2 - b_2^2} \tag{7.61}$$

$$R_t = \sqrt{\left(l\cot\delta_o - \frac{1}{2}w\right)^2 + b_1^2 - b_2^2} \tag{7.62}$$

$$R_t = \sqrt{R^2 - a_2^2 + b_1^2 - b_2^2} \tag{7.63}$$

应用如下方程

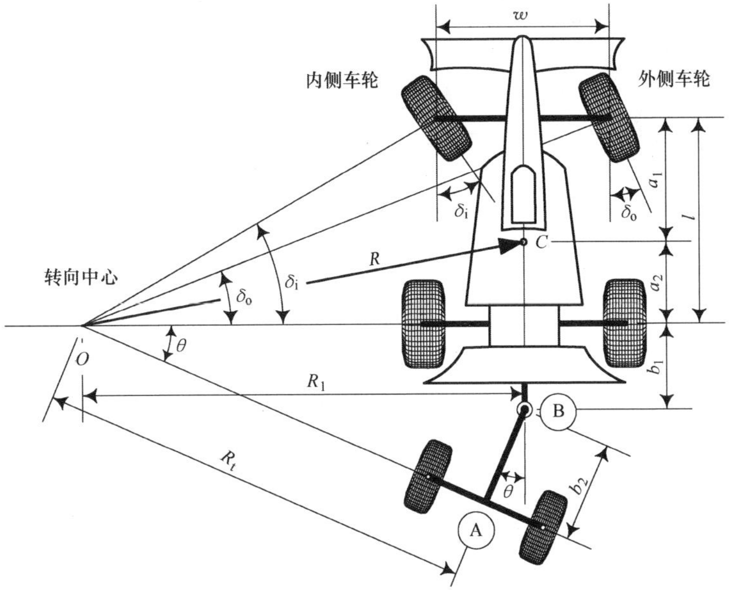

图 7.24 带一个单桥拖车的车辆

$$R_t \sin\theta = b_1 + b_2 \cos\theta \tag{7.64}$$

根据三角学关系，可以计算出拖车与车辆的角度 θ，见式（7.58）。

式（7.58）中，$b_1 - b_2 \neq 0$ 时的负号，对应车辆常用的前进情况的解，正号对应倒退的情况解。一组几何结构（R_t，b_1，b_2）下可能会出现的两种 θ 角情况如图 7.25 所示，出现 θ_2 这样角度的结构称为**折叠结构**，这种结构不稳定，应尽量避免。第二种结构经常会与车辆的物理外廓干涉，这种情况易发生碰撞。

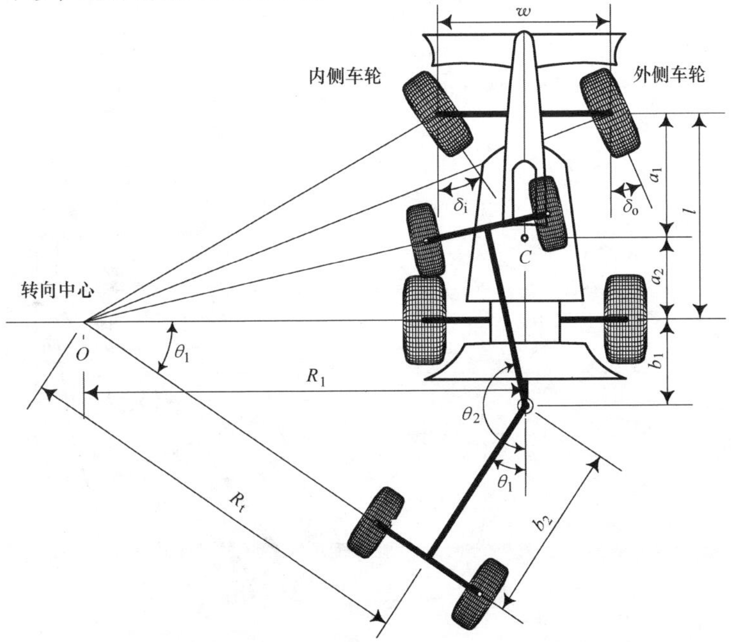

图 7.25 一组（R_t，b_1，b_2）的两种 θ 夹角

例282★　两种可能的拖车-车辆夹角

设有一辆拖着单轴拖车的四轮车辆，其结构尺寸如下：

$$\begin{aligned} l &= 2.641\text{m} \quad w = 1.626\text{m} \\ b_1 &= 0.61\text{m} \quad b_2 = 2.286\text{m} \\ a_2 &= 1.27\text{m} \quad \delta_{\text{i}} = 12° \approx 0.209\text{rad} \end{aligned} \tag{7.65}$$

车辆的各运动学转向特性为

$$\delta_{\text{o}} = \operatorname{arccot}\left(\frac{w}{l} + \cot\delta_{\text{i}}\right) \approx 0.185\text{rad} \approx 10.626° \tag{7.66}$$

$$R_{\text{t}} = \sqrt{\left(l\cot\delta_{\text{i}} + \frac{1}{2}w\right)^2 + b_1^2 - b_2^2} = 13.083\text{m} \tag{7.67}$$

$$R_1 = l\cot\delta_{\text{i}} + \frac{1}{2}w = 13.268\text{m} \tag{7.68}$$

$$\delta = \operatorname{arccot}\left(\frac{\cot\delta_{\text{o}} + \cot\delta_{\text{i}}}{2}\right) = 0.20274\text{rad} \approx 11.616° \tag{7.69}$$

$$R = \sqrt{a_2^2 + l^2\cot^2\delta} = 12.913\text{m} \tag{7.70}$$

$$\theta = 2\arctan\left[\frac{1}{b_1 - b_2}\left(R_{\text{t}} \mp \sqrt{R_t^2 - b_1^2 + b_2^2}\right)\right] \tag{7.71}$$

$$= \begin{cases} \theta_1 = 0.21890\text{rad} \approx 12.542° \\ \theta_2 = -3.0145\text{rad} \approx -172.72° \end{cases}$$

例283★　空间要求

运动学转向条件可以用于计算带拖车车辆的转向空间要求，设带拖车的某两轴车辆的前轮根据阿克曼条件转向，如图7.26所示。

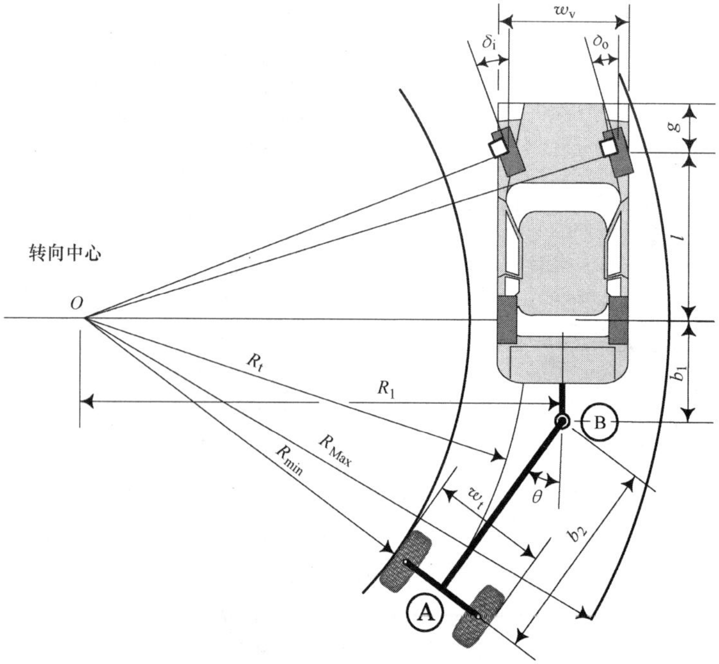

图7.26　根据阿克曼条件转向的一辆两轴带拖车车辆

车辆前部外侧点将在最大半径 R_{Max} 上运动，拖车车桥上内侧车轮内侧的一点将在最小半径 R_{min} 上运动。最大半径 R_{Max} 为

$$R_{Max}=\sqrt{\left(R_1+\frac{w_v}{2}\right)^2+(l+g)^2} \tag{7.72}$$

式中

$$R_1=\sqrt{\left(R_{min}+\frac{w_t}{2}\right)^2+b_2^2-b_1^2} \tag{7.73}$$

车辆宽度用 w_v 表示。

车辆和拖车转向所需空间是一个半径差为 ΔR 的环，ΔR 是车辆和拖车几何结构的函数。

$$\Delta R=R_{Max}-R_{min} \tag{7.74}$$

根据转向角并代入 R_{min}，可以计算所需空间 ΔR。

$$\begin{aligned}R_{min}&=R_t-\frac{1}{2}w_t=\sqrt{\left(l\cot\delta_i+\frac{1}{2}w\right)^2+b_1^2-b_2^2}-\frac{1}{2}w_t\\&=\sqrt{\left(l\cot\delta_o-\frac{1}{2}w\right)^2+b_1^2-b_2^2}-\frac{1}{2}w_t\\&=\sqrt{R^2-a_2^2+b_1^2-b_2^2}-\frac{1}{2}w_t\end{aligned} \tag{7.75}$$

7.4 转向机构

转向系统的第一个单元是**转向盘**，或**转向把**，驾驶人的转向输入通常经过齿条－齿轮或循环球轴承等机械减速系统的轴向后传递。将转向齿轮的输出传递到转向车轮的装置称作**转向机构**，将运动从转向齿轮传递到转向杆系的杠杆称作转向摇臂。

各车轮的方向由一个转向摇臂控制，转向摇臂与转向车轮的轮毂以键槽、锁紧锥面相连。有些车辆中采用整体式轮毂和转向节臂。

为了获得优越的操纵性，乘用车的前车轮最大转向角应达到35°左右。

图7.27 所示为一个平行四边形转向机构及其零件，平行四边形转向杆系在独立前轮车辆中较为普遍，不同的转向机构存在各种优点和不足。

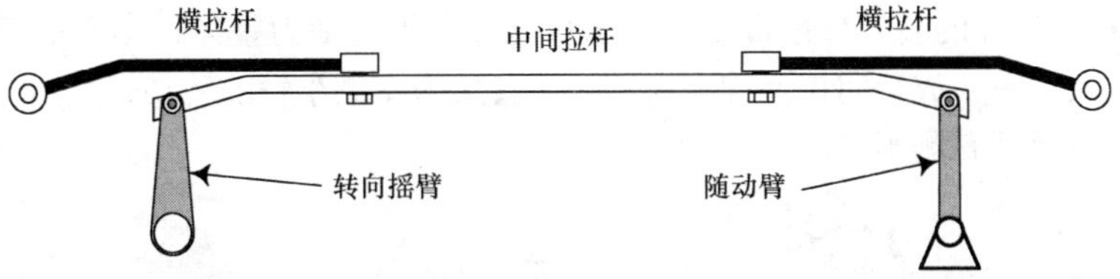

图7.27 平行四边形转向杆系及其零件

例284 转向机构传动比

转向机构传动比是由转向盘转动角度除以转向车轮转向角度获得，民用车辆的转向机构传动比在10∶1 左右，赛车的转向机构传动比在5∶1 左右。一般而言，地面车辆的转向机构传动比在1∶1 和20∶1 之间。

车辆进行阿克曼转向时，内侧车轮和外侧车轮与转向机构传动比不同。其变化是非线性的，且是车轮转向角的函数。

例 285　齿条－齿轮式转向机构

齿条－齿轮式转向机构是乘用车中最常用的转向机构，图 7.28 所示为一套齿条－齿轮式转向机构。齿条可以布置在转向轴的前面，也可以在转向轴的后面。驾驶人的转动转向指令 δ_S 通过转向器转变为齿条的平动 $u_R = u_R(\delta_S)$，再通过主拉杆转变为车轮的转角 $\delta_i = \delta_i(u_R)$ 和 $\delta_o = \delta_o(u_R)$。总转向传动比与转向器传动比和转向杆系的运动学关系有关，主拉杆有时又称作**横拉杆**。

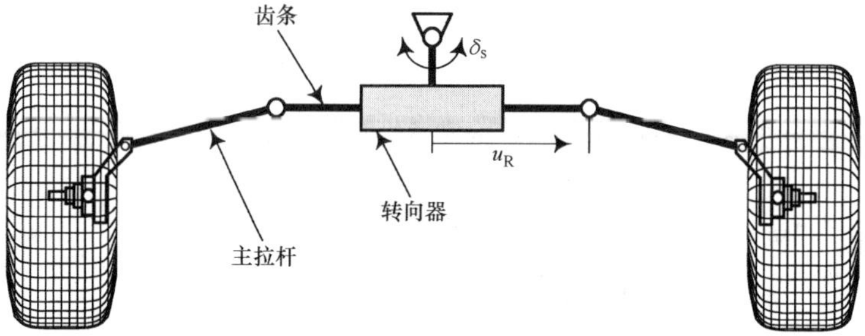

图 7.28　齿条－齿轮式转向机构

例 286　杠杆式转向机构

图 7.29 所示转向杆系有时又称作杠杆式转向系统。杠杆式转向系统可以产生大转向角，这类转向机构常用于轴距较大且前轴车轮为独立悬架的货车，其转向器和三角臂也可以不在车轴中心放置。

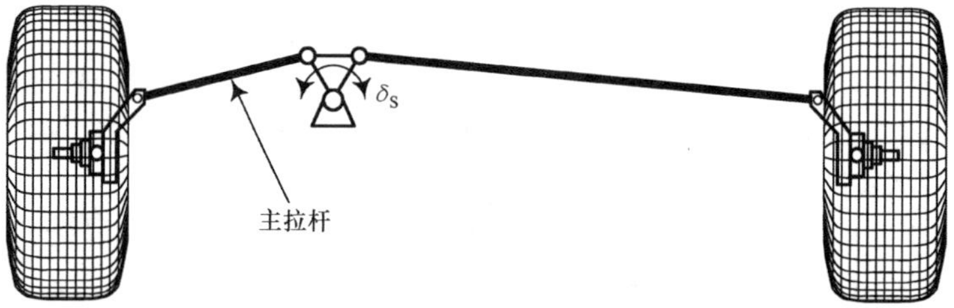

图 7.29　杠杆式转向机构

例 287　主拉杆式转向机构

有时仅对一个车轮输出转向指令，同时用一根主拉杆把另一个车轮连接到第一个车轮，如图 7.30 所示。这样的转向杆系常见于货车和大客车等前轴为整体式车桥的车辆。转向盘的转动通过转向器转变成转向拉臂的运动，进而转变为左侧车轮的转动，然后主拉杆再把左侧车轮的转动传递到右侧车轮。

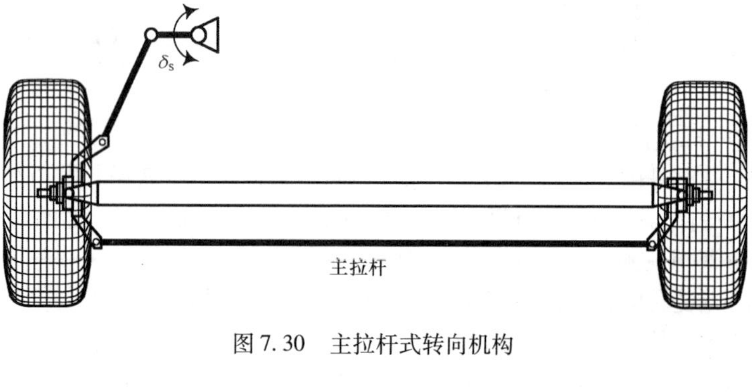

图 7.30　主拉杆式转向机构

图 7.31 所示为与左侧车轮转向摇臂连接的转向结构，该机构用梯形杆系使左侧车轮和右侧车轮相连。

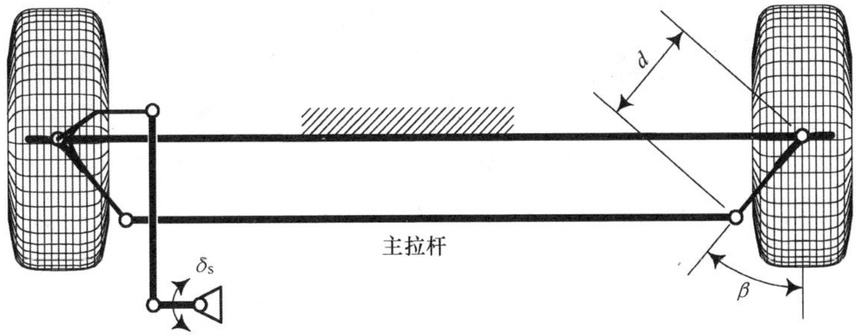

图 7.31　转向摇臂与梯形转向机构的连接

例 288　多杆式转向机构

大客车和大型货车中，驾驶人座位往往位于前轴前面超过 2m 远的位置，这类车辆通常需要大前轮转向角来实现较高的机动性能，因此需要更为复杂的多杆式转向机构，图 7.32 所示为某多杆式转向机构的简图。

转向盘的转动通过转向器传递到转向杠杆，转向杠杆连接着分配联动装置，分配联动装置通过长横拉杆使左、右侧车轮转动。

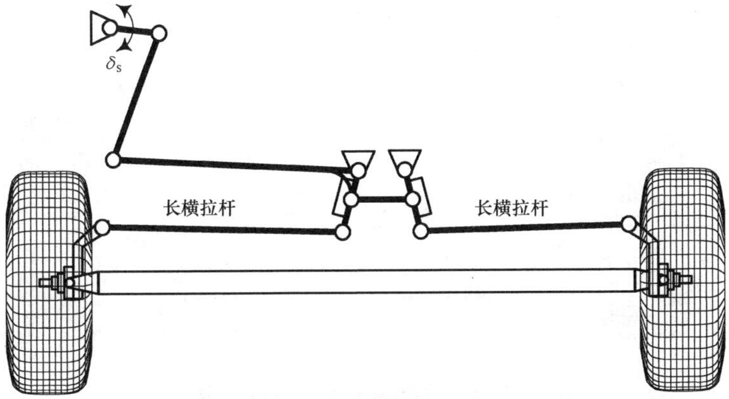

图 7.32　多杆式转向机构

例 289★　反向效用

转向机构把地面输入向驾驶人反馈的性能称作**反向效用**，驾驶人对转向力矩和回正力矩的感知有助于柔顺转向。

齿条 – 齿轮式转向器和循环球式转向器能够给驾驶人传递车轮转向力矩的反馈，而蜗杆齿扇式转向器对车轮转向力矩的反馈非常小。越野车辆要求较低的转向力矩反馈，有助于减轻驾驶人的疲劳。

出于驾驶安全方面的考虑，转向力矩反馈应该与车辆速度成正比，即车速越高，转向时需要的转向操纵力矩也应该越大。这样的转向机构可以避免突然大角度转向，阻尼系数随车速增大而增大的转向阻尼器符合上述性能要求，转向阻尼器还能够降低摆振。

例 290★　助力转向

20 世纪 50 年代一种液压助力转向辅助装置发明后，助力转向装置有了很大发展。从那以后，助力辅助装置逐渐成为汽车转向系统的标准配置。由发动机驱动的液压泵提供液压源，助力辅助装置采用液体压力放大驾驶人对转向盘的操纵力矩，最终减小了对驾驶人转向操纵力的要求。

近年来，电动扭矩放大器被应用到汽车转向系统，成为取代液压扭矩放大器的装置。电动助力装置减小了对液压助力装置的需求，电动助力转向比传统的助力转向效率更高，这是因为电动助力转向电动机只在转向盘转动时提供助力，而液压泵却需要一直转动。助力大小的选择跟车辆类型、路面行车速度和驾驶人的偏好有关。

例 291 颠簸转向

由车轮相对于车身的垂直运动引起的转向角称作颠簸转向角。大多数情况下不希望车辆发生颠簸转向现象，颠簸转向角是车辆悬架和转向机构的函数。如果车辆存在颠簸转向问题，则车辆遇到路面冲击或侧倾转向时车轮会发生偏转，车辆会发生不随驾驶人预期的偏驶。

颠簸转向发生在横拉杆的末端不在悬架机构转动的稳定中心时，因此，悬架机构变形时，悬架机构和转向机构将会绕不同的中心点转动。

例 292 转向轴偏置

理论意义上，转向车轮的转向轴应该垂直于地面并通过位于轮胎平面的车轮中心，图7.31 中就是转向轴在车轮中心的例子。但是，车轮也可以安装在与转向机构有一定偏移量的位置，如图 7.33 所示。

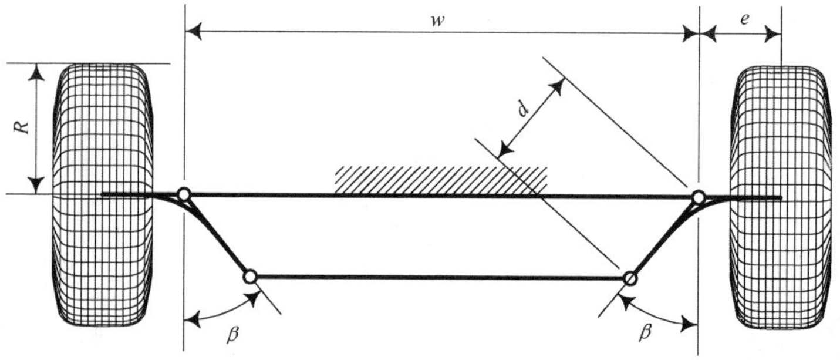

图 7.33 转向机构上车轮连接的偏置设计

图 7.34 所示为车轮偏置安装时梯形机构转动后的情况。有偏置设计转向机构的轮胎接地印迹中心的运动轨迹是一条半径为偏置节臂长度 e 的圆弧。

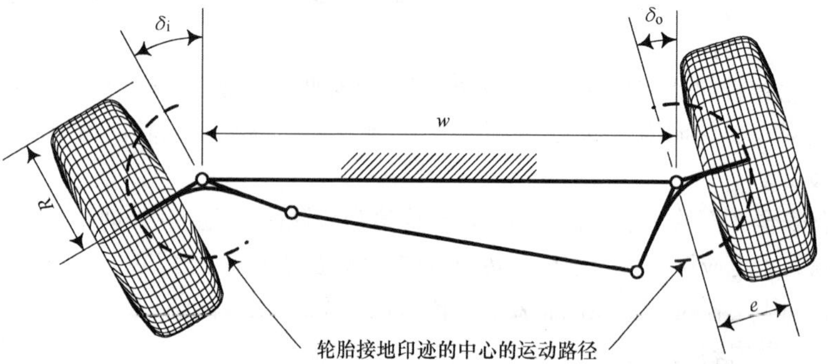

图 7.34 转向车轮相对于梯形转向机构的偏置

这种设计不被建议用在民用车辆中，主要是因为车辆静止时转向需要很大的转向力矩，而车辆行驶起来后，转向力矩又会快速降低到可以接受的水平。采用偏置设计，可以为其他装置的安装腾出空间，并可以简化制造。因此可以用在小型越野车辆上，如 Baja 赛车和玩具车。

7.5★ 四轮转向

在速度极低时，垂直于各个轮胎平面中心的直线交于一点，这是车辆转向的运动学条件，该交点为车辆的转向中心。

图 7.35 所示为一辆同相位四轮转向车辆，图 7.36 所示为一辆异相位四轮转向车辆。在同相位四轮转向结构中，前轮和后轮转向方向相同，在异相位四轮转向结构中，前轮和后轮转向方向相反。四轮转向车辆中转向角之间的运动学关系为

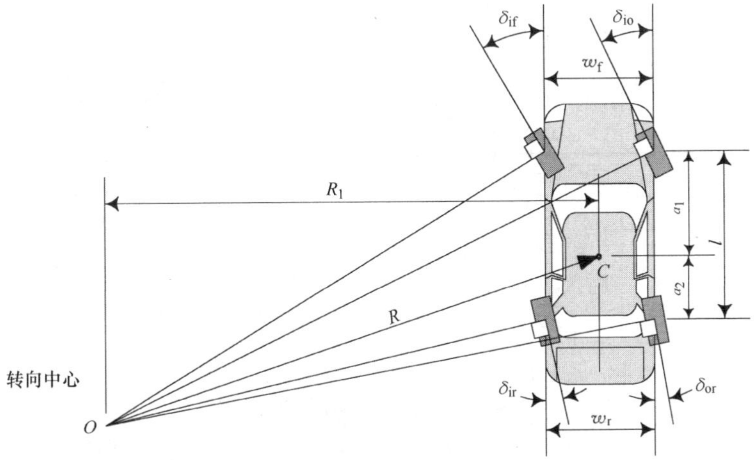

图 7.35 同相位四轮转向车辆

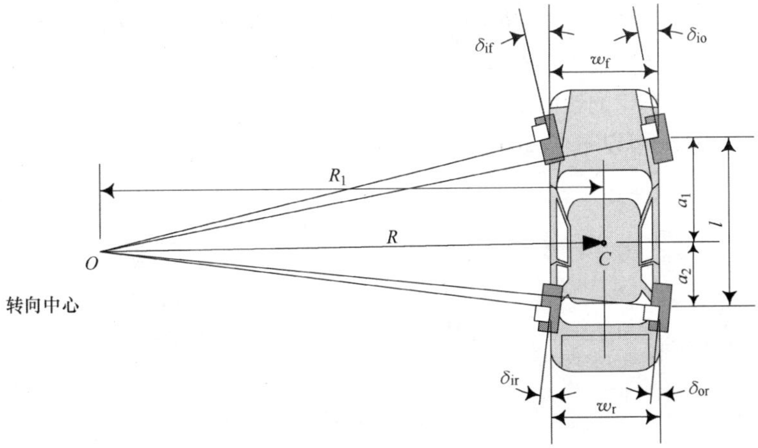

图 7.36 异相位四轮转向车辆

$$\cot\delta_{of} - \cot\delta_{if} = \frac{w_f}{l} - \frac{w_r}{l}\frac{\cot\delta_{of} - \cot\delta_{if}}{\cot\delta_{or} - \cot\delta_{ir}} \tag{7.76}$$

式中，w_f 和 w_r 分别为前轮和后轮轮距；δ_{if} 和 δ_{of} 分别为内侧和外侧前轮的转向角；δ_{ir} 和 δ_{or}

分别为内侧和外侧后轮的转向角；l 为车辆轴距。还可以用下面更加通用的四轮转向车辆转向角运动学方程

$$\cot\delta_{fr}-\cot\delta_{fl}=\frac{w_f}{l}-\frac{w_r}{l}\frac{\cot\delta_{fr}-\cot\delta_{fl}}{\cot\delta_{rr}-\cot\delta_{rl}} \tag{7.77}$$

式中，δ_{fl}和 δ_{fr}分别为左侧和右侧前轮的转向角；δ_{rl}和 δ_{rr}分别为左侧和右侧后轮的转向角。

如果根据图 7.37 中的规定定义转向角的符号，则用式（7.77）可以表示四轮转向系统的同相位和异相位。应用车轮坐标系（x_w，y_w，z_w），可以按照绕车辆坐标系 z 轴方向的右手定则，用车辆坐标系 x 轴方向与车轮坐标系 x_w 方向之间的角定义转向角，因此，车轮向左转动时转向角为正，车轮向右转动时转向角为负。

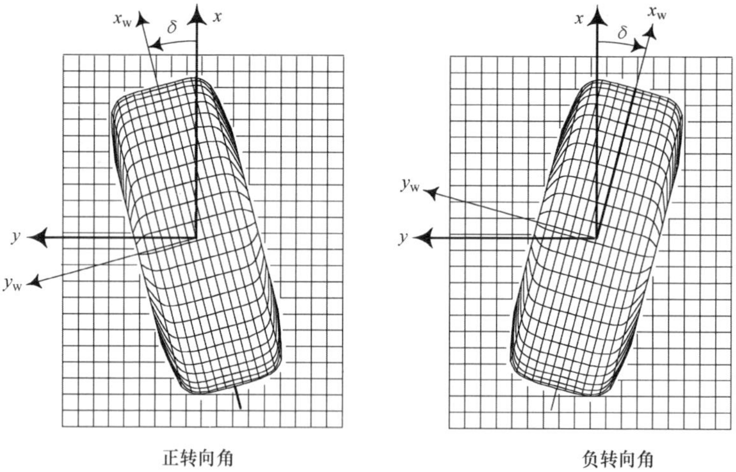

图 7.37　转向角的符号规定

证明：按照四轮转向车辆转向时车轮的纯滚动条件，过各轮胎平面中心的垂线应该交于一点，这也是运动学转向条件。

图 7.38 所示为一辆同相位四轮转向车辆向左转向的情况。其左侧车轮在内侧，接近于转向中心 O，在连体坐标系中点 O 与车桥的纵向距离表示为 c_1 和 c_2。

前内侧和前外侧车轮的转向角 δ_{if}和 δ_{of}可以根据 ΔOAE 和 ΔOBF 计算，后内侧和后外侧车轮的转向角 δ_{ir}和 δ_{or}可以根据 ΔODG 和 ΔOCH 计算。

$$\tan\delta_{if}=\frac{c_1}{R_1-\frac{w_f}{2}} \tag{7.78}$$

$$\tan\delta_{of}=\frac{c_1}{R_1+\frac{w_f}{2}} \tag{7.79}$$

$$\tan\delta_{ir}=\frac{c_2}{R_1-\frac{w_r}{2}} \tag{7.80}$$

$$\tan\delta_{or}=\frac{c_2}{R_1+\frac{w_r}{2}} \tag{7.81}$$

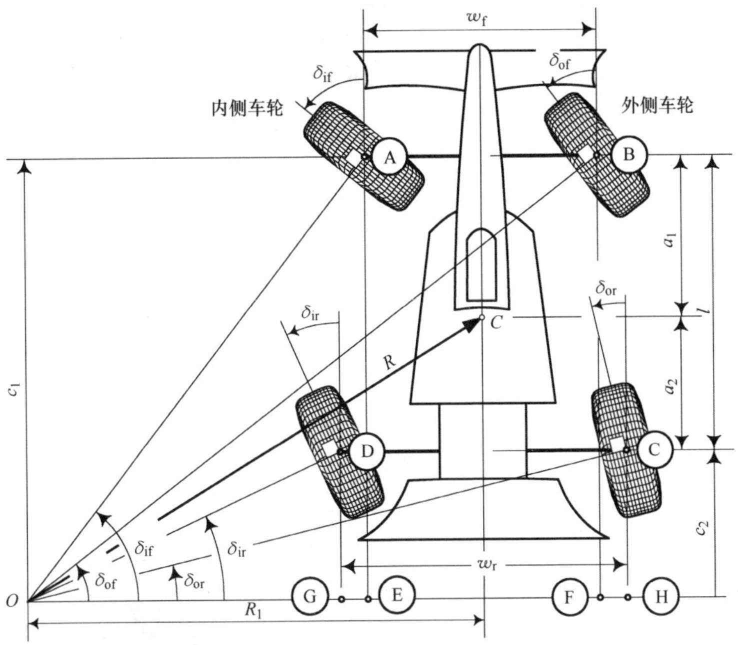

图 7.38 向左转向的同相位四轮转向车辆

消去式（7.78）和式（7.79）中的 R_1

$$R_1=\frac{1}{2}w_f+\frac{c_1}{\tan\delta_{if}}=-\frac{1}{2}w_f+\frac{c_1}{\tan\delta_{of}} \tag{7.82}$$

得到前内侧车轮转向角 δ_{if}和前外侧车轮转向角 δ_{of}之间的运动学关系

$$\cot\delta_{of}-\cot\delta_{if}=\frac{w_f}{c_1} \tag{7.83}$$

同理，消去式（7.80）和式（7.81）中的 R_1

$$R_1=\frac{1}{2}w_r+\frac{c_2}{\tan\delta_{ir}}=-\frac{1}{2}w_r+\frac{c_2}{\tan\delta_{or}} \tag{7.84}$$

得到后内侧车轮转向角 δ_{ir}和后外侧车轮转向角 δ_{or}之间的运动学关系。

$$\cot\delta_{or}-\cot\delta_{ir}=\frac{w_r}{c_2} \tag{7.85}$$

应用如下关系

$$c_1-c_2=l \tag{7.86}$$

联立式（7.83）和式（7.85）

$$\frac{w_f}{\cot\delta_{of}-\cot\delta_{if}}-\frac{w_r}{\cot\delta_{or}-\cot\delta_{ir}}=l \tag{7.87}$$

求出同相位四轮转向车辆前、后车轮转向角之间的运动学关系式（7.76）。

图 7.39 所示为一个异相位四轮转向车辆向左转向的情况，其左侧车轮更接近于转向中心 O，为内侧车轮。前内侧和外侧车轮转向角 δ_{if}、δ_{of}可以根据 ΔOAE 和 ΔOBF 计算，后内侧和外侧车轮转向角 δ_{ir}、δ_{or}可以根据 ΔODG 和 ΔOCH 计算。

$$\tan\delta_{if} = \frac{c_1}{R_1 - \dfrac{w_f}{2}} \tag{7.88}$$

$$\tan\delta_{of} = \frac{c_1}{R_1 + \dfrac{w_f}{2}} \tag{7.89}$$

$$-\tan\delta_{ir} = \frac{-c_2}{R_1 - \dfrac{w_r}{2}} \tag{7.90}$$

$$-\tan\delta_{or} = \frac{-c_2}{R_1 + \dfrac{w_r}{2}} \tag{7.91}$$

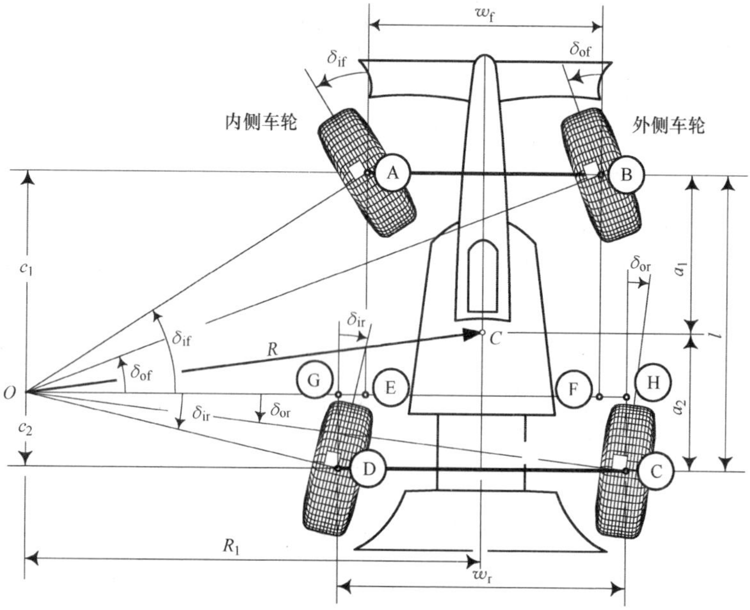

图 7.39　向左转向的异相位四轮转向车辆

消去式（7.88）和式（7.89）中的 R_1

$$R_1 = \frac{1}{2}w_f + \frac{c_1}{\tan\delta_{if}} = -\frac{1}{2}w_f + \frac{c_1}{\tan\delta_{of}} \tag{7.92}$$

得到前内侧车轮转向角 δ_{if} 和前外侧车轮转向角 δ_{of} 之间的运动学关系。

$$\cot\delta_{of} - \cot\delta_{if} = \frac{w_f}{c_1} \tag{7.93}$$

同理，消去式（7.90）和式（7.91）中的 R_1

$$R_1 = \frac{1}{2}w_r + \frac{c_2}{\tan\delta_{ir}} = -\frac{1}{2}w_r + \frac{c_2}{\tan\delta_{or}} \tag{7.94}$$

得到后内侧车轮转向角 δ_{ir} 和后外侧车轮转向角 δ_{or} 之间的运动学关系。

$$\cot\delta_{or}-\cot\delta_{ir}=\frac{w_r}{c_2} \tag{7.95}$$

应用如下关系

$$c_1-c_2=l \tag{7.96}$$

联立式（7.93）和式（7.95）

$$\frac{w_f}{\cot\delta_{of}-\cot\delta_{if}}-\frac{w_r}{\cot\delta_{or}-\cot\delta_{ir}}=l \tag{7.97}$$

求出异相位四轮转向车辆前、后车轮转向角之间的运动学关系式（7.76）。

采用图7.37中的符号规定，可以再次验证图7.38和图7.39中的关系。在异相位四轮转向系统中，前轮转向角为正时，后轮转向角为负。在同相位四轮转向系统中，前轮转向角为正时，后轮转向角为正。因此式（7.77）

$$\cot\delta_{fr}-\cot\delta_{fl}=\frac{w_f}{l}-\frac{w_r}{l}\frac{\cot\delta_{fr}-\cot\delta_{fl}}{\cot\delta_{rr}-\cot\delta_{rl}} \tag{7.98}$$

既可以表示同相位四轮转向系统的运动学关系，也可以表示异相位四轮转向系统的运动学关系。

$$c_1=\frac{w_f}{\cot\delta_{fr}-\cot\delta_{fl}} \tag{7.99}$$

$$c_2=\frac{w_r}{\cot\delta_{rr}-\cot\delta_{rl}} \tag{7.100}$$

车辆上采用四轮转向（4WS）系统或全轮转向（AWS）系统的目的是增强车辆的转向响应、提高高速时的操纵稳定性或减小低速时的转向半径。异相位四轮转向车辆的转向半径小于前轮转向（FWS）车辆的转向半径。

前轮转向车辆中，过前车轮中心的垂线与车辆后桥轴线的延长线交于一点。在四轮转向车辆中，两条线可以在 xy 平面的任意位置相交。该点是车辆的转向中心，其位置决定于各车轮的转向角。

例293★ 转向角关系

设某汽车的尺寸参数如下：

$$l=2.8\text{m}\quad w_f=1.35\text{m}\quad w_r=1.4\text{m} \tag{7.101}$$

式(7.78)～式(7.81)与式(7.88)～式(7.91)都可以用于求车轮的运动学转向角。假设已知其中的一个输入转向角，比如

$$\delta_{if}=15° \tag{7.102}$$

要求出其他转向角，需要先确定转向中心 O 的位置。参数 c_1、c_2 和 R_1 中的一个参数确定后，转向中心的位置就可以确定。例如，假设汽车在向左转向，且已知 δ_{if}的值。因此，左前车轮的垂线也已知，转向中心可以是这条直线上的任意一点，当选取垂线的一点时，其他车轮的转向角就可以根据这一点的位置来确定。

四轮转向系统的转向角关系是四个方程联立而成的方程组，每个方程有两个变量。

$$\delta_{if}=\delta_{if}(c_1,R_1)\quad \delta_{of}=\delta_{of}(c_1,R_1) \tag{7.103}$$

$$\delta_{ir}=\delta_{ir}(c_2,R_1)\quad \delta_{or}=\delta_{or}(c_2,R_1) \tag{7.104}$$

如果已知 c_1 和 R_1，则可以唯一地确定转向角 δ_{if}、δ_{of}、δ_{ir}和 δ_{or}。但是，工程实际中，往往是

已知一个车轮的转向角，例如δ_{if}，需要确定其他车轮的转向角δ_{of}、δ_{ir}和δ_{or}。如果已知c_1或R_1，则可以完成上述工作。

本例中，假设

$$R_1 = 50\text{m} \tag{7.105}$$

根据式（7.75）可知

$$c_1 = \left(R_1 - \frac{w_f}{2}\right)\tan\delta_{if} = \left(50 - \frac{1.35}{2}\right)\tan\frac{\pi}{12} = 13.217\text{m} \tag{7.106}$$

因为，$c_1 > 1$，$\delta_{if} > 0$，所以车辆为同相位四轮转向结构，其转向中心位于车辆后桥的后面。

$$c_2 = c_1 - l = 13.217 - 2.8 = 10.417\text{m} \tag{7.107}$$

应用式(7.79)~式(7.81)得到其他转向角。

$$\delta_{of} = \arctan\frac{c_1}{R_1 + \dfrac{w_f}{2}} = \arctan\frac{13.217}{50 + \dfrac{1.35}{2}} = 0.25513\text{rad} \approx 14.618° \tag{7.108}$$

$$\delta_{ir} = \arctan\frac{c_2}{R_1 - \dfrac{w_r}{2}} = \arctan\frac{10.417}{50 - \dfrac{1.4}{2}} = 0.20824\text{rad} \approx 11.931° \tag{7.109}$$

$$\delta_{or} = \arctan\frac{c_2}{R_1 + \dfrac{w_r}{2}} = \arctan\frac{10.417}{50 + \dfrac{1.4}{2}} = 0.20264\text{rad} \approx 11.61° \tag{7.110}$$

例294★ 转向中心的位置

转向中心在车体坐标系中的位置坐标为（x_O，y_O），各坐标值

$$x_O = -a_2 - c_2 = -a_2 - \frac{w_r}{\cot\delta_{or} - \cot\delta_{ir}} \tag{7.111}$$

$$y_O = R_1 = \frac{l + \dfrac{1}{2}(w_f\tan\delta_{if} - w_r\tan\delta_{ir})}{\tan\delta_{if} - \tan\delta_{ir}} \tag{7.112}$$

式（7.112）通过把式（7.92）和式（7.94）中的c_1和c_2代入式（7.96）获得，并用δ_{if}和δ_{ir}表示y_O，y_O也可以用δ_{of}和δ_{or}表示。

式（7.111）和式（7.112）既可以确定同相位四轮转向系统转向中心的坐标，也可以确定异相位四轮转向系统转向中心的坐标。

例如，某汽车参数为

$$l = 2.8\text{m} \quad w_f = 1.35\text{m} \quad w_r = 1.4\text{m} \quad a_1 = a_2 \tag{7.113}$$

$$\begin{aligned} \delta_{if} &= 0.26180\text{rad} \approx 15° \\ \delta_{of} &= 0.25513\text{rad} \approx 14.618° \\ \delta_{ir} &= 0.20824\text{rad} \approx 11.931° \\ \delta_{or} &= 0.20264\text{rad} \approx 11.61° \end{aligned} \tag{7.114}$$

求其转向中心的位置。

$$x_O = -a_2 - \frac{w_r}{\cot\delta_{or} - \cot\delta_{ir}}$$

$$= -\frac{2.8}{2} - \frac{1.4}{\cot 0.20264 - \cot 0.20824} = -11.802\text{m} \tag{7.115}$$

$$y_O = \frac{l + \frac{1}{2}(w_f \tan\delta_{if} - w_r \tan\delta_{ir})}{\tan\delta_{if} - \tan\delta_{ir}}$$

$$= \frac{2.8 + \frac{1}{2}(1.35\tan 0.26180 - 1.4\tan 0.20824)}{\tan 0.26180 - \tan 0.20824} = 50.011\text{m} \tag{7.116}$$

对于前轮转向车辆，其转向中心的位置在

$$x_O = -a_2 \quad y_O = \frac{1}{2}w_f + \frac{l}{\tan\delta_{if}} \tag{7.117}$$

对于后轮转向车辆，其转向中心的位置为

$$x_O = a_1 \quad y_O = \frac{1}{2}w_r + \frac{l}{\tan\delta_{ir}} \tag{7.118}$$

例 295★　曲率半径

设用全域坐标系中的数学函数 $Y=f(X)$ 表示某道路上车辆的运动轨迹，该道路上某点 X 处的曲率半径 R_κ 为

$$R_\kappa = \frac{(1+Y'^2)^{3/2}}{Y''} \tag{7.119}$$

式中

$$Y' = \frac{\mathrm{d}Y}{\mathrm{d}X} \quad Y'' = \frac{\mathrm{d}^2 Y}{\mathrm{d}X^2} \tag{7.120}$$

设某道路的轨迹方程为

$$Y = \frac{X^2}{200} \quad Y' = \frac{X}{100} \quad Y'' = \frac{1}{100} \tag{7.121}$$

式中，X 和 Y 的单位均为 m。则道路的曲率半径为

$$R_\kappa = \frac{(1+Y'^2)^{3/2}}{Y''} = 100\left(\frac{1}{10000}X^2 + 1\right)^{3/2} \tag{7.122}$$

在 $X=30\text{m}$ 处

$$Y = \frac{9}{2}\text{m} \quad Y' = \frac{3}{10} \quad Y'' = \frac{1}{100}\text{m}^{-1} \tag{7.123}$$

因此

$$R_\kappa = 113.80\text{m} \tag{7.124}$$

例 296★　对称型四轮转向系统

图 7.40 中对称型四轮转向车辆的前轮转向角与后轮转向角方向相反大小相等，对称型四轮转向的转向运动学关系可以简化为

$$\cot\delta_o - \cot\delta_i = \frac{w_f}{l} + \frac{w_r}{l} \tag{7.125}$$

c_1 和 c_2 简化为

$$c_1 = -c_2 = \frac{l}{2} \tag{7.126}$$

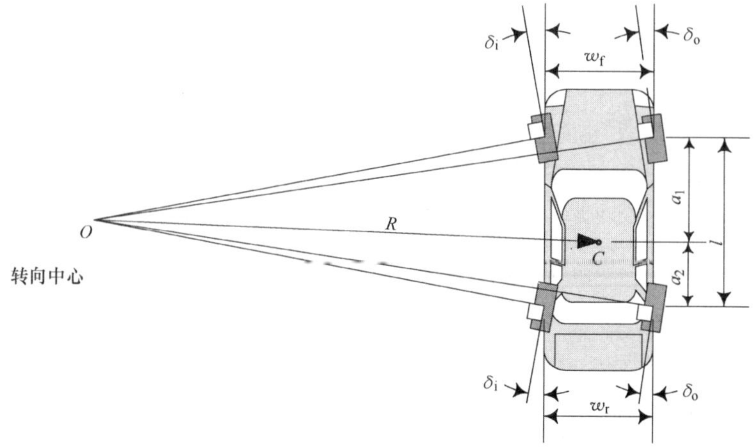

图7.40 对称型四轮转向车辆

例297★ c_2/c_1 比

从车辆前轴到转向中心的距离为 c_1，从后轴到转向中心的距离为 c_2，用 c_s 表示这两个距离的比，并称之为四轮转向因数。

$$c_s = \frac{c_2}{c_1} = \frac{w_r \cot\delta_{fr} - \cot\delta_{fl}}{w_f \cot\delta_{rr} - \cot\delta_{rl}} \tag{7.127}$$

对异相位四轮转向车辆 c_s 为负数，对同相位四轮转向车辆 c_s 为正数。$c_s=0$ 时，汽车为前轮转向车辆，$c_s=-\infty$ 时，汽车为后轮转向车辆，对称四轮转向车辆的 $c_s=-1$。

例298★ 转向长度 l_s

对于四轮转向车辆，定义一个转向长度 l_s

$$\begin{aligned} l_s &= \frac{c_1+c_2}{l} = \frac{l}{c_1} + 2c_s \\ &= \frac{1}{l}\left(\frac{w_f}{\cot\delta_{fr} - \cot\delta_{fl}} + \frac{w_r}{\cot\delta_{rr} - \cot\delta_{rl}}\right) \end{aligned} \tag{7.128}$$

前轮转向汽车的转向长度 $l_s=1$，对称型四轮转向汽车的转向长度 $l_s=0$，后轮转向汽车的转向长度 $l_s=-1$。若某汽车为异相位四轮转向汽车则 $-1<l_s<1$，若某汽车为正相位四轮转向汽车则 $l_s>1$ 或 $l_s<-1$。$l_s>1$ 对应转向中心在汽车后轴后面的情况，$l_s<-1$ 对应转向中心在车辆前轴前面的情况。

比较前轮转向车辆和四轮转向车辆的转向中心，前轮转向车辆的转向中心始终在车辆后轴的延长线上，其转向长度 l_s 始终等于1。而全轮转向车辆的转向中心可能为：

1）如果 $l_s<-1$，转向中心在前轴之前。

2）如果 $-1<l_s<1$，转向中心在前轴和后轴之间。

3）如果 $l_s>1$，转向中心在后轴之后。

图7.41所示为不同转向长度车辆的比较。图7.41a为前轮转向汽车，图7.41b～d分别表示四轮转向车辆转向长度为 $l_s<-1$、$-1<l_s<1$ 和 $l_s>1$ 的情况。

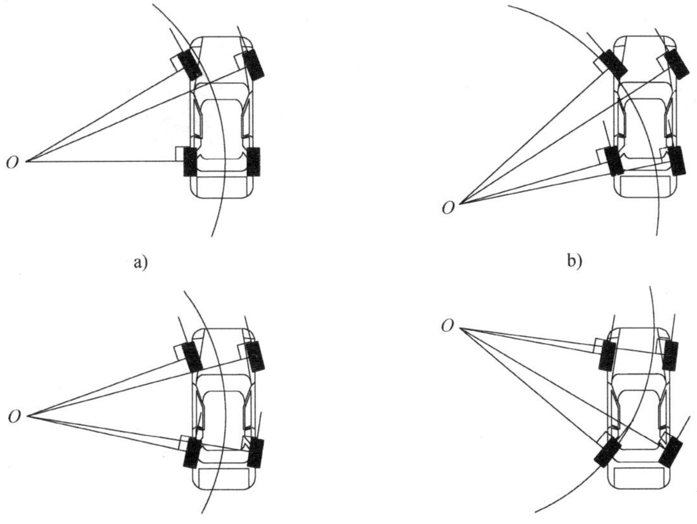

图 7.41　不同转向长度车辆的比较

例 299★　前轮转向和阿克曼条件

将 $\delta_{rr}\to 0$ 和 $\delta_{rl}\to 0$ 代入四轮转向运动学关系式（7.77），该方程简化为前轮转向车辆的阿克曼条件式（7.1）。

$$\cot\delta_{fr}-\cot\delta_{fl}=\frac{w}{l} \tag{7.129}$$

将阿克曼条件写成上述方程的形式，可以在计算时避免反复检查哪个是内侧车轮，哪个是外侧车轮。

例 300★　转向半径

求车辆的转向半径时，可以分别对同、异相位四轮转向车辆定义如图 7.42 和图 7.43 所示的自行车等效模型。转向半径 R 垂直于车辆质心 C 处的速度矢量 v。

用图 7.42 中的正相位四轮转向结构检查上述结论，根据自行车模型的几何结构可知

$$R^2=(a_2+c_2)^2+R_1^2 \tag{7.130}$$

$$\cot\delta_f=\frac{R_1}{c_1}=\frac{1}{2}\left(\cot\delta_{if}+\cot\delta_{of}\right) \tag{7.131}$$

因此

$$R=\sqrt{(a_2+c_2)^2+c_1^2\cot^2\delta_f} \tag{7.132}$$

验算表明，图 7.43 中的异相位四轮转向车辆的转向半径也可以根据式（7.132）计算。

例 301★　被动四轮转向和主动四轮转向

高速行驶时异相位四轮转向产生的横摆角速度过大，所以异相位四轮转向不适用于高速行驶。低速行驶时同相位四轮转向会使转向半径增大，所以同相位不适用于低速行驶。为了更好地发挥四轮转向系统的优势，需要一个智能系统根据车速调整车辆的转向模式，并根据不同的目标改变转向角，这种智能转向系统又称作主动转向系统。

主动转向系统可以在低速行驶时进行异相位转向，在高速行驶时进行同相位转向。进行

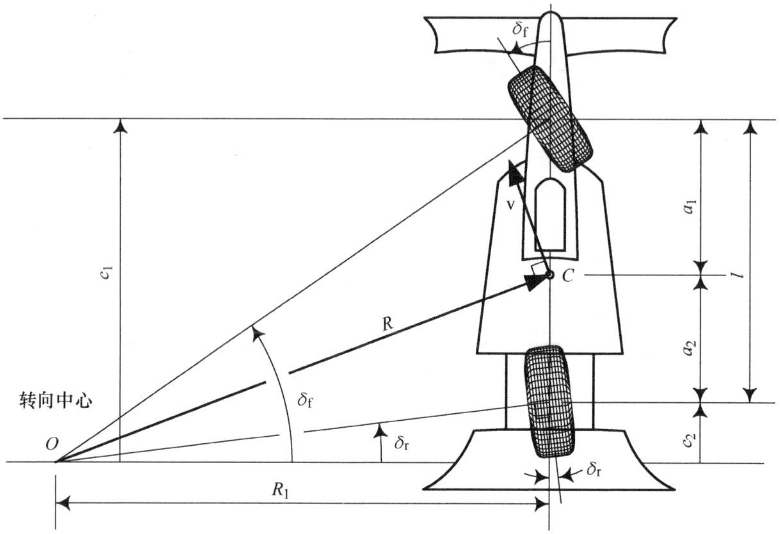

图7.42　同相位四轮转向车辆的自行车模型

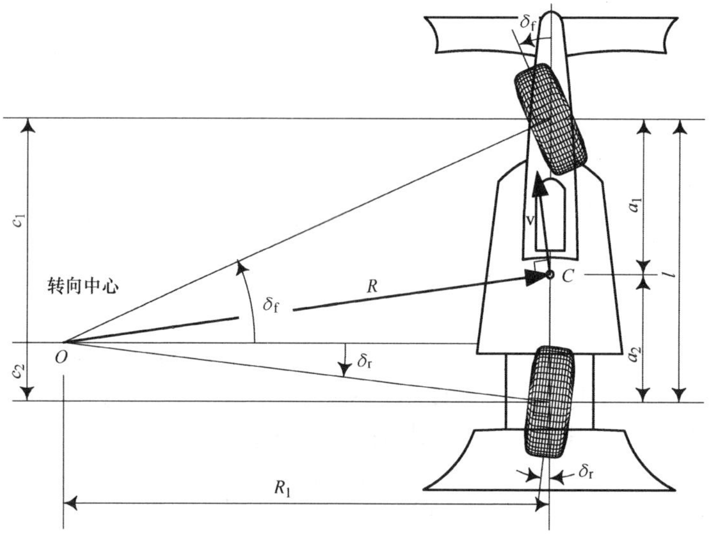

图7.43　异相位四轮转向车辆的自行车模型

异相位转向时，后轮转动方向与前轮相反，使车辆转向半径明显变小。进行同相位转向时，后轮转动方向与前轮相同，从而增大侧向力。

被动四轮转向系统的前轮和后轮转向角之间有一个固定的比例关系，意味着 c_s 的值也固定。被动转向可以用于抵消某些不期望的车辆行为趋势，例如，前轮转向系统中的后轮有朝转向外侧轻微转动的趋势，这种趋势会降低稳定性。

例302★　自动驾驶

设一辆在全域坐标位置（X，Y）处的汽车在道路上运动，如图7.44所示。点 C 表示汽车位置处道路的曲率中心，并令该道路曲率中心为此刻汽车的瞬时转向中心。

全域坐标系 G 位于地面，车辆坐标系 B 位于汽车的质心 C，z 轴和 Z 轴互相平，角 ψ 表

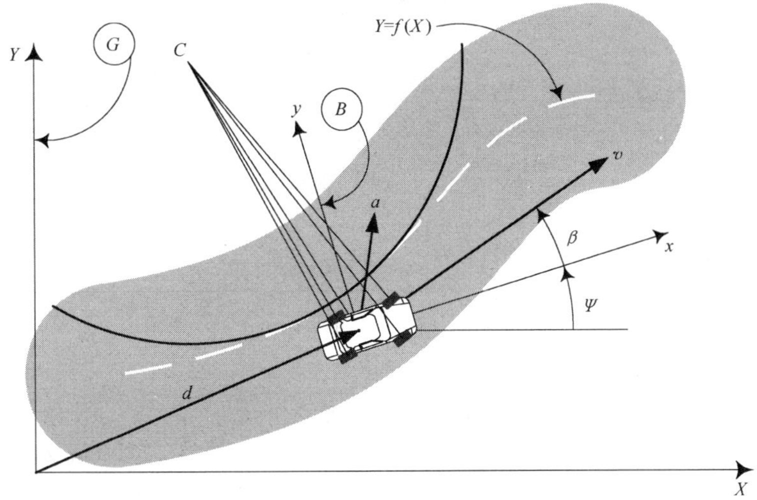

图 7.44 一辆在道路上运动的汽车到达曲率中心为 C 点的位置

示 X 轴与 x 轴之间的夹角。如果（X_C，Y_C）是 C 在全域坐标系 G 中的坐标，则 C 在车辆坐标系 B 中的坐标为

$$^{B}\boldsymbol{r}_C = R_{z,\psi}(^{G}\boldsymbol{r}_C - {}^{G}\boldsymbol{d}) \tag{7.133}$$

$$\begin{bmatrix} x_C \\ y_C \\ 0 \end{bmatrix} = \begin{bmatrix} \cos\psi & \sin\psi & 0 \\ -\sin\psi & \cos\psi & 0 \\ 0 & 0 & 1 \end{bmatrix}\left(\begin{bmatrix} X_C \\ Y_C \\ 0 \end{bmatrix} - \begin{bmatrix} X \\ Y \\ 0 \end{bmatrix}\right)$$

$$= \begin{bmatrix} (X_C - X)\cos\psi + (Y_C - Y)\sin\psi \\ (Y_C - Y)\cos\psi - (X_C - X)\sin\psi \\ 0 \end{bmatrix} \tag{7.134}$$

已知点 C 在车辆坐标系中的坐标，就可以确定 R_1、c_1 和 c_2。

$$R_1 = y_C = (Y_C - Y)\cos\psi - (X_C - X)\sin\psi \tag{7.135}$$

$$c_2 = -a_2 - x_C = -(X_C - X)\cos\psi - (Y_C - Y)\sin\psi - a_2 \tag{7.136}$$

$$c_1 = c_2 + l = -(X_C - X)\cos\psi - (Y_C - Y)\sin\psi + a_1 \tag{7.137}$$

进而可以根据式(7.78)~式(7.81)唯一地确定所需转向角。

用数学函数 $Y=f(X)$ 在全域坐标系中定义道路，则对于道路上的任意一点 X，都可以确定车辆的位置和车辆坐标系中转向中心的位置。接着可以确定所需转向角，从而保持车辆在道路上行驶，并维持车辆正确的方向，这一原理可以用于设计自动驾驶车辆。

例如，一辆汽车沿着道路的切向方向行驶，道路的轨迹方程为

$$Y = \frac{X^2}{200} \tag{7.138}$$

式中 X 和 Y 的单位是 m。$X=30\text{m}$ 时，有 $Y=4.5\text{m}$，$Y'=0.3$ 和 $Y''=0.01$。因此

$$\psi = \arctan\frac{\mathrm{d}Y}{\mathrm{d}X} = \arctan 0.3 = 0.29146\text{rad} \approx 16.7° \tag{7.139}$$

根据例 295 中的计算，道路在（30，4.5）处的曲率半径为

$$R_\kappa = 113.80\text{m} \tag{7.140}$$

道路的切线方程为

$$Y - 4.5 = 0.3(X - 30) \tag{7.141}$$

故道路的法线方程为

$$Y - 4.5 = -\frac{10}{3}(X - 30) \tag{7.142}$$

已知 $R_\kappa = 113.80\text{m}$，即

$$R_\kappa = \frac{(1 + Y'^2)^{3/2}}{Y''} = \frac{(1 + 0.3^2)^{3/2}}{0.01} = 113.80\text{m} \tag{7.143}$$

又有

$$(X - X_C)^2 + (Y - Y_C)^2 = R_\kappa^2 \tag{7.144}$$

可以求出式（7.142）直线和式（7.144）圆弧交点处道路曲率中心的全域坐标（X_C，Y_C）。

$$X_C = -2.7002\text{m} \quad Y_C = 113.5\text{m} \tag{7.145}$$

则车辆坐标系中转向中心的坐标应为

$$\begin{bmatrix} x_C \\ y_C \\ 0 \end{bmatrix} = \begin{bmatrix} \cos\psi & \sin\psi & 0 \\ -\sin\psi & \cos\psi & 0 \\ 0 & 0 & 1 \end{bmatrix} \left(\begin{bmatrix} X_C \\ Y_C \\ 0 \end{bmatrix} - \begin{bmatrix} X \\ Y \\ 0 \end{bmatrix} \right) = \begin{bmatrix} 0 \\ 113.8 \\ 0 \end{bmatrix} \tag{7.146}$$

例 303★ 曲率方程

设某车行驶轨迹方程为 $Y = f(X)$，速度为v，加速度为 $\boldsymbol{a}$。车辆行驶轨迹的曲率 $\kappa = 1/R$为

$$\kappa = \frac{1}{R} = \frac{a_n}{v^2} \tag{7.147}$$

式中，a_n 是加速度 $\boldsymbol{a}$ 的法向分量。该法向分量 a_n 指向转向中心，大小等于

$$\begin{aligned} a_n &= \left| \frac{v}{v} \times \boldsymbol{a} \right| = \frac{1}{v} \left| v \times \boldsymbol{a} \right| \\ &= \frac{1}{v}(a_Y v_X - a_X v_Y) = \frac{\ddot{Y}\dot{X} - \ddot{X}\dot{Y}}{\sqrt{\dot{X}^2 + \dot{Y}^2}} \end{aligned} \tag{7.148}$$

所以

$$\kappa = \frac{\ddot{Y}\dot{X} - \ddot{X}\dot{Y}}{(\dot{X}^2 + \dot{Y}^2)^{3/2}} = \frac{\ddot{Y}\dot{X} - \ddot{X}\dot{Y}}{\dot{X}^3} \frac{1}{\left(1 + \dfrac{\dot{Y}^2}{\dot{X}^2}\right)^{3/2}} \tag{7.149}$$

同时

$$Y' = \frac{\mathrm{d}Y}{\mathrm{d}X} = \frac{\dot{Y}}{\dot{X}} \tag{7.150}$$

$$Y'' = \frac{\mathrm{d}^2 Y}{\mathrm{d}X^2} = \frac{\mathrm{d}}{\mathrm{d}x}\left(\frac{\dot{Y}}{\dot{X}}\right) = \frac{\mathrm{d}}{\mathrm{d}t}\left(\frac{\dot{Y}}{\dot{X}}\right)\frac{1}{\dot{X}} = \frac{\ddot{Y}\dot{X} - \ddot{X}\dot{Y}}{\dot{X}^3} \tag{7.151}$$

进而根据轨迹方程求出轨迹曲率公式和曲率半径公式。

$$\kappa = \frac{Y''}{(1 + Y'^2)^{3/2}} \tag{7.152}$$

$$R_\kappa = \frac{1}{\kappa} = \frac{(1+Y'^2)^{3/2}}{Y''} = \frac{(\dot{X}^2+\dot{Y}^2)^{3/2}}{\ddot{Y}\dot{X}-\ddot{X}\dot{Y}} \tag{7.153}$$

例如，给定道路的轨迹方程

$$Y = \frac{X^2}{200} \tag{7.154}$$

在某一点 $X = 30\text{m}$ 时有

$$Y = \frac{9}{2}\text{m} \quad Y' = \frac{3}{10} \quad Y'' = \frac{1}{100}\text{m}^{-1} \tag{7.155}$$

故有

$$\kappa = 8.7874\times10^{-3}\text{m}^{-1} \quad R_\kappa = 113.80\text{m} \tag{7.156}$$

例 304★ 全域坐标系中的曲率中心

设将平面道路表示为如下全域坐标系中的参数方程

$$X = X(t) \quad Y = Y(t) \tag{7.157}$$

在道路上某点（X_0，Y_0）处的垂线为

$$Y = Y_0 - (X - X_0)/\tan\theta \tag{7.158}$$

$$\tan\theta = \frac{\mathrm{d}Y}{\mathrm{d}X} = \frac{\mathrm{d}Y/\mathrm{d}t}{\mathrm{d}X/\mathrm{d}t} = \frac{\dot{Y}}{\dot{X}} \tag{7.159}$$

曲率中心(X_C,Y_C)位于垂线上,与点$(X,Y)=(X_0,Y_0)$的距离为 R_κ,所以

$$X_C = X - \frac{\dot{Y}(\dot{X}^2+\dot{Y}^2)}{\ddot{Y}\dot{X}-\ddot{X}\dot{Y}} \quad Y_C = Y + \frac{\dot{X}(\dot{X}^2+\dot{Y}^2)}{\ddot{Y}\dot{X}-\ddot{X}\dot{Y}} \tag{7.160}$$

应用式（7.146），运动车辆坐标系 x 轴与全域坐标系 X 轴的夹角为 ψ，运动车辆坐标系中曲率中心的坐标为

$$\begin{aligned} x_C &= (X_C - X)\cos\psi + (Y_C - Y)\sin\psi \\ &= (\dot{X}\sin\psi - \dot{Y}\cos\psi)\frac{\dot{X}^2+\dot{Y}^2}{\ddot{Y}\dot{X}-\ddot{X}\dot{Y}} \end{aligned} \tag{7.161}$$

$$\begin{aligned} y_C &= (Y_C - Y)\cos\psi - (X_C - X)\sin\psi \\ &= (\dot{X}\cos\psi + \dot{Y}\sin\psi)\frac{\dot{X}^2+\dot{Y}^2}{\ddot{Y}\dot{X}-\ddot{X}\dot{Y}} \end{aligned} \tag{7.162}$$

例如,对于下面全域坐标系里的抛物线轨迹

$$X = t \quad Y = \frac{t^2}{200} \tag{7.163}$$

曲率中心坐标应为

$$X_C = X - \frac{\dot{X}^2+\dot{Y}^2}{\ddot{Y}\dot{X}-\ddot{X}\dot{Y}}\dot{Y} = 2.5244\times10^{-29}t - 0.0001t^3 \tag{7.164}$$

$$Y_C = Y + \frac{\dot{X}^2+\dot{Y}^2}{\ddot{Y}\dot{X}-\ddot{X}\dot{Y}}\dot{X} = 0.015t^2 + 100 \tag{7.165}$$

例 305★ 椭圆形轨迹和曲率中心

设椭圆形轨迹的方程为

$$X = a\cos t \quad Y = b\sin t \tag{7.166}$$

$$a = 100\text{m} \quad b = 65\text{m} \tag{7.167}$$

全域坐标系中道路的曲率中心位于

$$X_C = X - \frac{\dot{Y}(\dot{X}^2 + \dot{Y}^2)}{\ddot{Y}\dot{X} - \ddot{X}\dot{Y}} = \frac{a^2 - b^2}{a}\cos^3 t = \frac{231}{4}\cos^3 t \tag{7.168}$$

$$Y_C = Y + \frac{\dot{X}(\dot{X}^2 + \dot{Y}^2)}{\ddot{Y}\dot{X} - \ddot{X}\dot{Y}} = \frac{a^2 - b^2}{b}\sin^3 t = \frac{-1155}{13}\sin^3 t \tag{7.169}$$

因此，车辆坐标系中曲率中心应该为

$$\begin{aligned} x_C &= (\dot{X}\sin\psi - \dot{Y}\cos\psi)\frac{\dot{X}^2 + \dot{Y}^2}{\ddot{Y}\dot{X} - \ddot{X}\dot{Y}} \\ &= \left(\frac{a^2 - b^2}{a}\cos^3 t - a\cos t\right)\cos\psi \\ &\quad - \left(\frac{a^2 - b^2}{b}\sin^3 t + b\sin t\right)\sin\psi \end{aligned} \tag{7.170}$$

$$\begin{aligned} y_C &= (\dot{X}\cos\psi + \dot{Y}\sin\psi)\frac{\dot{X}^2 + \dot{Y}^2}{\ddot{Y}\dot{X} - \ddot{X}\dot{Y}} \\ &= -\left(\frac{a^2 - b^2}{a}\sin^3 t + b\sin t\right)\cos\psi \\ &\quad - \left(\frac{a^2 - b^2}{a}\cos^3 t - a\cos t\right)\sin\psi \end{aligned} \tag{7.171}$$

图7.45所示为椭圆形轨迹及其曲率中心。

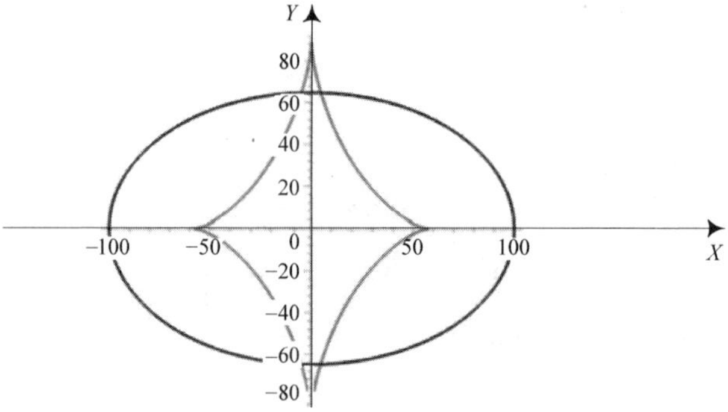

图7.45　椭圆形轨迹及其曲率中心

7.6★　道路设计

道路由多段被过渡转向段连接起来的直线和弧线轨迹路段组成,道路设计的基本标准是曲率连续光滑。**回旋螺线**是道路设计中最好的光滑过渡连接曲线,该曲线由参数方程表示,称作**菲涅耳积分**。

$$X(t) = a\int_0^t \cos\left(\frac{\pi}{2}u^2\right)\mathrm{d}u \tag{7.172}$$

$$Y(t) = a\int_0^t \sin\left(\frac{\pi}{2}u^2\right)\mathrm{d}u \tag{7.173}$$

回旋螺线的曲率随着弧长的变化进行线性变化，这种线性特性使回旋螺线成为最光滑的过渡曲线。图 7.46 所示是比例系数为 $a=1$，变量范围为 $-\pi \leqslant t \leqslant \pi$ 的回旋螺线。比例系数 a 是描述曲线缩小和放大的倍率参数，t 的取值范围决定回旋螺线中曲率的变化量，如回旋螺线的初始正切角和最终正切角。

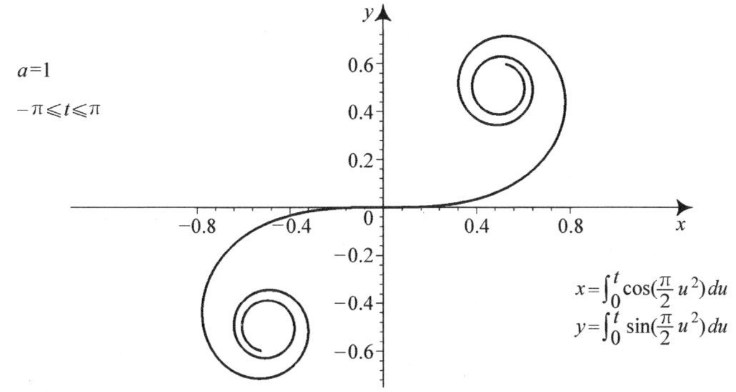

图 7.46　参数为 $a=1$，$-\pi \leqslant t \leqslant \pi$

给定 t 值时，回旋螺线的弧长 s 为

$$s = at \tag{7.174}$$

如果变量 t 表示时间，则 a 应为沿轨迹运动的速度。对于某确定的 t，回旋螺线的曲率 κ 和曲率半径 R 分别为

$$\kappa = \frac{\pi t}{a} \tag{7.175}$$

$$R = \frac{1}{\kappa} = \frac{a}{\pi t} \tag{7.176}$$

对于确定的 t，回旋螺线的正切角 θ 为

$$\theta = \frac{\pi}{2} t^2 \tag{7.177}$$

曲率线性增大的道路等同于在进入轨迹时转向车轮在正中位置，然后以固定角速度转动转向车轮，这正是预期的自然驱动作用。

证明：t_1 和 t_2 之间参数化平面曲线 $X=X(t)$，$Y=Y(t)$ 的弧长 s 用下面的方法计算。

$$s = \int_{t_1}^{t_2} \sqrt{\left(\frac{\mathrm{d}X}{\mathrm{d}t}\right)^2 + \left(\frac{\mathrm{d}Y}{\mathrm{d}t}\right)^2}\,\mathrm{d}t \tag{7.178}$$

代入回旋螺线参数方程式（7.172）和式（7.173）后得到

$$\begin{aligned} s &= \int_{t_1}^{t_2} \sqrt{\left(\frac{\mathrm{d}X}{\mathrm{d}u}\right)^2 + \left(\frac{\mathrm{d}Y}{\mathrm{d}u}\right)^2}\,\mathrm{d}t \\ &= a\int_0^t \sqrt{\cos^2\left(\frac{\pi}{2}u^2\right) + \sin^2\left(\frac{\pi}{2}u^2\right)}\,\mathrm{d}t = a\int_0^t \mathrm{d}t = at \end{aligned} \tag{7.179}$$

用弧长 s 作为参数表示的平面曲线 $X=X(t)$，$Y=Y(t)$ 的曲率 κ 为

$$\kappa = \sqrt{\left(\frac{\mathrm{d}^2X}{\mathrm{d}s^2}\right)^2 + \left(\frac{\mathrm{d}^2Y}{\mathrm{d}s^2}\right)^2} \tag{7.180}$$

应用式（7.179）的结果，用弧长 s 代替变量 t

$$t = \frac{s}{a} \tag{7.181}$$

并定义回旋螺线参数方程式（7.172）和式（7.173）

$$X(s) = a\int_0^{s/a} \cos\left(\frac{\pi}{2}u^2\right)\mathrm{d}u \tag{7.182}$$

$$Y(s) = a\int_0^{s/a} \sin\left(\frac{\pi}{2}u^2\right)\mathrm{d}u \tag{7.183}$$

因此，回旋螺线的曲率为

$$\kappa = \frac{\pi s}{a^2}\sqrt{\cos^2\left(\frac{\pi}{2}\frac{s^2}{a^2}\right) + \sin^2\left(\frac{\pi}{2}\frac{s^2}{a^2}\right)} = \frac{\pi s}{a^2} = \frac{\pi t}{a} \tag{7.184}$$

在回旋螺线上某点 t 处正切方向的斜率 $\tan\theta$ 为

$$\tan\theta = \frac{\mathrm{d}Y}{\mathrm{d}X} = \frac{\mathrm{d}Y/\mathrm{d}t}{\mathrm{d}X/\mathrm{d}t} = \frac{a\sin\left(\frac{\pi}{2}t^2\right)}{a\cos\left(\frac{\pi}{2}t^2\right)} = \tan\left(\frac{\pi}{2}t^2\right) \tag{7.185}$$

所以，切线的倾斜角 θ 为

$$\theta = \frac{\pi}{2}t^2 = \frac{\pi}{2}\frac{s^2}{a^2} \tag{7.186}$$

回旋螺线在无穷远时到达点（$a/2$，$a/2$）处。

$$X(t) = \lim_{t\to\infty}\left(a\int_0^{t}\cos\left(\frac{\pi}{2}u^2\right)\mathrm{d}u\right) = \frac{a}{2} \tag{7.187}$$

$$Y(t) = \lim_{t\to\infty}\left(a\int_0^{t}\sin\left(\frac{\pi}{2}u^2\right)\mathrm{d}u\right) = \frac{a}{2} \tag{7.188}$$

联立弧长方程和曲率方程，可以把回旋曲线的曲率 κ 表示成随弧长 s 线性变化的形式，这时的曲线曲率为

$$\kappa(s) = \frac{\pi}{a^2}s = ks \tag{7.189}$$

式中，s 是弧长；k 是曲率的锐度或变化率。

图7.47是回旋螺线与比例系数 a、曲率 κ 和倾斜角 θ 等参数的关系设计图。比例系数 a 越大，回旋螺线也越大。固定倾斜角 θ 的倾斜直线与不同放大因数 a 的回旋螺线相交，各固定曲率 κ 的回旋螺线与各固定 a 的回旋螺线和固定 θ 的直线均相交。

回旋螺线过渡方程是道路参数变化时的合理解，例如侧倾角的变化，由平直道路变为圆周轨迹上的倾斜道路时需要一个过渡侧倾角。

例306　回旋螺线的历史

回旋螺线又称作考纽螺线（Cornu spiral），用于纪念重新发现回旋螺线的法国物理学家阿尔弗雷德·考纽（Alfred Cornu，1841－1902）。回旋螺线也称作欧拉螺线，因为雷昂纳多·欧拉（Leonard Eular，1707－1783）和雅克·伯努利（Jacques Bernouli，1654－1705）首次共同发现了回旋螺线，后者对弹性构件的变形建立了回旋螺线公式。为了纪念奥古斯丁－简·菲涅耳（Augustin－Jean Fresnel，1788－1827），回旋螺线还可以称作菲涅耳螺线，菲涅耳在研究通过细长孔光线衍射的衍射阴影时独立重新发现了该回旋螺线。在车辆动力学和公路设计中，可以称回旋螺线为过渡螺线，用于表示道路拐角连接段。

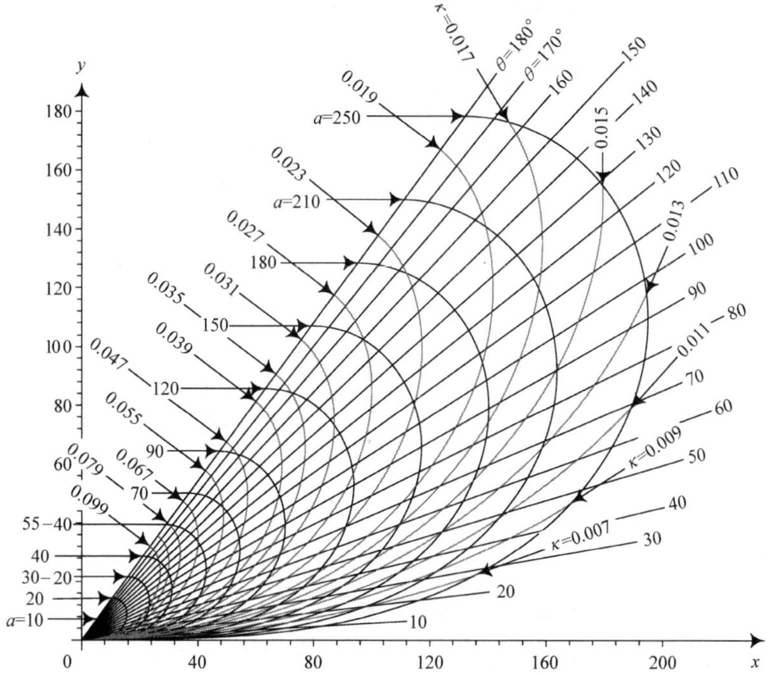

图 7.47 回旋螺线与放大因数 a、曲率 κ 和倾斜角 θ 等参数的关系设计图

19 世纪，人们认识到渐变曲率道路形状的必要性。从一段道路到另一段道路之间多数可以采用圆形路段连接，同时也用曲率渐变的过渡曲线路段连接两个路段。亚瑟·塔尔波特（Arthur Talbot，1857－1942）于 1880 年推导出与伯努利和菲涅耳的成果相同的积分，并提出了铁路轨道过渡螺线。因此，回旋螺线也称作塔尔波特曲线，塔尔波特曲线已被用于铁路轨道和公路建筑中。

传说克洛索（Clotho）是三个命运之神中纺造生命之线的女神，她把人的生命之线缠绕到纺锤上。二十世纪之初，意大利数学家埃内斯托·塞萨罗（Ernesto Cesàro，1859－1906）从诗歌中获得灵感，命名该双螺旋线形状的曲线为“回旋”（clothoid）螺线。

例 307★ 定积分的导数

定积分的求导需要根据莱布尼茨公式进行

$$\frac{\mathrm{d}}{\mathrm{d}t}\int_{a(t)}^{b(t)} f(u,t)\,\mathrm{d}u = \int_{a(t)}^{b(t)} \frac{\mathrm{d}f}{\mathrm{d}t}\mathrm{d}u + f[b(t),t]\frac{\mathrm{d}b}{\mathrm{d}t} - f[a(t),t]\frac{\mathrm{d}a}{\mathrm{d}t} \tag{7.190}$$

基于莱布尼茨公式对回旋螺线参数化表达式求导，并计算式（7.178）中的弧长 s。

$$\frac{\mathrm{d}X}{\mathrm{d}t} = a\frac{\mathrm{d}}{\mathrm{d}t}\int_0^t \cos\left(\frac{\pi}{2}u^2\right)\mathrm{d}u = a\cos\left(\frac{\pi}{2}t^2\right) \tag{7.191}$$

$$\frac{\mathrm{d}Y}{\mathrm{d}t} = a\frac{\mathrm{d}}{\mathrm{d}t}\int_0^t \sin\left(\frac{\pi}{2}u^2\right)\mathrm{d}u = a\sin\left(\frac{\pi}{2}t^2\right) \tag{7.192}$$

式（7.180）中 κ 的计算也可以基于莱布尼茨公式计算。

$$\frac{\mathrm{d}X}{\mathrm{d}s} = a\frac{\mathrm{d}}{\mathrm{d}t}\int_0^{s/a} \cos\left(\frac{\pi}{2}u^2\right)\mathrm{d}u = \cos\left(\frac{\pi}{2}\,\frac{s^2}{a^2}\right) \tag{7.193}$$

$$\frac{\mathrm{d}Y}{\mathrm{d}s} = a\frac{\mathrm{d}}{\mathrm{d}t}\int_0^{s/a}\sin\left(\frac{\pi}{2}u^2\right)\mathrm{d}u = \sin\left(\frac{\pi}{2}\frac{s^2}{a^2}\right) \tag{7.194}$$

$$\frac{\mathrm{d}^2X}{\mathrm{d}s^2} = \frac{\mathrm{d}}{\mathrm{d}s}\cos\left(\frac{\pi}{2}\frac{s^2}{a^2}\right) = -\frac{\pi s}{a^2}\sin\left(\frac{\pi}{2}\frac{s^2}{a^2}\right) \tag{7.195}$$

$$\frac{\mathrm{d}^2Y}{\mathrm{d}s^2} = \frac{\mathrm{d}}{\mathrm{d}s}\sin\left(\frac{\pi}{2}\frac{s^2}{a^2}\right) = \frac{\pi s}{a^2}\cos\left(\frac{\pi}{2}\frac{s^2}{a^2}\right) \tag{7.196}$$

例 308　给定 a 和 κ 的连接路段

令 $a=200$，从（0，0）开始做回旋螺线道路的曲线，在曲率 $\kappa=0.01$ 时的某一点结束。应用

$$t = \frac{\kappa a}{\pi} \tag{7.197}$$

可以定义过渡路段的参数方程式（7.172）和式（7.173）如下

$$X(\kappa) = a\int_0^{\kappa a/\pi}\cos\left(\frac{\pi}{2}u^2\right)\mathrm{d}u \tag{7.198}$$

$$Y(\kappa) = a\int_0^{\kappa a/\pi}\sin\left(\frac{\pi}{u^2}\right)\mathrm{d}u \tag{7.199}$$

则在 $\kappa=0.01$，$a=200$ 时回旋螺线道路的坐标为

$$X_0 = 122.2596310 \quad Y_0 = 26.24682756 \tag{7.200}$$

道路在该点处的斜率为

$$\theta = \frac{1}{2\pi}a^2\kappa^2 = 0.6366197722\text{rad} = 36.475° \tag{7.201}$$

因此，道路在该点的切线为

$$Y = -64.14007833 + 0.7393029502X \tag{7.202}$$

道路在该点的法线为

$$Y = 191.6183183 - 1.352625469X \tag{7.203}$$

有了相切曲率圆的半径，$R=1/\kappa=100$，就可以求出法线（7.203）上相切圆圆心 C 的坐标。

$$X_C = 62.81155414 \quad Y_C = 106.6578104 \tag{7.204}$$

图 7.48 所示为曲率 $\kappa=0.01$、$a=200$ 时回旋螺线的切线、法线和相切圆，回旋螺线绘至 $\kappa=0.025$。

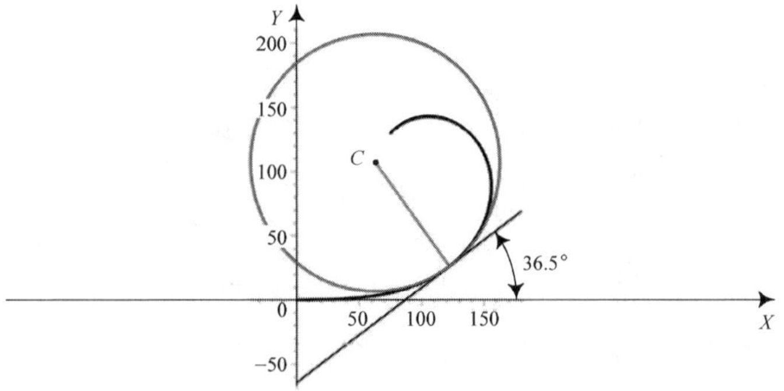

图 7.48　曲率 $\kappa=0.01$、$a=200$ 时回旋螺线的切线、法线和相切圆，回旋螺线绘至 $\kappa=0.025$

例 309★ 直路和圆形路的连接

假设需要定义一条与某给定圆形道路连接的回旋螺线道路，回旋螺线道路的曲率从 0 开始，起点在 X 轴上。圆形道路半径 $R=100$，圆心在点 C（62.811，106.658）处。

$$(X-62.811)^2+(Y-106.658)^2=100^2 \tag{7.205}$$

因此，过渡道路起点必须在 X 轴上，且从 $\kappa=0$ 开始，过渡道路与圆形道路结合点的曲率应为 $\kappa=1/100$。由于

$$\kappa=\frac{\pi s}{a^2}=\frac{\pi t}{a} \tag{7.206}$$

可以用 κ 定义过渡道路的参数方程式（7.172）和式（7.173）。

$$\begin{aligned} X(\kappa) &= a\int_0^{\kappa a/\pi}\cos\left(\frac{\pi}{2}u^2\right)\mathrm{d}u \\ Y(\kappa) &= a\int_0^{\kappa a/\pi}\sin\left(\frac{\pi}{2}u^2\right)\mathrm{d}u \end{aligned} \tag{7.207}$$

已知终点处的曲率 $\kappa=0.01$，可以求出回旋螺线终点坐标关于 a 的函数

$$\begin{aligned} X(a) &= a\int_0^{0.01a/\pi}\cos\left(\frac{\pi}{2}u^2\right)\mathrm{d}u \\ Y(a) &= a\int_0^{0.01a/\pi}\sin\left(\frac{\pi}{2}u^2\right)\mathrm{d}u \end{aligned} \tag{7.208}$$

接下来需要求出放大因数 a，使回旋螺线道路（7.207）与圆形道路（7.205）接合处的斜率相等。圆形道路在（X，Y）点处切线的斜率为

$$Y'=\tan\theta=-\frac{(X-62.811)}{(Y-106.658)} \tag{7.209}$$

回旋螺线的斜率倾角关于 a 的函数为

$$\theta=\frac{\pi}{2}t^2=\frac{1}{2\pi}a^2\kappa^2=1.5915\times10^{-5}a^2 \tag{7.210}$$

为了使回旋螺线道路与圆形道路在（X，Y）处具有相同的斜率，需要推导出联系放大因数 a 和回旋螺线道路终点坐标分量的方程

$$\arctan\frac{-(X-62.811)}{Y-106.658}=1.5915\times10^{-5}a^2 \tag{7.211}$$

式（7.211）、式（7.208）和式（7.205）联立获得求 a 的方程，下面定义残差关于 a 的方程，并在图 7.49 中绘出其曲线。

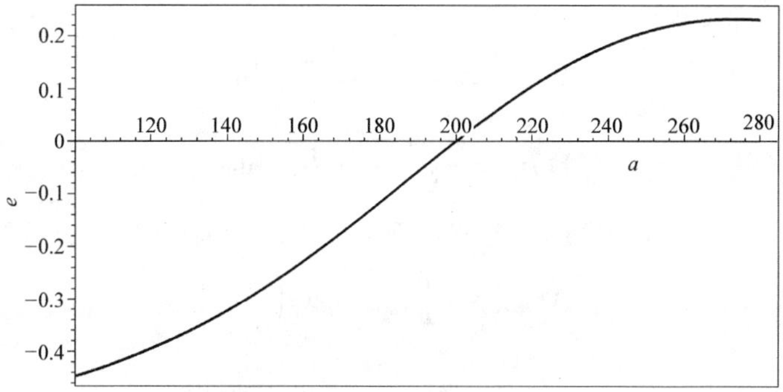

图 7.49 残差 $e=\arctan\dfrac{-(X-62.811)}{Y-106.658}-1.5915\times10^{-5}a^2$ 关于 a 的函数

$$
\begin{aligned}
e &= \arctan\frac{-(X-62.811)}{Y-106.658} - 1.5915\times10^{-5}a^2 \\
&= \arctan\frac{-(X-62.811)}{\sqrt{100^2-(X-62.811)^2}} - 1.5915\times10^{-5}a^2 \\
&= \arctan\frac{-\left(a\int_0^{0.01a/\pi}\cos\left(\frac{\pi}{2}u^2\right)\mathrm{d}u - 62.811\right)}{\sqrt{100^2-\left(a\int_0^{0.01a/\pi}\cos\left(\frac{\pi}{2}u^2\right)\mathrm{d}u-62.811\right)^2}} \\
&\quad - 1.5915\times10^{-5}a^2
\end{aligned}
\tag{7.212}
$$

解方程求出 a。

$$a = 200 \tag{7.213}$$

回旋螺线方程为

$$
\begin{aligned}
X(\kappa) &= a\int_0^{\kappa a/\pi}\cos\left(\frac{\pi}{2}u^2\right)\mathrm{d}u \\
Y(\kappa) &= a\int_0^{\kappa a/\pi}\sin\left(\frac{\pi}{2}u^2\right)\mathrm{d}u
\end{aligned}
\tag{7.214}
$$

$\kappa=0.01$ 时坐标为

$$X_0 = 122.2596310 \quad Y_0 = 26.24682756 \tag{7.215}$$

该点处的道路切线倾角、道路切线、道路法线为

$$\theta = \frac{1}{2\pi}a^2\kappa^2 = 0.6366197722\text{rad} = 36.475° \tag{7.216}$$

$$Y = -64.14007833 + 0.7393029502X \tag{7.217}$$

$$Y = 191.6183183 - 1.352625469X \tag{7.218}$$

图7.48所示为曲率 $\kappa=0.01$、$a=200$ 时回旋螺线的切线、法线和相切圆，回旋螺线绘至 $\kappa=0.025$。

例310★ 直路和另一个圆形路的连接

假设需要确定与某圆形道路连接的回旋螺线道路，回旋螺线道路曲率从0开始，起点在 X 轴上。圆形道路半径为 $R=80\text{m}$，圆心在点 $C(100，100)$ 处。

$$(X-100)^2 + (Y-100)^2 = 80^2 \tag{7.219}$$

用 κ 表示的过渡道路的表达式（7.172）和式（7.173）为

$$
\begin{aligned}
X(\kappa) &= a\int_0^{\kappa a/\pi}\cos\left(\frac{\pi}{2}u^2\right)\mathrm{d}u \\
Y(\kappa) &= a\int_0^{\kappa a/\pi}\sin\left(\frac{\pi}{2}u^2\right)\mathrm{d}u
\end{aligned}
\tag{7.220}
$$

取终点处的曲率 $\kappa=1/R=0.0125$，可以求出回旋螺线终点坐标关于 a 的函数。

$$
\begin{aligned}
X(a) &= a\int_0^{0.0125a/\pi}\cos\left(\frac{\pi}{2}u^2\right)\mathrm{d}u \\
Y(a) &= a\int_0^{0.0125a/\pi}\sin\left(\frac{\pi}{2}u^2\right)\mathrm{d}u
\end{aligned}
\tag{7.221}
$$

圆形道路式（7.219）在（X，Y）点处切线的斜率为

$$Y' = \tan\theta = -\frac{(X-100)}{Y-100} \tag{7.222}$$

回旋螺线道路的斜率倾角关于 a 的函数为

$$\theta = \frac{\pi}{2}t^2 = \frac{1}{2\pi}a^2\kappa^2 = 2.4868\times10^{-5}a^2 \tag{7.223}$$

回旋螺线道路与圆形道路应该在连接点处具有相同的斜率，因此

$$\arctan\frac{-(X-100)}{Y-100} = 2.4868\times10^{-5}a^2 \tag{7.224}$$

式（7.224）、式（7.219）和式（7.221）联立获得求 a 的方程，把 $Y=Y(X)$ 代入，替换 tan 项和 arctan 项后产生四个关于 a 取值的方程。为了观察可能的解，下面定义两个残差方程式（7.225）和式（7.226）。

$$e = \arctan\frac{-(X-100)}{\pm\sqrt{80^2-(X-100)^2}} - 2.4868\times10^{-5}a^2 \tag{7.225}$$

$$e = \frac{-(X-100)}{\pm\sqrt{80^2-(X-100)^2}} - \tan(2.4868\times10^{-5}a^2) \tag{7.226}$$

图7.50所示为式（7.225）的情况，图7.51所示为式（7.226）的情况。式（7.225）的解为

$$a = 230.7098693 \quad a = 130.8889343 \tag{7.227}$$

式（7.226）的解为

$$\begin{aligned} &a = 230.7098693 \quad a = 130.8889343 \\ &a = 394.0940573 \quad a = 463.5589702 \end{aligned} \tag{7.228}$$

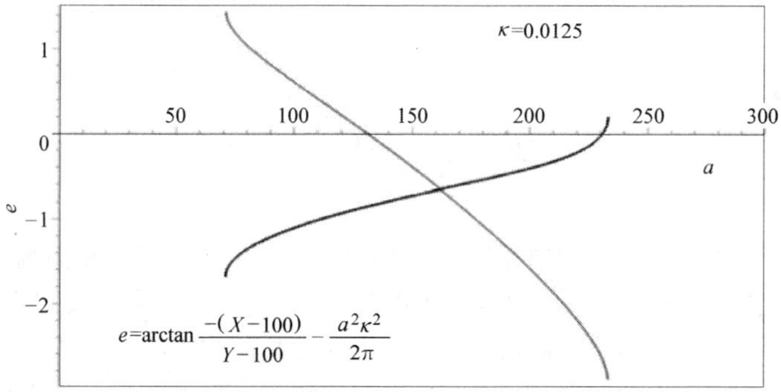

图7.50　$e = \arctan\dfrac{-(X-100)}{\pm\sqrt{80^2-(X-100)^2}} - 2.4868\times10^{-5}a^2$ 关于 a 的变化曲线

合理的解应为 $a=230.7098693$，图7.52所示为圆形道路与恰当的回旋螺线道路。应用 a 定义回旋螺线方程

$$\begin{aligned} X(\kappa) &= a\int_0^{\kappa a/\pi}\cos\left(\frac{\pi}{2}u^2\right)\mathrm{d}u \\ Y(\kappa) &= a\int_0^{\kappa a/\pi}\sin\left(\frac{\pi}{2}u^2\right)\mathrm{d}u \end{aligned} \tag{7.229}$$

$\kappa=0.0125$ 时，回旋螺线到达

$$X_0 = 177.5691613 \quad Y_0 = 82.38074640 \tag{7.230}$$

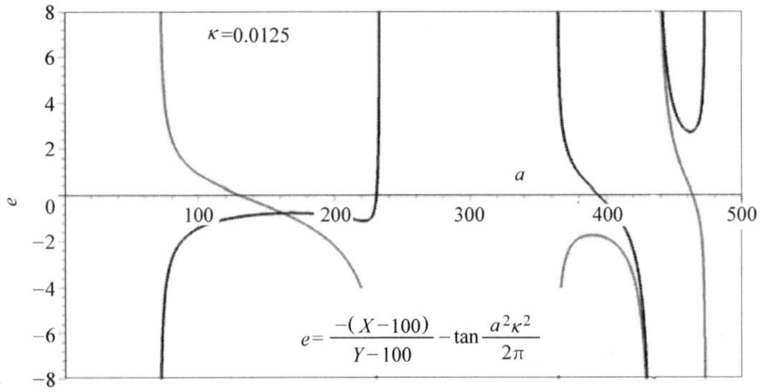

图 7.51 $e=\arctan\frac{-(X-100)}{\pm\sqrt{80^2-(X-100)^2}}-\tan(2.4868\times10^{-5}a^2)$ 关于 a 的变化曲线

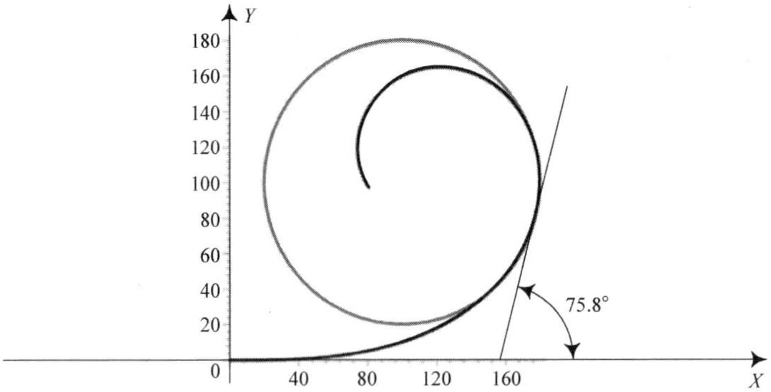

图 7.52 开始于 X 轴，连接到半径为 $R=80\text{m}$，圆心在 C（100m，100m）处的圆形道路的过渡道路

此时的切线倾角为

$$\theta=\frac{1}{2\pi}a^2\kappa^2=1.3236\text{rad}\approx75.84° \tag{7.231}$$

例 311 设计图的应用

假设需要确定连接直线道路和半径为 $R=58.824\text{m}$ 的圆形道路的回旋螺线过渡路段，已知半径 R 相当于已知终点曲率为 $\kappa=1/R=0.017$。对于给定的一个放大因数 a，回旋螺线应该与圆相切于某一点，该点也是曲率 $\kappa=0.017$ 的曲线与回旋螺线的交点。

$a=250\text{m}$ 时，回旋螺线与曲率 $\kappa=0.017$ 的曲线相交，交点坐标、切线倾斜角和弧长为

$$X=147.3884878\text{m}\quad Y=176.4421850\text{m} \tag{7.232}$$

$$\theta=164.7102491°\quad s=338.2042540\text{m} \tag{7.233}$$

$a=210\text{m}$ 时，回旋螺线与曲率 $\kappa=0.017$ 的曲线相交，交点坐标、切线倾斜角和弧长为

$$X=157.4739501\text{m}\quad Y=119.7133227\text{m} \tag{7.234}$$

$$\theta=116.2195518°\quad s=238.6369216\text{m} \tag{7.235}$$

$a=180\text{m}$ 时，回旋螺线与曲率 $\kappa=0.017$ 的曲线相交，交点坐标、切线倾斜角和弧长为

$$X=140.1918463\text{m}\quad Y=74.21681673\text{m} \tag{7.236}$$

$$\theta=85.38579313°\quad s=175.3250853\text{m} \tag{7.237}$$

$a=150\text{m}$ 时，回旋螺线与曲率 $\kappa=0.017$ 的曲线相交，交点坐标、切线倾斜角和弧长为

$$X=109.3442240\text{m}\quad Y=38.89541829\text{m} \tag{7.238}$$

$$\theta=59.29568967° \quad s=121.7535314\text{m} \tag{7.239}$$

$a=120\text{m}$ 时，回旋螺线与曲率 $\kappa=0.017$ 的曲线相交，交点坐标、切线倾斜角和弧长为

$$X=74.57259185\text{m}\quad Y=16.67204291\text{m} \tag{7.240}$$

$$\theta=37.94924139° \quad s=77.92226012\text{m} \tag{7.241}$$

图 7.53 为上述解的图示。实际上，解的数量有无穷多个，最优解的选择与安全、造价和区域条件约束有关。

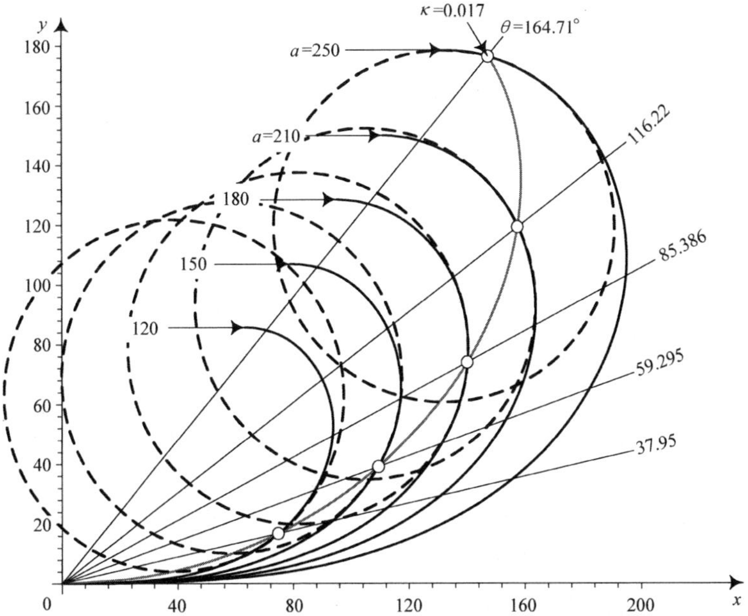

图 7.53　部分连接直线道路和半径为 $R=58.824\text{m}$ 的圆形道路的回旋螺线过渡路段

例 312★　用回旋螺线解决最优曲线问题

给定曲线起点和终点的切向角与曲率，连接这两个点的曲线中回旋螺线最短。切向角和曲率是变化量，该问题可以用下面公式描述。

给定两个点（X_1，Y_1）和（X_2，Y_2），各自的切向角为 θ_1 和 θ_2，求满足下列条件且弧长最短的曲线（回旋螺线段）。

$$X(0)=X_1\quad Y(0)=Y_1\quad \tan\theta_1=\frac{\mathrm{d}Y(0)}{\mathrm{d}X(0)}=\frac{\mathrm{d}Y(0)/\mathrm{d}t}{\mathrm{d}X(0)/\mathrm{d}t} \tag{7.242}$$

$$X(s)=X_2\quad Y(s)=Y_2\quad \tan\theta_2=\frac{\mathrm{d}Y(s)}{\mathrm{d}X(s)}=\frac{\mathrm{d}Y(s)/\mathrm{d}t}{d\mathrm{X}(s)\mathrm{d}t} \tag{7.243}$$

例 313★　通过移动回旋螺线连接给定圆

起始于原点的回旋螺线，并不能总是光滑地过渡到圆心位置和半径任意给定的圆。但是，可以通过改变回旋螺线在 x 轴上的起点，使其光滑地过渡到给定的圆。

假设需要设计一条起点在 x 轴上的回旋螺线，并使其光滑地过渡到给定的圆

$$(x-x_C)^2+(y-y_C)^2=R^2 \tag{7.244}$$

式中，（x_C，y_C）表示圆心坐标；R 为圆的半径。用 a 和 R 表示 t，得到

$$t=\frac{a}{\pi R}=\frac{a\kappa}{\pi} \tag{7.245}$$

下面定义终点曲率半径与圆的半径相等的回旋螺线方程。

$$\begin{aligned} x(\kappa) &= a\int_0^{a/(R\pi)}\cos\left(\frac{\pi}{2}u^2\right)\mathrm{d}u \\ y(\kappa) &= a\int_0^{a/(R\pi)}\sin\left(\frac{\pi}{2}u^2\right)\mathrm{d}u \end{aligned} \tag{7.246}$$

假设回旋螺线上某纵坐标为 y 的点的斜率

$$\tan\theta-\tan\left(\frac{\pi t^2}{2}\right)-\tan\left(\frac{a^2}{2\pi R^2}\right) \tag{7.247}$$

和圆上纵坐标为 y 的点的斜率

$$\tan\theta=-\frac{x-x_C}{y-y_C} \tag{7.248}$$

相等，即

$$\tan\left(\frac{a^2}{2\pi R^2}\right)=-\frac{x-x_C}{y-y_C} \tag{7.249}$$

然后在圆的右半侧寻找匹配点

$$y-y_C=\sqrt{R^2-(x-x_C)^2} \tag{7.250}$$

把斜率方程变为关于 a 的函数

$$\tan\left(\frac{a^2}{2\pi R^2}\right)\sqrt{R^2-(x-x_C)^2}+\frac{x-x_C}{y-y_C}=0 \tag{7.251}$$

或

$$\begin{aligned} &\tan\left(\frac{a^2}{2\pi R^2}\right)\sqrt{R^2-\left(a\int_0^{a/(R\pi)}\cos\left(\frac{\pi}{2}u^2\right)\mathrm{d}u-x_C\right)^2} \\ &+a\int_0^{a/(R\pi)}\cos\left(\frac{\pi}{2}u^2\right)\mathrm{d}u-x_C=0 \end{aligned} \tag{7.252}$$

解方程求出 a，使对应回旋螺线终点的曲率和圆的曲率相等。回旋螺线终点的纵坐标与圆上匹配点的纵坐标点相等，回旋螺线终点处的斜率也与圆上该匹配点的斜率相等。所以，在 x 轴上适当地移动回旋螺线就会实现其与圆的过渡连接。

例如，假设圆的表达式为

$$(x-60)^2+(y-60)^2=50^2 \tag{7.253}$$

其斜率方程为

$$\begin{aligned} &\tan\left(\frac{a^2}{2\pi 50^2}\right)\sqrt{50^2-\left(a\int_0^{a/(50\pi)}\cos\left(\frac{\pi}{2}u^2\right)\mathrm{d}u-60\right)^2} \\ &+a\int_0^{a/(50\pi)}\cos\left(\frac{\pi}{2}u^2\right)\mathrm{d}u-60=0 \end{aligned} \tag{7.254}$$

该方程的数值解为

$$a=132.6477323 \tag{7.255}$$

此时的回旋螺线曲线和圆示于图7.54。

对于上述 a 的计算值，回旋螺线终点的 t 值为

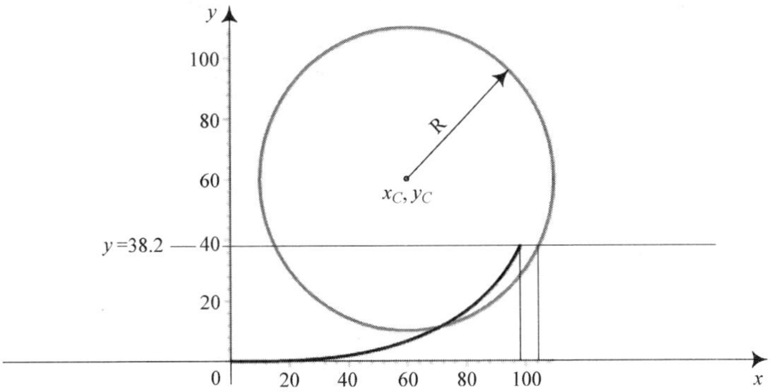

图 7.54　起点在原点的回旋螺线，其终点切线斜率、曲率与某圆上相同 y 坐标点处相同

$$t=\frac{a}{\pi R}=\frac{2.652954646}{\pi}=0.84446 \tag{7.256}$$

因此，终点坐标为

$$\begin{aligned} x(\kappa) &= 132.6\int_0^{0.84}\cos\left(\frac{\pi}{2}u^2\right)\mathrm{d}u = 98.75389126 \\ y(\kappa) &= 132.6\int_0^{0.84}\sin\left(\frac{\pi}{2}u^2\right)\mathrm{d}u = 38.22304651 \end{aligned} \tag{7.257}$$

回旋螺线在该点的曲率半径为

$$R=\frac{1}{\kappa}=\frac{a}{\pi t}=\frac{132.6477323}{0.84446\pi}=50 \tag{7.258}$$

切线倾斜角为

$$\theta=\frac{\pi}{2}t^2=\frac{\pi}{2}0.84446^2=1.1202\mathrm{rad} \tag{7.259}$$

在相同纵坐标值 $y=38.22304651$ 时的 x 坐标为

$$38.22304651-60=\sqrt{50^2-(x-60)^2} \tag{7.260}$$

计算后得到

$$x_{\mathrm{circle}}=105.0084914 \tag{7.261}$$

如果把回旋螺线向右移动 x_{circle} 和 x_{clothoid} 之间的差值量

$$\begin{aligned} x_{\mathrm{dis}} &= x_{\mathrm{circle}}-x_{\mathrm{clothoid}} \\ &= 105.0084914-98.75389126=6.2546 \end{aligned} \tag{7.262}$$

则回旋螺线和圆相交于一点，圆上的该交点满足平顺过渡的所有要求，结果如图 7.55 所示。

例 314★　曲率的复数表示和证明

在复平面中定义曲线

$$C(s)=a\int_0^{s/a}e^{i\pi u^2/2}\mathrm{d}u \tag{7.263}$$

曲线的导数是包含 a 绝对值的方程

$$\frac{\mathrm{d}C(s)}{\mathrm{d}s}=e^{i\pi s^2/(2a^2)} \tag{7.264}$$

曲线的曲率为

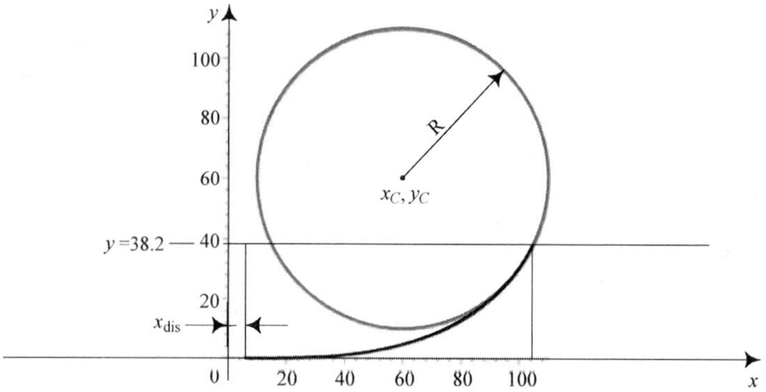

图7.55　移动后的回旋螺线，起始于 x 轴上的某点，结束于某给定圆上切线斜率、曲率与回旋螺线相同的点

$$\kappa = \left| \frac{d^2 C(s)}{ds^2} \right| = \left| i \frac{\pi s}{a^2} e^{i\pi s^2/(2a^2)} \right| = \frac{\pi s}{a^2} \tag{7.265}$$

例315★　直路的参数化形式

两点 $P_1(x_1, y_1, z_1)$ 和 $P_2(x_2, y_2, z_2)$ 之间直路的方程为

$$\frac{x - x_1}{x_2 - x_1} = \frac{y - y_1}{y_2 - y_1} = \frac{z - z_1}{z_2 - z_1} \tag{7.266}$$

该直线还可以用下面的参数方程表示

$$\begin{aligned} x &= x_1 + (x_2 - x_1)t \\ y &= y_1 + (y_2 - y_1)t \\ z &= z_1 + (z_2 - z_1)t \end{aligned} \tag{7.267}$$

例316★　平面道路的弧长

(x, y) 平面中的平面道路

$$y = f(x) \tag{7.268}$$

可以用向量形式表示为

$$\boldsymbol{r} = x\hat{\imath} + y(x)\hat{\jmath} \tag{7.269}$$

曲线上的位移微元为

$$\frac{d\boldsymbol{r}}{dx} = \hat{\imath} + \frac{dy}{dx}\hat{\jmath} \tag{7.270}$$

从而可以得到

$$\left(\frac{ds}{dx}\right)^2 = \frac{d\boldsymbol{r}}{dx} \cdot \frac{d\boldsymbol{r}}{dx} = 1 + \left(\frac{dy}{dx}\right)^2 \tag{7.271}$$

因此，$x = x_1$ 和 $x = x_2$ 之间曲线的弧长为

$$s = \int_{x_1}^{x_2} \sqrt{1 + \left(\frac{dy}{dx}\right)^2} dx \tag{7.272}$$

如果用参数化形式表示曲线

$$x = x(t) \quad y = y(t) \tag{7.273}$$

将有

$$\left(\frac{\mathrm{d}s}{\mathrm{d}t}\right)^2=\frac{\mathrm{d}\boldsymbol{r}}{\mathrm{d}t}\cdot\frac{\mathrm{d}\boldsymbol{r}}{\mathrm{d}t}=\left(\frac{\mathrm{d}x}{\mathrm{d}t}\right)^2+\left(\frac{\mathrm{d}y}{\mathrm{d}t}\right)^2 \tag{7.274}$$

因此

$$s=\int_{t_1}^{t2}\left|\frac{\mathrm{d}\boldsymbol{r}}{\mathrm{d}t}\right|=\int_{t_1}^{t2}\sqrt{\left(\frac{\mathrm{d}x}{\mathrm{d}t}\right)^2+\left(\frac{\mathrm{d}y}{\mathrm{d}t}\right)^2}\mathrm{d}t \tag{7.275}$$

例如，在极坐标系中，以角度 θ 为参数，半径为 R 的圆可以表示为

$$x=R\cos\theta\quad y=R\sin\theta \tag{7.276}$$

$\theta=0$ 和 $\theta=\pi/2$ 之间的弧长为四分之一的圆周长。因此，用半径 R 计算圆周长的方程为

$$\begin{aligned}s&=4\int_0^{\pi/2}\sqrt{\left(\frac{\mathrm{d}x}{\mathrm{d}\theta}\right)^2+\left(\frac{\mathrm{d}y}{\mathrm{d}\theta}\right)^2}\mathrm{d}\theta=R\int_0^{\pi/2}\sqrt{\sin^2\theta+\cos^2\theta}\mathrm{d}\theta\\&=4R\int_0^{\pi/2}\mathrm{d}\theta=2\pi R\end{aligned} \tag{7.277}$$

应用式（7.272）可以定义下面的道路方程

$$y=\int_{x_1}^{x2}\sqrt{\left(\frac{\mathrm{d}s}{\mathrm{d}x}\right)^2-1}\mathrm{d}x \tag{7.278}$$

例 317　近似 8 字形道路

有时用曲率匹配方法取代切线斜率匹配方法进行道路近似走向设计，下面考虑由两个 180°环形道路组成 8 字形对称封闭道路的设计。假设

$$a=200 \tag{7.279}$$

以坐标原点为起点的回旋螺线道路的方程为

$$X(t)=200\int_0^t\cos\left(\frac{\pi}{2}u^2\right)\mathrm{d}u \tag{7.280}$$

$$Y(t)=200\int_0^t\sin\left(\frac{\pi}{2}u^2\right)\mathrm{d}u \tag{7.281}$$

曲线的切线倾角（7.177）在下面情况时应该平行于对称直线 $Y=X$。

$$\theta=\frac{\pi}{4}\quad t=\sqrt{\frac{2\theta}{\pi}}=\frac{\sqrt{2}}{2}=t_0 \tag{7.282}$$

$t=t_0$ 时，回旋螺线

$$X_0=200\int_0^{\sqrt{2}/2}\cos\left(\frac{\pi}{2}u^2\right)\mathrm{d}u=132.943 \tag{7.283}$$

$$Y_0=200\int_0^{\sqrt{2}/2}\sin\left(\frac{\pi}{2}u^2\right)\mathrm{d}u=35.424 \tag{7.284}$$

其切线和法线方程分别为

$$Y=35.424+(X-132.943)\tan\theta=-97.519+X \tag{7.285}$$

$$Y=35.424-(X-132.943)/\tan\theta=168.37-X \tag{7.286}$$

图 7.56 所示为从 $t=-t_0$ 到 $t=t_0$ 的回旋螺线。

法线与对称线 $Y=X$ 交点的坐标为

$$X_C=Y_C=84.184 \tag{7.287}$$

该点为某半径为 R 的圆形道路的圆心，R 等于

$$R=\sqrt{(X_0-X_C)^2+(Y_0-Y_C)^2}=68.956 \tag{7.288}$$

连接点（X_0,Y_0）和该点关于直线$Y=X$的对称点，对称点位于

$$X_1=35.424\quad Y_1=132.943 \tag{7.289}$$

对称回旋螺线为

$$X=200\int_{-\sqrt{2}/2}^{\sqrt{2}/2}\sin\left(\frac{\pi}{2}u^2\right)\mathrm{d}u \tag{7.290}$$

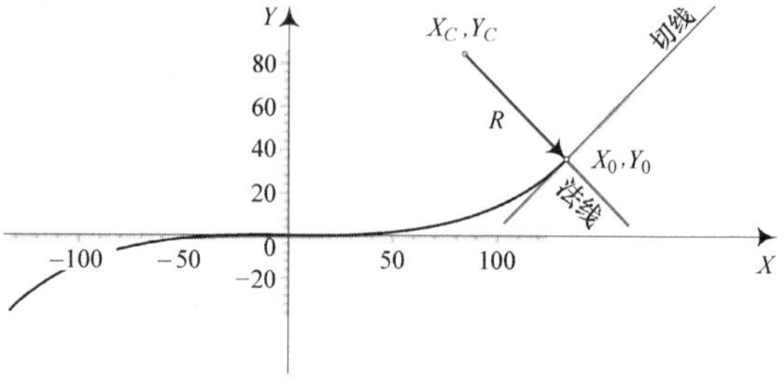

图7.56　两点之间的回旋螺线，回旋螺线在两点处的切线均平行于$Y=X$

$$Y=200\int_{-\sqrt{2}/2}^{\sqrt{2}/2}\cos\left(\frac{\pi}{2}u^2\right)\mathrm{d}u \tag{7.291}$$

该回旋螺线与原回旋螺线使8字形道路封闭，如图7.57所示。

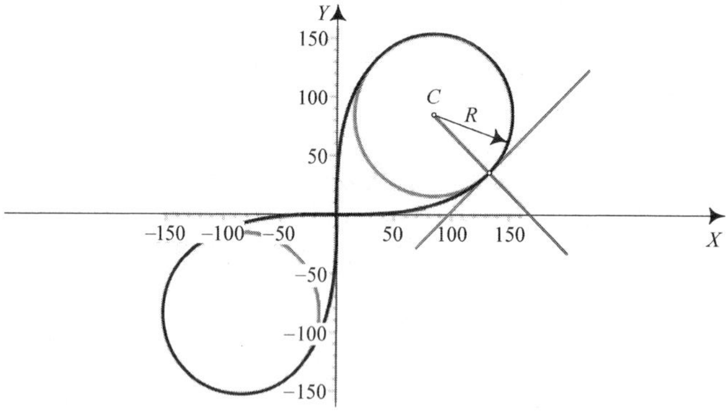

图7.57　基于两条回旋螺线和两条圆弧段通过斜率匹配的对称8字形道路

下面是从原点开始，沿X轴方向运动道路的参数方程，参数t是不连续参数，在不同的方程中量纲也不同。

$$X(t)=200\int_0^t\cos\left(\frac{\pi}{2}u^2\right)\mathrm{d}u\quad 0\leqslant t\leqslant\frac{\sqrt{2}}{2} \tag{7.292}$$

$$Y(t)=200\int_0^t\sin\left(\frac{\pi}{2}u^2\right)\mathrm{d}u\quad 0\leqslant t\leqslant\frac{\sqrt{2}}{2} \tag{7.293}$$

$$X(t)=X_C+R\cos t\quad -\frac{\pi}{4}\leqslant t\leqslant 2.3562 \tag{7.294}$$

$$Y(t)=X_C+R\sin t\quad -\frac{\pi}{4}\leqslant t\leqslant 2.3562 \tag{7.295}$$

$$X(t)=200\int_0^t\sin\left(\frac{\pi}{2}u^2\right)\mathrm{d}u\quad \frac{\sqrt{2}}{2}\leqslant t\leqslant-\frac{\sqrt{2}}{2} \tag{7.296}$$

$$Y(t)=200\int_0^t\cos\left(\frac{\pi}{2}u^2\right)\mathrm{d}u\quad \frac{\sqrt{2}}{2}\leqslant t\leqslant-\frac{\sqrt{2}}{2} \tag{7.297}$$

$$X(t)=X_C+R\cos t\quad 2.3562\leqslant t\leqslant 5.4978 \tag{7.298}$$

$$Y(t)=Y_C+R\sin t\quad 2.3562\leqslant t\leqslant 5.4978 \tag{7.299}$$

$$X(t) = 200\int_0^t \cos\left(\frac{\pi}{2}u^2\right)\mathrm{d}u \quad -\frac{\sqrt{2}}{2} \leqslant t \leqslant 0 \tag{7.300}$$

$$Y(t) = 200\int_0^t \sin\left(\frac{\pi}{2}u^2\right)\mathrm{d}u \quad -\frac{\sqrt{2}}{2} \leqslant t \leqslant 0 \tag{7.301}$$

用 s 表示道路长度，则可以用光滑连续的参数定义方程。

$$X(t) = 200\int_0^{s/200} \cos\left(\frac{\pi}{2}u^2\right)\mathrm{d}u \tag{7.302}$$

$$Y(t) = 200\int_0^{s/200} \sin\left(\frac{\pi}{2}u^2\right)\mathrm{d}u \tag{7.303}$$

$$0 \leqslant s \leqslant 100\sqrt{2} \tag{7.304}$$

$$X(t) = X_C + R\cos\left(\frac{s-100\sqrt{2}}{R} - \frac{\pi}{4}\right) \tag{7.305}$$

$$Y(t) = Y_C + R\sin\left(\frac{s-100\sqrt{2}}{R} - \frac{\pi}{4}\right) \tag{7.306}$$

$$100\sqrt{2} \leqslant s \leqslant 358.05 \tag{7.307}$$

$$X(t) = 200\int_0^{(499.47-s)/200} \sin\left(\frac{\pi}{2}u^2\right)\mathrm{d}u \tag{7.308}$$

$$Y(t) = 200\int_0^{(499.47-s)/200} \cos\left(\frac{\pi}{2}u^2\right)\mathrm{d}u \tag{7.309}$$

$$358.05 \leqslant s \leqslant 640.89 \tag{7.310}$$

$$X(t) = -X_C + R\cos\left(\frac{640.89-s}{R} - \frac{\pi}{4}\right) \tag{7.311}$$

$$Y(t) = -Y_C + R\sin\left(\frac{640.89-s}{R} - \frac{\pi}{4}\right) \tag{7.312}$$

$$640.89 \leqslant s \leqslant 857.52 \tag{7.313}$$

$$X(t) = 200\int_0^{(s-857.52-100\sqrt{2})/200} \cos\left(\frac{\pi}{2}u^2\right)\mathrm{d}u \tag{7.314}$$

$$Y(t) = 200\int_0^{(s-857.52-100\sqrt{2})/200} \sin\left(\frac{\pi}{2}u^2\right)\mathrm{d}u \tag{7.315}$$

$$857.52 \leqslant s \leqslant 998.94 \tag{7.316}$$

$0 \leqslant s \leqslant 998.94$ 时 X 和 Y 的变化曲线如图 7.58 所示。

例 318 8 字形道路

下面考虑在回旋螺线和圆形道路之间采用曲率过渡方法设计一个对称 8 字形封闭道路的问题，假设

$$a = 200 \tag{7.317}$$

起点在原点的回旋螺线道路方程为

$$X(t) = 200\int_0^t \cos\left(\frac{\pi}{2}u^2\right)\mathrm{d}u \tag{7.318}$$

$$Y(t) = 200\int_0^t \sin\left(\frac{\pi}{2}u^2\right)\mathrm{d}u \tag{7.319}$$

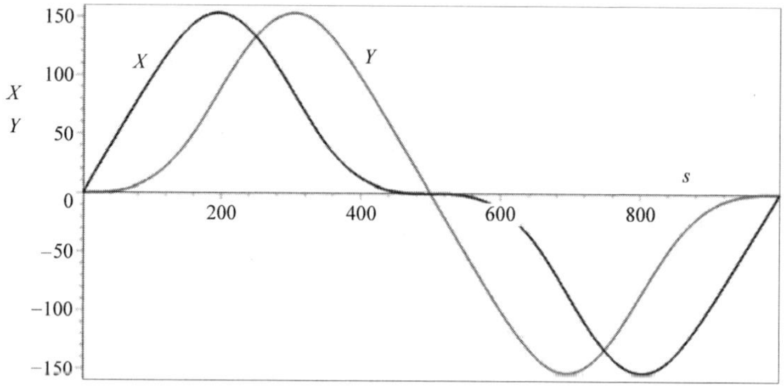

图 7.58　$0 \leqslant s \leqslant 998.94$ 时 8 字形道路中 X 和 Y 的变化

曲线在 t 位置的切线倾斜角（7.177）为

$$\theta = \frac{\pi}{2}t^2 \tag{7.320}$$

其中该位置上曲线的切线和法线方程为

$$Y = Y(t) + (X - X(t))\tan\theta \tag{7.321}$$

$$Y = Y(t) - (X - X(t))/\tan\theta \tag{7.322}$$

回旋螺线在 t 位置的曲率半径为

$$R = \frac{1}{\kappa} = \frac{a}{\pi t} \tag{7.323}$$

如果回旋螺线上存在一点（X，Y），回旋螺线在该点处的曲率半径等于该点到直线 $Y = X$ 沿法线方向的距离。则可以令该点为圆形道路的起点，回旋螺线在该点处的法线与对称线 $Y = X$ 的交点（X，Y）即为 $Y_C = X_C$ 的点。

$$Y_C = X_C = \frac{X(t) + Y(t)\tan\frac{\pi t^2}{2}}{\tan\frac{\pi t^2}{2} + 1} \tag{7.324}$$

回旋螺线上各点和法线上点（X_C，Y_C）的距离为

$$\begin{aligned} d &= \sqrt{[Y(t) - Y_C]^2 + [X(t) - X_C]^2} \\ &= \sqrt{\left(\frac{Y(t) - X(t)}{\tan\frac{\pi t^2}{2} + 1}\right)^2 + \left(\frac{[X(t) - Y(t)]\tan\frac{\pi t^2}{2}}{\tan\frac{\pi t^2}{2} + 1}\right)^2} \end{aligned} \tag{7.325}$$

令 d 等于 R 得到求解 t 的方程，在 t 处回旋螺线的终点与圆弧的起点取相同的曲率。

$$d - \frac{a}{\pi t} = 0 \tag{7.326}$$

如图 7.59 所示，方程有多个解，第一个解为

$$t = t_0 = 0.9371211755 \tag{7.327}$$

$t = t_0$ 时，回旋螺线的运动学参数为

$$X_0 = 200\int_0^{0.9371211755} \cos\left(\frac{\pi}{2}u^2\right)\mathrm{d}u = 154.77 \tag{7.328}$$

$$Y_0 = 200\int_0^{0.9371211755}\sin\left(\frac{\pi}{2}u^2\right)du = 75.154 \tag{7.329}$$

$$R = \frac{1}{\kappa} = 67.93355959 \tag{7.330}$$

$$\theta = 1.379467204\text{rad} = 79.038° \tag{7.331}$$

回旋螺线在（X_0，Y_0）处的法线与直线 $Y = X$ 的交点位于

$$X_C = 88.0724138 < X_0 \tag{7.332}$$

$$Y_C = 88.0724138 > Y_0 \tag{7.333}$$

通过检查（X_0，Y_0）与（X_C，Y_C）之间的距离是否等于 R 判断（X_C，Y_C）的正确性。

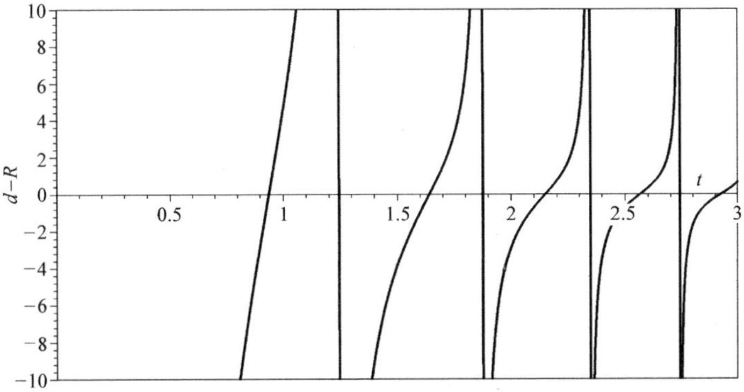

图 7.59　方程 $d - R = d - \dfrac{a}{\pi t} = 0$ 的曲线，通过确定 t 值来实现回旋螺线曲率与对称圆形曲率的匹配

用参数 s 代表道路的长度，从原点开始沿 X 轴方向道路的方程可以表示为

$$X(t) = 200\int_0^{s/a}\cos\left(\frac{\pi}{2}u^2\right)du \quad 0 \leqslant s \leqslant s_0 \tag{7.334}$$

$$Y(t) = 200\int_0^{s/a}\sin\left(\frac{\pi}{2}u^2\right)du \quad 0 \leqslant s \leqslant s_0 \tag{7.335}$$

$$s_0 = at_0 = 187.42 \tag{7.336}$$

$$X(t) = X_C + R\cos\left(\frac{s - s_0}{R} - \theta_0\right) \quad s_0 \leqslant s \leqslant s_1 \tag{7.337}$$

$$Y(t) = Y_C + R\sin\left(\frac{s - s_0}{R} - \theta_0\right) \quad s_0 \leqslant s \leqslant s_1 \tag{7.338}$$

$$\theta_0 = \arctan\frac{Y_C - Y_0}{X_0 - X_C} = 0.19132\text{rad} = 10.962° \tag{7.339}$$

$$s_1 = s_0 + R\left(\frac{\pi}{2} + 2\theta_0\right) = 320.12 \tag{7.340}$$

$$X(t) = 200\int_0^{(s_1 + s_0 - s)/a}\sin\left(\frac{\pi}{2}u^2\right)du \quad s_1 \leqslant s \leqslant s_2 \tag{7.341}$$

$$Y(t) = 200\int_0^{(s_1 + s_0 - s)/a}\cos\left(\frac{\pi}{2}u^2\right)du \quad s_1 \leqslant s \leqslant s_2 \tag{7.342}$$

$$s_2 = s_1 + 2s_0 = 694.96 \tag{7.343}$$

$$X(t)=-X_C+R\cos\left(\frac{s_2-s}{R}-\left(\frac{\pi}{2}-\theta_0\right)\right)\quad s_2\leqslant s\leqslant s_3 \tag{7.344}$$

$$Y(t)=-Y_C+R\sin\left(\frac{s_2-s}{R}-\left(\frac{\pi}{2}-\theta_0\right)\right)\quad s_2\leqslant s\leqslant s_3 \tag{7.345}$$

$$s_3=s_2+R\left(\frac{\pi}{2}+2\theta_0\right)=827.66 \tag{7.346}$$

$$X(t)=200\int_0^{(s-s_3-s_0)/200}\cos\left(\frac{\pi}{2}u^2\right)du\quad s_3\leqslant s\leqslant s_4 \tag{7.347}$$

$$Y(t)=200\int_0^{(s-s_3-s_0)/200}\sin\left(\frac{\pi}{2}u^2\right)du\quad s_3\leqslant s\leqslant s_4 \tag{7.348}$$

$$s_4=s_3+s_0=1015.1 \tag{7.349}$$

完成的道路设计如图7.60所示。

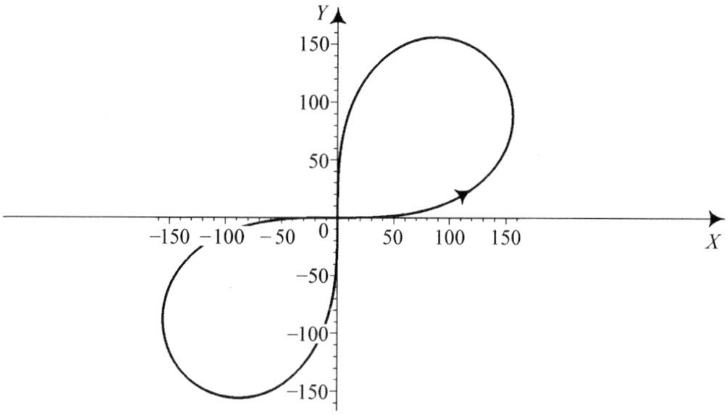

图7.60　基于两条回旋螺线段和两条圆弧段的8字形曲率匹配对称道路

例319★　空间道路

设${}^G\boldsymbol{r}_P$为某行驶中汽车的位置向量，如果其各分量都是变量t的函数，即

$${}^G\boldsymbol{r}={}^G\boldsymbol{r}(t)=x(t)\hat{i}+y(t)\hat{j}+z(t)\hat{k} \tag{7.350}$$

则位置向量的末端可以表示为坐标系G中的一条曲线C，如果令参数t保持不变，则曲线${}^G\boldsymbol{r}={}^G\boldsymbol{r}(t)$简化为$C$上的一点。函数

$$x=x(t)\quad y=y(t)\quad z=z(t) \tag{7.351}$$

是曲线的参数方程，若参数t取为弧长s，则对于曲线上无穷小弧长ds有

$$ds^2=d\boldsymbol{r}\cdot d\boldsymbol{r} \tag{7.352}$$

曲线上无穷小弧长的定义是，某长方形各边长趋向于0时其对角线长度的极值。

当空间曲线是一条通过点$P(x_0,y_0,z_0)$的直线时，其中$x_0=x(t_0)$，$y_0=y(t_0)$，$z_0=z(t_0)$，则其方程可以写作

$$\frac{x-x_0}{\alpha}=\frac{y-y_0}{\beta}=\frac{z-z_0}{\gamma} \tag{7.353}$$

$$\alpha^2+\beta^2+\gamma^2=1 \tag{7.354}$$

式中α、β和γ是该直线的方向余弦。式（7.351）描述的空间曲线在点$P(x_0,y_0,z_0)$处的切线方程为

$$\frac{x-x_0}{\mathrm{d}x/\mathrm{d}q}=\frac{y-y_0}{\mathrm{d}y/\mathrm{d}q}=\frac{z-z_0}{\mathrm{d}z/\mathrm{d}q} \tag{7.355}$$

$$\left(\frac{\mathrm{d}x}{\mathrm{d}q}\right)^2+\left(\frac{\mathrm{d}y}{\mathrm{d}q}\right)^2+\left(\frac{\mathrm{d}z}{\mathrm{d}q}\right)^2=1 \tag{7.356}$$

为了证明上述结论，设某位置向量${}^G\boldsymbol{r}={}^G\boldsymbol{r}(s)$以$s$为长度参数表示空间曲线

$${}^G\boldsymbol{r}={}^G\boldsymbol{r}(s)=x(s)\hat{i}+y(s)\hat{j}+z(s)\hat{k} \tag{7.357}$$

弧长s从曲线上某一固定点开始测量。对于弧长的微小变化$\mathrm{d}s$，位置向量将会运动到非常靠近的某一邻近点，位置向量的增量为

$$\mathrm{d}\boldsymbol{r}=\mathrm{d}x(s)\hat{i}+\mathrm{d}y(s)\hat{j}+\mathrm{d}z(s)\hat{k} \tag{7.358}$$

无穷小位移中的长度$\mathrm{d}\boldsymbol{r}$和$\mathrm{d}s$相等

$$\mathrm{d}s=\sqrt{\mathrm{d}x^2+\mathrm{d}y^2+\mathrm{d}z^2} \tag{7.359}$$

通常用平方形式表示弧长较为方便，即

$$\mathrm{d}s^2=\mathrm{d}x^2+\mathrm{d}y^2+\mathrm{d}z^2=\mathrm{d}\boldsymbol{r}\cdot\mathrm{d}\boldsymbol{r} \tag{7.360}$$

如果用q取代s作为空间曲线的参数，则弧长增量应该为

$$\left(\frac{\mathrm{d}s}{\mathrm{d}t}\right)^2=\frac{\mathrm{d}\boldsymbol{r}}{\mathrm{d}t}\cdot\frac{\mathrm{d}\boldsymbol{r}}{\mathrm{d}t} \tag{7.361}$$

因此，曲线上两个点之间的弧长可以通过积分求出，即

$$s=\int_{t_1}^{t2}\sqrt{\frac{\mathrm{d}\boldsymbol{r}}{\mathrm{d}t}\cdot\frac{\mathrm{d}\boldsymbol{r}}{\mathrm{d}t}}\mathrm{d}t=\int_{t_1}^{t2}\sqrt{\left(\frac{\mathrm{d}x}{\mathrm{d}t}\right)^2+\left(\frac{\mathrm{d}y}{\mathrm{d}t}\right)^2+\left(\frac{\mathrm{d}z}{\mathrm{d}t}\right)^2}\mathrm{d}t \tag{7.362}$$

在点$P(x_0,y_0,z_0)$处展开曲线的参数方程

$$\begin{aligned}x&=x_0+\frac{\mathrm{d}x}{\mathrm{d}t}\Delta t+\frac{1}{2}\frac{\mathrm{d}^2x}{\mathrm{d}t^2}\Delta t^2+\cdots\\ y&=y_0+\frac{\mathrm{d}y}{\mathrm{d}t}\Delta t+\frac{1}{2}\frac{\mathrm{d}^2y}{\mathrm{d}t^2}\Delta t^2+\cdots\\ z&=z_0+\frac{\mathrm{d}z}{\mathrm{d}t}\Delta t+\frac{1}{2}\frac{\mathrm{d}^2z}{\mathrm{d}t^2}\Delta t^2+\cdots\end{aligned} \tag{7.363}$$

忽略非线性项后，求出曲线在该点的切线方程

$$\frac{x-x_0}{\mathrm{d}x/\mathrm{d}t}=\frac{y-y_0}{\mathrm{d}y/\mathrm{d}t}=\frac{z-z_0}{\mathrm{d}z/\mathrm{d}t}=\Delta t \tag{7.364}$$

例 320★ 空间道路的长度

设某空间封闭道路的参数方程为

$$\begin{aligned}x&=(a+b\sin\theta)\cos\theta\\ y&=(a+b\sin\theta)\sin\theta\\ z&=b+b\cos\theta\end{aligned} \tag{7.365}$$

通过求$\mathrm{d}s$从0到2π的积分可以获得道路的总长度，即

$$\begin{aligned}s&=\int_{\theta_1}^{\theta_2}\sqrt{\frac{\mathrm{d}\boldsymbol{r}}{\mathrm{d}\theta}\cdot\frac{\mathrm{d}\boldsymbol{r}}{\mathrm{d}\theta}}\mathrm{d}\theta=\int_{\theta_1}^{\theta_2}\sqrt{\left(\frac{\partial x}{\partial\theta}\right)^2+\left(\frac{\partial x}{\partial\theta}\right)^2+\left(\frac{\partial x}{\partial\theta}\right)^2}\mathrm{d}\theta\\ &=\int_0^{2\pi}\frac{\sqrt{2}}{2}\sqrt{2a^2+3b^2-b^2\cos2\theta+4ab\sin\theta d\theta}\end{aligned} \tag{7.366}$$

7.7★ 转向机构优化

转向机构优化的目的是设计工作性能逼近目标函数的转向系统。假设某转向系统的目标函数为阿克曼运动条件，将设计出的转向机构性能函数与阿克曼运动条件比较，可以定义一个残差函数 e 用于两个系统的比较。例如，对于被设计转向机构和阿克曼条件，在内侧车轮转向角 δ_i 相同的情况下，用被设计转向机构外侧车轮转向角 δ_{D_o}和阿克曼条件外侧车轮转向角 δ_{A_o}之差作为残差函数。

内侧车轮转向角取值范围为 $\delta_1<\delta_i<\delta_2$ 时，残差函数可以是最大差的绝对值

$$e=\max|\delta_{D_o}-\delta_{A_o}| \tag{7.367}$$

或者两个函数之差的均方根（RMS）

$$e=\sqrt{\frac{1}{\delta_2-\delta_1}\int_{\delta_1}^{\delta_2}(\delta_{D_o}-\delta_{A_o})^2d\delta_i} \tag{7.368}$$

或直接用

$$e=\sqrt{\int_{\delta_1}^{\delta_2}(\delta_{D_o}-\delta_{A_o})^2d\delta_i} \tag{7.369}$$

残差函数 e 应该是若干参数的函数，在转向角 δ_i 的工作范围内，对某一参数最小化残差函数，获得该参数的优化值。

RMS 函数（7.368）是基于连续变量 δ_{D_o}和 δ_{A_o}定义的，但是，由于设计机构的不同，并不是任何时候都能找到 e 的封闭方程。此时，残差函数不能显式定义，该函数可以用 n 个不同内侧车轮转向角 δ_i 的值进行数值计算。e 的一组离散值的 RMS 残差函数定义为

$$e=\sqrt{\frac{1}{n}\sum_{i=1}^{n}(\delta_{D_o}-\delta_{A_o})^2} \tag{7.370}$$

式中，n 是 δ_i 在工作范围 $\delta_1\leqslant\delta_i\leqslant\delta_2$ 内的细分数。残差函数式（7.368）和式（7.370）应该对不同的参数计算，则 $e=e$（参数）的曲线可以表示出 e 作为该参数函数时的变化趋势。如果存在 e 的最小值，则可以求出参数的优化值。否则，残差函数 e 的趋势能够表明寻找最小值的方向。

例 321★ 优化梯形转向机构

图 7.8 所示梯形转向机构内－外侧车轮转向角之间的关系为

$$\sin(\beta+\delta_i)+\sin(\beta-\delta_o)=\frac{\omega}{d}-\sqrt{\left(\frac{w}{d}-2\sin\beta\right)^2-[\cos(\beta-\beta_o)-\cos(\beta+\delta_i)]^2} \tag{7.371}$$

对比式（7.371）和阿克曼条件

$$\cos\delta_o-\cos\delta_i=\frac{w}{l} \tag{7.372}$$

确定残差函数

$$e=\sqrt{\frac{1}{n}\sum_{i=1}^{n}(\delta_{D_o}-\delta_{A_o})^2} \tag{7.373}$$

找到其最小值并对梯形转向机构进行优化。

设某车辆的参数

$$w = 1.66\text{m} \quad l = 2.93\text{m} \tag{7.374}$$

下面再考虑

$$d = 0.4\text{m} \tag{7.375}$$

并用β作为参数，对梯形转向机构进行优化。

对于一组不同的β值，该机构运动学关系与阿克曼条件的比较曲线如图7.11所示，它们之间差值的曲线如图7.13所示。

可以设定某一β值，例如$\beta = 6°$，计算δ_i在工作范围$-40° < \delta_i < 40°$内，$n = 100$时δ_{D_o}和δ_{A_o}的差值，对于该特定的β值，相应的残差方程e为

$$e = \sqrt{\frac{1}{100}\sum_{i=1}^{100}\int(\delta_{D_o} - \delta_{A_o})^2} \tag{7.376}$$

接下来，改变β，用新的β值计算残差函数值，即$\beta = 10°$，$11°\cdots$。图7.61中，残差函数$e = e(\beta)$在$\beta \approx 19.5°$时取得最小值。

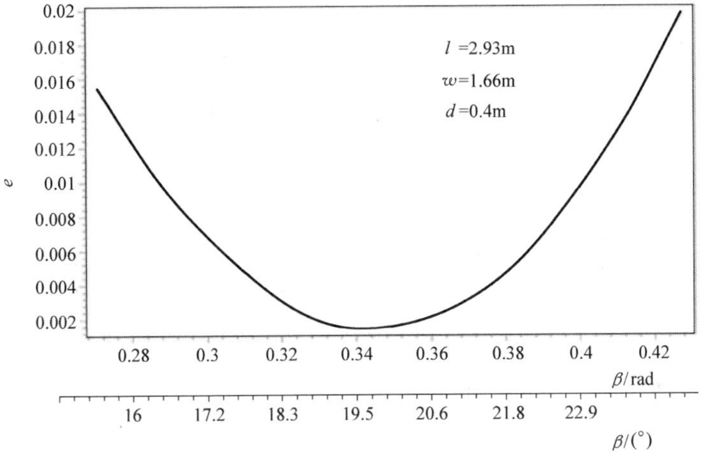

图7.61　某梯形转向机构的残差函数$e = e(\beta)$在$\beta \approx 19.5°$时取得最小值

优化梯形转向机构的几何结构如图7.62a所示，两个侧臂的延长线交于点G。优化后转向机构的交点G，可能在后轴之前，也可能在后轴之后。但是，把交点设置在后轴中心处，并采用接近优化梯形转向机构的设计，可以不必通过优化即获得足够好的设计。这种近似优化设计的结果如图7.62b所示，优化设计的β角为$\beta \approx 19.5°$，近似优化设计的β角为$\beta \approx 15.8°$

$$\beta \approx \arctan\frac{w/2}{l} = \arctan\frac{1.66/2}{2.93} = 0.27604\text{rad} = 15.816° \tag{7.377}$$

例322★　不严格阿克曼转向机构

对于简单转向装置而言，几乎不可能严格地按照阿克曼转向条件工作。但是却可以通过优化设计各转向杆系，使其在一定工作范围内，接近阿克曼条件，并在某些点严格遵守阿克曼条件。其结构简单，便于批量生产，同时其准确性能够满足民用汽车的需求。

梯形转向机构不能严格按照阿克曼机构的要求工作，是因为阿克曼条件是轴距l的函数，而梯形转向机构的杆系不是l的函数。

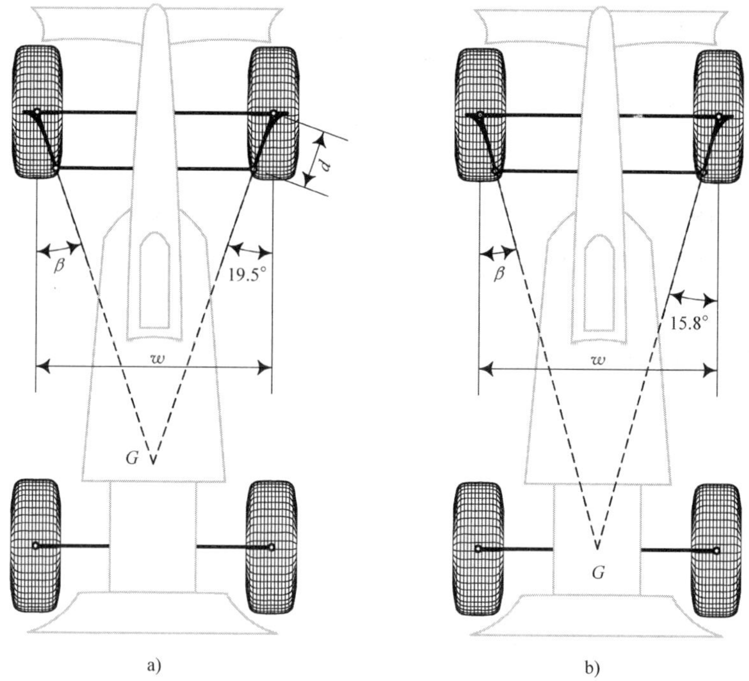

图 7.62　优化梯形转向机构和近似优化转向机构设计的几何关系

例 323★　多杆式转向机构的优化

假设需要为一辆汽车设计多杆式转向机构，其尺寸参数如下：

$$w = 2.4\text{m} \quad l = 4.8\text{m} \quad a_2 = 0.45l = 2.16\text{m} \tag{7.378}$$

根据空间约束条件，转向机构的关节固定位置如图 7.63 所示。通过改变长度 x 可以设计最优转向机构，使其尽量接近于阿克曼条件。

$$\cos\delta_2 - \cos\delta_1 = \frac{w}{l} = \frac{1}{2} \tag{7.379}$$

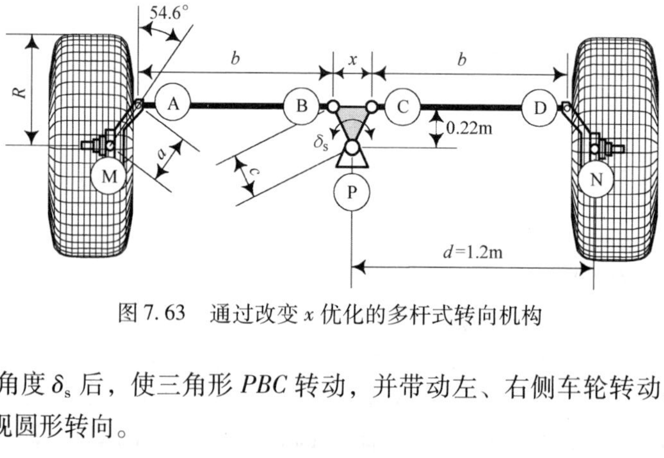

图 7.63　通过改变 x 优化的多杆式转向机构

转向盘转动角度 δ_s 后，使三角形 PBC 转动，并带动左、右侧车轮转动。设车辆应能以转向半径 R_m 实现圆形转向。

$$R_m = 10\text{m} \tag{7.380}$$

该最小转向半径决定着最大转向角 δ_M

$$R_m = \sqrt{a_2^2 + l^2 \cot^2 \delta_M}$$
$$10 = \sqrt{(0.45 \times 4.8)^2 + 4.8^2 \cot^2 \delta_M} \tag{7.381}$$
$$\delta_M = 0.4569\text{rad} \approx 26.178°$$

式中，δ_M 为内、外侧车轮转向角的余弦平均角。已知 R 和 δ_M 后，就可以确定 δ_o 和 δ_i。

$$R_1 = l\cot\delta_M = 4.8\cot 0.4569 = 9.7642\text{m} \tag{7.382}$$

$$\delta_i = \arctan \frac{l}{R_1 - \frac{w}{2}} = 0.51085\text{rad} \approx 29.270° \tag{7.383}$$

$$\delta_o = \arctan \frac{l}{R_1 + \frac{w}{2}} = 0.41265\text{rad} \approx 23.643° \tag{7.384}$$

由于该机构是对称机构，图 7.63 中转向机构的每个车轮都应该能够至少转动 29.27°。保险起见，通常需要在更大范围内进行优化，例如 $\delta = \pm 35°$。但是一般行驶情况下，车辆转向角极少会大于 $\delta = \pm 15°$。因此，可以针对这一实际使用角度进行优化。

该机构是一个六连杆瓦特机构，现将该机构分解为两个四连杆机构。机构 1 在左侧，机构 2 在右侧，如图 7.64 所示。假设 MA 是左侧机构的输入件，PB 是其输出件。杆 PB 与 PC 刚性相连，PC 是右侧机构的输入件，ND 是右侧机构的输出件。为了求出内侧与外侧转向角的关系，需要求出作为 MA 角度函数的 ND 的角度。在下面的分析中，a_1 和 a_2 分别表示机构 1 和机构 2 输入件的长度。

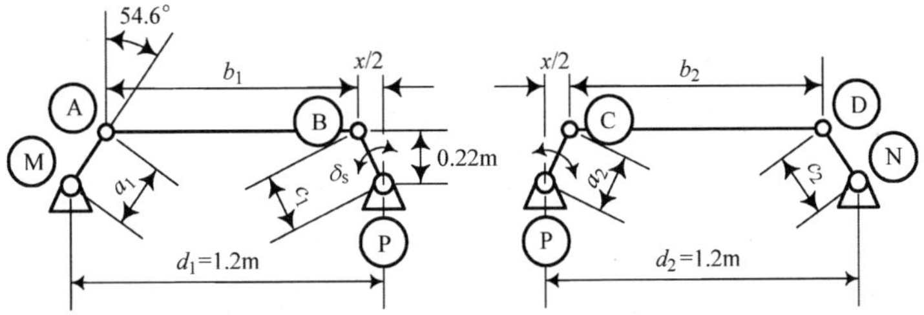

图 7.64 多杆式转向机构可以看作是由两个四连杆机构合成的六连杆机构

图 7.65 所示为杆件的编号和两个四连杆机构的输入、输出角度，根据这两个机构的角度就可以计算转向角。

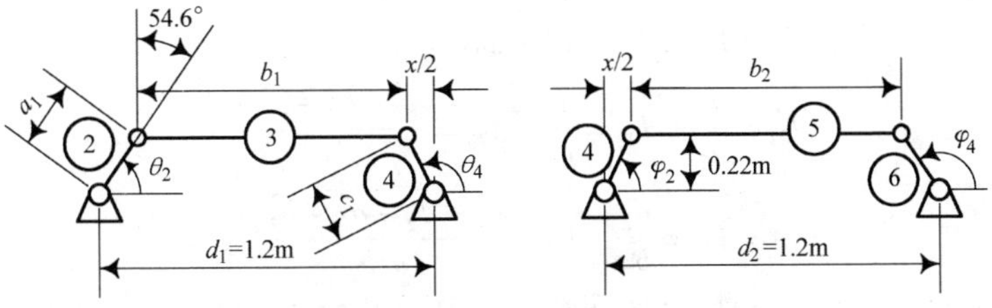

图 7.65 两个四连杆机构的输入角和输出角

$$\delta_1 = \theta_2 - (90° - 54.6°) \tag{7.385}$$
$$\delta_2 = \varphi_4 - (90° + 54.6°) \tag{7.386}$$

机构中各连杆的参数见表 7.1。

表7.1 连杆编号，多杆式转向机构的输入角和输出角

左侧机构		
连杆	长度	角度
1	$d_1=1.2$	180°
2	$a_1=0.22/\cos54.6=0.37978$	θ_2
3	$b_1=1.2-0.22\tan54.6-\frac{x}{2}$ $=0.89043-\frac{x}{2}$	θ_3
4	$c_1=\sqrt{0.22^2+x^2/4}$	θ_4
右侧机构		
连杆	长度	角度
1	$d_2=1.2$	180°
4	$a_2=\sqrt{0.22^2+x^2/4}$	$\varphi_2=\theta_4-2\arctan\frac{x}{0.44}$
5	$b_2=0.89043-\frac{x}{2}$	φ_3
6	$c_2=0.22/\cos54.6=0.37978$	φ_4

θ_4 是 θ_2 的函数，下面重写式（6.1）如下

$$\theta_4=2\arctan\left(\frac{-B_1\pm\sqrt{B_1^2-4A_1C_1}}{2A_1}\right) \tag{7.387}$$

$$A_1=J_3-J_1+(1-J_2)\cos\theta_2 \quad B_1=-2\sin\theta_2 \tag{7.388}$$

$$C_1=J_1+J_3-(1+J_2)\cos\theta_2$$

$$J_{11}=\frac{d_1}{a_1} \quad J_{12}=\frac{d_1}{c_1} \quad J_{13}=\frac{a_1^2-b_1^2+c_1^2+d_1^2}{2a_1c_1}$$

$$J_{14}=\frac{d_1}{b_1} \quad J_{15}=\frac{c_1^2-d_1^2-a_1^2-b_1^2}{2a_1b_1} \tag{7.389}$$

式（7.387）同样适用于关联右侧四连杆机构的输入角和输出角。

$$\varphi_4=2\arctan\left(\frac{-B_2\pm\sqrt{B_2^2-4A_2C_2}}{2A_2}\right) \tag{7.390}$$

$$A_2=J_{23}-J_{21}+(1-J_{22})\cos\varphi_2 \quad B_2=-2\sin\varphi_2 \tag{7.391}$$

$$C_2=J_{21}+J_{23}-(1+J_{22})\cos\varphi_2$$

$$J_{21}=\frac{d_2}{a_2} \quad J_{22}=\frac{d_2}{c_2} \quad J_{23}=\frac{a_2^2-b_2^2+c_2^2+d_2^2}{2a_2c_2} \tag{7.392}$$

$$J_{24}=\frac{d_2}{b_2} \quad J_{25}=\frac{c_2^2-d_2^2-a_2^2-b_2^2}{2a_2b_2}$$

以 x 某一预估值开始计算，求各杆件的长度。对于某确定的 δ_1 值，用式（7.387）和式（7.390）以及式（7.385）和式（7.386），可以计算出 δ_2。

下面从 $x=0$ 开始计算，则

$$a_1=0.37978\text{m} \quad b_1=0.89043\text{m} \quad c_1=0.22\text{m} \tag{7.393}$$

$$a_2=0.22\text{m} \quad b_2=0.89043\text{m} \quad c_2=0.37978\text{m} \tag{7.394}$$

左侧转向角的工作范围为 $-15° < \delta_1 < 15°$时，采用式（7.385）和式（7.387）能够计算第一个四连杆机构的输出角 θ_4。下面的条件用于计算 φ_2 的数值解，并将该值作为右侧四连杆机构的输入。

$$\varphi_2 = \theta_4 - 2\arctan\frac{x}{0.44} \tag{7.395}$$

接着用式（7.390）和式（7.387）可以计算出右侧车轮的转向角 δ_2。

图 7.66 所示为转向角 δ_2 和 δ_{Ac} 关于 δ_1 的函数曲线，角 δ_{Ac} 是根据阿克曼方程式（7.379）计算的右侧车轮转向角。

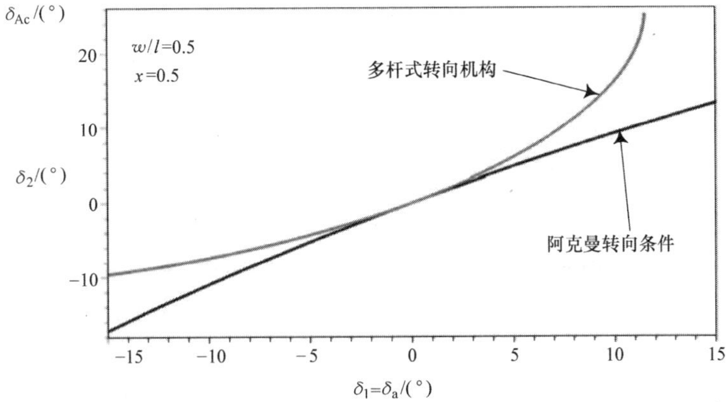

图 7.66 转向角 δ_2 和 δ_{Ac} 关于 δ_1 的曲线

已知角 δ_2 和 δ_{Ac}后，可以计算差值 Δ

$$\Delta = \delta_2 - \delta_{Ac} \tag{7.396}$$

对于角度工作范围 $-15° < \delta_1 < 15°$内 n 个不同的 δ_1 值，有 n 个差值 Δ。根据这几个差值 Δ 可以计算残差 e

$$e = \sqrt{\frac{\Delta^2}{n}} \tag{7.397}$$

改变 x 的取值，重复上述计算获得残差函数 $e = e(x)$。

图 7.67 所示为计算的结果，图中曲线显示，$x \approx -0.824$m 时残差最小，该值即为三角形 PBC 的底边的最佳长度。

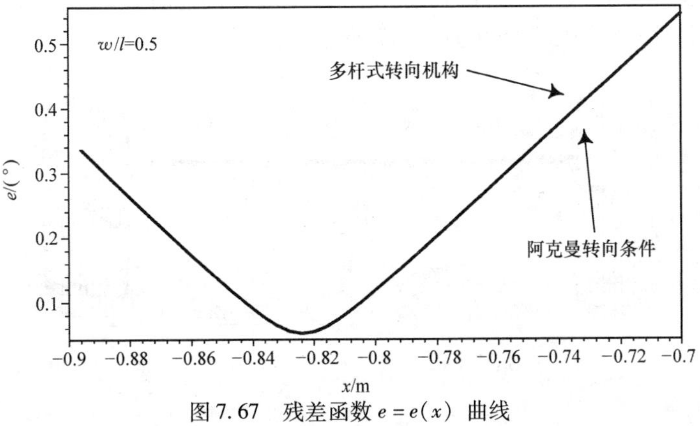

图 7.67 残差函数 $e = e(x)$ 曲线

x 不同时多杆式转向机构的性能曲线如图 7.68 所示，图中的阿克曼条件曲线用于与优化多杆式转向机构性能曲线进行对比。不同 x 的差值 $\Delta=\delta_2-\delta_{Ac}$ 的曲线如图 7.69 所示，其中 $x=-0.824$m 时的优化值最为明显。但是，因为上述计算在 $-15°<\delta_1<15°$ 范围内进行，所以不能保证在该范围外是否存在其他最优机构。

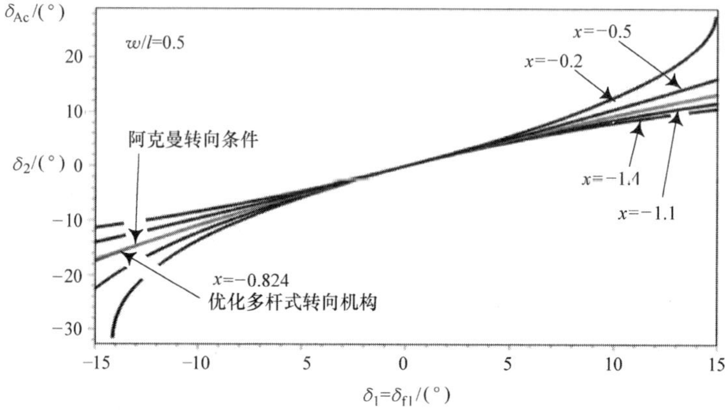

图 7.68 不同 x 值时多杆式转向机构的性能曲线

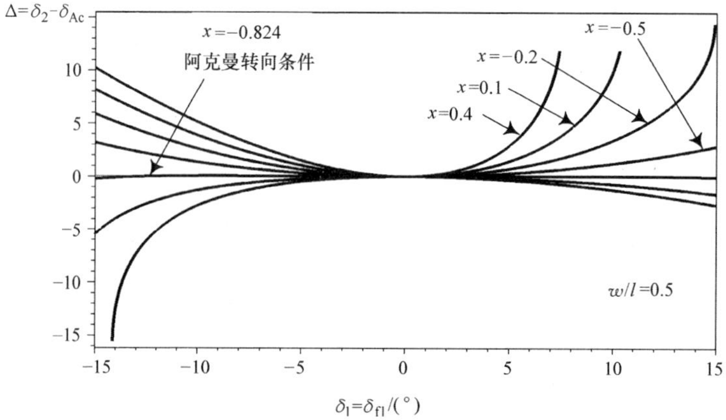

图 7.69 不同 x 值时差值 $\Delta=\delta_2-\delta_{Ac}$ 的性能曲线

优化多杆式转向机构及其杆件的长度如图 7.70 所示，转向机构在 x 取负值时的情况如图 7.71 所示，此时该机构处于正转向角的转向位置。

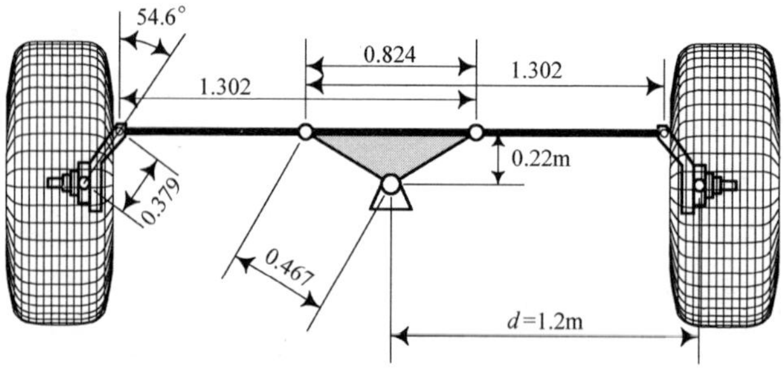

图 7.70 优化多杆式转向机构及其杆件长度

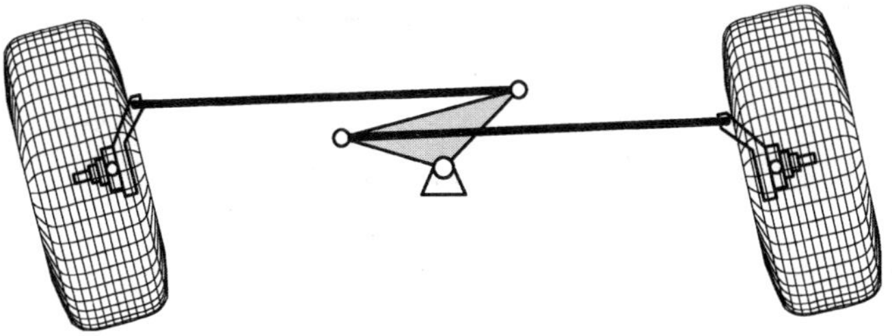

图 7.71　正转向角状态的优化多杆式转向机构

7.8★　拖车－货车运动学

下面分析图 7.72 所示一辆带单轴拖车的汽车，对该系统尺寸进行标准化，并令拖车的长度为 1。并用拖钩铰接点表示汽车的位置，记为向量 $\boldsymbol{r}$，用拖车车轴中心表示拖车的位置，记为向量 $\boldsymbol{s}$。

假设 $\boldsymbol{r}$ 是时间 t 的可微函数，下面通过计算 $\boldsymbol{s}$ 来检验拖车的转向性能，并预测其折叠。车辆向前行驶时，满足下列条件则称其为折叠

$$\dot{\boldsymbol{r}}\cdot z<0 \tag{7.398}$$

式中

$$z=\boldsymbol{r}-\boldsymbol{s} \tag{7.399}$$

对折的状态如图 7.73 所示，图 7.72 为不对折状态。

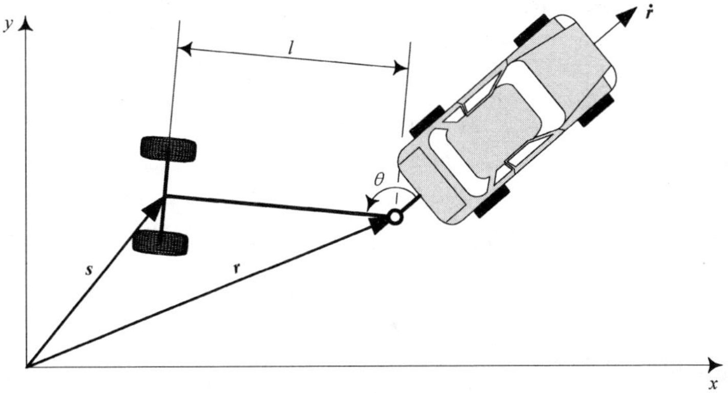

图 7.72　带单轴拖车的汽车

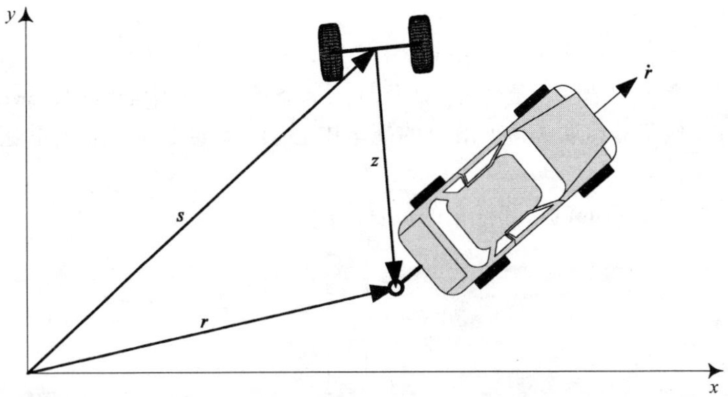

图 7.73　带单轴拖车的汽车对折的状态

从数学意义上讲，应该在明确给出一运动路径 $\boldsymbol{r}=\boldsymbol{r}(t)$ 后，可以判断拖车－货车是否会对折，以及要避免对折应该如何规划运动 $\boldsymbol{r}(t)$。

将拖车的速度表示为

$$\dot{\boldsymbol{s}}=c(\boldsymbol{r}-\boldsymbol{s}) \tag{7.400}$$

式中

$$c=\dot{\boldsymbol{r}}\cdot\boldsymbol{z} \tag{7.401}$$

不对折条件为

$$c>0 \tag{7.402}$$

假设二次连续可微函数 $\boldsymbol{r}$ 为汽车的运动路径，如果 $|\boldsymbol{z}|=1$，$\boldsymbol{r}$ 的曲率半径为 $R(t)>1$，且

$$\dot{\boldsymbol{r}}(0)\cdot\boldsymbol{z}(0)>0 \tag{7.403}$$

则对于所有 $t>0$ 有

$$\dot{\boldsymbol{r}}(t)\cdot\boldsymbol{z}(t)>0 \tag{7.404}$$

因此，如果汽车正在向前行驶，且汽车－拖车开始时没有对折，则会始终保持不对折状态。

证明：令拖车的标准化长度为1，$\boldsymbol{z}$ 为单位向量

$$|\boldsymbol{z}|=|\boldsymbol{r}-\boldsymbol{s}|=1 \tag{7.405}$$

且

$$(\boldsymbol{r}-\boldsymbol{s})\cdot(\boldsymbol{r}-\boldsymbol{s})=1 \tag{7.406}$$

拖车车轮的无滑动条件使拖车的速度 $\dot{\boldsymbol{s}}$ 沿着拖车中心线 z 的方向，因此

$$\dot{\boldsymbol{s}}=c(\boldsymbol{r}-\boldsymbol{s})=c\boldsymbol{z} \tag{7.407}$$

对式（7.406）求微分得到

$$2(\dot{\boldsymbol{r}}-\dot{\boldsymbol{s}})\cdot(\boldsymbol{r}-\boldsymbol{s})=0 \tag{7.408}$$

$$\dot{\boldsymbol{r}}\cdot(\boldsymbol{r}-\boldsymbol{s})=\dot{\boldsymbol{s}}\cdot(\boldsymbol{r}-\boldsymbol{s}) \tag{7.409}$$

所以

$$\dot{\boldsymbol{r}}\cdot(\boldsymbol{r}-\boldsymbol{s})=c(\boldsymbol{r}-\boldsymbol{s})\cdot(\boldsymbol{r}-\boldsymbol{s}) \tag{7.410}$$

$$\begin{aligned} c&=\dot{\boldsymbol{r}}\cdot(\boldsymbol{r}-\boldsymbol{s})\\ &=\dot{\boldsymbol{r}}\cdot\boldsymbol{z} \end{aligned} \tag{7.411}$$

c 已知时，式（7.407）中拖车的速度矢量 $\dot{\boldsymbol{s}}$ 可以表示为

$$\dot{\boldsymbol{s}}=[\dot{\boldsymbol{r}}\cdot(\boldsymbol{r}-\boldsymbol{s})](\boldsymbol{r}-\boldsymbol{s})=(\dot{\boldsymbol{r}}\cdot\boldsymbol{z})\boldsymbol{z} \tag{7.412}$$

c 的取值有以下三种情况

1）$c>0$ 时，拖车的速度矢量 $\dot{\boldsymbol{s}}$ 沿拖车中心线 $\boldsymbol{z}$ 的方向，拖车随着汽车运动，系统稳定。

2）$c=0$ 时，拖车的速度矢量 $\dot{\boldsymbol{s}}$ 为0，此时拖车绕其车轴的中心转动，系统为中性。

3）$c<0$ 时，拖车的速度矢量 $\dot{\boldsymbol{s}}$ 沿负的拖车中心线 $-\boldsymbol{z}$ 的方向，拖车不随汽车运动，系统不稳定。

采用笛卡儿坐标表示的汽车和拖车的位置向量为

$$\boldsymbol{r}=\begin{bmatrix} x_c\\ y_c \end{bmatrix} \tag{7.413}$$

$$\boldsymbol{s}=\begin{bmatrix} x_t\\ y_t \end{bmatrix} \tag{7.414}$$

因此

$$\dot{s}=\begin{bmatrix}\dot{x}_t\\ \dot{y}_t\end{bmatrix}=[\boldsymbol{r}\cdot(\boldsymbol{r}-\boldsymbol{s})](\boldsymbol{r}-\boldsymbol{s})$$

$$=\begin{bmatrix}\dot{x}_c(x_c-x_t)^2+(x_c-x_t)(y_c-y_t)\dot{y}_c\\ \dot{x}_c(x_c-x_t)(y_c-y_t)+(y_c-y_t)^2\dot{y}_c\end{bmatrix} \tag{7.415}$$

$$c=(x_c-x_t)\dot{x}_c+(y_c-y_t)\dot{y}_c$$

$$=\dot{x}_c x_c+\dot{y}_c y_c-(\dot{x}_c x_t+\dot{y}_c y_t) \tag{7.416}$$

下面定义一个函数$f(t)=\dot{\boldsymbol{r}}\cdot\dot{z}$，并假设式（7.403）成立时，式（7.404）不成立，则应存在某个时刻 $t_1>0$ 使$f(t_1)=0$，且$f'(t_1)\leqslant 0$。应用条件$|\boldsymbol{z}|=1$ 和$\dot{\boldsymbol{r}}\neq 0$，可知$\dot{\boldsymbol{r}}(t_1)\cdot\boldsymbol{z}(t_1)=0$，所以$\dot{\boldsymbol{r}}(t_1)$与$\boldsymbol{z}(t_1)$互相垂直，$f(t)$的导数为

$$f'(t)=\ddot{\boldsymbol{r}}\cdot z+\dot{\boldsymbol{r}}\cdot z=\ddot{\boldsymbol{r}}\cdot z+\dot{\boldsymbol{r}}(\dot{\boldsymbol{r}}-\dot{s})$$

$$=\ddot{\boldsymbol{r}}\cdot z+|\dot{\boldsymbol{r}}|^2-\dot{\boldsymbol{r}}\cdot\dot{s}=\ddot{\boldsymbol{r}}\cdot z+|\dot{\boldsymbol{r}}|^2-\dot{\boldsymbol{r}}\cdot((\dot{\boldsymbol{r}}\cdot z)z)$$

$$=\ddot{\boldsymbol{r}}\cdot z+|\dot{\boldsymbol{r}}|^2-(\dot{\boldsymbol{r}}\cdot z)^2=\dot{\boldsymbol{r}}\cdot z+|\dot{\boldsymbol{r}}|^2-f^2(t) \tag{7.417}$$

固有

$$f'(t_1)=\ddot{\boldsymbol{r}}\cdot z+|\dot{\boldsymbol{r}}|^2 \tag{7.418}$$

加速度$\ddot{\boldsymbol{r}}$在法向－切向坐标系（$\hat{u}_n$，$\hat{u}_t$）中为

$$\ddot{\boldsymbol{r}}=\frac{\mathrm{d}|\dot{\boldsymbol{r}}|}{\mathrm{d}t}\hat{u}_t+\kappa|\dot{\boldsymbol{r}}|^2\hat{u}_n \tag{7.419}$$

$$\kappa=\frac{1}{R} \tag{7.420}$$

式中，$\hat{u}_n$ 和 $\hat{u}_t$ 是单位法向速度和单位切向速度，$\hat{u}_t$ 平行于$\dot{\boldsymbol{r}}$（t_1），$\hat{u}_n$ 平行于$\boldsymbol{z}(t_1)$。故有

$$\ddot{\boldsymbol{r}}\cdot\boldsymbol{z}=\pm\kappa(t_1)|\dot{\boldsymbol{r}}(t_1)|^2 \tag{7.421}$$

和

$$f'(t_1)=|\dot{\boldsymbol{r}}(t_1)|^2\pm\kappa(t_1)|\dot{\boldsymbol{r}}(t_1)|^2=[1\pm\kappa(t_1)]|\dot{\boldsymbol{r}}(t_1)|^2 \tag{7.422}$$

式中，κ 为路径的曲率。因为 $\kappa(t_1)=1/R(t)>0$，所以可以认为$f'(t_1)>0$，且不可能存在$f'(t_1)\leqslant 0$。

例 324★　汽车匀速直线运动

设某匀速直线运动的汽车从 $x=0$ 开始沿着正的 x 轴方向行驶，采用标准化方法，令汽车的速度为 1。用二维向量表示可得

$$\boldsymbol{r}=\begin{bmatrix}x_c\\ y_c\end{bmatrix}=\begin{bmatrix}t\\ 0\end{bmatrix} \tag{7.423}$$

根据式（7.405）可知

$$\boldsymbol{z}(0)=\boldsymbol{r}(0)-\boldsymbol{s}(0)=-\boldsymbol{s}(0) \tag{7.424}$$

因此，拖车的初始位置应该位于图 7.74 所示的单位圆上。

应用二维向量可以把$\boldsymbol{z}(0)$表示为 θ 的函数。

$$\boldsymbol{z}(0)=-\boldsymbol{s}(0)=\begin{bmatrix}x_t(0)\\ y_t(0)\end{bmatrix}=\begin{bmatrix}\cos\theta\\ \sin\theta\end{bmatrix} \tag{7.425}$$

式（7.415）简化为

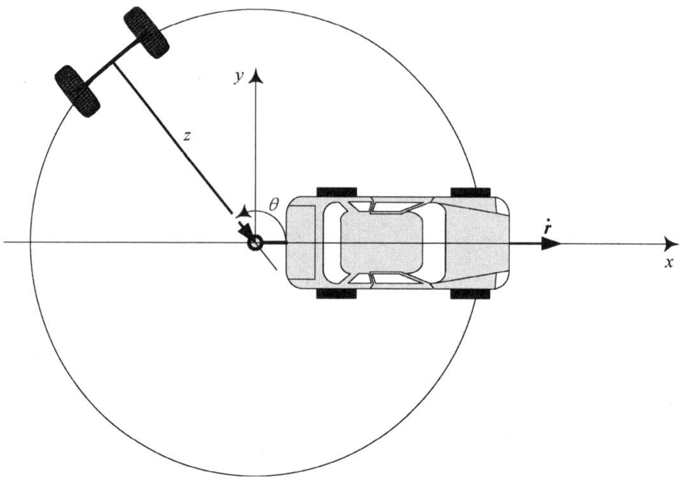

图7.74　由匀速直线行驶汽车拖动的单轴拖车的初始位置位于圆心在拖钩处的圆上

$$\dot{s}=\begin{bmatrix}\dot{x}_t\\ \dot{y}_t\end{bmatrix}=\begin{bmatrix}(t-x_t)^2\\ -y_t(t-x_t)\end{bmatrix} \tag{7.426}$$

式（7.426）是由两个耦合一阶常微分方程构成的方程组，其解为

$$s=\begin{bmatrix}x_t\\ y_t\end{bmatrix}=\begin{bmatrix}t+\dfrac{e^{-2t}-C_1}{e^{-2t}+C_1}\\ \dfrac{C_2e^{-t}}{e^{-2t}+C_1}\end{bmatrix} \tag{7.427}$$

应用初始条件式（7.425）后得到

$$C_1=\frac{\cos\theta-1}{\cos\theta+1}\quad C_2=\frac{2\sin\theta}{\cos\theta+1} \tag{7.428}$$

如果 $\theta\neq k\pi$，其解与时间有关，时间变为无穷大时，其解趋近如下极限值

$$\lim_{t\to\infty}x_t=t-1\quad \lim_{t\to\infty}y_t=0 \tag{7.429}$$

上述解表明，汽车以匀速行驶时，拖车在直线向前运动状态下跟随汽车行驶。

对于汽车倒车行驶的情况，上述解表明，除了初始时 $\theta=\pi$ 的不稳定情况，其他解最终都会导致拖车的折叠。

如果 $\theta=0$，则

$$C_1=0\quad C_2=0\quad x_t=t+1\quad y_t=0 \tag{7.430}$$

拖车在不稳定状态下运动，任何偏离 $\theta=0$ 的情况都趋向于稳定极限解式（7.429）。

如果 $\theta=\pi$，则

$$C_1=\infty\quad C_2=\infty\quad x_t=t-1\quad y_t=0 \tag{7.431}$$

拖车跟随汽车在稳定状态下运动，任何偏离 $\theta=0$ 的情况都会在不久后消失。

例325★　不同初始角 θ 时的汽车直线运动

设某汽车在 x 轴上匀速运动，该汽车后有一辆拖车，拖车的初始角 θ_0 如图7.74所示。采用标准化长度方法，定义拖车车轴中心与拖钩的距离为拖车长度，并令其等于1。

如果用拖钩铰接点表示汽车的全域位置，记作 $\boldsymbol{r}=[x_c, y_c]^{\mathrm{T}}$，用拖车车轴中心表示拖车的全域位置，记作 $\boldsymbol{s}=[x_t, y_t]^{\mathrm{T}}$，则拖车的位置是汽车运动的函数。通过时间相关向量函数给出汽车的位置

$$\boldsymbol{r}=\begin{bmatrix} x_c(t) \\ y_c(t) \end{bmatrix} \tag{7.432}$$

则可以通过解下面耦合微分方程求出拖车的位置。

$$\dot{x}_t=(x_c-x_t)^2\dot{x}_c+(x_c-x_t)(y_c-y_t)\dot{y}_c \tag{7.433}$$

$$\dot{y}_t=(x_c-x_t)(y_c-y_t)\dot{x}_c+(y_c-y_t)^2\dot{y}_c \tag{7.434}$$

对于稳定均匀的汽车运动 $\boldsymbol{r}=[t \quad 0]^{\mathrm{T}}$，式（7.433）和式（7.434）简化为

$$\dot{x}_t=(t-x_t)^2 \tag{7.435}$$

$$\dot{y}_t=-y_t(t-x_t) \tag{7.436}$$

式（7.435）与式（7.436）无关，所以该方程可以独立求解。

$$x_t=\frac{C_1 e^{2t}(t-1)-t-1}{C_1 e^{2t}-1}=t+\frac{e^{-2t}-C_1}{e^{-2t}+C_1} \tag{7.437}$$

把式（7.437）代入到式（7.436）后产生一个关于 y_t 的独立微分方程

$$\dot{y}_t=\frac{e^{-2t}-C_1}{e^{-2t}+C_1}y_t \tag{7.438}$$

其解为

$$y_t=\frac{C_2 e^{-t}}{e^{-2t}+C_1} \tag{7.439}$$

拖车从 $\boldsymbol{s}=[\cos\theta \quad \sin\theta)]^{\mathrm{T}}$ 开始运动时，积分常数应该等于式（7.428），所以

$$x_t=t+\frac{e^{-2t}(\cos\theta+1)-\cos\theta+1}{e^{-2t}(\cos\theta+1)+\cos\theta-1} \tag{7.440}$$

$$y_t=\frac{2e^{-t}\sin\theta}{e^{-2t}(\cos\theta+1)+\cos\theta-1} \tag{7.441}$$

图 7.75、图 7.76 和图 7.77 分别是拖车从 $\theta=45°$、$\theta=90°$和 $\theta=135°$开始运动时的性能曲线。

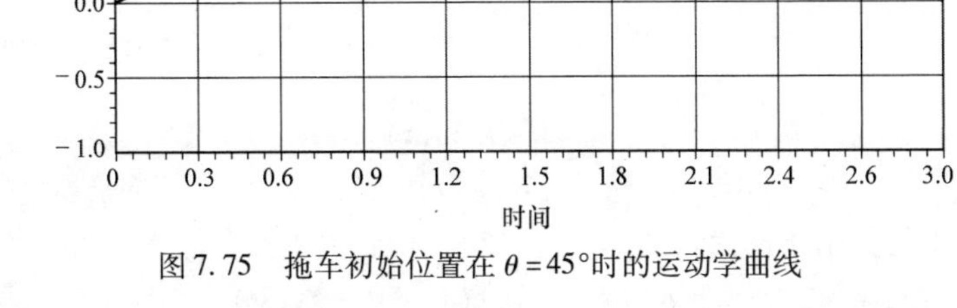

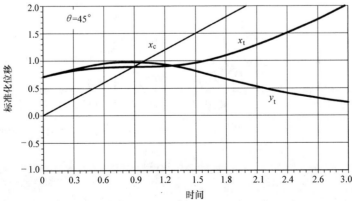

图 7.75 拖车初始位置在 $\theta=45°$时的运动学曲线

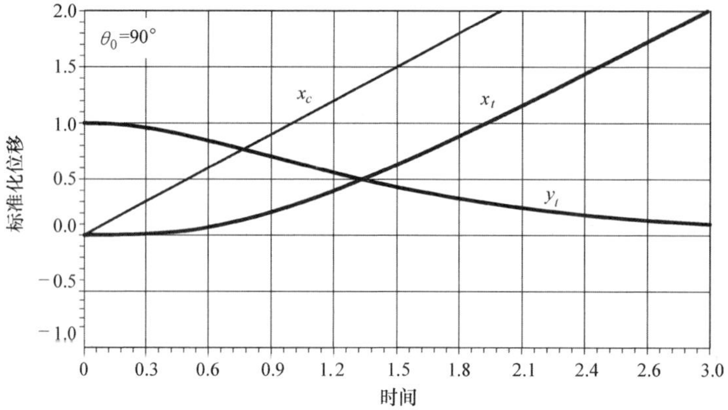

图 7.76　拖车初始位置在 $\theta=90°$时的运动学曲线

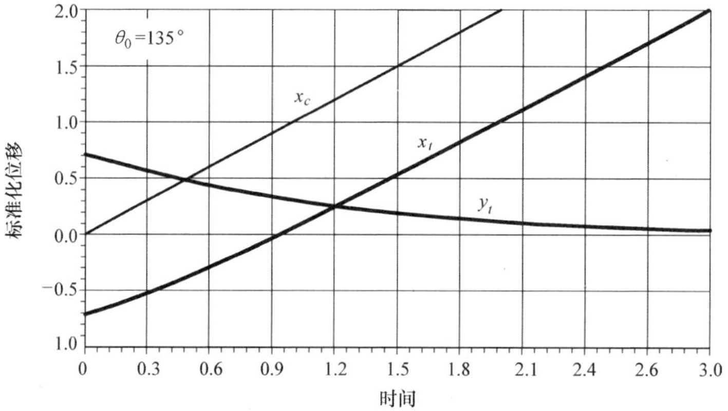

图 7.77　拖车初始位置 $\theta=135°$时的运动学曲线

例 326★　汽车匀速圆周运动

设某带拖车的汽车如图 7.72 所示，拖车的标准化长度为 1，该汽车沿半径为 $R>1$ 的圆周运动。汽车在以角速度 $\omega=1$、周期 $T=2\pi$ 做匀速圆周运动时，其位置由一个时间相关向量函数确定，即

$$\boldsymbol{r}=\begin{bmatrix}x_c(t)\\y_c(t)\end{bmatrix}=\begin{bmatrix}R\cos(t)\\R\sin(t)\end{bmatrix}\tag{7.442}$$

拖车的初始位置应该位于圆心在 $\boldsymbol{r}(0)=[x_c(0)\quad y_c(0)]^{\mathrm{T}}$ 的单位圆上。

$$\boldsymbol{s}(0)=\begin{bmatrix}x_t(0)\\y_t(0)\end{bmatrix}=\begin{bmatrix}x_c(0)\\y_c(0)\end{bmatrix}+\begin{bmatrix}\cos\theta\\\sin\theta\end{bmatrix}\tag{7.443}$$

汽车－拖车达到稳态工况时的状态如图 7.78 所示。

把以下

$$\dot{\boldsymbol{r}}=\begin{bmatrix}-R\sin(t)\\R\cos(t)\end{bmatrix}\tag{7.444}$$

和式（7.443）中的初始条件代入到式（7.415），得到关于拖车位置的两个微分方程。

$$\dot{x}_t=R(R\cos t-x_t)(x_t\sin t-y_t\cos t)\tag{7.445}$$

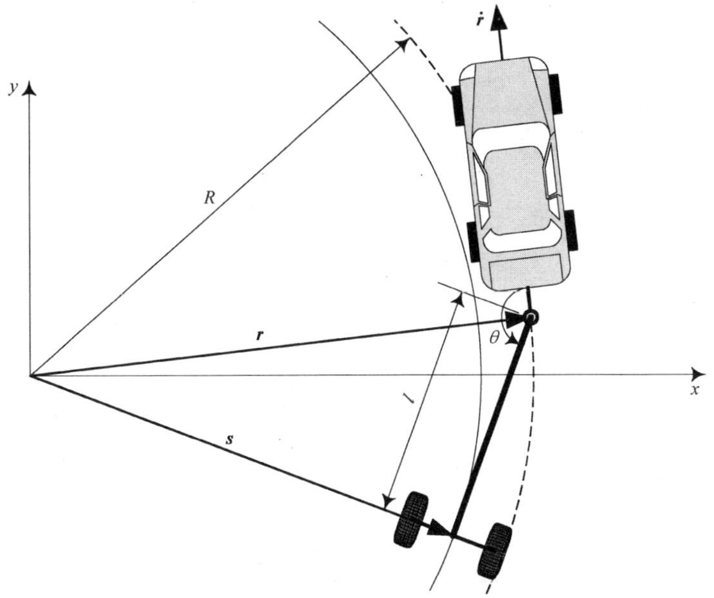

图 7.78　汽车－拖车的稳态运动工况

$$\dot{y}_t = R(R\sin t - y_t)(x_t \sin t - y_t \cos t) \tag{7.446}$$

假设 $r(0) = [0 \quad 0]^{\mathrm{T}}$，方程的稳态解为

$$x_t = R_c \cos(t - \alpha) \tag{7.447}$$

$$y_t = R_c \sin(t - \alpha) \tag{7.448}$$

式中，R_c 是拖车的转向半径；α 是汽车后面拖车的角度位置。

$$R_c = \sqrt{R^2 - 1} \quad \sin\alpha = \frac{1}{R} \quad \cos\alpha = \frac{R_c}{R} \tag{7.449}$$

下面通过两个新的变量 u 和 v 检验上述解，两个变量为

$$u = x_t \sin t - y_t \cos t \tag{7.450}$$

$$v = x_t \cos t + y_t \sin t \tag{7.451}$$

且有

$$\dot{u} = v \tag{7.452}$$

应用这两个新变量后可以求出

$$x_t = u\sin t + v\cos t \tag{7.453}$$

$$y_t = -u\cos t + v\sin t \tag{7.454}$$

$$\dot{x}_t = Ru(R\cos t - u\sin t - v\cos t) \tag{7.455}$$

$$\dot{y}_t = Ru(R\sin t + u\cos t - v\sin t) \tag{7.456}$$

直接对式（7.450）、式（7.451）、式（7.453）和式（7.454）求微分得到

$$\dot{u} = x_t \cos t + y_t \sin t + \dot{x}_t \sin t - \dot{y}_t \cos t \tag{7.457}$$

$$\dot{v} = -x_t \sin t + y_t \cos t + \dot{x}_t \cos t + \dot{y}_t \sin t \tag{7.458}$$

$$\dot{x}_t = \dot{u}\sin t + \dot{v}\cos t + u\cos t - v\sin t \tag{7.459}$$

$$\dot{y}_t = \dot{u}\cos t - \dot{v}\sin t - u\sin t - v\cos t \tag{7.460}$$

所以，上述问题可以用另一个方程组描述。

$$\dot{u}=v-Ru^2 \tag{7.461}$$

$$\dot{v}=u(R^2-Rv-1) \tag{7.462}$$

稳态工况下对时间的微分应该为0，因此，上述问题的稳态解应该等于下面代数方程组的解。

$$v-Ru^2=0 \tag{7.463}$$

$$u(R^2-Rv-1)=0 \tag{7.464}$$

该方程组共有三组解。

$$\{u=0,\ v=0\} \tag{7.465}$$

$$\left\{u=\frac{R_c}{R},\ v=\frac{R_c^2}{R}\right\} \tag{7.466}$$

$$\left\{u=-\frac{R_c}{R},\ v=\frac{R_c^2}{R}\right\} \tag{7.467}$$

第一组解是 $s=0$ 时的解

$$x_t=0 \quad y_t=0 \tag{7.468}$$

表示汽车在 $R=1$ 的圆周上运动时，拖车车轴的中心保持在其初始位置不变。

第二组解中

$$x_t=\frac{R_c}{R}\sin t+\frac{R_c^2}{R}\cos t \quad y_t=-\frac{R_c}{R}\cos t+\frac{R_c^2}{R}\sin t \tag{7.469}$$

该解与式（7.447）和式（7.448）等效。

为了检验第二组解的稳定性，将下面的扰动解

$$u=\frac{R_c}{R}+p \quad v=\frac{R_c^2}{R}+q \tag{7.470}$$

代入线性化运动方程式（7.461）和式（7.462），在取第二组解时

$$\dot{u}=v-2R_cu \quad \dot{v}=-R_cv \tag{7.471}$$

进而推导出关于扰动函数 p 和 q 的两个方程

$$\dot{p}=q-2R_cp \quad \dot{q}=R_cp \tag{7.472}$$

上述线性扰动方程可以写成矩阵形式

$$\begin{bmatrix}\dot{p}\\ \dot{q}\end{bmatrix}=\begin{bmatrix}-2R_c & 1\\ 0 & -R_c\end{bmatrix}\begin{bmatrix}p\\ q\end{bmatrix} \tag{7.473}$$

式（7.473）的稳定性由系数矩阵的特征值 λ_i 确定，即

$$\lambda_1=-R_c \quad \lambda_2=-2R_c \tag{7.474}$$

两个特征值 λ_1 和 λ_2 都是负数，干扰方程的解应为0。因此，第二组解式（7.466）为稳定解，并能够诱使任何初始点在该解附近的路径倾向稳定。

第三组解中

$$x_t=-\frac{R_c}{R}\sin t+\frac{R_c^2}{R}\cos t \quad y_t=\frac{R_c}{R}\cos t+\frac{R_c^2}{R}\sin t \tag{7.475}$$

取第三组解式（7.467）时的线性化运动方程为

$$\dot{u}=v+2R_cu \quad \dot{v}=R_cv \tag{7.476}$$

干扰方程变为

$$\begin{bmatrix} \dot{p} \\ \dot{q} \end{bmatrix} = \begin{bmatrix} 2R_c & 1 \\ 0 & R_c \end{bmatrix} \begin{bmatrix} p \\ q \end{bmatrix} \tag{7.477}$$

该方程有两个正特征值

$$\lambda_1 = R_c \quad \lambda_2 = 2R_c \tag{7.478}$$

特征值为正，表明干扰方程的解趋向于无穷大。因此，第三组解（7.467）不稳定，并能够诱使任何初始点在该解附近的路径倾向不稳定。

例 327★ 蛇形运动

为了分析拖车的性能，需要把汽车的运动表示为时间的函数，即

$$\boldsymbol{r} = \begin{bmatrix} x_c(t) \\ y_c(t) \end{bmatrix} \tag{7.479}$$

把该函数代入到方程

$$\dot{x}_t = (x_c - x_t)^2 \dot{x}_c + (x_c - x_t)(y_c - y_t)\dot{y}_c \tag{7.480}$$

$$\dot{y}_t = (x_c - x_t)(y_c - y_t)\dot{x}_c + (y_c - y_t)^2 \dot{y}_c \tag{7.481}$$

解上述方程并确定拖车位置

$$\boldsymbol{s} = \begin{bmatrix} x_t \\ y_t \end{bmatrix} \tag{7.482}$$

蛇形穿桩是测试车辆操纵性能的常用试验，假设带拖车的汽车沿 x 轴方向在稳态正弦道路上行驶，即

$$\boldsymbol{r} = \begin{bmatrix} vt \\ \sin t \end{bmatrix} \tag{7.483}$$

解下面的两个耦合微分方程及可求出汽车的运动学方程

$$\begin{aligned} \dot{x}_t &= (vt - x_t)^2 v + (vt - x_t)(\sin t - y_t)\cos t \\ &= (vt - x_t)[(vt - x_t)v + (\sin t - y_t)\cos t] \end{aligned} \tag{7.484}$$

$$\begin{aligned} \dot{y}_t &= (vt - x_t)(\sin t - y_t)v + (\sin t - y_t)^2 \cos t \\ &= (\sin t - y_t)[(vt - x_t)v + (\sin t - y_t)\cos t] \end{aligned} \tag{7.485}$$

在稳态工况下，会有

$$\dot{x}_t = 0 \quad \dot{y}_t = 0 \tag{7.486}$$

所以，拖车运动的可行解与汽车运动相同，为

$$\boldsymbol{s} = \begin{bmatrix} vt \\ \sin t \end{bmatrix} \tag{7.487}$$

7.9 小结

转向使车辆按照期望的方向行驶，车辆转向时，靠近转向中心的车轮称作内侧车轮，离转向中心较远的车轮称作外侧车轮。如果车辆速度很低，在内侧转向车轮和外侧转向车轮之间存在一个称作阿克曼条件的运动学关系。

民用汽车通常为前轮转向四轮车辆，内侧转向车轮和外侧转向车轮之间的运动关系为

$$\cot\delta_{\mathrm{o}} - \cot\delta_{\mathrm{i}} = \frac{w}{l} \tag{7.488}$$

式中，δ_{i} 为内侧车轮转向角；δ_{o} 为外侧车轮转向角；w 为车辆轮距；l 为车辆轴距。轮距 w 和轴距 l 是车辆的运动学宽度和运动学长度。

转向车辆的质心在半径为 R 的圆上运动

$$R=\sqrt{a_2^2+l^2\cot^2\delta} \tag{7.489}$$

式中，δ 为内侧车轮和外车车轮转向角的余切平均角。

$$\cot\delta=\frac{\cot\delta_{\mathrm{o}}+\cot\delta_{\mathrm{i}}}{2} \tag{7.490}$$

角 δ 是具有相同轴距 l 和转向半径 R 的自行车的等效转向角。

7.10 主要符号

4WS	四轮转向
a，b，c，d	四连杆机构构件的长度
a_i	从质心到第 i 车轴的距离
A，B，C	四连杆机构的输入角度参数
AWS	全轮转向
b_1	从汽车后轴到拖钩的距离
b_2	从拖钩到拖车车轴的距离
c	拖车运动的稳定性指标
c_1	4WS 汽车转向中心与前轴的纵向距离
c_2	4WS 汽车转向中心与后轴的纵向距离
c_s	4WS 因数
C	质心，曲率中心
C_1，C_2，…	积分常数
d	梯形转向机构中的梯形臂长度
e	残差
e	偏置节臂长度
FWS	前轮转向
g	伸出长度
J	四连杆机构的构件长度
l	轴距
l_s	转向长度
n	增量数
O	转向中心，曲率中心
p	u 的干扰项
q	v 的干扰项
p，q	中间构件的长度
r	车辆转向的横摆角速度
$\boldsymbol{r}$	以拖钩位置表示的汽车位置向量
R	质心处的转向半径
R_1	FWS 车辆后轴中心处的转向半径
R_1	O 和车轴中心的水平距离
R_c	拖车的转向半径
R_{t}	拖车车轴中心位置的转向半径
R_{w}	后车轮半径
R_κ	曲率半径
RWS	后轮转向
$\boldsymbol{s}$	以拖车车桥中心位置表示的拖车位置向量
t	时间
u	汽车－拖车分析中的临时变量
u_{R}	转向齿条的平动
$\hat{u}$	单位向量
v 以及 $\dot{x}$，v	车辆速度，汽车－拖车分析中的临时变量
v_{ri}	内侧后车轮的速度
v_{ro}	外侧后车轮的速度
w	轮距
w_{f}	前轮距
w_{r}	后轮距
x，y，z，$\boldsymbol{x}$	位移
$\boldsymbol{z}=\boldsymbol{r}-\boldsymbol{s}$	拖车相对于汽车的位置向量

β	梯形转向机构梯形臂的摆角	δ_o	外侧车轮转向角
δ	内侧车轮和外车轮转向角的余切平均值	δ_S	转向指令
		$\Delta=\delta_2-\delta_{Ac}$	转向角差
$\delta_1=\delta_{fl}$	左前侧车轮转向角	θ	拖车和车辆纵向中心轴线之间的夹角
$\delta_2=\delta_{fr}$	右前侧车轮转向角		
δ_{Ac}	符合阿克曼条件的转向角	κ	道路的曲率
δ_{fl}	左前侧车轮转向角	λ	特征值
δ_{fr}	右前侧车轮转向角	ω	角速度
δ_i	内侧车轮转向角	$\omega_i=\omega_{ri}$	后内侧车轮的角速度
δ_{rl}	左后侧车轮转向角	$\omega_o=\omega_{ro}$	后外侧车轮的角速度
δ_{rr}	右后侧车轮转向角		

习　　题

1. 自行车模型和转向半径

奔驰 GL450 的尺寸如下

$$l=3076\text{mm}\quad w_f=1651\text{mm}\quad w_r=1654\text{mm}\quad R=12.1\text{m}$$

假设 $a_1=a_2$，试用平均轮距确定该车的自行车模型的最大转向角 δ。

2. 转向半径

设某两轴货车的不同轴距

$$l=2769\text{mm}\qquad l=3366\text{mm}\qquad l=3810\text{mm}\qquad l=4470\text{mm}$$

如果车辆的前轮距为

$$w=1778\text{mm}$$

且 $a_1=a_2$，试计算 $\delta=30°$时货车的转向半径。

3. 空间要求

设某两轴汽车的尺寸如下

$$l=4\text{m}\quad w=1.3\text{m}\quad g=1.2\text{m}$$

试计算 $\delta=30°$时汽车的 $R_{\min}$、R_{Max}和 ΔR。

4. 后轮转向叉车

某电动叉车的尺寸如下

$$l=1397\text{mm}\qquad w=762\text{mm}$$

如果 $\delta=55°$，且 $a_1=a_2$，试计算其转向半径。

5. 车轮角速度

某两轴车辆的尺寸如下

$$l=2.7\text{m}\quad w=1.36\text{m}$$

求作为转向角 δ 函数的角速度比 ω_o/ω_i。

6. 三轴车辆

如图 7.21 所示的三轴车辆，试求该车 δ_2 和 δ_3 之间的关系，以及 δ_1 和 δ_6 之间的关系。

7. 三轴货车

设某仅前轮转向的三轴货车的尺寸如下

$a_1 = 5300\text{mm}$　　$a_2 = 300\text{mm}$　　$a_2 = 1500\text{mm}$

$w = 1800\text{mm}$

如果货车能够以 $R = 11\text{m}$ 转向，试确定其前轮最大转向角。

8. ★　三轮车辆转向条件

图 7.79 所示为一辆所有车轮都能转向的三轮车辆，试确定其运动学转向条件。

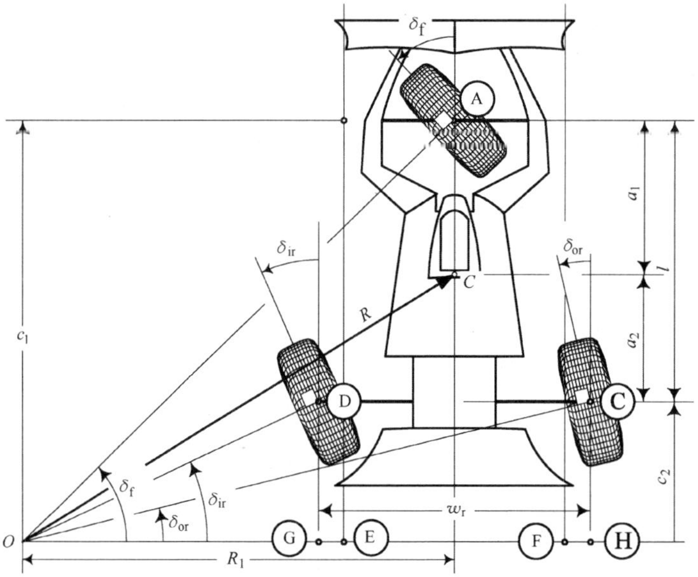

图 7.79　所有车轮都能转向的三轮车辆

（a）确定三个车轮之间的运动学转向条件。

（b）确定 R、c_1、c_2 和 R_1。

（c）根据前轮转向车辆运动学确定其转向所需条件，并简化为三轮转向条件。

9. 梯形转向机构的优化

应用理想运动学转向条件

$$\cot\delta_o - \cot\delta_i = \frac{w}{l}$$

和梯形转向机构方程

$$(w - 2d\sin\beta)^2 = [w - d\sin(\beta - \delta_{D_o}) - d\sin(\beta + \delta_i)]^2 + [d\cos(\beta - \delta_{D_o}) - d\cos(\beta + \delta_i)]^2$$

定义函数 $e(\beta) = \delta_{D_o} - \delta_{A_o}$，对于一组给定的 w、l、d 和 δ_i，用求导方法确定 e 的最小值。解是否存在？如果有解，是唯一的解吗？

10. 带单轴拖车的车辆

确定有如下尺寸参数的拖车和车辆之间的稳态角

$a_1 = 1000\text{mm}$　　$a_2 = 1300\text{mm}$

$b_1 = 1200\text{mm}$　　$b_2 = 1800\text{mm}$

$w_t = 1100\text{mm}$　　$w_v = 1500\text{mm}$

$g = 800\text{mm}$　　$\delta_i = 12°$

拖车的转向半径 R_t 和车辆的转向半径 R 分别是多少？确定最小半径 R_{min}、最大半径 R_{Max} 和半径差 ΔR。

11. 梯形转向机构的最佳 d 值

某梯形转向机构如图 7.80 所示，假设

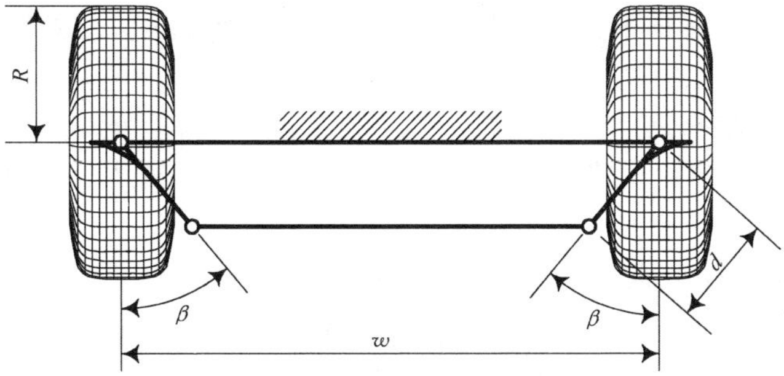

图 7.80　梯形转向机构

$$w = 1.66\text{m} \quad l = 2.93\text{m} \quad \beta \approx 19.5°$$

通过最小化残差函数的均方差确定最佳 d 值

$$e = \sqrt{\frac{1}{n}\sum_{i=1}^{n}(\delta_{D_o} - \delta_{A_o})^2}$$

式中，n 是 δ_i 在工作范围 $-30 \leqslant \delta_i \leqslant 30$ 内分段的数量。

12. ★转向中心的坐标

如果习题 16 中的车辆 $\delta_{fl} = 5°$，且 $c_1 = 1300\text{mm}$，确定车辆转向中心的坐标。

13. ★给定曲率中心的转向角

设某汽车的参数如下

$$l = 2.8\text{m} \quad w_f = 1.35\text{m} \quad w_r = 1.4\text{m} \quad a_1 = a_2$$

且曲率中心在车辆坐标系中的坐标为

$$x_O = 60.336 \quad y_O = 118.3$$

试求该四轮转向车辆需要的转向角。

14. ★转向中心的运动

设某静止 4WS 车辆如图 7.81 所示。

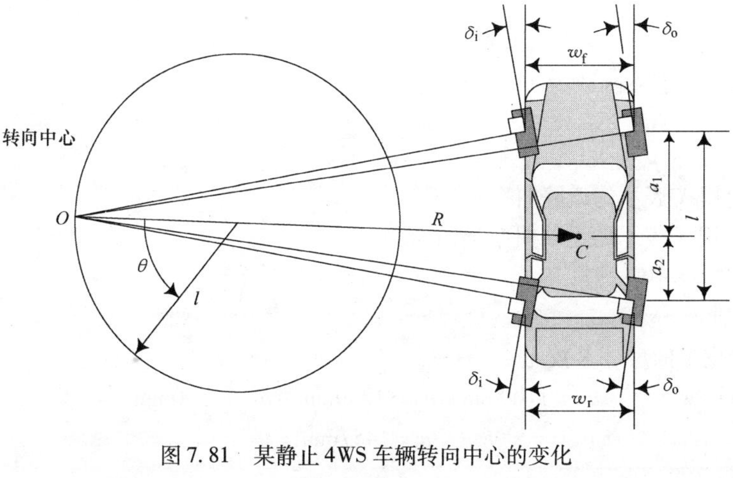

图 7.81　某静止 4WS 车辆转向中心的变化

假设内侧前车轮和内侧后车轮的转向角在此时相等，且

$$R = 3l$$

（a）确定车辆坐标系中的转向中心。

（b）确定此时车轮的转向角。

（c）车辆的运动学转向中心在半径等于汽车轴距 l 的圆上运动，试确定作为 θ 函数的转向角。

15. 局部曲率中心

试计算例 304 中汽车沿道路的切向行驶时，曲率中心在车辆坐标系中的坐标。

16. ★ 4WS 车辆的转向半径

设某 FWS 车辆的尺寸参数如下

$$l = 2300\text{mm} \quad \frac{a_1}{a_2} = \frac{38}{62}$$

$$w_f = 1457\text{mm} \quad w_r = 1607\text{mm}$$

（a）求 $\delta_{fl} = 5°$时车辆的转向半径。

（b）如果把车辆改装成 4WS 车辆，且把车辆转向半径减小 10%，车辆的后轮转向角应为多少？

17. ★ 前、后轮距不同的情况

路特斯 2 - Eleven 是一种 RWD（后轮驱动）跑车，其性能参数如下

$$l = 2300\text{mm} \quad w_f = 1457\text{mm} \quad w_r = 1607\text{mm}$$

前轮胎规格 195/50 R16　后轮胎规格 225/45R17　$\dfrac{F_{z_1}}{F_{z_2}} = \dfrac{38}{62}$

求 $\delta = 5°$时的角速度比 ω_o/ω_i、R、δ_i 和 δ_o。

18. ★ 转向中心坐标

试确定用外侧轮胎转向角 δ_{of}和 δ_{or}表示的 4WS 车辆转向中心坐标。

19. ★ 转向半径

试确定用转向角 δ_r 表示的 4WS 车辆转向半径。

$$\cot\delta_r = \frac{1}{2}(\cot\delta_{ir} + \cot\delta_{or})$$

20. 曲率半径

设车辆行驶的道路函数为

$$Y = \sin\frac{2\pi}{100}X$$

（a）确定用 X 表示的道路曲率。

（b）确定用 X 表示的道路曲率半径。

（c）确定曲率中心的轨迹。

21. ★ 三轴汽车

设某越野皮卡的尺寸参数为

$$a_1 = 1100\text{mm} \quad a_2 = 1240\text{mm} \quad a_3 = 1500\text{mm}$$

$$w = 1457\text{mm}$$

求 $\delta_i=10°$ 时的 δ_o、R_1、R_f 和 R。

22. ★ 3D 道路

设某空间道路的参数方程为

$$x=(a+b\sin\theta)\cos\theta$$
$$y=(a+b\sin\theta)\sin\theta$$
$$z=b+b\cos\theta$$

（a）证明用参数 θ 表示的道路曲率函数为

$$\kappa=\frac{2}{\sqrt{4a^2+6b^2-2b^2\cos2\theta+8ab\sin\theta}}$$

（b）求 $a=200$、$b=150$ 时道路曲率中心的轨迹。

23. ★ 转向机构优化

求图 7.82 所示的多杆式转向机构以尽量接近运动学转向条件的工况工作时的优化长度 x。车辆轮距 $w=2.64\text{m}$，轴距 $l=3.84\text{m}$，前轮工作范围 $-22°\leqslant\delta\leqslant22°$，$a_1=380\text{mm}$。

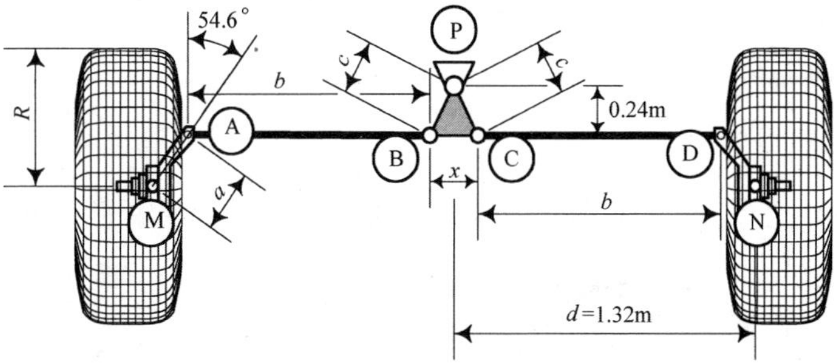

图 7.82　通过调整 x 优化多杆式转向机构

24. ★ 在椭圆形道路上行驶的汽车

设某 4WS 车辆在椭圆形道路上行驶，道路的参数方程为

$$X=a\cos\theta \quad Y=b\sin\theta$$

（a）求曲率中心的全域坐标。

（b）求曲率中心在车辆坐标系中的坐标。

（c）若车辆始终沿道路的切向行驶，求车轮转向角。

25. ★ 道路连接

设计一条回旋螺线过渡路段，将图 7.83 中的 X 轴连接到直线，共有几种可行设计方案?

26. ★ 道路曲率

平面道路的曲率可以用下式计算

$$\kappa=\left|\frac{\mathrm{d}^2y/\mathrm{d}x^2}{[1+(\mathrm{d}y/\mathrm{d}x)^2]^{3/2}}\right|=\frac{x'y''-y'x''}{(x'^2+y'^2)^{3/2}}$$

（a）设道路参数方程为

$$X(t)=\int_0^t\cos\left(\frac{u^2}{2}\right)\mathrm{d}u \quad Y(t)=\int_0^t\sin\left(\frac{u^2}{2}\right)\mathrm{d}u$$

试验证道路曲率为

$$\kappa=t$$

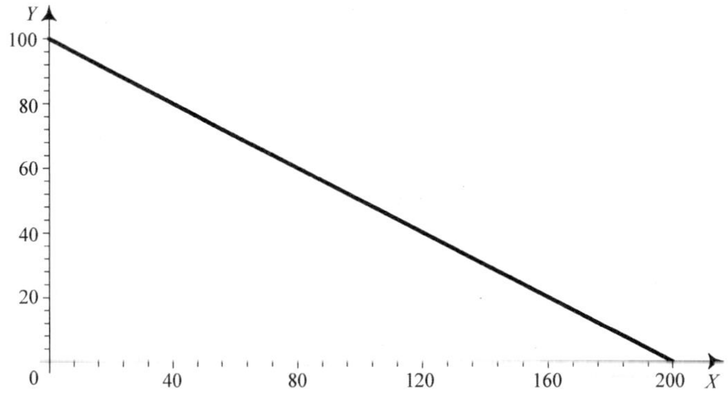

图 7.83　连接点（0，100）至点（200，0）的道路

（b）设道路参数方程为

$$X(t) = \int_0^t \cos\left(\frac{u^3}{3}\right)\mathrm{d}u \quad Y(t) = \int_0^t \sin\left(\frac{u^3}{3}\right)\mathrm{d}u$$

试验证道路曲率为

$$\kappa = t^2$$

27. ★ 环形道路

如图 7.84 所示为由两条直行路段与两条圆形路段连接而成的环形道路。

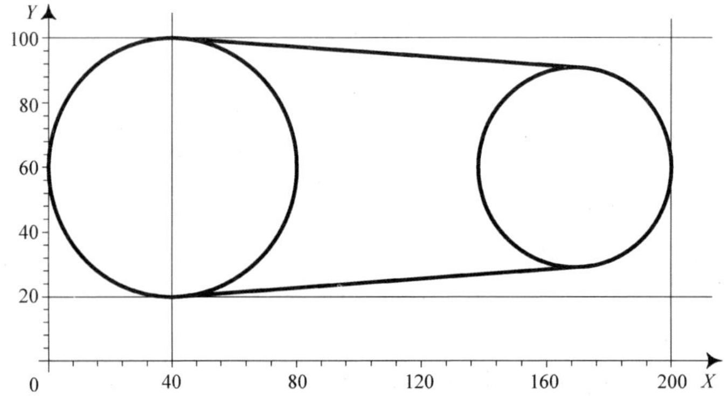

图 7.84　由两条直行路段和两条圆形路段切向连接构成的环形道路

（a）设计连接直行路段和圆形路段的适当回旋螺线过渡路段。

（b）确定并画出所设计环形道路的曲率中心轨迹。

28. 转向机构设计

图 7.85 所示为一转向机构，假设其中间控制器能够调整 x 和 y 的长度。

（a）求用 l、w、d 和 β 表示的 x 和 y 函数，并令该转向机构符合阿克曼运动学条件。

（b）取下面的参数，在对称内侧车轮转向角范围 $\delta_i = \pm 35°$ 内画出 x、y、$x-y$ 和 x/y 的曲线。

$$w = 1.66\mathrm{m} \quad l = 2.93\mathrm{m} \quad d = 0.4 \quad \beta = 19.5°$$

29. ★道路设计

假设需要用回旋螺线过渡路段连接直行道路和半径为 $R = 58.824\mathrm{m}$ 圆形道路，回旋螺线

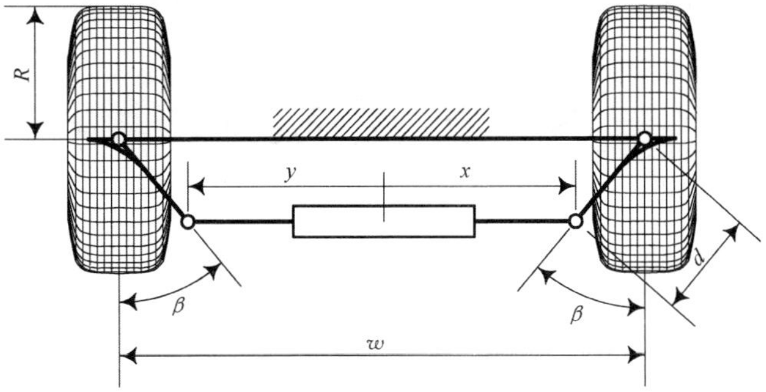

图 7.85 可以控制 x 和 y 长度的转向机构

起始于点（0，0）。试求取如下参数时环形道路的圆心和用 s 表示的某 4WS 汽车的转向角。

（a） $a=250\text{m}$

（b） $a=210\text{m}$

（c） $a=180\text{m}$

（d） $a=150\text{m}$

（e） $a=120\text{m}$

30. 回旋螺线

证明

$$\frac{\mathrm{d}X}{\mathrm{d}t}=a\,\frac{\mathrm{d}X}{\mathrm{d}s}\quad \frac{\mathrm{d}Y}{\mathrm{d}t}=a\,\frac{\mathrm{d}Y}{\mathrm{d}s}$$

31. 8 字形道路

例 317 中的问题是回旋螺线道路终点的曲率与圆形道路上连接点处的曲率不相等，试分别求出连接点处两段道路的曲率。

8 悬架机构

悬架的作用是连接车轮与车身，并允许它们发生相对运动。本章主要介绍悬架机构的结构，并讨论车轮与车身之间的相对运动。车轮通过悬架装置实现车辆的驱动、转向和停车，并承受各类作用力。

8.1 非独立悬架

最简单的悬架结构如图 8.1 所示，是一对车轮装在整体车桥的两端。

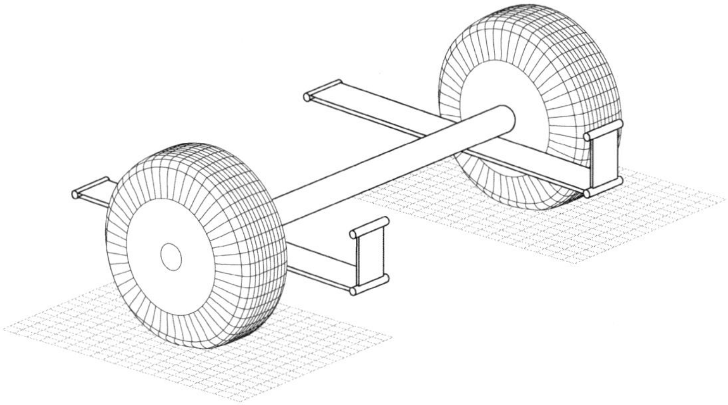

图 8.1 装有钢板弹簧式的整体车桥

整体车桥连接在车身上，车身能够在 z 轴方向进行垂直运动，并可以绕 x 轴方向进行侧倾运动。这种车桥不允许车身有纵向和横向的平移，也不允许车身有绕 z 轴方向的旋转运动。机构由多种连杆和弹性元件组合而成，以满足车辆行驶的运动学和动力学需求。图 8.1 所示的就是这种最简单的非独立悬架机构，车桥两侧分别连接在两个钢板弹簧的中部，钢板弹簧的两端固定在底盘上。图 8.2 是装备多片式钢板弹簧整体车桥的侧视图。安装在左右两侧车轮之间的整体车桥和悬架机构可统称为非独立悬架机构。

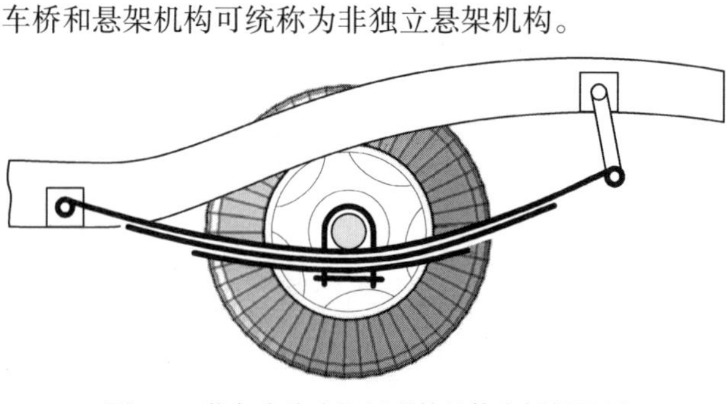

图 8.2 装备多片式钢板弹簧整体车桥侧视图

通过增加一个连接装置引导车桥运动，并承载非 z 轴方向的动态作用力，可进一步提高钢板弹簧式非独立悬架机构的性能。

早在马车时代，钢板弹簧与整体车桥的组合就在车辆工业上得到了应用。

例 328 霍奇基斯传动（Hotchkiss drive）

霍奇基斯传动是指采用有传动轴的车桥并通过板簧直接连接车身的结构，是用最早采用这种结构的汽车来命名的传动形式。图 8.2 所示的就是霍奇基斯悬架，霍奇基斯传动存在的主要问题是在横向和纵向力作用下限制车桥的运动，且质量比 $\varepsilon = m_s/m_u$ 较低，其中 m_s 为簧载质量，m_u 为非簧载质量。

簧载质量指弹性元件承载的全部质量，如车身。非簧载质量指连接在弹性元件上，又不由弹性元件承载的全部质量，如车轮、车桥或制动系统。

例 329 钢板弹簧悬架和挠曲问题

装有纵向钢板弹簧的非独立悬架系统有较多的缺点。主要问题在于弹簧本身应该作为一个定位元件，人们期望弹簧在负载作用下发生弯曲，但是又只需要一个方向上的挠曲。但是扭转和横向弯曲是钢板弹簧的自然属性，从而使其发生不在轮胎平面内的挠曲和扭转。钢板弹簧也不利于承受驱动牵引力和制动力，在这些力的作用下钢板弹簧会产生如图 8.3 所示的 S 形变形。钢板弹簧在驱动力和制动力作用下的挠曲会导致生成负的后倾角，增加车辆的不稳定性。

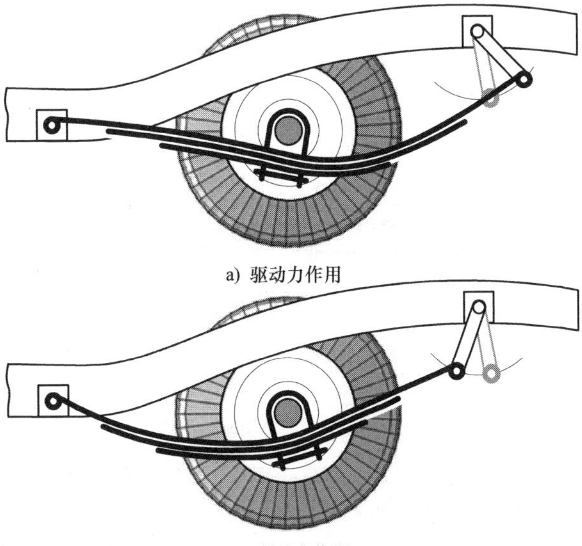

a) 驱动力作用

b) 制动力作用

图 8.3 在驱动力和制动力作用下迫使钢板弹簧形成 S 形

尽管长钢板弹簧能够提供较好的平顺性，但是也会增加弹簧在不同负载下的弯曲和扭转变形。

例 330 钢板弹簧悬架和挠曲问题的解决办法

为了降低水平作用力和 S 变形对钢板弹簧式非独立悬架的影响，车桥可以采用如图 8.4a 所示的纵向拉杆连接在车辆底盘上。这种拉杆被称作防颠簸拉杆，是解决霍奇基斯传动悬架纵向问题的最简单的办法。

装备防颠簸拉杆的非独立悬架机构可简化为如图 8.4b 所示的四连杆机构动力学模型。虽然防颠簸拉杆能够控制钢板弹簧的形状，但会导致车桥上下运动时产生一个如图 8.5 所示的扭转角。车桥扭转后，称车轮相对车桥的扭转为后倾角。

非独立悬架常被用来帮助保持车轮与道路垂直。

例 331 钢板弹簧悬架的位置问题

前轮在向左或向右转向时需要一定的空间，因此钢板弹簧的安装位置不能够靠近轮毂，而应该更靠近车桥中部。这样就只能够安装一个狭窄的弹簧座，也就意味着由于质量转移，一个较小的侧向力就能使车身相对车桥产生相当大角度的摇摆或倾斜。这样会导致乘客产生

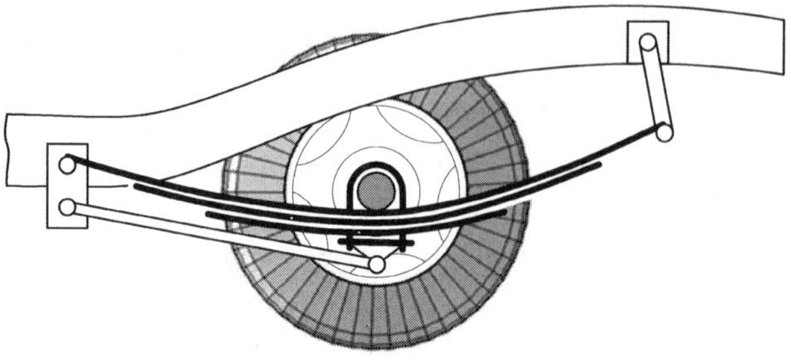

a)

b)

图 8.4　增加防颠簸拉杆后，可对车桥的运动方向进行导引

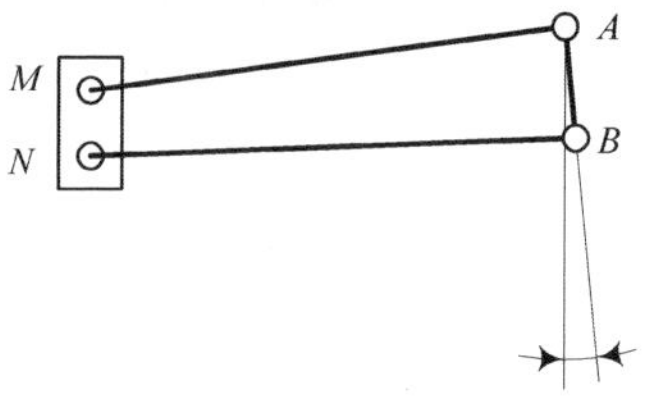

a) 车轮向上运动

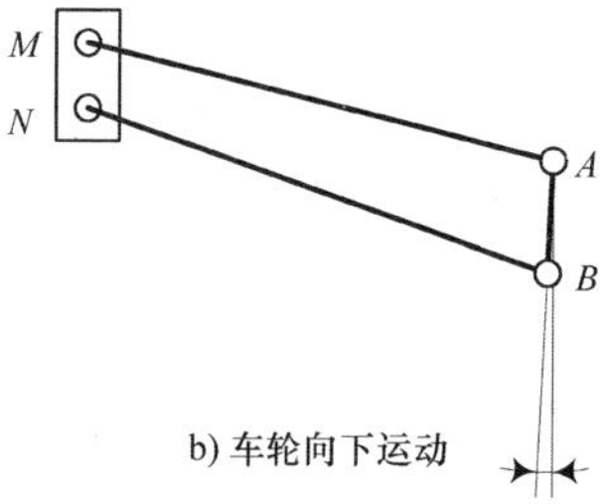

b) 车轮向下运动

图 8.5　防颠簸拉杆导致的扭转角问题

不适，也可能发生不期望的转向。

非独立悬架可以较好地防止由于车身摇摆导致的侧倾角变化。车轮保持直立，不会发生侧倾。然而，非独立悬架在横向力的作用下，车桥会发生横向位移，使静态平面和静态中心无法保持在车辆的纵向轴线上。

当单侧车轮通过障碍发生跳动时，非独立悬架会发生跳动外倾（bump - camber）。如果右侧车轮通过障碍时发生跳动，车桥右端升高，左侧轮毂也会发生倾斜，导致左侧车轮产生一定的外倾角。

例 332　三角连杆

如图 8.6 所示的三角连杆连接在车桥上，当车辆转向时能够提供横向抗阻，当车辆加速或制动时能够提供扭转抗阻。

例 333　潘哈德（Panhard）横臂和横向位移

板簧还存在弹簧刚度过大的问题。通过减小板簧的宽度和减少簧片的数量，能够显著降低悬架的横向刚度、增加垂直方向的稳定性。潘哈德（Panhard）横臂是一个横向连接车桥和底盘的拉杆。如图 8.7 所示，潘哈德横臂和车桥共同限制了车桥的横向位移。图 8.8 所示通过三角连杆和潘哈德横臂的组合对车桥运动进行引导。

图 8.9 所示为另外一种双三角连杆机构设计，能够对车桥运动进行引导，并提供横向的支撑。

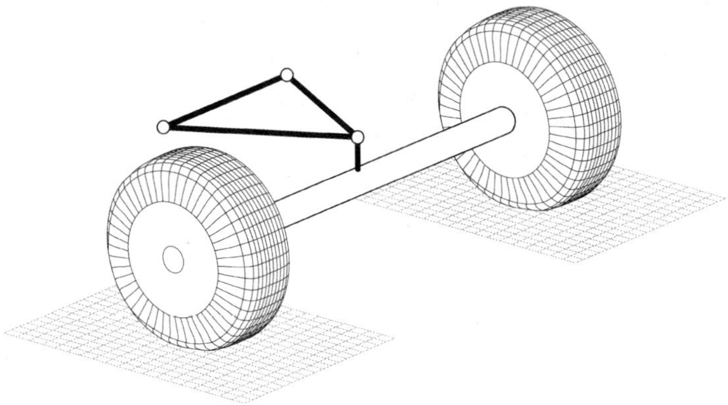

图 8.6　装有三角连杆的非独立悬架

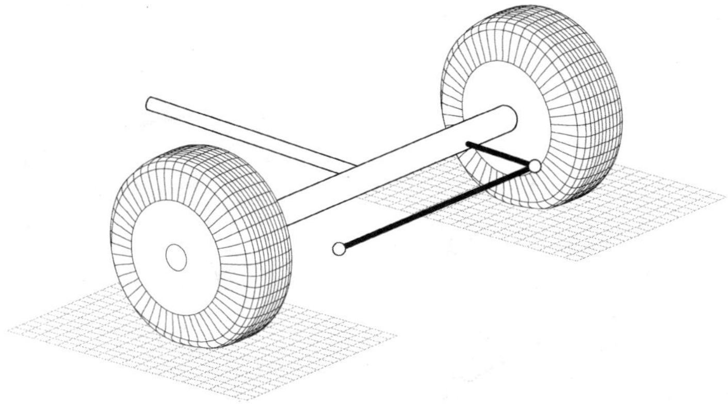

图 8.7　潘哈德横臂引导车桥运动

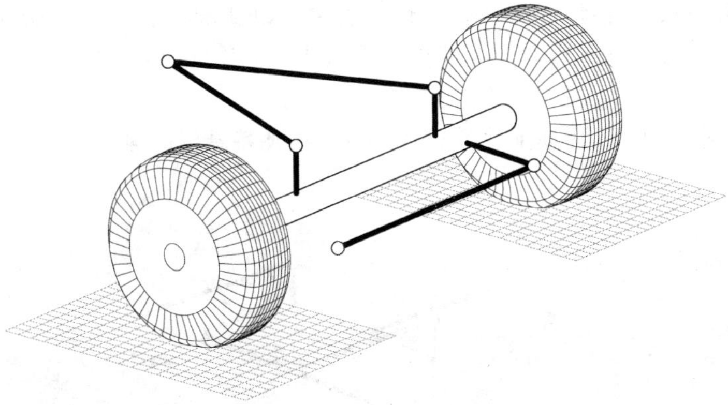

图 8.8　三角连杆和潘哈德横臂组合引导车桥运动

例 334　直线连杆机构

在悬架设计中可选择多种机构来确保直线运动，最简单的机构就是包含一个连杆点做直线运动的铰链四杆机构。一些最实用著名的连杆机构如图 8.10 所示。通过选择适当的构件

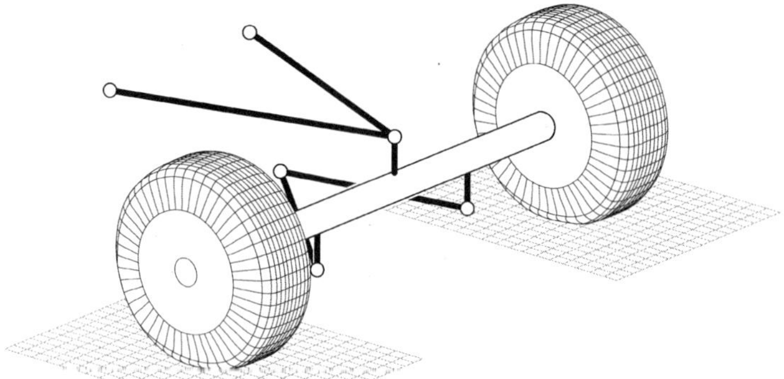

图8.9　装有双三角连杆机构的悬架机构

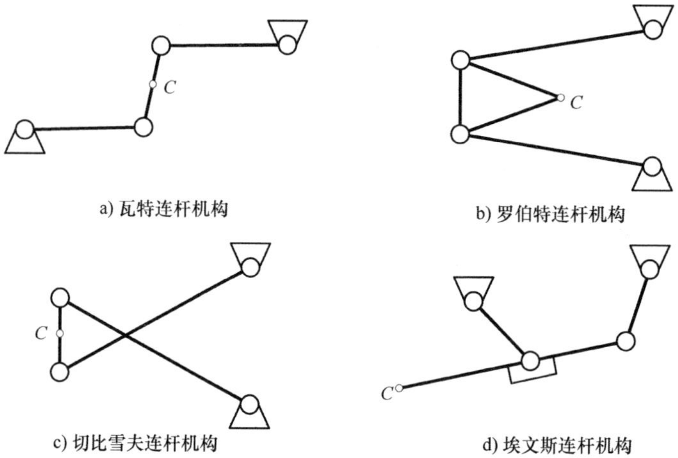

图8.10　一些可直线运动的连杆机构

长度，瓦特（Watt）、罗伯特（Robert）、切比雪夫（Chebyshev）和埃文斯（Evance）连杆机构均可以使连杆点C在垂直方向上进行直线运动。这些机构的直线运动可以用来引导车桥运动。

图8.11和图8.12所示的是两种带潘哈德横臂的瓦特悬架机构。

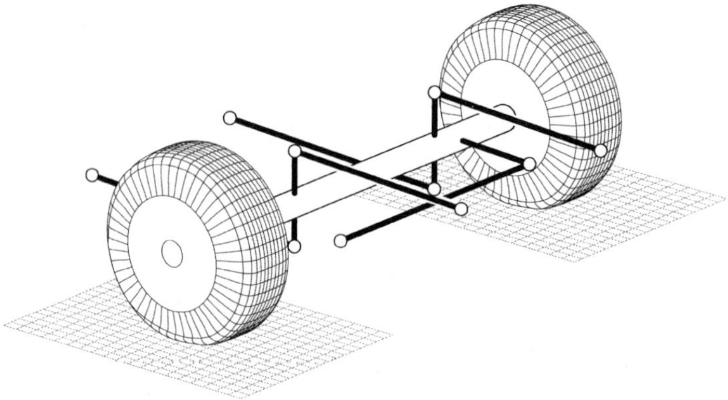

图8.11　一种带潘哈德横臂的瓦特悬架机构

图 8.13、图 8.14 和图 8.15 是三种装有潘哈德横臂的罗伯特组合悬架机构。

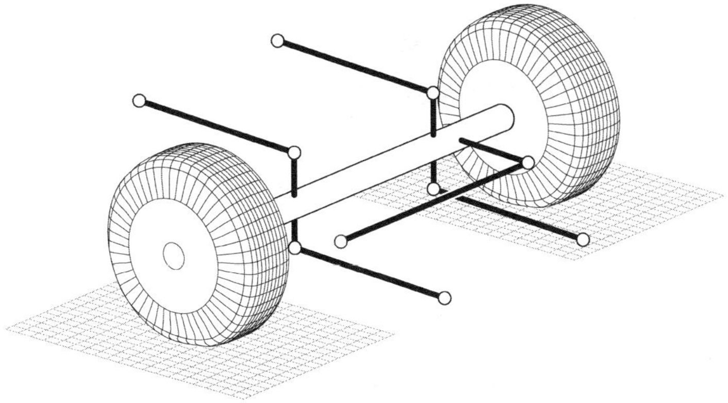

图 8.12　另一种带潘哈德横臂的瓦特悬架机构

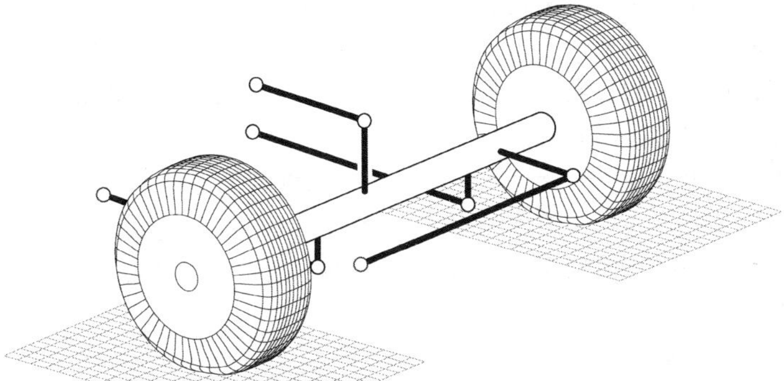

图 8.13　一种带潘哈德横臂的罗伯特悬架机构

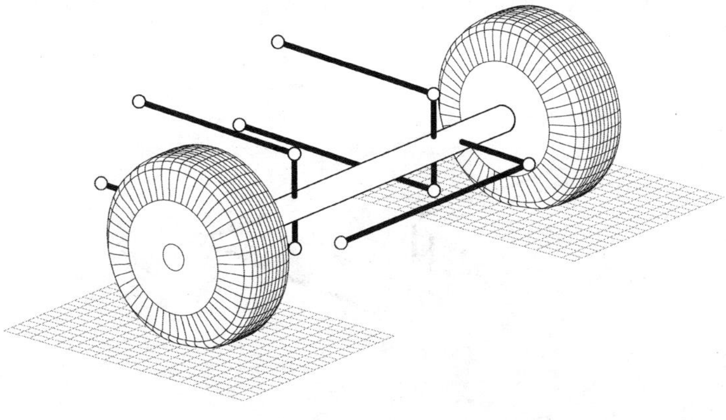

图 8.14　另一种带潘哈德横臂的罗伯特悬架机构

例 335　非独立悬架和非簧载质量问题

通常情况下，非独立悬架机构要比相同尺寸的独立悬架机构质量大一些。悬架机构质量是非簧载质量的组成部分，因此当采用非独立悬架机构时，非簧载质量就相应有所增加。较大的非簧载质量会同时降低车辆的平顺性和操控性。减轻悬架质量会降低其强度，并给车辆

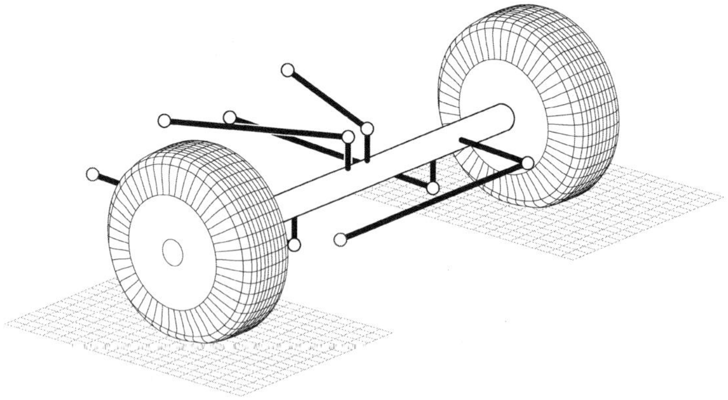

图 8.15 第三种带潘哈德横臂的罗伯特悬架机构

带来更加危险的问题：悬架断裂。悬架必须足够坚固，以确保在任何时间在任何负载条件下都不会发生断裂。据粗略统计，板簧质量的 90% 可算作非簧载质量，使这一问题更加突出。

非簧载质量问题在前悬架上表现得更为严重，这也是不在乘用车辆上采用非独立悬架的主要原因。但是，在货车和公共汽车上，前悬架采用非独立悬架仍然很常见。这类车和悬架并没有较大的降低质量比 $\varepsilon = m_s/m_u$。

当车辆采用后轮驱动和后部整体车桥结构后，这种悬架也被称为驱动桥非独立悬架。驱动桥非独立悬架整套包含一个差速器和两个驱动轴，由驱动轴与轮毂相连。驱动桥非独立悬架的质量是非驱动工字梁车桥的 3～4 倍。之所以被称作驱动桥非独立悬架，是因为齿轮和驱动轴都安装在车桥壳内部。

例 336 车桥和螺旋弹簧

为了减小非簧载质量，提高非独立悬架垂向运动行程，可以配备螺旋弹簧。图 8.16 所示为一种简单的配备螺旋弹簧的非独立悬架机构，这种悬架机构是由车桥和底盘之间四个纵向拉杆构成。弹簧可以在纵向或横向上以一定的角度安装，以确保在这两个方向上更加平顺。

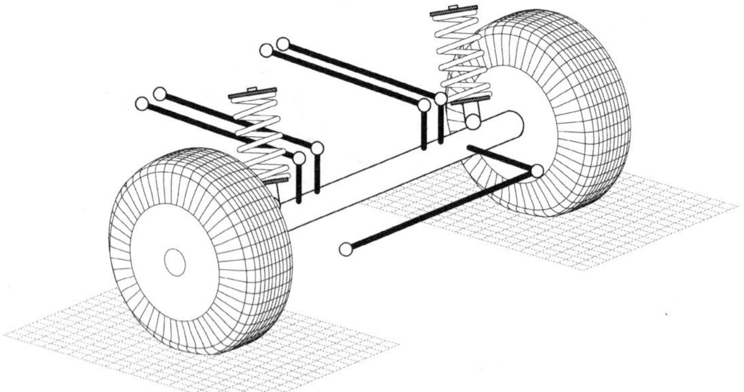

图 8.16 配有螺旋弹簧的非独立悬架机构

例 337 迪里恩车桥（De Dion axle）

当车桥是非驱动整体车桥时，其左右车轮之间的连接梁可采用不同的形状来承担不同的任务，通常要使车轮具备相对独立的灵活性。也可以通过改变连接差速器和底盘之间活动车桥的形状，来进一步减小非簧载质量。

迪里恩车桥是把一种改良的梁式车桥作为固定式车桥连接差速器和底盘，并通过万向节和半轴将动力传递给车轮。图 8.17 所示为迪里恩车桥。

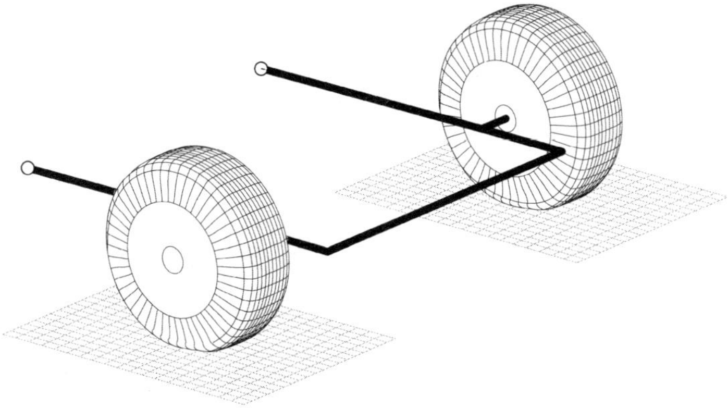

图 8.17 迪里恩车桥

8.2 独立悬架

独立悬架一侧车轮上下跳动时，不会对另一侧车轮产生影响。独立悬架有多种形式，其中双 A 形臂悬架和麦弗逊滑柱悬架是最简单和常用的设计。图 8.18 所示是一种简单的双 A 形臂悬架，图 8.19 所示是麦弗逊滑柱悬架。

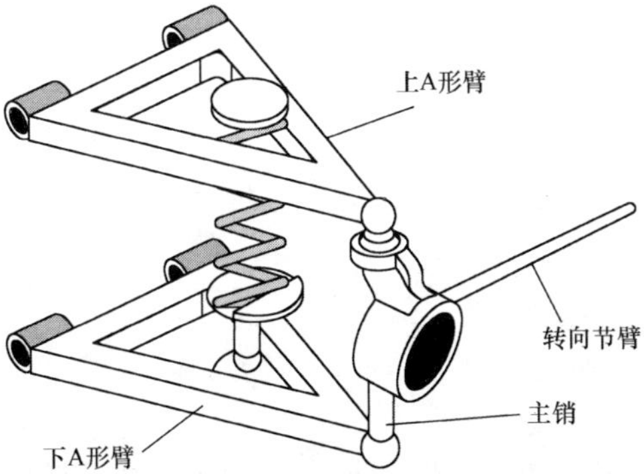

图 8.18 双 A 形臂悬架

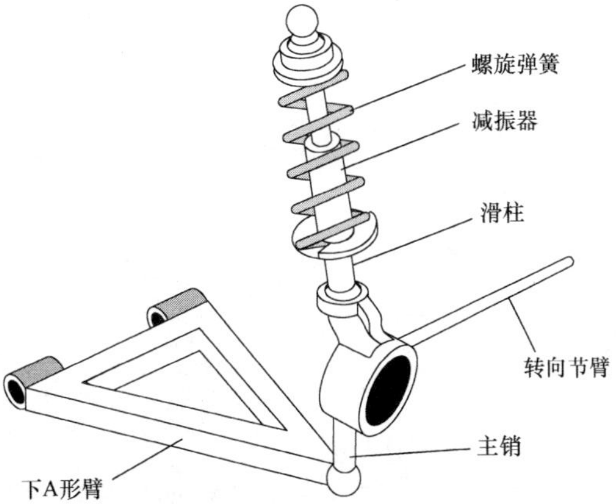

图 8.19 麦弗逊滑柱悬架

从运动学角度看，双 A 形臂悬架可以简化为四连杆机构，其中把连接底盘的一端作为固定端，连接车轮的一端作为负载端；麦弗逊滑柱悬架可以简化为反向曲柄滑块机构，其中连接底盘的一端作为固定端，连接车轮的一端作为负载端。双 A 形臂悬架和麦弗逊滑柱悬架应用在左右两侧车轮上的示意图分别是图 8.20 和图 8.21。

双 A 形臂悬架也称为双横臂悬架或长短臂悬架；麦弗逊（McPherson）滑柱悬架有时也

被简称为麦弗逊悬架。

例 338　双 A 形臂悬架和弹簧位置

双 A 形臂悬架机构中，螺旋弹簧可以如图 8.18 所示安装在下臂和底盘之间；也可以安装在上臂和底盘之间，或者上下臂之间。无论是哪种情况，上下臂中作为支撑臂的一个总要比另一个设计和制造得更加坚固。

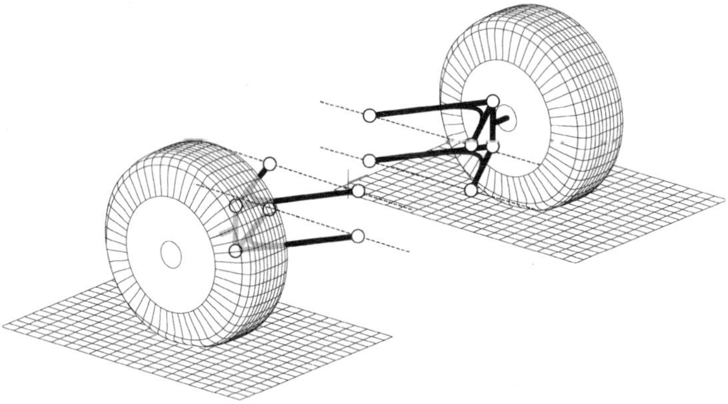

图 8.20　左、右车轮的双 A 形臂悬架

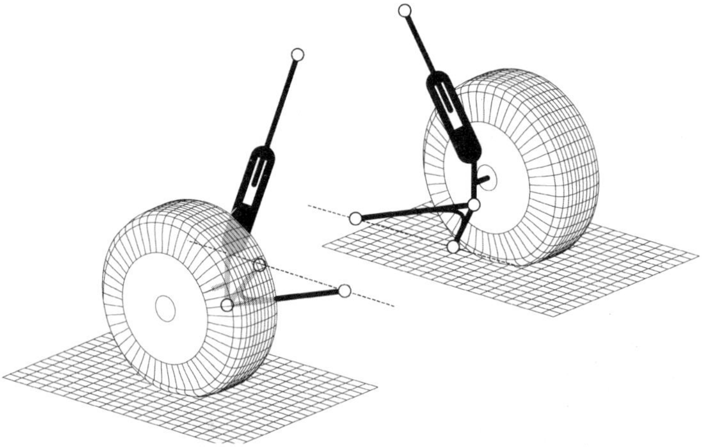

图 8.21　左、右车轮的麦弗逊滑柱悬架

例 339　多连杆悬架机构

如图 8.22 所示，当 A 形臂两侧的拉臂由铰链连接在一起后，就被称为多连杆悬架机构。多连杆悬架机构是一种六连杆机构，具有比双 A 形臂悬架机构更好的运动性能。然而，与采用四连杆的双 A 形臂悬架机构相比，多连杆悬架机构价格高、结构复杂、可靠性低。采用多连杆悬架机构的车辆具有更好的运动学性能。

例 340　摆臂悬架

独立悬架也可以简化成如图 8.23 所示的三角臂结构。三角形的底边与底盘连接，车轮安装在对应的顶点位置；三角形的底边与车辆的纵向轴线平行。这种悬架机构被称为摆动车桥悬架或摆臂悬架。

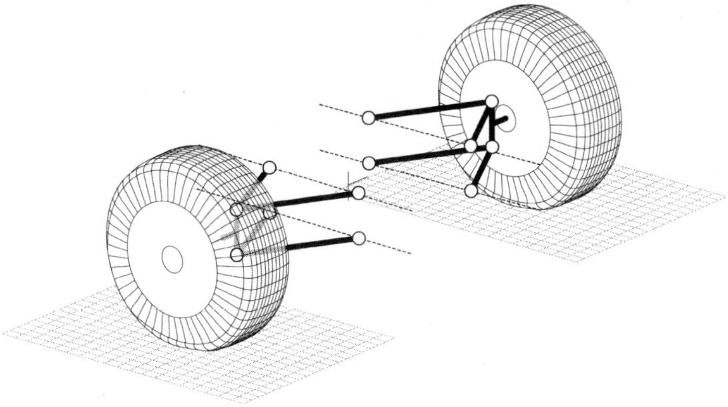

图 8.22　多连杆悬架机构

与其他悬架机构相比较，摆臂悬架能够获得最大程度的车轮外倾角变化量。

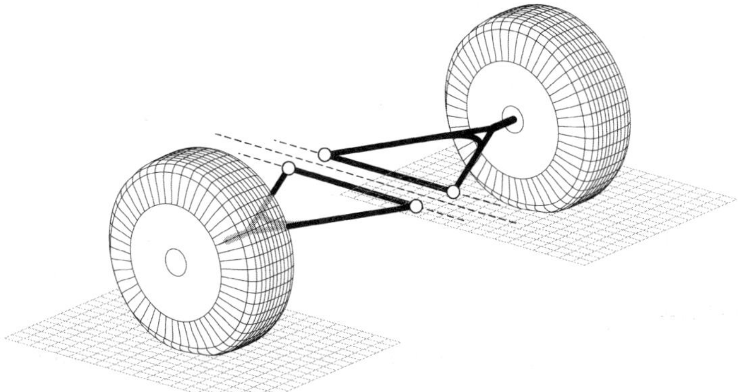

图 8.23　摆臂悬架

例 341　纵臂悬架

图 8.24 所示为纵臂悬架，是一个纵向的拉臂绕着横向的轴旋转。在纵臂悬架支撑下车轮的外倾角不会随着车轮上下跳动发生变化。

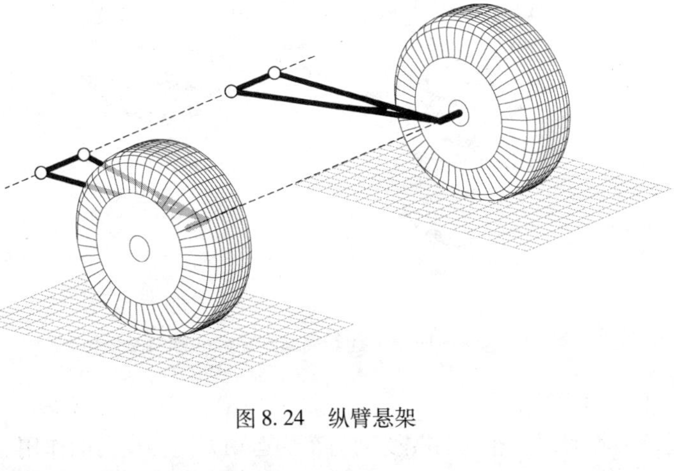

图 8.24　纵臂悬架

纵臂式悬架已成功地应用在各种前轮驱动车辆上，作为其后轮的悬架。

例 342　半纵臂悬架

图 8.25 所示的半纵臂悬架是结合摆臂悬架和纵臂悬架的一种折中方案。这种悬架的铰接轴可以达到任意的角度，而不受不能超过 45°的限制。这种悬架在同时控制横向力和纵向力时，也可以承受车轮外倾角的变化。半纵臂式悬架于几十年前就成功地应用在一系列后轮驱动车辆的设计当中。

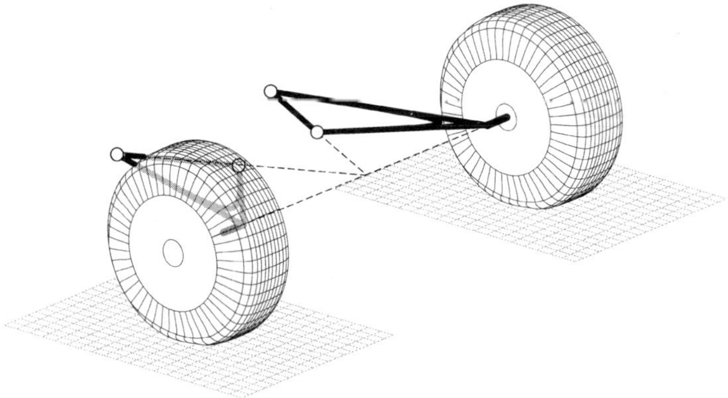

图 8.25　半纵臂式悬架

例 343　横向稳定杆和侧倾刚度

螺旋弹簧与钢板弹簧相比有较低的刚度和更好的乘坐舒适性，因此被广泛应用于各种车辆。装备螺旋弹簧车辆的侧倾刚度通常要小于装备钢板弹簧的车辆。为了能够增强车辆的侧倾刚度，**横向稳定杆**被应用在车辆上。虽然钢板弹簧采用了减少弹簧叶片数量，使用单片弹簧、梯形弹簧、厚度不均匀弹簧等多种方式，但仍需要通过装备横向稳定杆来弥补侧倾刚度的减小。横向稳定杆也被称作防侧倾杆。图 8.26 所示为装备横向稳定杆和螺旋弹簧的非独立悬架机构。

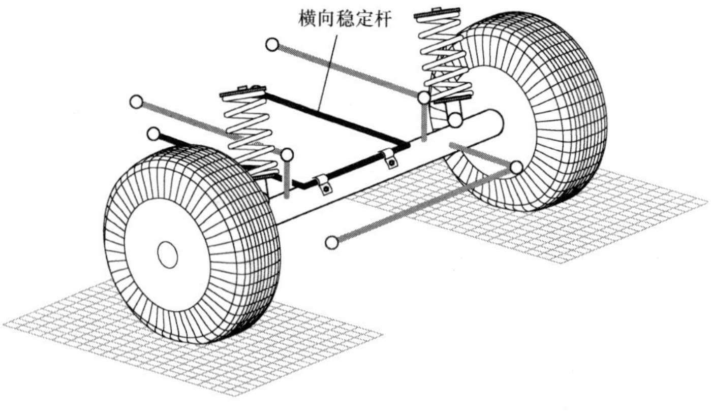

图 8.26　装备横向稳定杆和螺旋弹簧的非独立悬架机构

例 344　纵向平顺性需求

当车辆通过路面障碍时，车轮首先受到与车辆运动方向相反力的作用。因此，除非悬架机构具有水平的平顺性，否则在车辆内部会感受到水平方向上力的作用。

在有些情况下，水平方向作用力的影响甚至要大于垂直方向。钢板弹簧可以通过减小弹簧弧度或增大弹簧前部固定点与车桥之间的距离来适当吸收这一水平方向作用力，增大的距离通常不超过 1cm。

8.3 侧倾中心与侧倾轴线

侧倾轴线是车辆侧倾时围绕的一条瞬时轴线，是连接前后悬架侧倾中心的直线，就好像沿着前后悬架将车辆一分为二。前或后悬架的侧倾中心分别是车体相对地面的瞬时转动中心。

图 8.27a 所示的是车辆装备的简单的双 A 形臂悬架机构。为找到车体相对于地面的侧倾中心，可对图 8.27b 所示的机构二维运动学模型进行分析。轮胎接地印迹中心就是车轮相对地面的瞬时转动中心，所以车轮通过轮胎接地印迹中心点连接到地面。在图中，相对运动物体从地面开始到车体分别编号标注为 1 至 8。

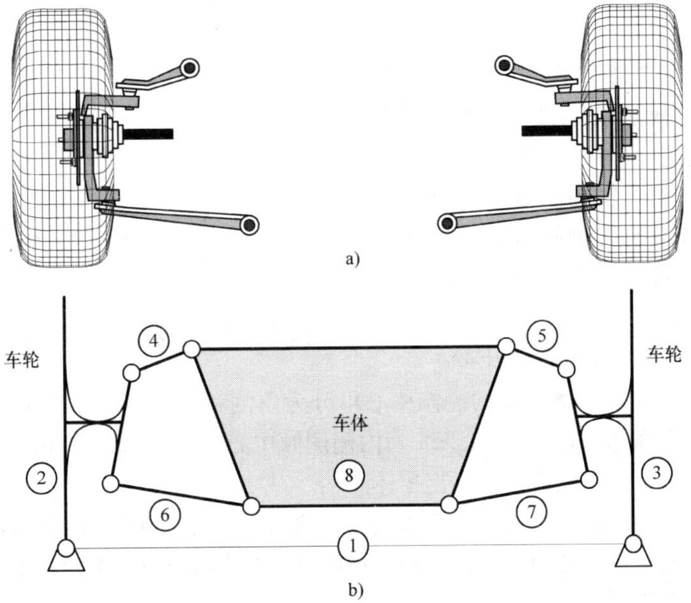

图 8.27　双 A 形臂悬架机构示例

瞬时中心 I_{18} 就是车体相对地面的侧倾中心，可以应用肯尼迪定理（Kennedy theorem），通过直线 $\overline{I_{12}I_{28}}$ 和 $\overline{I_{13}I_{38}}$ 的交点确定瞬时中心 I_{18}，如图 8.28 所示。

点 I_{28} 和 I_{38} 分别是车轮相对车体的瞬时转动中心，这个车轮相对车体的瞬时转动中心被称为侧倾中心。所以，要找到车辆的前后半车侧倾中心，必须要确定悬架的侧倾中心，并找到与悬架侧倾中心和轮胎接地印迹中心连接线的交叉点。

肯尼迪定理指出：每三个相对运动物体的瞬时中心共线。

例 345　麦弗逊悬架侧倾中心

麦弗逊悬架是一种反向曲柄滑块机构。反向曲柄滑块机构瞬时转动中心的例子如图 8.29 所示。点 I_{12} 是悬架的侧倾中心，是标注为 2 号的车轮相对标注为 1 号车体的瞬时转动

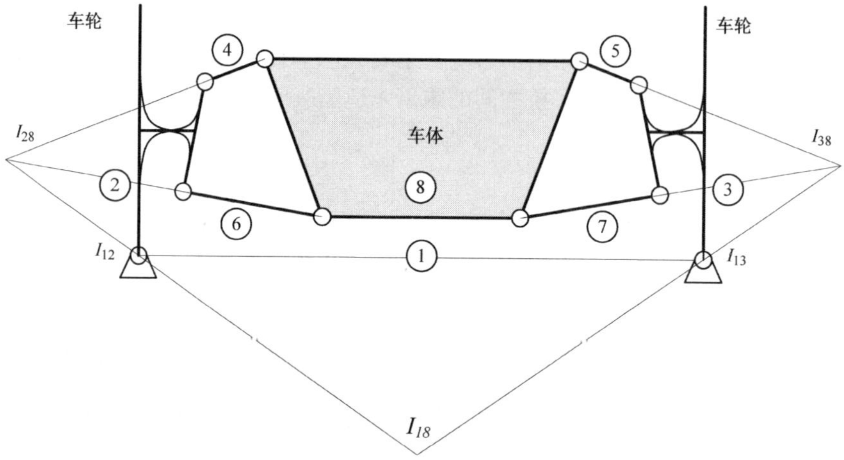

图 8.28 侧倾中心 I_{18} 是直线 $\overline{I_{12}I_{28}}$ 和 $\overline{I_{13}I_{38}}$ 的交点

中心。

装备麦弗逊悬架系统的车辆如图 8.30a 所示，机构的等效运动学模型如图 8.30b 所示。悬架侧倾中心与车体侧倾中心如图 8.31 所示。要找到车辆的前后半车侧倾中心，要确定每个悬架的侧倾中心，并找到与悬架侧倾中心和轮胎接地印迹中心连接线的交叉点。

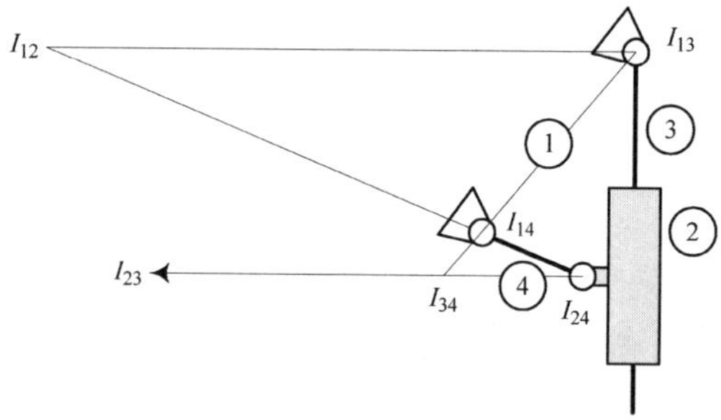

图 8.29 反向曲柄滑块机构瞬时转动中心示例

例 346 双 A 形臂悬架侧倾中心

如双 A 形臂悬架的独立悬架的侧倾中心可分为内侧和外侧。车辆左前车轮双 A 形臂悬架运动学模型如图 8.32 所示，图 8.32a 为内侧侧倾中心，图 8.32b 为外侧侧倾中心。内侧侧倾中心朝向车体，外侧侧倾中心远离车体。

如图 8.33a ~ c 所示车辆外侧悬架侧倾中心，悬架侧倾中心可能会在路面上，或者高于、低于路面。当悬架侧倾中心位于路面、高于路面或者低于路面时，车辆的侧倾中心也相应地位于路面、高于路面或者低于路面。

例 347 侧倾轴线、侧倾高度、侧倾扭矩

汽车的前悬架和后悬架都各自存在一个侧倾中心，这两个中心的高度通常不相等，连接前、后侧倾中心的直线是汽车的**侧倾轴线**，汽车绕该轴侧倾。汽车质心到其侧倾轴线的垂直距离称作**侧倾高度**，记作 h_r。图 8.34 所示为某汽车的侧倾轴线和侧倾高度。汽车在某一曲线道路上转弯时，向心力 $F_y = mv^2/R$ 为作用在质心处的有效侧向力，该力产生一个对侧倾中心的侧倾扭矩 M_x，即

$$M_x = \frac{mv^2}{R}h_r \tag{8.1}$$

一般而言，汽车质心在其侧倾轴线之上，所以汽车会向转弯道路的外侧倾斜。但是，也可以通过对汽车悬架的技术设计，使汽车的侧倾轴线在其质心之上。此时，汽车在转弯道路

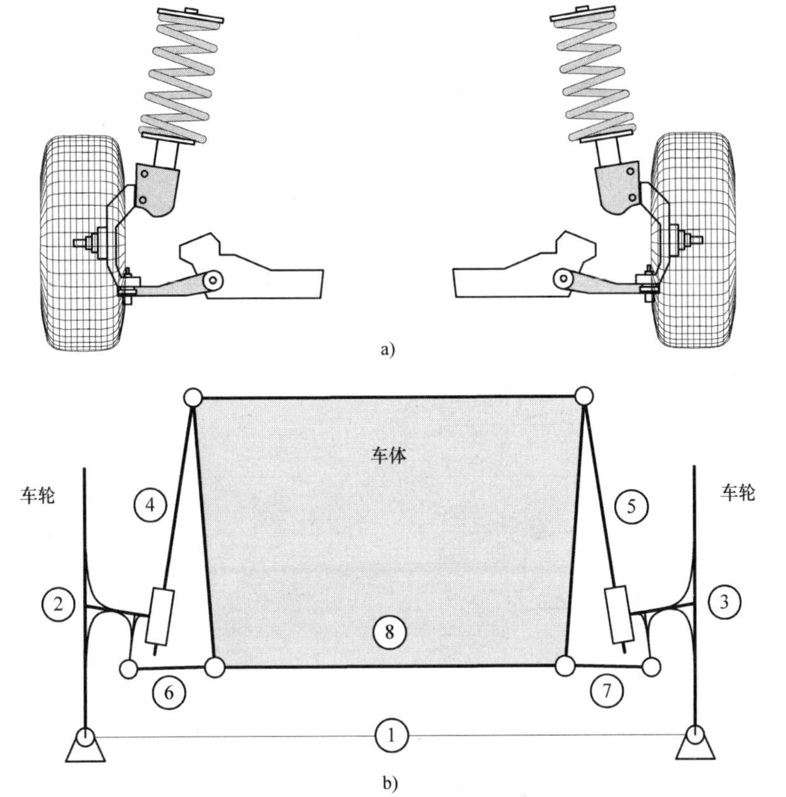

图 8.30 麦弗逊悬架系统及运动学模型

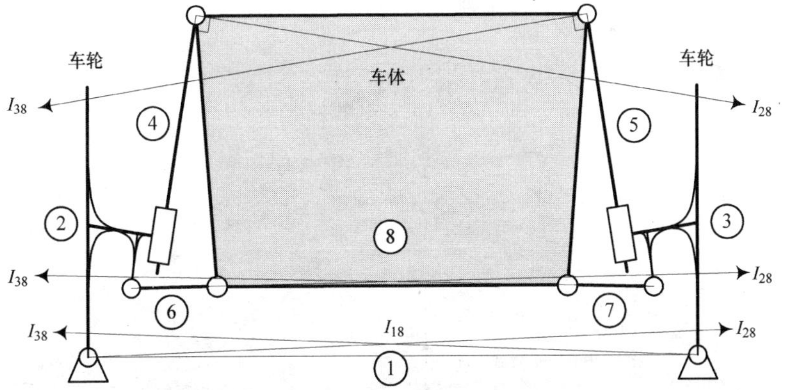

图 8.31 装备麦弗逊悬架系统车辆的侧倾中心

上行驶时，会向道路内侧倾斜，这与舟船的特性相似。如果侧倾轴线通过汽车质心，则汽车在转弯道路上行驶时不发生侧倾。

侧倾扭矩与汽车侧倾角随侧倾高度 h_r 和速度的平方 v^2 的增大而增大，因此，汽车速度增大为原来速度的两倍后，为了保持相同的侧倾角，需要将侧倾高度减小为原侧倾高度的四分之一。

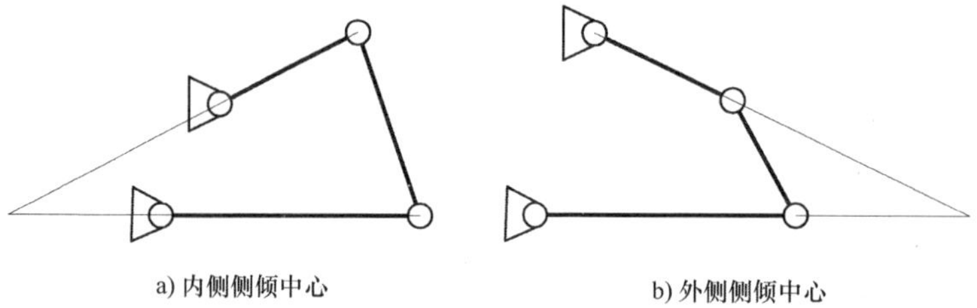

图 8.32　左前车轮悬架运动学模型

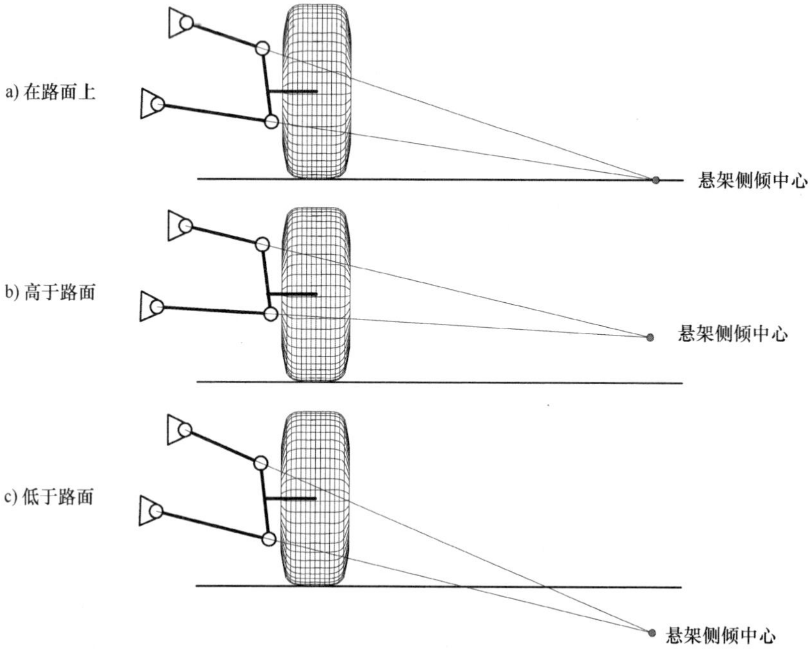

图 8.33　悬架侧倾中心

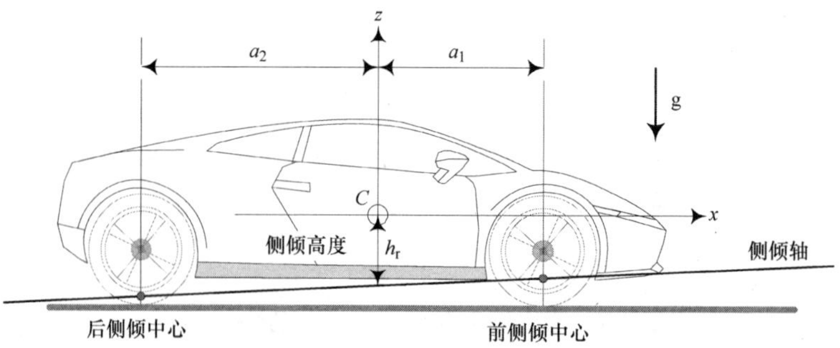

图 8.34　车辆前后侧倾中心的连线为侧倾轴

例 348　垂向轮胎接地印迹作用力

侧倾力矩致使车辆发生侧倾，直到与弹簧变形产生的力矩相平衡。在弹簧力矩作用下车辆发生 1rad 或 1°的侧倾系数被称为**侧倾刚度** k_{φ}

$$M_x = k_\varphi \varphi \tag{8.2}$$

任何侧倾角都会导致车辆主弹簧按比例变形，结果就是造成内侧轮胎接地印迹处的垂向力减小、外侧轮胎接地印迹处的垂向力增大。车辆绕 z 轴转向情况如图 8.35 所示。

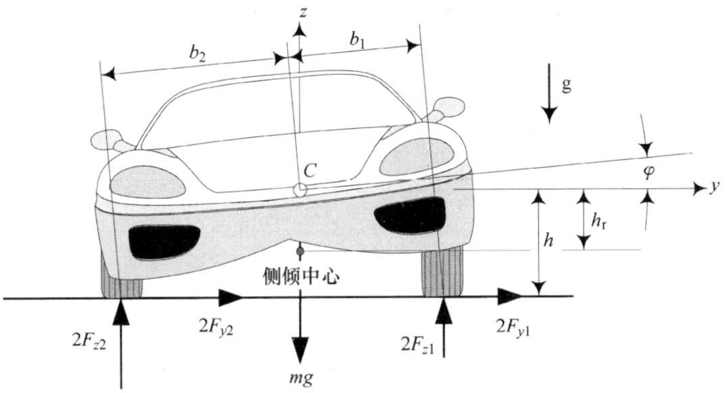

图 8.35　车辆绕 z 轴转向情况

假设前后悬架有相同的弹性刚度 k 且侧倾轴线水平，则侧倾角 φ 为

$$M_r = 2k(b_1 + b_2)\varphi \tag{8.3}$$

车辆的侧倾刚度为

$$k_\varphi = 2k(b_1 + b_2) \tag{8.4}$$

代入式（8.1）得到

$$\varphi = \frac{mv^2}{R}\frac{h_r}{k_\varphi} = \frac{mv^2}{R}\frac{h_r}{2k(b_1 + b_2)} \tag{8.5}$$

为了减小侧倾角，需要增加侧倾刚度 k_φ 和减小侧倾高度 h_r。由于弹簧的弹性刚度是根据车辆垂向的平顺性设计的，如果需要增加侧倾刚度 k_φ，较为常用的方法是安装横向稳定杆。

如果前后悬架的弹性刚度不同，则整车的侧倾刚度为

$$k_\varphi = k_f(b_1 + b_2) + k_r(b_1 + b_2) \tag{8.6}$$

式中，k_f 是前悬架的刚度系数；k_r 是后悬架的刚度系数。

假设前后车轮的载荷在平衡位置相等，即

$$F_{z1} = \frac{1}{2}mg\frac{b_2}{w} \quad F_{z2} = \frac{1}{2}mg\frac{b_1}{w} \tag{8.7}$$

$$w = b_1 + b_2 \tag{8.8}$$

则可以计算出侧倾车辆的车轮载荷为

$$F_{z1} = \frac{1}{2}mg\frac{b_2}{w} - kb_1\varphi \quad F_{z2} = \frac{1}{2}mg\frac{b_1}{w} + kb_2\varphi \tag{8.9}$$

轮胎受到的侧向作用力与垂向载荷成正比。因此，当轮胎受到的垂向作用力消失导致侧向作用力也消失后，会出现临界侧倾角 φ_c。这是转向车辆出现失稳和侧翻的第一步。作为所以，侧倾角必须限制车辆的侧倾角，并使所有的轮胎保持在地面上。

$$-\frac{1}{2}\frac{mg}{kw}\frac{b_1}{b_2} \leqslant \varphi \leqslant \frac{1}{2}\frac{mg}{kw}\frac{b_2}{b_1} \tag{8.10}$$

作为合理的近似，可以假设并计算临界侧倾角。

$$\varphi_c \approx \pm \frac{1}{2}\frac{mg}{kw} \tag{8.11}$$

假设车辆在如图 8.36 所示的倾斜路面转向，路面倾斜角为 ϕ，车辆侧倾角为 φ，左右轮胎下的垂向力分别为

$$F_{z1} = \frac{1}{2}\frac{mg}{w}(b_2\cos\phi - h\sin\phi) - kb_1\varphi \tag{8.12}$$

$$F_{z2} = \frac{1}{2}\frac{mg}{w}(b_1\cos\phi + h\sin\phi) + kb_1\varphi \tag{8.13}$$

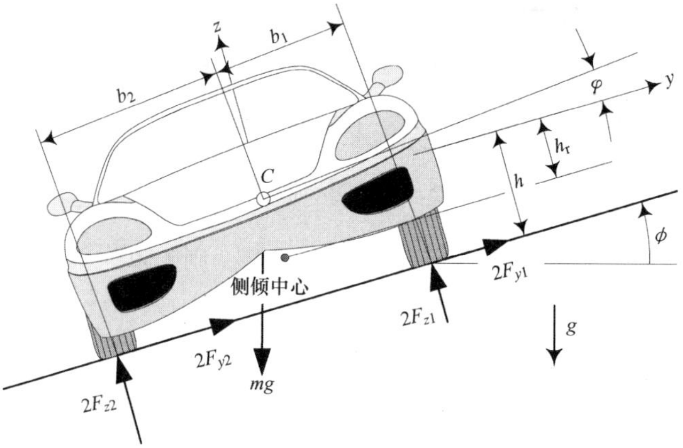

图 8.36　车辆以侧倾角 φ 在倾斜角为 ϕ 的路面转向

例 349★　双 A 形臂悬架外倾角变化

车轮相对于车体的上下运动时，车轮会产生外倾角，外倾角的变化与悬架机构有关。图 8.37 为双 A 形臂悬架机构的运动学模型。

悬架机构可等效为把车辆底盘作为地面机构的四连杆机构，车轮连接在机构的连杆点 C 上。可建立一悬架机构的局部坐标系（x，y），x 轴代表地面机构 MN。x 轴相对垂直方向有固定角度 θ_0。悬架机构中上臂长度为 a，连杆长度为 b，下臂长度为 c，地面构件长度为 d。悬架机构的位置和形状取决于角 θ_2、θ_3 和 θ_4，所有角度的测量都从 x 轴的正方向起始。当悬架处于其平衡位置时，双 A 形臂悬架所有连杆相对 x 轴的初始角度分别为 θ_{20}、θ_{30}和 θ_{40}，这时的位置为**平衡位置**。

为了获得车轮运动过程中的外倾角，需要确定铰接角 θ_3 的变化，可把其作为垂向位移 z 和连杆点 C 的函数。

将 θ_2 作为参数，可以确定连杆点 C 在悬架机构局部坐标系（x，y）中的位置（x_C，y_C）如下：

$$x_C = a\cos\theta_2 + e\cos(p - q + \alpha) \tag{8.14}$$

$$y_C = a\sin\theta_2 + e\sin(p - q + \alpha) \tag{8.15}$$

式中

$$q = \arctan\frac{a\sin\theta_2}{d - a\cos\theta_2} \tag{8.16}$$

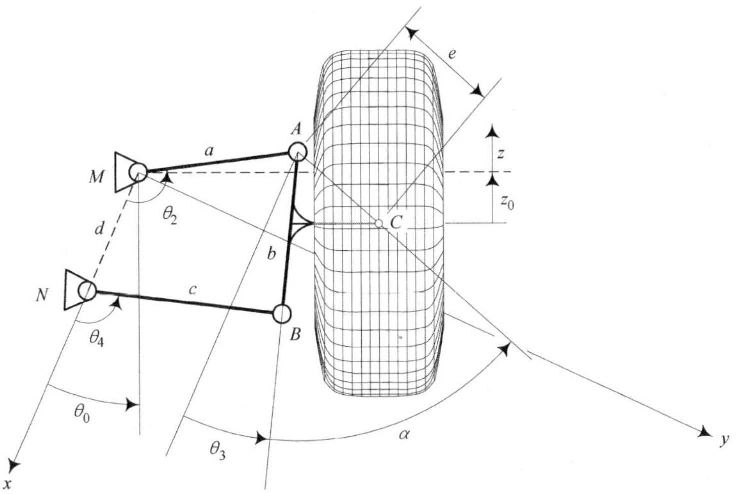

图 8.37 双 A 形臂悬架机构运动学模型

$$p=\arctan\frac{\sqrt{4b^2f^2-(b^2+f^2-c^2)^2}}{b^2+f^2-c^2} \tag{8.17}$$

$$f=\sqrt{a^2+d^2-2ad\cos\theta_2} \tag{8.18}$$

连杆点的位置向量 $\boldsymbol{u}_C$ 为

$$\boldsymbol{u}_C=x_C\hat{i}+y_C\hat{j} \tag{8.19}$$

轮胎位移在 z 方向上的单位向量为

$$\hat{u}_z=-\cos\theta_0\hat{i}-\sin\theta_0\hat{j} \tag{8.20}$$

因此，在 x_C 和 y_C 之间的位移为

$$\begin{aligned} z&=\boldsymbol{u}_C\cdot\hat{u}_z\\ &=-x_C\cos\theta_0-y_C\sin\theta_0 \end{aligned} \tag{8.21}$$

连杆点 C 的初始坐标点和初始值分别为

$$x_{C0}=a\cos\theta_{20}+e\cos(p_0-q_0+\alpha) \tag{8.22}$$

$$y_{C0}=a\sin\theta_{20}+e\sin(p_0-q_0+\alpha) \tag{8.23}$$

$$z_0=-x_{C0}\cos\theta_0-y_{C0}\sin\theta_0 \tag{8.24}$$

因此，可以计算出车轮中心的垂直位移为

$$h=z-z_0 \tag{8.25}$$

连杆构件相对于垂直方向的初始角度为 $\theta_0-\theta_{30}$，因此车轮外倾角为

$$\gamma=(\theta_0-\theta_3)-(\theta_0-\theta_{30})=\theta_{30}-\theta_3 \tag{8.26}$$

连杆构件相对于 x 轴方向的角度等于

$$\theta_3=2\arctan\left(\frac{-E\pm\sqrt{E^2-4DF}}{2D}\right) \tag{8.27}$$

式中

$$D=J_5-J_1+(1+J_4)\cos\theta_2 \tag{8.28}$$

$$E=-2\sin\theta_2 \tag{8.29}$$

$$F = J_5 + J_1 - (1 - J_4)\cos\theta_2 \tag{8.30}$$

且

$$J_1 = \frac{d}{a} \quad J_2 = \frac{d}{c} \quad J_3 = \frac{a^2 - b^2 + c^2 + d^2}{2ac}$$
$$J_4 = \frac{d}{b} \quad J_5 = \frac{c^2 - d^2 - a^2 - b^2}{2ab} \tag{8.31}$$

代入式（8.26）和式（8.27），消除式（8.26）和式（8.21）中的 θ_2 后，可以获得车轮垂向运动 z 和车轮外倾角 γ 之间的相对关系。

例 350★ 外倾角和车轮跳动

双 A 形臂悬架机构如图 8.37 所示。等效运动学模型各构件尺寸如下：

$$a = 22.4\text{cm} \quad b = 22.1\text{cm} \quad c = 27.3\text{cm}$$
$$d = 17.4\text{cm} \quad \theta_0 = 24.3° \tag{8.32}$$

连杆点 C 位置为

$$e = 14.8\text{cm} \quad \alpha = 54.8° \tag{8.33}$$

假如在平衡位置 θ_2 的角度为

$$\theta_{20} = 121.5° \tag{8.34}$$

则其他连杆的初始角度为

$$\theta_{30} = 18.36°$$
$$\theta_{40} = 107.32° \tag{8.35}$$

在平衡位置时，连杆点的位置为

$$x_{C0} = -7.417\text{cm}$$
$$y_{C0} = 33.26\text{cm}$$
$$z_0 = -6.929\text{cm} \tag{8.36}$$

可以通过变化参数 θ_2 来计算 h 和 γ。图 8.38 所示为作为 h 外倾角 γ 的变化情况。轮胎垂向位移 h 与 θ_2、θ_3、θ_4 的对应关系分别如图 8.39 ~ 图 8.41 所示。图 8.42 所示为上臂角度变化 $\theta_2 - \theta_{20}$ 与外倾角 γ 的变化关系。

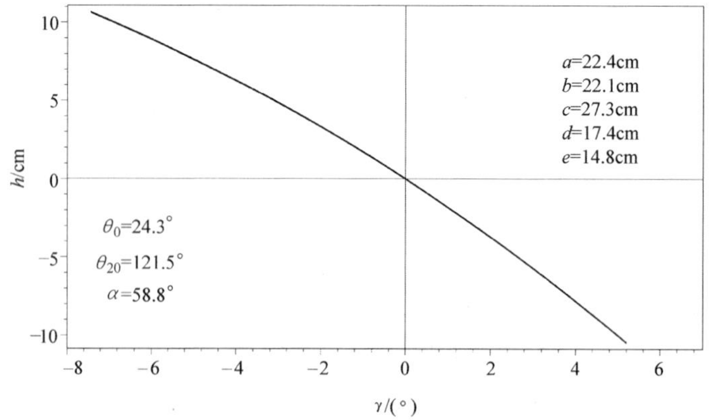

图 8.38 轮胎中心垂向位移 h 与外倾角 γ 的函数关系

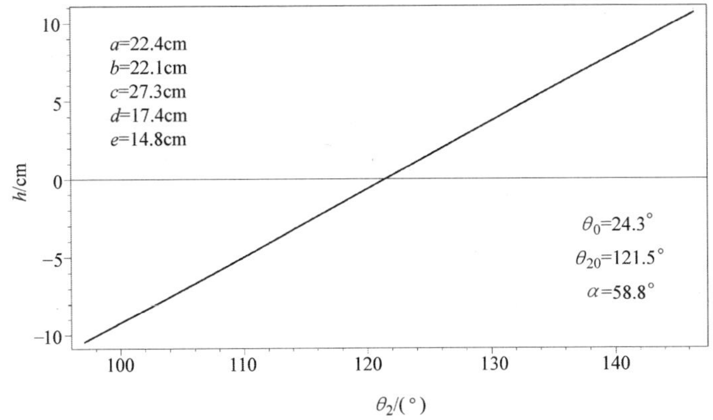

图 8.39　轮胎中心垂向位移 h 与 θ_2 的函数关系

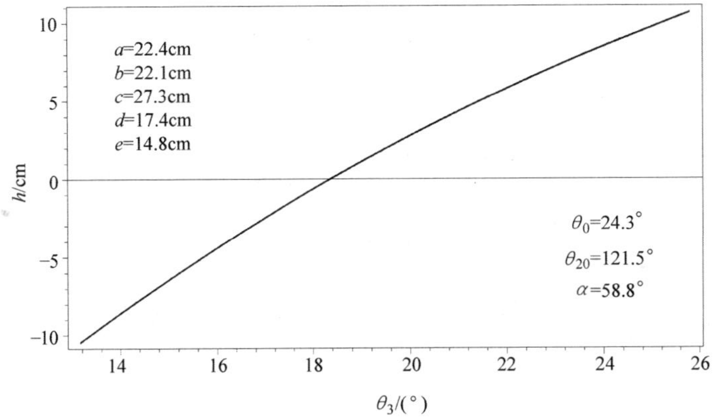

图 8.40　轮胎中心垂向位移 h 与 θ_3 的函数关系

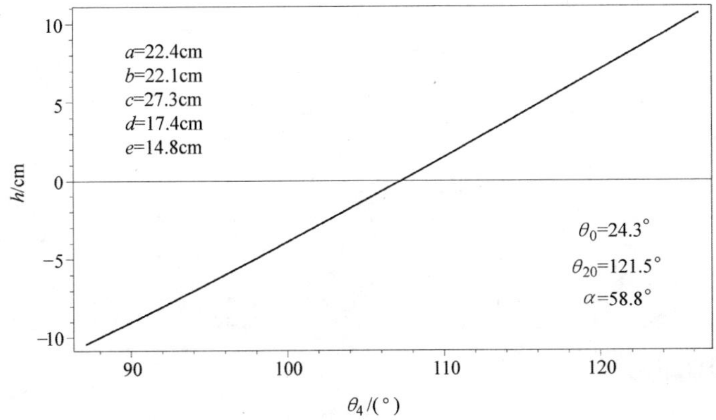

图 8.41　轮胎中心垂向位移 h 与 θ_4 的函数关系

对于这种悬架机构，车轮在向上跳动时获得一个正向外倾角，向下回弹时获得一个负向外倾角。该机构如图 8.43 所示，当车轮处于平衡位置时，具有正向或负向的位移。

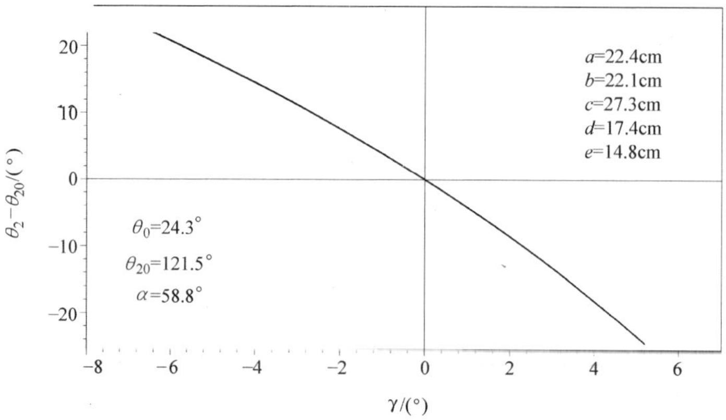

图 8.42　上臂角度变化 $\theta_2-\theta_{20}$ 与外倾角 γ 的变化关系

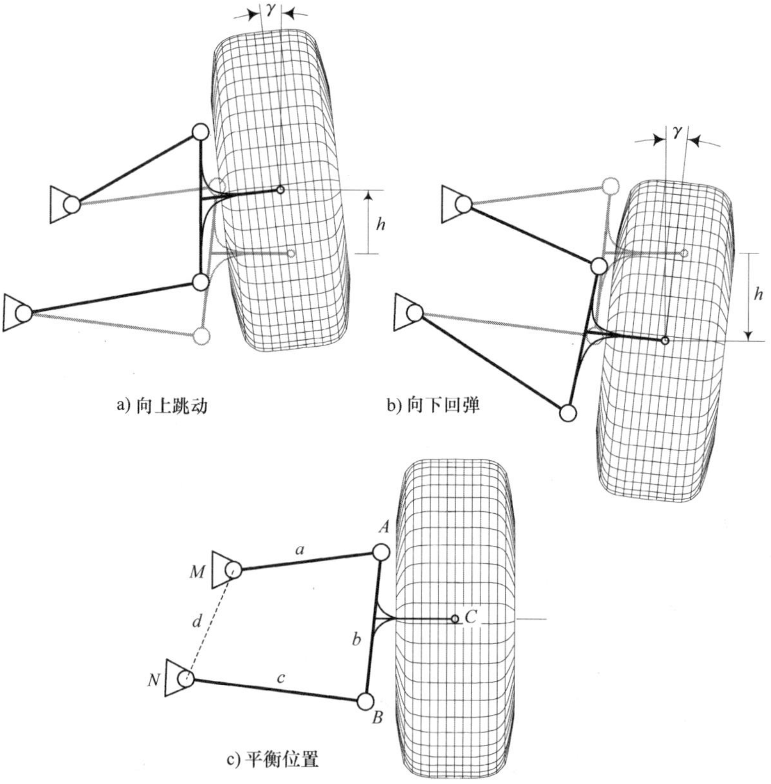

图 8.43　双A形臂悬架机构车轮位置

8.4★　汽车轮胎相关角

有四个主要的车轮定位参数影响车辆动力学：车轮束角、前后倾角、侧倾角和推力角。

8.4.1★　束角

当一对车轮被设置成前边缘指向彼此时，称为车轮前束；一对车轮被设置成前边缘远离彼此时，称为车轮后束。车辆前轮的前束和后束结构如图 8.44 所示。

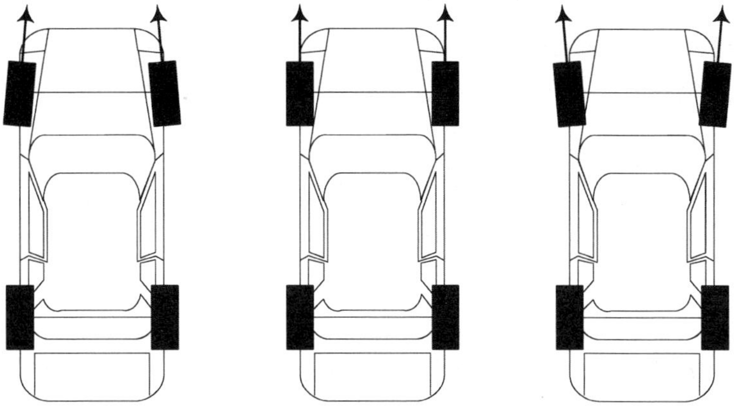

图 8.44 车辆前轮前束、中位、后束示意图

可以用两侧车轮不平行的角度来表示车轮的束角。但在实际中，通常用两侧车轮前缘和后缘轨迹的宽度差来测量车轮的前束或后束。车轮约束的设置主要影响车辆的三个性能：轮胎磨损，直线稳定性和转向控制。

为了将轮胎磨损和功率损耗降至最低，当车辆直线行驶时，位于车轴上的车轮应居中并朝向正前方。过度的前束会加速轮胎外缘的磨损，同样过度的后束会加速轮胎内缘的磨损。

前束能够增加车辆的方向稳定性，后束能够提高车辆的转向响应。因此，设置前束会导致车辆转向性能减弱，后束会导致车辆行驶不稳定。其最终结果就是，在前轮上多数乘用车辆会设定较小角度的前束，赛车会设定较小角度的后束。

对于四轮独立悬架车辆，在后轮上也会设置车轮前束或后束。后轮的车轮前束或后束对车辆轮胎磨损、方向稳定性和转向性能的影响与前轮车轮前束或后束的影响相同。然而，由于过度的不稳定，通常在赛车上不设置后轮的后束。

当驱动力矩作用在车轮上时，推动车轮前进并且试图产生前束。另外，在道路上行驶时，非驱动轮或制动轮会趋向于产生后束。

例 351 前束和方向稳定性

车轮前束或后束的设置会对车辆方向稳定性产生影响。当转向盘居中时，前束会导致车轮沿着车辆前方两轮相交的轨迹运动。如果两轮的倾角相同，作用在车轮上的横向力也就相等，车辆就不会发生偏转。设置前束能够提高微小的转向扰动时车辆的方向稳定性，确保车辆沿直线行驶。转向扰动一般由路面激励、风、道路倾斜角度、转向冲击等作用引起。以左侧车轮为例，微小的转向扰动导致左侧车轮的方向角和横向作用力增加，同时使右侧车轮的方向角和横向作用力减小，从而产生与扰动方向相反的向右的侧向合力。

如果车辆设置了后束，前轮居中时，轻微的扰动就会导致前轮出现方向波动造成转向。因此，后束是促进转向，前束则作用相反。后束使转向更加迅速，因此可应用在车辆上以求获得更快的转向响应。车轮前束或后束用来设定某些专用车辆，在前束提供的方向稳定性和后束提供的转向快速响应之间获得相应的平衡。车轮后束不适合于民用车辆，而赛车手更喜好车辆具有较小的行驶稳定性，以便更好的实现快速转向。所以，民用车辆一般设置前束，而赛车通常设置后束。

例352　前后轴的前束与后束性能

前轮前束：较慢的转向响应，较好的直线行驶稳定性，轮胎外缘磨损较大。

前轮无约束：转向响应中等，动力损失最小，轮胎磨损最少。

前轮后束：较快的转向响应，较低的直线行驶稳定性，轮胎内缘磨损较大。

后轮前束：直线行驶稳定，较好的出弯牵引能力，更好的操控性能，更高的最高车速。

8.4.2★　主销后倾角

从 y 轴方向看，主销倾角是转向轴相对于垂直位置向前或向后倾斜的角度，转向轴是车辆转向时车轮转动所围绕的轴线。假定车轮正直向前，车轮的支架与车体框架重合，如果转向轴线绕车轮 y_w 轴方向转动，则车轮有前倾角；如果转向轴线绕车轮 y_w 轴负方向转动，则车轮有后倾角。前轮的前、后倾角结构如图8.45所示。

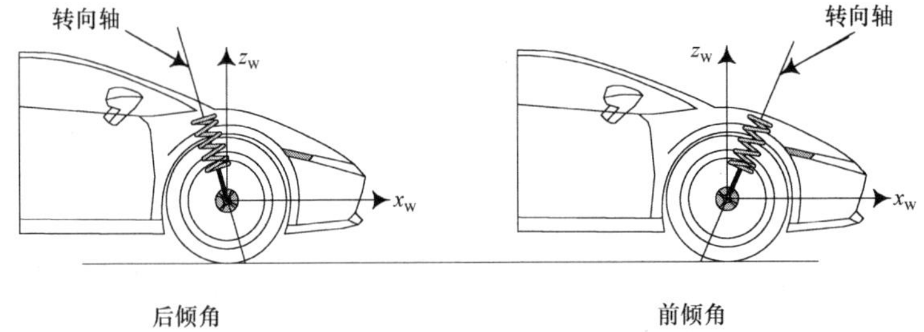

图8.45　车辆前轮后倾角、前倾角示意图

后倾角能够辅助转向轮在转向时绕固定的中心转动，并且在转向结束后使前轮迅速回正。多数民用车辆都具有4~6°的后倾角。在车辆行驶时，后倾角使车轮能够自动回正，从而进一步提高车辆的直线行驶稳定性。

例353　购物推车的后倾角

购物推车的转向轴设置在前轮，车轮与地面相接触。当推车向前行驶时，转向轴线向后拖拽车轮，再加上地面对车轮的阻力，车轮直接落后于转向轴线。如果在后倾角较小的情况下，使车轮跟随转向轴线运动的力与转向轴线和车轮与地面接触点之间的距离成正比。这个距离被视为拖拽距离。推车的转向轴线与地面在轮胎接地印迹前一点相交，同样的效果通过设置购物推车的后倾角也可实现。当采用更大的后倾角提高直线行驶稳定性后，会进一步导致转向困难。

例354　前轴后倾角的特性

无倾角：入弯转向容易，出弯转向不易，直线行驶稳定性较低。

后倾角：入弯转向不易，出弯转向容易，直线行驶稳定性较高，转向时轮胎与地面接触面较大，转向操纵感良好。

当具有后倾角的车轮相对转向轴转动时，车轮还会获得外倾角。外倾角通常有利于车辆转向。

8.4.3★ 车轮外倾角

侧向倾角是车轮绕 x 轴方向相对于地面垂直线偏转的角度。图 8.46 所示是车辆的 1 号车轮，如果车轮平面绕 x 轴偏转并向车体一侧倾斜，称为内倾角；外倾角是车轮平面绕 x 轴的负向偏转。

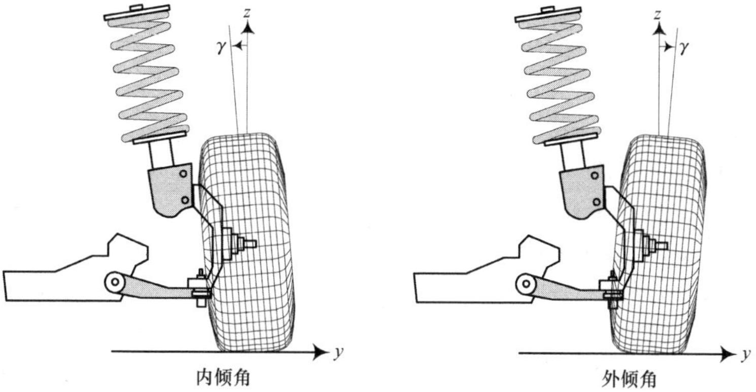

图 8.46 车辆前轮内倾角、外倾角示意图

作用在车轮上的偏转力高度依赖于其相对于路面的偏转角度，因此，车轮侧倾角对控制车辆在道路上行驶有着重大的影响。当车轮有很小的侧倾角时就会产生相当大的横向作用力，这一情况就是侧倾角作用的结果，轮胎与路面接触面上橡胶受挤压变形而产生横向作用力。

为优化轮胎转向时的性能，应在悬架的旋转方向上设置轻微的侧倾角。当在转向时车体发生旋转，悬架也会偏离垂直位置。车轮通过悬架机构连接在底盘上，悬架机构必须能够旋转以便使车轮偏转。因此，车轮的侧倾角能够随着悬架机构的上下跳动发生大幅度的变化，车轮偏离静平衡位置越远，要保持理想的侧倾角就越困难。为了给乘用车提供良好的平顺性，车辆需要具有相对大的车轮跳动行程和小的扭转刚度。因此，在悬架设计时，对于采用较小车轮跳动行程和大的扭转刚度的赛车，如何获得一个理想的侧倾角是一项艰巨的挑战。

例 355 主销后倾角与侧倾角

侧倾角不能够像后倾角那样改善车辆进入弯道转向的性能，一般情况下也不能够减小轮胎的磨损，不能够提高车辆直线行驶稳定性，对车辆的制动和加速性能也不利。

例 356 侧倾角与侧偏角

汽车通常通过侧偏角来提供车辆转向时所需要的侧向力，而自行车通常是通过侧倾角来提供转向时所需要的侧向力。因为在转向产生相同侧向力情况下，需要的侧倾角是侧偏角的 10 倍。转弯中的自行车侧倾可以很容易被观察到，但是侧偏角却很难观测。

8.4.4★ 推力角

推力角 v 是车辆的中心线和后轴垂线之间的夹角，方向是由后轴与车辆中心线来决定。

一个非0°的推力角结构如图8.47所示。

当推力角为0°时，后桥与前桥平行，车辆两侧轴距相等。当推力角非0°时，车桥两侧车轮的前束或后束角度将不相同。

例357　转矩响应

后驱车辆具有两种转矩响应：第一种响应是桥壳与差速器侧锯齿轮的旋转方向相反；第二种响应是桥壳绕其中心旋转，与主动小齿轮的旋转方向相反。

第一种响应导致差速器中产生由弹簧压缩引起的升力。第二种响应导致在右侧车轮产生升力。

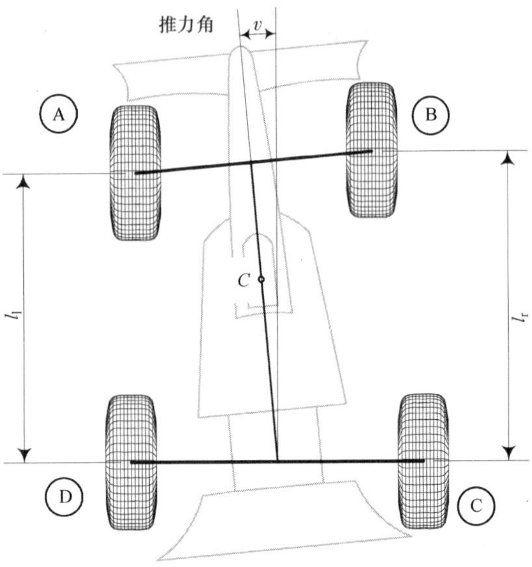

图8.47　推力角

8.5　悬架要求和坐标系

悬架机构应允许车轮与车体之间发生相对运动，这一运动受到路面不平和车辆转向的影响。为确保发挥正常的功能，对悬架机构应有一定的运动学和动力学要求。

8.5.1　运动学要求

为了描述车轮的运动，可以建立一个以车轮中心为坐标原点的直角坐标系 $W(ox_wy_wz_w)$。假设车轮为一刚体，相对车体具有六个自由度：分别有3个平动分量和3个转动分量，如图8.48所示。

轴 x_w、y_w 和 z_w 分别指示直角坐标系的前向、横向和垂向，分别可沿这三个直角坐标轴方向平移和绕这三个坐标轴转动。如图所示的位置，车轮绕 x_w 轴的转动为侧倾角，绕 y_w 轴旋转，绕 z_w 的转动为转向角。

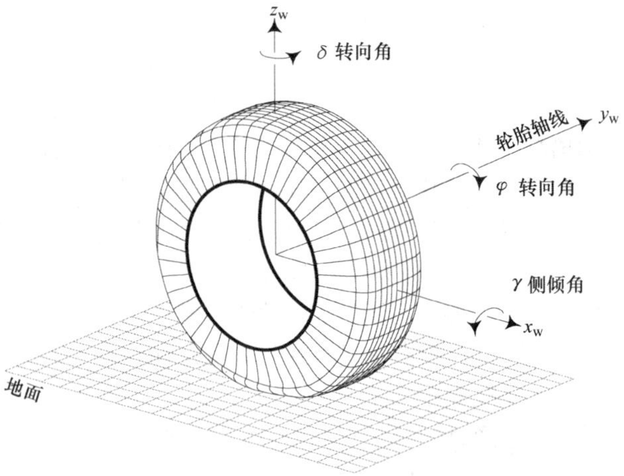

图8.48　车轮相对于车体的6自由度模型

对于非转向轮，只存在沿 z_w 轴的平移和绕 y_w 轴的转动，只有两个自由度。所以，需要约束四个自由度。如果车轮可以转向，则有沿 z_w 轴的平移、绕 y_w 轴的转动和绕 z_w 轴的转向旋转运动，共三个自由度。所以，对于转向轮要约束三个自由度。

非转向轮和转向轮的运动学模型分别如图8.49和图8.50所示。提供所需的运动自由度，同时约束不必要的运动自由度，是对一个悬架机构的运动学要求。

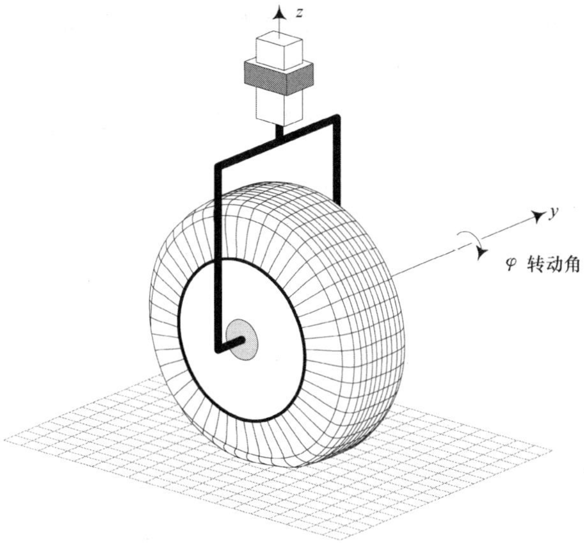

图 8.49　非转向轮必须具备 2 个自由度

8.5.2　动力学要求

车轮应该对车辆起到驱动、转向和制动作用。因此，悬架系统必须要将驱动的牵引力和减速的制动力传递到车体与地面之间，悬架部件还必须承载作用在车辆上的横向力。所以，车轮悬架系统为了约束车轮的自由度必须确保车轮为刚性。同时还需要一些柔性元件来限制未受约束的自由度。最重要的元件是在 z 轴方向提供回弹和阻尼力的弹簧和减振器。

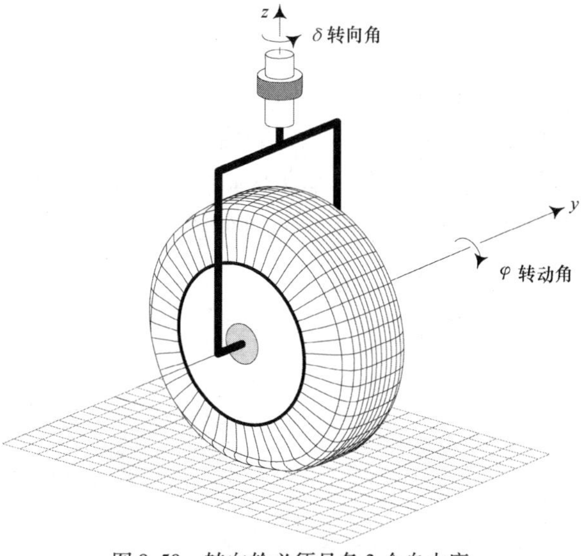

图 8.50　转向轮必须具备 3 个自由度

8.5.3　车轮、车轮－车身和轮胎坐标系

通过三个坐标系来表示轮胎、车轮相对于车辆的方位关系：车轮坐标系 W，车轮－车身坐标系 C 和轮胎坐标系 T。车轮坐标系 $W(x_w, y_w, z_w)$ 的坐标原点为车轮中心，坐标系跟随车轮平移和转动，但不能够绕车轴旋转。因此，x_w 和 z_w 轴总是位于轮胎平面上，而 y_w 轴总是平行于车轴。车轮坐标系如图 8.48 所示。

当车轮正直向前时，坐标系 W 平行于车辆坐标系，此时车轮－车身坐标系 $C(x_c, y_c, z_c)$ 的坐标原点为车轮中心，并且平行于车辆坐标轴。车轮－车身坐标系 C 相对车辆坐标系是固定的，并且不能够跟随车轮有任何的运动。

轮胎坐标系 $T(x_t, y_t, z_t)$ 的原点在轮胎接地印迹中心上，z_t 轴始终垂直于地面，x_t 轴是轮胎平面与地面的相交线。轮胎坐标系不跟随轮胎绕车轴旋转和侧倾，但是跟随转向角绕 z_c 转动。

图 8.51 所示为轮胎和车轮坐标系。

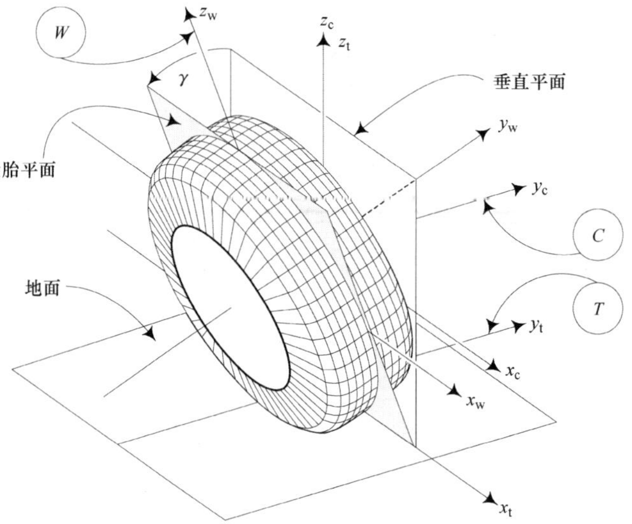

图 8.51　轮胎和车轮坐标系示意图

例 358　车轮、车轮 - 车身和轮胎坐标系

图 8.52 所示为车轮 - 车身坐标系 C、轮胎坐标系 T 和车轮坐标系 W 之间的相互位置关系。如果转向轴沿着 z_c 轴方向，那么车轮绕 z_c 轴的转角即为转向角 δ，绕 x_t 轴的转角为侧倾角 γ。

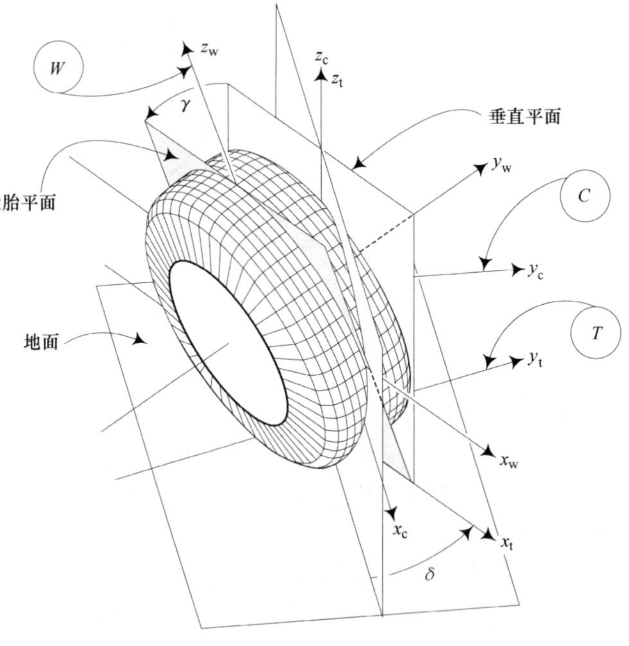

图 8.52　轮胎、车轮和车体坐标系示意图

一般来说，转向轴可以以任意角度通过地面上的任意一点。

例 359　车轮对轮胎坐标系的变换

假设${}^{T}\boldsymbol{d}_{W}$代表车轮初始坐标系相对轮胎初始坐标系的位置向量 T，然后在车轮坐标系中建立点 P 的坐标，则可通过下式获得其在轮胎坐标系中的坐标：

$${}^{T}\boldsymbol{r}_{P} = {}^{T}R_{W}\,{}^{W}\boldsymbol{r}_{P} + {}^{T}\boldsymbol{d}_{W} \tag{8.37}$$

假设${}^{W}\boldsymbol{r}_{P}$ 代表车轮坐标系中点 P 的位置向量，

$${}^{W}\boldsymbol{r}_{P} = \begin{bmatrix} x_{P} \\ y_{P} \\ z_{P} \end{bmatrix} \tag{8.38}$$

则点 P 在轮胎坐标系中的位置向量${}^{T}\boldsymbol{r}_{P}$ 为

$$\begin{aligned} {}^{T}\boldsymbol{r}_{P} &= {}^{R}R_{W}\,{}^{W}\boldsymbol{r}_{P} + {}^{T}\boldsymbol{d} \\ &= {}^{T}R_{W}\,{}^{W}\boldsymbol{r}_{P} + {}^{T}R_{W}\,{}^{W}_{T}\boldsymbol{d}_{W} \\ &= \begin{bmatrix} x_{P} \\ y_{P}\cos\gamma - R_{\mathrm{w}}\sin\gamma - z_{P}\sin\gamma \\ R_{\mathrm{w}}\cos\gamma + z_{P}\cos\gamma + y_{P}\sin\gamma \end{bmatrix} \end{aligned} \tag{8.39}$$

式中，${}^{W}_{T}\boldsymbol{d}_{W}$ 是车轮坐标系相对轮胎坐标系的位置向量；R_{W} 是轮胎半径；${}^{T}R_{W}$ 是从车轮坐标系 W 到轮胎坐标系 T 的旋转矩阵。

$${}^{T}R_{W} = \begin{bmatrix} 1 & 0 & 0 \\ 0 & \cos\gamma & -\sin\gamma \\ 0 & \sin\gamma & \cos\gamma \end{bmatrix} \tag{8.40}$$

$${}^{W}_{T}\boldsymbol{d}_{W} = \begin{bmatrix} 0 \\ 0 \\ R_{\mathrm{w}} \end{bmatrix} \tag{8.41}$$

例如，车轮中心在车轮坐标系 W 的初始位置为${}^{W}r_{P} = {}^{W}r_{O} = 0$，则在轮胎坐标系的位置为${}^{T}r_{O}$。

$${}^{T}\boldsymbol{r}_{o} = {}^{T}\boldsymbol{d}_{W} = {}^{T}R_{W}\,{}^{W}_{T}\boldsymbol{d}_{W} = \begin{bmatrix} 0 \\ -R_{\mathrm{w}}\sin\gamma \\ R_{\mathrm{w}}\cos\gamma \end{bmatrix} \tag{8.42}$$

例 360★　轮胎对车轮坐标系的变换

假设 r_{P} 代表轮胎坐标系中点 P 的位置向量，

$${}^{T}\boldsymbol{r}_{P} = \begin{bmatrix} x_{P} \\ y_{P} \\ z_{P} \end{bmatrix} \tag{8.43}$$

则点 P 在车轮坐标系中的位置向量${}^{W}r_{P}$ 为

$${}^{W}\boldsymbol{r}_{P} = {}^{W}R_{T}\,{}^{T}\boldsymbol{r}_{P} - {}^{W}_{T}\boldsymbol{d}_{W}$$

$$=\begin{bmatrix} x_P \\ y_P\cos\gamma + z_P\sin\gamma \\ z_P\cos\gamma - R_w - y_P\sin\gamma \end{bmatrix} \tag{8.44}$$

因为

$${}^{W}R_T=\begin{bmatrix}1&0&0\\0&\cos\gamma&\sin\gamma\\0&-\sin\gamma&\cos\gamma\end{bmatrix}\quad {}^{W}\boldsymbol{d}_T=\begin{bmatrix}0\\0\\R_w\end{bmatrix} \tag{8.45}$$

在式（8.37）两端同时乘以${}^{T}R_W^{T}$得到

$${}^{T}R_W^{T}\,{}^{T}\boldsymbol{r}_P={}^{W}\boldsymbol{r}_P+{}^{T}\boldsymbol{R}_W^{T}\,{}^{T}\boldsymbol{d}_W={}^{W}\boldsymbol{r}_P+{}_{T}^{W}\boldsymbol{d}_W \tag{8.46}$$

$${}^{W}\boldsymbol{r}_P={}^{W}R_T\,{}^{T}\boldsymbol{r}_P-{}_{T}^{W}\boldsymbol{d}_W \tag{8.47}$$

例如，轮胎接地印迹中心在车轮坐标系中为

$${}^{W}\boldsymbol{r}_P=\begin{bmatrix}1&0&0\\0&\cos\gamma&-\sin\gamma\\0&\sin\gamma&\cos\gamma\end{bmatrix}^{\mathrm{T}}\begin{bmatrix}0\\0\\0\end{bmatrix}-\begin{bmatrix}0\\0\\R_w\end{bmatrix}=\begin{bmatrix}0\\0\\-R_w\end{bmatrix} \tag{8.48}$$

例 361★　车轮相对轮胎的齐次变换矩阵

从车轮坐标系到轮胎坐标系可以通过一个4 × 4齐次变换矩阵${}^{T}T_W$完成，

$${}^{T}\boldsymbol{r}_P={}^{T}T_W\,{}^{W}\boldsymbol{r}_P=\begin{bmatrix}{}^{T}R_W & {}^{T}\boldsymbol{d}_W\\0&1\end{bmatrix}{}^{W}\boldsymbol{r}_P \tag{8.49}$$

式中

$${}^{T}T_W=\begin{bmatrix}1&0&0&0\\0&\cos\gamma&-\sin\gamma&-R_w\sin\gamma\\0&\sin\gamma&\cos\gamma&R_w\cos\gamma\\0&0&0&1\end{bmatrix} \tag{8.50}$$

对应的从轮胎坐标系到车轮坐标系的齐次变换矩阵为

$${}^{W}T_T=\begin{bmatrix}{}^{W}R_T & {}^{W}\boldsymbol{d}_T\\0&1\end{bmatrix}=\begin{bmatrix}1&0&0&0\\0&\cos\gamma&-\sin\gamma&0\\0&\sin\gamma&\cos\gamma&-R_w\\0&0&0&1\end{bmatrix} \tag{8.51}$$

可以通过齐次变换矩阵的转置法则${}^{W}T_T={}^{T}T_W^{-1}$来进行检验。

$${}^{T}T_W^{-1}=\begin{bmatrix}{}^{T}R_W & {}^{T}\boldsymbol{d}_W\\0&1\end{bmatrix}^{-1}=\begin{bmatrix}{}^{T}R_W^{T} & -{}^{T}R_W^{T}\,{}^{T}\boldsymbol{d}_W\\0&1\end{bmatrix}=\begin{bmatrix}{}^{W}R_T & -{}^{W}R_T\,{}^{T}\boldsymbol{d}_W\\0&1\end{bmatrix} \tag{8.52}$$

例 362　轮胎对车轮－车身坐标系的变换

轮胎坐标系在车轮－车身坐标系中的初始位置为${}^{C}\boldsymbol{d}_T$。

$${}^{C}\boldsymbol{d}_T=\begin{bmatrix}0\\0\\-R_w\end{bmatrix} \tag{8.53}$$

轮胎坐标系相对车轮－车身坐标系可绕z_C轴转向，相应的变换矩阵为

$$
{}^{C}R_{T}=\begin{bmatrix}\cos\delta & -\sin\delta & 0\\ \sin\delta & \cos\delta & 0\\ 0 & 0 & 1\end{bmatrix} \tag{8.54}
$$

因此，轮胎和车轮－车身坐标系之间的变换可以表示为

$$
C_{\mathbf{r}}={}^{C}R_{T}T_{\mathbf{r}}+{}^{C}\boldsymbol{d}_{T} \tag{8.55}
$$

也可以通过齐次变换矩阵${}^{C}T_{T}$

$$
{}^{C}T_{T}=\begin{bmatrix}{}^{C}R_{T} & {}^{C}\boldsymbol{d}_{T}\\ 0 & 1\end{bmatrix}=\begin{bmatrix}\cos\delta & -\sin\delta & 0 & 0\\ \sin\delta & \cos\delta & 0 & 0\\ 0 & \sin\gamma & 1 & -R_{\mathrm{w}}\\ 0 & 0 & 0 & 1\end{bmatrix} \tag{8.56}
$$

例如，如图 8.53 所示在车轮－车身坐标系中的一点 P，其位置是在转向角为负的轮胎表面上，为

$$
{}^{C}\boldsymbol{r}={}^{C}T_{T}{}^{T}\boldsymbol{r}_{P}=\begin{bmatrix}\cos-\delta & -\sin-\delta & 0 & 0\\ \sin-\delta & \cos-\delta & 0 & 0\\ 0 & 0 & 1 & -R_{\mathrm{w}}\\ 0 & 0 & 0 & 1\end{bmatrix}\begin{bmatrix}R_{\mathrm{w}}\\ 0\\ R_{\mathrm{w}}\\ 1\end{bmatrix}=\begin{bmatrix}R_{\mathrm{w}}\cos\delta\\ -R_{\mathrm{w}}\sin\delta\\ 0\\ 1\end{bmatrix} \tag{8.57}
$$

从轮胎坐标系到车轮－车身坐标系的齐次变换矩阵${}^{T}T_{C}$为

$$
{}^{T}T_{C}={}^{C}T_{T}^{-1}=\begin{bmatrix}{}^{C}R_{T} & {}^{C}\boldsymbol{d}_{T}\\ 0 & 1\end{bmatrix}^{-1}=\begin{bmatrix}{}^{C}R_{T}^{T} & -{}^{C}R_{T}^{T}{}^{C}\boldsymbol{d}_{T}\\ 0 & 1\end{bmatrix}=\begin{bmatrix}{}^{C}R_{T}^{T} & -{}^{T}_{C}\boldsymbol{d}_{T}\\ 0 & 1\end{bmatrix} \tag{8.58}
$$

$$
=\begin{bmatrix}\cos\delta & \sin\delta & 0 & 0\\ -\sin\delta & \cos\delta & 0 & 0\\ 0 & 0 & 1 & R_{\mathrm{w}}\\ 0 & 0 & 0 & 1\end{bmatrix}
$$

例 363★ 摆线

假设图 8.53 中的车轮以角速度 ω 转动，并且与地面之间无滑移。当 $t=0$ 时，点 P 位于轮胎接地印迹中心，即

$$
{}^{M}\boldsymbol{r}_{P}=\begin{bmatrix}0\\ 0\\ -R_{\mathrm{w}}\end{bmatrix} \tag{8.59}
$$

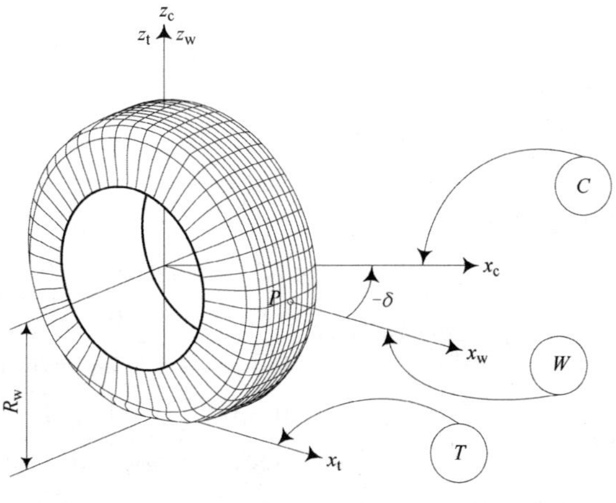

图 8.53 转向轮的轮胎、车轮和车轮－车身坐标系

在时刻 t 可以通过另一个坐标系 M 来确定其在车轮坐标系中的位置。坐标系 M 被称为轮辋坐标系，并依附在车轮中心上。因为车轮旋转，坐标系 M 同时绕 y_{w} 轴旋转，所以从轮辋坐标系到车轮坐标系的旋转矩阵为

$$^{W}R_{M}=\begin{bmatrix}\cos\omega t & 0 & \sin\omega t\\ 0 & 1 & 0\\ -\sin\omega t & 0 & \cos\omega t\end{bmatrix}\tag{8.60}$$

所以点 P 在车轮坐标系中的坐标为

$$^{W}\boldsymbol{r}_{P}={}^{W}R_{M}{}^{M}\boldsymbol{r}_{P}=\begin{bmatrix}-R_{w}\sin t\omega\\ 0\\ -R_{w}\cos t\omega\end{bmatrix}\tag{8.61}$$

车轮中心以速度 $v_x=R_w\omega$ 运动，在地面坐标系 G 中的位置为 $^{G}r=[v_x t\quad 0\quad R_w]$，则点 P 在全域坐标系中的坐标为

$$^{G}\boldsymbol{r}_{P}={}^{W}\boldsymbol{r}_{P}+\begin{bmatrix}v_x t\\ 0\\ R_w\end{bmatrix}=\begin{bmatrix}R_w(\omega t-\sin t\omega)\\ 0\\ R_w(1-\cos t\omega)\end{bmatrix}\tag{8.62}$$

点 P 在（X，Z）平面上的运动轨迹可以通过消除 X 和 Z 坐标之间的 t 来获得。可以更加方便地通过参数 ωt 描述这一运动轨迹，并且把其称为**摆线**。

在一般情况下，点 P 可以在距轮辋坐标系中心任意距离的位置。如果点 P 与中心的距离 $d\neq R_w$，则它的运动轨迹被称为**次摆线**。当 $d<R_w$ 时，被称为**短幅摆线**，当 $d>R_w$ 时被称为**长幅摆线**。图 8.54a ~ c 所示分别为摆线、短幅摆线和长幅摆线。

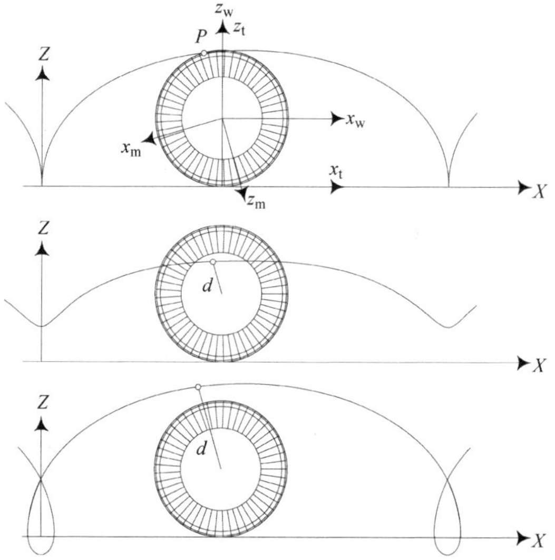

图 8.54　摆线、短幅摆线和长幅摆线

例 364★　车轮对车轮 - 车身坐标系的变换

从车轮坐标系到车轮 - 车身坐标系的齐次变换矩阵 $^{C}T_{W}$ 可以通过组合变换矩阵获得

$$^{C}T_{W}={}^{C}T_{T}{}^{T}T_{W}=\begin{bmatrix}\cos\delta & -\sin\delta & 0 & 0\\ \sin\delta & \cos\delta & 0 & 0\\ 0 & 0 & 1 & -R_w\\ 0 & 0 & 0 & 1\end{bmatrix}\begin{bmatrix}1 & 0 & 0 & 0\\ 0 & \cos\gamma & -\sin\gamma & -R_w\sin\gamma\\ 0 & \sin\gamma & \cos\gamma & R_w\cos\gamma\\ 0 & 0 & 0 & 1\end{bmatrix}\tag{8.63}$$

$$=\begin{bmatrix}\cos\delta & -\cos\gamma\sin\delta & \sin\gamma\sin\delta & R_w\sin\gamma\sin\delta\\ -\sin\delta & \cos\gamma\cos\delta & -\cos\delta\sin\gamma & -R_w\cos\delta\sin\gamma\\ 0 & \sin\gamma & \cos\gamma & R_w\cos\gamma-R_w\\ 0 & 0 & 0 & 1\end{bmatrix}$$

假设代表车轮坐标系中点 P 的位置向量

$$
{}^{W}\boldsymbol{r}_{P}=\begin{bmatrix}x_{P}\\y_{P}\\z_{P}\end{bmatrix} \tag{8.64}
$$

则点 P 在车轮－车身坐标系中的齐次位置向量为

$$
{}^{G}\boldsymbol{r}_{P}={}^{G}T_{W}{}^{W}\boldsymbol{r}_{P}=\begin{bmatrix}x_{P}\cos\delta-y_{P}\cos\gamma\sin\delta+(R_{\mathrm{w}}+z_{P})\sin\gamma\sin\delta\\x_{P}\sin\delta+y_{P}\cos\gamma\cos\delta-(R_{\mathrm{w}}+z_{P})\cos\delta\sin\gamma\\-R_{\mathrm{w}}+(R_{\mathrm{w}}+z_{P})\cos\gamma+y_{P}\sin\gamma\\1\end{bmatrix} \tag{8.65}
$$

车轮中心的位置为 ${}^{W}r=0$，对于侧倾和转向轮来说，在车轮－车身坐标系中的位置为

$$
{}^{C}\boldsymbol{r}={}^{C}T_{W}{}^{W}\boldsymbol{r}=\begin{bmatrix}R_{\mathrm{w}}\sin\gamma\sin\delta\\-R_{\mathrm{w}}\cos\delta\sin\gamma\\-R_{\mathrm{w}}(1-\cos\gamma)\\1\end{bmatrix} \tag{8.66}
$$

$z_{C}=R_{\mathrm{w}}\omega(\cos\gamma-1)$ 表示车轮侧倾时车轮中心高度的下降量。

假如车轮不是转向轮，则 $\delta=0$，变换矩阵 ${}^{C}T_{W}$ 可以简化为

$$
{}^{C}T_{W}=\begin{bmatrix}1&0&0&0\\0&\cos\gamma&-\sin\gamma&-R_{\mathrm{w}}\sin\gamma\\0&\sin\gamma&\cos\gamma&R_{W}(\cos\gamma-1)\\0&0&0&1\end{bmatrix} \tag{8.67}
$$

位置向量 ${}^{C}\boldsymbol{r}_{P}$ 为

$$
{}^{C}\boldsymbol{r}_{P}={}^{C}T_{W}{}^{W}\boldsymbol{r}_{P}=\begin{bmatrix}x_{P}\\y_{P}\cos\gamma-R_{\mathrm{w}}\sin\gamma-z_{P}\sin\gamma\\z_{P}\cos\gamma+y_{P}\sin\gamma+R_{\mathrm{w}}(\cos\gamma-1)\\1\end{bmatrix} \tag{8.68}
$$

例 365★　轮胎对车辆坐标系的变换

图 8.55 所示的是一辆 4 轮车辆的第 1 和第 4 轮胎。以车辆的质心 C 为原点建立车身坐标系 $B(x, y, z)$，另外分别以轮胎 1 和轮胎 4 的轮胎接地印迹中心为原点建立两个轮胎坐标系 $T_1(x_{t_1}, y_{t_1}, z_{t_1})$ 和 $T_4(x_{t_4}, y_{t_4}, z_{t_4})$。

轮胎坐标系 T_1 的原点位置在 ${}^{B}\mathrm{d}_1$

$$
{}^{B}\boldsymbol{d}_{T_1}=\begin{bmatrix}a_1\\b_1\\-h\end{bmatrix} \tag{8.69}
$$

式中，a_1 为 C 与前轴之间的纵向距离；b_1 为 C 与轮胎 1 的接地印迹中心之间的横向距离；h 为质心 C 距地面的高度。如果 $\boldsymbol{P}$ 是轮胎坐标系在 ${}^{T_1}\boldsymbol{r}_P$ 位置上的点

$$
{}^{T_1}\boldsymbol{r}_{P}=\begin{bmatrix}x_{P}\\y_{P}\\z_{P}\end{bmatrix} \tag{8.70}
$$

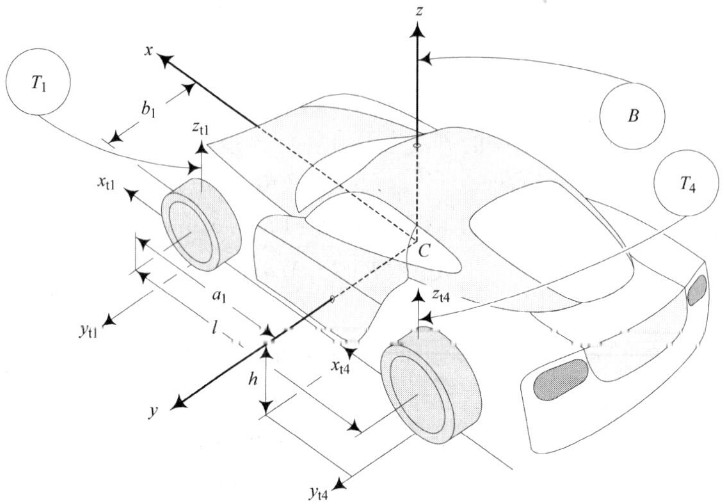

图 8.55　4 轮车辆第 1 和第 4 轮胎相对车身坐标系的轮胎坐标系

则它在车身坐标系中的坐标为

$$
{}^{B}\boldsymbol{r}_{P}={}^{B}R_{T_1}{}^{T_1}\boldsymbol{r}_{P}+{}^{B}\boldsymbol{d}_{T_1}=\begin{bmatrix}x_P\cos\delta_1-y_P\sin\delta_1+a_1\\ y_P\cos\delta_1+x_P\sin\delta_1+b_1\\ z_P-h\end{bmatrix}\tag{8.71}
$$

变换矩阵是车轮绕轴转向的结果

$$
{}^{B}R_{T_1}=\begin{bmatrix}\cos\delta_1 & -\sin\delta_1 & 0\\ \sin\delta_1 & \cos\delta_1 & 0\\ 0 & 0 & 1\end{bmatrix}\tag{8.72}
$$

代入式（8.37），可以检验在${}^{W}r_{P}$ 位置的车轮上的点 $\boldsymbol{P}$

$$
{}^{W}\boldsymbol{r}_{P}=\begin{bmatrix}x_P\\ y_P\\ z_P\end{bmatrix}\tag{8.73}
$$

并且在车身坐标系中获得该点

$$
\begin{aligned}
{}^{B}\boldsymbol{r}_{P}&={}^{B}R_{T_1}{}^{T_1}\boldsymbol{r}_{P}+{}^{B}\boldsymbol{d}_{T_1}\\
&={}^{B}R_{T_1}\left({}^{T_1}R_{W}{}^{W}\boldsymbol{r}_{P}+{}^{T_1}\boldsymbol{d}_{W}\right)+{}^{B}\boldsymbol{d}_{T_1}\\
&={}^{B}R_{T_1}{}^{T_1}R_{W}{}^{W}\boldsymbol{r}_{P}+{}^{B}R_{T_1}{}^{T_1}\boldsymbol{d}_{W}+{}^{B}\boldsymbol{d}_{T_1}\\
&={}^{B}R_{W}{}^{W}\boldsymbol{r}_{P}+{}^{B}R_{T_1}{}^{T_1}\boldsymbol{d}_{W}+{}^{B}\boldsymbol{d}_{T_1}
\end{aligned}\tag{8.74}
$$

$$
{}^{B}\boldsymbol{r}_{P}=\begin{bmatrix}x_P\cos\delta_1-y_P\cos\gamma\sin\delta_1+(R_{\mathrm{w}}+z_P)\sin\gamma\sin\delta_1+a_1\\ x_P\sin\delta_1+y_P\cos\gamma\cos\delta_1-(R_{\mathrm{w}}+z_P)\cos\delta_1\sin\gamma+b_1\\ (R_{\mathrm{w}}+z_P)\cos\gamma+y_P\sin\gamma-h\end{bmatrix}\tag{8.75}
$$

式中

$$ {}^{B}R_{W} = {}^{B}R_{T_1}\,{}^{T_1}R_{W} = \begin{bmatrix} \cos\delta_1 & -\cos\gamma\sin\delta_1 & \sin\gamma\sin\delta_1 \\ \sin\delta_1 & \cos\gamma\cos\delta_1 & -\cos\delta_1\sin\gamma \\ 0 & \sin\gamma & \cos\gamma \end{bmatrix} \tag{8.76} $$

$$ {}^{T_1}\boldsymbol{d}_{W} = \begin{bmatrix} 0 \\ -R_{\mathrm{w}}\sin\gamma \\ R_{\mathrm{w}}\cos\gamma \end{bmatrix} \tag{8.77} $$

例 366★ 车轮－车身对车辆坐标系的变换

车轮－车身坐标系始终与车辆坐标系相互平行，第 1 号车轮在车轮－车身坐标系的初始位置在

$$ {}^{B}\boldsymbol{d}_{W_1} = \begin{bmatrix} a_1 \\ b_1 \\ -h + R_{\mathrm{w}} \end{bmatrix} \tag{8.78} $$

因此，两者坐标系之间的变换只是一个位移。

$$ {}^{B}\boldsymbol{r} = {}^{B}\boldsymbol{I}_{W_1}\,{}^{W_1}\boldsymbol{r} + {}^{B}\boldsymbol{d}_{W_1} \tag{8.79} $$

8.6★ 主销后倾角原理

一个车轮的转向轴相对于车轮－车身坐标系，可以有任意角度和任意位置。车轮－车身坐标系 $C(x_c, y_c, z_c)$ 原点在静止位置的车轮中心，并且平行于车辆坐标系。坐标系 C 不跟随车轮发生任何的运动，转向轴是车轮进行转向的中心轴。

图 8.56 所示为一车轮和其转向轴的前视和侧视图。转向轴在（y_c，z_c）平面有倾角 θ，在（x_c，z_c）平面有倾角 φ。θ 是主销内倾角，φ 是车轮的主销后倾角。图 8.56 所示的车轮转向轴处于正向的主销后倾角和内倾角。在车轮－车身坐标系中转向轴与地面交汇点的坐标为（s_a，s_b，$-R_{\mathrm{w}}$）。

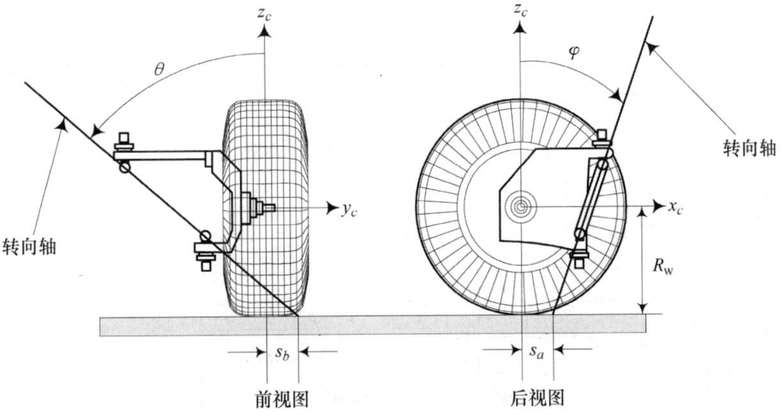

图 8.56 车轮及其转向轴的前视图和侧视图

如果采用单位向量 $\hat{u}$ 来表示转向轴，则 $\hat{u}$ 为主销后倾角和内倾角的函数。

$$ {}^{C}\hat{u} = \begin{bmatrix} u_1 \\ u_2 \\ u_3 \end{bmatrix} = \frac{1}{\sqrt{\cos^2\varphi + \cos^2\theta\sin^2\varphi}} \begin{bmatrix} \cos\theta\sin\varphi \\ -\cos\varphi\sin\theta \\ \cos\theta\cos\varphi \end{bmatrix} \tag{8.80} $$

$\hat{u}$ 与地面相交交点的位置向量为 $\boldsymbol{s}$，其在车轮－车身坐标系中的坐标为

$$ {}^{C}\boldsymbol{s} = \begin{bmatrix} s_a \\ s_b \\ -R_{\mathrm{w}} \end{bmatrix} \tag{8.81} $$

可以通过一个零螺距的螺旋运动 $\check{s}$ 来表示车轮绕转向轴的转动。

$$ {}^{C}T_W = {}^{C}\check{s}_W(0,\ \delta,\ \hat{u},\ \boldsymbol{s}) = \begin{bmatrix} {}^{C}R_W & {}^{C}\boldsymbol{s} - {}^{C}R_W\,{}^{C}\boldsymbol{s} \\ 0 & 1 \end{bmatrix} = \begin{bmatrix} {}^{C}R_W & {}^{C}\boldsymbol{d}_W \\ 0 & 1 \end{bmatrix} \tag{8.82} $$

证明：在车轮－车身坐标系中，转向轴即为主销后倾角平面 π_C 与内倾角平面 π_L 的交线。两平面可以通过各自的法向单位向量 $\hat{n}_1$ 和 $\hat{n}_2$ 来表示。

$$ {}^{C}\hat{n}_1 = \begin{bmatrix} 0 \\ \cos\theta \\ \sin\theta \end{bmatrix} \tag{8.83} $$

$$ {}^{C}\hat{n}_2 = \begin{bmatrix} -\cos\varphi \\ 0 \\ \sin\varphi \end{bmatrix} \tag{8.84} $$

位于主销后倾角与内倾角平面交线的单位向量 $\hat{u}$ 可以表示为

$$ \hat{u} = \frac{\hat{n}_1 \times \hat{n}_2}{|\hat{n}_1 \times \hat{n}_2|} \tag{8.85} $$

式中

$$ \hat{n}_1 \times \hat{n}_2 = \begin{bmatrix} \cos\theta\sin\varphi \\ -\cos\varphi\sin\theta \\ \cos\theta\cos\varphi \end{bmatrix} \tag{8.86} $$

$$ |\hat{n}_1 \times \hat{n}_2| = \sqrt{\cos^2\varphi + \cos^2\theta\sin^2\varphi} \tag{8.87} $$

因此得到

$$ {}^{C}\hat{u} = \begin{bmatrix} u_1 \\ u_2 \\ u_3 \end{bmatrix} = \begin{bmatrix} \dfrac{\cos\theta\sin\varphi}{\sqrt{\cos^2\varphi + \cos^2\theta\sin^2\varphi}} \\ \dfrac{-\cos\varphi\sin\theta}{\sqrt{\cos^2\varphi + \cos^2\theta\sin^2\varphi}} \\ \dfrac{\cos\theta\cos\varphi}{\sqrt{\cos^2\varphi + \cos^2\theta\sin^2\varphi}} \end{bmatrix} \tag{8.88} $$

转向轴除了会随着车轮发生在 z 轴方向的跳动外，不再伴随车轮发生任何运动。因此，可以假设转向轴是一条相对车辆位置固定的轴线，转向角 δ 绕 $\hat{u}$ 转动。

通过转向轴与地面平面的交点可定义主销偏移距向量 $\boldsymbol{s}$。

$$
{}^{C}\boldsymbol{s}=\begin{bmatrix} s_a \\ s_b \\ -R_w \end{bmatrix} \tag{8.89}
$$

式中的 s_a 和 s_b 分别表示正向和横向偏移距。

利用绕转向轴的旋转运动（$\hat{u}$，δ）和偏移距向量 $\boldsymbol{s}$，可以把车轮的转向运动定义为一个零螺距的螺旋运动 $\check{s}$。代入式（5.460）~式（5.464），可以得到从车轮坐标系 W 到车轮－车身坐标系 C 的螺旋变换。

$$
{}^{C}T_W={}^{C}\check{s}_W(0,\delta,\hat{u},\boldsymbol{s})=\begin{bmatrix} {}^{C}R_W & {}^{C}\boldsymbol{s}-{}^{C}R_W{}^{C}\boldsymbol{s} \\ 0 & 1 \end{bmatrix}=\begin{bmatrix} {}^{C}R_W & {}^{C}\boldsymbol{d} \\ 0 & 1 \end{bmatrix} \tag{8.90}
$$

$$
{}^{C}R_W=\boldsymbol{I}\cos\delta+\hat{u}\hat{u}^{\mathrm{T}}\operatorname{vers}\delta+\tilde{u}\sin\delta \tag{8.91}
$$

$$
{}^{C}\boldsymbol{d}_W=[(\boldsymbol{I}-\hat{u}\hat{u}^{\mathrm{T}})\operatorname{vers}\delta-\tilde{u}\sin\delta]{}^{C}\boldsymbol{s} \tag{8.92}
$$

$$
\tilde{u}=\begin{bmatrix} 0 & -u_3 & u_2 \\ u_3 & 0 & -u_1 \\ -u_2 & u_1 & 0 \end{bmatrix} \tag{8.93}
$$

$$
\operatorname{vers}\delta=1-\cos\delta \tag{8.94}
$$

直接替换后得到 ${}^{C}R_W$ 和 ${}^{C}\mathrm{d}_W$

$$
{}^{C}R_W=\begin{bmatrix} u_1^2\operatorname{vers}\delta+\cos\delta & u_1u_2\operatorname{vers}\delta-u_3\sin\delta & u_1u_3\operatorname{vers}\delta+u_2\sin\delta \\ u_1u_2\operatorname{vers}\delta+u_3\sin\delta & u_2^2\operatorname{vers}\delta+\cos\delta & u_2u_3\operatorname{vers}\delta-u_1\sin\delta \\ u_1u_3\operatorname{vers}\delta-u_2\sin\delta & u_2u_3\operatorname{vers}\delta+u_1\sin\delta & u_3^2\operatorname{vers}\delta+\cos\delta \end{bmatrix} \tag{8.95}
$$

$$
{}^{C}\boldsymbol{d}_W=\begin{bmatrix} [s_1-u_1(s_3u_3+s_2u_2+s_1u_1)]\operatorname{vers}\delta+(s_2u_3-s_3u_2)\sin\delta \\ [s_2-u_2(s_3u_3+s_2u_2+s_1u_1)]\operatorname{vers}\delta+(s_3u_1-s_1u_3)\sin\delta \\ [s_3-u_3(s_3u_3+s_2u_2+s_1u_1)]\operatorname{vers}\delta+(s_1u_2-s_2u_1)\sin\delta \end{bmatrix} \tag{8.96}
$$

向量 ${}^{C}\mathrm{d}_W$ 表示车轮中心相对于车轮－车身坐标系的位置。当车轮以转向角 δ 绕转向轴 $\hat{u}$ 转向时，${}^{C}T_W$ 为车轮坐标系 W 到车轮－车身坐标系 C 的齐次变换矩阵。

例 367★ 零转向角

可以采用零转向时的情况来验证螺旋变换，代入 $\delta=0$，将旋转矩阵 ${}^{C}R_W$ 和位置向量 ${}^{C}d_W$ 分别简化成为 I 和 0。

$$
{}^{C}R_W=\begin{bmatrix} 1 & 0 & 0 \\ 0 & 1 & 0 \\ 0 & 0 & 1 \end{bmatrix}\quad {}^{C}\boldsymbol{d}_W=\begin{bmatrix} 0 \\ 0 \\ 0 \end{bmatrix} \tag{8.97}
$$

这说明在零转向时，车轮坐标系和车轮－车身坐标系的运动一致。

例 368★ 主销内倾角和主销后倾角为 0 时的转向角变换

如果一个车轮的转向轴与 z_w 轴一致，这样车轮就没有主销倾角和侧倾角。当车轮以角 δ 转向时，可通过矩阵变换的方法获得车轮上一点 P 在车轮－车身坐标系中的坐标。图 8.57a 是车轮的三维视图，图 8.57b 是车轮的俯视图。

假设 ${}^{W}\boldsymbol{r}_P=[x_w,y_w,z_w]^{\mathrm{T}}$ 是车轮上一点的位置向量，则该向量在车轮－车身坐标系 C 中

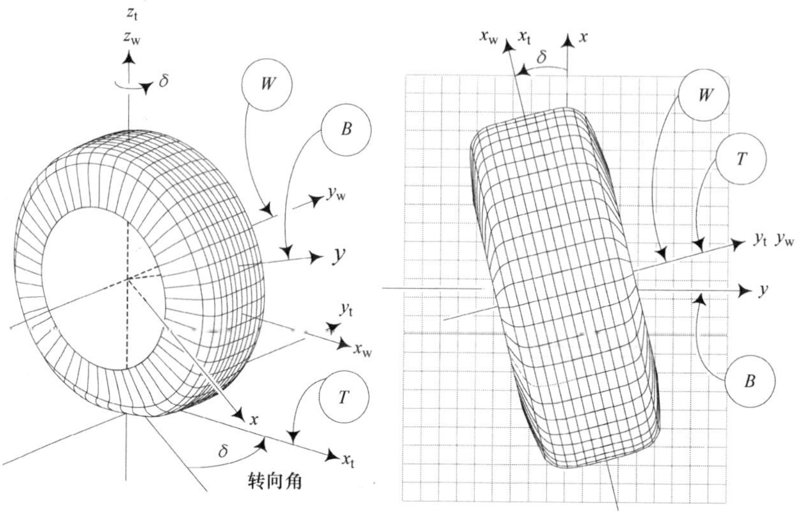

a) 车轮三维视图　　b) 车轮俯视图

图 8.57　车轮绕 z_w 轴以角 δ 转向

为

$$
\begin{aligned}
{}^{C}\boldsymbol{r}_P &= {}^{C}R_W\,{}^{W}\boldsymbol{r}_P = R_{z,\delta}\,{}^{W}\boldsymbol{r}_P \\
&= \begin{bmatrix} \cos\delta & -\sin\delta & 0 \\ \sin\delta & \cos\delta & 0 \\ 0 & 0 & 1 \end{bmatrix}\begin{bmatrix} x_w \\ y_w \\ z_w \end{bmatrix} \\
&= \begin{bmatrix} x_w\cos\delta - y_w\sin\delta \\ y_w\cos\delta + x_w\sin\delta \\ z_w \end{bmatrix}
\end{aligned} \tag{8.98}
$$

假设车轮－车身坐标系的原点在车轮中心上，并且与车辆坐标系平行。因此，从车轮坐标系 W 到车轮－车身坐标系 C 的变换，就是绕车轮－车身的 z 轴转动一个 δ 角。当主销内倾角和主销后倾角为 0，并且转向轴为 z_w 轴时，也不存在车轮的外倾角。

例 369★　零主销内倾角，零侧向偏移距

零主销内倾角（$\theta=0$）和零侧向偏移距（$s_b=0$）状态，对于汽车自行车模型主销后倾角的动力学非常重要。这种情况下的螺旋变换将简化为

$$
{}^{C}\hat{u} = \begin{bmatrix} u_1 \\ u_2 \\ u_3 \end{bmatrix} = \begin{bmatrix} \sin\varphi \\ 0 \\ \cos\varphi \end{bmatrix} \quad {}^{C}\boldsymbol{s} = \begin{bmatrix} s_a \\ 0 \\ -R_w \end{bmatrix} \tag{8.99}
$$

$$
{}^{C}R_W = \begin{bmatrix} \sin^2\varphi\,\mathrm{vers}\delta + \cos\delta & -\cos\varphi\sin\delta & \sin\varphi\cos\varphi\,\mathrm{vers}\delta \\ \cos\varphi\sin\delta & \cos\delta & -\sin\varphi\sin\delta \\ \sin\varphi\cos\varphi\,\mathrm{vers}\delta & \sin\varphi\sin\delta & \cos^2\varphi\,\mathrm{vers}\delta + \cos\delta \end{bmatrix} \tag{8.100}
$$

$$
{}^{C}\boldsymbol{d}=\begin{bmatrix}\cos\varphi(s_a\cos\varphi+R_w\sin\varphi)\operatorname{vers}\delta\\ -(s_a\cos\varphi+R_w\sin\varphi)\sin\delta\\ -\dfrac{1}{2}(R_w-R_w\cos2\varphi+s_a\sin2\varphi)\operatorname{vers}\delta\end{bmatrix} \tag{8.101}
$$

例 370★ 轮胎接地印迹位置

在车轮坐标系中轮胎接地印迹中心位于 $\boldsymbol{r}_T$

$$
{}^{W}\boldsymbol{r}_T=\begin{bmatrix}0\\0\\-R_w\end{bmatrix} \tag{8.102}
$$

如果假设轮胎宽度为0，并且车轮已经转向，则轮胎接地印迹中心将位于

$$
{}^{C}\boldsymbol{r}_T={}^{C}T_W\,{}^{W}\boldsymbol{r}_T=\begin{bmatrix}x_T\\y_T\\z_T\end{bmatrix} \tag{8.103}
$$

式中

$$
x_T=(1-u_1^2)(1-\cos\delta)s_a+(u_3\sin\delta-u_1u_2(1-\cos\delta))s_b \tag{8.104}
$$

$$
y_T=-(u_3\sin\delta+u_1\,u_2(1-\cos\delta))s_a+(1-u_2^2)(1-\cos\delta)s_b \tag{8.105}
$$

$$
\begin{aligned} z_{\mathrm{T}}&=[u_2\sin\delta-u_1u_3(1-\cos\delta)]s_a\\ &\quad-[u_1\sin\delta+u_2u_3(1-\cos\delta)]s_b-R_w \end{aligned} \tag{8.106}
$$

或者

$$
\begin{aligned} x_T&=s_b\left[\frac{\cos\theta\cos\varphi\sin\delta}{\sqrt{\cos^2\theta\sin^2\varphi+\cos^2\varphi}}+\frac{1}{4}\frac{\sin2\theta\sin2\varphi\ (1-\cos\delta)}{\cos^2\theta\sin^2\varphi+\cos^2\varphi}\right]\\ &\quad+s_a\left(1-\frac{\cos^2\theta\sin^2\varphi}{\cos^2\theta\sin^2\varphi+\cos^2\varphi}\right)\ (1-\cos\delta) \end{aligned} \tag{8.107}
$$

$$
\begin{aligned} y_T&=-s_a\left[\frac{\cos\theta\cos\varphi\sin\delta}{\sqrt{\cos^2\theta\sin^2\varphi+\cos^2\varphi}}-\frac{1}{4}\frac{\sin2\theta\sin2\varphi(1-\cos\delta)}{\cos^2\theta\sin^2\varphi+\cos^2\varphi}\right]\\ &\quad+s_b\left(1-\frac{\cos^2\varphi\sin^2\theta}{\cos^2\theta\sin^2\varphi+\cos^2\varphi}\right)(1-\cos\delta) \end{aligned} \tag{8.108}
$$

$$
\begin{aligned} z_T&=-R_w-\frac{s_b\cos\theta\sin\varphi+s_a\cos\varphi\sin\theta}{\sqrt{\cos^2\theta\sin^2\varphi+\cos^2\varphi}}\sin\delta\\ &\quad+\frac{1}{2}\frac{s_b\cos^2\varphi\sin2\theta-s_a\cos^2\theta\sin2\varphi}{\cos^2\theta\sin^2\varphi+\cos^2\varphi}(1-\cos\delta) \end{aligned} \tag{8.109}
$$

例 371★ 车轮中心高度下降

在式（8.106）或式（8.109）中的 z_T 表示的是，当车轮转向时轮胎接地印迹中心相对车轮－车身坐标系在垂直方向跳动时高度的变化量。若转向角为 $\delta=0$，则 z_T 为：

$$
z_T=-R_w \tag{8.110}
$$

因为轮胎接地印迹中心位于地面之上，$H=-R_w-z_T$ 表明在转向时车轮中心的高度会降低。

$$
H=-R_w-z_T
$$

$$= \frac{s_b \cos\theta \sin\varphi + s_a \cos\varphi \sin\theta}{\sqrt{\cos^2\theta \sin^2\varphi + \cos^2\varphi}} \sin\delta - \frac{1}{2} \frac{s_b \cos^2\varphi \sin 2\theta - s_a \cos^2\theta \sin 2\varphi}{\cos^2\theta \sin^2\varphi + \cos^2\varphi} (1 - \cos\delta) \tag{8.111}$$

轮胎接地印迹的坐标 z_T 可以根据不同情况进行简化：

1）如果主销内倾角 $\theta = 0$，则 z_T 为

$$z_T = -R_w - \frac{1}{2} s_a \sin 2\varphi\ (1 - \cos\delta)\ - s_b \sin\varphi \sin\delta \tag{8.112}$$

2）如果主销内倾角 $\theta = 0$，侧向偏移距 $s_b = 0$，则 z_T 为

$$z_T = -R_w - \frac{1}{2} s_a \sin 2\varphi\ (1 - \cos\delta) \tag{8.113}$$

在这种情况下，可以用一个无量纲的方程表示车轮中心高度的下降。

$$\frac{H}{s_a} = -\frac{1}{2} \sin 2\varphi (1 - \cos\delta) \tag{8.114}$$

图 8.58 所示 H/s_a 在主销后倾角分别为 $\varphi = 5°$，$0°$，$-5°$，$-10°$，$-15°$，$-20°$时，转向角 δ 的变化范围为 $-10° < \delta < 10°$。对于民用车辆，设定转向轴在一正的侧向偏移距即$s_a > 0$，并且主销后倾角有一负向的较小的度数即 $\varphi < 0$。在这种情况，车轮中心高度的下降在图中也得到了显示。

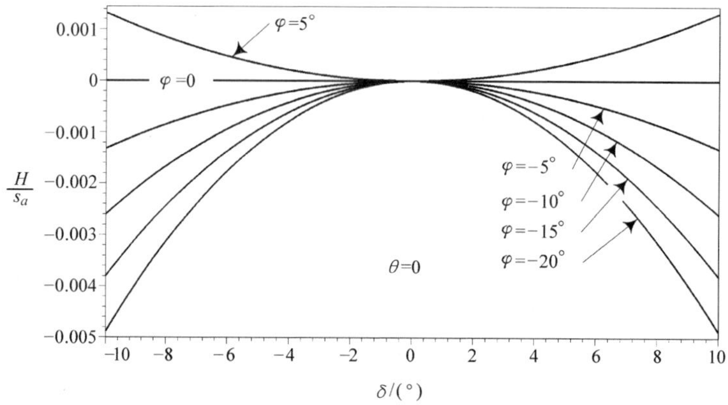

图 8.58　转向角 δ 范围为 $-10° < \delta < 10°$，主销后倾角不同，H/s_a 的变化情况

3）如果主销后倾角 $\varphi = 0$，则 z_T 为

$$z_T = -R_w + \frac{1}{2} s_b \sin 2\theta (1 - \cos\delta) - s_a \sin\theta \sin\delta \tag{8.115}$$

4）如果主销后倾角 $\varphi = 0$，侧向偏移距 $s_b = 0$，则 z_T 为

$$z_T = -R_w - s_a \sin\theta \sin\delta \tag{8.116}$$

在这种情况下，可以用一个无量纲的方程表示车轮中心高度的下降。

$$\frac{H}{s_a} = -\sin\theta \sin\delta \tag{8.117}$$

图 8.59 所示 H/s_a 在主销内倾角分别等于 $\theta = 5°$，$0°$，$-5°$，$-10°$，$-15°$，$-20°$时，转向角 δ 的变化范围为 $-10° < \delta < 10°$。对于乘用车辆，设定转向轴在一正的侧向偏移距即

$s_a>0$，并且主销内倾角有一正向的较小的度数即 $\theta>0$。在这种情况，当 1 号车轮右转时车轮中心降低，车轮左转时车轮中心升高。

对比图 8.58 和图 8.59，会发现对于车轮中心高度的下降，主销内倾角比主销后倾角的影响更大。

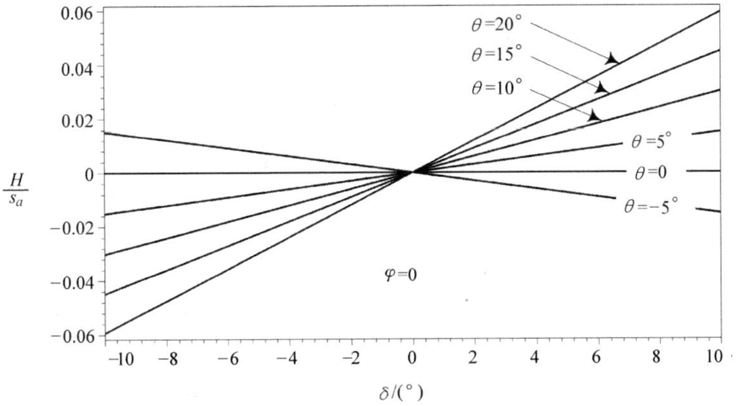

图 8.59 转向角 δ 范围为 $-10°<\delta<10°$，主销内倾角不同，H/s_a 的变化情况

5）如果侧向偏移距 $s_b=0$，则 z_T 为

$$z_T=-R_w-s_a\frac{\cos\varphi\sin\theta}{\sqrt{\cos^2\theta\sin^2\varphi+\cos^2\varphi}}\sin\delta-\frac{1}{2}s_a\frac{\cos^2\theta\sin2\varphi}{\cos^2\theta\sin^2\varphi+\cos^2\varphi}(1-\cos\delta) \tag{8.118}$$

车轮中心高度的下降量 H，可以用一个无量纲的方程来表示

$$\frac{H}{s_a}=-\frac{1}{2}\frac{\cos^2\theta\sin^2\varphi(1-\cos\delta)}{\cos^2\theta\sin^2\varphi+\cos^2\varphi}-\frac{\cos\varphi\sin\theta\sin\delta}{\sqrt{\cos^2\theta\sin^2\varphi+\cos^2\varphi}} \tag{8.119}$$

例 372★ 车轮中心位置

式（8.96）给出相对车轮－车身坐标系，车轮中心的位置在 ${}^C\boldsymbol{d}_W$

$${}^C\boldsymbol{d}_W=\begin{bmatrix}x_W\\y_W\\z_W\end{bmatrix} \tag{8.120}$$

车轮中心在车轮－车身坐标系中的坐标为

$$x_W=[s_a-u_1(-R_wu_3+s_bu_2+s_au_1)](1-\cos\delta)+(s_bu_3+R_wu_2)\sin\delta \tag{8.121}$$

$$y_W=[s_b-u_2(-R_wu_3+s_bu_2+s_au_1)](1-\cos\delta)-(R_wu_1+s_au_3)\sin\delta \tag{8.122}$$

$$z_W=[-R_w-u_3(-R_wu_3+s_bu_2+s_au_1)](1-\cos\delta)+(s_au_2-s_bu_1)\sin\delta \tag{8.123}$$

或者是

$$x_W=s_a(1-\cos\delta)$$

$$+\frac{\left(\frac{1}{2}R_w\sin2\varphi-s_a\sin^2\varphi\right)\cos^2\theta+\frac{1}{4}s_b\sin2\theta\sin2\varphi}{\cos^2\varphi+\cos^2\theta\sin^2\varphi}(1-\cos\delta)$$

$$+\frac{(s_b\cos\theta-R_w\sin\theta)}{\sqrt{\cos^2\varphi+\cos^2\theta\sin^2\varphi}}\cos\varphi\sin\delta \tag{8.124}$$

$$\begin{aligned}y_W=&s_b(1-\cos\delta)\\&-\frac{\frac{1}{2}(R_w\sin2\theta+s_b\sin^2\theta)\cos^2\varphi-\frac{1}{4}s_a\sin2\theta\sin2\varphi}{\cos^2\varphi+\cos^2\theta\sin^2\varphi}(1-\cos\delta)\\&-\frac{R_w\sin\varphi+s_a\cos\varphi}{\sqrt{\cos^2\varphi+\cos^2\theta\sin^2\varphi}}\cos\theta\sin\delta\end{aligned} \tag{8.125}$$

$$\begin{aligned}z_W=&-R_w(1-\cos\delta)\\&+\frac{\left(R_w\cos^2\theta+\frac{1}{2}s_b\sin2\theta\right)\cos^2\varphi-\frac{1}{2}s_a\cos^2\theta\sin2\varphi}{\cos^2\varphi+\cos^2\theta\sin^2\varphi}(1-\cos\delta)\\&-\frac{s_a\cos\varphi\sin\theta+s_b\cos\theta\sin\varphi}{\sqrt{\cos^2\varphi+\cos^2\theta\sin^2\varphi}}\sin\delta\end{aligned} \tag{8.126}$$

当车轮转向时，z_W 坐标表示的是相对车轮-车身坐标系车轮中心在垂直方向的运动。而且只要是 $\delta=0$，则 $z_W=0$。

车轮中心坐标 z_W 在不同情况下可分别简化为：

1）如果主销内倾角 $\theta=0$，则为

$$\begin{aligned}z_W=&-R_w(1-\cos^2\varphi)(1-\cos\delta)-s_b\sin\varphi\sin\delta\\&-\frac{1}{2}s_a\sin2\varphi(1-\cos\delta)\end{aligned} \tag{8.127}$$

2）如果主销内倾角 $\theta=0$，侧向偏移距 $s_b=0$，则 z_W 为

$$z_W=-R_w(1-\cos^2\varphi)(1-\cos\delta)-\frac{1}{2}s_a\sin2\varphi(1-\cos\delta) \tag{8.128}$$

3）如果主销后倾角 $\varphi=0$，则 z_W 为

$$\begin{aligned}z_W=&-R_w(1-\cos^2\theta)(1-\cos\delta)-s_a\sin\theta\sin\delta\\&+\frac{1}{2}s_b\sin2\theta(1-\cos\delta)\end{aligned} \tag{8.129}$$

4）如果主销后倾角 $\varphi=0$，侧向偏移距 $s_b=0$，则 z_W 为

$$z_W=-R_w(1-\cos^2\theta)(1-\cos\delta)-s_a\sin\theta\sin\delta \tag{8.130}$$

5）如果侧向偏移距 $s_b=0$，则 z_W 为

$$\begin{aligned}z_W=&-R_w(1-\cos\delta)-\frac{s_a\cos\varphi\sin\theta}{\sqrt{\cos^2\varphi+\cos^2\theta\sin^2\varphi}}\sin\delta\\&+\frac{R_w\cos^2\theta\cos^2\varphi-\frac{1}{2}s_a\cos^2\theta\sin2\varphi}{\cos^2\varphi+\cos^2\theta\sin^2\varphi}(1-\cos\delta)\end{aligned} \tag{8.131}$$

在上述的每一种情况中，车轮中心相对于地面的高度可以通过把 H 添加到 z_W 来获得。

在例 371 中有计算 H 的等式。

例 373★ 车轮外倾角原理

当主销内倾角和主销后倾角不为 0 时，会导致转向轮产生外倾角 γ。为了确定转向轮的外倾角，可以通过测量外倾角中心线和垂直方向 z_C 轴之间的角度获得。外倾中心线是连接车轮中心和轮胎接地印迹中心的直线。

轮胎接地印迹中心坐标（x_T，y_T，z_T）可通过式（8.107）~式（8.109）获得，车轮中心坐标（x_W，y_W，z_W）可通过式（8.124）~式（8.126）获得。从（x_T，y_T，z_T）至（x_W，y_W，z_W）的连线可由单位向量 $\hat{l}_c$ 表示

$$\hat{l}_c=\frac{(x_W-x_T)\hat{I}+(y_W-y_T)\hat{J}+(z_W-z_T)\hat{K}}{\sqrt{(x_W-x_T)^2+(y_W-y_T)^2+(z_W-z_T)^2}} \tag{8.132}$$

式中的 $\hat{I}$、$\hat{J}$、$\hat{K}$ 均是车轮 - 车身坐标系 C 中的单位向量。

$\hat{l}_c$ 与 $\hat{K}$ 之间的外倾角可通过向量相乘获得。

$$\begin{aligned}\gamma&=\arccos(\hat{l}_c\cdot\hat{K})\\&=\arccos\frac{(z_W-z_T)}{\sqrt{(x_W-x_T)^2+(y_W-y_T)^2)+(z_W-z_T)^2}}\end{aligned} \tag{8.133}$$

作为一个特殊情况，在主销内倾角 $\theta=0$ 和侧向偏移距 $s_b=0$ 的情况下来获得外倾角。

$$x_T=s_a(1-\sin^2\varphi)(\cos\delta-1) \tag{8.134}$$

$$y_T=-s_a\cos\varphi\sin\delta \tag{8.135}$$

$$z_T=-R_w-\frac{1}{2}s_a\sin2\varphi(1-\cos\delta) \tag{8.136}$$

$$x_W=\left(s_a+\frac{1}{2}R_w\sin2\varphi-s_a\sin^2\varphi\right)(1-\cos\delta) \tag{8.137}$$

$$y_W=-s_b(1-\cos\delta)-R_w\sin\varphi+s_a\cos\varphi\sin\delta \tag{8.138}$$

$$z_W=\left(R_w(\cos^2\varphi-1)-\frac{1}{2}s_a\sin2\varphi\right)(1-\cos\delta) \tag{8.139}$$

8.7 小结

悬架机构分为两种类型：左右车轮通过一刚性轴直接连接的非独立悬架，和左右车轮相互断开的独立悬架。整体式车桥是最常见的非独立悬架机构，麦弗逊滑柱悬架和双 A 形臂悬架是最常见的独立悬架机构。

侧倾轴是车辆侧倾时围绕的一条瞬时轴线。通过连接车辆前后悬架的侧倾中心可以确定侧倾轴。车轮相对于车体的瞬时转动中心就是悬架的侧倾中心。所以，要确定前半车或后半车的侧倾中心，必须先确定悬架的侧倾中心，然后确定悬架侧倾中心与对应车轮的轮胎接地印迹中心之间的连线。

通过三个坐标系来表示轮胎、车轮相对于车辆的方位关系：车轮坐标系 W，车轮 - 车身坐标系 C 和轮胎坐标系 T。车轮坐标系 $W(x_W, y_W, z_W)$的坐标原点为车轮中心，坐标系跟随车轮平移和转动，但不能够绕车轴旋转。因此，x_W 和 z_W 轴总是位于轮胎平面上，而 y_W 轴总是平行于车轴。当车轮竖直时，坐标系 W 平行于车辆坐标系，此时车轮 - 车身坐标系 C

(x_c, y_c, z_c)的坐标原点为车轮中心，并且平行于车辆坐标轴。车轮－车身坐标系 C 相对车辆坐标系是固定的，并且不能够跟随车轮有任何的运动。轮胎坐标系的原点在轮胎接地印迹中心上，z_t 轴始终垂直于地面，x_t 轴是轮胎平面与地面的相交线。轮胎坐标系不跟随轮胎绕车轴旋转和侧倾，但是跟随转向角绕 z_c 转动。

可以通过主销后倾角 φ、内倾角 θ，以及转向轴与轮胎接地印迹中心在地面的交点（s_a，s_b）来确定转向轴的方向和位置。受这些参数影响，一个转向轮将产生外倾角和侧向力。这就是所谓的主销后倾角原理。当 $\theta=0$ 和 $s_b=0$ 时，转向轮的外倾角 γ 为：

$$\begin{aligned}\gamma &= \arccos(\hat{l}_c \cdot \hat{K}) \\ &= \arccos\frac{(z_W - z_T)}{\sqrt{(x_W - x_T)^2 + (y_W - y_T)^2 + (z_W - z_T)^2}}\end{aligned} \tag{8.140}$$

式中

$$x_T = s_a(1-\sin^2\varphi)(\cos\delta - 1) \tag{8.141}$$

$$y_T = -s_a\cos\varphi\sin\delta \tag{8.142}$$

$$z_T = -R_w - \frac{1}{2}s_a\sin2\varphi(1-\cos\delta) \tag{8.143}$$

$$x_W = \left(s_a + \frac{1}{2}R_w\sin2\varphi - s_a\sin^2\varphi\right)(1-\cos\delta) \tag{8.144}$$

$$y_W = -s_b(1-\cos\delta) - R_w\sin\varphi + s_a\cos\varphi\sin\delta \tag{8.145}$$

$$z_W = \left(R_w(\cos^2\varphi - 1) - \frac{1}{2}s_a\sin2\varphi\right)(1-\cos\delta) \tag{8.146}$$

8.8　主要符号

a, b, c, d	四连杆机构各连杆长度	I_{ij}	连杆 i 和 j 之间的瞬时旋转中心
a_i	第 i 个车桥与质心之间的距离	$\overline{I_{ij}I_{mn}}$	I_{ij}与 I_{mm}之间的连接线
$A, B, \cdots$	计算 θ_3 的方程系数	$\hat{I}$、$\hat{J}$、$\hat{K}$	车轮－车身坐标系 C 中的单位向量
b_1, b_2	左右车轮与质心之间的距离	I	单位矩阵
$B(x, y, z)$	车辆坐标系	$J_1, J_2, \cdots$	计算 θ_3 时的长度函数
C	质心，连杆点	k	刚度，弹簧刚度
$C(x_c, y_c, z_c)$	车轮－车身坐标系	k_f	前轮弹簧刚度
${}_T^C\boldsymbol{d}_W$	在车轮－车身坐标系 C 中表示的车轮 W 相对于轮胎 T 的位置	k_i	第 i 个车轮的弹簧刚度
		k_r	后轮弹簧刚度
		k_φ	侧倾刚度
e, α	连杆点的极坐标	l	轴距
g	悬伸，重力加速度	$\hat{l}_C$	由（x_T，y_T，z_T）至（x_W，y_W，z_W）连线的单位向量
$\boldsymbol{g}$	重力加速度向量		
$h=z-z_0$	轮中心的垂直位移		
H	车轮中心下降量	m	质量

m_s	簧载质量
m_u	非簧载质量
M	力矩
$\hat{n}_1$	π_L 的单位法线向量
$\hat{n}_2$	π_C 的单位法线向量
P	点
q，p，f	计算连杆点坐标的参数
$\boldsymbol{r}$	位置向量
R	道路曲率半径，转向半径
R_w	轮胎半径
${}^TR_W$	从 W 坐标系变换至 T 坐标系的旋转矩阵
$\boldsymbol{s}$	转向轴偏移距向量
s_a	转向轴纵向偏移距
s_b	转向轴侧向偏移距
$\check{s}_W(0, \delta, \hat{n}, s)$	绕转向轴的零螺距旋转
$T(x_T, y_T, z_T)$	轮胎坐标系
${}^TT_W$	从 W 坐标系至 T 坐标系的齐次变换矩阵
u_1，u_2，u_3	的组成部分
$\hat{n}$	转向轴单位向量
$\tilde{u}$	关于 $\hat{u}$ 的反对称矩阵
u_C	连杆点位置向量
$\hat{u}_z$	z 轴方向单位向量
v，v_x	前进速度
$\mathrm{vers}\delta$	$1-\cos\delta$
w	轮距
$W(x_W, y_W, z_W)$	车轮坐标系
x，y	悬架坐标系
x_C，y_C	连杆点坐标
x_T，y_T，z_T	轮胎坐标系 T 中的车轮－车身坐标
x_W，y_W，z_W	车轮坐标系 W 中的车轮－车身坐标
$W(x_W, y_W, z_W)$	车轮坐标系
z	车轮中心位置
z_0	车轮中心初始垂直位置
α	连杆点与上 A 形臂之间的夹角
γ	外倾角
δ	转向角
$\varepsilon = m_s/m_u$	簧载质量与非簧载质量的质量比
θ	主销内倾角
θ_0	固定连杆与 z 轴的夹角
θ_i	第 i 号连杆的角位置
θ_2	上 A 形臂的角位置
θ_3	双连杆的角位置
θ_4	下 A 形臂的角位置
θ_{i0}	θ_i 的初始角位置
π_C	主销后倾角平面
π_L	主销内倾角平面
v	推力角
φ	侧倾角，主销后倾角，车轮旋转角
ϕ	坡度角
ω	角速度
φ_c	临界侧倾角

习 题

1. 侧倾中心

确定图 8.60 ~ 图 8.63 所示车辆运动学模型的侧倾中心。

2. 上 A 形臂和侧倾中心

在图 8.64 ~ 图 8.66 中设计悬架的上 A 形臂，使车辆的侧倾中心落在 P 点。

3. 下臂和侧倾中心

在图 8.67 ~ 图 8.69 中设计麦弗逊悬架的下臂，使车辆的侧倾中心落在 P 点。

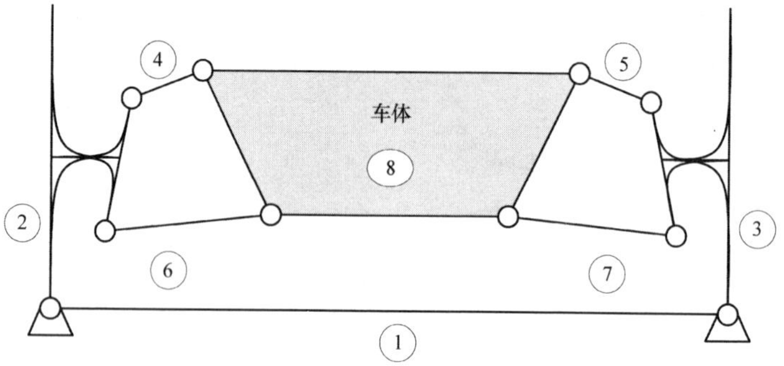

图 8.60

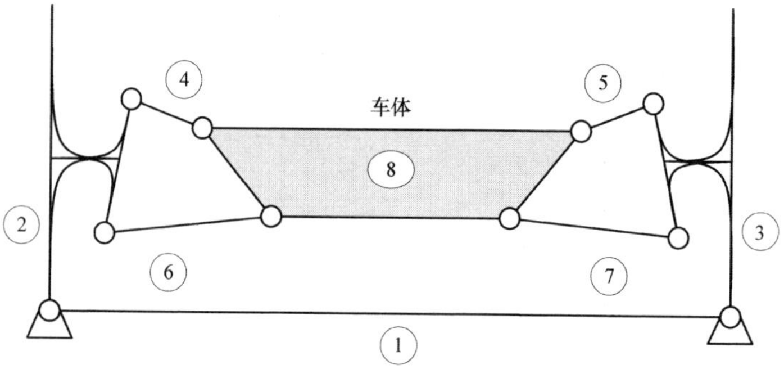

图 8.61

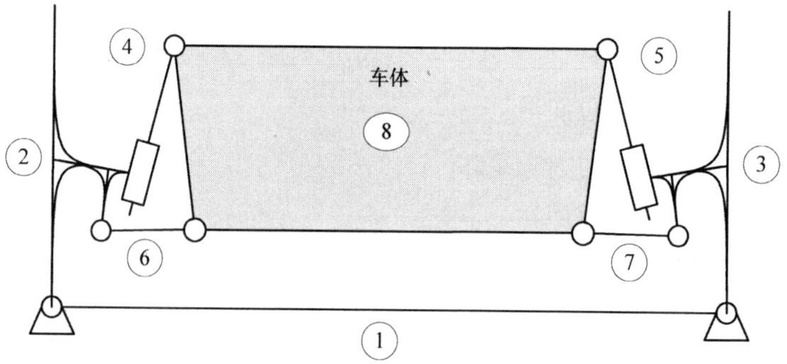

图 8.62

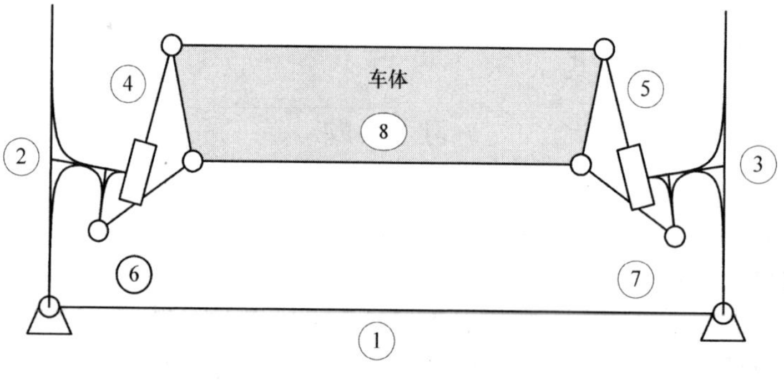

图 8.63

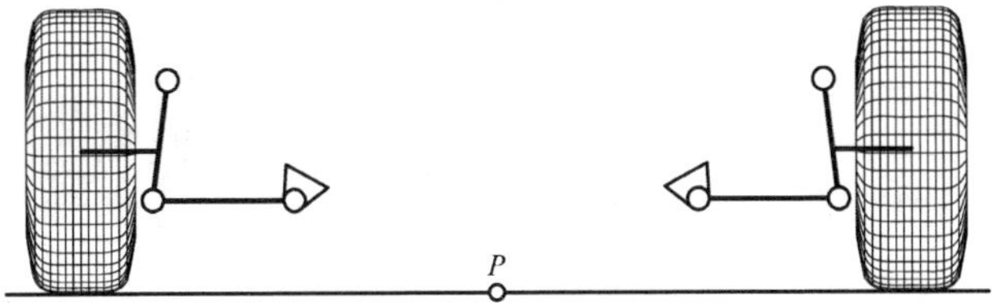

图 8.64

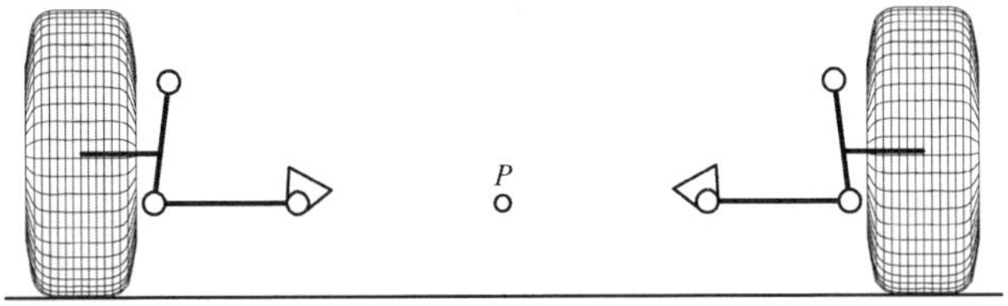

图 8.65

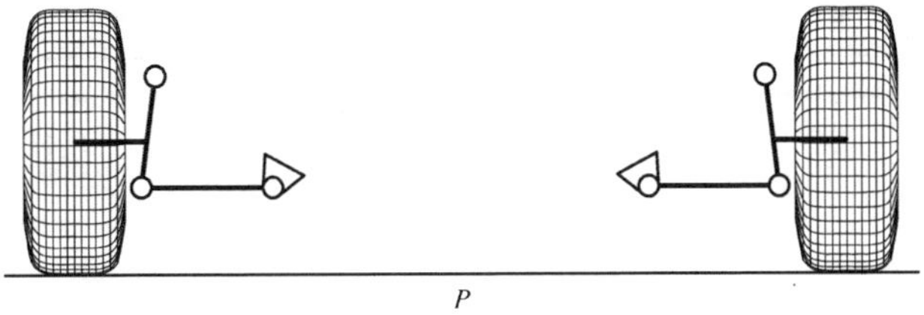

图 8.66

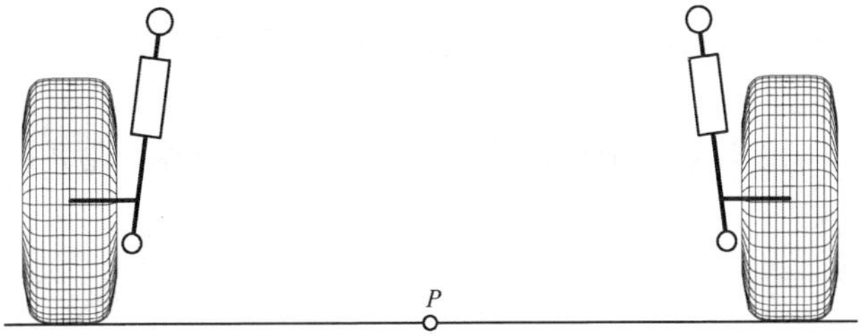

图 8.67

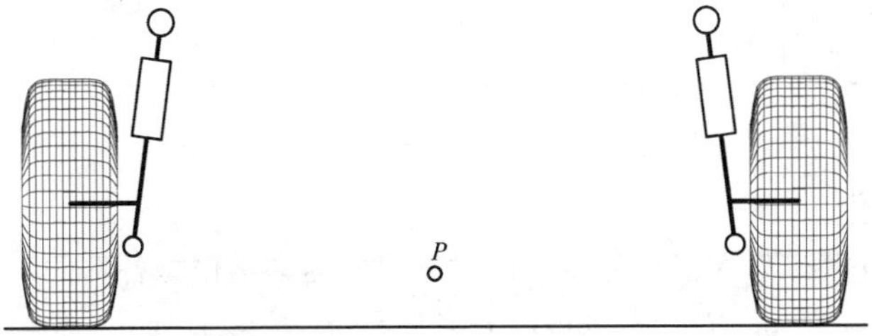

图 8.68

4. ★侧倾中心位置和质心

图 8.70 示意一车辆的车轮和质心 C。设计一双 A 形臂悬架，使车辆的侧倾中心分别落在：

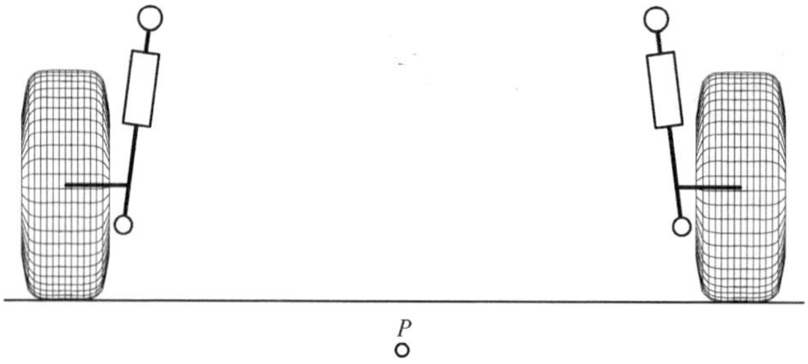

图 8.69

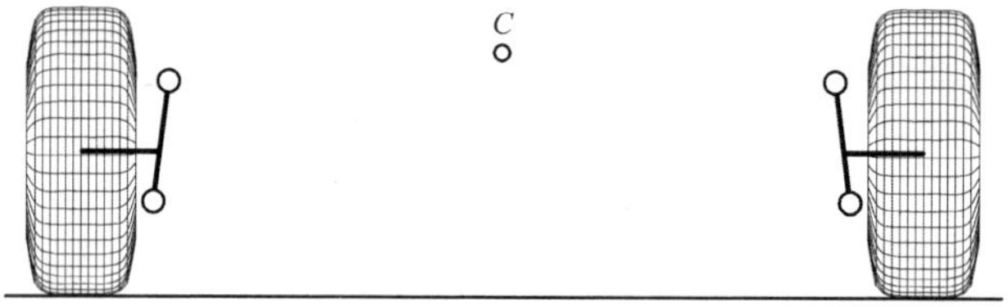

图 8.70

（a）高于质心 C。

（b）在质心 C 上。

（c）低于质心 C。

（d）是否有可能使民用车的侧倾中心落在质心 C 点或 C 点以上。

（e）侧倾中心落在质心 C 点或 C 点以上各有什么优缺点。

5. 侧倾中心不对称

为图 8.71 所示车辆设计双 A 形臂悬架，使车辆的侧倾中心落在 P 点。如果侧倾中心不对称有什么优缺点。

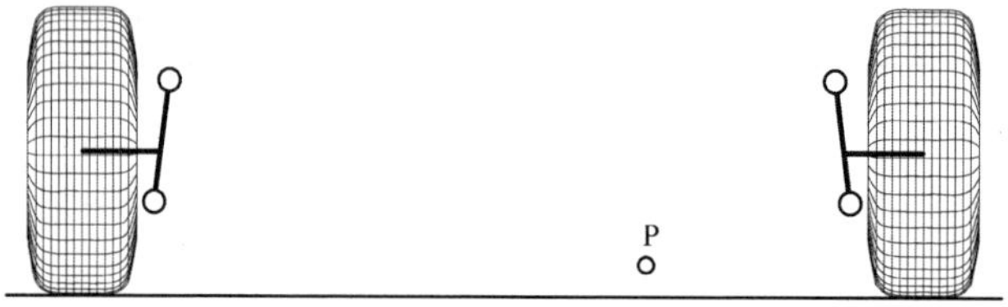

图 8.71

6. ★外倾角变化

考虑图 8.72 所示的双 A 形臂悬架，假设其等效运动学模型各部件的尺寸分别为：

$$a = 22.57\text{cm} \quad b = 18.88\text{cm} \quad c = 29.8\text{cm} \quad d = 24.8\text{cm} \quad \theta_0 = 23.5°$$

连杆点 C 位置在：

$$e = 14.8\text{cm} \quad \alpha = 56.2°$$

绘制当车轮上下运动时外倾角的变化曲线。

7. ★转向轴单位向量

当主销后倾角 $\varphi = 15°$，主销内倾角 $\theta = 8°$时，用转向轴的单位向量 $\hat{u}$ 表示 C。

8. ★主销偏移距向量和转向轴

如果转向轴通过车轮中心，确定主销偏移距向量 $\boldsymbol{s}$。其中主销后倾角和主销内倾角分别为：$\varphi=10°$，$\theta=0°$。

9. ★齐次变换矩阵 ${}^{C}T_{W}$

当 $\varphi=8°$，$\theta=12°$，主销偏移距向量为 ${}^{C}\boldsymbol{s}=[3.8\text{cm} \quad 1.8\text{cm} \quad -R_{w}]^{T}$

（a）车辆轮胎型号为 235/35ZR19。

（b）车辆轮胎型号为 P215/65R15 96H。

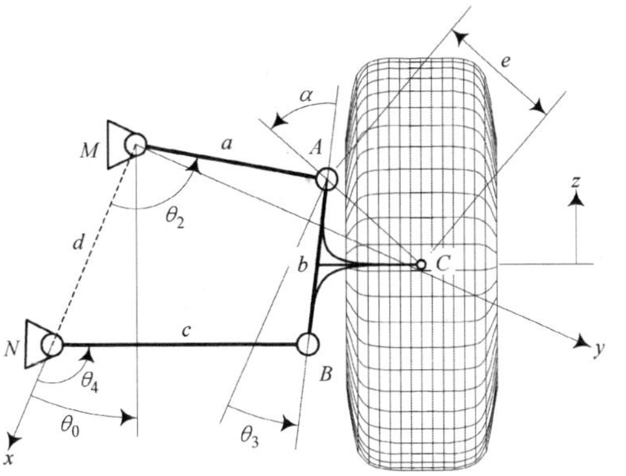

图 8.72 双 A 形臂悬架运动学模型

10. ★车轮中心高度下降

当 $\varphi=10°$，$\theta=10°$，${}^{C}\boldsymbol{s}=[3.8\text{cm} \quad 1.8\text{cm} \quad 38\text{cm}]$时，确定轮胎接地印迹中心坐标。假如 $\delta=18°$，则车轮中心高度下降量 H 为多少。

11. ★车轮中心高度下降和转向角

绘制习题 10 中在给定的不同转向角 δ 情况下，车轮中心高度下降量 H 的变化曲线。

12. ★外倾角和转向

当 $\varphi=10°$，$\theta=10°$，${}^{C}\boldsymbol{s}=[3.8\text{cm} \quad 1.8\text{cm} \quad 38\text{cm}]$时，在给定的不同转向角 δ 情况下，绘制外倾角 γ 的变化曲线。

13. ★平行四边形悬架

如果双 A 形臂悬架的几何结构为平行四边形，则车轮始终保持垂直于路面。这种优良的设计能够保证轮胎保持正常的磨损。但是，当车辆负载变化或者车轮上下跳动时，车辆的轮距会发生变化。如图 8.73 所示，这种悬架当上臂和下臂与地面平行时，车辆的轮距将会最大。

当 $z=\pm25\text{cm}$ 时，计算车辆轮距变化。

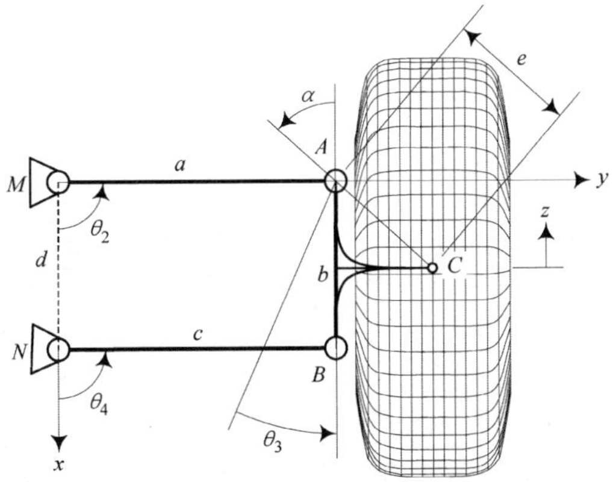

图 8.73 平行四边形双 A 形臂悬架

14. ★轮距变化的悬架机构

如果一平行四边形悬架处于图 8.74 所示的静平衡位置，车辆的轮距会随着负载的增加而变大。轮距变宽会增加车辆的稳定性，悬架也会工作良好。如果初始值 $\theta_2=\theta_4=75°$，$z=\pm25\text{cm}$ 时，计算此悬架的轮距变化。

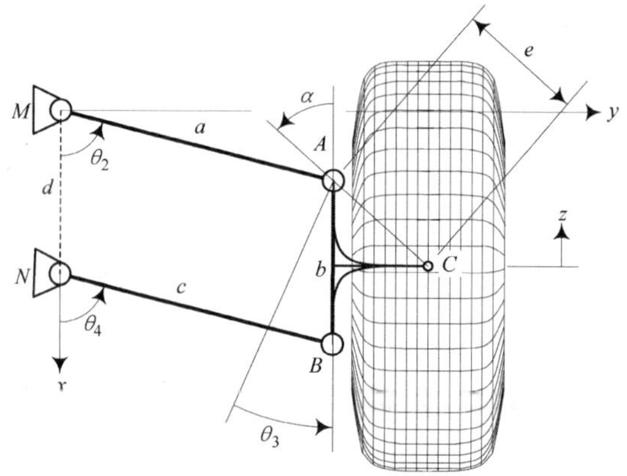

图8.74 处于倾斜位置的平行四边形双A形臂悬架

参考文献

Abe, M., 2009, *Vehicle Handling Dynamics: Theory and Application*, Butterworth-Heinemann, Oxford, UK.

Alkhatib, R., Jazar, R. N., and Golnaraghi, M. F., Optimal Design of Passive Linear Mounts with Genetic Algorithm Method, *Journal of Sound and Vibration, **275**(3-5), 665-691, 2004.*

American Association of State Highway Officials, AASHO, Highway Definitions, June 1968.

American National Standard, Manual on Classification of Motor Vehicle Traffic Accidents, Sixth Edition, National Safety Council, Itasca, Illinois, 1996.

Andrzejewski, R., and Awrejcewicz, J., 2005, *Nonlinear Dynamics of a Wheeled Vehicle*, Springer-Verlag, New York.

Asada, H., and Slotine, J. J. E., 1986, *Robot Analysis and Control*, John Wiley & Sons, New York.

Balachandran, B., Magrab, E. B., 2003, *Vibrations*, Brooks/Cole, Pacific Grove, CA.

Beatty, M. F., 1986, *Principles of Engineering Mechanics, Vol. 1, Kinematics-The Geometry of Motion*, Plenum Press, New York.

Benaroya, H., 2004, *Mechaniscal Vibration: Analysis, Uncertainities, and Control*, Marcel Dekker, New York.

Bourmistrova, A., Simic, M., Hoseinnezhad, R., and Jazar, Reza N., 2011, Autodriver Algorithm, *Journal of Systemics, Cybernetics and Informatics, **9**(1), 56-66.*

Bottema, O., and Roth, B., 1979, *Theoretical Kinematics*, North-Holland Publication, Amsterdam, The Netherlands.

Cossalter, V., 2002, *Motorcycle Dynamics*, Race Dynamic Publishing, Greendale, WI.

Del Pedro, M., and Pahud, P., 1991, *Vibration Mechanics*, Kluwer Academic Publishers, The Netherland.

Den Hartog, J. P., 1934, *Mechanical Vibrations*, McGraw-Hill, New York.

Dixon, J. C., 1996, *Tire, Suspension and Handling*, SAE Inc.

Dukkipati, R. V., Pang, J. Qatu, M. S., Sheng, G., and Shuguang, Z., 2008, *Road Vehicle Dynamics*, SAE Inc.

Ellis, J. R., 1994, *Vehicle Handling Kinematics*, Mechanical Engineering Publications Limited, London.

Esmailzadeh, E., 1978, Design Synthesis of a Vehicle Suspension System Using Multi-Parameter Optimization, *Vehicle System Dynamics, **7**, 83-96.*

Genta, G., 2007, *Motor Vehicle Dynamics, Modeling and Simulation*, World Scientific, Singapore.

Genta, G., and Morello, L., 2009, *The Automotive Chassis: Volume 1: Components Design*, Springer, New York.

Genta, G., and Morello, L., 2009, *The Automotive Chassis: Volume 2: System Design*, Springer, New York.

Goldstein, H., Poole, C., and Safko, J., 2002, *Classical Mechanics*, 3rd ed., Addison Wesley, New York.

Haney, P., 2003, *The Racing and High–Performance Tire*, SAE Inc.

Harris, C. M., and Piersol, A. G., 2002, *Harris' Shock and Vibration Handbook*, McGraw-Hill, New York.

Hartenberg, R. S., and Denavit, J., 1964, *Kinematic Synthesis of Linkages*, McGraw-Hill Book Co.

Hunt, K. H., 1978, *Kinematic Geometry of Mechanisms*, Oxford University Press, London.

Inman, D., 2007, *Engineering Vibrations*, Prentice Hall, New York.

Jazar, Reza. N., 2010, *Theory of Applied Robotics: Kinematics, Dynamics, and Control*, second ed., Springer, New York.

Jazar, Reza N., 2010, Mathematical Theory of Autodriver for Autonomous Vehicles, *Journal of Vibration and Control, **16**(2), 253-279.*

Jazar, Reza. N., 2011, *Advanced Dynamics: Rigid Body, Multibody, and Aerospace Applications*, Wiley, New York.

Jazar, Reza. N., 2013, *Advanced Vibrations: A Modern Approach*, Springer, New York.

Jazar, Reza N., 2012, Derivative and Coordinate Frames, *Journal of Nonlinear Engineering, **1**(1), p25-34*, DOI: 10.1515/nleng-2012-0001.

Jazar, Reza. N., and Golnaraghi, M. F., 2002, Engine Mounts for Automotive Applications: A Survey, *The Shock and Vibration Digest, **34**(5), 363-379.*

Jazar, Reza. N., Alkhatib, R., and Golnaraghi, M. F., 2006, Root Mean Square Optimization Criterion for Vibration Behavior of Linear Quarter Car Using Analytical Methods, *Journal of Vehicle System Dynamics, **44**(6), 477–512.*

Jazar, Reza. N., Kazemi, M., and Borhani, S., 1992, *Mechanical Vibrations*, Ettehad Publications, Tehran. (in Persian).

Jazar, Reza. N., Narimani, A., and Golnaraghi, M. F., and Swanson, D. A., 2003, Practical Frequency and Time Optimal Design of Passive Linear Vibration Isolation Mounts, *Journal of Vehicle System Dynamics, **39**(6), 437-466.*

Jazar, Reza N., Subic A., Zhong N., 2012, Kinematics of a Smart Variable Caster Mechanism for a Vehicle Steerable Wheel, *Vehicle System Dynamics.*

Karnopp, D., 2013, *Vehicle Dynamics, Stability, and Control*, 2nd ed., CRC Press, London, UK.

Kane, T. R., Likins, P. W., and Levinson, D. A., 1983, *Spacecraft Dynamics*, McGraw-Hill, New York.

MacMillan, W. D., 1936, *Dynamics of Rigid Bodies*, McGraw-Hill, New York.

Marzbani H., and Jazar, Reza N., 2013, *Smart Flat Ride Tuning, Book Chapter, Nonlinear Approaches in Engineering Applications 2*, Liming Dai, Reza N. Jazar, Eds., Springer, New York.

Marzbani H., Jazar, Reza N., and Fard M., *2012*, Hydraulic Engine Mounts: A Survey, *Journal of Vibration and Control*, DOI: 10.1177/1077546312456724.

Marzbani H., Jazar, Reza N., and Khazaei A., 2012, Smart Passive Vibration Isolation: Requirements and Unsolved Problems, *Journal of Applied Nonlinear Dynamics, 1(4), p341-386*, DOI:10.5890/JAND.2012.09.002.

Mason, M. T., 2001, *Mechanics of Robotic Manipulation*, MIT Press, Cambridge, Massachusetts.

Meirovitch, L., 2002, *Fundamentals of Vibrations*, McGraw-Hill, New York.

Meirovitch, L., 1967, *Analytical Methods in Vibrations*, Macmillan, New York.

Milliken, W. F., and Milliken, D. L., 2002, *Chassis Design*, SAE Inc.

Milliken, W. F., and Milliken, D. L., 1995, *Race Car Vehicle Dynamics*, SAE Inc.

Murray, R. M., Li, Z., and Sastry, S. S. S., 1994, *A Mathematical Introduction to Robotic Manipulation*, CRC Press, Boca Raton, Florida.

National Committee on Uniform Traffic Laws and Ordinances, Uniform Vehicle Code and Model Traffic Ordinance, 1992.

Nikravesh, P., 1988, *Computer-Aided Analysis of Mechanical Systems*, Prentice Hall, New Jersey.

Norbe, J. P., 1980, *The Car and its Weels, A Guide to Modern Suspension Systems*, TAB Books Inc.

Pacejka, H, 2012, *Tire and Vehicle Dynamics*, 3rd ed., Butterworth-Heinemann, Oxford, UK.

Paul, R. P., 1981, *Robot Manipulators: Mathematics, Programming, and Control*, MIT Press, Cambridge, Massachusetts.

Pawlowski, J., 1969, *Vehicle Body Engineering*, Business Books Limited, London.

Rajamani, R., 2006, *Vehicle Dynamics and Control*, Springer-Verlag, New York.

Rao, S. S., 2003, *Mechanical Vibrations*, Prentice Hall, New York.

Roseau, M., 1987, *Vibrations in Mechanical Systems*, Springer-Verlag, Berlin.

Rosenberg, R. M., 1977, *Analytical Dynamics of Discrete Systems*, Plenum Publishing Co., New York.

Schaub, H., and Junkins, J. L., 2003, *Analytical Mechanics of Space Systems*, AIAA Educational Series, American Institute of Aeronautics and Astronautics, Inc., Reston, Virginia.

Shabana, A. A., 1997, *Vibration of Discrete and Continuous Systems*, Springer-Verlag, New York.

Skalmierski, B., 1991, *Mechanics*, Elsevier, Poland.

Snowdon, J. C., 1968, *Vibration and shock in damped mechanical systems*, John Wiley, New York.

Spong, M. W., Hutchinson, S., and Vidyasagar, M., 2006, *Robot Modeling and Control*, John Wiley & Sons, New York.

Soni, A. H., 1974, *Mechanism Synthesis and Analysis*, McGraw-Hill Book Co.

Tsai, L. W., 1999, *Robot Analysis*, John Wiley & Sons, New York.

United States Code, Title 23. Highways. Washington: U.S. Government Printing Office.

Wittacker, E. T., 1947, *A Treatise on the Analytical Dynamics of Particles and Rigid Bodies*, 4th ed., Cambridge University Press, New York.

Wong, J. Y., 2008, *Theory of Ground Vehicles*, 4th ed., John Wiley & Sons, New York.